Politik in Sachsen

Eckhard Jesse • Thomas Schubert • Tom Thieme

Politik in Sachsen

Eckhard Jesse
Thomas Schubert
Tom Thieme

Technische Universität Chemnitz, Deutschland

ISBN 978-3-531-18550-7   ISBN 978-3-531-19110-2 (eBook)
DOI 10.1007/978-3-531-19110-2

Die Deutsche Nationalbibliothek verzeichnet diese Publikation in der Deutschen Nationalbibliografie; detaillierte bibliografische Daten sind im Internet über http://dnb.d-nb.de abrufbar.

Springer VS
© Springer Fachmedien Wiesbaden 2014

Lektorat: Verena Metzger, Monika Mülhausen

Gedruckt auf säurefreiem und chlorfrei gebleichtem Papier

Springer VS ist eine Marke von Springer DE. Springer DE ist Teil der Fachverlagsgruppe Springer Science+Business Media.
www.springer-vs.de

Inhalt

Vorwort

Wer einen Band über „Politik in Sachsen" präsentiert, hat Fährnisse zu meistern. Erstens handelt es sich um das Wagnis der ersten „politischen Landeskunde"; zweitens muss einer Fixierung auf Sachsen – etwa durch vergleichende Beispiele zu anderen Ländern – widerstanden werden; drittens ist es eine Herausforderung, alle wesentlichen Bereiche der sächsischen Politik zu erfassen; viertens war eine Studie aus einem Guss beabsichtigt – trotz der Autorenschaft mehrerer; fünftens sollte keine Momentaufnahme im Vordergrund stehen, sondern eine Analyse, die den Wandel seit 1990 berücksichtigt; sechstens schwebte uns eine umfassende und repräsentative Darstellung der sächsischen Politik vor, ohne die Leitfrage nach der Existenz eines „sächsischen Weges" aus den Augen zu verlieren. Der Leser möge beurteilen, ob das Unterfangen gelungen ist.

Die Autoren haben sich die Arbeit gerecht geteilt. Die Texte „Wiedergründung des Freistaates Sachsen 1989/90", „Parlament", „Ministerpräsidenten" sowie „Politischer Extremismus und Demokratieschutz" stammen von Eckhard Jesse, die über „Regierungen und Regieren", „Wahlen und Wahlverhalten", „Parteien und Parteiensystem" sowie „Verwaltung" von Thomas Schubert, die über „Verfassung und Verfassungsgerichtsbarkeit", „Sachsen im Bund und in der Europäischen Union", „Demografie und Sozialstruktur" sowie „Politische Kultur und Regionalkultur" von Tom Thieme.

Am Ende bleibt uns die Danksagung, der wir gerne nachkommen. Sie gilt zunächst Dr. Anita Maaß (für den Beitrag „Kommunalpolitik und Kommunale Selbstverwaltung") und Dr. Ulrich Brümmer (für den Beitrag über „Medien und Medienpolitik"). Schließlich bedanken wir uns bei den Mitarbeitern an der Professur Politische Systeme, Politische Institutionen an der Technischen Universität Chemnitz für vielfältige Hilfe: Niels Dehmel, Erik Holtschke, Daniel Rennert und Martin Schramm.

Chemnitz im Juni 2013
E. J./Th. S./T. T.

Kapitel 1
Einleitung

1 „Sächsischer Weg"?

Zu Beginn des 21. Jahrhunderts blickt Sachsen auf die längste demokratisch geprägte Periode in seiner Geschichte zurück. Nie zuvor standen demokratisch legitimierte Gewalten hier in einer solchen Kontinuität und die konstitutionellen Fundamente derart stabil wie von 1990 an – ungeachtet der Hinterlassenschaft der SED-Diktatur, vieler Transformationsprobleme und neuer Herausforderungen. Umgeben von einem freien wie solidarischen deutschen Bundesstaat und einem friedlichen europäischen Staatenverbund, sind heute die totalitären Großbrände des 20. Jahrhunderts, mit ihren Diktaturen und Kriegen, weithin verraucht, obwohl manche ihrer Spuren sichtbar und in Teilen unauslöschlich bleiben. Im Unterschied zu den deutschen Ländern, die im Epochenjahr 1945 vom Nationalsozialismus befreit wurden und in denen sich in den Folgejahren eine freiheitliche Demokratie etablierte, blieben jene ost- und mitteldeutschen, zu denen das heutige Sachsen gehörte, für mehr als vier Jahrzehnte in der Diktatur verhaftet. Erst im Herbst des Jahres 1989 endete hier das (nach 1945 nur kurzzeitig durchbrochene) autokratische Kontinuum aus monarchischem Obrigkeitsstaat und nationalsozialistischer wie kommunistischer Diktatur.

Sachsen weist eine lange, verschlungene Historie auf – von der 929 gegründeten Mark Meißen bis zum Sächsischen Freistaat seit 1990.[1] Land und Leute zwischen Görlitz, Leipzig und Plauen (wohlgemerkt: Görlitz gehörte von 1815 bis 1945 zu Preußen) haben vor allem im 20. Jahrhundert mehrmals politische Neuanfänge initiiert, erduldet oder erlitten, hierbei mehr Tiefpunkte als Sternstunden erlebt.[2] Zunächst war in

---

1   Vgl. etwa Reiner Groß: Geschichte Sachsens, 4. Aufl., Leipzig 2007.
2   Vgl. James Retallack: Einleitung, in: Ders. (Hrsg.): Sachsen in Deutschland. Politik, Kultur und Gesellschaft 1830–1918, Bielefeld/Gütersloh 2000, S. 11–32, hier S. 18.

den Novemberwirren des Jahres 1918 die über 800jährige Wettinerherrschaft gestürzt und das Königreich Sachsen beseitigt worden, zusammen mit dem Deutschen Kaiserreich. Die demokratischen Wurzeln der am 9. November 1918 von Philipp Scheidemann in Berlin ausgerufenen deutschen Republik reichten im Südosten jedoch nicht tief. Die sächsischen Verfassungsgeber suchten 1920 – entgegen einer mehrheitlich autoritären politischen Kultur – das neue Gemeinwesen zu konsolidieren, indem sie eine parlamentarische Demokratie und demokratische Wahlen verankerten.[3] Nach Jahrzehnten systemischer Benachteiligung konnten die Sozialdemokraten nun ihre kontinuierliche Stimmenhoheit im Land („rotes Sachsen") in Mandate umsetzen und für eine (politisch instabile) Dekade die Regierungsgeschäfte führen.[4] Infolge wiederholter Regierungskrisen offenbarte die letzte freie Landtagswahl im Jahr 1930 früh den „Bankrott des Länderparlamentarismus"[5] in Sachsen. Eine Regierungsbildung war wegen massiver Differenzen zwischen den bürgerlichen Parteien und der SPD unmöglich geworden (die bürgerliche Regierung blieb nach der Wahl geschäftsführend im Amt), die Konfrontation der extremistischen Parteien KPD und NSDAP mit den zerstrittenen demokratischen Kräften bestimmte den politischen Alltag innerhalb und außerhalb des Landtages.[6]

Noch vor Ende des Jahres 1933 wurden der Sächsische Landtag infolge der nationalsozialistischen Machtübernahme aufgelöst und alle Parteien eliminiert – bis auf die NSDAP. Das Land Sachsen, im Jahr 1934 als NS-Gau „gleichgeschaltet", nahm ein unrühmliches Ende. Die Zeit der Autokratien begann. Das pseudodemokratische Intermezzo zwischen brauner und roter Diktatur, die halbfreie Wahl zum Sächsischen Landtag am 20. Oktober 1946,[7] diente allein der Legitimation des zuvor aus KPD und SPD gebildeten Zwangskonstrukts SED. Es endete in der kommunistischen Diktatur. Unterstützt durch sächsische Kommunisten, oktroyierten die Sowjets ihre Herrschafts-, Wirtschafts- und Gesellschaftsordnung, besetzten staatliche Schlüsselpositionen, verfolgten und verhafteten politische Gegner.[8] Im „demokratischen Zentralismus" der 1949 gegründeten DDR ersetzten ab 1952 die Verwaltungsbezirke Dresden, Leipzig und Chemnitz (ab 1953 Karl-Marx-Stadt) das Land Sachsen als staatliche Einheit. Die sächsische Identität blieb freilich nahezu ungebrochen.[9]

---

3   Vgl. dazu Suzanne Drehwald/Christoph Jestaedt: Sachsen als Verfassungsstaat, Leipzig 1998, S. 44–56.
4   Vgl. ausführlich Claus-Christian W. Szejnmann: Vom Traum zum Alptraum. Sachsen in der Weimarer Republik, Dresden 2000.
5   o. A., Der Bankrott des Länderparlamentarismus, in: Dresdner Neueste Nachrichten vom 23. Juni 1930.
6   Siehe Hans Fenske: Wahlrecht und Parteiensystem. Ein Beitrag zur deutschen Parteiengeschichte, Frankfurt a. M. 1972, S. 285–304; Otto Kaemmel: Sächsische Geschichte, Dresden 2000, S. 149.
7   Vgl. dazu Karl-Heinz Hajna: Die Landtagswahlen 1946 in der SBZ, Frankfurt a. M. 2000, insb. S. 81–112, 223.
8   Vgl. den Band von Rainer Behring/Mike Schmeitzner (Hrsg.): Diktaturdurchsetzung in Sachsen. Studien zur Genese der kommunistischen Herrschaft 1945–1952, Köln 2003.
9   Vgl. Mary Fulbrook: Democratic Centralism and Regionalism in the GDR, in: Maiken Umbach (Hrsg.): German Federalism. Past, Present, Future, Basingstoke/New York 2002, S. 146–171.

Erst die friedliche Revolution des Herbstes 1989 fegte die politisch entkräftete wie
wirtschaftlich morsche SED-Diktatur hinweg.[10] Sachsen hatte einen großen Anteil daran.
Massenproteste etablierten binnen kurzem eine öffentliche Gegenmacht, die den Herr-
schenden zunächst Zugeständnisse abrang und diese später entmachtete.[11] Der dritte
(sächsische) Anlauf zur Demokratie gelang. Anders als zuvor sehnte sich der übergroße
Teil der Bevölkerung nach Freiheit und Wohlstand – er wollte einen demokratisch wie
rechtsstaatlich verfassten Staat und eine freiheitliche Wirtschaftsordnung. Und anders
als zuvor standen mit dem demokratischen Verfassungsstaat und der sozialen Marktwirtschaft der Bundesrepublik Deutschland funktionierende und allseits akzeptierte
Systeme bereit. Mit der deutschen Einheit am 3. Oktober 1990 verschmolz unter einem
Dach, was über 40 Jahre willkürlich getrennt war. Die Gründung der Länder Brandenburg, Mecklenburg-Vorpommern, Sachsen, Sachsen-Anhalt und Thüringen 1990 verlieh
diesen ihre staatliche und politische Integrität (zurück). Parlamentarische Regierungssysteme wurden geschaffen, die politischen Akteure durch freie Wahlen legitimiert.

Ziel unseres Buches ist es, das politische System des Freistaates Sachsen in seiner
Struktur und Entwicklung zu beschreiben, zu analysieren, vergleichend einzuordnen
sowie zu bewerten. Auf Landesebene finden sich einerseits zahllose strukturelle Parallelen bis hin zu homogenen Strukturen, die eine Differenzierung zwischen einzelnen
Ländern zu einem mühsamen, da kleinteiligen Unterfangen machen. Andererseits existieren mannigfaltige prozessuale und qualitative Charakteristika, besonders ausgeprägt
zwischen west- und ostdeutschen Ländern (aber nicht nur), die umfangreiche Einzelanalysen verlangen. „Harte" quantitative und strukturelle Einordnungen können trü-
gen, erst „weiche" qualitative und prozessuale Elemente runden die Analyse ab. Um die
Politik in Sachsen in diesem Sinne wiedergeben, einordnen und vergleichen zu können,
ist eine umfassende Quer- und Längsschnittbetrachtung notwendig, die folgende Leitfrage zu beantworten sucht: Existiert mit Blick auf das politische System Sachsens und
dessen Kernbestandteile ein „sächsischer Weg"? Die Art der Unterfragen liegt auf der
Hand: Wenn ja, was sind sächsische Spezifika? Warum ist dies so? Und wie fällt die Bewertung aus? Ist das geflügelte Wort von den „sächsischen Verhältnissen" im Ländervergleich belastbar?

Der Begriff „sächsischer Weg" entstammt – zumindest im politikwissenschaftlichen
Kontext – der Feder Ulrich Brümmers.[12] Dessen These eines vorrangig auf die struk-

---

10 Vgl. etwa Ehrhart Neubert: Unsere Revolution. Die Geschichte der Jahre 1989/90, München 2008; Ilko-
    Sascha Kowalczuk: Endspiel. Die Revolution von 1989 in der DDR, München 2009; Wolfgang Schuller:
    Die deutsche Revolution 1989, Berlin 2009; siehe zusammenfassend Eckhard Jesse: Friedliche Revolu-
    tion. Deutsche Einheit. Vereintes Deutschland?, in: Politische Vierteljahresschrift 52 (2011), S. 537–555.
11 Vgl. Eckhard Jesse (Hrsg.): Friedliche Revolution und deutsche Einheit – Sächsische Bürgerrechtler
    ziehen Bilanz, Berlin 2006; ders./Thomas Schubert (Hrsg.): Zwischen Konfrontation und Konzession.
    Friedliche Revolution und deutsche Einheit in Sachsen, Berlin 2010.
12 Vgl. Ulrich Brümmer: Parteiensystem und Wahlen in Sachsen. Kontinuität und Wandel von 1990–2005
    unter besonderer Berücksichtigung der Landtagswahlen, Wiesbaden 2006, S. 248–259.

turelle, gouvernementale und kulturelle CDU-Prädominanz gestützten „sächsischen
Weges" soll in dieser Studie systematisiert und erweitert werden. Ferner gilt es, den
„sächsischen Weg" a posteriori zu erörtern und das Phänomen für die diversen Unter-
suchungsbereiche kritisch zu analysieren. Nach Brümmer kennzeichneten im Zeitraum
1990 bis 2004 folgende acht Kernelemente den „sächsischen Weg": (1) „Die Reformkräfte der friedlichen Revolution haben den Entstehungsprozess des Landes Sachsen
weitgehend gestaltet." (2) „Die Reformer des Herbstes 1989 sind, vor allem über die
CDU, einflussreich im Parlament und in der Regierung." (3) „Das Parteiensystem ist
von einer ununterbrochenen CDU-Dominanz gekennzeichnet." (4) „Die Christdemokraten verfügen über eine strukturelle Mehrheit, ähnlich wie die SPD in Brandenburg
oder die CSU in Bayern." (5) „Der Freistaat Sachsen versteht sich als Sprecher und Interessenvertretung aller neuen Länder, wie etwa beim Solidarpakt oder im Vermittlungsausschuss." (6) „Sachsen weist politische Stabilität auf sowie eine vergleichsweise wirtschaftliche Prosperität und kulturellen Reichtum und hat deshalb ein positives Image als
investorenfreundliches Land." (7) „Die demokratischen Parteien zeichnet – aufgrund
der Wandlung der SPD – weiterhin ein anti-extremistischer Konsens aus." (8) „Der
CDU ist es gelungen, die von der PDS propagierte ‚Ost-Identität' für den Freistaat in
eine ‚Sachsen-Identität' zu transportieren."[13] Darüber hinaus erörtert Brümmer qualitative Zusammenhänge, die seiner Ansicht nach die These von einem „sächsischen Weg"
nach 1990 bekräftigen, wie etwa die herausgehobene Rolle Kurt Biedenkopfs, das hohe
Renommee der regierenden Christdemokraten oder deren bundespolitisch wirksam in-
szenierte Regierungspolitik. Jedoch fallen diese einerseits sehr eng aus, andererseits zielen sie einzig auf die Bestätigung der These; Negativbeispiele kommen zu kurz bzw. fehlen ganz. Strukturanalysen fließen in Brümmers Bewertung nicht ein, große Teile des
Regierungssystems bleiben – erklärtermaßen – unberücksichtigt, z. B. Verfassung, Parlament, Verwaltung oder die kommunale Ebene.

Der hier genutzte Begriff des „sächsischen Weges" will diese Verengung überwinden. Er verbindet die strukturellen mit den prozessualen Elementen des politischen Systems im Freistaat Sachsen. Dies sind vor allem: die Entstehung des Freistaates Sachsen
1989/90, die Landesverfassung und der Prozess der Verfassungsgebung, das parlamentarische Regierungssystem mit Landtag und Staatsregierung, Wahlen und Parteien, Verwaltung und Kommunalpolitik sowie Fragen der politischen Kultur und des politischen
Extremismus wie des Demokratieschutzes. Auf diese Weise entsteht ein facettenreiches
Bild, das weder idealisiert noch nivelliert.

Von einem „sächsischen Weg" soll erstens die Rede sein, wenn die untersuchten Faktoren im Kontext des deutschen Föderalismus besondere strukturelle bzw. prozessuale
Charakteristika aufweisen. Hierbei gilt: Nicht jeder landestypische Zuschnitt begründet
automatisch einen eigenen „Weg", und nicht jedwede (tatsächliche oder vermeintliche)

---

13 Ebd., S. 248 f.

Spezifik ist eine Eigenart. Damit das Etikett des „sächsischen Weges" gerechtfertigt ist, bedarf es zunächst der Binnenunterscheidung nach ost- und westdeutschen Ländern. Kann sich eine sächsische Untersuchungsdimension im Hinblick auf die westdeutschen Länder als Besonderheit herausstellen, handelt es sich bei ihr im ostdeutschen Ländervergleich mitunter um eine Gemeinsamkeit. Erst der einzigartige Wesenszug einer Untersuchungsdimension in der Gegenüberstellung mit Ost- und Gesamtdeutschland belegt einen „sächsischen Weg". Bedeutsam ist zweitens ein hohes Maß an zeitlicher Kontinuität. Kurzzeitige Sonderentwicklungen müssen als solche benannt und damit einer falschen Einordnung entzogen werden. Wer diesen Aspekt ignoriert, kann nahezu überall spezifische „Wege" entdecken. Drittens müssen die so etikettierten Phänomene einem sächsischen politisch-kulturellen Kontext entstammen bzw. maßgeblich durch einen solchen beeinflusst sein. Ein sächsisches Spezifikum definiert eine im Ländervergleich markante, temporär bestandsfeste und kontextuell sächsische Eigenheit.

Die Verfasser sind sich der Problematik ihres Ansatzes bewusst. James Retallack, dessen geschichtswissenschaftlicher Band „Sachsen in Deutschland" in Teilen einer ähnlichen Vorgabe folgt, sucht folgenden Weg: „Wie sollen wir mit der zweiten These – mit dem Dualismus zwischen ‚Sachsen ist anders' und ‚Sachsen ist nicht anders' – verfahren? Es ist zu betonen, dass es gerade diese Spannung ist, und nicht der Zwang, sich für die eine oder andere These entscheiden zu müssen, die historisches Arbeiten über Sachsen vorantreibt. Natürlich werden die Historiker weiterhin denjenigen Facetten der sächsischen Geschichte ihre Aufmerksamkeit widmen, bei denen Sachsen eine Pionierrolle zufiel. Und das ist auch gut so. Die sächsische Geschichte weist viele beispiellose politische Experimente auf, deren Singularität einfach nicht ignoriert werden kann. Dennoch demonstriert die sächsische Geschichte die Unsicherheit regionaler Innovationen im Kontext nationaler Trends."[14] Dasselbe gilt für eine politikwissenschaftliche Analyse, nicht zuletzt wegen des in historischen Dimensionen ausgesprochen eng bemessenen Betrachtungszeitraums.

Der Blick auf das Besondere, Exklusive oder Individuelle darf jedoch den auf das Gewöhnliche, Profane oder Gemeinsame nicht verstellen. Die Gefahr, sich vorrangig der positiv wie negativ markanten Themen zu widmen und diese so womöglich gegenüber anderen zu überhöhen, ist umso größer, je geringer der Gegenstand wissenschaftlich durchdrungen ist. Die übergreifende Frage nach einem „sächsischen Weg" wird daher jeweils ergebnisoffen untersucht. Wir wollen der Versuchung widerstehen, dass bereits diese Frage eine bestimmte Art präjudiziert.

---

14   James Retallack: Einleitung (Anm. 2), S. 17 f.

2 Studien zu Sachsen

Weshalb ein Buch über „Politik in Sachsen" schreiben, gelten doch die Regierungssysteme der deutschen Länder gemeinhin als weithin homogen, die Landespolitik als stark von den übergeordneten Politikebenen abhängig, verwaltungsdominiert und in den eigenständigen Gestaltungsoptionen beschränkt? Eine Einzelfallstudie, so eine mögliche Kritik, schafft hier zwar Abhilfe, indem sie einerseits Spezifika zutage fördert, andererseits aber über eine induktive – und damit kaum generalisierbare – Darstellung nicht hinauskommt. Beide (schiefe) Lesarten sind nicht zuletzt mit ursächlich für die geringe Zahl an breiteren politikwissenschaftlichen Analysen einzelner Bundesländer.[15]

Die „stiefmütterliche"[16] Behandlung der Landesebene[17] durch die Politikwissenschaft resultiert jedoch nicht nur aus dem unitarischen Charakter des deutschen Föderalismus. Die Dominanz gesamtstaatlicher Perspektiven ist auch der folgenden Tatsache geschuldet: Mit Landesstudien sind kaum politikwissenschaftliche Meriten zu erwerben. Die deutschen Länder werden deshalb oft im Zusammenhang mit den ihnen übergeordneten Ebenen zu einem politikwissenschaftlichen Gegenstand.[18] Erst in letzter Zeit haben komparative Analysen einige Forschungslücken im landespolitischen Bereich behoben.[19] An dem Mangel an aktuellen übergreifenden Studien zu den politischen Systemen der einzelnen deutschen Länder[20] ändert dies freilich nichts. Sachsen ist hier keine Ausnahme, im Gegenteil. Es existiert – und das ist erstaunlich – kein Kom-

---

15 Positiv können – neben Arbeiten zu Nordrhein-Westfalen und Bayern – z. B. Studien zu Rheinland-Pfalz erwähnt werden. Vgl. Peter Haungs (Hrsg.): 40 Jahre Rheinland-Pfalz. Eine politische Landeskunde, Mainz 1986; Ulrich Sarcinelli u. a. (Hrsg.): Politische Kultur in Rheinland-Pfalz, Mainz/München 2000; dies. (Hrsg.): Politik in Rheinland-Pfalz. Gesellschaft, Heimat und Demokratie, Wiesbaden 2010. Siehe jetzt Manuela Glaab/Michael Weigl (Hrsg.): Politik und Regieren in Bayern. Wiesbaden 2013.

16 Vgl. Frank Decker: Regieren im „Parteienbundesstaat". Zur Architektur der deutschen Politik, Wiesbaden 2011, S. 278. Das gleichlautende Urteil Ulrich von Alemanns aus dem Jahr 1985 besitzt bis heute – wenn auch in abgeschwächter Form – Gültigkeit. Vgl. Ulrich von Alemann: Parteien und Wahlen in Nordrhein-Westfalen. Eine Einführung, in: Ders. (Hrsg.): Parteien und Wahlen in Nordrhein-Westfalen, Köln u. a. 1985, S. 11–21, hier S. 12.

17 Eine Ausnahme ist Sven Leunig: Die Regierungssysteme der deutschen Länder, 2. Aufl., Wiesbaden 2012.

18 Vgl. exemplarisch Kerstin Völkl u. a. (Hrsg.): Wähler und Landtagswahlen in der Bundesrepublik Deutschland, Baden-Baden 2008.

19 Vgl. anstatt vieler Andreas Kost/Hans-Georg Wehling (Hrsg.): Kommunalpolitik in den deutschen Ländern. Eine Einführung, 2. Aufl., Wiesbaden 2010; Markus Freitag/Adrian Vatter (Hrsg.): Die Demokratien der deutschen Bundesländer. Politische Institutionen im Vergleich, Opladen/Farmington Hills 2008; Achim Hildebrandt/Frieder Wolf (Hrsg.): Die Politik der Bundesländer. Staatstätigkeit im Vergleich, Wiesbaden 2008; Uwe Jun u. a. (Hrsg.): Parteien und Parteiensysteme in den deutschen Ländern, Wiesbaden 2008; Siegfried Mielke/Werner Reutter (Hrsg.): Landesparlamentarismus: Geschichte – Struktur – Funktionen, 2. Aufl., Wiesbaden 2012.

20 Etwa Karl-Rudolf Korte u. a.: Regieren in Nordrhein-Westfalen. Strukturen, Stile und Entscheidungen 1990 bis 2006, Wiesbaden 2006.

pendium zur Politik und zum politischen System des Freistaates Sachsen seit 1990.[21] Für die anderen neuen Länder gilt das nicht in gleichem Maße.[22] Sehr wohl bietet indes die Forschung ein Potpourri an Einzelstudien über Sachsen, wie ein Überblick zu jedem in diesem Buch behandelten Bereich zeigen soll.

Die Wiedergründung des Freistaates Sachsen 1989/90 (Kapitel 2) ist vor allem durch Studien des Dresdner Hannah-Arendt-Instituts für Totalitarismusforschung gut durchdrungen. Das dort entstandene Opus magnum von Michael Richter[23] zeichnet den einjährigen Prozess akribisch nach.[24] Eine Einzelstudie Richters widmet sich speziell der Grenzkreisproblematik 1989/90 und der Frage, wie in Sachsen, Thüringen und Brandenburg bei der Zuordnung von Kreisen und Kommunen mit dem „Bürgerwillen" verfahren wurde.[25] Besonders der Bereich der friedlichen Revolution erfuhr ein hohes Maß an wissenschaftlicher Aufmerksamkeit. Hier ist wiederum Michael Richter an erster Stelle zu nennen.[26] Sein Mammutwerk „Die Friedliche Revolution" ist eine Pionierstudie. Auch andere Autoren wie Matthias Kluge oder Karin Urich haben Wegweisendes geleistet.[27] Das überrascht nicht, denn Sachsen gilt gemeinhin als Kernland der friedlichen Revolution. Die Zahl einschlägiger Dokumentationen ist Legion.[28]

---

21 Der Tagungsband von Konstantin Hermann versammelt eine ganze Reihe aufschlussreicher Beiträge zu Geschichte, Politik, Wirtschaft und Gesellschaft des Freistaates, jedoch ohne integrierende Fragestellung. Vgl. Konstantin Hermann (Hrsg.): Sachsen seit der Friedlichen Revolution. Tradition, Wandel, Perspektiven, Dresden 2010.

22 Vgl. Christiane Büchner/Jochen Franzke: Das Land Brandenburg. Kleine politische Landeskunde, 5. Aufl., Potsdam 2008; Landeszentrale für politische Bildung Mecklenburg-Vorpommern (Hrsg.): Politische Landeskunde Mecklenburg-Vorpommern, Schwerin 2005; Everhard Holtmann (Hrsg.): Landespolitik in Sachsen-Anhalt. Ein Handbuch, Halle (Saale) 2006; Karl Schmitt (Hrsg.): Thüringen. Eine politische Landeskunde, Baden-Baden 2011.

23 Vgl. Michael Richter: Die Bildung des Freistaates Sachsen. Friedliche Revolution, Föderalisierung, deutsche Einheit 1989/90, Göttingen 2004.

24 Ferner die Studie von Ralph Kleimeier: Sachsen 1989/90: Von den Räten der Bezirke zum ersten frei gewählten Landtag, Magisterarbeit, Düsseldorf 1999; sowie Karl-Heinz Hajna: Länder-Bezirke-Länder. Zur Territorialstruktur im Osten Deutschlands 1945–1990, Frankfurt a. M. 1995.

25 Vgl. Michael Richter: Entscheidung für Sachsen. Grenzkreise und -kommunen bei der Bildung des Freistaates Sachsen 1989–1994, Dresden 2002.

26 Vgl. ders.: Die Friedliche Revolution. Aufbruch zur Demokratie in Sachsen 1989/90, 2 Bde., Göttingen 2009.

27 Vgl. Matthias Kluge: Das Christliche Friedensseminar Königswalde bei Werdau. Ein Beitrag zu den Ursprüngen der ostdeutschen Friedensbewegung in Sachsen, Leipzig 2004; Karin Urich: Die Bürgerbewegung in Dresden 1989/90, Köln u. a. 2001; ferner Alexander Fischer/Günther Heydemann (Hrsg.): Die politische „Wende" 1989/90 in Sachsen, Köln/Weimar 1995.

28 Vgl. exemplarisch Thomas Küttler/Jean Curt Röder (Hrsg.): Die Wende in Plauen. Eine Dokumentation, 6. Aufl., Plauen 1999; Thomas Abbe u. a.: Wir bleiben hier. Erinnerungen an den Herbst '89. Mit einer Chronik von Uwe Schwabe, Leipzig 1999; Michael Richter/Erich Sobeslavsky: Entscheidungstage in Sachsen. Berichte von Staatssicherheit und Volkspolizei über die friedliche Revolution im Bezirk Dresden. Eine Dokumentation, Dresden 1999.

Auch zum Thema Verfassung und Verfassungsgerichtsbarkeit (Kapitel 3) überwiegen Studien zur Verfassungsgeschichte[29] bzw. zur Entstehung der gegenwärtigen sächsischen Verfassung.[30] Das Buch von Suzanne Drehwald und Christoph Jestaedt „Sachsen als Verfassungsstaat"[31] bietet einerseits einen zuverlässigen historischen Überblick, andererseits widmet es sich ausführlich in einem kommentierenden Teil der aktuellen Verfassung des Freistaates Sachsen. Matthias Dehoust, Peter Nagel und Torsten Umbach lieferten zum 20jährigen Verfassungsjubiläum 2012 eine gut strukturierte und verständliche Erläuterung zur sächsischen Landesverfassung.[32] Spezifischer sind die Arbeiten zu den sächsischen Staatszielbestimmungen von Thomas Rincke und Peter Christian Fischer.[33] Allgemeine Darstellungen der Landesverfassungsgerichtsbarkeit in Deutschland bieten u. a. Martina Flick[34] sowie Christian Starck[35]. Die Funktionen und Besonderheiten in Sachsen werden – mit Ausnahme des Beitrages von Jürgen Rühmann[36] – vor allem im Zusammenhang der ostdeutschen Landesverfassungsgerichte behandelt.[37]

Im Bereich des Parlamentarismus (Kapitel 4) weist die historische und politikwissenschaftliche Forschung wichtige Resultate auf.[38] An erster Stelle rangieren die Studien des Dresdner Politikwissenschaftlers Werner J. Patzelt. Das gilt für Deutschland[39]

---

29 Siehe beispielsweise Johannes Frackowiak: Verfassungsdiskussionen in Sachsen nach 1918 und 1945, Köln 2005.

30 Vgl. Hans von Mangoldt: Entstehung und Grundgedanken der Verfassung des Freistaates Sachsen, Leipzig 1996; ders.: Grundzüge der sächsischen Verfassung, in: Siegfried Gerlach (Hrsg.): Sachsen. Eine politische Landeskunde, Stuttgart u. a. 1993, S. 221–248.

31 Suzanne Drehwald/Christoph Jestaedt (Anm. 3).

32 Matthias Dehoust/Peter Nagel/Torsten Umbach: Die sächsische Verfassung. Einführung und Erläuterung, Dresden/Leipzig 2011.

33 Vgl. Thomas Rincke: Staatszielbestimmungen der Verfassung des Freistaates Sachsen, Frankfurt a. M. 1997; Peter Christian Fischer: Staatszielbestimmungen in den Verfassungen und Verfassungsentwürfen der neuen Bundesländer, München 1994.

34 Vgl. Martina Flick: Landesverfassungsgerichtsbarkeit, in: Markus Freitag/Adrian Vatter (Anm. 19), S. 237–256.

35 Vgl. Christian Starck: § 130. Verfassungsgerichtsbarkeit der Länder, in: Josef Isensee/Paul Kirchhof (Hrsg.): Handbuch des Staatsrechts der Bundesrepublik Deutschland, Bd. VI, 3. Aufl., Heidelberg 2008.

36 Jürgen Rühmann: Landtag und Verfassungsgerichtshof – Vom kritischen Dialog mit dem „Hüter der Verfassung", in: Erich Iltgen (Hrsg.): Zehn Jahre Sächsischer Landtag. Bilanz und Ausblick, Dresden 2000, S. 155–183.

37 Vgl. u. a. Hans Markus Heimann. Die Entstehung der Verfassungsgerichtsbarkeit in den neuen Ländern und in Berlin, München 2001; Christian Eggeling: Das Sondervotum in der Verfassungsgerichtsbarkeit der neuen Bundesländer, Berlin 2006.

38 Vgl. dazu Anke Rätsch: Der Sächsische Landtag in den ersten beiden Wahlperioden (1990–1999): Tätigkeit, Professionalisierung und Selbstbild seiner Abgeordneten, Dissertation an der Technischen Universität Chemnitz 2008; Karin Algasinger u. a.: Wie das Parlament die Regierung kontrolliert: Der Sächsische Landtag als Beispiel, in: Everhard Holtmann/Werner J. Patzelt (Hrsg.): Kampf der Gewalten? Parlamentarische Regierungskontrolle – gouvernementale Parlamentskontrolle, Wiesbaden 2004, S. 107–147; Erich Iltgen (Hrsg.): Zehn Jahre Sächsischer Landtag. Bilanz und Ausblick, Dresden 2000.

39 Vgl. etwa Werner Patzelt: Abgeordnete und Repräsentation. Amtsverständnis und Wählbarkeit, Passau 1993.

schlechthin, für die ostdeutschen Länder[40] und für Sachsen[41] speziell. Über die Arbeit des Sächsischen Landtages informiert zuverlässig die Schrift von Thomas Gey und Helmar Schöne.[42] Hervorzuheben sind ferner die Dissertation von Susann Mende, die den Kompetenzverlust des Sächsischen Landtages seit 1990 im Bereich der Gesetzgebung untersucht, sowie jene von Kerstin Heinig zum Selbstauflösungsrecht des Sächsischen Landtages.[43] Die voranschreitende europäische Integration schwächt die Landesparlamente weiter. Das ist kein sächsisches Spezifikum. Der Sächsische Landtag gibt seit 1991 einen „Landtagskurier Freistaat Sachsen" heraus, zuerst auf acht Seiten, später auf 20 Seiten (zehnmal im Jahr). In ihnen kommen aktuelle und historische Themen wie solche von prinzipieller Bedeutung zur Sprache.

Hingegen existieren zum Thema Regieren und Regierungen in Sachsen (Kapitel 5) kaum politikwissenschaftliche Arbeiten. Die Regierungs- und Koalitionsforschung hat sich Sachsen nur punktuell angenommen.[44] Maßgeblich ist hier die Dissertation von Timo Grunden,[45] die am Beispiel von Hessen, Sachsen-Anhalt und Sachsen die Alltagspraxis informellen Regierens analysiert, etwa das interne Politikmanagement und die gouvernementale Entscheidungsfindung in der Ära von Kurt Biedenkopf. Einen gründlichen Vergleich zum Aufbau sowie zu den Strukturen und Funktionen der Staatskanzleien in den ostdeutschen Ländern legte 1995 Otto Häußler vor.[46] Der „zugehörige" Praxisbericht für Sachsen stammt aus der Feder von Harald Noeske.[47] Der frühere Ministerialbeamte bietet einen facettenreichen Einblick in die Organisations- und Machtstrukturen sowie die Arbeitsabläufe des sächsischen Regierungsapparats. Der Schwerpunkt seiner ebenso kritischen wie politischen Darstellung liegt auf der Staatskanzlei, der er weitgehendes Koordinierungsversagen vorwirft.

Ansonsten standen die sächsischen Ministerpräsidenten (Kapitel 6) vor allem im Mittelpunkt journalistischer Arbeiten, insbesondere Kurt Biedenkopf, der die sächsi-

---

40 Vgl. etwa ders.: „Seiteneinsteiger, Neulinge, Ossis …": Die Integration ostdeutscher Abgeordneter in „gesamtdeutsche" Parlamente, in: Zeitschrift für Parlamentsfragen 31 (2000), S. 542–568; ders.: Institutionenbildung anhand von „Blaupausen": Die Neuentstehung des ostdeutschen Parlamentarismus als Beispiel, in: Astrid Lorenz (Hrsg.): Ostdeutschland und die Sozialwissenschaften. Bilanz und Perspektiven 20 Jahre nach der Wiedervereinigung, Opladen u. a. 2011, S. 261–292.

41 Vgl. etwa ders.: Landesparlamentarismus in Deutschland: Sachsen, in: Siegfried Mielke/Werner Reutter (Anm. 19), S. 509–548.

42 Vgl. Thomas Gey/Helmar Schöne: So arbeitet der Sächsische Landtag, Rheinbreitbach 2011.

43 Vgl. Susann Mende: Kompetenzverlust der Landesparlamente im Bereich der Gesetzgebung. Eine empirische Analyse am Beispiel des Sächsischen Landtages, Baden-Baden 2010; Kerstin Heinig: Das Selbstauflösungsrecht des Sächsischen Landtages, Frankfurt a. M. u. a. 2008.

44 Etwa Eckhard Jesse/Thomas Schubert: Koalitionen in Sachsen – Regierungskonstellationen und Bündnispolitik im Hegemonialparteiensystem 1990–2010, in: Julia Oberhofer/Roland Sturm (Hrsg.): Koalitionsregierungen in den Ländern und Parteienwettbewerb, München 2010, S. 115–143.

45 Timo Grunden: Politikberatung im Innenhof der Macht. Zu Einfluss und Funktion der persönlichen Berater deutscher Ministerpräsidenten, Wiesbaden 2009.

46 Vgl. Otto Häußler: Die Staatskanzleien der Länder. Aufgaben, Funktionen, Personal und Organisation unter Berücksichtigung des Aufbaus in den neuen Ländern, Baden-Baden 1995.

47 Vgl. Harald Noeske: Regieren in Sachsen, Dresden 2012.

sche Politik (im ersten Jahrzehnt nach der deutschen Einheit) bestimmt hat – mehr als Georg Milbradt und Stanislaw Tillich.[48] Um Tillich gab es eine heftige Auseinandersetzung wegen seiner CDU-Vergangenheit in der DDR, besonders um seinen Umgang damit.[49] Personen prägen neben anderen Faktoren die Identität eines Landes. Hier mangelt es an wissenschaftlich fundierten Studien, etwa an politikwissenschaftlichen Biografien. Eine erfrischende Ausnahme bietet das kurze Porträt des Parteienforschers Matthias Micus über den „Landesvater" Kurt Biedenkopf.[50] Vergleichende Analysen kommen indes zu kurz. Das gilt in doppelter Hinsicht – zwischen den Ministerpräsidenten in Sachsen[51] und zwischen denen in Deutschland[52].

Ebenso sind Studien zu Wahlen und Wahlverhalten (Kapitel 7) im Freistaat Sachsen bis heute Mangelware. Dieser Befund überrascht. An der fehlenden Existenz von Daten liegt es nicht. Abgesehen von einigen historischen Arbeiten[53] und ausführlichen politikwissenschaftlichen Analysen der Landtagswahlkämpfe nach 1990,[54] die weithin auch Wahlverhalten und Wahlergebnisse untersuchen, fehlt es an einer wissenschaftlichen Gesamtbetrachtung.[55] Es dominieren kurze Einzelanalysen in der *Zeitschrift für Parlamentsfragen*[56] oder spezifische Fallanalysen als Bestandteil bundesweit vergleichender

---

48 Vgl. Alexander Wendt: Kurt Biedenkopf. Ein politisches Portrait, Berlin 1994; Peter Köpf: Der Querdenker Kurt Biedenkopf. Eine Biografie, Frankfurt a. M. 1999. Eher polemisch Michael Bartsch: Das System Biedenkopf. Der Hof-Staat Sachsen und seine braven Untertanen oder: Wie in Sachsen die Demokratie auf den Hund kam, Berlin 2002.

49 Vgl. etwa die scharfe Kritik von Uwe Müller/Grit Hartmann: Vorwärts und vergessen. Kader, Spitzel und Komplizen. Das gefährliche Erbe der SED-Diktatur, Berlin 2009, S. 104–128.

50 Vgl. Matthias Micus: Kurt Biedenkopf – General bei Kohl, König in Sachsen, in: Robert Lorenz/ders. (Hrsg.): Seiteneinsteiger. Unkonventionelle Politiker-Karrieren in der Parteiendemokratie, Wiesbaden 2009, S. 81–114.

51 Eine analoge Studie wie die von Mike Schmeitzner/Andreas Wagner (Hrsg.): Von Macht und Ohnmacht. Sächsische Ministerpräsidenten im Zeitalter der Extreme 1919–1952, Beucha 2006 dürfte noch lange auf sich warten lassen.

52 Vgl. ansatzweise unter rechtlichen Aspekten Anne-Louise Schümer: Die Stellung der Ministerpräsidenten in den Bundesländern im Vergleich, Frankfurt a. M. 2006; und (mit dem Schwerpunkt auf Bayern) Peter März: Ministerpräsidenten, in: Herbert Schneider/Hans-Georg Wehling (Hrsg.): Landespolitik in Deutschland. Grundlagen – Strukturen – Arbeitsfelder, Wiesbaden 2006, S. 148–184.

53 Vgl. exemplarisch Simone Lässig: Wahlrechtskampf und Wahlreform in Sachsen (1895–1909), Köln/Weimar 1996; dies.: Reichstagswahlen im Königreich Sachsen 1871–1912, Leipzig/Dresden 1998; Gerhard A. Ritter: Das Wahlrecht und die Wählerschaft der Sozialdemokratie im Königreich Sachsen 1867–1914, in: Ders. (Hrsg.): Der Aufstieg der deutschen Arbeiterbewegung. Sozialdemokratie und Freie Gewerkschaften im Parteiensystem und Sozialmilieu des Kaiserreichs, München 1990, S. 49–101.

54 Vgl. Thomas Schubert: Wahlkampf in Sachsen. Eine qualitative Längsschnittanalyse der Landtagswahlkämpfe 1990–2004, Wiesbaden 2011; Judith Müller: Politische Inszenierung in Landtagswahlkämpfen. Ein akteursorientierter Vergleich der Kampagnenkommunikation zur sächsischen Landtagswahl 2004, Baden-Baden 2011.

55 Eine instruktive Einführung für die politische Bildung bietet Werner Rellecke: Wahlen in Sachsen, Dresden 2009.

56 Vgl. zuletzt Eckhard Jesse: Die sächsische Landtagswahl vom 30. August 2009: Sachsens Vorreiterrolle für den Bund, in: Zeitschrift für Parlamentsfragen 41 (2010), S. 322–339.

Forschungsprojekte.[57] Nicht nur die Frage, ob die (Landtags-)Wahlen in Sachsen stärker durch bundes- oder durch landespolitische Einflüsse geprägt sind, bedarf weiterer Untersuchungen.

Hingegen ist der Forschungsstand über die verwandte Thematik Parteien und Parteiensystem (Kapitel 8) nicht zuletzt wegen der zahlreichen sächsischen Besonderheiten deutlich besser. Als erste präsentierten die Dresdner Politologen Werner J. Patzelt und Karin Algasinger Mitte der 1990er Jahre eine kurze Bestandsaufnahme des sächsischen Parteiensystems und damit verbundener Interessenvermittlungsstrukturen.[58] Später analysierte Ulrich Brümmer in seiner Dissertation das sächsische Parteiensystem anhand dessen elektoraler und gouvernementaler Dimension. Er liefert ein umfassendes Bild zu Kontinuität, Wandel und Eigenheiten.[59] Bietet das Sammelwerk von Christian Demuth und Jakob Lempp detaillierte Studien zu den relevanten Akteuren,[60] porträtieren Gero Neugebauer und Werner Rellecke die sächsische Parteienlandschaft im Rahmen vergleichend angelegter Sammelbände.[61] Zuletzt legte Falk Illing eine gründliche Gesamtbetrachtung zur sächsischen FDP nach 1990 vor.[62]

In den Bereichen Verwaltung (Kapitel 9) sowie Kommunalpolitik und Kommunale Selbstverwaltung in Sachsen (Kapitel 10) sind zunächst neben verwaltungshistorischen Arbeiten etwa von Karlheinz Blaschke[63] oder Überblicksstudien zur sächsischen Verwaltungsstruktur, -kultur und -transformation[64] auch spezialisierte Arbeiten zu nennen. Die neue Fallstudie von Alexander Löscher untersucht die (begrenzte) Innovation im Bereich der Ministerialverwaltung.[65] Im Zentrum vieler Abhandlungen steht indes die Frage der Verwaltungsreform – so bei Jens Baumann,[66] der sich am sächsischen Beispiel der Bestimmung der Kreissitze bei Kreisgebietsreformen und den Optionen eines

---

57 Vgl. Anja Mays: Bundespolitische Effekte oder regionale Besonderheiten? Zum Einfluss der Bundespolitik auf die sächsischen Landtagswahlen, in: Kerstin Völkl u. a. (Hrsg.): Wähler und Landtagswahlen in der Bundesrepublik Deutschland, Baden-Baden 2008, S. 361–380.

58 Vgl. Werner J. Patzelt/Karin Algasinger: Das Parteiensystem Sachsens, in: Oskar Niedermayer (Hrsg.): Intermediäre Strukturen in Ostdeutschland, Opladen 1996, S. 237–262.

59 Vgl. Ulrich Brümmer (Anm. 12).

60 Vgl. Christian Demuth/Jakob Lempp (Hrsg.): Parteien in Sachsen, Dresden/Berlin 2006.

61 Vgl. Gero Neugebauer: Das Parteiensystem Sachsens, in: Uwe Jun u. a. (Anm. 19), S. 386–408; Werner Rellecke: Sachsen – vom „roten" Königreich zum CDU-dominierten Sechsparteiensystem, in: Andreas Kost u. a. (Hrsg.): Parteien in den deutschen Ländern, München 2010, S. 341–359.

62 Vgl. Falk Illing: Auf dem Weg zur etablierten Partei? Wahlanalyse, Organisation, Programmatik und Strategie der FDP seit 1990, Wiesbaden 2013.

63 Vgl. Uwe Schirmer/André Thieme (Hrsg.): Beiträge zur Verfassungs- und Verwaltungsgeschichte. Ausgewählte Aufsätze von Karlheinz Blaschke, Leipzig 2002.

64 Vgl. exemplarisch Klaus Weber: Transformation und öffentliche Verwaltung, in: Konstantin Hermann (Anm. 21), S. 93–102; Hans G. Krone: Die Bedeutung der Verwaltungskultur. Eine Kulturanalyse zur Wirtschaftsförderpolitik in der sächsischen öffentlichen Verwaltung, Osnabrück 2003.

65 Alexander Löscher: Informationstechnik in der Ministerialverwaltung: Routine oder Innovation? Fallstudie „Sax IB", Dissertation an der Technischen Universität Chemnitz 2013.

66 Vgl. Jens Baumann: Handlungsstrategien im Rahmen der Kreisgebietsreform – am Beispiel von Kreissitzbestimmung und Zentralitätsausgleich im Freistaat Sachsen, Dresden 2005.

Verlustausgleichs widmet. Baumann zeichnet ein gründliches, die Handlungsstrategien wie Machtpotenziale beleuchtendes Bild vom Reformprozess und rezipiert zahlreiche andere Arbeiten zu diesem Thema. Über die zweite Kreisgebietsreform handelt der informative Band von Ralf Brinktrine.[67] Ein detailreiches (leider veraltetes) Überblickswerk zu den Themengebieten ist Manfred Schleers „Kommunalpolitik in Sachsen". Es gibt nicht nur strukturelle Informationen, sondern erörtert auch anhand von Umfragedaten die Selbsteinschätzung von Bürgermeistern und Landräten.[68] Der Wandel in der sächsischen Kommunalpolitik seit 1990 ist enorm – u. a. bedingt durch die Gebiets- und Funktionalreformen, den notorischen Geldmangel und die sinkende politische Partizipation.[69] Die Dokumentation „Aufbruch in die Demokratie", die sich nicht nur auf Sachsen bezieht, vermittelt einen anschaulichen Eindruck vom Aufbau der Kommunalen Selbstverwaltung in den ostdeutschen Ländern.[70]

Zum Thema Sachsen im Bund und in der Europäischen Union (Kapitel 11) eignen sich einerseits generalisierende Schriften wie jene von Roland Sturm und Heinrich Pehle.[71] Für die Analyse des „sächsischen Weges" sind andererseits spezifische Arbeiten zur Rolle der Länder bzw. des Freistaates im Bundesrat sowie zu den Landesvertretungen bzw. der sächsischen Vertretung im Bund unverzichtbar. Erstgenannte bieten u. a. als Überblick Ulrich Eith/Markus B. Siewert[72] und Sven Leunig[73]; letztgenannte finden sich bei Klemens H. Schrenk[74] und (aus historischer Perspektive) bei Fred J. Heidemann.[75] Die Vertretungen der Länder bei der EU sind ebenfalls gut erforscht, so u. a. bei Christian Burgsmüller und Martin Große Hüttmann/Michèle Knodt.[76] Dagegen wurde

---

67 Vgl. Ralf Brinktrine (Hrsg.): Rechtsfragen der Kreisgebiets- und Verwaltungsreform 2008 in Sachsen, Berlin 2009.

68 Manfred Schleer: Kommunalpolitik in Sachsen. Bürger, Politiker und Verwaltungen in Gemeinden, Städten und Landkreisen, Dresden 2003.

69 Vgl. zusammenfassend Annette Rehfeld-Staudt/Werner Rellecke: Kommunalpolitik im Freistaat Sachsen, in: Andreas Kost/Hans-Georg Wehling (Anm. 19), S. 282–306.

70 Vgl. Bundesministerium des Innern (Hrsg.): Aufbruch in die Demokratie. Erfahrungen und Berichte aus ostdeutschen Kommunen nach der Kommunalwahl im Mai 1990, Berlin 2011.

71 Vgl. Roland Sturm/Heinrich Pehle: Das neue deutsche Regierungssystem. Die Europäisierung von Institutionen, Entscheidungsprozessen und Politikfeldern in der Bundesrepublik Deutschland, 3. Aufl., Wiesbaden 2012.

72 Vgl. Ulrich Eith/Markus B. Siewert: Das „unechte" Unikat: der Deutsche Bundesrat, in: Gisela Riescher u. a. (Hrsg.): Zweite Kammern, 2. Aufl., München 2010, S. 97–125.

73 Vgl. Sven Leunig: Der deutsche Bundesrat: Einzigartig, einflussreich, aber nicht unumstritten, in: Ders. (Hrsg.): Handbuch Föderale Zweite Kammern, Opladen/Farmington Hills 2009, S. 95–113.

74 Vgl. Klemens H. Schrenk: Die Vertretungen der Länder beim Bund, in: Ders./Markus Soldner (Hrsg.): Analyse demokratischer Regierungssysteme, Wiesbaden 2010, S. 359–374.

75 Vgl. Fred J. Heidemann: Sachsen Vertretungen. Von den Kurfürstlich-Sächsischen Gesandtschaften zur Vertretung des Freistaates Sachsen beim Bund, Dresden 2008.

76 Vgl. Christian Burgsmüller: Die deutschen Länderbüros in Brüssel – verfassungswidrige Nebenaußenpolitik oder zeitgemäße Ausprägung des Föderalismus?, Aachen 2003; Martin Große Hüttmann/ Michèle Knodt: „Diplomatie mit Lokalkolorit": Die Vertretungen der deutschen Länder in Brüssel und ihre Aufgaben im EU-Entscheidungsprozess, in: Europäisches Zentrum für Föderalismusforschung (Hrsg.): Jahrbuch des Föderalismus 2006, Baden-Baden 2006, S. 595–605.

Sachsens Verbindungsbüro in Brüssel und die Rolle des Freistaates im europäischen Ausschuss der Regionen von der (Politik-)Wissenschaft bislang kaum gewürdigt. Neben den (knappen) Selbstdarstellungen durch den Freistaat sind die Beiträge von Roger Mackeldey[77] und die Dissertation von Marzena Schöne[78] erwähnenswert.

Das Thema Medien in Sachsen (Kapitel 12) ist kommunikations- und politikwissenschaftlich eher ein „ostdeutscher" Gegenstand. So dominiert etwa in der wissenschaftlichen Aufarbeitung der Rolle der heutigen ostdeutschen/sächsischen Tageszeitungen und Rundfunkmedien (inklusive der dort arbeitenden Journalisten) während der Zeit der SED-Diktatur der vergleichende Blick.[79] Ansonsten spielt die heutige ostdeutsche Presse- und Rundfunklandschaft in Überblickswerken häufig eine (Neben-)Rolle,[80] die einzige aktuelle Gesamtdarstellung zu Sachsen bietet Peter Stawowy.[81] Seine kurze Schrift für die politische Bildung schneidet die wichtigsten Gattungen an und wendet sich auch der Medienpolitik im Freistaat zu. Kompetente Einzelstudien zu Medien und Medienwirkung in Sachsen entstammen dem Institut für Kommunikationswissenschaft an der Technischen Universität Dresden um Wolfgang Donsbach,[82] ebenso der Fakultät Medien der Hochschule Mittweida um Otto Altendorfer.[83]

Die Dauerthemen Sozialstruktur und Demografie (Kapitel 13) sind in den vergangenen Jahren im Bundesmaßstab wie auf der Landesebene umfassend untersucht worden. Vor allem die vom Statistischen Bundesamt[84] und von den statistischen Landesämtern[85] erhobenen Daten zeichnen ein detailliertes Bild der Bevölkerungsentwicklung, ihren Prognosen und den Dimensionen sozialer Schichtung und Ungleichheit. Diese stellen

---

77 Vgl. Roger Mackeldey: Alte Bindungen wieder neu? Sachsens Beziehungen in Europa, in: Konstantin Hermann (Anm. 21), S. 159–169.

78 Vgl. Marzena Schöne: Bedeutung, Typologie und Entwicklungsperspektiven der deutsch-polnischen und deutsch-tschechischen Euroregionen, Dissertation, Dresden 2006.

79 Vgl. etwa Beate Schneider/Dieter Stürzebecher (Hrsg.): Wenn das Blatt sich wendet. Die Tagespresse in den neuen Bundesländern, Baden-Baden 1998; Stefan Pannen: Die Weiterleiter. Funktion und Selbstverständnis ostdeutscher Journalisten, Köln 1992.

80 Vgl. etwa Hermann Meyn/Jan Tonnemacher: Massenmedien in Deutschland, 4. Aufl., Konstanz 2012.

81 Peter Stawowy: Medien in Sachsen, Dresden 2011.

82 Vgl. etwa Wolfgang Donsbach u. a.: Lokales Kabelfernsehen in Sachsen, in: Otto Altendorfer/Kurt-Ulrich Mayer (Hrsg.): Sächsisches Medienjahrbuch 1998/1999, Leipzig 1999, S. 250–256; ders. u. a.: Lokal-TV zwischen Heimat- und Regionalfernsehen. Anbieter und Nutzer des privaten Lokalfernsehens Sachsens, Berlin 1999; Robert Rudzok: Berichterstattung über die NPD in Sachsen. Eine vergleichende Inhaltsanalyse der sächsischen regionalen Tageszeitungen im Vorfeld der Landtagswahlen 1999, 2004 und 2009, Magisterarbeit, Dresden 2010; Nils Thiedemann: Der publizistische Konflikt um die DDR-Vergangenheit des sächsischen Ministerpräsidenten Stanislaw Tillich, Magisterarbeit, Dresden 2010.

83 Etwa Otto Altendorfer/Kurt-Ulrich Mayer (Hrsg.): Sächsisches Medienjahrbuch 1998/1999, Leipzig 1999; Otto Altendorfer/Ludwig Hilmer/Klaus Liepelt: Lokalfernsehen in Sachsen 2003. Relevanz – Resonanz – Akzeptanz, Mittweida 2004; dies.: Funkanalyse Sachsen 2006, Mittweida 2007.

84 Siehe im Einzelnen Bundesamt für Statistik (Hrsg.): Statistische Jahrbücher 1990–2011, Wiesbaden 1991–2012; ders. (Hrsg.): 20 Jahre Deutsche Einheit. Wunsch oder Wirklichkeit, Wiesbaden 2010.

85 Siehe Statistisches Landesamt Sachsen (Hrsg.): Statistische Jahrbücher Sachsen 1990–2011, Kamenz 1991–2012.

die Grundlage soziologischer Arbeiten dar, von denen bei komparativen Studien der Ost-West-Vergleich einen größeren Rang einnimmt als die Differenzierung nach Ländern.[86] Dagegen sind politikwissenschaftliche Schriften wie von Klaus Schroeder[87] oder Claus Leggewie[88] die Ausnahme; für Sachsen fehlen sie. Zudem gibt es Nachholbedarf an Studien zum demografischen Steuerungspotenzial der Landesregierungen, speziell der sächsischen.[89]

Arbeiten zur politischen Kultur (Kapitel 14) in Deutschland gibt es wie Sand am Meer.[90] Vor allem die regelmäßigen Umfragen des Instituts für Demoskopie Allensbach zeichnen ein umfassendes Bild deutscher „Befindlichkeiten" seit 1947.[91] Auch der Ost-West-Vergleich ist seit der deutschen Einheit Gegenstand zahlreicher Analysen.[92] Anders sieht es mit Blick auf vergleichende Untersuchungen der politischen Kulturen der Länder aus.[93] Zwar existieren – auch für Sachsen – Daten zu den politischen Einstellungen der Landesbevölkerungen, doch fehlt es den Erhebungen an vergleichenden Forschungsdesigns. So mangelt es an „Monitoren" wie in anderen Bundesländern (z. B. „Thüringen Monitor"). Für Sachsen verstärkt sich die Problematik wegen unvollständiger Zeitreihen, vor allem nach der Einstellung der von der Sächsischen Staatskanzlei regelmäßig in Auftrag gegebenen Bevölkerungsbefragungen durch das Emnid-Institut

---

86 Vgl. statt vieler Rainer Geißler: Die Sozialstruktur Deutschlands. Zur gesellschaftlichen Entwicklung mit einer Bilanz zur Vereinigung, 6. Aufl., Wiesbaden 2010; Insa Cassens u. a. (Hrsg.): Die Bevölkerung in Ost- und Westdeutschland. Demografische, gesellschaftliche und wirtschaftliche Entwicklungen seit der Wende, Wiesbaden 2009; Johannes Huinink/Torsten Schröder: Sozialstruktur Deutschlands, Stuttgart 2008.

87 Vgl. Klaus Schroeder: Ostdeutschland 20 Jahre nach dem Mauerfall – eine Wohlstandsbilanz. Gutachten für die Initiative Neue Soziale Marktwirtschaft (INSM), Berlin 2009.

88 Vgl. Claus Leggewie: Veröstlichung oder: Vom Zäsur- zum Differenzbewusstsein, in: Eckhard Jesse/Eberhard Sandschneider (Hrsg.): Neues Deutschland. Eine Bilanz nach der deutschen Wiedervereinigung, Baden-Baden 2008, S. 15–25.

89 Vgl. hierzu für Sachsen nur die Eigendarstellungen aus den Landesministerien von Bernhard Müller: Demographische Entwicklung im Freistaat Sachsen – Konsequenzen für Raumentwicklung und Raumplanung, in: Georg Milbradt/Johannes Meier (Hrsg.): Die demographische Herausforderung – Sachsens Zukunft gestalten, Gütersloh 2004, S. 141–157 und der Expertenkommission „Demografischer Wandel in Sachsen": Empfehlungen zur Bewältigung des demografischen Wandels im Freistaat Sachsen, Dresden 2006.

90 Vgl. statt vieler Bettina Westle/Oscar W. Gabriel: Politische Kultur. Eine Einführung, Baden-Baden 2009.

91 Vgl. zuletzt Renate Köcher (Hrsg.): Allensbacher Jahrbuch der Demoskopie 2003–2009, Bd. 12, Berlin/New York 2009.

92 Vgl. u. a. Oscar W. Gabriel (Hrsg.): Politische Orientierungen und Verhaltensweisen im vereinigten Deutschland, Opladen 1997, S. 81–113; ders.: Bürger und Demokratie im vereinigten Deutschland, in: Politische Vierteljahresschrift 48 (2007), S. 540–552; Gert Pickel: Jugend und Politikverdrossenheit. Zwei politische Kulturen im Deutschland nach der Vereinigung?, Opladen 2002; Oskar Niedermayer: Bevölkerungseinstellungen zur Demokratie: Kein Grundkonsens zwischen Ost- und Westdeutschen, in: Zeitschrift für Parlamentsfragen 40 (2009), S. 383–397.

93 Vgl. nur Tom Mannewitz: It's the region, stupid. Deutschlands politische Kultur nach der staatlichen Einheit, in: MUT 47 (2012) 10, S. 60–69.

(1990–2006).[94] Seitdem werden sporadisch, kaum auf das Material von vor 2006 bezogene Daten erhoben.[95] Vereinzelte Arbeiten zu den Besonderheiten der Regionalkultur in Sachsen liefern Wolfgang Fach u. a., Wolfgang Luutz und André Thieme.[96]

Zu guter Letzt widmen sich einige Studien dem politischen Extremismus und dem Demokratieschutz in Sachsen (Kapitel 15). Das Thema Extremismus spielt in Deutschland nicht zuletzt aufgrund der doppelten Last der Vergangenheit eine tragende Rolle. Die regionale Orientierung kommt dabei oft zu kurz. Der Rechtsextremismus steht, was Ostdeutschland[97] und speziell Sachsen betrifft, im Vordergrund. So hat Henrik Steglich nach dem (ersten) Einzug der NPD in den Sächsischen Landtag die Ursachen für ihren Erfolg untersucht.[98] Die empirische Studie von Uwe Backes, Matthias Mletzko und Jan Stoye analysiert die extremistische Konfrontationsgewalt in Sachsen und Nordrhein-Westfalen, wobei die Autoren zwischen der „expressiven" (von rechts) und der „instrumentellen" Gewalt (von links) unterscheiden.[99] Der Vergleich zwischen dem harten Extremismus der NPD und dem weichen der PDS bzw. der Linken fällt oft unter den Tisch,[100] abgesehen vom „Sächsischen Handbuch zum Extremismus und zu sicherheitsgefährdenden Bestrebungen"[101], das entgegen der Intention bisher keine Fortsetzung erfuhr, und den ebenfalls vom Landesamt für Verfassungsschutz herausgegebenen Verfassungsschutzberichten. Diese haben sich im Umfang mehrfach geändert. Der sächsische Verfassungsschutz gibt eine Vielzahl an Schriften zu den unterschiedlichsten Formen des Extremismus heraus.

---

94 Vgl. Emnid-Institut: Politbarometer Freistaat Sachsen, 1. bis 29. Welle, Bielefeld 1991–2006.

95 Vgl. Aproxima-Agentur: Sachsen im Spiegel der Bevölkerungsmeinung, Weimar 2008–2010; Sächsische Staatskanzlei (Hrsg.): Sachsen im Spiegel der Bevölkerung. tns-emnid-Umfrage Frühjahr 2012, Dresden 2012.

96 Wolfgang Fach u. a.: Regionsbezogene Identifikationsprozesse. Das Beispiel „Sachsen" – Konturen eines Forschungsprogramms, in: Heinz-Werner Wollersheim u. a. (Hrsg.): Region und Identifikation, Leipzig 1998, S. 1–32; Wolfgang Luutz: Region als Programm. Zur Konstruktion „sächsischer Identität" im politischen Diskurs, Baden-Baden 2002; André Thieme: Sächsische Mythen und sächsische Mentalitäten. Historische Anmerkungen zu Landesbewusstsein und Identität in Sachsen, in: Konstantin Hermann (Anm. 21), S. 13–27; ferner ausführlicher Matthias Donath/André Thieme (Hrsg.): Sächsische Mythen. Elbe – August – Eierschecke, Leipzig 2012.

97 Vgl. etwa Hubertus Buchstein/Gudrun Heinrich (Hrsg.): Rechtsextremismus in Ostdeutschland. Demokratie und Rechtsextremismus im ländlichen Raum, Schwalbach/Ts. 2010.

98 Vgl. Henrik Steglich: Die NPD in Sachsen. Organisatorische Voraussetzungen ihres Wahlerfolgs, 2. Aufl., Göttingen 2006; eine Reihe von Beiträgen bezieht sich in dem folgenden Sammelband auch auf die sächsische NPD: Uwe Backes/Henrik Steglich (Hrsg.): Die NPD. Erfolgsbedingungen einer rechtsextremistischen Partei, Baden-Baden 2007.

99 Vgl. Uwe Backes/Matthias Mletzko/Jan Stoye: NPD-Wahlmobilisierung und politisch motivierte Gewalt. Sachsen und Nordrhein-Westfalen im kontrastiven Vergleich, Köln 2010.

100 Vgl. als eine der Ausnahmen Eckhard Jesse: Extremismus in Sachsen, Ist unsere Demokratie in Gefahr?, Dresden 2005.

101 Vgl. Landesamt für Verfassungsschutz Sachsen (Hrsg.): Sächsisches Handbuch zum Extremismus und zu sicherheitsgefährdenden Bestrebungen, Dresden 2009.

3 Aufbau zur „Politik in Sachsen"

Der Band beschreibt, analysiert, vergleicht und bewertet in 14 Kapiteln das politische System Sachsens, eingerahmt von einer Einleitung und einer Schlussbetrachtung, in denen die Frage nach dem „sächsischen Weg" aufgeworfen und beantwortet wird. Der Aufbau der Kapitel entspricht folgender Systematik: Jedem Teilbereich steht zunächst eine allgemeine Einordnung in das politische System der Bundesrepublik Deutschland voran. Dem schließen sich spezifische Unterkapitel zu politischen Strukturen, Prozessen, Akteuren und (am Rande) Inhalten an. Die deskriptiven wie analytischen Schwerpunkte fallen dabei unterschiedlich aus, die Vorgehensweise reicht von chronologisch bis fallbezogen. Ein vergleichender Blick auf eventuelle „sächsische Wege" rundet jedes Kapitel ab. Ein solches Buch hat selbstverständlich Lücken. So kommen wegen der hier besseren Literaturlage landeskundliche und landeshistorische Aspekte eher am Rande vor, zumal sie für die politischen Strukturen des Freistaates weniger wichtig sind. Ferner wird aus Kapazitätsgründen auf eine Analyse der Politikfelder („Policy") weithin verzichtet.[102] Im Vordergrund stehen daher die Dimensionen der „Polity" (der „Rahmen" der Politik) und der „Politics" (der „Prozess" der Politik).

Kapitel 2 wendet sich der friedlichen Revolution 1989 und der Wiedergründung des Freistaates Sachsen im Jahr 1990 zu. Das heutige Sachsen, bekanntermaßen „Kernland" der friedlichen Revolution, war seinerzeit im mehrfachen Sinne Vorreiter. Teile seiner Bevölkerung bildeten die „Speerspitze" der revolutionären Bewegung in der DDR. Die Leipziger, Dresdner und Plauener Massendemonstrationen gegen die SED-Diktatur wirkten als Initialzündung für ein republikweites Aufbegehren. Daneben forcierten die Vorgänge im Südosten der DDR maßgeblich den Prozess der deutschen Einheit. Sächsische Bürgerrechtler verlangten weniger einen „dritten Weg" als anderswo. Sachsens Wiedergründung als Freistaat war zuerst eine frühe Forderung der Bürgerrechtler und danach deren wichtigstes, von ihnen vorangetriebenes und beeinflusstes Unterfangen. Hier unterscheidet sich Sachsen von anderen ostdeutschen Ländern.

Unmittelbar damit verbunden war die Entstehung der Sächsischen Verfassung, die am 6. Juni 1992 als erste der neuen ostdeutschen Konstitutionen in Kraft trat: das Ergebnis einer Demokratisierung auf dem Gebiet der ehemaligen DDR. Nicht nur Reisefreiheit und „Westgeld" stellten die Triebkräfte der friedlichen Revolution dar, sondern zugleich auch die Rufe nach den konstitutionellen Grundlagen eines demokratischen Verfassungsstaates. Den verfassungsgebenden Prozess, welche Entwürfe und Konflikte zur Verhandlung standen und welche politisch-gesellschaftlichen Kontroversen die Verfassungsentstehung begleiteten, erörtert Kapitel 3. Ferner stellt es neben grundsätzlichen Fragen der (Glied-)Staatlichkeit der Länder im föderalen System sowie den allgemeinen Aufgaben und Funktionen von Landesverfassungen die Inhalte der sächsischen

---

102 Vergleichende Länderanalysen zu Politikfeldern bieten besonders Achim Hildebrandt/Frieder Wolf (Anm. 19).

Verfassung dar – es fragt zudem nach deren Besonderheiten und erörtert die Zusammensetzung, Organisation sowie Aufgaben des Verfassungsgerichtshofes.

Dessen Mitglieder, turnusgemäß vom Sächsischen Landtag gewählt, der Volksvertretung im Freistaat Sachsen, wachen u. a. über die Einhaltung der Gesetze. Kapitel 4 präsentiert nach einem Überblick zu den Parlamenten in den deutschen Ländern die Strukturen, Arbeitsweisen und Funktionen des sächsischen Parlamentes, das als Herzstück der politischen Willensbildung gilt, wobei die Auszehrung der Kompetenzen zur Sprache kommt. In einem parlamentarischen Regierungssystem wie dem Sachsens verläuft bekanntlich die Grenze zwischen den Mehrheitsfraktionen sowie der Regierung auf der einen Seite und der parlamentarischen Opposition auf der anderen Seite. Die Rolle der Abgeordneten wird ebenso oft missverstanden wie die Arbeitsweise des Landtages. Vorurteile über „die" Politiker sind auch im Freistaat weit verbreitet.

Von der regierungstragenden Mehrheit im Landtag ist die Staatsregierung in ihrem Bestand und in ihrer Arbeitsweise abhängig. Die parlamentarische Opposition hingegen kritisiert und kontrolliert die Regierung. Kapitel 5 ordnet die Staatsregierung in das sächsische Institutionengefüge ein und beleuchtet die formelle Ausgestaltung der Regierungsarbeit wie die Ressortverteilung. Anschließend zeichnet es die Phasen des Regierens in Sachsen chronologisch nach. Im Mittelpunkt stehen die zentralen Regierungsakteure, die Rolle der Parteien, die Spezifika der Einparteienmehrheitsregierung 1990 bis 2004 und die Arbeit der schwarz-roten (2004–2009) sowie der schwarz-gelben (seit 2009) Koalitionen. In diesem Bereich gibt es diverse sächsische Spezifika, denn die Partner im Bündnis konnten aufgrund ihrer Schwäche kaum eigenständige Akzente setzen.

Von herausgehobenem Stellenwert waren stets die Regierungschefs. Als einziger Regierungsvertreter direkt vom Sächsischen Landtag gewählt, statuiert der Ministerpräsident nicht nur die Richtlinien der hiesigen Politik. Neben seiner dominanten Funktion von Amts wegen bestimmen vor allem das persönliche Politikverständnis über Einfluss und Macht des Regierungschefs. Kapitel 6 stellt zunächst Politik- und Amtsfunktionen des sächsischen Ministerpräsidenten dar, danach eine Reihe von Unterschieden und Gemeinsamkeiten der drei bisherigen Amtsinhaber (Kurt Biedenkopf, Georg Milbradt, Stanislaw Tillich). Jeder von ihnen setzte Akzente. Kurt Biedenkopf („König Kurt") prägte dieses Amt wie kaum ein Regierungschef in einem anderen deutschen Flächenstaat – nicht nur wegen der langen Amtsdauer, sondern auch wegen seiner beachtlichen Gestaltungskraft und seines stark auf die eigene Person ausgerichteten Regierungsstils.

Die unangefochtene christdemokratische Regierungsführerschaft basiert in großen Teilen auf der Stärke der CDU, ebenso auch auf der Schwäche der SPD bei den Landtagswahlen. Die Analyse der Wahlen (Kapitel 7) in Sachsen rückt das Wahlsystem, die Wahlergebnisse und das Wahlverhalten ins Zentrum. Der Blick richtet sich auf den deutschen Kontext, danach ausführlich auf die sächsischen Wahlergebnisse. Die Analyse des personalisierten Verhältniswahlsystems nach Repräsentation, Konzentration, Partizipation, Einfachheit und Legitimität sowie jene der sächsischen Struktur- und Verhaltensmuster des Wählens sollen die Frage nach einem „sächsischen Weg" beantworten helfen. Im Mittelpunkt stehen die Landtagswahlen. Bundestags-, Europa- und Kommunalwahlen haben ergänzenden Charakter.

Gleichermaßen Produkt wie Multiplikator des Wahlverhaltens im Freistaat Sachsen ist das sächsische Parteiensystem. Anhand der Zahl der Parteien, ihres gewichteten Größenverhältnisses, des Machtverhältnisses zwischen dem Regierungs- und dem Oppositionslager, der Veränderung der Stimmenanteile der Parteien sowie ihrer ideologischen Distanz und Koalitionsfähigkeit zeichnet Kapitel 8 die Entstehung des sächsischen Parteiensystems in den Jahren 1989/90 sowie (phasenweise) dessen seitherige Entwicklung nach. Von 1994 bis 2004 gab es ein Dreiparteiensystem, seit 2004 gibt es ein Sechsparteiensystem, was die parlamentarische Vertretung der Parteien betrifft. Danach folgt eine Analyse zu den individuellen Akteurs- und Wettbewerbsstrukturen des sächsischen Hegemonialparteiensystems. Beide Perspektiven ermöglichen eine Antwort auf die Frage nach dem bereits von Ulrich Brümmer behaupteten „sächsischen Weg".

Landespolitik ist zu großen Teilen mit Verwaltungsfragen befasst. Kapitel 9 umreißt zunächst die föderale Verwaltungsgliederung sowie die Funktionen und Kompetenzen der staatlichen und kommunalen Verwaltung in Deutschland. Bevor es sich den Strukturen und Kompetenzen der sächsischen Verwaltung widmet, erörtert das Kapitel deren Neuorganisation und Reform nach 1990: beginnend bei der Wiedereinrichtung einer demokratisch legitimierten öffentlichen Administration nach 1990 bis hin zu den andauernden Gebiets- und Funktionalreformen. Im Vordergrund steht die Frage nach den Strukturen und Funktionen sowie nach Kontrolle und Steuerung, weniger die nach den Ergebnissen oder der Effizienz des Verwaltungshandelns. Vergleichende Aussagen aus politikwissenschaftlich-systemischer Perspektive fallen daher für dieses Themenfeld schwer, eine Antwort auf die Frage nach einem „sächsischen Weg" bleibt gleichwohl nicht aus.

Eng damit verbunden sind die Kommunalpolitik und die Kommunale Selbstverwaltung. Kapitel 10 wählt einen historischen Zugang, um die aktuelle politische Entwicklung der Kommunalen Selbstverwaltung im Freistaat Sachsen nachzuvollziehen. Der Schwerpunkt liegt insbesondere auf den Partizipationsrechten des Einzelnen an der politischen Gestaltung der örtlichen Verhältnisse. Dabei vermag der Vergleich zu zeigen, in welcher Tradition die gegenwärtige Kommunale Selbstverwaltung steht. Abgesehen von der Zeit der NS- und SED-Diktatur gab es für die Regelungen der politischen Verhältnisse in den sächsischen Kommunen stets länderspezifische Festlegungen. Insofern ist bei der Analyse der Kommunalpolitik der Schluss von „allgemein deutschen" Verhältnissen auf „konkret sächsische" nicht angebracht. Ein „sächsischer Weg" kann sich allenfalls aus der Tradition einer eigenen sächsischen Entwicklung herausgebildet haben.

Für die Politik im Freistaat Sachsen spielt die Bundes- sowie die Europaebene eine immer größere Rolle. Einerseits schränkt dies die Eigenständig- und Gestaltungsfähigkeit der Länder ein, andererseits bedeutet es zusätzliche Kompetenzen und Pflichten. Kapitel 11 erörtert das Verhältnis Sachsens zum bundesdeutschen Föderalismus und zur EU. Das Spannungsverhältnis von Selbstständigkeit und Politikverflechtung gilt es erstens für die gesamtdeutsche Situation zu beleuchten, zweitens auf Unterschiede zwischen den ost- und westdeutschen Ländern hin zu untersuchen, drittens mit Blick auf sächsische Spezifika zu berücksichtigen. Dafür wird die Situation der Länder im Bund und in der EU behandelt, die Rolle des Freistaates im Bundesrat und im Ausschuss der Regionen der EU erörtert sowie ein Blick auf die sächsischen Vertretungen in Berlin und Brüssel geworfen. Den Abschluss bildet die obligatorische Frage nach einem tatsächlichen oder vermeintlichen „sächsischen Weg".

Kapitel 12 gibt einen Einblick in die sächsische (politische) Medienlandschaft. Nach einer Darstellung wichtiger Strukturen und Nenngrößen der Massenmedien in Deutschland informiert es über die Presse- und die Rundfunklandschaft in Sachsen. Schließlich soll anhand von drei anschaulichen Fallbeispielen das (mitunter gespannte) Verhältnis von Medien und Politik im Freistaat Sachsen ebenso erörtert werden wie die Frage nach dem „sächsischen Weg": der „Fall Joseph", als Sebnitzer Bürger in den medialen Verdacht gerieten, am Tod eines ausländischen Kindes nicht unbeteiligt gewesen zu sein; die Rolle der Medien beim Rückzug Kurt Biedenkopfs als Ministerpräsident; die Informationspolitik der Staatskanzlei und ihren Umgang mit Journalisten. Gibt es hier „sächsische Wege"?

Eines der gravierendsten gesellschaftlichen und politischen Probleme in Sachsen ist der Bevölkerungsrückgang. Kapitel 13 rückt neben den demografischen Indikatoren die Entwicklung der materiellen Lebensbedingungen sowie soziale Schichten und Milieus seit 1990 ins Zentrum. Ferner untersucht es, welche Auswirkungen sich aus den soziostrukturellen Veränderungen im Freistaat ergeben und welche landespolitischen Steuerungsversuche erfolgen. Die Probleme, die aus dem Rückgang der Bevölkerungszahl resultieren, sind offenkundig. Ob die demografische und soziostrukturelle Entwicklung im Freistaat Sachsen mittlerweile mehr dem gesamtdeutschen oder eher dem ostdeutschen Bild entspricht, oder ob sich wegen grundsätzlicher Unterschiede von einer spezifisch sächsischen Entwicklung sprechen lässt, steht abschließend zur Diskussion.

Wer 24 Jahre nach der friedlichen Revolution in der DDR über den Stand der inneren Einheit Deutschlands debattiert, stößt vor allem beim Thema politische Kultur auf unterschiedliche Antworten (Kapitel 14). Hielten die einen solche Diskussionen bereits nach einem Jahrzehnt für überflüssig, sei doch ein Mindestmaß an Übereinstimmungen gegeben, wiesen andere Autoren auf beträchtliche mentale Unterschiede zwischen Ost- und Westdeutschen hin. Beide Aussagen stimmen – trotz ihrer Gegensätzlichkeit. Angeglichene und sich unterscheidende Einstellungen und Werthaltungen gilt es im Ost-West-Vergleich zu betrachten und anschließend für Sachsen aufzuzeigen. Entspricht die politische Kultur im Freistaat eher ost- oder gesamtdeutschen Werthaltungen? Welche Rolle spielen regionale Prägungen? Sehen sich die Sachsen eher als Deutsche, Ostdeutsche, Sachsen oder z. B. als Vogtländer bzw. Erzgebirger? Muss das Eine das Andere ausschließen?

Die sächsische politische Kultur, von den Folgewirkungen der autoritären Strukturen der DDR-Gesellschaft sowie von sozio-ökonomischen Verwerfungen der „Wendezeit" gezeichnet, bildet nicht zuletzt einen Nährboden für den politischen Extremismus im Freistaat. Kapitel 15 bietet dazu eine strukturierte Analyse. Es geht nach einem Überblick zu den bundespolitischen Rahmenbedingungen um die links- und rechtsextremistischen Parteien sowie um den unorganisierten, oft gewalttätigen Extremismus. Schließlich wird erörtert, wie der bisherige Demokratieschutz funktioniert und ob ein antiextremistischer Konsens weiterhin besteht. Beispiele – zur „Demokratieklausel" auf der einen Seite, zur „antifaschistischen Klausel" auf der anderen – verdeutlichen das hohe Maß an Dissens zwischen den politischen Kontrahenten. Dabei verläuft die Grenze nicht nur zwischen demokratischen und extremistischen Kräften.

Die abschließende Antwort auf die Leitfrage nach dem „sächsischen Weg" schlägt den Bogen zum Anfang. Ein „Ja" oder „Nein" ist dabei wenig plausibel. Es gibt Bereiche, in denen sächsische Spezifika unverkennbar sind, ebenso Bereiche, in denen keine großen Unterschiede zu anderen ost- bzw. selbst zu westdeutschen Bundesländern bestehen. Vereinfacht ausgedrückt: Der Freistaat Sachsen ist im politikwissenschaftlichen Vergleich „normal" und „spezifisch" zugleich. Gewiss, jedes Land hat Spezifika, aber Sachsen weist „besondere" auf. Insofern ist die Frage nach dem „sächsischen Weg" nicht künstlich hergeholt, eine gründliche Antwort vielmehr sinn- und reizvoll.

Kapitel 2
Wiedergründung des Freistaates 1989/90

1 Südliche Bezirke der DDR

Sachsen blickt auf eine so ereignisreiche wie wechselvolle Geschichte zurück.[1] Auf dem Wiener Kongress 1815 musste Sachsen, das bei der „Völkerschlacht" 1813 nicht für das siegreiche Preußen, sondern für die französische Seite gekämpft hatte, über die Hälfte seines Gebietes an Preußen abtreten („Provinz Sachsen"). Sachsen, beim deutsch-österreichischen Krieg 1866 erneut nicht auf der Seite Preußens, konnte im föderal organisierten Kaiserreich von 1871 an eine gewisse Eigenständigkeit behaupten.[2] Nach dem Sturz Wilhelm II. dankte der sächsische König Friedrich August III. mit den legendären Worten „macht Euren Dreck alleene" ab. Im föderalen Gefüge der Weimarer Republik war Sachsen eigenständig – mit zuletzt sieben Stimmen im Reichsrat. Hier dominierten lange die Sozialdemokraten, Anfang der 1930er Jahre trat durch die Erfolge der NSDAP und der KPD eine massive Radikalisierung im Gefüge der politischen Landschaft ein. Die Regierung unter dem parteilosen Walther Schieck (ab 1930) besaß keine parlamentarische Mehrheit. Im Dritten Reich wurde Sachsen „gleichgeschaltet", so der nationalsozialistische Ausdruck, erst unter Reichskommissar Manfred von Killinger, ab 1935 unter dem Reichsstatthalter für den „Gau Sachsen" Martin Mutschmann.[3]

---

1 Vgl. zusammenfassend Werner Rellecke: Wegmarken sächsischer Geschichte, in: Werner Künzel/ders. (Hrsg.): Geschichte der deutschen Länder. Entwicklungen und Traditionen vom Mittelalter bis zur Gegenwart, Münster 2005, S. 315–350; zur jüngeren Zeit siehe Mike Schmeitzner: Freistaat – Gau – Bezirke. Sachsen im Spannungsfeld von Demokratie und Diktatur 1919–1989, in: Konstantin Hermann (Hrsg.): Sachsen seit der Friedlichen Revolution. Tradition, Wandel, Perspektiven, Dresden 2010, S. 46–58.
2 Vgl. Simone Lässig/Karl Heinrich Pohl (Hrsg.): Sachsen im Kaiserreich. Politik, Wirtschaft und Gesellschaft im Umbruch, Köln u. a. 1997.
3 Vgl. Andreas Wagner: „Machtergreifung" in Sachsen. NSDAP und staatliche Verwaltung 1930–1935, Köln 2004; Clemens Vollnhals (Hrsg.): Sachsen in der NS-Zeit, Leipzig 2002.

Das Ende des Zweiten Weltkrieges in Europa bedeutete bald das Ende der Anti-Hitler-Koalition. Gemäß der alliierten Neuaufteilung vom 1. Juli 1945 (das von sowjetischen Truppen besetzte Berlin wurde zur Vier-Sektoren-Stadt) fiel der zunächst von den amerikanischen Truppen eingenommene Teil Sachsens sowie Thüringens und Mecklenburgs an die Sowjetunion. Die westlich der Neiße gelegenen Kreise der preußischen Provinz Schlesien kamen zu Sachsen, dessen Großstädte, bombardiert von den Alliierten, in Schutt und Asche lagen. Bereits im Juli 1945 ließ die Sowjetische Militär-Administration für Deutschland (SMAD) Landesverwaltungen errichten: in den Ländern Sachsen, das am 6. Juli 1945 entstand, Mecklenburg und Thüringen sowie in den Provinzen Brandenburg und Sachsen-Anhalt (nach der Auflösung Preußens 1947 erhielten diese auch den Status eines Landes). In den Landesverwaltungen nahmen Kommunisten wegen der Unterstützung durch die SMAD schnell zentrale Positionen ein. Das sowjetische Modell wurde mehr oder weniger auf ihre Zone übertragen. In Sachsen gingen kommunistische Kader früh ans Werk, ihre Machtbastionen auszubauen, etwa durch Ausschaltung sozialdemokratischer Kräfte.[4] Dass der Sozialdemokrat Rudolf Friedrichs, der Dresdner Oberbürgermeister, an die Spitze der Landesverwaltung gelangte (er verfügte über langjährige Kommunalerfahrung), steht dazu in keinem Gegensatz. Die SMAD wollte auf diese Weise die Sozialdemokratie einbinden.[5] Als „starker Mann" in Sachsen erwies sich anfangs der Kommunist Kurt Fischer, Innenminister bis 1948, danach bis zu seinem Tod 1950 Chef der Deutschen Volkspolizei.

Die Landtagswahlen vom 20. Oktober 1946, durch vielfältige Schikanen nicht als frei zu bezeichnen, brachten zwar klare Wahlsiege der im April 1946 durch die Zwangsvereinigung von KPD und SPD entstandenen Sozialistischen Einheitspartei Deutschlands (SED), doch nirgendwo erreichte diese die absolute Mehrheit der Stimmen (im Gegensatz zu den Gemeinde- und Kreistagswahlen).[6] In Sachsen erhielt sie 49,1 Prozent, die LDP 24,7 Prozent, die CDU 23,3 Prozent, die Vereinigung der gegenseitigen Bauernhilfe 1,7 Prozent.[7] Letztgenannte trat an, um von den „bürgerlichen" Kräften Stimmen abzuziehen. Alle Parteien waren in die von den Kommunisten bestimmte Antifa-„Blockpolitik" einbezogen. Bis auf Sachsen-Anhalt unter Erhard Häberer von der DPD stellte die SED überall die Ministerpräsidenten. In Sachsen übernahm diese Aufgabe der

4   Vgl. Stefan Donth: Die KPD als Partei der Diktaturdurchsetzung in Sachsen. Erste Weichenstellungen bis zur Zwangsvereinigung mit der SPD, in: Rainer Behring/Mike Schmeitzner (Hrsg.): Diktaturdurchsetzung in Sachsen. Studien zur Genese der kommunistischen Herrschaft 1945–1952, Köln u. a. 2003, S. 103–128.

5   Vgl. Andreas Thüsing: Der staatliche Neuanfang in Sachsen 1945–1952, in: Rainer Behring/Mike Schmeitzner (Anm. 4), S. 171–199, hier S. 174.

6   Vgl. Günter Braun: Wahlen und Abstimmungen, in: Martin Broszat/Hermann Weber (Hrsg.): SBZ-Handbuch. Staatliche Verwaltungen, Parteien, gesellschaftliche Organisationen und ihre Führungskräfte in der Sowjetischen Besatzungszone 1945–1949, München 1990, S. 381–431.

7   Im Gegensatz zu den anderen Ländern kandidierten in Sachsen noch die Frauenausschüsse und der Kulturbund (jeweils 0,6 Prozent).

ehemalige Sozialdemokrat Friedrichs – bis zu seinem Tod 1947. Ihm folgte Max Seydewitz (bis zur Auflösung der Länder 1952), in der Weimarer Republik einer der Vorsitzenden der Sozialistischen Arbeiterpartei Deutschlands (SAPD), einer linken Abspal-
tung der SPD.

Die „Diktaturdurchsetzung in Sachsen"[8] verlief nicht geradlinig, aber insgesamt ohne
größere Widerstände. Die (wegen der zunächst reservierten Haltung der LDP und der
CDU zur „Einheitsliste" um ein Jahr verschobenen) Wahlen zur Volkskammer und zu
den Länderkammern fanden am 15. Oktober 1950 statt. Bei der Wahl zur Volkskammer
entfielen auf die „Einheitsliste" 99,7 Prozent (bei einer Wahlbeteiligung von 98,5 Prozent). In Sachsen war dies nicht anders (Wahlbeteiligung: 98,1 Prozent; Ja-Stimmen:
99,8 Prozent). Zum einen gab es Wahlfälschungen, zum anderen teilweise eine „offene"
Wahl. Die Mandate wurden nach einem festen Schlüssel an die Parteien und Massen-
organisationen verteilt. Nach den Landtagswahlen wuchs der Einfluss der SED weiter,
so auch in Sachsen. Bereits vorher, im Februar 1950, musste Hugo Hickmann, einer der
wenigen Opponenten innerhalb der CDU gegen den Kurs der SED, als Vizepräsident
des Sächsischen Landtages zurücktreten und seinen Parteiausschluss hinnehmen. Im
Jahre 1950 kamen alle Ministerpräsidenten und Innenminister aus den Reihen der SED.
In ihren Augen fand 1950 „der Prozess der Errichtung der Arbeiter-und-Bauern-Macht
als einer Staatsmacht vom Typ der Diktatur des Proletariats im Wesentlichen seinen
Abschluss".[9]

Anfang Juli 1952 proklamierte die II. Parteikonferenz der SED die „planmäßige Errichtung der Grundlagen des Sozialismus in der DDR". Eine erste wichtige Konsequenz:
Die Volkskammer beschloss am 23. Juli 1952, den Föderalismus zu beseitigen und die
Länder aufzulösen, nachdem das Politbüro bereits im April die Entscheidung darüber
getroffen hatte.[10] Neben „Berlin", der „Hauptstadt der DDR", der ebenso die Funktionen eines Bezirks oblagen, entstanden 14 Bezirke mit 217 Kreisen. Wie die Präambel
zum „Gesetz über die weitere Demokratisierung des Aufbaus und der Arbeitsweise der
staatlichen Organe in den Ländern in der Deutschen Demokratischen Republik" ver-
lautbaren ließ, sollte die frühere administrative Gliederung, „jetzt zu einer Fessel der
neuen Ordnung" geworden, ein Ende finden: „Die örtlichen Organe der Staatsgewalt
müssen deshalb so reorganisiert werden, dass der Staatsapparat die Möglichkeit erhält,
den Willen der Werktätigen, der in den Gesetzen der Deutschen Demokratischen Republik zum Ausdruck gebracht ist, unverbrüchlich zu erfüllen und, gestützt auf die Initiative der Massen, eine Politik des werktätigen Volkes durchzuführen." § 1 des Gesetzes
bestimmte: „Die Länder haben eine Neugliederung ihrer Gebiete in Kreise vorzuneh-

---

8 So der treffende Titel von Rainer Behring/Mike Schmeitzner (Anm. 4). Siehe auch Thomas Widera:
   Dresden 1945–1948. Politik und Gesellschaft unter sowjetischer Besatzungsherrschaft, Göttingen 2004.
9 DDR. Werden und Wachsen, Berlin (Ost) 1974, S. 191; zitiert nach Hermann Weber: DDR. Grundriss
   der Geschichte 1945–1990, Hannover 1991, S. 45.
10 Vgl. Henning Mielke: Die Auflösung der Länder in der SBZ/DDR 1945–1952, Stuttgart 1995.

men." Und § 2 lautete: „Die Länder haben jeweils mehrere Kreise in Bezirke zusammenzufassen." So erließ das Land Sachsen (wie jedes andere) ein entsprechendes Gesetz am 25. Juli 1952. Seit dem 1. August 1952 war von Bezirken die Rede, nicht mehr von Ländern. Diese Bezirke bildeten die mittlere politisch-administrative Ebene. Die Bezirkstage, deren Zusammensetzung durch den festen Mandatsschlüssel vorgegeben war, spielten gegenüber dem Rat des Bezirkes kaum eine Rolle.

Die 1949 eingerichtete Länderkammer bestand formal fort, ihre Auflösung folgte erst 1958.[11] In ihrer dritten Wahlperiode trat sie nur einmal – am 10. Dezember 1958 – zusammen: um das eigene Ende zu sanktionieren. Das „skurrilste Staatsorgan"[12], das die DDR jemals ins Leben gerufen und zunächst beibehalten hatte (eine Länderkammer ohne Länder), machte in ihrer Existenz kein einziges Mal von dem ihr laut Verfassung zustehenden Vetorecht Gebrauch. In der Präambel zum „Gesetz über die Auflösung der Länderkammer der Deutschen Demokratischen Republik" vom 8. Dezember 1958 hieß es: „Die Auflösung der Länderkammer ist das Ergebnis der Festigung des Arbeiter-und-Bauern-Staates und der Entfaltung der sozialistischen Demokratie."

Sachsen-Anhalt wurde in zwei Bezirke (Halle, Magdeburg) aufgeteilt, Brandenburg in drei (Cottbus, Frankfurt an der Oder, Potsdam), ebenso Mecklenburg (Neubrandenburg, Rostock, Schwerin), Thüringen (Erfurt, Gera, Suhl) und Sachsen (Chemnitz, Dresden, Leipzig). Der Bezirk Chemnitz, der vom 10. Mai 1953 bis zum 31. Mai 1990 Karl-Marx-Stadt hieß, bestand ursprünglich aus fünf Stadtkreisen (Chemnitz, Johanngeorgenstadt [bis 1957], Plauen, Schneeberg [bis 1958], Zwickau) und 21 Landkreisen, der Bezirk Dresden aus zwei Stadtkreisen (Dresden, Görlitz) und 15 Landkreisen, der Bezirk Leipzig aus einem Stadtkreis (Leipzig) und 12 Landkreisen. Karl-Marx-Stadt war mit rund zwei Millionen Einwohnern der bevölkerungsreichste Bezirk. Nach Halle folgten die anderen beiden sächsischen Bezirke Dresden und Leipzig. Die Bezirke der DDR kooperierten kaum miteinander.

Der Einfluss der Vorsitzenden des Rates des Bezirkes fiel schwächer aus als jener der Ersten Sekretäre der SED-Bezirksleitung.[13] So sind ihre Namen kaum bekannt, die der Ersten Sekretäre schon eher (Tabelle 1).[14] Von diesen regionalen SED-Führungskadern, die zum Teil über einen beträchtlichen Handlungsspielraum verfügten, vor allem

---

11 Vgl. ausführlich dazu Christian Thiem: Die Länderkammer der Deutschen Demokratischen Republik (1949–1958). Eine verfassungsgeschichtliche Darstellung von der Entstehung bis zur Auflösung, Berlin 2011.

12 So Peter Joachim Lapp: Die Volkskammer der DDR, Opladen 1975, S. 39.

13 Vgl. exemplarisch die Grundlagenstudie von Mario Niemann: Die Sekretäre der SED-Bezirksleitungen 1952–1989, Paderborn 2007.

14 Neben dem Ersten Sekretär gab es einen Zweiten Sekretär sowie Sekretäre für die Ressorts: Agitation und Propaganda; Industrie, Bauwesen, Wirtschaft; Wissenschaft, Volksbildung und Kultur; Handel, Öffentliche Versorgung und Landwirtschaft. Insgesamt übten 415 Personen diese 514 Positionen aus. Der Grund für die Differenz: Eine Reihe von Funktionären hatte im Laufe der Zeit mehrere Funktionen inne.

Tabelle 1   Vorsitzende des Rates der Bezirke sowie Erste Sekretäre der SED-Bezirksleitungen Karl-Marx-Stadt (Chemnitz), Dresden und Leipzig

	Karl-Marx-Stadt (Chemnitz)	Dresden	Leipzig
Ratsvorsitzende	Max Müller (1952–60)	Rudi Jahn (1952–58)	Karl Adolphs (1952–59)
	Werner Felfe (1960–63)	Walter Weidauer (1958–61)	Erich Grützner (1959–74)
	Heinz Arnold (1963–81)	Günther Witteck (1961–63)	Rolf Opitz (1974–89)
	Lothar Fichtner (1981–90)	Manfred Scheler (1963–82)	Joachim Dreher (1989–90)
	Albrecht Buttolo (1990)	Günther Witteck (1982–89)	Rudolf Krause (1990)
	(Regierungsbevollmächtigter)	Wolfgang Sieber (1989–90)	(Regierungsbevollmächtigter)
		Michael Kunze (1990)	
		Siegfried Ballschuh (1990)	
		(Regierungsbevollmächtigter)	
1. Sekretäre	Walter Buchheim (1952–59)	Hans Riesner (1952–57)	Karl Schirdewan (1952)
	Rolf Weihs (1960–63)	Fritz Reuter (1957–60)	Paul Fröhlich (1952–70)
	Paul Roscher (1963–76)	Werner Krolikowski (1960–73)	Horst Schumann (1970–89)
	Siegfried Lorenz (1976–89)	Hans Modrow (1973–89)	Roland Wötzel (1989–90)
	Norbert Kertscher (1989–90)	Hansjoachim Hahn (1989–90)	

dann, wenn sie der Zentrale „zuarbeiteten", sich aber keine Eigenmächtigkeiten erlauben durften, gehörte etwa jeder Vierte vor, während oder nach der Amtszeit dem Politbüro an. Von den Ersten Sekretären der SED-Bezirksleitungen aus Karl-Marx-Stadt, Dresden und Leipzig traf dies auf Paul Fröhlich zu (1952–1970 Erster Sekretär in Leipzig und Politbüromitglied 1963–1970), auf Werner Krolikowski (1960–1973 Erster Sekretär in Dresden und Politbüromitglied 1971–1989), auf Siegfried Lorenz (1976–1989 Erster Sekretär in Karl-Marx-Stadt und Politbüromitglied 1986–1989) sowie auf Hans Modrow (1973–1989 Erster Sekretär in Dresden und Politbüromitglied 1989), der vom Herbst 1989 bis zum Frühjahr 1990 als DDR-Ministerpräsident fungierte. Die Kaderpolitik der SED mit geschulten Funktionären fiel nicht nur in Sachsen ausgeklügelt aus.[15]

Zwischen der jeweiligen SED-Bezirksleitung und der Bezirksverwaltung für Staatssicherheit gab es eine enge Zusammenarbeit, aber auch Spannungen, wie Gunter Gerick am Beispiel des Bezirks Karl-Marx-Stadt nachweisen kann.[16] Siegfried Gehlert, der langjährige Chef der dortigen Staatssicherheit (1958–1989), trat gegenüber Siegfried Lorenz, dem Ersten Sekretär der SED-Bezirksleitung, nicht bloß als Auftragnehmer auf, sondern wollte mit „seiner" Staatssicherheit Unzulänglichkeiten des Staates oder der Partei eigenständig „ausbügeln". Der Herrschaftsanspruch der Partei fiel damit stärker aus als deren Herrschaft. Insgesamt dominierte diese gegenüber der Staatssicherheit, die nicht

---

15 Vgl. Mario Niemann: Zur Kaderpolitik der SED in Sachsen. Die Sekretäre der 1952 gebildeten Bezirksleitungen Chemnitz, Dresden und Leipzig, in: Michael Richter u. a. (Hrsg.): Länder, Gaue und Bezirke. Mitteldeutschland im 20. Jahrhundert, Dresden 2007, S. 231–254.

16 Vgl. Gunter Gerick: Das Verhältnis der SED-Bezirksleitung Karl-Marx-Stadt und der Bezirksverwaltung für Staatssicherheit in Spannungsperioden von 1961–1989, Berlin 2013.

als „Staat im Staate" fungierte, sondern als „Schild und Schwert" der Partei, wie es dem Selbstverständnis der Tschekisten entsprach. Am Ende der SED-Diktatur brachen nicht nur im Bezirk Karl-Marx-Stadt Konflikte zwischen der Partei und der Staatssicherheit offen aus. Die eine Seite sprach (vor dem Hintergrund des ökonomischen Niedergangs und um das System zu retten) das Versagen der Partei an, die andere Seite wollte die Staatssicherheit als Sündenbock präsentieren und damit ein „Bauernopfer" bringen.

Die Unzufriedenheit der Menschen mit dem ökonomischen, politischen und gesellschaftlichen System der DDR fiel im dichtbesiedelten und stark industrialisierten Sachsen, u. a. bedingt durch den Verfall der Städte und die massive Umweltbelastung, höher aus als anderswo. Eine Anti-Haltung gegenüber dem als privilegiert geltenden Berlin grassierte. Auch wenn das „Land Sachsen" von 1952 an nicht mehr existierte, so fühlten sich viele Bürger aufgrund der Tradition, die Identität geschaffen hatte, ungebrochen als Sachsen. Die DDR war kein homogener Staat, sie war voller historisch gewachsener Regionalismen. Das 1979 veröffentlichte Lied des Kabarettisten Jürgen Hart „Sing, mei Sachse sing" feierte mit seinen selbstironischen Anspielungen große Erfolge. Die Bezugnahme auf Sachsen verschwand selbst offiziell nicht völlig, sie nahm in der Spätphase sogar zu – es gab im Verlauf der „Erbe"-Diskussion nicht nur eine „Preußen"-, sondern auch eine „Sachsen"-Renaissance.[17] Im Jahr 1989 kam etwa eine „Geschichte Sachsens" auf den Markt.[18] 1987 sorgte die opulente DDR-Fernsehserie „Sachsens Glanz und Preußens Gloria" für Furore.[19]

Im Volksmund am Ende des 19. Jahrhunderts war die folgende Sentenz – so oder ähnlich – weit verbreitet: „In Chemnitz wird gearbeitet, in Leipzig gehandelt und in Dresden geprasst." Dieser „Spruch", der auf die (bis heute fortdauernde) Konkurrenz der drei großen sächsischen Städte anspielte, hatte sich auch in der DDR gehalten. Chemnitz galt als die Industriehochburg, Leipzig als das Handelszentrum und Dresden, das „Elbflorenz", als die Stadt der Kunst und Kultur. Allerdings gab es zwischen den drei aus dem Land Sachsen hervorgegangenen Bezirken wenige Verbindungen. Der sächsische Bezirk Karl-Marx-Stadt (Chemnitz) hatte – mit dem Vogtland – eine Grenze zum „Westen" wie die drei thüringischen Bezirke Erfurt, Gera und Suhl an Bayern, Hessen oder Niedersachsen grenzten. Dieser Umstand blieb wohl nicht ohne Prägekraft.

---

17 Vgl. Ulf Morgenstern: Sächsische (Dis-)Kontinuitäten und die „Sachsenrenaissance". Von Verschwinden und Wiederkehr Sachsens in den vier Jahrzehnten der DDR, in: Konstantin Hermann (Anm. 1), S. 28–45.
18 Vgl. Karl Czok (Hrsg.): Geschichte Sachsens, Weimar 1989.
19 Vgl. Jens Jungmann: Sachsens Glanz und Preußens Gloria, Dresden 2012.

2 Sachsen als „Kernland" der friedlichen Revolution 1989

Sachsen fällt bei der friedlichen Revolution eine Vorreiterrolle zu[20] – das bereits deutlich vor 1989. Der Handwerker Hansjörg Weigel rief 1973 das christliche Friedensseminar Königswalde ins Leben,[21] der Pfarrer Harald Bretschneider 1980 die erste „Friedensdekade", der Pfarrer Christoph Wonneberger 1981 eine Initiative für einen Sozialen Friedensdienst (eine Art Zivildienst wie in der Bundesrepublik als Alternative zum Wehrdienst). Insofern darf es nicht verwundern, wenn einschlägige Publikationen die damaligen Akteure ausgiebig zu Wort kommen lassen.[22] Feierte die Staatsführung am 7. Oktober 1989 in der „Hauptstadt der DDR" das 40jährige Bestehen des Landes, so nahmen am 9. Oktober, dem „Kerndatum der friedlichen Revolution" (Christian Führer), an der Leipziger Montagsdemonstration 70 000 Personen teil. Diese machtvolle Kundgebung gegen das Regime leitete dessen Ende ein. Mit ihrem friedlichen Ausgang war eine „chinesische Lösung" offenkundig vom Tisch. Kein Jahr nach diesen atemberaubenden Ereignissen gehörte die DDR der Vergangenheit an, entstand Sachsen als Land eines vereinten Deutschlands wieder.

Der Süden der Republik, namentlich Sachsen, hatte den größten Anteil an der friedlichen Revolution. Der Norden war ein Nachzügler.[23] Die fortbestehende Bedeutung des sächsischen Landesbewusstseins offenbarte beispielsweise das Auftauchen weiß-grüner Sachsen-Flaggen bei den Demonstrationen im Herbst 1989. Viele Sachsen fühlten sich in der DDR benachteiligt – die Staatsführung privilegierte ihr Aushängeschild Berlin, wo ein Großteil der SED-Elite lebte. Leipzig, die „Heldenstadt", durch die Messe eine Art Kommunikationszentrum für westliche Journalisten, fungierte als ein Vorreiter in der deutschen Herbstrevolution. Es besaß „eine ungemein lebendige Jugend- und Alternativszene. Punks, Freaks, Friedensbewegung, Umweltschützer und ‚stille' Hausbesetzer lebten und engagierten sich in der DDR-Messestadt."[24] Der Einfluss Leipzigs erwies sich auch deshalb als nachhaltig, weil die „Ausreiser" von den systemkritischen Kräften nicht als „Ausreißer" denunziert wurden und bei den Aktionen mitmachen konnten.

---

20 Das Standardwerk zu dieser Thematik stammt von Michael Richter: Die Friedliche Revolution. Aufbruch zur Demokratie in Sachsen 1989/90, 2 Bde., Göttingen 2009.

21 Vgl. Matthias Kluge: Das Christliche Friedensseminar Königswalde bei Werdau. Ein Beitrag zu den Ursprüngen der ostdeutschen Friedensbewegung in Sachsen, Leipzig 2004.

22 Vgl. Eckhard Jesse (Hrsg.): Friedliche Revolution und deutsche Einheit. Sächsische Bürgerrechtler ziehen Bilanz, Berlin 2006; ders./Thomas Schubert (Hrsg.): Zwischen Konfrontation und Konzession. Friedliche Revolution und deutsche Einheit in Sachsen, Berlin 2010.

23 Vgl. etwa Uta Stolle: Der Aufstand der Bürger. Wie 1989 die Nachkriegszeit in Deutschland zu Ende ging, Baden-Baden 2001.

24 So Fred Kowasch: Die Entwicklung der Opposition in Leipzig, in: Eberhard Kuhrt (Hrsg.): Opposition in der DDR von den 70er Jahren bis zum Zusammenbruch der SED-Herrschaft, Opladen 1999, S. 213–235, hier S. 214.

Die Friedensgebete gingen bis auf den Beginn der 1980er Jahre zurück,[25] zunächst unter dem Diakon Günter Johannsen, später unter den Pfarrern Christoph Wonneberger und Christian Führer. Am 4. September 1989 war es erstmals nach einem Friedensgebet zu einer (Montags-)Demonstration von etwa 1000 Personen aus den Reihen der „Basisgruppen" gekommen. Diese wollten ihr Land nicht verlassen, sondern verändern. In der Folge stieg die Zahl der Teilnehmer kontinuierlich an: von 5000 (25. September) auf 20 000 (2. Oktober) und schließlich auf 70 000 (9. Oktober). Wegen des Machtvakuums zwischen dem angeschlagenen Politbüro und den Sicherheitskräften und wohl auch durch die Intervention örtlicher SED-Repräsentanten behinderte – anders als zuvor – niemand den eindrucksvollen Demonstrationszug oder löste ihn gar gewaltsam auf. Offenbar wurde die Polizei von dieser Menschenmenge überrascht; dazu kam das Machtvakuum im Politbüro. Damit war der Bann gebrochen.[26] Am 16. Oktober demonstrierten in Leipzig rund 120 000 Menschen, am 23. Oktober etwa 200 000, am 30. Oktober 300 000, am 6. November sogar 350 000 bis 400 000.[27] Die Parolen[28] und Demonstrationen griffen auf die gesamte DDR über. Ein Land war im „Ausnahmezustand". Nach dem Fall der Mauer ging die Zahl der Demonstranten zurück (wiewohl noch über 100 000). Bald wurde nicht mehr für „Freiheit" („Wir sind das Volk"), sondern für „Einheit" („Wir sind ein Volk") demonstriert.

Mit Leipzig konkurriert Dresden um die Vorreiterrolle.[29] Im „Tal der Ahnungslosen" (ARD – „Außer Raum Dresden", so der Volksmund) machte sich eine extreme Unzufriedenheit mit der SED-Diktatur bemerkbar, war doch die Zahl der Ausreiseanträge überproportional hoch. Als die Prager Botschaftsflüchtlinge in Sonderzügen den Dresdner Hauptbahnhof passierten, kam es dort um den 8. Oktober zu Tumulten. Dresden „brodelte". Kaplan Frank Richter hatte an der Bildung der „Gruppe der 20", die am 8. Oktober 1989 einen „Dialog" zwischen der Staatsmacht und den Demonstranten und zugleich das Ende der SED-Herrschaft in Dresden einleitete, ein großes Verdienst.[30] Vom 10. Oktober an gehörte auch Herbert Wagner, der spätere Dresdner Oberbürgermeister, zu dieser Gruppe. Aus ihr ging im Januar 1990 die „Basisdemokratische Fraktion" der Dresdner Stadtverordnetenversammlung hervor. Die Gruppe startete die „Eine-Mark-Aktion". Sie bat die Bürger darum, eine Mark auf ein Postscheckkonto als Zeichen der

---

25 Vgl. Christian Dietrich/Uwe Schwabe (Hrsg.): Freunde und Feinde. Dokumente zu den Friedensgebeten in Leipzig zwischen 1981 und dem 9. Oktober 1989, Leipzig 1994.

26 Vgl. u. a. Martin Jankowski: Der Tag, der Deutschland veränderte. 9. Oktober 1989, Leipzig 2007.

27 Die Zahlenangaben schwanken. Vgl. etwa Karl-Dieter Opp/Peter Voß: Die volkseigene Revolution, Stuttgart 1993, S. 46.

28 Der Leipziger Historiker Hartmut Zwahr hat als Zeuge die Vielzahl der Parolen festgehalten. Vgl. ders: Ende einer Selbstzerstörung. Leipzig und die Revolution in der DDR, Göttingen 1993. Siehe auch Ehrhart Neubert: Revolution und Revisionismus in Sprache, Geschichte und Recht, in: Totalitarismus und Demokratie 3 (2006), S. 47–77.

29 Vgl. Karin Urich: Die Bürgerbewegung in Dresden 1989/90, Köln u. a. 2001.

30 Vgl. Michael Richter/Erich Sobeslavsky: Die Gruppe der 20. Gesellschaftlicher Aufbruch und politische Opposition in Dresden 1989/90, Köln u. a. 1999.

Unterstützung zu überweisen. Die Aktion gedieh zu einem großen Erfolg und delegitimierte die SED. Die SED-„Reformer" Wolfgang Berghofer und Hans Modrow suchten anfangs durch „Dialog" den Protest zu kanalisieren, mussten aber bald das Heft des Handelns aus der Hand geben.

Der „Dresdner Weg" von der Diktatur zur Demokratie, gekennzeichnet durch eine regionale oppositionelle Strömung, deren Kompass beizeiten auf die deutsche Einheit wies, und eine flexible SED, die als erste vom Konfrontationskurs abwich, unterscheidet sich damit vom „Berliner Weg".[31] Zudem war die oppositionelle Szene, die weithin der Vereinnahmung durch die „alten Kräfte" widerstand, in Sachsen stark an den Interessen der Bevölkerungsmehrheit ausgerichtet – sie frönte weniger Maximen eines „dritten Weges".

Die – nahezu gängige – Fixierung auf Leipzig und Dresden verkennt die Breite der Proteste. So gingen in Karl-Marx-Stadt am 7. Oktober, dem „Tag der Republik", Hunderte auf die Straße und riefen: „Wir wollen Freiheit." Die Mobilisierung der Massen nahm im Bezirk Karl-Marx-Stadt insgesamt größere Ausmaße an als in den Bezirken Dresden oder Leipzig. So demonstrierten in Plauen am 7. Oktober ohne größere organisatorische Leitung über 10 000 Menschen, weitgehend ungestört von den Sicherheitsbehörden. Die (keineswegs systemimmanenten) Forderungen lauteten u. a.: „Versammlungs- und Demonstrationsrecht, Streikrecht, Meinungs- und Pressefreiheit, Zulassung der Oppositionsgruppe ‚Neues Forum' sowie anderer unabhängiger Parteien und Umlandgruppen, freie demokratische Wahlen, Redefreiheit für alle."[32] Lange Zeit fand Plauen bei der Erinnerung an die friedliche Revolution 1989 kaum Erwähnung. „Dass das vogtländische Plauen zeitlich und inhaltlich voranging, sollte aber nicht vergessen werden. Es ist ein Ruhmesblatt in der Geschichte der Stadt, Sachsens und Deutschlands."[33] Der 7. Oktober war der dortige Beginn der samstäglichen Demonstrationen, die bis zum 17. März 1990 anhielten, dem Tag vor der ersten und letzten demokratischen Volkskammerwahl.[34]

Der Fall der Mauer am 9. November 1989 ist zwar von hoher Symbolkraft (und für die rasche Entwicklung hin zur deutschen Einheit wichtig), aber das Zusammenwirken von Flucht- und Protestbewegung führte erst die Voraussetzungen für den Mauerfall herbei.[35] Insofern kommt den friedlichen Protesten eine größere Relevanz für das

---

31 Zu den Begriffen vgl. Uwe Thaysen: Der Weg des politischen Umbruchs in der DDR. Der Berliner und der Dresdner Pfad der Demokratiefindung, in: Karl Eckart/Manfred Wilke (Hrsg.): Berlin, Berlin 1997, S. 71–90.

32 Zitiert nach Thomas Küttler: Die Wende in Plauen, in: Alexander Fischer/Günther Heydemann (Hrsg.): Die politische „Wende" 1989/90 in Sachsen. Rückblick und Zwischenbilanz, Weimar u. a. 1995, S. 147–155, hier S. 149.

33 So Wolfgang Schuller: Die deutsche Revolution 1989, Berlin 2009, S. 115.

34 Vgl. ausführlich und anschaulich Thomas Küttler/Jean Curt Rödler: Die Wende in Plauen. Eine Dokumentation, 6. Aufl., Plauen 1999.

35 Vgl. das einleuchtende Modell von Albert O. Hirschman: Abwanderung und Widerspruch und das Schicksal der Deutschen Demokratischen Republik. Ein Essay zur konzeptionellen Geschichte, in: Leviathan 20 (1992), S. 330–358.

Tabelle 2   Sprechchor- und Transparentforderungen (4. September bis 17. November 1989)

Freiheit!	4. September, Leipzig, Sprechchor; (7. Oktober, Dresden, Plauen, Sprechchor).
Wir wollen raus!	4. September, Leipzig, Sprechchor.
Nehmt uns mit in die BRD!	4. September, Leipzig, Sprechchor.
Wir bleiben hier!	4. September, Leipzig, Sprechchor.
Reisefreiheit statt Massenflucht!	4. September, Leipzig, Transparent; (7. Oktober, Karl-Marx-Stadt).
Neues Forum zulassen!	25. September, Leipzig, Sprechchor.
Freiheit, Gleichheit, Brüderlichkeit!	25. September, Leipzig, Sprechchor.
Demokratie, jetzt oder nie!	2. Oktober, Leipzig, Sprechchor.
Gorbi, Gorbi!	2. Oktober, Leipzig, Sprechchor.
Stasi weg!	2. Oktober, Leipzig, Sprechchor.
Reformen brauchen wir!	7. Oktober, Dresden, Sprechchor.
(zur Polizei) Schämt euch!	7. Oktober, Dresden, Sprechchor.
Keine Gewalt!	7. Oktober, Dresden, Sprechchor.
(zur Polizei) Vater schlag nicht! Bruder schlag nicht!	7. Oktober, Dresden, Sprechchor.
Waffen weg!	7. Oktober, Plauen, Sprechchor.
Deutschland!	7. Oktober, Plauen, Sprechchor.
SED, das tut weh!	7. Oktober, Plauen, Sprechchor.
Wir brauchen Reformen!	7. Oktober, Plauen, Transparent.
Wir kommen wieder!	7. Oktober, Plauen, Sprechchor.
Wir sind das Volk!	8. Oktober, Dresden, Sprechchor. 9. Oktober, Leipzig, Sprechchor.
Freie Wahlen!	9. Oktober, Leipzig, Sprechchor.
Montags sind wir wieder da!	16. Oktober, Leipzig, Massengesang.
Jeder bringt noch einen mit!	16. Oktober, Leipzig, Massengesang.
DDR	21. Oktober, Plauen, Transparent.
Die Mauer muß weg!	23. Oktober, Leipzig, Sprechchor.
Freiheit für die ČSSR!	30. Oktober, Leipzig, Transparent.
Zu spät!	6. November, Leipzig, Sprechchor.
Ohne SED!	6. November, Leipzig, Sprechchor.
Jagen wir die SED endlich davon!	6. November, Leipzig, Transparent.
Grenze öffnen!	6. November, Leipzig, Sprechchor.
SED – Sand im deutschen Getriebe	10. November, Auerbach, Transparent.
Es wird weiter demonstriert, bis die Partei die Macht verliert	11. November, Plauen, Transparent.
SED – So endet diese Republik	11. November, Plauen, Transparent.
Deutschland einig Vaterland!	13. November, Leipzig, Sprechchor.
Schwarz-rot-gold. Sachsen Freistaat. Freies Europa.	13. November, Leipzig, Transparent.
Nieder mit der SED!	17. November, Auerbach, Sprechchor.
Volkskammer weg!	17. November, Auerbach, Sprechchor.
Vogtland unsere Heimat. Deutschland unser Vaterland. Europa unsere Zukunft	17. November, Auerbach, Transparent.

Quelle: Hartmut Zwahr u. a. (Hrsg.): Friedliche Revolution 1989/90 in Sachsen, Leipzig 2009, S. 82.

Ende der Diktatur zu. Für das Ende der DDR hingegen war der 9. November von entscheidender Tragweite. Die friedliche Revolution – der missverständliche, aber weitverbreitete Begriff der „Wende", der auf Egon Krenz zurückgeht, fängt nicht die Wucht der Veränderungen ein – nahm in den sächsischen Bezirken ihren Anfang[36] und vollzog sich innerhalb kurzer Zeit in der gesamten DDR. Eine entkräftete Diktatur wurde friedlich in die Knie gezwungen, auch durch phantasievolle Parolen: „Demokratie jetzt oder nie!"; „SED, das tut weh!"; „SED – So endet diese Republik" (vgl. Tabelle 2).

Die ursprünglichen Ziele der Bürgerbewegungen, einen „dritten Weg"[37] anzustreben – in innen-, außen- und wirtschaftspolitischer Hinsicht –, spielten nach dem Fall der Mauer kaum mehr eine Rolle. Heute sind sie nahezu „vergessen"! Die Masse der DDR-Bevölkerung, zumal in Sachsen, wollte so leben wie die Menschen im Westen Deutschlands. Die friedliche Revolution in der DDR war „von unten" erzwungen; aber es gab ebenso Elemente der Implosion und eines ausgehandelten Systemwechsels. Dazu gehörten die vielen Runden Tische – zumal in Sachsen.[38] Die drei Runden Tische der sächsischen Bezirke trieben die Länderbildung voran. Dennoch: Ohne den Wandel der außenpolitischen Konstellationen durch die Sowjetunion Michail Gorbatschows wären die revolutionären Vorgänge in Sachsen und den übrigen Teilen der DDR nicht möglich gewesen. Die Auswirkungen der Moskauer Politik deckten sich freilich nicht mit ihrer Intention. Immerhin respektierte der „große Bruder" 1989 den Lauf der Geschichte – anders als 1953.

Nicht nur bei der friedlichen Revolution, sondern auch bei der deutschen Einheit erwies sich Sachsen als Vorreiter. Helmut Kohls Reise nach Dresden am 19. Dezember 1989 mit seiner Rede vor den Ruinen der Frauenkirche und dem Meer von weiß-grünen wie schwarz-rot-goldenen Flaggen gedieh zum Triumph, Hans Modrows Plan vom 1. Februar 1990 unter dem Titel „Deutschland, einig Vaterland", Nachtrabpolitik und Rückzugsgefecht gleichermaßen, hingegen endete in einem Desaster. Mit dem Sieg der „Allianz für Deutschland" bei den ersten und letzten freien Volkskammerwahlen am 18. März 1990, derjenigen Kraft, die entschlossen auf die Einheit Deutschland gezielt und in Sachsen besonders gut abgeschnitten hatte,[39] war ein wichtiger Markstein gesetzt. Selbst der Kanzler wurde von der galoppierenden Entwicklung überrascht, ging er doch zur Zeit seines Zehn-Punkte-Programms Ende November 1989 von fünf bis zehn Jahren bis zur Einheit aus.

---

36 Vgl. die eindrucksvollen Statistiken und Abbildungen in dem Band von Hartmut Zwahr u. a. (Hrsg.): Friedliche Revolution 1989/90 in Sachsen, Leipzig 2009 (mit Beiträgen von Hartmut Zwahr, Uwe Schwabe, Michael Richter und Tobias Hollitzer).

37 Vgl. Christoph Geisel: Auf der Suche nach einem dritten Weg. Das politische Selbstverständnis der DDR-Opposition in den 80er Jahren, Berlin 2005; Dirk Rochtus: Zwischen Realität und Utopie. Das Konzept des „dritten Weges" in der DDR 1989/90, Leipzig 1999.

38 Vgl. Francesca Weil: Verhandelte Demokratisierung. Die Runden Tische der Bezirke 1989/90 in der DDR, Göttingen 2011.

39 Vgl. das Kapitel „Wahlen und Wahlverhalten".

Das lag nicht zuletzt an den Menschen in der DDR, zumal den Sachsen, die ähnlich den Thüringern die deutsche Einheit weit überdurchschnittlich befürworteten.[40] Der vor allem von Berliner Prominenten (u. a. von Stefan Heym, Friedrich Schorlemmer, Christa Wolf) unterzeichnete Aufruf „Für unser Land", der auf antifaschistische Traditionen und eine eigenständige DDR setzte, am Tag von Kohls Zehn-Punkte-Programm verlesen,[41] rief in Plauen eine Gegeninitiative hervor, die unter der Überschrift „Für die Menschen in unserem Land" eine Abstimmung über die deutsche Einheit verlangte.[42] Eine Erklärung des Dresdner Demokratischen Aufbruchs vom 1. Dezember 1989 lehnte eigens den Aufruf „Für unser Land" ab,[43] obwohl seinerzeit an der Zweistaatlichkeit, allerdings unter Hervorhebung der Einheit der deutschen Nation, festgehalten wurde. Bereits vor der Öffnung der Mauer – am 6. November 1989 – wehten weiß-grüne Flaggen auf der ersten Dresdner Montagsdemonstration. Anlässlich der zweiten Demonstration, am 13. November, forderte Arnold Vaatz die Wiederherstellung Sachsens und auch die der anderen Länder. Binnen kurzem griff diese Losung sachsenweit um sich. Nach Öffnung der Mauer bedurfte es kaum mehr taktischer Rücksichtnahmen. Zudem war eine „zweite Generation" der Bürgerrechtler aktiv geworden und zum Demokratischen Aufbruch wie zum Neuen Forum gestoßen. Ihr Anliegen: ein schneller Beitritt zur Bundesrepublik Deutschland.

Bis etwa zum November 1989 ähnelten die Positionen der Bürgerrechtsbewegung in Sachsen nach außen denen der Bürgerrechtsbewegung in Berlin. Als größere Offenheit wegen des geringeren Risikos, seine Meinung unumwunden zu sagen, möglich war, traten die Unterschiede stärker hervor. So hieß es beim Demokratischen Aufbruch Dresden am 21. November, diese Bürgerbewegung werde in der deutschen Frage dem „Willen der demokratischen Mehrheiten" zur Geltung verhelfen.[44] Und die Basisdemokratische Fraktion der Dresdner Stadtverordnetenversammlung stellte in einer „Grundsatzerklärung" im Januar 1990 drei „essentials" auf. Zu ihren Zielen gehörte ein „freiheitlich-demokratischer Rechtsstaat, eine ökologisch und sozial verantwortete Marktwirtschaft und die Einheit der deutschen Nation im Rahmen einer europäischen Friedensordnung".[45]

In Sachsen, vornehmlich im Dresdner Raum, trat so nicht das ein, was vor allem für Berlin galt: eine Diskrepanz zwischen dem, was der „kleine Mann auf der Straße"

40 Vgl. Peter Förster/Günter Roski: DDR zwischen Wende und Wahl. Meinungsforscher analysieren den Umbruch, Berlin 1990, S. 57–60.
41 Vgl. den Abdruck: Aufruf Für unser Land, in: Neues Deutschland vom 29. November 1989, S. 2. Zur Vorgeschichte dieses Aufrufs siehe Konstanze Borchert/Volker Steinke/Carola Wuttke (Hrsg.): „Für unser Land". Eine Aufrufaktion im letzten Jahr der DDR, Frankfurt a. M. 1994.
42 Vgl. Thomas Küttler (Anm. 32), S. 153.
43 Vgl. Karin Urich (Anm. 29), S. 329.
44 Zitiert nach ebd., S. 328.
45 Grundsatzerklärung der Basisdemokratischen Fraktion der Stadtverordnetenversammlung, zitiert nach Michael Richter/Erich Sobeslavsky (Anm. 30), S. 493.

wollte, und dem, was viele Bürgerrechtler am Zentralen Runden Tisch verkündeten.[46] Arnold Vaatz, führender Kopf der Bürgerrechtler in Sachsen und anfangs Sprecher des Neuen Forums, hatte noch vor dem Dresdner Besuch Kohls in einem Positionspapier zwar ein neutrales, entmilitarisiertes Deutschland gefordert, zugleich aber auch eine Währungsunion: „Von erstrangiger Bedeutung sind geeignete Schritte zu einer gemeinsamen deutschen Währung."[47] Die DDR-Mark sollte durch die D-Mark ersetzt werden. Der für die damalige Zeit verwegen anmutende Vorschlag zeigt, wie weit die Vorstellungen hin zur deutschen Einheit gediehen waren. Die zunehmende Kritik sächsischer Bürgerrechtler am Zentralen Runden Tisch in Berlin mit seinen Ideen eines „dritten Weges" darf daher nicht verwundern.[48]

Arnold Vaatz war beizeiten, im Februar 1990, mit einer Reihe von Bürgerrechtlern der CDU beigetreten. So konnte die alte Block-CDU eher als anderswo zurückgedrängt werden. Der erste Ministerpräsident, Kurt Biedenkopf, stammte nicht aus den Reihen der „Blockflöten" (wie in Mecklenburg-Vorpommern, Sachsen-Anhalt und Thüringen), sondern aus dem Westen.[49] Vaatz und mit ihm Hans Geisler, Steffen Heitmann, Erich Iltgen, Horst Rasch, Dieter Reinfried, Matthias Rößler, um nur einige der bekanntesten sächsischen Protagonisten zu nennen, setzten nicht auf eine Erneuerung der DDR, sondern auf deren Abschaffung.

3 Vom Dresdner Runden Tisch zum Koordinierungsausschuss

Sachsen trieben die friedliche Revolution und die deutsche Einheit schnell voran. Aber auch bei der Bildung „ihres" Freistaates setzten sie spezifische Akzente. Das ist in der Öffentlichkeit weniger bekannt. Schließlich sind Publikationen über die friedliche Revolution (in Sachsen) Legion, die über die Länderneubildung Desiderate der Forschung.[50] Bei der allerersten Leipziger Montagsdemonstration nach dem Fall der Mauer präsentierten Bürger am 13. November 1989 ein Spruchband mit dem sächsischen Rautenwappen: „Schwarz-rot-gold. Freistaat Sachsen. Freies Europa." Spätestens mit dem Jahreswechsel 1989/90 war die Wiedergeburt des Landes Sachsen (nicht nur) für das Gros der Bevölkerung eine beschlossene Sache.

---

46 Vgl. (mit einem treffenden Titel) Uwe Thaysen: Der Runde Tisch. Oder: Wo blieb das Volk? Der Weg der DDR in die Demokratie, Opladen 1990.

47 Arnold Vaatz: Erblast und Chance. Das Neue Forum zur deutschen Frage, in: Sächsische Zeitung vom 16./17. Dezember 1989.

48 Vgl. Jörg Pfeifer: Die Illusion von der Reformierbarkeit der DDR. Der „Berliner" und der „Dresdner Weg" der Opposition in der friedlichen Revolution 1989/90, in: Eckhard Jesse/Hans-Peter Niedermeier (Hrsg.): Politischer Extremismus und Parteien, Berlin 2007, S. 321–342.

49 Vgl. das Kapitel über „Ministerpräsidenten".

50 „Das" Werk stammt aus der Feder von Michael Richter: Die Bildung des Freistaates Sachsen. Friedliche Revolution, Föderalisierung, deutsche Einheit 1989/90, Göttingen 2004.

Die Länderbildung verlief einerseits schnurstracks, ging andererseits verschlungene Wege. Die Kernfragen zur Bildung des Landes lauten: „Waren es die revolutionären Eliten aus den Bürgerbewegungen und von den Runden Tischen? Waren es – im Vorgriff auf die staatliche Einheit – die ‚neuen Eliten‘ aus der Bundesrepublik und den westlichen Bundesländern? Oder waren es letztlich doch die alten Eliten der SED und der übrigen Parteien des demokratischen Blocks, des alten Staatsapparates und der Apparate der Bezirke, die die strukturellen und personellen Weichenstellungen vornahmen, welche fortan den Länderbildungsprozess beeinflussten?"[51] Ein zähes Ringen begann. Die Frage der Föderalisierung der DDR hatte zunächst nicht direkt etwas mit der Frage zu tun, ob eine Vereinigung gewünscht war, eine Konföderation oder ein eigenständiger Staat. Auch Gegner eines Beitritts zur Bundesrepublik Deutschland (etwa Hans Modrow) sprachen sich nicht gegen einen Bundesstaat DDR aus.

Die Konflikte kreisten in einer Art Dreieck von „Kompetenz, Legitimität und aktivem Macht- und Gestaltungswillen"[52], wobei es verfehlt wäre, „Kompetenz" ausschließlich den Westpolitikern zuzuschreiben, „Legitimität" nur den Bürgerrechtlern und „aktiven Macht- und Gestaltungswillen" allein den Kräften von früher. Es entstand eine schwer durchschaubare Gemengelage. Anfangs zogen Reformpolitiker gegenüber den alten Kräften den Kürzeren. So heißt es pointiert bei Matthias Rößler, als Repräsentant des Demokratischen Aufbruchs Mitglied des Runden Tisches im Bezirk Dresden: „Wie eine Schar von Hühnern – ich gebrauche einmal dieses Bild – pickten wir in irgendwelchen Ecken die Körner auf, die die Funktionäre ausstreuten. Währenddessen haben die hinter unserem Rücken ihre Schäfchen ins Trockene gebracht."[53]

Die neuen Kräfte wollten den Räten der Bezirke, wie überhaupt den alten Kräften, nicht die Initiative überlassen. Bereits bei der zweiten Sitzung des Runden Tisches im Bezirk Dresden am 11. Januar 1990 stand die Bildung eines Landes Sachsen auf der Tagesordnung. Am 1. März hatte er einen gemeinsamen Ausschuss zur Landesbildung beschlossen. Nachdem im April 1990 maßgeblich der Runde Tisch des Bezirks Dresden – als Folge der Volkskammerwahlen vom 18. März erfuhr dessen Zusammensetzung eine Revision, ohne aber strikt die Mehrheitsverhältnisse abzubilden, – den Versuch der Räte der Bezirke verhindern konnte, auf der Meißener Albrechtsburg in einem Festakt einen Verfassungsentwurf zu statuieren und so das Land Sachsen gleichsam „von oben" ins Leben zu rufen („Kuratorium Land Sachsen"),[54] entstand Anfang Mai der „Koordinierungsausschuss zur Bildung des Landes Sachsen" unter dem Vorsitz von Arnold Vaatz. Ihm gehörten Personen aus allen drei Bezirken und allen neuen „Lagern"

---

51 Markus Schubert: Der Koordinierungsausschuss zur Bildung des Landes Sachsen, in: Hans Bertram/ Wolfgang Kreher/Irene Müller-Hartmann (Hrsg.): Systemwechsel zwischen Projekt und Prozess, Opladen 1998, S. 365.

52 Michael Richter (Anm. 50), S. 1022.

53 Matthias Rößler, Das Jahr 1990. Ein Zeitzeugenbericht, in: Konstantin Hermann (Anm. 1), S. 267–275, hier S. 269.

54 Vgl. Arnold Vaatz, Die Verhinderung der „Aktion Albrechtsburg", in: Ebd., S. 276–279.

an. Die Bildung eines sächsischen Bundeslandes sollte auf demokratischer Grundlage forciert werden: „von unten".

Dem Koordinierungsausschuss gelang es, sich als zentrales Instrument der Landesbildung zu behaupten und die alten Kräfte zurückzudrängen – auch durch vielfältige Unterstützung der Partnerländer Baden-Württemberg und Bayern. Während Baden-Württemberg zum Teil keine Berührungsängste in der Zusammenarbeit mit Repräsentanten der CDU-Blockpartei und selbst der SED besaß – „hier hielt man die Vertreter des Staatsapparates der untergehenden Diktatur durchaus für geeignete Akteure der Bildung freiheitlich-demokratischer Bundesländer"[55] –, sah dies bei den Bayern, die auf die mit der CSU verbundene Deutsche Soziale Union setzten, anders aus. Zunehmend spielten in der „Gemischten Kommission Sachsen-Baden-Württemberg" Reformkräfte, z. B. durch die Leitung von Arbeitsgruppen, eine wichtige Rolle. Matthias Rößler etwa übernahm die Arbeitsgruppe „Wissenschaft und Hochschule", nachdem er bereits im Koordinierungsausschuss für Bildung und Wissenschaft zuständig war. Der baden-württembergische CDU-Fraktionsvorsitzende Erwin Teufel zeigte sich den Reformkräften gewogen, der Ministerpräsident Lothar Späth, der eher mit den Repräsentanten des Rates des Bezirkes kooperieren wollte,[56] zunächst weniger. Mit der „Rottenburger Erklärung" vom 8. April 1990 – sie warnte die DDR-Regierung vor der „Gefahr", dass Wege zur Länderbildung beschritten werden, die rechtlich bedenklich, demokratisch nicht legitimiert und politisch gefährlich sind, z. B. eine verfassungsgebende Versammlung durch nichtlegitimierte Kräfte zu berufen,[57] – gewannen die Reformkräfte an Boden, in allem einig waren sie sich jedoch nicht. So setzten viele „Chemnitzer" und „Leipziger" nach der Bildung einer demokratisch legitimierten DDR-Regierung auf die Auflösung der Räte wie der Runden Tische, während die „Dresdner" aus Misstrauen gegenüber der Berliner Regierung regionale Runde Tische beibehalten wollten und damit auch Erfolg hatten.

Die Tätigkeit der drei von der Regierung Lothar de Maizière im Mai 1990 eingesetzten Regierungsbevollmächtigten (Siegfried Ballschuh für Dresden, Rudolf Krause für Leipzig und Albrecht Buttolo für Chemnitz), die alle nicht dem Umfeld der Oppositionellen entstammten, sondern der CDU-Blockpartei, wurde vom Koordinierungsausschuss kritisch, zum Teil misstrauisch begleitet. Die „Reformpolitiker" wussten sich allerdings ihnen gegenüber zu behaupten. Vaatz fungierte sogar als stellvertretender Dresdner Regierungsbevollmächtigter, was ihm und dem Koordinierungsausschuss im Wesentlichen die Hoheit bei der Landesbildung gab. Das Ende Juli 1990 konstituierte überparteiliche „Sächsische Forum", eine Art Ersatz für die inzwischen weithin aufgelösten Runden Tische, dem Erich Iltgen vorstand, informierte die Öffentlichkeit über das Voranschreiten der Föderalisierung. Auch in den Bezirken Chemnitz und Leipzig wurde

55 Michael Richter (Anm. 50), S. 1025.
56 Vgl. ebd., S. 239 f.
57 Vgl. ebd., S. 245.

so die Tätigkeit des Koordinierungsausschusses stärker bekannt. Der spätere Landtagspräsident Erich Iltgen erklärte dazu aus zeitlicher Distanz: „Unsere Absicht war es, die
Schaffung neuer Strukturen so weit voranzutreiben, dass die Ausschreibung aller wichtigen Ämter in den Strukturen möglich wurde. Zumindest für die führenden Positionen erreichten wir, dass sich jeder neu bewerben musste. Die alten Strukturen wurden
aufgegeben."[58]

Anders als in den übrigen Teilen der DDR war die Bildung des Landes damit vorrangig „von unten" bestimmt, nur bedingt durch die Berliner Zentrale. Allerdings: Es ging
weniger um inhaltliche Positionen (die alten Kräfte waren längst auf den „neuen Kurs"
umgeschwenkt), mehr um personelle Fragen. Wer aus den Reihen der vorher nicht politisch tätigen Kreise kommt, neigt dazu, diesen Befund herunterzuspielen. Im Koordinierungsausschuss „wurde nicht nur über neue Landesstrukturen entschieden. Vielmehr
wurden bereits Posten vergeben, die zwar später noch von der Landesregierung ‚abge-
segnet' werden mussten, doch nur in den seltensten Fällen noch umbesetzt wurden."[59]
Es bestand bei den sächsischen Reformern ein beträchtlicher Macht- und Gestaltungs-
wille. Dieser war wohl notwendig, um nicht in die Defensive zu geraten.

Außerdem gab es bei der Bildung des Landes nicht nur Konflikte zwischen den alten und den neuen Kräften, wobei hier die „Front" innerhalb der CDU verlief. Die geschwächte PDS blieb bei diesem Prozess so gut wie ohne Einfluss. Die Rivalitäten zwischen Chemnitz, Dresden und Leipzig waren durch die dominante Position Dresdens
etwas überlagert. Westpolitiker konnten manchmal besser mit den „pragmatisch" agierenden „Gewendeten" zusammenarbeiten als mit Bürgerrechtlern, die mitunter „prinzipiell" auftraten. Freilich spielten bei den Reformkräften in Sachsen – etwa beim für
die Länderbildung wichtigen Runden Tisch im Bezirk Dresden – überwiegend Personen eine Rolle, die einem „dritten Weg" fern standen und eine schnelle deutsche Einheit wünschten.

4 Sächsische Staatsgründung und Vorschaltgesetz 1990

Die Frage einer Länderneugliederung stellte sich in der Hektik der sich überschlagen-
den Vorgänge kaum, schon gar nicht in Sachsen. Die alten und die neuen Parteien organisierten sich gleichsam wie von selbst. Der Vorschlag, ein starkes „mitteldeutsches
Land" (aus den acht Bezirken Sachsens, Thüringens und Sachsen-Anhalts) ins Leben

58 Erich Iltgen: Das Sächsische Forum, in: Konstantin Hermann (Anm. 1), S. 283–285.
59 Ralph Kleimeier: Sachsen 1989/90: Der Kampf um nachrevolutionäre politische Strukturen, in: Christ-
    oph Roolf/Simone Rauthe (Hrsg.): Projekte zur Geschichte des 20. Jahrhunderts. Deutschland und
    Europa in Düsseldorfer Magister- und Examensarbeiten, Neuried bei München 2000, S. 104–125, hier
    S. 115.

zu rufen, stand nicht ernsthaft zur Debatte,[60] fand im historisch gewachsenen Sachsen, wo wegen der Tradition der Wunsch nach Errichtung eines eigenes Bundeslandes besonders ausgeprägt war, keinen Widerhall, wie überhaupt die wenigen Neugliederungsvorschläge rein akademischer Natur blieben. Die bekannteste Variante stammte von dem sächsischen Historiker Karlheinz Blaschke, der als „bürgerlicher" Historiker in der DDR 20 Jahre am Theologischen Seminar Leipzig „überwintern" konnte. Er plädierte aus Gründen der Tradition und der Effizienz für eine „große Lösung" mit nur drei Ländern: Mecklenburg, Brandenburg, Sachsen-Thüringen, wobei Sachsen-Anhalt teils Brandenburg, teils Mecklenburg zugeschlagen werden sollte.[61] Mit der Bildung von Sachsen-Thüringen als drittgrößtes Bundesland könnte, so Blaschke, ein Gegengewicht zu Nordrhein-Westfalen und Bayern entstehen. In Sachsen fiel diese originelle Reformidee nicht auf fruchtbaren Boden.

Der ursprüngliche Plan, die DDR als Bundesstaat der Bundesrepublik beitreten zu lassen, wurde bald nicht weiter verfolgt. So bestimmte das Ländereinführungsgesetz vom 22. Juli 1990, später Teil des Einigungsvertrages zwischen der Bundesrepublik und der DDR, die Bildung von fünf Ländern in der DDR und den Termin der Landtagswahlen (14. Oktober). Es gab die Möglichkeiten zu – freilich unverbindlichen – Volksbefragungen, wenn strittig war, in welches Land welcher Kreis gehört(e).[62] Nach dem Ländereinführungsgesetz durften die Kreistage darüber bestimmen, welche Kreise zu welchem Land gehören sollten.[63] Obwohl bei acht von neun Volksbefragungen die Bürger für Sachsen votierten (nur im Kreis Schmölln sprach sich eine Mehrheit für Thüringen aus), hielten sich die Kreistage von Altenburg (der Kreis kam, wie schon in der Weimarer Republik, zu Thüringen), Bad Liebenwerda und Senftenberg (die Kreise fielen Brandenburg zu) nicht an den Ausgang der Volksbefragungen – unverständlicherweise: „Der Vorgang erschütterte bei vielen Bürgerinnen und Bürgern das Zutrauen in die neugewonnene Demokratie."[64]

Innerhalb von 14 Tagen nach den Landtagswahlen musste der jeweilige Landtag zusammentreten. Am 3. Oktober 1990, dem Tag der Wiedervereinigung, wurde das Bundesland Sachsen auf der Albrechtsburg in Meißen in einem Festakt aus der Taufe gehoben. Die Crux, ja ein Konstruktionsfehler: Es entstand zunächst ein Land ohne Landtag und Landesregierung. Die im September 1990 noch von der DDR-Regierung de Maizière eingesetzten Landessprecher leiteten nach außen hin vom 3. Oktober 1990

60　Vgl. Mathias Tullner: Sachsen oder Mitteldeutschland? Ein kritischer Blick auf Identitäts- und Neugliederungsdebatten, in: Konstantin Hermann (Anm. 1), S. 59–70.

61　Vgl. Karlheinz Blaschke: Alte Länder – Neue Länder. Zur territorialen Neugliederung der DDR, in: Aus Politik und Zeitgeschichte, B 39/1990, S. 39–54.

62　Vgl. Michael Richter: Entscheidung für Sachsen. Grenzkreise und -kommunen bei der Bildung des Freistaates 1989–1994. Bürgerwille und repräsentative Demokratie, Dresden 2002.

63　Dass es zu solchen Dissonanzen kommen konnte, lag an dem folgenden Sachverhalt: 1952 wich die Bildung der Bezirke etwas von der Länderstruktur ab.

64　Michael Richter: Wir sind das Volk! Zur Rolle von Legitimität und freien Wahlen bei der friedlichen Revolution in Sachsen, in: Hartmut Zwahr u. a. (Anm. 36), S. 52–72, hier S. 69.

an das jeweilige Land. In Sachsen fiel diese Aufgabe dem ehemaligen Leipziger Regierungsbevollmächtigten Rudolf Krause zu, der allerdings der Weisungsbefugnis des Leiters der Clearing-Stelle Sachsen, dem Staatssekretär im Bundesministerium des Innern Günter Ermisch, unterlag. Spannungen zwischen Ost und West konnten in dieser rechtlich unklaren Zeit nicht ausbleiben. Und auch der Koordinierungsausschuss legte Aktivitäten an den Tag: Vaatz machte Ermisch seine Aufwartung, und er versuchte, gegen die Personalpolitik der Altkader Front zu machen. Direkt Krause zugeordnet, nahm der Koordinierungsausschuss schließlich konkrete administrative Aufgaben wahr. Auf der konstituierenden Sitzung des Sächsischen Landtages am 27. Oktober 1990 – die Landtagswahlen hatten am 14. Oktober stattgefunden – erhielt das Land die Bezeichnung Freistaat Sachsen: zum einen als Reverenz an den im Februar 1919 gegründeten Freistaat, zum anderen als Zeichen sächsischen Selbstbewusstseins. Der Landtag verabschiedete zugleich das „Gesetz zur Herstellung der Arbeitsfähigkeit des Sächsischen Landtages und der Sächsischen Landesregierung (Vorschaltgesetz)". Dieses war wegen des Fehlens einer Verfassung unerlässlich, regelte aber nur das Nötigste (z. B. grundlegende Funktionsfähigkeit von Landtag und Regierung, erste staatliche Strukturen).

Der Sächsische Landtag beschloss am 27. Mai 1992 in der Dresdner Dreikönigskirche die Verfassung des Freistaates, die am 6. Juni in Kraft trat – als erste in einem neuen Bundesland.[65] Die Präambel setzte identitätsstiftende Akzente: „Anknüpfend an die Geschichte der Mark Meißen, des sächsischen Staates und des niederschlesischen Gebietes, gestützt auf Traditionen der sächsischen Verfassungsgeschichte, ausgehend von den leidvollen Erfahrungen nationalsozialistischer und kommunistischer Gewaltherrschaft, eingedenk eigener Schuld an seiner Vergangenheit, von dem Willen geleitet, der Gerechtigkeit, dem Frieden und der Bewahrung der Schöpfung zu dienen, hat sich das Volk im Freistaat Sachsen dank der friedlichen Revolution des Oktober 1989 diese Verfassung gegeben." Das Verfassungswerk schloss in gewisser Weise die Wiedergründung des Freistaates Sachsen ab. Die Hauptstadt wurde, wie zwischen 1946 und 1952, Dresden, die Landesfarbe, wie seit 200 Jahren, weiß-grün.

5 „Sächsischer Weg"?

Die Frage, ob die Wiedergründung des Landes durch spezifisch sächsische Züge gekennzeichnet ist, dürfte gleich in mehrfacher Hinsicht zu bejahen sein. Sachsen nimmt hier eine Sonderrolle ein, wiewohl die Rahmenbedingungen von außen gesetzt wurden: Die Sowjetunion war im Herbst 1989 nicht mehr bereit, den „real existierenden Sozialismus" in anderen Staaten mit Waffengewalt zu verteidigen. Erst die Aufgabe der Breschnew-Doktrin ermöglichte, anders als 1953, den Erfolg der Volkserhebung.

---

65 Vgl. den Beitrag „Verfassung und Verfassungsgerichtsbarkeit".

Erstens führt kein Weg an dem Befund vorbei, dass Sachsen das Kernland der friedlichen Revolution ist. Es war mit den Massendemonstrationen ein Vorläufer für andere Bezirke. Und der friedliche Verlauf der Montagsdemonstration in Leipzig am 9. Oktober 1989 bedeutete die Entscheidung für eine unumkehrbare Entwicklung. Einen Tag zuvor konnte in Dresden aus einer Demonstration heraus eine Gruppe von Bürgern den „Dialog" mit der Staatsmacht in die Wege leiten und damit indirekt ihre Legitimierung und deren Delegitimierung herbeiführen. Wiederum einen Tag vorher, am 7. Oktober, dem 40. Jahrestag der DDR, fand im vogtländischen Plauen eine Massendemonstration mit etwa 10 000 Menschen statt, auf der es Rufe nach freien Wahlen ebenso gab wie nach Reisefreiheit. Das Ausmaß der Unzufriedenheit fiel im industriell geprägten Süden mit vielen Grenzen zum (nahen und doch fernen) Westen größer aus als im stärker agrarisch strukturierten Norden der DDR – und die Protestbereitschaft war höher.

Zweitens setzte sich in Sachsen weitaus eher als in den übrigen Teilen der DDR die revolutionäre Forderung nach Einheit durch. Anders als etwa in Berlin ging es weniger um eine Reform der DDR als um deren Abschaffung. Eine Reihe von Bürgerrechtlern, zumal solche, die in der ersten Phase nicht an vorderster Front standen, wollte nach der Freiheit schnell die Einheit. Die Versuche, eine Art „dritten Weg" zu proklamieren, stießen hier weniger auf fruchtbaren Boden. Die sächsischen Oppositionellen, zumal die aus dem Dresdner Raum, waren weitaus stärker in der Bevölkerung verankert als die Berliner. Die „doppelte Demokratisierung" erwies sich als eine „ostdeutsche Besonderheit der Transition"[66], die schnelle „doppelte Revolution", etwas überspitzt formuliert, als eine sächsische Besonderheit der Transition.

Drittens spielten die „neuen Kräfte" eine gewichtige Rolle bei der Länderneubildung. Sie ließen sich weder durch die Berliner Regierung unter Lothar de Maizière noch durch die „alten Kräfte" in Sachsen von ihrem Weg abbringen, wie das in den anderen Regionen teilweise stark der Fall war.[67] Ihnen war daran gelegen, Sachsen „von unten" aus der Taufe zu heben, und sie konnten sich größtenteils durchsetzen, dank ihrer Hartnäckigkeit und mit Hilfe der westdeutschen Partnerländer Baden-Württemberg und Bayern. Dies ist eine „sächsische Sonderentwicklung".[68] Vor allem: Sie wollten auch personell neue Akzente setzen. So ist es kein Zufall, dass im Gegensatz zu den anderen neuen Ländern (Mecklenburg, Sachsen-Anhalt und Thüringen), in denen die Union den ersten Ministerpräsidenten stellen konnte, dieser nicht aus den Reihen der Blockpartei gekommen war.

In gewisser Weise gibt es, was Sachsen betrifft, ein viertes Spezifikum. Dieses ist eine Folge der drei genannten. Die Vorreiterrolle Sachsens hielt nach der Einheit an. Das „neue" (und doch alte, traditionsreiche) Land Sachsen legt in vielfacher Hinsicht mehr

---

66 Vgl. Michael Richter: Die doppelte Demokratisierung – eine ostdeutsche Besonderheit der Transition, in: Totalitarismus und Demokratie 3 (2006), S. 79–97.

67 Vgl. ders. (Anm. 50), S. 745–764.

68 So ders.: Die Entstehung des Freistaates Sachsen 1990, in: Konstantin Hermann (Anm. 1), S. 71–77, hier S. 73.

Selbstbewusstsein an den Tag als manches „alte" (und doch neue, traditionsarme) Land. Es bildet eine Brücke zwischen vielen sogenannten neuen und alten Bundesländern. Der Stolz auf die Heimat stellt eine Voraussetzung für das Wohlergehen dar, nicht nur im materiellen Sinne. Sachsen kann damit aufwarten. Jedenfalls ist die Annahme berechtigt, dass der Freistaat 2040, 50 Jahre nach der Wiedergründung, weiterhin die eigene Identität stärker pflegt als jedes andere Bundesland.

Die Regierung des Landes versteht es, mit diesem „Pfund zu wuchern". So wurde das Doppeljubiläum – 20 Jahre friedliche Revolution, 20 Jahre deutsche Einheit – in keinem anderen „Ostland" mit derart vielen Veranstaltungen und Projekten gefeiert. In einer Dokumentation des Doppeljubiläums hieß es u.a.: „Das Engagement der Staatsregierung für das Gedenken speiste sich darüber hinaus aus der geschichtlichen Rolle Sachsens und seiner Menschen: Der Mut von Hunderttausenden, die hier für Freiheit und Demokratie demonstrierten, ebnete den Weg zur Wiedervereinigung der beiden deutschen Staaten. Es war deshalb das Ziel aller in den Jahren 2009 und 2010 zum Gedenken geplanten Aktivitäten, die Leistung dieser Menschen zu würdigen, gegen das Vergessen zu arbeiten und die Identität Sachsens als Kernland der friedlichen Revolution zu schärfen."[69] Gleichwohl: Selbstbewusstsein ist gut, aber wer an die Erhebung im ganzen Land erinnert, entwertet die Rolle Sachsens als Auslöser der friedlichen Revolution keineswegs. Und wer das Landesbewusstsein überhöht, steht in der Gefahr, Mythen zu pflegen.[70]

---

69 Freistaat Sachsen/Sächsische Staatskanzlei (Hrsg.): Dokumentation des Doppeljubiläums. 20 Jahre Friedliche Revolution und Deutsche Einheit, Dresden 2010.

70 Vgl. André Thieme: Sächsische Mythen und sächsische Mentalitäten. Historische Anmerkungen zu Landesbewusstsein und Identität in Sachsen, in: Konstantin Hermann (Anm. 1), S. 13–27.

Kapitel 3
Verfassung und Verfassungsgerichtsbarkeit

1 Staatlichkeit der Länder in Deutschland

Die Staatlichkeit der deutschen Länder gründet sich auf eine Tradition, die weit älter ist als die des deutschen Nationalstaats.[1] Die Erfahrungen reichen bis in die Zeit des Heiligen Römischen Reichs Deutscher Nation zurück, das bis zu seiner Auflösung 1806 ein loser Verbund der deutschen Territorialstaaten war. Auch im Deutschen Bund (1815–1866), einem Staatenbund, blieben die Staaten souverän. Erst die Paulskirchenverfassung von 1849 begründete ein föderales System, in dem die Koexistenz von Bundes- und Landeskompetenzen durch die Abtretung von Souveränitätsrechten der Einzelstaaten gelang. Nach dem Scheitern der Verfassung und einer „formal-föderalen"[2] Staatlichkeit (wegen der preußischen Dominanz) im Deutschen Reich nach 1871 knüpfte erst die Weimarer Verfassung an die föderale Tradition der Paulskirchenverfassung an. Der Systemwechsel von 1918/19 führte nicht nur zur Demokratisierung, sondern auch zur Föderalisierung Deutschlands.[3] Aus den Staaten des Kaiserreichs entstanden in der Weimarer Republik Länder. Die Machtübernahme der Nationalsozialisten beendete die föderal-demokratische Ordnung. Das Gesetz über den Neuaufbau des Reiches vom 30. Januar 1934 führte zur Auflösung der Landesparlamente und besiegelte das Schicksal der schon vorher gleichgeschalteten Länder. Nach dem Ende des Zweiten Weltkriegs stellte sich für die alliierten Siegermächte erneut die Frage der Verfasstheit des deutschen Staatswesens. Nicht zuletzt als Konsequenz aus dem „Führerstaat" entstanden bei den Überlegungen zur künftigen Verfasstheit Deutschlands in den drei westlichen Besatzungszonen bis 1947 zunächst Länder, aus denen 1949 die Bundesrepublik hervor-

---

1   Vgl. hier und im Folgenden Roland Sturm: Föderalismus in Deutschland, Berlin 2001, S. 17–27.
2   Ebd., S. 19.
3   Vgl. dazu das Kapitel „Sachsen im Bund und in der Europäischen Union".

ging. In der Sowjetischen Besatzungszone (SBZ) waren zunächst ebenfalls fünf Länder gegründet worden, die mit der Zentralisierung bzw. Neugliederung der DDR 1952 abgeschafft und durch 14 Bezirke ersetzt wurden.[4]

Heute repräsentieren die Länder in Deutschland Gliedstaaten innerhalb des Bundesstaates – dieser wiederum „ist eine staatsrechtliche Verbindung von Staaten zu einem Gesamtstaat unter Aufrechterhaltung der Staatsqualität der Mitglieder (Gliedstaaten)".[5] Im Unterschied zum Staatenbund sind die Beziehungen der Bundesländer staatsrechtlicher, nicht völkerrechtlicher Natur, ihre Abkommen untereinander Staatsverträge, keine völkerrechtlichen Kontrakte.[6] Während sich in einem Staatenbund souveräne Staaten zusammenschließen, die zum Teil eine gemeinsame Außenpolitik und -vertretung aufweisen, im Inneren und auf zahlreichen Politikfeldern aber souverän bleiben sowie ein Austrittsrecht besitzen, binden sich die Gliedstaaten im Bundesstaat unter einer gemeinsamen Verfassung, und sie wirken in allen wesentlichen Politikbereichen zusammen.[7]

Die Länder sind in Deutschland mehr als bloße Verwaltungseinheiten, verfügen sie doch über eine eigene Staatlichkeit. Sie weisen die maßgeblichen Strukturelemente eines Staates auf, wie Exekutive, Legislative, Judikative, und sind an der politischen Willensbildung des Bundes beteiligt. Das bedeutet jedoch nicht, dass Bund und Länder eine gleichwertige Staatlichkeit besitzen. Annette Schmitt argumentiert, unter der Prämisse der Gleichwertigkeit von Bund und Ländern wäre die Landesstaatsgewalt allein an die jeweilige Landesverfassung bzw. Landesgesetze, nicht an das Grundgesetz und das Bundesrecht gebunden.[8] Es muss, so Schmitt weiter, ein qualitativer Unterschied zwischen den beiden staatlichen Ebenen (Bund und Länder) existieren, wenn die Allgemeingültigkeit des Grundgesetztes (auch gegenüber der Länderrechtsordnung) nicht angetastet werden soll. Dies drückt die im Grundgesetz Art. 31 verankerte einfache wie bekannte Formel aus: Bundesrecht bricht Landesrecht.

Um Bundes- und Landesstaatlichkeit zu differenzieren, müssen unterschiedliche Ebenen des Staatsbegriffs berücksichtigt werden.[9] Im völkerrechtlichen Sinne sind die Bundesländer – wie erwähnt – keine Staaten. Dies würde die Determinierung des

---

4   Vgl. als Überblick Florian Grotz: Bundesländer, in: Dieter Nohlen/ders. (Hrsg.): Kleines Lexikon der Politik, 5. Aufl., München 2011, S. 48–52. Siehe ausführlich zur Neugliederung der SBZ bzw. DDR Henning Mielke: Die Auflösung der Länder in der SBZ/DDR: Von der deutschen Selbstverwaltung zum sozialistisch-zentralistischen Einheitsstaat nach sowjetischem Modell 1945–1952, Stuttgart 1995.

5   Ingo von Münch/Ute Mager: Staatsorganisationsrecht unter Berücksichtigung der europarechtlichen Bezüge, 7. Aufl., Stuttgart 2009, S. 370.

6   Vgl. ebd., S. 370 f.

7   Vgl. Roland Sturm/Petra Zimmermann-Steinhart: Föderalismus. Eine Einführung, Baden-Baden 2005, S. 14 f.

8   Vgl. Annette Schmitt: Der bundesstaatliche Rahmen für die Landesverfassungen. Die Reichweite des Art. 28 GG, insbesondere im Verhältnis zu Art. 31 GG, zu den Durchgriffs- und Bestandteilsnormen, Hamburg 2009, S. 14.

9   Vgl. hier und im Folgenden ebd., S. 13–22.

Grundgesetzes auf die Landesverfassungen ausschließen; vor allem besitzen die Länder keine außenpolitische Souveränität. Nach verfassungsrechtlichen Merkmalen ist die Antwort weniger eindeutig. Diese lassen sich wiederum in formale und materielle Kriterien unterscheiden. Formal spricht für die Staatlichkeit der Länder, dass das Grundgesetz wie eine Landesverfassung Vorschriften und Termini enthält, die von der Staatlichkeit der Länder ausgehen. Die meisten Bundesländer bezeichnen sich als Staaten (beziehungsweise als Rechts-, Glied-, oder, wie im Falle von Sachsen, Thüringen und Bayern, Freistaaten), allein Berlin verzichtet in seiner Landesverfassung auf den Begriff des Staates. Zu den materiellen Kriterien zählen ein eigenes Staatsgebiet, ein eigenes Staatsvolk und eine von der Bevölkerung des Landes ausgehende Staatsgewalt.[10] Alle drei Merkmale treffen für die deutschen Länder zu, allerdings mit Einschränkungen. So gibt es keinen Bestandsschutz für die einzelnen Länder, lediglich die föderale Ordnung insgesamt ist im Grundgesetz verfassungsmäßig garantiert. Auch die Frage, ob tatsächlich von einer genuinen Landesstaatsangehörigkeit parallel zur bundesdeutschen Staatsangehörigkeit die Rede sein kann, lässt sich nicht eindeutig beantworten und wird in den Ländern unterschiedlich gehandhabt. Zudem hängen die Länder bei der Ausübung ihrer Staatsgewalt stark von den Vorgaben des Grundgesetzes ab, geregelt durch die Kompetenzordnung der Art. 70 bis 82. Vor allem im Zuge der Unitarisierungsprozesse und Föderalismusreformen seit Mitte der 1960er Jahre und insbesondere im Zuge der Europäisierung nationalstaatlicher Politikbereiche haben die Länder Teile ihrer Kompetenzen an den Bund und die EU abgetreten.[11] Dies schwächt das wesentliche Kriterium eigener Staatlichkeit auf Landesebene – die Staatsgewalt. Da trotz dieser Einschränkungen die deutschen Länder formal über die drei Staatlichkeitskriterien – Staatsgebiet, -volk und -gewalt – verfügen, heißt das auch, dass sie eigene Verfassungen besitzen müssen, um die grundsätzlichen landesstaatlichen Fragen zu regeln.

2 Funktionen von Landesverfassungen

Zwischen dem Grundgesetz der Bundesrepublik Deutschland und den Verfassungen der Länder besteht ein unvermeidliches Spannungsverhältnis. Die Länder sind Staaten mit eigener Verfassungsautonomie, doch im Sinne der Homogenitätsanforderungen[12] der bundesstaatlichen Ordnung (Art. 28 Abs. 1 GG) binden sich die Länder bei der Ge-

---

10 Vgl. Stefan Storr: Verfassungsgebung in den Ländern. Zur Verfassungsgebung unter den Rahmenbedingungen des Grundgesetzes, Stuttgart u. a. 1995, S. 83.

11 Vgl. statt vieler Annegret Eppler: Föderalismusreform und Europapolitik, in: Aus Politik und Zeitgeschichte, B 50/2006, S. 18–23.

12 Die Verfassungsautonomie der Bundesländer ist durch die „Homogenitätsklausel" insofern eingeschränkt, als die Länder den Leitlinien des Grundgesetzes zum republikanischen, demokratischen und sozialen Rechtsstaat zu folgen haben. Vgl. Christian Starck: Die Verfassungen der neuen deutschen Länder. Eine vergleichende Untersuchung, Heidelberg 1994, S. 14.

setzgebung, der vollziehenden Gewalt und der Rechtsprechung an das Grundgesetz als unmittelbar geltendes höchstes Recht.[13] Wegen dieser umfassenden Vorgaben stoßen die Versuche um ein eigenständiges landesstaatliches Verfassungsprofil auf Vorbehalte. Zwar ist eine gewisse inhaltliche Heterogenität der einzelnen Landesverfassungen zur Rücksichtnahme regionaler Spezifika durchaus erwünscht, jedoch werden die rechtlichen Freiräume aufgrund von Doppelungen und Überschneidungen mit dem Grundgesetz, wegen der Überfülle von Staatszielbestimmungen und sozialen Grundrechten und – vor allem durch die Berücksichtigung postsozialistischer Spezifika bei der Verfassungsgebung in den neuen Ländern – bei der Akzentuierung landestypischer Verhältnisse als „Weg in eine andere Republik"[14] kritisiert. In der Verfassungspraxis kann allerdings weder von einem Sonderweg der (ostdeutschen) Länder noch von einem Auseinanderdriften der Landesverfassungen die Rede sein.

Eine der Hauptaufgaben von Landesverfassungen ist es, eine originäre historische wie kulturelle Identität der Länder und Regionen zu schaffen bzw. zu repräsentieren. Sie spiegeln deren Geschichte wider, einerseits als positiver Anknüpfungspunkt für die Gegenwart, andererseits als Negativfolie aus den Erfahrungen mit vergangenem Unrecht. So finden sich in den Verfassungen der ostdeutschen Länder Verweise auf die „sozialen und kulturellen Errungenschaften" von vor 1989/90, ebenso deutliche Worte der Ablehnung des DDR-Unrechtsstaates und des SED-Zentralismus. Nach der friedlichen Revolution wurden in allen Verfassungen die durch die DDR-Vergangenheit bedingten Besonderheiten der neuen Länder berücksichtigt, die den unterschiedlichen soziokulturellen Entwicklungen und mentalen Prägungen nach 40 Jahren der deutsch-deutschen Teilung (zu Recht) Rechnung tragen.[15]

Der Rückgriff auf regionaltypische Prägungen dient allerdings nicht nur zur Bildung einer eigenen Landesidentität, sondern ist zugleich auch der Versuch staatlicher Zukunftsgestaltung und der Integration des Einzelnen in das Gemeinwesen auf langfristige Sicht: „Mit ihren Vorschriften gibt sie [die Verfassung] ein System von Staatsorganen, Zuständigkeiten, Rechten und Pflichten auf, das staatliche Herrschaft ordnen, die Freiheit des Einzelnen sichern, staatliche Willkür verbannen und zugleich künftiger politischer Gestaltung im Wandel demokratischer Mehrheiten und Wertvorstellungen Raum geben soll."[16] Die Landesverfassungen setzen (wie das Grundgesetz) Maßstäbe, um die Stabilität staatlicher Ordnung und die Rechtssicherheit des Einzelnen zu garan-

---

13 Vgl. Johannes Dietlein: Die Grundrechte in den Verfassungen der neuen Bundesländer. Zugleich ein Beitrag zur Auslegung der Art. 31 und 142 GG, München 1993, S. 5 f.

14 Rainer Barzel zit. nach ebd., S. 6.

15 Vgl. Hans von Mangoldt: Die Verfassungen der neuen Bundesländer. Einführung und synoptische Darstellung. Sachsen, Brandenburg, Sachsen-Anhalt, Mecklenburg-Vorpommern, Thüringen, Berlin 1993, S. 10 f.

16 Ebd., S. 12 f.

tieren und wehrhaft Feinden der freiheitlichen demokratischen Grundordnung gegenübertreten zu können.[17]

Weiterhin sollen Landesverfassungen die institutionellen und prozessualen Rahmenbedingungen der Landespolitik abstecken.[18] In demokratischen Verfassungsstaaten sind die rechtsstaatliche Bindung der Staatsgewalt, die Begrenzung und Verschränkung der Macht und die verfassungsrechtliche Kontrolle politischer Entscheidungen elementar – auf Bundes- wie Landesebene. Folglich gilt es für Landesverfassungen wie für das Grundgesetz, das angemessene Verhältnis von landesstaatlicher Stabilität und politischen Handlungsspielräumen auszutarieren – unabhängig von der Frage nach der jeweiligen demokratischen Mehrheit. Dazu zählen Entscheidungen über die Staats- und Regierungsform, die Art und Weise der Staatsgewalt bzw. Gewaltenverschränkung, plebiszitäre Verfahren, die Arbeit der Landesverfassungsgerichte, die Kommunale Selbstverwaltung sowie die Rechte und Pflichten der Bürger. Kurz gesagt: „Sie enthalten die grundlegenden Regelungen zur Kompetenzverteilung zwischen den einzelnen Staatsgewalten, strukturieren das Verhältnis zwischen Bürger und Staat und definieren häufig Staatsziele, die Aufschluss über die Relevanz bestimmter Wertvorstellungen geben."[19] Für eine möglichst breite Legitimationsbasis der zukünftigen Ordnung war bei den ostdeutschen Verfassungsgebungsprozessen Anfang der 1990er Jahre versucht worden, die Ziele möglichst vieler politischer und gesellschaftlicher Richtungen zu berücksichtigen. Die Landesverfassungen sollen Entscheidungsmaßstäbe schaffen, mit denen die Verfassungsgerichte den politischen Akteuren und dem einzelnen Bürger Rechtssicherheiten garantieren können, die langfristig angelegt sind und nicht von individuellen Wertmaßstäben bestimmt sein dürfen.

3 Weg zur Sächsischen Verfassung 1990–1992

Am 6. Juni 1992 trat die Verfassung des Freistaates Sachsen in Kraft, nachdem wenige Tage zuvor eine breite Mehrheit von 82,5 Prozent der Mitglieder des Landtages diese verabschiedet hatte.[20] Dem konsensuellen Ergebnis (mit Ausnahme der PDS-Position) ging ein langes Ringen um den Aufbau und die inhaltliche Ausgestaltung der Landesverfassung voraus. Eine Volksabstimmung darüber gab es nicht, und die Verhandlungen waren keineswegs immer von Konsens geprägt. Dies hängt zum einen mit der Besonderheit

---

17 Siehe zur streitbaren Demokratie in Deutschland Eckhard Jesse: Demokratie in Deutschland. Diagnosen und Analysen, Köln u. a. 2008, S. 317–376.

18 Vgl. hier und im Folgenden Hans von Mangoldt (Anm. 15), S. 12–14.

19 Vgl. Martina Flick: Landesverfassungen und ihre Veränderbarkeit, in: Markus Freitag/Adrian Vatter (Hrsg.): Die Demokratien der deutschen Bundesländer, Opladen 2007, S. 221–236, hier S. 221.

20 Vgl. Suzanne Drehwald/Christoph Jestaedt: Sachsen als Verfassungsstaat, Berlin 1998, S. 73–76.

der Regimewechsel in postkommunistischen Systemen zusammen.[21] Nicht nur die politische Transition, also der Übergang von der Diktatur zur Demokratie, sondern auch die gleichzeitig ablaufenden wirtschaftlichen, soziokulturellen und staatlichen Transformationsprozesse hatten in der neuen Verfassung ihren Ausdruck zu finden. Konflikte zwischen Vertretern des alten Systems, Befürwortern des demokratisch-marktwirtschaftlichen Modells und Anhängern eines „Dritten Weges"[22] traten folglich auf allen Ebenen hervor – bei der Demokratisierung, beim Umbau der Wirtschaft, bei Fragen der gesellschaftlichen Identität sowie bei der staatlichen Wiederherstellung Sachsens. Zum anderen gründete sich das Konfliktpotenzial bei der Konstitutionalisierung Sachsens auf der Bedeutung der Verfassungsgebung in Systemwechselprozessen an sich. Sie ist die Schlüsselphase der Transformation; das gilt insbesondere mit Blick auf die relevanten Akteure und ihre Interessen.[23] Hier entwerfen sie die Regeln der Politik, denen sie sich anschließend unterordnen (oder eben nicht).

Nachdem Ende 1989 die SED-Herrschaft faktisch zusammengebrochen war, beschleunigte sich ab Anfang 1990 der Machtverlust des alten Regimes zum parallelen Aufstieg der neuen politischen Akteure. Zwar ließ die neue, nicht demokratisch legitimierte Übergangsführung unter Hans Modrow nichts unversucht, den Einfluss der Bürgerrechtler gering zu halten. Angesichts massiver Auflösungserscheinungen, nicht nur in der mittlerweile umbenannten Partei (SED-PDS), sondern in der gesamten DDR, beschloss einige Tage nach der Volkskammer das Präsidium des Dresdner Bezirkstags am 8. Februar 1990 die gleichberechtigte politische Mitwirkung der oppositionellen Parteien und Gruppen.[24] Nach den ersten und letzten freien Volkskammerwahlen am 18. März 1990 wurden die Ergebnisse weitgehend auf die Zusammensetzung des Dresdner Runden Tisches übertragen. Gemäß dem Wählervotum erhielt die siegreiche CDU-geführte Koalition die Mehrheit. An den fundamentalen Differenzen der Akteure (Demokratieverständnis, Staatsaufbau, Verfassungsprinzipien) änderte der Legitimationsschub wenig. Die staatliche Neugründung und die Verfassungsgebung in Sachsen wurden zu zentralen Gegenständen der Auseinandersetzung zwischen den „alten" und „neuen" politischen Kräften, die jeweils ihre eigenen, zueinander mitunter konträren gesellschaftlichen wie politischen Überzeugungen in die rechtliche Grundordnung des entstehenden Landes einbringen wollten.[25]

---

21 Siehe zur Mehrdimensionalität von Systemwechseln Taras Kuzio: Transition in Post-Communist States: Triple or Quadruple?, in: Politics 21 (2001), S. 168–177. Zu den Grundlagen der Transformationsforschung siehe statt vieler Wolfgang Merkel: Systemtransformation. Eine Einführung in die Theorie und Empirie der Transformationsforschung, 2. Aufl., Wiesbaden 2010.

22 Vgl. etwa Alexander Gallus/Eckhard Jesse: Was sind Dritte Wege? Eine vergleichende Bestandsaufnahme, in: Aus Politik und Zeitgeschichte, B 16–17/2001, S. 6–15, hier S. 11.

23 Siehe zur Systemwechseltheorie ausführlich Wolfgang Merkel (Anm. 21), S. 93–127.

24 Vgl. hier und im Folgenden Anke Rätsch: Der Sächsische Landtag in den ersten beiden Wahlperioden (1990–1999): Tätigkeit, Professionalisierung und Selbstbild seiner Abgeordneten, Dissertation an der Technischen Universität Chemnitz 2006, S. 25.

25 Vgl. das Kapitel „Wiedergründung des Freistaates 1989/90".

Ein erster Verfassungsentwurf war von der oppositionellen Dresdner „Gruppe der 20"
am 29./30. März 1990 in der Tageszeitung *Die Union* veröffentlicht worden.[26] Einerseits
prägte den in der Struktur und im Inhalt stark an die Verfassung Baden-Württembergs
angelehnte Text bereits ein deutlich antitotalitärer Charakter – insbesondere wegen seiner Abgrenzung gegenüber den beiden früheren Diktaturen in Deutschland und zahlreicher Formulierungen zur umfassenden Sicherstellung der individuellen und politischen Grundrechte.[27] Anderseits stellte dies den Versuch dar, schnell zu handeln und
nicht den alten Vertretern der Bezirkstage die Initiative der Verfassungsgebung zu überlassen. So reklamierte Arnold Vaatz im Vorwort zum Verfassungstext dessen legitimen
Anspruch: „Der vorliegende Entwurf versteht sich als Diskussionsgrundlage, die sehr
viele in den letzten Monaten eingebrachten Vorstellungen sowohl basisdemokratischer
als auch ‚etablierter' Kreise berücksichtigt". Eine neue Verfassung, so Vaatz, könne nur
von einer demokratisch legitimierten Regierung des Landes Sachsen „dem Wähler nach
eingehender Diskussion zur Volksabstimmung vorgelegt werden".[28] Die Bürgerrechtler
befürchteten zu Recht, dass SED/PDS-Angehörige die Verfassungsfrage zum eigenen
Machterhalt missbrauchen könnten. Dies fand in der kategorischen Ablehnung des Ver-
fassungsentwurfs durch den Bezirkstag Dresden und einem – dem vorangegangenen –
eigenen Entwurf der drei Räte der Bezirke seinen deutlichen Ausdruck.[29] Der Text der
„Gruppe der 20" wurde zur Grundlage der Arbeitsgruppe „Landesverfassung" innerhalb
der „Gemischten Kommission Baden-Württemberg/Sachsen".

Unter Federführung Steffen Heitmanns begannen am 4. April 1990 Vertreter der Op-
positionsgruppen, der neuformierten früheren Blockparteien und der PDS, unterstützt
durch die beratende Tätigkeit dreier westdeutscher „Praktiker", eine „Verfassung des
Landes Sachsen" zu erarbeiten.[30] Der damals parteilose Theologe und Jurist (seit 1991
CDU-Mitglied) sowie spätere sächsische Justizminister (von 1994 bis zu seinem unfrei-
willigen Rücktritt wegen des Vorwurfs der Vorteilsgewährung gegenüber Parteifreun-
den im Jahr 2000) vertrat die „Gruppe der 20". Der nach dem Tagungsort in der Sächsischen Schweiz benannte „Gohrische Entwurf" wurde vom Koordinierungsausschuss
am 5. August 1990 präsentiert, anschließend zur öffentlichen Diskussion gestellt,[31] daraufhin überarbeitet und Mitte November 1990 von CDU und FDP als Entwurf in den
kurz zuvor konstituierten Sächsischen Landtag eingebracht. Er diente als wesentliche
Basis für die weiteren Verhandlungen im Verfassungs- und Rechtsausschuss.

---

26 Vgl. Verfassung des Landes Sachsen. Textentwurf der Gruppe der 20, in: Die Union vom 29./30. März
    1990.
27 Vgl. u. a. Werner Rellecke: Freistaat Sachsen, in : Hans-Georg Wehling (Hrsg.): Die deutschen Länder.
    Geschichte, Politik, Wirtschaft, Opladen 2000, S. 223–240, hier S. 230.
28 Arnold Vaatz: Eine neue Verfassung, in: Die Union vom 29./30. März 1990.
29 Vgl. Suzanne Drehwald/Christoph Jestaedt (Anm. 20), S. 73.
30 Vgl. Interview mit Steffen Heitmann: Eine Verfassung für Sachsen wird geboren, in: Die Union vom
    16. Juli 1990.
31 Vgl. Verfassung des Landes Sachsen. Gohrischer Entwurf, in: Die Union vom 10. August 1990.

Hans von Mangoldt, Verfassungsrichter und -rechtler sowie Berater im sächsischen Verfassungsgebungsprozess aus Baden-Württemberg, sieht den Gohrischen Entwurf als „Ausdruck der Zeit, von historischem Sein und Bewusstsein geprägt – wie die später auf seiner Grundlage entstandene Verfassung des Freistaates selbst".[32] Dies zeige sich durch die Betonung sozialer Bedürfnisse, den hohen Stellenwert der Kultur und die früh erwogene Aufnahme des Begriffs Freistaat, zum einen als Abgrenzung gegenüber der nationalsozialistischen und der kommunistischen Diktatur, zum anderen in bewusster Tradition zur „freistaatlichen Verfassungslage"[33] der Weimarer Zeit. Die neue Verfassung, so damals Vaatz und Heitmann, sollte „passfähig und maßstabsgerecht zum Grundgesetz der Bundesrepublik Deutschland sein", eine „Vollverfassung" mit Staatszielen und eigenem Grundrechtskatalog, sowie „Forderungen und Tendenzen [...] der revolutionären Bewegung des Jahres 1989" enthalten.[34]

Parallel zum „Gohrischen Entwurf" wurden auf dem „Leipziger Hochschullehrer-Entwurf" basierende und jeweils leicht modifizierte Gegenentwürfe von Bündnis 90/Die Grünen und Linker Liste/PDS in die verfassungsgebende Landesversammlung eingebracht.[35] Beide Fraktionen forderten, plebiszitäre Elemente in die Verfassung aufzunehmen und durch die Schaffung einer „Gemeindekammer" die kommunale Ebene im politischen System stärker zu berücksichtigen. Differenzen zwischen den Grünen und der PDS zeigten sich vor allem mit Blick auf die DDR-Vergangenheit. Der Hochschullehrer-Entwurf wurde unterschiedlich bewertet, angefangen bei der Frage, ob es sich um ein direktes Gegenmodell zu „Gohrisch" oder nur um eine „breitere Diskussionsgrundlage" handelte. Während von Mangoldt ihn in der Nähe des SED-Entwurfs der Nachkriegszeit sieht,[36] in Teilen dem demokratischen Zentralismus verhaftet und „aufs Ganze recht deutlich als Anti-Grundgesetz gedacht"[37], hält Suzanne Drehwald diese Vorwürfe für unberechtigt, wiewohl sie einräumt, die Verbindung von sozialen Staatszielen und Grundrechten sei zu Recht vom Verfassungs- und Rechtsausschuss des Landtages abgelehnt worden.[38] Dieser tagte von Dezember 1990 bis Mai 1991 und war in seiner personellen Besetzung ein Spiegel seiner Zeit: „ein Archäologe, ein Sozialarbeiter, ein Arbeiter, ein Landwirt, ein Theologe, eine Dolmetscherin, eine Kulturwissenschaftlerin, ein Theaterwissenschaftler, ein Fleischermeister, ein Philosophieprofessor, vier Juristen und

---

32 Vgl. Hans von Mangoldt: Sachsens Staatsaufbau und Verfassung, in: Konstantin Hermann (Hrsg.): Sachsen seit der Friedlichen Revolution. Tradition, Wandel, Perspektiven, Dresden/Markkleeberg 2010, S. 78–92, hier S. 85.

33 Vgl. ebd., S. 85 f.

34 Vgl. Steffen Heitmann/Arnold Vaatz: Zum Verfassungsentwurf, in: Die Union vom 10. August 1990.

35 Vgl. Ralph Kleimeier: Sachsen 1989/90: Von den Räten der Bezirke zum ersten frei gewählten Landtag. Magisterarbeit der Universität Düsseldorf 1999, S. 72 f.

36 Siehe zur sächsischen Verfassungsgeschichte ausführlich Johannes Frackowiak: Verfassungsdiskussionen in Sachsen nach 1918 und 1945, Köln 2005.

37 Hans von Mangoldt (Anm. 32), S. 87.

38 Vgl. Suzanne Drehwald/Christoph Jestaedt (Anm. 20), S. 75.

zehn Ingenieure".[39] Anfang Juni 1991 legte der Ausschuss der Bevölkerung einen neuen Textentwurf vor, der wiederum – durch zahlreiche Stellungnahmen ergänzt – von Januar bis Mai 1992 in den abschließenden Sitzungen des Ausschusses zur möglichst breiten Konsensfindung beraten wurde. Das war vonnöten, musste die Verfassung im Landtag doch mit einer Zwei-Drittel-Mehrheit verabschiedet werden. Das vor allem von der PDS beklagte Defizit, keine Volksabstimmung durchgeführt zu haben, wird von Hans von Mangoldt u. a. mit der Befürchtung eines rasch abnehmenden öffentlichen Interesses an der Verfassungsdiskussion begründet, die das Zustimmungsquorum von mehr als 50 Prozent der Stimmbürger zur unüberwindbaren Hürde gemacht hätte.[40] CDU und FDP verteidigten das gewählte Verfahren mit der breiten direktdemokratischen Legitimierung der Verfassung. Durch ihren Ursprung in der „Gruppe der 20", die Beratungen an den Runden Tischen der sächsischen Bezirke, die Veröffentlichung der Verfassungsentwürfe mit umfänglichen Möglichkeiten der Stellungnahme und durch die zahlreichen Wortmeldungen aus der Bevölkerung sei nie zuvor eine sächsische Verfassung so stark mit den Menschen des Freistaats verbunden gewesen wie diese. Zudem unterstreiche das parlamentarische Verfahren die hohe demokratische Bedeutung des frei gewählten Sächsischen Landtages als verfassungsgebendes Organ.[41]

Als am 27. Mai 1992 die Sächsische Verfassung von Ministerpräsident Kurt Biedenkopf und Landtagspräsident Erich Iltgen unterzeichnet wurde, hatte bei der Abstimmung tags zuvor nur die Fraktion der Linken Liste/PDS im Landtag ihre Zustimmung verweigert.[42] Während die klare Mehrheit von Bündnis 90/Die Grünen mit ja stimmte, verwahrte sich die Nachfolgepartei der SED hartnäckig der Formulierung in der Präambel, in der die Rede ist „von den leidvollen Erfahrungen nationalsozialistischer und kommunistischer Gewaltherrschaft", sowie dem Art. 118.[43] Stattdessen versuchte sie durch die Verankerung sozialer Grundrechte, die „positiven Errungenschaften" des Realsozialismus einfließen zu lassen. Die Postkommunisten ihrerseits wendeten sich gegen die in ihren Augen zu spärlich in der Verfassung vertretenen direktdemokratischen Elemente[44] sowie gegen die Formulierung „Bewahrung der Schöpfung", die positiv Be-

---

39 Vgl. Marko Schiemann: Vom „Gohrischen Entwurf" zur Verfassung vom 27. Mai 1992, in: Erich Iltgen (Hrsg.): Zehn Jahre Sächsischer Landtag. Bilanz und Ausblick, Dresden 2000, S. 31–44, hier S. 37.

40 Vgl. Hans von Mangoldt: Grundzüge der sächsischen Verfassung, in: Siegfried Gerlach (Hrsg.): Sachsen. Eine politische Landeskunde, Stuttgart 1993, S. 221–250, hier S. 227.

41 Vgl. Michael Richter: Die Bildung des Freistaates Sachsen. Friedliche Revolution, Föderalisierung, deutsche Einheit 1989/90, Göttingen 2004, S. 1013 f.

42 Von 151 Landtagsabgeordneten stimmten 132 mit ja, 15 mit nein und vier enthielten sich der Stimme. Alle Nein-Stimmen kamen von der Linken Liste/PDS, ein LL/PDS-Abgeordneter enthielt sich, ebenso wie zwei von Bündnis 90/Die Grünen sowie ein CDU-Parlamentarier. Vgl. Nina Grunsky: Konsens und Konkordanz. Die Entstehung der ostdeutschen Länderverfassungen im Kontrast zur Reform des Grundgesetzes, Baden-Baden 1998, S. 147.

43 Vgl. Michael Richter (Anm. 41), S. 1017 f.

44 Vgl. Klaus Bartl: Stellungnahme des Fraktionsvorsitzenden der Linken Liste/PDS zur Ablehnung der sächsischen Verfassung durch seine Partei, unter: http://www.landtag.sachsen.de/dokumente/Verfassung.pdf (Stand: 26. Juni 2012).

zug auf die kirchliche Rolle im Prozess der friedlichen Revolution nehmen sollte, allerdings weder Ausdruck einer säkularen Verfassung ist noch die religiöse bzw. vielmehr die konfessionslose Realität im Freistaat[45] widerspiegelt.

4 Verfassungsaufbau und Landesspezifika in Sachsen

Die Sächsische Verfassung besteht aus einer Präambel und elf Abschnitten mit 122 Artikeln. Sowohl entstehungsgeschichtlich als auch inhaltlich weist sie gegenüber den Konstitutionen in den alten und den neuen Bundesländern einige Besonderheiten auf. Als erste neue Landesverfassung trat sie nach der deutschen Einheit in Kraft, wohl nicht zuletzt deshalb, weil Sachsen und Sachsen-Anhalt ihre Verfassungen ohne Volksentscheide rein parlamentarisch verabschiedet hatten.[46] Ferner ist die sächsische Landesverfassung die einzige in Deutschland, die nach ihrem Inkrafttreten 1992 über 20 Jahre unverändert geblieben ist, während es in allen anderen Ländern zu mehr oder weniger umfangreichen Neufassungen gekommen ist.[47] Im Mai 2013 einigten sich CDU, FDP, SPD und Grüne (nicht NPD und Die Linke) erstmals auf eine Reform – die Aufnahme einer „Schuldenbremse" in die Landesverfassung.[48]

Die Sächsische Verfassung kennzeichnet – ungeachtet großer Übereinstimmungen mit dem Grundgesetz und anderen Landesverfassungen – eine Reihe von regional ostdeutschen und genuin sächsischen Spezifika.[49] Der erste Teil enthält neben dem institutionellen Aufbau die Grundlagen des Freistaates als „ein demokratischer, dem Schutz der natürlichen Lebensgrundlagen und der Kultur verpflichteter sozialer Rechtsstaat". Als weitere Staatsziele werden der Minderheitenschutz (speziell gegenüber den Sorben, Art. 4–6), die Unterstützung alter und behinderter Menschen, der Kinder- und Jugendschutz, die Gleichstellung von Mann und Frau, der Umweltschutz, die Kultur- und Sportförderung sowie die grenzüberschreitende regionale Zusammenarbeit definiert. Vor allem die Aufgaben des Sozialstaates wurden vor dem Hintergrund des DDR-Erbes (hohe Erwartungshaltung gegenüber staatlichen Leistungen) und wegen der mit dem Systemwechsel verbundenen wirtschaftlichen Probleme und Unsicherheiten be-

---

45 Der Anteil konfessionell gebundener Christen liegt in Sachsen gegenwärtig bei etwa 25 Prozent, davon sind 21 Prozent evangelisch, und vier Prozent katholisch. Vgl. Statista: Religionszugehörigkeit der Deutschen nach Bundesländern im Jahr 2011, unter: http://de.statista.com (Stand: 10. Mai 2012).
46 Vgl. Christian Starck: Verfassungen. Entstehung, Auslegung, Wirkungen und Sicherheit, Tübingen 2009, S. 203 f.
47 Siehe die deutschen Landesverfassungen in Christian Pestalozza: Verfassungen der deutschen Bundesländer, 9. Aufl., München 2009.
48 Vgl. Tino Moritz: In bester Verfassung, in: Freie Presse vom 10. Mai 2013.
49 Vgl. hier und im Folgenden die Verfassung des Freistaates Sachsen, unter: http://www.landtag.sachsen. de/dokumente/Verfassung.pdf (Stand: 26. Juni 2012). Siehe zum vollständigen Landesrecht des Freistaates Sachsen Peter Musall/Hans-Jörg Birk (Hrsg.): Landesrecht Sachsen, 13. Aufl., Baden-Baden 2007.

rücksichtigt. Dazu gehören das Recht auf Arbeit, auf angemessenen Wohnraum und Lebensunterhalt, auf soziale Sicherung sowie Bildung, die als Staatsziele, nicht – wie von der PDS gefordert – als soziale Grundrechte festgehalten sind.[50] Im Jahr 1994 unternahm die PDS den bislang einzigen Versuch einer Verfassungsänderung per Plebiszit – Gegenstand war eine Aufnahme dieser Staatsziele als soziale Grundrechte in die Verfassung. Der Volksantrag wurde zur Abstimmung zugelassen, das Volksbegehren scheiterte mit 55 446 Unterschriften deutlich am Quorum von 450 000 Stimmen für einen Volksentscheid.[51]

Den Kern der sächsischen Verfassung stellt der Grundrechtskatalog im zweiten Abschnitt dar. Die Grundrechte besitzen die gleiche herausgehobene Stellung wie jene im Grundgesetz und unterscheiden sich gegenüber denen der Bundesebene nur geringfügig. Sie unterliegen der Ewigkeitsklausel, sind also von möglichen Verfassungsänderungen ausgeschlossen, für die im Regelfall ein Volksentscheid oder die Zustimmung von zwei Dritteln der Landtagsabgeordneten notwendig ist. Zu den Landesgrundrechten, die dem Grundgesetz bzw. der Europäischen Menschrechtskonvention entlehnt wurden, zählen u. a. die Menschenwürde (Art. 14 Abs. 2), das Recht auf freie Entfaltung der Persönlichkeit (Art. 15), das Recht auf Leben und körperliche Unversehrtheit (Art. 16 Abs. 1), die Gleichberechtigung (Art. 18) sowie Glaubens-, Meinungs-, Versammlungs-, Presse- und Wissenschaftsfreiheit (Art. 19–21).[52] Daneben weist der sächsische Grundrechtskatalog eine Reihe von Besonderheiten auf. Der öffentlich-rechtliche Rundfunk genießt – anders als im Grundgesetz – in Sachsen eine Bestandsgarantie (Art. 20 Abs. 2). Im Bereich Ehe und Familie ist für die Erziehung und Versorgung von Kindern und Hilfsbedürftigen in häuslicher Gemeinschaft eine Förderungs- und Entlastungspflicht festgeschrieben (Art. 22 Abs. 2). Auch bei den Versammlungs- und Berufsfreiheitsrechten geht die Landesverfassung über die Grundgesetzregelungen hinaus (Art. 23 und 28). Während die beiden (inhaltsgleichen) Grundrechte auf Bundesebene nur Deutschen vorbehalten sind, gelten sie in Sachsen als „Jedermanngrundrecht".[53] In der rechtlichen Praxis gibt es jedoch keine Komplikationen mit dem Bundesrecht, „soweit Bundesrecht nicht entgegensteht". Weitere sächsische Spezifika der Grundrechte sind die Mitbestimmung in Betrieben (Art. 26) und das Umweltauskunftsrecht (Art. 34). Letztgenanntes garantiert jeder Einzelperson das Recht auf Auskunft über die Daten zur Umwelt und den Lebensraum im Freistaat.

Dem Grundrechtsteil folgen organisationsrechtliche Abschnitte zum Sächsischen Landtag, zur Staatsregierung, zur Gesetzgebung und Rechtsprechung sowie zur Ver-

---

50 Vgl. hierzu ausführlich Thomas Rincke: Staatszielbestimmungen der Verfassung des Freistaates Sachsen, Frankfurt a. M. 1997; Peter Christian Fischer: Staatszielbestimmungen in den Verfassungen und Verfassungsentwürfen der neuen Bundesländer, München 1994, S. 94–110.
51 Vgl. Sächischer Landtag: Daten über die Volksgesetzgebung im Freistaat Sachsen, unter: http://www. landtag .sachsen.de/de/index.aspx (Stand: 30. September 2012).
52 Vgl. im Einzelnen die Verfassung des Freistaates Sachsen, Art. 14–38.
53 Vgl. Suzanne Drehwald/Christoph Jestaedt (Anm. 20), S. 111.

waltung und zum Finanzwesen; die Teile 9 und 10 sind den Kulturstaatsangelegenheiten Bildung, Kirchen und Religionsgemeinschaften vorbehalten. Auch hier finden sich einige den historischen und kulturellen sächsischen Eigenheiten geschuldete Besonderheiten. Aus den leidvollen Erfahrungen mit dem Repressionsapparat der DDR wurde die Konsequenz gezogen, dass Geheimdienst und Polizei organisatorisch strikt zu trennen sind und nachrichtendienstliche Mittel besonderer parlamentarischer und richterlicher Kontrolle unterliegen (Art. 83 Abs. 3). Die Rolle der Opposition im Bereich der parlamentarischen Kontrolle ist – anders als im Grundgesetz – ausdrücklich erwähnt (Art. 40 Abs. 2). Die Übergangs- und Schlussbestimmungen (Abschnitt 11) umfassen darüber hinaus eine Reihe von Regelungen zur Überwindung und Handhabe der Folgen der SED-Diktatur sowie das Recht zum zivilen Widerstand bei verfassungswidrigen Aktivitäten.

Auch die Regelungen zur direkten Demokratie knüpfen an die sächsische Verfassungstradition an, sind jedoch umfangreicher als in den Entwürfen von 1920 und 1947. Das dreistufige Verfahren der Volksgesetzgebung besteht aus (1) dem Volksantrag, der mindestens 40 000 Unterstützer bedarf. Dem folgt (2) das Volksbegehren. Wenn dies 450 000 bzw. 15 Prozent der Stimmberechtigten befürworten, führt das (3) zum Volksentscheid. Hier genügt die einfache Mehrheit. Deshalb und u. a. wegen den im Vergleich mit den alten Bundesländern niedrigeren Beteiligungsquoren bewerten Experten – trotz der in der Praxis selten genutzten Möglichkeiten – die direktdemokratische Gesetzgebung in Sachsen als „plebiszitfreundlich"[54]. Sie betonen die vergleichsweise große Offenheit sowie die bedingt konsensuale Wirkung des Volksgesetzgebungsverfahrens.[55] Das gilt allerdings noch stärker für Brandenburg und Mecklenburg-Vorpommern.[56]

5 Sächsischer Landesverfassungsgerichtshof

Die Annahme der Sächsischen Verfassung durch den Landtag schuf die verfassungsrechtliche Grundlage des Landesverfassungsgerichtshofs.[57] Dazu brachte die Staatsregierung Ende 1992 einen Entwurf des Sächsischen Verfassungsgerichtshofgesetzes (SächsVerfGHG) ein, der sich nach Aussage des damaligen Justizministers Steffen Heit-

---

54 So Christoph Degenhart: Staatsrecht I. Staatsorganisationsrecht. Mit Bezügen zum Europarecht, München 2001, S. 25.

55 Vgl. Christina Eder/Raphael Magin: Direkte Demokratie, in: Markus Freitag/Adrian Vatter (Anm. 19), S. 257–308, hier S. 284, 307.

56 Zu den jeweiligen Regelungen der Bundesländer statt vieler Peter Neumann: Sachunmittelbare Demokratie im Bundes- und Landesverfassungsrecht unter besonderer Berücksichtigung der neuen Länder, Baden-Baden 2009.

57 Vgl. hier und im Folgenden Hans Markus Heimann: Die Entstehung der Verfassungsgerichtsbarkeit in den neuen Ländern und in Berlin, München 2001, S. 14.

mann weitgehend am Gesetz über das Bundesverfassungsgericht orientierte. Sowohl die Fraktion der Regierungspartei als auch die Opposition gaben zahlreiche Änderungsanträge an den Verfassungs- und Rechtsausschuss des Landtages weiter – die der letztgenannten Parteien fanden keine Mehrheit im Plenum. Am 22. Januar 1993 beschloss der Sächsische Landtag in dritter Lesung das Verfassungsgerichtshofgesetz, das am 5. März 1993 in Kraft trat.

Die Zusammensetzung des Verfassungsgerichtshofs regelt Art. 81 Abs. 2 der Sächsischen Verfassung. Er besteht aus fünf Berufsrichtern und vier anderen Mitgliedern, die im Hauptberuf keine Richter sind. Jeder der neun Verfassungsrichter hat zwei Stellvertreter, die voneinander unabhängige Amtszeiten begleiten, um die Beschlussfähigkeit des Gerichts im Verhinderungsfall zu gewährleisten.[58] Die Geschäftsführung übernimmt der Präsident des Landesverfassungsgerichts (§ 8 Abs. 1 SächsVerfGHG). Seit März 2007 ist das Birgit Munz, als Vizepräsident fungiert seit Juni 2008 Jürgen Rühmann.[59] Ferner werden für die Dauer eines Jahres mehrere Kammern berufen, die für die konzentrierte Bearbeitung von Verfassungsbeschwerden zuständig sind (§ 8 Abs. 2). Beschlussfähig ist der Verfassungsgerichtshof, wenn mindestens sieben Richter an einem Urteil mitwirken. Grundsätzlich entscheidet deren Mehrheit, was bei neun Richtern bzw. bei drei Richtern in den Kammern meist für klare Verhältnisse sorgt. Stimmengleichheit gilt als unvereinbar mit den Prinzipien der Verfassung.

Zum Verfassungsrichter im Freistaat Sachsen ist wählbar, wer die deutsche Staatsbürgerschaft besitzt, mindestens das 35. Lebensjahr vollendet hat und nicht vom allgemeinen Wahlrecht der Bundesrepublik ausgeschlossen ist.[60] Sie werden vom Sächsischen Landtag mit Zwei-Drittel-Mehrheit der Mitglieder gewählt, was einerseits die Chancengleichheit der Opposition auf eigene Kandidaten garantiert, andererseits einen parteiübergreifenden Konsens bei der personellen Zusammensetzung des Gerichts erzeugen soll. Offiziell vorschlagsberechtigt sind das Landtagspräsidium und (dies ist nur noch in Hamburg der Fall) die Staatsregierung; tatsächlich kommt es meist zu informellen Abstimmungen zwischen Regierungs- und Oppositionslager nicht selten zu „Paketlösungen". Allerdings ergab sich in den Jahren 2004 bis 2009 das Dilemma, dass mit PDS und NPD zwei Parteien gemeinsam über die Sperrminorität bei der Besetzung der Richter verfügten, die kein Interesse an einem parteiübergreifenden Nominierungsverfahren hatten. Die Wahl der Verfassungsrichter findet ohne Aussprache statt, ihre Amtszeit beträgt neun Jahre, ihre Wiederwahl ist mehrfach möglich. Sachsen folgt hier den meisten westdeutschen Ländern. In Berlin, Brandenburg, Mecklenburg-Vorpommern sowie im

---

58 Vgl. SächsVerfGHG, § 2, Abs. 2, Satz 1, unter: http://www.verfassungsgrichtshof.sachsen.de/media/SaechsVerfGHG(1).pdf (Stand: 29. Juni 2012).

59 Siehe weitere Informationen zur Zusammensetzung, Geschichte, Arbeit und Zuständigkeit des SächsVerfGHG unter: http://www.verfassungsgerichtshof.sachsen.de/content/48.htm (Stand: 29. Juni 2012).

60 SächsVerfGHG, § 2, Abs. 3. Vgl. hier und im Folgenden Michael Haas: Der Verfassungsgerichtshof des Freistaates Sachsen, Berlin 2006, S. 36 f.

Bund ist keine Wiederwahl vorgesehen, in Hamburg, Niedersachsen und Sachsen-Anhalt die einmalige Wiederwahl.[61]

Vorrangige Aufgabe von Landesverfassungsgerichten ist, die Kontrolle von Gesetzen auf deren Verfassungsmäßigkeit, also den Schutz der Verfassung und den Schutz des Bürgers vor verfassungswidrigen Eingriffen des Staates sicherzustellen und die Landesverfassung als Prüfmaßstab der Rechtsprechung ständig zu kontrollieren und zu aktualisieren.[62] Die Aufgaben und Zuständigkeiten des Verfassungsgerichtshofs als Hüter der Verfassung sind an die Regelungen des Grundgesetzes und des Bundesverfassungsgerichts angelehnt. Sachsen gehört dabei zu den Ländern mit eher umfänglichen landesverfassungsgerichtlichen Zuständigkeiten;[63] zum Teil setzt das sächsische Verfassungsgericht eigene Akzente. Sie umfassen Organstreitigkeiten, abstrakte und konkrete Normenkontrollverfahren, die Überprüfung von Volksabstimmungen, Verfassungs- und Wahlprüfungsbeschwerden, Verfassungsänderungen sowie Abgeordneten- und Ministeranklageverfahren.[64] Zudem entscheidet das Verfassungsgericht bei Konflikten der Landesorgane und bei Fragen der förmlichen und sachlichen Vereinbarkeit der Gesetzgebung mit der Landesverfassung.

Wer seine Landesgrundrechte verletzt sieht, kann sein Recht auf dem Weg der Individualverfassungsbeschwerde einklagen. Gleiches gilt für Gemeinden („Normenkontrolle auf kommunalen Antrag"). Bei der Wahlprüfung tritt das Gericht in Erscheinung, wenn die grundsätzlich vom Landtag ausgeübte Kompetenz mit Beschwerde an das Verfassungsgericht übergeben wird. Vor allem die plebiszitäre Gesetzgebung gilt als „Domäne der Landesverfassungsgerichte".[65] Bereits bei der Prüfung des zur Abstimmung stehenden Gesetzentwurfs durch den Landtagspräsidenten, ebenso bei den Entscheidungen zum Volksbegehren bzw. zum Volksentscheid kontrollieren die sächsischen Verfassungsrichter die Verfahrensweise und das Ergebnis des Plebiszits. Zudem ist das Abgeordneten- und Ministeranklageverfahren spezifischer Ausdruck der sächsischen Verfassungsgeber, sich der DDR-Vergangenheit zu stellen und bei Verstößen gegen die Menschlichkeit und Rechtsstaatlichkeit sowie wegen einer früheren Tätigkeit für das Ministerium für Staatssicherheit Anklage beim Verfassungsgerichtshof zu erheben – ein

---

61 Vgl. Beate Harms-Ziegler: Verfassungsrichterwahl in Bund und Ländern, in: Peter Macke (Hrsg.): Verfassung und Verfassungsgerichtsbarkeit auf Landesebene. Beiträge zur Verfassungsstaatlichkeit in den Bundesländern, Baden-Baden 1998, S. 191–214, hier S. 199.

62 Vgl. etwa Christian Starck: § 130. Verfassungsgerichtsbarkeit der Länder, in: Josef Isensee/Paul Kirchhof (Hrsg.): Handbuch des Staatsrechts der Bundesrepublik Deutschland, Bd. VI, 3. Aufl., Heidelberg 2008, S. 317–382. Jörg Menzel: Landesverfassungsrecht. Verfassungshoheit und Homogenität im grundgesetzlichen Bundesstaat, Stuttgart u. a. 2002, S. 284.

63 Vgl. Martina Flick: Landesverfassungsgerichtsbarkeit, in: Markus Freitag/Adrian Vatter (Anm. 19), S. 237–256, hier S. 248.

64 Vgl. u. a. Christian Eggeling: Das Sondervotum in der Verfassungsgerichtsbarkeit der neuen Bundesländer, Berlin 2006, S. 45–56.

65 Ebd., S. 53.

Punkt, der in der sächsischen Verfassung deutlich stärker betont wird als in den anderen ostdeutschen Konstitutionen,[66] in der Verfassungsrealität aber kaum eine Rolle spielt.

Obwohl das Verhältnis von Landtag und Verfassungsgericht insgesamt als angemessen und maßvoll bewertet wird,[67] kam es in den vergangenen 20 Jahren mitunter zu Konflikten zwischen Gesetzgeber und Verfassungshüter. Weitreichende Gesetzesvorhaben wie die Kreis- und die Gemeindegebietsreformen (1994 bzw. 1999), das Gesetz zur Rundfunkfreiheit (1997) und zuletzt das von der CDU/FDP-Koalition eingebrachte sächsische Versammlungsgesetz (2011) zum Verbot von Demonstrationen von Rechtsextremisten und deren Gegnern wurden von den Verfassungsrichtern verworfen[68] bzw. erst nach umfänglichen Nachbesserungen bestätigt. Es entstand Unmut bei den Antragsstellern. Eine Grundsatzentscheidung fällte das Verfassungsgericht im Streit um die Besetzung der 1994 geschaffenen Parlamentarischen Kontrollkommission (PKK).[69] Die Mehrheit der Landtagsabgeordneten hatte die Vertreter der PDS-Fraktion durchfallen lassen, obwohl zwei Mitglieder des fünfköpfigen Gremiums der Opposition angehören müssen. Das Gericht entschied, dass die Berufung auf das imperative Mandat der Abgeordneten bei der Ablehnung eines Kandidaten nicht ausreiche und dem Prinzip der Chancengleichheit der Fraktionen widerspreche. Nur bei Zweifeln an der fachlichen Kompetenz und Vertrauenswürdigkeit könne ein Ablehnungsgrund Bestand haben; dies sei vom Landtag, nicht der betroffenen Fraktion, juristisch einwandfrei nachzuweisen. Die Entscheidung des Verfassungsgerichts änderte bis 2004 allerdings nichts an der politischen Praxis – auch in der 3. Wahlperiode ließ die Mehrheit des Landtages die Vertreter der PDS bei der Besetzung der PKK scheitern.

6 „Sächsischer Weg"?

Ungeachtet einer Reihe sächsischer Besonderheiten gibt es in den Bereichen Verfassung und Verfassungsgerichtsbarkeit keinen „genuinen Weg". Das liegt zum einen am generellen Verhältnis von Bundes- und Landesverfassungsgerichtsbarkeit. Trotz der Grundrechtshoheit der Länder müssen Landesgesetze und -verfassung den grundrechtlichen Vorgaben der Bundesebene folgen; sie bewegen sich entlang eines Spannungsverhältnisses von „landesstaatlicher Verfassungsautonomie und bundesstaatlicher Homogenitätsbindung".[70] Zum anderen orientierten sich Sachsens Verfassungsväter bei ihrer Arbeit am Grundgesetz und an den westdeutschen Landesverfassungen, speziell

---

66 Vgl. ebd., S. 54 f.
67 Vgl. Jürgen Rühmann: Landtag und Verfassungsgerichtshof – Vom kritischen Dialog mit dem „Hüter der Verfassung", in: Erich Iltgen (Anm. 39), S. 155–183, hier S. 180.
68 Vgl. Peter Schilder: Sächsisches Verfassungsgericht verwirft Versammlungsgesetz in: Frankfurter Allgemeine Zeitung vom 19. April 2011, S. 5.
69 Vgl. Jürgen Rühmann (Anm. 67), S. 166–168.
70 Johannes Dietlein (Anm. 13), S. 23.

der Verfassung von Baden-Württemberg. An vielen Stellen wurde die demokratische Umgestaltung im Osten von Experten und Praktikern aus dem Westen begleitet, und die „Gemischte Kommission Baden-Württemberg/Sachsen" nicht nur am sächsischen Verfassungsaufbau beteiligt. Dennoch versäumte es die Arbeitsgruppe „Landesverfassung" nicht, eigene Erfahrungen einzubeziehen. Dazu gehören die Ablehnung und Distanzierung vom SED-Regime, ebenso die Berücksichtigung postsozialistischer Prägungen wie sozialer und kultureller Sicherheiten. Sachsens Verfassung weist neben eigenständigen Merkmalen zugleich eine Reihe ost- und westdeutscher Charakteristika auf.

Die Besonderheiten der Verfassung des Freistaates fallen aufgrund der Homogenitäts- und Kompatibilitätsvorgaben im Bund-Länder-Verhältnis eher gering aus. Dazu gehören die Rundfunkfreiheit, der herausgehobene Schutz von Ehe und Familie, die Erweiterung der im Grundgesetz nur Staatsbürgern vorbehaltenen Versammlungs- und Berufsfreiheitsrechte zu sogenannten „Jedermannsgrundrechten" sowie Spezifika bei der betrieblichen Mitbestimmung und dem Umweltauskunftsrecht. Neben dem im Vergleich zum Grundgesetz als Staatsziel besonders hervorgehobenem Umweltschutz findet sich ferner beim Schutz von Minderheiten eine Ausnahme. Das in der Landesverfassung verankerte „Sorbengesetz" gewährt dem sorbischen Volk eine kollektive Gleichberechtigung gegenüber der deutschen Bevölkerungsmehrheit und geht dabei deutlich weiter als Brandenburg und Schleswig-Holstein, wo lediglich von „speziellen Rechten" für die sorbische bzw. dänische Minderheit die Rede ist. Weiterhin ist im Grundrechtsteil der Sächsischen Verfassung die strikte Trennung von Geheimdienst und Polizei festgehalten sowie die besondere parlamentarische und richterliche Kontrolle nachrichtendienstlicher Mittel.

Ausgerechnet in Sachsen – wo die Gewaltentrennung und -hemmung im nachrichtendienstlichen Bereich verfassungsmäßig festgeschrieben ist – kam es am Rande der Anti-NPD-Demonstrationen am 19. Februar 2011 in Dresden zu einer umstrittenen Erfassung, Speicherung und Abhörung von Millionen Mobilfunkverbindungen.[71] Eine solche flächendeckende, nicht-individualisierte Funkzellenauswertung hatte es nach Ansicht von Beobachtern in Deutschland noch nicht gegeben. Dass gerade in diesem sensiblen Bereich, dem die sächsischen Verfassungsgeber einen besonderen Stellenwert eingeräumt haben, ein offenkundiges Spannungsverhältnis zwischen Verfassungstheorie und -wirklichkeit existiert, offenbart die Grenzen verfassungstheoretischer Überlegungen. Ähnliches dürfte für die parlamentarische Kontrolle nachrichtendienstlicher Mittel überhaupt gelten.

Einzigartig ist – neben einer im Ländervergleich starken Verfassungsgerichtsbarkeit mit weitreichenden Zuständigkeiten und guten Zugangsmöglichkeiten der Bürger,[72] die aber das Wort vom „sächsischen Weg" nicht rechtfertigt – die Persistenz der säch-

---

71 Im Mai 2011 war das Vorgehen der Behörden nach Recherchen der *tageszeitung* bekannt geworden. Vgl. Paul Worsch: Hat die Polizei illegal abgehört?, in: Die Tageszeitung vom 1. Juli 2011, S. 2.

72 Einen Vergleich bietet Martina Flick (Anm. 63), S. 253.

sischen Verfassung. Während es in allen anderen Bundesländern in den vergangenen zwei Jahrzehnten zu teilweise tiefgreifenden Neuerungen bzw. Ergänzungen der Verfassungen – vor allem in parlaments-, grund- und partizipationsrechtlichen Fragen – gekommen ist, blieb Sachsen bis zum Jahr 2013 (Einführung einer „Schuldenbremse" durch Änderung der Art. 85, 94 und 95) davon ausgenommen. Das mag in positiver Lesart für deren Bestandskraft sprechen, negativ gewendet allerdings zugleich ein gewisses politisches Beharrungsvermögen zum Ausdruck bringen. Beides sind keine Gegensätze.

Der Blick auf die sogenannte Verfassungsrigidität (rechtliche Hürden für eine Verfassungsänderung) zeigt, dass die Sächsische Verfassung im Vergleich der deutschen Länder einen durchschnittlichen Wert einnimmt, also nicht in besonderem Maße als veränderungsresistent gilt.[73] Ihre Persistenz hat folglich zuvörderst politische Gründe und dürfte entscheidend mit der christdemokratischen Regierungsdominanz zusammenhängen. Insgesamt hat sich die Sächsische Verfassung bewährt, eine Totalrevision ist weder notwendig noch wünschenswert. Zugleich kann in Sachsen wie in jedem politischen System (ob demokratisch oder autokratisch) nur durch Veränderung und Anpassung an sich wandelnde gesellschaftliche Bedingungen die Modernität und Lebensfähigkeit des Gemeinwesens sichergestellt werden.

---

73 Vgl. dies. (Anm. 19) S. 222 f., 233 f.

Kapitel 4
Parlament

1 Landesparlamente in Deutschland

Demokratie und Parlamentarismus gehören eng zusammen.[1] Parlamente sollen das Herzstück des demokratischen Verfassungsstaates sein. In einem präsidentiellen Regierungssystem wählt die Bevölkerung jeweils das Parlament und den Präsidenten, in einem parlamentarischen Regierungssystem wie dem der Bundesrepublik Deutschland geht die Regierung im Gegensatz zum präsidentiellen aus dem/den – direkt gewählten – Parlament/Parlamenten hervor, dem Bundestag bzw. den Landtagen. Es besteht eine enge Verzahnung zwischen der Exekutive und der parlamentarischen Mehrheit. Gegenspieler ist die parlamentarische Opposition. Die damit verbundene Diskussion über Macht und Ohnmacht der Parlamente ist bald so alt wie deren Existenz.[2] So manche Parlamentarismuskritik neigt(e) dazu, den Wandel des parlamentarischen Systems als „Niedergang" zu deuten.[3] Dabei wird durch das Ausspielen von (hehrer) Theorie und (schnöder) Praxis das Bild eines „goldenen Zeitalters" von der Vergangenheit gemalt, das so gar nicht existiert hat. Die Unterstützung der Regierung durch die Mehrheitsfraktionen ist jedenfalls ein Strukturprinzip des parlamentarischen Systems, kein Zeichen seines Verfalls.

Gemäß Art. 28 Abs. 1 GG muss jedes Bundesland eine aus demokratischen Wahlen hervorgegangene Vertretung besitzen. Wie im Bund gibt es in den Ländern parlamentarische Systeme. Diese Entwicklung hat sich als sinnvoll erwiesen, obwohl sie nicht verfassungsrechtlich geregelt ist. Ein präsidentielles System in den Ländern verstößt ebenso

---

1   Vgl. etwa Stefan Marschall: Parlamentarismus. Eine Einführung, Baden-Baden 2005.
2   Vgl. aktuell Heinrich Oberreuter (Hrsg.): Macht und Ohnmacht der Parlamente, Baden-Baden 2013.
3   Vgl. mit zahlreichen Belegen Hartmut Wasser: Parlamentarismuskritik vom Kaiserreich zur Bundesrepublik. Analyse und Dokumentation, Stuttgart/Bad Cannstatt 1974.

nicht gegen demokratische Prinzipien wie ein Zweikammersystem. Der einzige Senat in
den Ländern, der bayerische, wurde durch eine von der Ökologisch-Demokratischen
Partei (ÖDP) initiierte Volksabstimmung 1998 abgeschafft.[4] Auf Bundesebene existiert
ein solches Zweikammersystem. Der Parlamentarische Rat hatte sich hier 1948/49 nach
einigem Hin und Her aus Gründen der Tradition nicht für das Senatsmodell ausgesprochen, sondern für das Bundesratsmodell. Die SPD gab ihr ursprüngliches Votum für
das Senatsmodell auf, während die Union davon abrückte, den Bundesrat mit gleichen
Kompetenzen auszustatten wie den Bundestag.[5] Bei dem Bundesratsmodell stammen
die nicht direkt demokratisch legitimierten Mitglieder aus den Landesregierungen; bei
dem Senatsmodell hingegen wären die Senatoren direkt gewählt, sei es durch die Bevölkerung, sei es durch die Landesparlamente, und nicht weisungsgebunden. Der Einfluss
der Landesparlamente wäre bei einer Senatslösung größer.[6]

„Wozu noch Landtage?"[7] – diese Frage ist in Deutschland so alt wie aktuell. Bereits
1956 hatte sich der Politikwissenschaftler Wilhelm Hennis dafür ausgesprochen, das parlamentarische Regierungssystem in den Ländern abzuschaffen[8] – freilich zu einer Zeit,
als sich das konkurrenzdemokratische System dort noch nicht voll durchgesetzt hatte
(Allparteienregierungen und Übergroße Koalitionen überwogen). Seine Argumentation: In den Ländern gehe es nicht um politische Grundsatzentscheidungen, sondern
mehr um solche bürokratisch-technischer Natur. Der Mangel an legislativen Kompetenzen der Landesparlamente liegt in der Tat auf der Hand. Allenthalben ist angesichts des
beschränkten Handlungsspielraums von ihrer Auszehrung die Rede, sofern das Thema
überhaupt berührt wird. Denn die Politikwissenschaft hat den Länderparlamentarismus
stiefmütterlich behandelt.[9] Das kann ein Ausfluss seiner geringen politischen Relevanz
sein, ebenso ein Indiz seiner wissenschaftlichen Vernachlässigung. Vielleicht trifft bei-

---

4   Bis Ende 1999 gab es den ständestaatlich ausgerichteten Bayerischen Senat, der 60 Mitglieder u. a. aus
     den Reihen der Industrie, der Gewerkschaften, des Handwerks und der Religionsgemeinschaften um-
     fasst hatte.
5   Vgl. Karlheinz Niclauß: „Restauration" oder Renaissance der Demokratie? Die Entstehung der Bundes-
     republik Deutschland 1945–1949, Berlin 1982, S. 80 f.
6   Vgl. Frank Decker, Regieren im „Parteienbundesstaat". Zur Architektur der deutschen Politik, Wiesba-
     den 2011, S. 256–260.
7   Vgl. Karsten Rudolph: Wozu noch Landtage?, in: Frankfurter Allgemeine Zeitung vom 7. September
     2010.
8   Vgl. Wilhelm Hennis: Parlamentarische Opposition und Industriegesellschaft. Zur Lage des par-
     lamentarischen Regierungssystems, in: Gesellschaft – Staat – Erziehung 5 (1956), S. 205–222. Theo-
     dor Eschenburg pflichtete ihm bei. Vgl. ders.: Parlamentarische Regierung in den Ländern, in: Ders.:
     Zur politischen Praxis in der Bundesrepublik. Kritische Betrachtungen 1957–1961, München 1964,
     S. 223–227. Zur Auseinandersetzung mit diesen und anderen Positionen siehe etwa: Klaus-Peter Sieg-
     loch: Kritik und Alternativen zum parlamentarischen Regierungssystem in den Bundesländern. Ein
     Beitrag zu Thesen von Wilhelm Hennis und Manfred Friedrich über den Länderparlamentarismus in
     der Bundesrepublik, in: Zeitschrift für Parlamentsfragen 3 (1972), S. 365–384.
9   Vgl. Werner Reutter: Föderalismus, Parlamentarismus und Demokratie. Landesparlamente im Bundes-
     staat, Opladen/Farmington Hills 2008, insbes. S. 19–26.

des zu. Die Frage nach der Zukunft des parlamentarischen Systems in den Ländern, die immer wieder einmal aufgegriffen wird,[10] ist jedenfalls keineswegs rhetorischer Natur.

So hat sich etwa der Staatsrechtler Hans Herbert von Arnim, für den der deutsche Länderföderalismus ein „unseliges Erbe der Besatzungsmächte"[11] ist, u. a. mit Blick auf die Schwäche der Landesparlamente für die Direktwahl der Ministerpräsidenten in den Ländern stark gemacht.[12] „Die Entmachtung der Landesparlamente, der krasse Rückgang ihres Einflusses und die Verschiebung der Gewichte immer stärker hin zu den Landesregierungen und den Ministerpräsidenten, die von ihren Parlamenten gerade in den Landesdomänen, der Ausführung von Bundesgesetzen und der bundespolitischen Mitgestaltung im Bundesrat, nicht mehr wirksam kontrolliert werden, lassen es als immer schiefer und inadäquater erscheinen, wenn nur das politisch weitgehend entleerte Parlament, nicht aber der eigentliche Träger der Landesgewalt, die Regierung und insbesondere der Ministerpräsident als Regierungschef, durch direktdemokratische Wahlen legitimiert und kontrolliert wird."[13] Gemeinsam mit dem Politikwissenschaftler Frank Decker[14] arbeitete er für die ÖDP 2012 einen Gesetzentwurf zur Direktwahl des bayerischen Ministerpräsidenten aus.[15] Unabhängig davon, ob die Diagnose von der „Kastrierung der Landesparlamente"[16] tatsächlich so stimmt: Sie steht in einem augenfälligen Gegensatz zur Therapie (Direktwahl des Ministerpräsidenten), denn durch die Wegnahme der Kreationsfunktion erfahren die Landtage eine weitere Schwächung. Was in den Kommunen prinzipiell funktioniert,[17] dürfte in den Ländern ob des dort ausgeprägten Parteienwettbewerbs bei einer unterschiedlichen Mehrheit von Ministerpräsident und Parlament zu Reibungsverlusten, wenn nicht zu einer Blockade führen. Im besten Falle käme es zu einer konkordanzdemokratischen Lösung. Als in Hessen Roland Koch nach der Wahl 2008 Ministerpräsident blieb, obwohl die CDU mit der FDP keine parlamentarische Mehrheit hatte, wurde das Dilemma sichtbar. Es war nur durch Neuwahlen zu lösen. Zudem dürften direkt gewählte Ministerpräsidenten für den indirekt gewählten Bundeskanzler allein durch diese höhere Legitimation eine Konkurrenz sein, ob nun beabsichtigt oder nicht.

---

10 Vgl. etwa Franz Greß im Auftrag des Hessischen Landtags (Hrsg.): Hat das parlamentarische System in den Bundesländern eine Zukunft?, Wiesbaden 1990.
11 Hans Herbert von Arnim: Volksparteien ohne Volk. Das Versagen der Politik, München 2009, S. 231.
12 Vgl. ders.: Das System. Die Machenschaften der Macht, München 2001, S. 336–342. Zum ersten Mal präsentierte er seine Vorschläge in dem Band: Staat ohne Diener. Was schert die Politiker das Wohl des Volkes?, München 1993, S. 322–332.
13 Ebd., S. 338 f.
14 Vgl. Frank Decker: Wählt die Ministerpräsidenten direkt!, in: Ders.: Wenn die Populisten kommen. Beiträge zum Zustand der Demokratie und des Parteiensystems, Wiesbaden 2013, S. 212–215.
15 http://www.direktwahl-ministerpraesident.de (15. März 2013).
16 Frank Decker (Anm. 6), S. 339.
17 Die These, die Landespolitik stehe der Kommunalebene näher als der Bundesebene (so Frank Decker [Anm. 6], S. 284), trifft wohl auf die Stadt-, jedoch nicht auf die Flächenstaaten zu. Sie resultiert aus ihrer Fixierung auf die (schwache) Gesetzgebung.

Weshalb gibt es dann Landesparlamente? Der Dresdner Politikwissenschaftler Werner Patzelt vermerkt: „Die wesentliche Leistung unserer Länderparlamente ist es, dem Regierungssystem eine zusätzliche, umfangreich in die Gesellschaft vernetzte sowie durch demokratische Willensbildung beeinflussbare Ebene politischer Responsivitätsentfaltung, Mitsteuerung und politischer Führung bereitzustellen, aus der obendrein handlungsfähige und ziemlich stabile gliedstaatliche Regierungen hervorzugehen pflegen."[18] Allerdings kommen diese Gesichtspunkte in der Öffentlichkeit zu wenig zur Sprache, vielleicht auch deswegen, weil die Parlamente ihre Kommunikationsfunktion unzureichend wahrnehmen.

Von der „Heterogenisierung der Länder"[19] sind ihre Parlamente nicht verschont geblieben. Wer einen genaueren Blick auf sie wirft, ihre Kompetenzen, ihre Funktionen, ihre Strukturen, merkt schnell ihre unterschiedlichen Ausformungen. Kein Parlament gleicht dem anderen.[20] Insofern verbieten sich pauschale Urteile. So ist das parlamentarische System in Stadtstaaten weit weniger überzeugend zu rechtfertigen als in Flächenstaaten. Im Gegensatz zum Bund gibt es in den Ländern eine Volksgesetzgebung, doch entmachtet sie die Länderparlamente nicht. Lediglich sechs von insgesamt nur 13 Volksentscheiden seit 1949 sind erfolgreich gewesen.[21] Meist handelt es sich um genuin regionale Sachfragen mit geringer Signalwirkung für die anderen Länder.

Die Überlagerung der Landtagswahlen durch die Bundespolitik ist ein Strukturdefekt. Die deswegen bisweilen, u. a. vom damaligen Bundeskanzler Gerhard Schröder geäußerte Auffassung, es sei sinnvoll, die Landtagswahlen zusammenzulegen, damit kein permanenter Wahlkampf stattfindet, ist allerdings erstens nicht praktikabel (nach einiger Zeit würde sich ohnehin eine „Entzerrung" ergeben, etwa durch vorzeitige Neuwahlen in einigen Ländern) und zweitens nicht sinnvoll: Schließlich würden durch diesen – wenig durchdachten – Vorschlag die Landtagswahlen erst recht zu einer Art „zweiten Bundestagswahl" und damit zu einer Delegitimierung der Wahlen als Landtagswahlen beitragen. Was allerdings stimmt: Der Ausgang der Landtagswahlen ist häufig durch die Bundespolitik bestimmt. Die im Bund den Kanzler stellende Partei wird oft „abgestraft" (vor allem in der Mitte einer Legislaturperiode), unabhängig davon, wie gut die jeweilige Landespolitik ausfällt. Es gibt freilich auch starke territoriale Effekte, wie etwa die drastischen Ausschläge in Stadtstaaten zeigen, die kaum auf bundespolitische Rahmen-

---

18 Werner J. Patzelt: Länderparlamentarismus, in: Herbert Schneider/Hans-Georg Wehling (Hrsg.): Landespolitik in Deutschland. Grundlagen – Strukturen – Arbeitsfelder, Wiesbaden 2006, S. 108–129, hier 128.

19 Sven Leunig/Werner Reutter: Länder und Landesparlamente im föderalen System der Bundesrepublik Deutschland, in: Ines Härtel (Hrsg.): Handbuch Föderalismus, Bd. 1, Berlin/Heidelberg 2012, S. 744; ausführlicher dazu Sven Leunig: Die Regierungssysteme der deutschen Länder, 2. Aufl., Wiesbaden 2013.

20 Vgl. Siegfried Mielke/Werner Reutter (Hrsg.): Landesparlamentarismus. Geschichte – Struktur – Funktionen, 2. Aufl., Wiesbaden 2012; Werner Reutter (Anm. 9).

21 Vgl. Sven Leunig/Werner Reutter (Anm. 19), S. 763.

bedingungen zurückgehen.[22] 2001 verlor die CDU in Berlin aufgrund der „Bankenaffäre" 17,1 Prozentpunkte, 2011 in Hamburg 20,7 Punkte, vornehmlich deshalb, weil der populäre Ole von Beust nicht mehr angetreten war.

Vor zwei Gefahren ist zu warnen: einerseits vor einer Idealisierung der Landesparlamente, als seien sie ein kleines Abbild des Bundestages; andererseits vor einer Geringschätzung, als seien sie dem „Betrieb" des parlamentarischen Systems gänzlich entrückt. Die Parlamente erfüllen nach wie vor wichtige Funktionen in einem föderalistischen System, auch wenn sich die Gesetzgebung zum Bund hin verlagert hat, wobei allerdings durch die Föderalismusreform I (2006) eine gewisse Umkehr eingetreten ist (u. a. Entflechtung der Kompetenzen; Abschaffung der Rahmengesetzgebung; Einführung der „Abweichungsgesetzgebung"). Die Legislative in den Ländern ist trotz aller Reformen zu wenig in die diversen Planungs- und Koordinationsgremien zwischen Bund und Ländern eingeschaltet, wobei die präskriptive mit der prospektiven Sichtweise wohl zusammenfällt: Die Machtverschiebung zugunsten des Bundestages sowie zahlreicher „politikverflechtender" Gremien kann und soll aus Gründen gleichwertiger Lebensverhältnisse nicht mehr rückgängig gemacht werden. Das Urteil über die Rolle der Landesparlamente dürfte nach einer grundlegenden Neugliederung der Länder, die zu einer Stärkung der Landesparlamente führte, besser ausfallen. Aber danach sieht es ebenfalls nicht aus. Zugleich gilt freilich: Solange die Bundesrepublik ein Bundesstaat ist (und nach Art. 79 Abs. 3 GG gehört das Staatsstrukturprinzip des Bundesstaates zur „Ewigkeitsklausel"), muss es von den Bürgern gewählte Länderparlamente mit wichtigen Kompetenzen geben. „Es wäre schade, wenn die Geschichte der Landesparlamente früher oder später so endet wie Andersens Märchen von des Kaisers neuen Kleidern."[23]

2 Landtag im sächsischen Institutionengefüge

Die demokratische Legitimation durch einen Landtag in Sachsen beginnt mit dem Jahr 1920. Die früheren „Landtage" – nicht demokratisch zusammengesetzt – sind nur in einem formalen Sinn als Vorläufer eines demokratischen Parlaments anzusehen. Die Geschichte des Landtages in der Weimarer Zeit war – wie die Geschichte des Reichstages – die Geschichte seiner Labilität. Das Gesetz über die Gleichschaltung vom 31. März 1933 bedeutete sein demokratisches Ende. Der im Oktober 1946 in „halbfreien Wahlen" ins Leben gerufene Landtag wurde zwar noch einmal 1950 gewählt (jetzt nach der Ein-

---

22 Vgl. Daniel Hough/Charlie Jeffrey: Landtagswahlen: Protestwahlen oder Regionalwahlen, in: Zeitschrift für Parlamentsfragen 34 (2003), S. 79–94.

23 Susann Mende: Kompetenzverlust der Landesparlamente im Bereich der Gesetzgebung. Eine empirische Analyse am Beispiel des Sächsischen Landtages, Baden-Baden 2010, S. 375.

heitsliste), aber bereits zwei Jahre später folgte in der DDR mit der Auflösung der Länder das Aus.[24] Durch die Gründung[25] des Freistaates Sachsen 1990 entstand wieder ein Landtag, der nach der deutschen Einheit zunächst bis 1993 in der Dresdner Dreikönigskirche tagte. Das neue Landtagsgebäude besteht aus einem Altbau, dem früheren Landesfinanzamt (in ihm hatte die Stadt- und Bezirksleitung der SED ihren Sitz), und einem zwischen 1991 und 1992 errichteten Neubau für den Plenarsaal mit Glasfassaden. Das Ständehaus von 1907, in dem der Landtag bis zum Ende der Weimarer Republik getagt hatte, kam für den Sitz des neuen Landtages aus logistischen Gründen nicht mehr in Frage, obwohl die Anknüpfung an die Tradition dies nahegelegt hätte.

Der Landtag, die gewählte Vertretung des Volkes, nimmt im Verfassungsgefüge des Landes – neben der (Staats-)Regierung, der Verwaltung sowie der Rechtsprechung – einen wichtigen Platz ein. Die Art. 39 bis 58 der Verfassung des Freistaates Sachsen führen die Rechte und Kompetenzen des Landtages auf. Gemäß dem Prinzip der Volkssouveränität wählen ihn die Bürger seit der zweiten Legislaturperiode auf fünf Jahre (1990: für vier Jahre). Das Prinzip der repräsentativen Demokratie drückt sich darin aus, dass die Abgeordneten, nur ihrem Gewissen verantwortlich, nicht an Aufträge und Weisungen gebunden sind. Allerdings gibt es ein unauflösbares Spannungsverhältnis zwischen dem freien Mandat und der Fraktionsdisziplin. Zentral ist Art. 39 Abs. 2 der Sächsischen Verfassung: „Der Landtag übt die gesetzgebende Gewalt aus, überwacht die Ausübung der vollziehenden Gewalt nach Maßgabe dieser Verfassung und ist Stätte der politischen Willensbildung."

In Sachsen gibt es – der Theorie nach – auch die Volksgesetzgebung (Art. 71–74). Ein Volksantrag, dem ein Gesetzentwurf mit Begründung beigefügt sein muss, bedarf der Unterschrift von 40 000 Stimmberechtigten. Wenn der Landtag diesem Antrag innerhalb von sechs Monaten nicht zustimmt, können die Antragsteller ein Volksbegehren in Gang setzen. Es ist bei einer Unterschriftenzahl von 450 000 Stimmberechtigten (aber nicht mehr als 15 Prozent der Stimmberechtigten) gültig. Ist dies innerhalb von sechs Monaten der Fall, kommt es zu einer Volksabstimmung, wobei der Landtag einen eigenen Gesetzentwurf beifügen kann. Beim Volksentscheid entscheidet die Mehrheit der abgegebenen Stimmen. Ein Zustimmungsquorum wie in den meisten anderen Ländern entfällt. Dies ist die Theorie. Die Praxis sieht anders aus. Alle acht bisher gestellten Volksanträge erhielten zwar die erforderliche Zahl an Unterschriften, aber in vier Fällen kam es wegen verfassungsrechtlicher Mängel zu keinem Volksbegehren. Diese scheiterten überwiegend am Verfehlen des Unterschriftenquorums. Das einzige erfolgreiche Volksbegehren erwies sich bei der Volksabstimmung 2001 mit einer Mehrheit von 82,5 Prozent als erfolgreich. Es ging um die Erhaltung der kommunal verankerten

---

24 Die erste Wahlperiode datierte vom 22. November 1946 bis 2. November 1950, die zweite vom 3. November 1950 bis zum 25. Juli 1952.
25 Vgl. dazu das Kapitel „Wiedergründung des Freistaates Sachsen 1989/90".

Sparkassen im Freistaat Sachsen.[26] Diese Entscheidung unterlief später jedoch ein Gesetz des Landtages.

Eigens wird in Art. 40 der Verfassung das Recht auf Bildung und Ausübung parlamentarischer Opposition als wesentlich für die freiheitliche Demokratie angesehen: Die Teile des Landtages, die die Regierung nicht tragen, „haben das Recht auf Chancengleichheit in Parlament und Öffentlichkeit". Auf diese Weise soll die oft vernachlässigte Rolle der Opposition hervorgehoben werden. Die Abgeordneten gelangen nach dem Prinzip der Verhältniswahl ins Parlament – entweder direkt oder über die Liste gewählt. Die Anklänge an das Wahlsystem im Bund sind offensichtlich. Auch die Fünfprozenthürde gilt im Freistaat Sachsen. Allerdings: Eine Partei, die zwei Direktmandate gewinnt (nicht drei, wie im Bund), ist von dieser Hürde ausgenommen. Anders als bisher im Bund (seit 2013 ist durch die Reform des Wahlgesetzes ein Wandel eingekehrt) ziehen Überhangmandate für eine Partei – zu Recht – Ausgleichsmandate für die politische Konkurrenz nach sich, um das Verhältnis zwischen Mandaten und Stimmen nicht zu verzerren. Die (mögliche) Aufblähung des Landtages ist das kleinere Übel. Diese Details sind im Wahlgesetz geregelt, nicht in der Verfassung.[27]

Im Gegensatz zum Bundestag hat jeder Landtag das Recht, sich selbst aufzulösen. In Sachsen ist dafür – wie in den meisten anderen Ländern – eine Zweidrittelmehrheit nötig, und zwar auf Antrag von mindestens einem Drittel der Mitglieder des Landtages.[28] Diese Bestimmung ist sinnvoll. Wenn eine derart große Mehrheit dies wünscht, muss ein solcher Schritt gegeben sein. Die Angst, sie könne Instabilität begünstigen, dürfte unbegründet sein. Die Regelung ist weitaus besser als jene im Grundgesetz. Eine Auflösung des Parlaments ist danach nur dann möglich, wenn eine Vertrauensfrage des Kanzlers negativ beschieden ist.[29] In den fünf Legislaturperioden ist eine Selbstauflösung niemals angestrebt worden. Zu einer solchen käme es in Sachsen auch bei einer Nicht-Wahl des Ministerpräsidenten innerhalb von vier Monaten nach dem Zusammentritt des neugewählten Landtages.[30] Der Landtag des Freistaates zeichnete sich bisher durch eine hohe Stabilität aus. CDU, SPD, PDS bzw. Die Linke sind in jeder Legislaturperiode vertreten (gewesen). Bündnis 90/Die Grünen und die FDP gehörten in der zweiten und dritten Periode dem Landtag nicht an. Seit der vierten Legislaturperiode stellt die NPD im Landtag eine Fraktion („Sechs-Fraktionen-Parlament").

---

26 Vgl. Stadt Leipzig, Amt für Statistik und Wahlen: Volksentscheid in Sachsen am 21. Oktober 2001. Amtliche Endergebnisse, Leipzig 2001.

27 Vgl. für Einzelheiten das Kapitel „Wahlen und Wahlverhalten".

28 Vgl. Sven Leunig (Anm. 19), S. 108.

29 Dies führte 1983 und 2005 zu einer „getürkten" Vertrauensfrage. Helmut Kohl und Gerhard Schröder hatten eine parlamentarische Mehrheit hinter sich, wollten aber – aus unterschiedlichen Gründen – Neuwahlen.

30 Vgl. Kerstin Heinig: Das Selbstauflösungsrecht des Sächsischen Landtages. Eine verfassungsrechtliche, verfassungshistorische und verfassungsvergleichende Untersuchung mit rechtspolitischen Folgerungen für den Sächsischen Landtag und den Deutschen Bundestag, Frankfurt a. M. u. a. 2008. Die Autorin plädiert zu Recht für ein Selbstauflösungsrecht des Deutschen Bundestages.

In der Verfassung wird die zentrale Frage der Regierungsbildung nicht im Abschnitt über den Landtag erwähnt. „Nicht zuletzt das mag – neben persönlichen Rivalitäten zwischen dem ersten Landtagspräsidenten und dem ersten Ministerpräsidenten – dazu beigetragen haben, dass sich der Landtag jahrelang, und zwar machtpolitisch ganz kontrafaktisch, in seiner Selbstdarstellung eher als Gegenpol der auf der anderen Elbseite gelegenen Staatskanzlei gab denn als Quelle aller Macht von deren Hausherren."[31] Diese Diagnose Werner Patzelts ist stimmig, die Begründung wohl weniger. Denn sie überschätzt die Rolle einer verfassungsrechtlichen Bestimmung. Ihre „verkehrte" Einordnung ist Folge eines notorischen Missverständnisses, nicht die Hauptursache für Querelen zwischen Parlament und Regierung.

Auch der Parlamentarismus Sachsens basiert auf dem Dualismus von Regierung mit parlamentarischer Mehrheit auf der einen Seite und parlamentarischer Opposition auf der anderen Seite. Die öffentliche Wahrnehmung ist jedoch vielfach eine andere[32] – zum einen wegen der parteiübergreifenden Arbeit des Runden Tisches beim Übergang von der Diktatur zur Demokratie, zum anderen wegen der aus dem Kaiserreich[33] herrührenden Lehre vom deutschen Konstitutionalismus. Tatsächlich ist der Landtag als Ganzes kein Gegenspieler der Exekutive. Schließlich geht diese aus dem Landtag hervor, und sie wird dort von einer Mehrheit der Abgeordneten getragen. Der erste Landtagspräsident Erich Iltgen knüpfte in der konstituierenden Sitzung des Landtages am 27. Oktober 1990 eigens an die Konsenskultur des Runden Tisches an, nicht aber an den für ein Parlament grundlegenden Gegensatz von Mehrheitsfraktion(en) und Oppositionsfraktion(en). „Ich möchte an Sie appellieren, dass die Kultur des Runden Tisches im Umgang mit politisch Andersdenkenden, das Aushalten von Spannungen, die Bereitschaft zum Konsens, Eingang in die Parlamentsarbeit finden mögen. [...] Als der von Ihnen gewählte Präsident verspreche ich, mich mit allen mir zu Gebote stehenden Möglichkeiten um den Ausgleich zu bemühen. Ich werde mich dafür einsetzen, dass die berechtigten Interessen der parlamentarischen Minderheiten berücksichtigt und diese gebührend zur Geltung gebracht werden können."[34]

Der Landtag, das gilt auch für den sächsischen, ist im Mehrebenensystem der Bundesrepublik Deutschland durch die Übertragung von Hoheitsrechten auf die europäische Ebene geschwächt worden, wiewohl Sachsen – seit 1994 – einen Verfassungs-, Rechts- und Europaausschuss[35] besitzt. Das ändert nichts an der folgenden Feststellung:

---

31 So Werner J. Patzelt: Länderparlamentarismus in Deutschland: Sachsen, in: Siegfried Mielke/Werner Reutter (Anm. 20), S. 509–548, hier S. 514.

32 Vgl. ebd., S. 512.

33 Seinerzeit setzte der Kaiser den Kanzler ein. Dieser konnte vom Reichstag nicht abberufen werden. Insofern bildete sich ein Dualismus zwischen Legislative und Exekutive heraus.

34 Erich Iltgen: Der Weg der sächsischen Demokratie. Reden und Beiträge aus der Amtszeit des Präsidenten des Sächsischen Landtages 1990–2009, Dresden 2009, S. 37.

35 Allerdings wie Baden-Württemberg, Hessen, Rheinland-Pfalz und Schleswig-Holstein keinen „reinen" Europaausschuss.

„In Mehrebenensystemen gelten Landesparlamente gemeinhin als ‚Hauptverlierer'. Bundesstaatliche ‚Unitarisierung' und kooperative Entscheidungsmechanismen privilegieren den Zentralstaat und die Exekutive in Bund und Ländern. Hinzu kommt die europäische Integration, die nahtlos an die binnenstaatliche Politikverflechtung anschließt und diese praktisch ‚verdoppelt'".[36] In einer Subsidiaritätsvereinbarung zwischen Landtag und Staatsregierung wurde im April 2011 die Konsultation des Landtages durch die Staatsregierung in Angelegenheiten der Europäischen Union beschlossen.[37]

3 Struktur und Arbeitsweise des Sächsischen Landtages

Struktur und Arbeit des Landtages[38] vollziehen sich nach der Geschäftsordnung[39], die sich nicht wesentlich von der anderer Landesparlamente unterscheidet. Der Landtag wählt seinen Präsidenten, der im Verbund mit seinen ebenfalls gewählten drei Vizepräsidenten die Verhandlungen im Plenum leitet und u. a. das Hausrecht ausübt. Er hat protokollarisch das höchste Amt im Freistaat inne, aber nicht das mächtigste (Ministerpräsident). Ihm ist die Landtagsverwaltung anvertraut. Das Präsidium besteht aus dem Präsidenten, den drei Vizepräsidenten, den Fraktionsvorsitzenden und 17 weiteren Abgeordneten. Es entscheidet in aller Regel einvernehmlich und nimmt in Sachsen die Aufgaben des hier fehlenden Ältestenrates wahr.

Nach der Wahl bilden die Parteien, die mindestens fünf Prozent der Zweitstimmen erreicht haben, im Parlament Fraktionen. Die Fraktionsvorsitzenden (CDU: Steffen Flath; Die Linke: Rico Gebhardt; SPD: Martin Dulig; FDP: Holger Zastrow; Bündnis 90/ Die Grünen: Antje Hermenau; NPD: Holger Apfel) geben die „Richtung" vor und müssen für die Geschlossenheit der eigenen Fraktion sorgen. Zum Fraktionsvorstand zählen ferner seine Stellvertreter, der Schatzmeister und der Parlamentarische Geschäftsführer. Hier wird mitunter Tacheles geredet – bei Mehrheitsfraktionen etwa gegenüber der Regierung. Der Fraktionsvorstand ist „ein Ort, an dem deutliche Kritik an der Regierung möglich ist und auch geübt wird, weil aus dem Vorstand, anders als aus der Fraktionsversammlung, in der Regel keine Äußerungen in die Öffentlichkeit dringen."[40] Der Fraktionsvorsitzende der regierenden CDU tauscht sich eng mit dem Ministerpräsiden-

---

36 So Werner Reutter (Anm. 9), der diese Position referiert, aber nicht unbedingt teilt. Ebd, S. 311.
37 Vgl. Pressemitteilung Nr. 37/2011 des Sächsischen Landtages vom 20. April 2011.
38 Vgl. u. a. Thomas Gey/Helmar Schöne: So arbeitet der Sächsische Landtag. 5. Wahlperiode, Rheinbreitbach 2011, S. 24–83.
39 Die Geschäftsordnung des Landtages des Freistaates Sachsen findet sich in dem „Volkshandbuch": Sächsischer Landtag. 5. Wahlperiode 2009–2014, Rheinbreitbach 2010, S. 289–353.
40 Karin Algasinger/Jürgen von Oertzen/Helmar Schöne: Wie das Parlament die Regierung kontrolliert: Der Sächsische Landtag als Beispiel, in: Everhard Holtmann/Werner J. Patzelt (Hrsg.): Kampf der Gewalten? Parlamentarische Regierungskontrolle – gouvernementale Parlamentskontrolle. Theorie und Empirie, Wiesbaden 2004, S. 107–147, hier S. 121.

ten aus, um die Arbeit zu koordinieren und Friktionen zu vermeiden.[41] Das war früher zwischen dem Ministerpräsidenten Georg Milbradt und dem Fraktionsvorsitzenden Fritz Hähle ebenso der Fall.[42] Allerdings „knirschte" es zwischen ihnen häufiger – zumal nach den herben Verlusten bei der Landtagswahl 2004. Ministerpräsident Kurt Biedenkopf nahm weniger Rücksicht auf die eigene Fraktion, die ihm ohnehin meist „ergeben" war, zumal der Fraktionsvorsitzende Fritz Hähle.

Die einzelnen Fraktionen, denen Berater zuarbeiten, bilden Arbeitskreise, in denen die jeweiligen Fachleute für das betreffende Arbeitsgebiet sitzen. Auf diese Weise soll Kompetenz gebündelt sein. Es liegt auf der Hand, dass größere Fraktionen mehr Arbeitskreise haben und diese auch mehr Mitglieder umfassen (vgl. Tabelle 1). Die Vorsitzenden der Fraktionsarbeitskreise nehmen innerhalb ihrer Fraktion eine herausgehobene Rolle ein. Zuweilen gibt es gemeinsame Arbeitskreissitzungen der Mehrheitsfraktionen.

Parlamentarische Arbeit findet im Plenum statt, in den nicht öffentlich tagenden ständigen Ausschüssen, welche die Entscheidungen vorbereiten, sowie in den Fraktionen und deren Arbeitskreisen. Im Plenum werden die zuvor in den Arbeitskreisen und Ausschüssen getroffenen Entscheidungen präsentiert. Diese Reden haben somit eine Begründungs-, keine Beratungsfunktion. Insofern ist die Notwendigkeit eines „vollen Parlaments" nicht gegeben, auch wenn dies ein großer Teil der Bevölkerung erwartet. Das ist in Sachsen so wie anderswo. Zeigt das Fernsehen Bilder von zeitungslesenden Abgeordneten, reagiert die Öffentlichkeit empört. Überschreiten Mitglieder der Landesregierung, die sich jederzeit in die Debatten „einschalten" können, die ihnen gebilligte Redezeit, erhalten die Fraktionen gemäß der Debattenordnung mehr Redezeit.

Das Schwergewicht der Arbeit vollzieht sich in den Ausschüssen, die etwa einmal im Monat tagen („Ausschusswoche") und in denen die einzelnen Fraktionen entsprechend ihrer Stärke vertreten sind. Der Landtag bildet ständige Ausschüsse (Innenausschuss; Ausschuss für Soziales und Verbraucherschutz; Haushalts- und Finanzausschuss; Ausschuss für Schule und Sport; Ausschuss für Wirtschaft, Arbeit und Verkehr; Ausschuss für Wissenschaft und Hochschule, Kultur und Medien; Verfassungs-, Rechts- und Europaausschuss; Ausschuss für Umwelt und Landwirtschaft – jeweils 19 Mitglieder; Petitionsausschuss: 28 Mitglieder). Dieser Ausschuss bearbeitet Ersuchen von Bürgern. Gemäß Art. 35 der Sächsischen Verfassung hat jede Person das Recht, sich mit Bitten oder Beschwerden an den Landtag zu wenden, allerdings nicht in privatrechtlichen Belangen.[43] In den Ausschüssen ist die Tätigkeit, die durch Sekretariate erleichtert wird, meistens sachbezogen, auch wenn der Dualismus von Regierungs- und Oppositionsfraktion(en) nicht aufgelöst ist. Die Ausschüsse arbeiten nicht öffentlich, um eine konstruktive Arbeit nicht zu gefährden. Allerdings finden zahlreiche „Hearings"

41 Flath pflegt dann wiederum engen Kontakt mit seinem FDP-Kollegen Holger Zastrow, damit die Mehrheitsfraktionen an einem Strang ziehen.
42 Vgl. das Kapitel „Ministerpräsidenten".
43 Einzelheiten sind im Petitionsausschussgesetz geregelt.

Tabelle 1 Arbeitskreise im Sächsischen Landtag (5. WP, Stand: Juni 2010)[1]

AK	CDU-Fraktion	Die Linke-Fraktion	SPD-Fraktion	FDP-Fraktion	Grüne-Fraktion
I	Verfassung, Recht und Europa (9)[2]	Soziales und Gleichstellung (7)	Bildung und Kultur (5)	Inneres, Recht und Verfassung, Europa, Staatsmodernisierung (4)	Wirtschaft, Arbeit und Finanzen (3)
II	Haushalt und Finanzen (9)	Wirtschaft und Finanzen (7)	Wirtschaft, Arbeit, Umwelt, Energie und Verkehr (10)	Wirtschaft, Arbeit, Verkehr, Haushalt, Finanzen, Umwelt und Landwirtschaft (6)	Ökologiepolitik (3)
III	Schule und Sport (9)	Bildung, Wissenschaft und Kultur (9)	Soziales, Recht, Haushalt und Finanzen (7)	Bildung und Soziales, Hochschulen und Wissenschaft, Kultur und Medien (6)	Demokratie und Recht (4)
IV	Wirtschaft, Arbeit und Verkehr (9)	Demokratie, Inneres, Recht und Europa (9)		Petitionsangelegenheiten (3)	Bildung, Soziales und Kultur (3)
V	Umwelt und Landwirtschaft (9)	Umwelt, Landwirtschaft und Landesentwicklung (5)			
VI	Innenpolitik (9)				
VII	Soziales und Verbraucherschutz (9)				
VIII	Wissenschaft und Hochschule, Kultur und Medien (9)				
IX	Petitionen (14)				

[1] Die NPD hat auf die Einrichtung fester Arbeitskreise verzichtet.

[2] In Klammern Anzahl der zugehörigen Abgeordneten.

Quelle: Werner J. Patzelt (Anm. 31), S. 523.

statt. Diese öffentlichen Anhörungen dienen dazu, die unterschiedlichen Positionen zu verdeutlichen. Die Fraktionen schlagen in der Regel Experten vor, die ihnen nahestehen. So kommt unter Umständen die Komplexität der jeweiligen Materie nicht ausreichend zur Geltung.

Die Tätigkeit in den Ausschüssen ist für die Oppositionsfraktionen meistens wichtiger als für die Regierungsfraktionen, da diese im Vorfeld – etwa in den Arbeitskreisen – bereits mit den Ministern die Eckpunkte markiert haben. Auf einen Antrag von einem Fünftel seiner Mitglieder muss der Landtag einen Untersuchungsausschuss einsetzen. Dieser prüft Tatsachen nach und klärt Sachverhalte auf, die im Zuständigkeitsbereich des Landtages liegen. Das bekannteste Beispiel aus jüngster Zeit ist der Untersuchungsausschuss zur Erhellung der NSU-Morde und möglicher Versäumnisse staatlicher Sicherheitsorgane.

Auch ungeschriebene Regeln sind wichtig. Der Ton macht bekanntlich die Musik. So fördert eine gedeihliche Zusammenarbeit der Fraktionen die Entscheidungsfindung. Allerdings waren in der Zeit der Alleinregierungen der CDU die anderen Fraktionen weithin „abgemeldet". Den Parlamentarischen Geschäftsführern (PGF) der Fraktionen (CDU: Christian Piwarz; Die Linke: Klaus Tischendorf; SPD: Stefan Brangs; FDP: Torsten Herbst; Bündnis 90/Die Grünen: Karl-Heinz Gerstenberg; NPD: Johannes Müller) fällt hier eine wichtige Rolle zu – etwa bei der Tagesordnung. „Einmal monatlich in strenger Vertraulichkeit tagend, bereitet die PGF-Runde alle Beschlüsse des Landtagspräsidiums vor und trifft überdies Absprachen, welche die von den Parlamentarischen Geschäftsführern vertretenen Fraktionen faktisch binden. Immer wieder herauszufinden, was man der eigenen Fraktion (gerade noch) zumuten kann, ist darum die Voraussetzung für eine erfolgreiche Tätigkeit als Parlamentarischer Geschäftsführer. Die Sitzungen dieser Runde […] fanden bis einschließlich der dritten Legislaturperiode reihum in den Räumen der (seinerzeit drei) Fraktionen statt, was keinen geringen Symbolwert besaß. Diese betraf auch die Veränderung des Verfahrens: Um nicht die Räume der NPD-Fraktion aufsuchen zu müssen, tagt die PGF-Runde seit der vierten Wahlperiode ausschließlich auf ‚neutralem Grund', nämlich im Saal 3 des Sächsischen Landtages, der sonst für Sitzungen des Landtagspräsidiums genutzt wird."[44] Die „Parlamentskultur", welche die Verhaltensweisen im Parlamentsalltag betrifft, ist bisher nur unzureichend erforscht, weil sich im Parlament vieles hinter „verschlossenen Türen" abspielt.[45]

---

44 Werner J. Patzelt (Anm. 31), S. 529.
45 Vgl. Helmar Schöne: Alltag im Parlament. Parlamentskultur in Theorie und Empirie, Baden-Baden 2010.

4 Funktionen des Sächsischen Landtages

Der Landtag hat eine Vielzahl von Aufgaben wahrzunehmen – die Wahlfunktion, die Gesetzgebungsfunktion, die Kontrollfunktion und die Kommunikationsfunktion.[46] Herrscht über diesen „klassischen" Funktionskatalog weithin Konsens, so besteht in der Wissenschaft, der Publizistik und der Politik Dissens darüber, wie gut das Parlament diese Funktionen erfüllt, welche auf Landesebene wichtiger und welche weniger wichtig sind. Häufig hängt die Antwort vom jeweiligen Maßstab ab. Wer den Landtag als „Arbeitsparlament" ansieht, kommt zu einem anderen Ergebnis als derjenige, der den Landtag als „Redeparlament" wahrnimmt. Der Landtag – nicht nur der sächsische – ist eine Mischung aus Arbeits- und Redeparlament.

Die Wahlfunktion hat der Sächsische Landtag ohne Schwierigkeiten gut erfüllt. Der Wechsel von Kurt Biedenkopf zu Georg Milbradt (2002) während der Legislaturperiode verlief in dieser Hinsicht ebenso reibungslos wie der von Milbradt zu Stanislaw Tillich (2008). Es gab jeweils klare Mehrheiten. Nur Ministerpräsident Georg Milbradt gelangte 2004 erst im zweiten Wahlgang in sein Amt. Die Regierungsbildungsfunktion wurde dem Landtag durch die Alleinregierung der CDU von 1990 bis 2004 erleichtert. Von 2004 bis 2009 regierte diese mit der SPD; seit 2009 koaliert sie mit der FDP. Das sächsische Parlament kann den Ministerpräsidenten durch ein konstruktives Misstrauensvotum stürzen, keineswegs jedoch Minister abwählen (wie in einigen Bundesländern). Außerdem wählt der Landtag nicht nur seinen Präsidenten, sondern auch den Sächsischen Ausländerbeauftragten für die Dauer einer Legislaturperiode (seit 2009 Martin Gillo als Nachfolger von Friederike de Haas), den Sächsischen Datenschutzbeauftragten auf sechs Jahre (seit 2004 Andreas Schurig als Nachfolger von Thomas Giesen), den Sächsischen Landesbeauftragten für die Unterlagen des Staatssicherheitsdienstes der ehemaligen DDR auf fünf Jahre[47] (seit 2011 Lutz Rathenow als Nachfolger von Michael Beleites), den Präsidenten des Sächsischen Rechnungshofes auf 12 Jahre (seit 2011 Karl-Heinz Binus als Nachfolger von Franz Josef Heigl).

Die Gesetzgebungsfunktion gilt als Domäne des Parlaments (etwa für die Bereiche Schule, Hochschule, innere Sicherheit). Die Landesregierung bringt die meisten Gesetzesvorlagen in den Landtag ein (Tabelle 2). Besonders in den ersten Jahren hatte der Landtag – jeweils nach drei Lesungen – eine Vielzahl an Gesetzen zu beschließen. „Da es keinen Koalitionspartner gab, auf den Rücksicht genommen werden musste, gab es auch keinen Grund für Abstimmungsprozesse mit anderen Fraktionen. Die Regierungsfraktion wurde zum verlängerten Arm der Exekutive."[48] Allerdings hat die CDU-Frak-

---

46 Vgl. u. a. Thomas Gey/Helmar Schöne (Anm. 38), S. 84–115; Werner J. Patzelt (Anm. 31), insbes. S. 530–543.

47 Bei dieser Wahl hatte die CDU-Mehrheitsfraktion 2000 die eigene Regierung „abgestraft" und die Kandidatin Angelika Barbe „durchfallen" lassen.

48 Alexander Vorbau: Der Einfluss von Interessenverbänden auf den Sächsischen Landtag. Fallbeispiel: Neufassung des Schulgesetzes in der dritten Wahlperiode, Saarbrücken 2007, S. 38.

Tabelle 2 Gesetzgebung im Sächsischen Landtag (1.–4. WP, 1990–2009)

	1. WP (1990–1994)			2. WP (1994–1999)				3. WP (1999–2004)			4. WP (2004–2009)		
	einge-bracht	ange-nom-men	abge-lehnt	einge-bracht	ange-nom-men	abge-lehnt	zurück-gezo-gen	einge-bracht	ange-nom-men	abge-lehnt	einge-bracht	ange-nom-men	abge-lehnt
Staatsregie-rung	171	168	–	132	131	–	1	92	88	–	101	94	–
CDU	19	16	–	17	16	–	1	13	12	–	–	–	–
SPD	27	2	19	19	4	15	–	30	3	19	–	–	–
FDP	3	–	–	–	–	–	–	–	–	–	23	2	21
B90/Grüne	24	–	20	–	–	–	–	–	–	–	24	1	23
Linke/PDS	19	–	16	23	–	20	2	23	–	16	34	–	34
NPD	–	–	–	–	–	–	–	–	–	–	10	–	10
Interfrakti-onell	16	12	4	2	2	–	–	1	1	–	–	–	–
Fraktions-lose	–	–	–	1	1	–	–	–	–	–	–	–	–
CDU u. SPD	–	–	–	–	–	–	–	1	1	–	19	18	–
SPD u. PDS	–	–	–	–	–	–	–	2	–	2	–	–	–
Volksantrag	–	–	–	–	–	–	–	1	–	1	–	–	–
Gesamt	279	198	59	194	154	35	4	163	105	38	211	115	88

Quelle: Werner J. Patzelt (Anm. 31), S. 540.

tion auch gegen die Regierung aufbegehrt – etwa in der ersten Wahlperiode im Bereich der Schul- und Wissenschaftspolitik. So empfand sich Matthias Rößler, der seinerzeitige wissenschaftspolitische Sprecher der CDU-Fraktion, als ein partieller Gegenspieler zum Wissenschaftsminister Hans Joachim Meyer.

Die Klage über Kompetenzverluste des hiesigen Landtages ist verbreitet – z. B. durch die Verlagerung der Gesetzgebungskompetenzen von den Ländern zum Bund. Mit diesen Problemen und möglichen Reformschritten sind alle Landesparlamente konfrontiert. Wie Susann Mende für Sachsen gezeigt hat, gibt es zwar eine solche Kompetenzauszehrung, aber durch die Föderalismusreform I ist ein gewisser Wandel eingetreten (z. B. neue Zuständigkeiten für Strafvollzug, Ladenschluss und Besoldung von Beamten).[49] Allerdings ergab eine Befragung der Abgeordneten, dass ein Teil von ihnen die Zuständigkeitsaushöhlung durch den Bund als Entlastung betrachtet. „Der Bund wird nur von wenigen Abgeordneten als Bedrohung der eigenen Macht wahrgenommen und dient für viele Parlamentarier als eine willkommene Gelegenheit, um Verantwortung abzuschieben.“[50] Die formelle Kontrollfunktion übt überwiegend die parlamentarische Opposition aus, die informelle weithin die Regierungsfraktion. Es gibt eine Vielzahl an Kontrollmöglichkeiten – von der kleinen Anfrage bis zur Einsetzung von Untersuchungsausschüssen. In einem parlamentarischen Regierungssystem verläuft – wie erwähnt – die Grenze zwischen Mehrheitsfraktionen und der Regierung einerseits und der Opposition andererseits. Fraktionsdisziplin (nicht: Fraktionszwang) ist für die Funktionsweise des parlamentarischen Systems notwendig. Die Auflistung über die Interpellationen im Sächsischen Landtag zwischen 1990 und 2009 (Tabelle 3) sagt wenig über das konkrete Ausmaß der Kontrolle aus. Auch Abgeordnete der Regierungspartei(en) stellen Fragen, um der Regierung die Möglichkeit der Profilierung zu geben. Ansonsten üben die Abgeordneten der Regierungsfraktionen Kontrolle mehr intern aus. „Es lässt sich […] eine mitwirkende Kontrolle der Parlamentsmehrheit von einer nachträglichen Kontrolle der Opposition unterscheiden.“[51]

Der parlamentarische Kontrollprozess läuft – idealtypisch gesehen – in vier Phasen ab: die Informationsbeschaffungsphase, die Informationsaufbereitungsphase, die Informationsbewertungsphase und die Reaktionsphase.[52] Die erste Phase beschränkt sich wesentlich darauf, möglichst viele Informationen zu sammeln (z. B. durch Anfragen), die zweite dient dazu, diese Informationen auf ihre Relevanz hin zu prüfen, die dritte bezweckt, sie zu bewerten (sei es im positiven, sei es im negativen Sinne), die vierte strebt eine verbindliche Entscheidung an, die im Extremfall bis zum Rücktritt eines Mi-

---

49 Vgl. Susann Mende (Anm. 23), S. 263–353.

50 Ebd., S. 228.

51 Thomas Gey/Helmar Schöne (Anm. 38), S. 89. An anderer Stelle ist von einer „nachprüfenden“ und einer „begleitenden“ Regierungskontrolle die Rede. Vgl. Karin Algasinger/Jürgen von Oertzen/Helmar Schöne (Anm. 40), insbes. S. 109–115.

52 Vgl. Thomas Gey/Helmar Schöne (Anm. 38), S. 90–94. Die folgenden Informationen beziehen sich auf diese Ausführungen.

Tabelle 3   Interpellationen im Sächsischen Landtag (1.–4. WP, 1990–2009)

	1. WP	2. WP	3. WP	4. WP	Gesamt
Alle Parteien					
Kleine Anfragen	1 574	8 648	7 797	12 175	30 194
Große Anfragen	106	114	94	77	391
Aktuelle Debatten	100	105	117	209	531
Mündliche Anfragen	871	783	172	634	2 460
Gesamt	*2 651*	*9 650*	*8 180*	*13 095*	*33 576*
CDU					
Kleine Anfragen	373	1 249	948	774	3 344
Große Anfragen	21	33	20	4	78
Aktuelle Debatten	22	24	28	46	120
Mündliche Anfragen	126	126	46	26	324
Gesamt	*542*	*1 432*	*1 042*	*850*	*3 866*
SPD					
Kleine Anfragen	576	1 718	1 799	598	4 691
Große Anfragen	33	46	27	4	110
Aktuelle Debatten	21	36	41	46	144
Mündliche Anfragen	120	135	63	7	325
Gesamt	*750*	*1 935*	*1 930*	*655*	*5 270*
PDS/Die Linke					
Kleine Anfragen	378	5 681	5 050	4 894	16 003
Große Anfragen	31	35	47	29	142
Aktuelle Debatten	22	45	48	45	160
Mündliche Anfragen	378	522	63	265	1 228
Gesamt	*809*	*6 283*	*5 208*	*5 233*	*17 533*
FDP					
Kleine Anfragen	85	–	–	1 518	1 603
Große Anfragen	4	–	–	10	14
Aktuelle Debatten	7	–	–	23	30
Mündliche Anfragen	85	–	–	70	155
Gesamt	*181*	*–*	*–*	*1 621*	*1 802*
Bündnis 90/Die Grünen					
Kleine Anfragen	162	–	–	1 743	1 905
Große Anfragen	7	–	–	20	27
Aktuelle Debatten	28	–	–	23	51
Mündliche Anfragen	162	–	–	141	303
Gesamt	*359*	*–*	*–*	*1 927*	*2 286*
NPD					
Kleine Anfragen	–	–	–	2 648	2 648
Große Anfragen	–	–	–	10	10
Aktuelle Debatten	–	–	–	26	26
Mündliche Anfragen	–	–	–	125	125
Gesamt	*–*	*–*	*–*	*2 809*	*2 809*

Quelle: Werner J. Patzelt (Anm. 31), S. 534.

nisters reichen kann – wie dies etwa bei Horst Metz der Fall war. Er trat 2007 im Zuge
der Affäre um die Sachsen LB von seinem Amt als Finanzminister zurück; auch deshalb,
um „seinen" Ministerpräsidenten Georg Milbradt aus der Schusslinie zu nehmen. Solche Konsequenzen sind keineswegs die Regel. Zuweilen führen – tatsächliche oder vermeintliche – Missstände zur Einsetzung von Untersuchungsausschüssen. In der fünften
Legislaturperiode existier(t)en davon drei: zur „Abfall-Missstands-Enquete", zu „kriminellen und korrupten Netzwerken in Sachsen", zu „neonazistischen Terrornetzwer-
ken in Sachsen". Die öffentliche Kritik verleiht parlamentarischen Kontrollmechanismen mitunter eine besondere Dynamik.

Die Kommunikationsfunktion des Landtages soll dazu dienen, dass das Parlament
die höchst unterschiedlichen Interessen der Bevölkerung aufgreift und auf sie reagiert.
Freilich ist es ebenso die Aufgabe der Abgeordneten, wichtige Entscheidungen dem
Bürger nahezubringen. Deswegen ist auch die Wahlkreisarbeit wichtig. Kontakte zu Medien gehören ebenfalls zur Kommunikationsfunktion. Häufig stört Bürger das „halb-
leere" Parlament. Und viele Menschen monieren die als zu hoch empfundenen Diäten,
sehen dabei aber kaum, dass etwa Hochschullehrer und Richter mehr verdienen, von
Spitzenkräften in der „freien Wirtschaft" ganz abgesehen. Mit der fünften Legislaturperiode wurde unter Matthias Rößler, der den langjährigen ersten Landtagspräsidenten Erich Iltgen abgelöst hatte, die Geschäftsordnung des Landtages revidiert. Die Reduzierung der Zahl der monatlichen Sitzungen von drei auf zwei soll dazu dienen, dass
die Abgeordneten die Politikfelder in den Vordergrund rücken, die sie aktiv zu gestalten
wissen. Durch die Notwendigkeit der freien Rede – in Verbindung mit der „Kurzinter-
vention" (Abgeordnete dürfen auf den Vorredner reagieren) – sind die Plenarsitzungen
lebendiger geworden, wurde die politische Streitkultur gefördert. Das kann einem ostdeutschen Bundesland, in dem diese aufgrund der Vergangenheit (Konflikte durfte es in
der Diktatur nicht geben) und der Gegenwart (gravierende Probleme fördern eher Kon-
sens- als Konfliktdenken) schwächer entwickelt ist, wahrlich nicht schaden, wenngleich
dadurch die Gefahr einer Polarisierung ohne Substanz besteht. Gleichwohl gilt: „Leider
hapert es auch in Sachsen, wie allenthalben in Deutschland, mit der für Repräsentation so wichtigen Darstellungs- und Artikulationsfunktion. Weder die Plenardebatten
noch die Öffentlichkeitsarbeit von Landtag und Abgeordneten machen der Bevölkerung
glaubhaft, ihre Stimmungen und Sichtweisen, Überzeugungen und Erfahrungen seien
im Parlament präsent."[53]

Die Wahrnehmung der Parlamentsfunktionen ist für Mehrheitsfraktion(en) und
Oppositionsfraktion(en) unterschiedlich. Die Wahlfunktion fällt der parlamentarischen
Mehrheit zu.[54] Diese kann kein Interesse daran haben, dass der Ministerpräsident weniger Stimmen bekommt, als dies der Zahl der Abgeordneten der Mehrheitsfraktion(en)
entspricht. Die Opposition hingegen hat gemeinhin kein Interesse daran, dass der Mi-

---

53 Werner J. Patzelt (Anm. 31), S. 543 (Hervorhebung im Original).
54 Allerdings werden die Mitglieder des Verfassungsgerichtshofs mit einer Zweidrittelmehrheit gewählt.

Tabelle 4   Wichtigste Aufgaben eines Landesparlaments (in Prozent)

Aufgaben	1	2	3	4	Mittel
Kontrollfunktion	72,0	28,0	0,0	0,0	1,3
Gesetzgebungsfunktion	84,0	16,0	0,0	0,0	1,2
Wahlfunktion	20,0	42,0	36,0	2,0	2,2
Kommunikations- und Artikulationsfunktion	58,0	36,0	6,0	0,0	1,5

Quelle: Susann Mende (Anm. 23), S. 165. Legende: 1 = sehr wichtig; 2 = wichtig; 3 = weniger wichtig; 4 = kaum bis gar nicht wichtig. 50 von 50 Abgeordneten beantworteten diese Frage.

nisterpräsident Stimmen aus ihren Reihen erhält. Beides ist in Sachsen schon vorgekommen – bei der ersten Wahl Kurt Biedenkopfs (1990) trat der zweite Fall ein, bei der zweiten Wahl Georg Milbradts (2004) der erste Fall. Was die Gesetzgebungsfunktion betrifft, so ist die Opposition in der Regel „auf verlorenem Posten", da sie im Parlament nicht über die Mehrheit verfügt. Gleichwohl bringen die Oppositionsfraktionen mehr Gesetzesanträge ein, überlassen dies die Regierungsfraktionen doch sehr oft der Regierung. Die Kontrollfunktion kommt in erster Linie den Oppositionsparteien zu, aber auch die Regierungsparteien sparen nicht mit Kleinen Anfragen, Großen Anfragen sowie Mündlichen Anfragen, nutzen diese als eine Art „Propaganda"-Instrument. Die Kommunikations- und Artikulationsfunktion nehmen die Abgeordneten der Regierungsfraktion(en) und der Oppositionsfraktion(en) gleichermaßen wahr. Sie verteidigen die Beschlüsse des Landtages bzw. kritisieren diese, wenn keine Zustimmung erfolgt ist. Die Abgeordneten sind gut beraten, einerseits Anregungen aus der Bevölkerung aufzugreifen, andererseits eigenständige Positionen zu entfalten. Fehlt Führungsbereitschaft der Abgeordneten, „lahmt" das Parlament.

Es ist mit Blick auf die Relevanz der Funktionen schwer möglich, eine Gewichtung vorzunehmen. Eine Umfrage bei sächsischen Abgeordneten nach den wichtigsten Aufgaben eines Landesparlaments (vgl. Tabelle 4) erbrachte prinzipiell kein überraschendes Ergebnis. Alle Funktionen wurden hoch eingeschätzt – mit einer gewissen Abstufung für die Wahlfunktion.

5 Landtagsabgeordnete in Sachsen

Gemäß dem Prinzip der Volkssouveränität wählen die Bürger den Landtag seit der zweiten Legislaturperiode für fünf Jahre. Im „Gesetz über die Rechtsverhältnisse der Mitglieder des Sächsischen Landtages" sind Einzelheiten geregelt. Für die Zuteilung der Mandate gilt das Verhältniswahlprinzip, die Listenstimme ist maßgebend. Durch Überhang- und Ausgleichsmandate besteht der zuletzt am 30. August 2009 gewählte Landtag aus 132 Mitgliedern. Auf die CDU entfielen 58 Mandate (ausschließlich Direktmandate), auf Die Linke 29 (darunter zwei Direktmandate), auf die SPD und die FDP je 14, auf Bündnis 90/Die Grünen neun, auf die NPD acht. Stanislaw Tillich, der Ministerpräsident, der einzige Abgeordnete mit einer absoluten Mehrheit, gewann seinen Wahlkreis („Kamenz 2") mit 58,6 Prozent. „Schlusslicht" Sebastian Gemkow („Leipzig 2") erhielt dagegen nur 28,5 Prozent, was aber dennoch für den Mandatsgewinn der CDU gereicht hat. Fast jedes zweite Mitglied des Landtages ist „Parlamentsneuling"; neun Abgeordnete sind von der „ersten Stunde" an dabei: Volker Bandmann, Thomas Colditz, Andrea Dombois, Heinz Lehmann, Matthias Rößler, Marko Schiemann, Karin Strempel jeweils von der CDU sowie Thomas Jurk (SPD) und Klaus Bartl (Die Linke), wobei viele davon 2014 nicht wieder kandidieren. Von den Genannten gehörten nur Jurk und Rößler vor 1990 keiner (Ost-)Partei an. Alle anderen waren Mitglied der Block-CDU bzw. der SED (Bartl).

Die nicht immer „ruhmvolle" Vergangenheit der Landtagsabgeordneten ist viel zu wenig zur Sprache gekommen. So hatten 75 von 88 Abgeordneten der CDU nach der Wahl zum ersten Sächsischen Landtag entweder der Block-CDU oder der Bauernpartei angehört. Bei der SPD und den Grünen gab es die wenigsten „Ehemaligen". Noch im dritten Landtag (1999–2004) hatte etwa die Hälfte der Abgeordneten eine „einschlägige" Vergangenheit. Die Zahl dieser Mandatsträger wurde schon deshalb geringer, weil 2009 58 der 132 Mitglieder des Landtages das erste Mal in das Parlament eingezogen sind. Nach den Angaben des „Volkshandbuchs" zählen jetzt deutlich weniger Abgeordnete zu den Personen mit Parteimitgliedschaft in der DDR (vor 1990). In Sachsen wie in den anderen neuen Ländern ist das ohnehin kein Thema (mehr), das die Gemüter erhitzt.

Wer einen Sitz im Landtag anstrebt, hat Anspruch auf den zur Vorbereitung der Wahl benötigten Urlaub. Eine Kündigung oder Entlassung aus einem Dienst- bzw. Arbeitsverhältnis ist untersagt. Abgeordnete dürfen wegen ihrer Abstimmung, wegen einer Äußerung im Landtag oder die sie sonst in Ausübung ihres Mandates getan haben, weder gerichtlich noch dienstlich verfolgt werden (Indemnität), es sei denn, verleumderische Äußerungen liegen vor. Nur wenn der Landtag seine Einwilligung dazu gibt, ist es möglich, Abgeordnete wegen einer mit Strafe bedrohten Handlung zur Untersuchung zu ziehen, festzunehmen, festzuhalten oder zu verhaften (Immunität). Werden den Mitgliedern des Landtages Tatsachen in ihrer Eigenschaft als Abgeordnete anvertraut, z. B. über Korruption, so haben sie ein Zeugnisverweigerungsrecht. Gelegentlich ist die Immunität aufgehoben worden.

Auf den Abgeordneten lastet durch ihr vielfältiges Engagement im Parlament, im Wahlkreis, außerdem in der eigenen Partei wie im vorpolitischen Raum (etwa Aktivitäten im Vereinsleben) nicht nur Termindruck, sondern auch eine überhöhte – und mitunter widersprüchliche – Erwartungshaltung. Sie sollen reden, helfen, die Parteibasis „bei Laune halten" und Kontakte schmieden – im Parlament und „vor Ort". Rolf Seidel, Vorsitzender des Innenausschusses, erwähnt das Vorurteil über den „ABBA-Abgeordneten": „Nach dem Abitur kommt die Bundeswehr, dann der Bundestag und am Ende die Altersversorgung."[55] Wer so denkt, bestätigt Vorurteile.

Es ist die Aufgabe von Abgeordneten, den Sinn und die Wirkungen der Gesetze dem Bürger nahezubringen. Zudem müssen sie Gespür für die Anliegen der Wähler aus ihrem Wahlkreis haben. Deswegen gehören „Bürgersprechstunden" in den Wahlkreisbüros zum Alltag. Das gilt ebenso für die Mitglieder des Landtages, die „ihren" Wahlkreis nicht gewonnen haben. Diese profilieren sich zudem innerparteilich, um in einer wichtigen – überregionalen oder lokalen – Frage „Flagge zu zeigen", für die eigene Position zu werben, damit sich die Chance auf eine Wiederwahl erhöht. Als Personen des öffentlichen Lebens suchen sie Kontakte zu Medien wie zu Verbänden und diese zu ihnen. Das ist – positiv betrachtet – ein „Geben und Nehmen", negativ gewendet ist es ein gegenseitiges Abhängigkeitsverhältnis.

Bekanntermaßen gibt es parlamentarische Hierarchien: Fraktionsvorsitzende und Parlamentarische Geschäftsführer etwa verfügen über deutlich mehr Einfluss als „Hinterbänkler". Damit erklären sich u. a. die unterschiedlichen Schwerpunkte in den Tätigkeitsfeldern bei den Mitgliedern des Landtages. Ein Parlamentarischer Geschäftsführer etwa wendet mehr Zeit für parlamentarische Aufgaben auf als ein eher unbekanntes Mitglied des Landtages, das „seinen" Wahlkreis intensiv betreut. Wer „Wahlkreispflege" vernachlässigt, riskiert seine erneute Kandidatur im Wahlkreis.

Wer im „Volkshandbuch" zum Sächsischen Landtag, das zu Beginn jeder Legislaturperiode erscheint, blättert, findet eine Übersicht zu Kurzbiografien der Abgeordneten. Nur 31,0 Prozent (2009: 27,4 Prozent) der Abgeordneten sind Frauen.[56] Das liegt nicht an der Zusammensetzung der Fraktionen der Grünen (fünf von neun Abgeordneten sind Frauen) und der Linken (15 von 29). Hingegen sind 47 der 58 CDU-Abgeordneten Männer und 12 der 14 Abgeordneten aus den Reihen der Liberalen. Das Durchschnittsalter beträgt 45 Jahre. 68 Prozent der Abgeordneten warten mit einem Hochschulabschluss auf, darunter viele mit einem solchen aus einem „technischen" Fach, wenngleich die Tendenz rückläufig ist. 1990 waren zahlreiche Personen aus „Nischen"-Berufen in das Parlament gelangt. Was immer wieder missverstanden wird: Die Bundesrepublik Deutschland bzw. Sachsen ist kein „Ständestaat". Insofern sagt die Zusammensetzung des Parlaments, die nicht die Bevölkerungsstruktur widerspiegelt (der öffentliche Dienst ist stark überrepräsentiert), nichts über die angemessene Berücksichtigung der Interessen bestimmter Schichten aus.

Die Abgeordneten sind mehrheitlich „Vollzeitpolitiker". Nur etwa 25 Prozent üben noch einen weiteren Beruf aus. Im Amtsverständnis mancher Parlamentarier wird dieser Professionalisierung nicht genügend Rechnung getragen. „Nach den Angaben der Abgeordneten entfällt auf die Parlamentsarbeit die Hälfte der Arbeitszeit, ein Drittel auf

---

55 Zitiert nach Hans-Peter Maier: „Sind wir uns denn alle darüber im Klaren, *warum wir* im Parlament sitzen?", in: Landtagskurier Freistaat Sachsen, Nr. 5/2011, S. 12.
56 Vgl. für die folgende Zahlenübersicht Werner J. Patzelt (Anm. 31), S. 517–520.

die Wahlkreisarbeit und der Rest auf andere Aufgaben, die mit der Mandatsausübung zusammenhängen, insbesondere auf die Arbeit in der eigenen Partei."[57]

Das leidige Thema Geld bewegt die Gemüter: Seit dem 1. August 2012 beträgt die steuerpflichtige Grundentschädigung für Abgeordnete des Sächsischen Landtages 5079,65 Euro.[58] Jährlich an die Einkommensentwicklung im Freistaat angepasst, ist sie nicht mehr an die Richterbezüge gekoppelt. Die steuerfreie Kostenpauschale, die jedem Abgeordneten ohne Nachweis zusteht und deren jährliche Revision auf den Lebenshaltungskosten der privaten Haushalte im Land basiert, liegt seit dem 1. April 2013 zwischen 2081,95 Euro (für Abgeordnete mit Hauptwohnsitz in Dresden) und 3022,18 Euro (für Abgeordnete, deren Hauptwohnsitz mehr als 100 km von Dresden entfernt ist).[59] Bei den Diäten wie bei den Kostenpauschalen gibt es für „herausgehobene" Politiker (z.B. stellvertretende Fraktionsvorsitzende) Funktionszulagen. Das ist kritikwürdig. Bei der 2010 neu geregelten Altersversorgung hat der Abgeordnete die Wahl zwischen der Finanzierung einer eigenen Altersversorgung – unterstützt durch einen Vorsorgebeitrag für die Altersversicherung, der bei über 1000 Euro liegt, – und einer staatlichen Altersentschädigung, deren Höhe auf einem Mindestalter und der Dauer der Zugehörigkeit zum Landtag fußt. Viele Menschen bemängeln die als zu hoch empfundenen Diäten. Kritikwürdig ist aber eher die großzügige, zudem unübersichtlich gestaltete Altersregelung.

Es gab eine von der CDU angeregte Diskussion darüber, ob die Zahl der 120 Mandate (ohne Überhang- und Ausgleichsmandate) angesichts der Bevölkerungsabnahme verkleinert werden sollte – auf 90 oder 100 (nicht bei der nächsten, sondern erst bei der übernächsten Wahl). Allerdings hat der Sächsische Landtag diesen Schritt verpasst. Das wäre ein Beleg für die Reformfreudigkeit des Parlaments gewesen und ein Zeichen dafür, dass die Abgeordneten „in eigener Sache" sich den Notwendigkeiten des Sparens nicht verschließen. Das Eigeninteresse an dem herkömmlichen Zustand fiel zu groß aus. Selbst bei der CDU fehlte es für eine solche durchgreifende Reform offenkundig an einer Mehrheit. Bei den kleineren Fraktionen sind die Vorbehalte ohnehin beträchtlicher.

6 „Sächsischer Weg"?

Die Ähnlichkeiten zu den Parlamenten anderer Bundesländer sind auffallend. Das trifft auf das parlamentarische System Sachsens insgesamt zu. Das Gegenüber von Regierungs- und Mehrheitsfraktion(en) auf der einen und Oppositionsfraktion(en) auf der anderen Seite ist dafür charakteristisch. In allen Ländern geht der Regierungschef aus dem Parlament hervor.

---

57 Ebd., S. 127.
58 Vgl. http://www.landtag.sachsen.de (19. April 2013).
59 Personen, deren Hauptwohnsitz 51 bis 100 km vom Sitz des Landesparlaments entfernt ist, erhalten 2798,32 Euro.

In vieler Hinsicht nimmt Sachsen eine „Mittelposition" ein. Das gilt etwa für die Zahl der Sitze mit 120 (durch Überhang- und Ausgleichsmandate: 132), zieht man die Extremwerte heran (Saarland: 51; Nordrhein-Westfalen: 181, mit Überhang- und Ausgleichsmandaten: 237). Auf rund 30 000 Wahlberechtigte kommt ein Abgeordneter. Auch hier liegt Sachsen etwa in der Mitte.[60] Mit dem Selbstauflösungsrecht des Landtages zeigte sich der sächsische Verfassungsgeber mutiger als der Parlamentarische Rat. Was die Größe (einschließlich der Mitarbeiter der Landtagsverwaltung) und die Ausgaben betrifft, so hat Sachsen mit 12,95 Euro pro Einwohner im Jahr das „viertteuerste" Parlament.[61] Die Höhe der Diäten ist vergleichsweise niedrig, die Höhe der steuerfreien Aufwandsentschädigung eher hoch.[62] Die Substrukturen der Landesparlamente – mit der Leitungsebene (durch Präsident und Parlamentsverwaltung), der funktionalen (Plenum, Ausschüsse) sowie der politischen Struktur (Fraktionen, Arbeitskreise) – sind überall mehr oder weniger gleich.[63] Die Ausschüsse – die „Hauptarbeitseinheiten des Parlaments"[64] – tagen prinzipiell nicht öffentlich (wie in den meisten Ländern). Der Freistaat kommt – wie Baden-Württemberg, Brandenburg und Bremen – ohne Ältestenrat aus. In Sachsen hat es seit 1990 mit Erich Iltgen und Matthias Rößler, die beide aus der „Bürgerbewegung" hervorgegangen sind, erst zwei Landtagspräsidenten gegeben. Das hängt zum einen mit der Dominanz der CDU zusammen, zum anderen mit dem recht jungen Alter Iltgens (49 Jahre), als dieser sein Amt antrat. In den ostdeutschen Ländern wie Sachsen war die „gesellschaftliche Vernetzung"[65] der Abgeordneten „vor Ort" schwächer als in den alten. Allerdings haben sich gewisse Angleichungen vollzogen, wie etwa ein systematischer Vergleich zwischen Sachsen und Hessen erhellt.[66] „Wo immer noch Vernetzungsmängel bestehen, sind dafür die viel schlechter entwickelten ostdeutschen Parteistrukturen ursächlich, desgleichen weiterhin bestehende Defizite bei der Entwicklung des vorpolitischen Raums."[67] Das anfänglich andere Amtsverständnis, bei den Abgeordneten in den neuen Bundesländern wie in Sachsen, das sich etwa in geringerer Wahlkreisarbeit und der Vernachlässigung der „Netzwerkpflege" (Werner Patzelt) zeigte, hat sich recht schnell verändert.[68] Die Funktionslogik parlamentarischer Mechanismen setzte sich auch hier durch (u.a. Akzeptanz der Fraktionsdisziplin).

---

60 Vgl. Siegfried Mielke/Werner Reutter (Anm. 20), S. 24.
61 Vgl. ebd., S. 26.
62 Vgl. Werner Reutter (Anm. 9), S. 112.
63 Vgl. Siegfried Mielke/Werner Reutter (Anm. 20), S. 46.
64 Vgl. Sven Leunig (Anm. 19), S. 154.
65 Thomas Gey/Helmar Schöne (Anm. 38), S. 122.
66 Vgl. Werner Patzelt/Karin Algasinger: Abgehobene Abgeordnete? Die gesellschaftliche Vernetzung der deutschen Volksvertreter, in: Zeitschrift für Parlamentsfragen 32 (2001), S. 503–527.
67 Werner J. Patzelt (Anm. 31), S. 542.
68 Vgl. etwa ders.: Ostdeutsche Parlamentarier in ihrer ersten Wahlperiode: Wandel und Angleichung, in: Historical Research 22 (1997), S. 160–180; ders./Roland Schirmer: Parlamentarismusneugründung in den neuen Bundesländern, in: Aus Politik und Zeitgeschichte, B 27/1996, S. 20–28.

Die Zahl von rund 30 Gesetzen pro Jahr fällt im Vergleich zu den anderen Ländern nicht aus dem Rahmen.[69] Die überproportional starke Gesetzgebungstätigkeit in der ersten Legislaturperiode gilt für alle neuen Länder. Der Neuaufbau verlangte diese. Die weitaus größte Zahl der verabschiedeten Gesetze wurde von der Landesregierung eingebracht, das ist kein sächsisches Spezifikum. Landesparlamente sind „reaktive" Gesetzgebungsorgane.[70] Ein Vergleich der Zahl der Großen Anfragen, der Kleinen Anfragen, der Mündlichen Anfragen und der Aktuellen Stunden[71], stärker von den Oppositions- als von den Regierungsparteien genutzt, sagt im Grunde wenig aus. Sachsen gehört zur Minderheit der Länder, die in jeder Landtagssitzung prinzipiell eine Aktuelle Stunde vorsehen – dies ist ein sehr sinnvolles Ritual.

Nun unterschieden sich die „sächsischen Verhältnisse" im Landtag von 1990 bis zur Gegenwart von den „Verhältnissen" in den Landtagen der weitaus meisten Länder durch die klare Mehrheit einer Partei: Von 1990 bis 2004 hatte die CDU die absolute Mehrheit der Mandate[72], und selbst von 2004 bis 2009 war der Koalitionspartner SPD mit 9,8 Prozent nicht einmal ein Viertel so stark wie die „Sächsische Union". Gleiches gilt für den Koalitionspartner seit 2009, die FDP (10,0 Prozent). Das hatte und hat Auswirkungen auf die Arbeit des Landtages: „die teilweise intensive parlamentarische Kooperation der regierenden Christ- mit den opponierenden Sozialdemokraten während der ersten Legislaturperiode; ein gewisser Dualismus zwischen Regierung und christdemokratischer Landtagsmehrheit; die mitunter stark die Regierungskonstellation beeinflussenden Konflikte in der ‚Sächsischen Union'".[73] Deren starke Mehrheit im Landtag hat eigenständige Tendenzen der CDU-Parlamentarier gegenüber der eigenen Regierung durchaus begünstigt.[74] Hingegen zeigte sich die heterogene Opposition angesichts fehlender Einflussmöglichkeiten weithin macht- und mutlos.

In einem gewissen Spannungsverhältnis zur einzigartigen Stärke der CDU im sächsischen Parlament steht der folgende Befund: In keinem anderen ostdeutschen Bundesland hat es jemals sechs Fraktionen gegeben, in Sachsen gleich zweimal (durch den Einzug der fünf „Bundestagsparteien" und der NPD 2004 wie 2009 ins Landesparlament). Durch die massive Abwehr der Stellungnahmen und Aktivitäten der NPD sind die anderen Parteien „zusammengerückt" (wie früher in Sachsen-Anhalt und Brandenburg

69 Vgl. ebd., S. 50.
70 Werner Reutter (Anm. 9), S. 236.
71 Vgl. Siegfried Mielke/Werner Reutter (Anm. 20), S. 54.
72 Die CDU konnte in keinem anderen Bundesland jemals ein so gutes Ergebnis erreichen wie 1994 (58,1 Prozent) und 1999 (56,9 Prozent). Das bisher beste Resultat lag bei 56,7 Prozent (1976 in Baden-Württemberg).
73 Eckhard Jesse/Thomas Schubert: Koalitionen in Sachsen – Regierungskonstellationen und Bündnispolitik im Hegemonialparteiensystem 1990–2010, in: Julia Oberhofer/Roland Sturm (Hrsg.): Koalitionsregierungen in den Ländern und Parteienwettbewerb, München 2010, S. 115–141, hier S. 118.
74 Vgl. dazu ausführlich das Kapitel „Regierungen und Regieren".

wegen der DVU und seit 2006 in Mecklenburg-Vorpommern wegen der NPD). Nach dem wahrscheinlichen Ausscheiden der NPD aus dem Landtag 2014 dürfte sich dies ändern. So war es in Magdeburg und in Potsdam.

Kapitel 5
Regierungen und Regieren

1 Landesregierungen und -koalitionen in Deutschland

Im bundesdeutschen parlamentarischen Regierungssystem steht in der Regel eine Mehrheit aus der Regierung und der sie tragenden Fraktionen einer Minderheit aus unabhängigen, die Regierung kritisierenden und kontrollierenden Oppositionsfraktionen gegenüber. Der Dualismus entspricht der gewaltenverschränkenden Realität der Verfassungsordnungen auf Bundes- und Landesebene.[1] Obwohl das Grundgesetz den Landesverfassungen viel Gestaltungsfreiheit bietet, haben alle Länder parlamentarische Regierungssysteme. In diesen sind die Regierungen, speziell die Regierungschefs, vom Vertrauen der Parlamentsmehrheit abhängig – anders als in präsidentiellen Systemen. Das Wahlvolk entscheidet über die parteipolitische Komposition der Repräsentativkörperschaft, welche ihrerseits Teile der bzw. die gesamte Exekutive wählt. Hierbei gilt bis heute, was Theodor Eschenburg 1960 festgestellt hat: „Im Vielparteiensystem treffen im Gegensatz zum Zweiparteiensystem nicht die Wähler, sondern die Gewählten die Grundentscheidung über die Regierungsbildung, es sei denn, dass eine einzige Partei über die absolute Mehrheit der Mandate verfügt."[2] Vor allem aber wegen der damaligen Allparteienregierungen in einigen deutschen Bundesländern, die für Eschenburg systemwidrige, da gewaltenverschränkende Kartelle zwischen Exekutive und Legislative bildeten, während die parlamentarische Opposition fehlte, kritisierte der Tübinger Politologe den Länderparlamentarismus: „Das parlamentarische Prinzip für Länderregierungen ist überholt. [...] Sieht man einmal von wenigen Fragen ab [...], so wird man

---

1 Vgl. Emil Hübner: Parlament und Regierung in der Bundesrepublik Deutschland, München 2000, S. 29 f.
2 Theodor Eschenburg: Parlamentarische Regierung in den Ländern, in: Ders.: Zur politischen Praxis in der Bundesrepublik. Kritische Betrachtungen 1957 bis 1961, München 1964, S. 223–227, hier S. 224.

finden, dass in den Ländern kaum mehr Grundsatzentscheidungen getroffen werden. Diese sind vielmehr dem Bund vorbehalten. [...] Es ist nun vielmehr so, dass die Länder in erster Linie Verwaltungsaufgaben zu bewältigen haben, die im Wesentlichen durch die Bundesgesetzgebung gestellt werden: die Landesregierungen sind im Grunde große Oberbürgermeistereien."[3]

50 Jahre später ist dieses (harsche) Urteil noch immer berechtigt. Die Kompetenz zur Gesetzgebung liegt weithin beim Bund, vorrangige Aufgabe der Länder ist es, neben den eigenen Verwaltungsaufgaben das Bundesrecht zu vollziehen.[4] Die seit den 1960er Jahren fortgeschrittene föderale Unitarisierung mit ihrem „legislativen Imperialismus' des Bundes" (Werner Reutter) und die parallele Europäisierung der Politik verstärkten die politische „Entmachtung" der Bundesländer. Dabei büßten vor allem die Parlamente an politischen Kompetenzen ein, während die Regierungen ihren landespolitischen Malus durch mehr bundes- und europapolitische Mitspracherechte im Bundesrat sowie durch exekutive Verhandlungsstrukturen zwischen Bund und Ländern sowie zwischen den Ländern kompensierten.[5] Der so entstandene Verhandlungsföderalismus hat sich über Jahre seinen ohnehin schwach verankerten Wettbewerbscharakter fast ausgetrieben. Roland Sturm formuliert diese Selbstkastration diplomatisch: „Die Neigung vieler Landesregierungen, sich im föderalen Wettbewerb zu bewähren, ist weit geringer als ihre Abneigung gegen einen Verlust an Eigenverantwortung." Im Kern, so Sturm, haben die Länder „gegen [die] Zentralisierungsbemühungen des Bundes ihre Zuständigkeiten nur in den Politikfeldern ‚Innere Sicherheit', im Bezug auf Justiz und Polizei, ‚Bildungspolitik' und ‚Medien und Kultur' behaupten können".[6] Zu ergänzen wären (neben einigen eigenen wirtschafts- und sozialpolitischen Kompetenzen) das Landesverfassungs- und Landesplanungsrecht sowie das Haushalts-, Verwaltungs- und Kommunalrecht. Alle essentiellen Gesetzgebungskompetenzen sind indes im Bereich der ausschließlichen Gesetzgebung angesiedelt oder, wie im Falle der konkurrierenden Gesetzgebung, bei zwar formaler Befugnis der Länder, fast gänzlich bundesgesetzlich geregelt (mit Mitwirkungs- und Einspruchsrechten der Länder). Die Föderalismusreform I verschob 2006 dieses Koordinatensystem nur leicht zugunsten der Länder.[7]

Hingegen fielen die von Eschenburg 1960 gebrandmarkten gewaltenverschränkenden Allparteienregierungen auf Landesebene bald den parteiensystemischen Konzentrations- und Segmentierungsprozessen zum Opfer. Alleinregierungen und lagerinterne

---

3   Ebd., S. 225 f.
4   Vgl. Roland Sturm: Bundesstaatlichkeit, in: Hans-Peter Schwarz (Hrsg.): Die Bundesrepublik Deutschland. Eine Bilanz nach 60 Jahren, Köln u. a. 2008, S. 279–298, hier S. 283.
5   Vgl. Roland Sturm/Petra Zimmermann-Steinhart: Föderalismus, Baden-Baden 2005, S. 25, 61–65.
6   Roland Sturm (Anm. 4), S. 288.
7   Vgl. detailliert Hans-Werner Rengeling: Gesetzgebungszuständigkeit, in: Josef Isensee/Paul Kirchhof (Hrsg.): Handbuch des Staatsrechts der Bundesrepublik Deutschland, Bd. VI Bundesstaat, Heidelberg 2008, S. 567–742. Die neuen Abweichungsrechte der Länder im Bereich der konkurrierenden Gesetzgebung (z. B. in den Bereichen Jagdwesen, Hochschulzulassung oder Naturschutz) bzw. die neuen Eigenzuständigkeiten, u. a. bei Strafvollzug, Versammlungs- oder Beamtenrecht, sind eher gering.

kleine Gewinnkoalitionen mit jeweils deutlichen parlamentarischen Oppositionen bestimmten von Ende der 1960er Jahre an für lange Zeit das Bild. Von 1971 bis 1991 stellten sie über 80 Prozent der Regierungs- und Koalitionstypen. Mehr als die Hälfte der damaligen Landesregierungen wurden von nur einer Partei gebildet. Mit dem Aufkommen und der Etablierung der Grünen Mitte der 1980er Jahre, dem Eintritt der PDS in das gesamtdeutsche Parteiensystem 1990, den Kurzzeiterfolgen einzelner Protest- bzw. Antisystemparteien (z. B. Die Republikaner 1992 bis 2001 in Baden-Württemberg) sowie der offenkundigen Schwäche der Volksparteien seit über zehn Jahren wurde die deutsche „Koalitionslandschaft" bunter. Die Zahl der Alleinregierungen sank, die Zweierkoalitionen differenzierten sich aus. Dennoch kam es von 1990 an nur in Ausnahmefällen zu Bündnissen mit drei Akteuren: Brandenburg (1990–1994), Bremen (1991–1995), Hamburg (2001–2004), Saarland (2009–2012) und Schleswig-Holstein (seit 2012). Das verhaltene Auftreten solcher Phänomene pluralisierte die deutsche Koalitionslandschaft moderat, ohne sie wie in den ersten beiden Jahrzehnten der Bundesrepublik zu zersplittern. Markant war der Anstieg Großer Koalitionen.[8] Hatten die Regierungskonstellationen auf Bundesebene oft die „Koalitionsbildung in den deutschen Bundesländern"[9] zum Vorbild, blieben viele Modelle auf die Landesebene beschränkt. In jüngerer Zeit waren dies u. a.: Alleinregierungen (z. B. in Sachsen 1990–2004), Minderheitsregierungen (etwa in Sachsen-Anhalt 1994–2002), die „Ampel"-Koalition (z. B. in Bremen 1991–1995), die rot-roten Koalitionen in Mecklenburg-Vorpommern (1998–2006), Berlin (2002–2011) und Brandenburg (seit 2009), der schwarz-grüne Pakt in Hamburg (2008–2010), die „Jamaika"-Koalition im Saarland (2009–2012) oder Grün-Rot in Baden-Württemberg (seit 2011).

Was die parlamentarischen Systeme in den Ländern bis heute normalisiert, nämlich abwechslungsreiche Regierungskoalitionen, bewirkt seit Jahren einen „Strukturbruch" zwischen den föderalen Verhandlungsmechanismen und dem Parteienwettbewerb im Bund sowie in den Ländern. Kommt es zu abweichenden Mehrheitsverhältnissen in Bundestag und Bundesrat, was seit den 1970er Jahren eher die Regel als die Ausnahme ist, tritt neben den „gewollten" politischen Wettbewerb zwischen Bund und Ländern bzw. zwischen den Ländern der „ungewollte" Parteienkampf zwischen Regierung und Opposition.[10] Dieses Szenario ließ (neben Blockaden) ein horizontales und vertikales Verhandlungsgeflecht zwischen bundes- und landespolitischen Akteuren entstehen, das (nicht immer optimale) Konsenslösungen erzwang. Seit Beginn der 1990er Jahre erschweren freilich vermehrte struktur- und fiskalpolitische Unterschiede zwischen den

---

8   Vgl. Thomas Schubert: Ein- und Zweiparteienregierungen als Auslaufmodell? Neuer Koalitionspluralismus in den Ländern, in: Eckhard Jesse/Roland Sturm (Hrsg.): „Superwahljahr" 2011 und die Folgen, Baden-Baden 2012, 191–213.
9   Vgl. ausführlich Uwe Jun: Koalitionsbildung in den deutschen Bundesländern, Opladen 1994.
10 Vgl. Gerhard Lehmbruch: Parteienwettbewerb im Bundesstaat. Regelsysteme und Spannungslagen im politischen System der Bundesrepublik Deutschland, 3. Aufl., Wiesbaden 2000, S. 27 sowie S. 77–88.

Ländern, die zuweilen ein starkes Eigeninteresse zum Vorschein kommen lassen, die Parteipolitisierung des Bundesrates.

Zentrale Akteure hierbei sind die Landesregierungen. Sie handeln prinzipiell auf drei politischen Ebenen: (1) Sie kümmern sich um die politischen Geschicke im Bundesland. Zusammen mit den Parlamenten obliegen ihnen hier die „Ausübung der staatlichen Befugnisse und die Erfüllung der staatlichen Aufgaben" (Art. 30 GG), darunter „das Recht der Gesetzgebung" (Art. 70 Abs. 1 GG) und die „Ausführung der Bundesgesetze" (Art. 83–87 GG). (2) Sie kooperieren mit anderen Bundesländern und Staaten. Die horizontalen Kooperationen dienen der Politikvorbereitung und -abstimmung (Selbstkoordination). Die eingeschränkte „Länderaußenpolitik" befördert etwa regionale Kooperationen im europäischen bzw. im globalen Rahmen.[11] (3) Und sie interagieren mit übergeordneten politischen Ebenen. Zentral hierfür ist der Bundesrat, über den die Landesregierungen an der Bundesgesetzgebung mitwirken, über Gesetzesinitiativrecht verfügen und mittels der Ausschüsse Vermittlungsergebnisse generieren können. Auch müssen die Länder, besser gesagt die Landesregierungen, gemäß Art. 23 Abs. 2 bis 6 GG über den Bundesrat in europäischen Fragen bzw. bei Eingriffen in ihre Gesetzgebungsbereiche unterrichtet oder an der politischen Willensbildung bzw. an der politischen Entscheidung beteiligt werden.[12] Wie der Abriss zeigt, hat die (koalitionspolitisch bunte) Landespolitik im Mehrebenensystem eine „gouvernementale Schlagseite" (Herbert Schneider).

2 Staatsregierung im sächsischen Institutionengefüge

Wie in allen deutschen Ländern besteht im Freistaat Sachsen ein parlamentarisches Einkammersystem mit geschlossener Exekutive.[13] Die Staatsregierung ist in ihrem Bestand und in ihrer Arbeitsweise von einer Parlamentsmehrheit abhängig. Ihre Legitimation leitet sie aus dem Landtag ab, der direkt gewählten Vertretung des Volkes. Dieser wählt den Ministerpräsidenten[14] „mit der Mehrheit seiner Mitglieder" (Art. 60 Abs. 1 SV). Indes ist eine parlamentarische Zustimmung zum Kabinett nicht vorgesehen. Hier gleicht die sächsische Regelung jenen der anderen ostdeutschen Länder und unterscheidet sich von denen zahlreicher westdeutscher Länder, deren Verfassungen die Regierungsbil-

---

11 Vgl. Heinz Laufer/Ursula Münch: Das föderale System der Bundesrepublik Deutschland, 8. Aufl., München 2010, S. 116–118.

12 Die Verfassungsrealität ist hier freilich eher ernüchternd, agiert der Bundesrat doch vorrangig reaktiv und kaum initiativ. Vgl. Roland Sturm/Heinrich Pehle: Das neue deutsche Regierungssystem, 2. Aufl., Wiesbaden 2005, S. 90–95.

13 Vgl. Sabine Friedel: Das politische System des Freistaates Sachsen, in: Christian Demuth/Jakob Lempp (Hrsg.): Parteien in Sachsen, Dresden/Berlin 2006, S. 19–36, hier S. 29–31; Heinrich Oberreuter: Regierende Mehrheit und Opposition in Sachsen, in: Erich Iltgen (Hrsg.): Zehn Jahre Sächsischer Landtag. Bilanz und Ausblick, Dresden 2000, S. 130–154.

14 Vgl. ausführlich das Kapitel „Ministerpräsidenten".

dung mit einem weiteren Parlamentsvotum verbinden.[15] In Sachsen beruft und entlässt der Ministerpräsident die Staatsminister und Staatssekretäre (Art. 60 Abs. 4 SV). Daher sind bei einer Regierungsbildung bzw. -umbildung informelle Verhandlungsmechanismen ausgeprägt. Neben den Parteien spielt der Landtag „eine wichtige Rolle, die sich keineswegs in der parlamentarischen Akklamation erschöpft und einen stark informalen Charakter aufweist. Der formale ‚Akt parteilicher Gefolgschaftstreue' (Heinz Rausch) ist mithin Resultat informeller inner-, und – bei Koalitionen – zwischenparteilicher Aushandlungsprozesse, an denen auch Vertreter der Mehrheitsfraktionen partizipieren." Die Regierungsbildung ist somit kein „bloßer Nachvollzug außerparlamentarischer Entscheidungen".[16] Zu guter Letzt können die sächsischen Staatsminister zugleich ein Landtagsmandat führen, was sie seit Ende der 1990er Jahre auch überwiegend tun. Es besteht kein Inkompatibilitätsverbot. Dies verringert einerseits die politische Abhängigkeit der Minister und erhöht die Kohärenz zwischen Regierung und Parlament.[17] Andererseits erhöht die personelle Verwobenheit die Intransparenz im politischen Prozess.

Strukturell besteht die „Sächsische Staatsregierung [...] aus dem Ministerpräsidenten und den Staatsministern. Als weitere Mitglieder der Staatsregierung können Staatssekretäre ernannt werden" (Art. 59 Abs. 2 SV). Sie bilden das Kabinett, dem der Regierungschef gemäß der Geschäftsordnung der Sächsischen Staatsregierung (GeschoSReg)[18] vorsitzt. Er führt die Staatsregierung, koordiniert und leitet, technisch wie inhaltlich unterstützt durch den Apparat der Staatskanzlei,[19] die Regierungsgeschäfte und vertritt das Land nach außen. Er verfügt dazu – wie die meisten seiner Amtskollegen – über Richtlinienkompetenz (Art. 63 Abs. 1 SV),[20] kann formell weder durch die Minister noch durch das Parlament in seinem politischen Programm delegiert werden; er wirkt (unterstützt durch die Staatskanzlei) „auf eine einheitliche Geschäftsführung der Staatsministerien hin" (§ 2 GeschoSReg). Eine Suprematie der Legislative gegenüber der Staatsregierung, wie dies etwa die Sächsische Verfassung von 1947 gebot, existiert nicht. Eher ist es umgekehrt. Trotz seiner Möglichkeit, das politische Profil der Regierung – genau genommen bestimmt er nicht nur die Richtlinien der Regierungspolitik, sondern auch die „Richtlinien der Politik" – zu prägen, muss der Regierungschef das Kollegial- bzw. Ressortprinzip berücksichtigen. Er kann über den Rahmen seiner Richtlinien hinaus

---

15 Vgl. Richard Ley: Die Wahl der Ministerpräsidenten in den Bundesländern. Rechtslage und Staatspraxis, in: Zeitschrift für Parlamentsfragen 41 (2010), S. 390–420, hier S. 390 f.

16 Werner Reutter: Föderalismus, Parlamentarismus und Demokratie, Opladen 2008, S. 198, 218.

17 Vgl. Sven Leunig: Die Regierungssystem der deutschen Länder im Vergleich, Opladen 2007, S. 188 f.

18 Vgl. Geschäftsordnung der Sächsischen Staatsregierung (GeschoSReg) vom 16. Oktober 2009, unter: http://www.revosax.sachsen.de (Stand: 21. Oktober 2012).

19 Vgl. zur Arbeitsweise von Staatskanzleien Martin Florack/Timo Grunden (Hrsg.): Regierungszentralen. Organisation, Steuerung und Politikformulierung zwischen Formalität und Informalität, Wiesbaden 2011.

20 Dies ist juristisch umstritten, entscheidet gemäß Art. 64 Abs. 1 SV doch die Staatsregierung „über Fragen von grundsätzlicher oder weittragender Bedeutung". Vgl. Anne-Louise Schümer: Die Stellung des Ministerpräsidenten in den Bundesländern im Vergleich, Frankfurt a. M. 2006, S. 60–64.

nicht in die Geschäftsbereiche der Minister eingreifen, zumal nicht in die nicht von seiner Partei gestellten Ressorts bei einer Koalitionsregierung.[21] Richtlinienkompetenz allein bedeutet ferner „nicht automatisch politische Macht. Im Gegenteil: Sieht sich ein
Regierungschef gezwungen, sich zur Durchsetzung seiner Positionen formal auf seine
Richtlinienkompetenz zu beziehen, ist dies ein Zeichen, dass seine Stellung gegenüber
den Ministern seiner Regierung eher geschwächt ist."[22] Formal können sich die Minister
nicht über die Ziele des Ministerpräsidenten hinwegsetzen, lediglich diesen informieren
und eine Entscheidung „erbitten" (§ 1 GeschoSReg). Ihre Äußerungen oder ihr Handeln
dürfen nicht „den vom Ministerpräsidenten bestimmten Richtlinien der Politik" widersprechen (§ 26 GeschoSReg). Den Regierungsmitgliedern ist untersagt, gegen die „Auffassung der Staatregierung zu wirken" (§ 22 GeschoSReg).

Die formelle Gestaltung der Regierungsarbeit regelt die Geschäftsordnung. Zentrales Beschlussgremium ist das wöchentlich tagende Kabinett. An seinen Sitzungen
nehmen der Ministerpräsident, die Staatsminister und der Chef der Staatskanzlei als
Stimmberechtigte teil. Teilnehmer ohne Stimmrecht sind u. a. der Regierungssprecher, der für die Ressortkoordinierung zuständige Abteilungsleiter der Staatskanzlei,
der Schriftführer und (optional) die Vorsitzenden der Koalitionsfraktionen. Die Kabinettsitzungen werden vom Chef der Staatskanzlei und dessen Ministerialapparat organisiert, koordiniert und in der Regel durch Konferenzen der Staatssekretäre inhaltlich
vorbereitet (§ 15 GeschoSReg).[23] Das Kabinett ist beschlussfähig, wenn „wenigstens die
Hälfte der Mitglieder anwesend ist". Beschlüsse werden mit „Stimmenmehrheit der anwesenden Mitglieder" gefasst, bei Stimmengleichheit entscheidet der Ministerpräsident
(§ 17 GeschoSReg). In der Verfassungsrealität werden Streitfragen entweder vermieden,
auf informellem Wege ausgeräumt, oder der Koalitionsvertrag enthält ein Überstim-
mungsverbot.[24]

Die Ressortaufteilung der Sächsischen Staatsregierung hat sich seit 1990 im Kern
kaum verändert (Tabelle 1). Neben dem Ministerpräsidenten und dem Chef der Staatskanzlei bestehen sieben – in ihrer Bezeichnung variierende – Bereiche: Inneres, Justiz, Wissenschaft und Kunst, Finanzen, Kultus, Soziales sowie Wirtschaft, Arbeit und
Verkehr. 1998 gingen die bis dahin souveränen Ministerien Umwelt und Landesent-
wicklung sowie Landwirtschaft, Ernährung und Forsten im neuen Ressort Umwelt und
Landwirtschaft auf. Von 1994 bis 2002 existierte eine Staatsministerin für Gleichstellung,

---

21 Vgl. Klaus-Eckart Gebauer: Landesregierungen, in: Herbert Schneider/Hans-Georg Wehling (Hrsg.):
    Landespolitik in Deutschland. Grundlagen – Strukturen – Arbeitsfelder, Wiesbaden 2006, S. 130–147,
    hier S. 138.
22 Sven Leunig (Anm. 17), S. 191.
23 Von dieser Koordinationsfunktion der Staatskanzlei ist die im politischen Prozess vorherrschende
    Selbstkoordination der Ressorts zu unterscheiden. Vgl. Klaus König/Otto Häußler: Zur Funktionsfä-
    higkeit der Regierungszentralen: Profil der Staatskanzleien, in: Axel Murswieck (Hrsg.): Regieren in
    den neuen Bundesländern. Institutionen und Politik, Opladen 1996, S. 21–56, hier S. 29.
24 Vgl. Klaus-Eckart Gebauer (Anm. 21), S. 135 f.

Tabelle 1 Regierungsressorts im Freistaates Sachsen 1990–2012

Ressort	Amtsinhaber (Parteimitgliedschaft/Amtszeit)
Ministerpräsident	Kurt Biedenkopf (CDU/1990–2002); Georg Milbradt (CDU/2002–2008); Stanislaw Tillich (CDU/seit 2008)
Staatskanzlei	Arnold Vaatz (CDU/1990–1991); Günter Meyer (CDU/1992–1999); Thomas de Maizière (CDU/1999–2001); Georg Brüggen (CDU/2001–2002); Stanislaw Tillich (CDU/2002–2004); Hermann Winkler (CDU/2004–2007); Michael Sagurna (CDU/2007–2008); Johannes Beermann (CDU/seit 2008)
Finanzen	Georg Milbradt (CDU/1990–2001); Thomas de Maizière (CDU/2001–2002); Horst Metz (CDU/2002–2007); Stanislaw Tillich (CDU/2007–2008); Georg Unland (CDU/seit 2008)
Inneres	Rudolf Krause (CDU/1990–1991); Heinz Eggert (CDU/1991–1995); Klaus Hardrath (CDU/1995–2002); Horst Rasch (CDU/2002–2004); Thomas de Maizière (CDU/2004–2005); Albrecht Buttolo (CDU/2005–2009); Markus Ulbig (CDU/seit 2009)
Wirtschaft/Arbeit/Verkehr	Kajo Schommer (CDU/1990–2002); Martin Gillo (CDU/2002–2004); Thomas Jurk (SPD/2004–2009); Sven Morlok (FDP/seit 2009)
Kultus	Stefanie Rehm (CDU/1990–1993); Friedbert Groß (CDU/1993–1994); Matthias Rößler (CDU/1994–2002); Karl Mannsfeld (CDU/2002–2004); Steffen Flath (CDU/2004–2008); Roland Wöller (CDU/2008–2012); Brunhild Kurth (parteilos/seit 2012)
Wissenschaft/Kunst	Hans Joachim Meyer (CDU/1990–2002); Matthias Rößler (CDU/2002–2004); Barbara Ludwig (SPD/2004–2006); Eva-Maria Stange (SPD/2006–2009); Sabine Freifrau von Schorlemer (parteilos/seit 2009)
Justiz	Steffen Heitmann (CDU/1990–2000); Manfred Kolbe (CDU/2000–2002); Thomas de Maizière (CDU/2002–2004); Geerth Mackenroth (CDU/2004–2009); Jürgen Martens (FDP/seit 2009)
Soziales	Hans Geisler (CDU/1990–2002); Christine Weber (CDU/2002–2003); Helma Orosz (CDU/2003–2008); Christine Clauß (CDU/seit 2008)
Umwelt/Landesentwicklung	Karl Weise (CDU/1990–1991); Arnold Vaatz (CDU/1992–1998)
Landwirtschaft/Ernährung/Forsten	Rolf Jähnichen (CDU/1990–1998)
Umwelt/Landwirtschaft	Rolf Jähnichen (CDU/1998–1999); Steffen Flath (CDU/1999–2004); Stanislaw Tillich (CDU/2004–2007); Roland Wöller (CDU/2007–2008); Frank Kupfer (CDU/seit 2008)

Quelle: http://www.regierung.sachsen.de (Stand: 5. November 2012).

1990 bis 2002 ein Staatssekretär bzw. Staatsminister für Bundes- und Europaangelegenheiten. Angesiedelt waren diese in der Staatskanzlei, danach fielen ihre Kompetenzen einzelnen Ressorts zu.[25] Mit seinen gegenwärtig acht Fachministerien (ohne Ministerpräsident und Chef der Staatskanzlei) gehört Sachsen zu den Bundesländern mit einer eher geringen Ressortzahl.

Als Verfassungsorgan und Spitze der vollziehenden Gewalt hat die Staatsregierung zahlreiche Aufgaben. Sie „beschließt insbesondere über Gesetzesvorlagen, über die Stimmabgabe im Bundesrat, über Angelegenheiten, in denen die Verfassung oder ein Gesetz dies vorschreibt, über Meinungsverschiedenheiten, die den Geschäftskreis mehrerer Staatsminister berühren, und über Fragen von grundsätzlicher und weittragender Bedeutung" (Art. 64 Abs. 1 SV). Ein zentraler Funktionsbereich ist die Gesetzgebung. Gemäß der Verfassungsartikel 70 bis 76 fällt ihr das Recht zu, Gesetzesvorlagen in den Landtag einzubringen, vom Landtag beschlossene Gesetze zu prüfen, zu unterzeichnen und zu verkünden, die zur Ausführung der Gesetze erforderlichen allgemeinen Verwaltungsvorschriften (Art. 75) zu erlassen und nicht zuletzt die Gesetze auszuführen bzw. deren Vollzug zu kontrollieren. Die Staatsregierung ist folglich in erster Linie an der vor- und nachparlamentarischen Phase der Gesetzgebung beteiligt.[26] Ihre konzeptuelle und initiierende Rolle ist erheblich – man denke an die Möglichkeit zur Bundesratsinitiative.[27]

Andere wichtige Aufgabenbereiche gemäß § 10 GeschoSReg sind die „Einrichtung der Behörden" und die Leitung der Verwaltung, der Beschluss des Haushaltsplanentwurfes, von „Staatsverträgen und Verwaltungsabkommen mit der Bundesregierung und den Regierungen anderer Länder" oder von Rechtsverordnungen und Verwaltungsvorschriften. Sie entscheidet über die „Besetzung der Stellen des Präsidenten der Oberen Landesgerichte, des Generalstaatsanwaltes, der Regierungspräsidenten" sowie „über den Vorschlag für die Besetzung der Stellen des Präsidenten des Rechnungshofes und des Landesbeauftragten für die Unterlagen des Staatssicherheitsdienstes der ehemaligen DDR". Nicht zuletzt muss sie Beschlüssen des Landtages zustimmen, die Ausgabenerhöhungen oder Einnahmeminderungen auslösen. Insgesamt ist die Staatsregierung die Spitze der vollziehenden Gewalt, d. h., ihr obliegt die politische wie die administrative Staatsleitung.

---

25 Vgl. Ulrich Brümmer: Parteiensystem und Wahlen in Sachsen, Wiesbaden 2006, S. 104 f., 150 f., 187, 213 f., 230–232. Siehe auch: Übersicht der Kabinette ab 1918, unter: http://www.regierung.sachsen.de (Stand: 21. Oktober 2012).
26 Vgl. Werner Reutter (Anm. 16), S. 233.
27 Vgl. Sven Leunig (Anm. 17), S. 196 f.

3 CDU-Einparteienregierungen 1990–2004 in Sachsen

Die Regierungsbildung begann 1990 faktisch vor der Landtagswahl am 14. Oktober. Da die sächsische CDU nach ihrem sehr guten Abschneiden bei der Volkskammerwahl fest mit ihrer Regierungsführerschaft rechnete, bereitete sie frühzeitig die personelle Besetzung diverser Schlüsselbereiche vor. Parallel traf sich Spitzenkandidat Kurt Biedenkopf von September 1990 an regelmäßig mit den Mitgliedern des regierungsvorbereitenden „Koordinierungsausschusses".[28] Schon am 27. August 1990, sieben Wochen vor der Wahl, notierte er in sein Tagebuch: „Der Rest des Jahres wird ausgefüllt sein mit der Bildung einer Regierung und dem Beginn der Regierungsarbeit".[29] Nach der Wahl favorisierte Biedenkopf für seine CDU-Einparteienregierung mit Ausnahme der Schlüsselministerien Wirtschaft und Finanzen sächsische Personen. Sein Kabinett bestand aus zehn Ministern bei neun Ministerien, da Arnold Vaatz als Staatskanzleichef den Rang eines Staatsministers ohne Ressort innehatte.[30] Dass Biedenkopf drei Vertreter aus den Reihen der Bürgerrechtler sowie zwei westdeutsche Personalien (mit ihm drei) in sein Kabinett berief, provozierte Kritik des CDU-Landesvorstandes. Mit Rudolf Krause als Innenminister fand schließlich ein ehemaliger Funktionär der Block-CDU den Weg ins Kabinett. Die mitunter durch die Besetzung mit Neulingen hervorgerufenen fachlichen Defizite kompensierte eine „Tandemstruktur", die den Ost-Ministern verwaltungserfahrene West-Staatssekretäre als Amtschefs zuordnete.[31] Mit der Vereidigung des Kabinetts am 8. November 1990 begann vier Wochen nach der Landtagswahl die politische Arbeit. Da das Gros der CDU-Abgeordneten schon vor 1989 Mitglied der DDR-CDU oder der Bauernpartei gewesen war, wählte die Fraktion mit Herbert Goliasch einen alten Kader zu ihrem Vorsitzenden. „Damit stand der unter dem Einfluss der neuen Kräfte […] gebildeten Staatsregierung mit starkem Westanteil eine von Altmitgliedern dominierte Fraktion mit verschwindend geringem Westanteil gegenüber."[32] Hinzu kam eine in „Alt" und „Neu" gespaltene Landespartei.

In der ersten Legislaturperiode gab es mehrere Konsolidierungsprozesse. Der innerparteiliche Streit zwischen Neu- und Altmitgliedern gipfelte 1991 im Rücktritt des

---

28 Vgl. Michael Richter: Die Bildung des Freistaates Sachsen. Friedliche Revolution, Föderalisierung, deutsche Einheit 1989/90, Göttingen 2004, S. 734.

29 Kurt H. Biedenkopf: 1989–1990. Ein deutsches Tagebuch, Berlin 2000, S. 309, 313.

30 Justizminister wurde der Bürgerrechtler Steffen Heitmann, Finanzminister der Münsteraner Stadtkämmerer Georg Milbradt. Als Minister für Wirtschaft und Arbeit engagierte Biedenkopf den früheren Bürgermeister von Neumünster Kajo Schommer. Der aus dem Demokratischen Aufbruch stammende Hans Geisler wurde Sozialminister. Weitere Minister: Stefanie Rehm (CDU): Kultus; Hans Joachim Meyer (CDU): Wissenschaft/Kunst; Karl Weise (CDU): Umwelt/Landesentwicklung; Rolf Jähnichen (CDU): Landwirtschaft. Ausführlich siehe Michael Richter (Anm. 28), S. 871–943.

31 Vgl. Alexander Thumfart: Die politische Integration Ostdeutschlands, Frankfurt a. M. 2002, S. 465. Einzig das Finanzressort führten mit Georg Milbradt (Minister) und Hans Reckers (Staatssekretär) zwei Westdeutsche.

32 Michael Richter (Anm. 28), S. 844.

CDU-Landesvorsitzenden Klaus Reichenbach, eines früheren Blockparteifunktionärs. Biedenkopf, der sich wegen seiner Amtsbelastung lange vor der Übernahme des Vorsitzes gesträubt hatte, ließ sich, u. a. um den Machtverlust der CDU zu verhindern, am 7. Dezember 1991 zum Vorsitzenden wählen. Um ihn herum versammelte sich ein „unbelasteter" Landesvorstand. Der Regierungspartei war so eine frühe Erneuerung gelungen – im Gegensatz zur CDU-Landtagsfraktion. In der Staatsregierung fand im Zuge des Aufbaus und der „Professionalisierung des politisch-administrativen Apparats eine erste Auslese des Führungspersonals statt".[33] Nach Bekanntwerden der Vergangenheit von Innenminister Krause als IM der DDR-Staatssicherheit wechselte dessen Ressort 1991 in die Hände des Bürgerrechtlers und Pfarrers Heinz Eggert. Parallel waren in der Staatskanzlei Unstimmigkeiten zwischen Biedenkopf und Vaatz über den Umgang des Staatskanzleichefs mit CDU-Altkadern und westdeutschen Führungsbeamten aufgetreten. Anfang 1992 beruhigte Biedenkopf die Situation, berief seinen nordrhein-westfälischen Vertrauten, den bisherigen Staatssekretär Günter Meyer, zum Staatskanzleichef. Vaatz übernahm das Umweltressort. Meyer agierte bis 1999 als „rechte Hand und Stallwache"[34] des Ministerpräsidenten.

Biedenkopf, der die Staatsregierung wegen seiner politischen Erfahrung und seines Fachwissens dominierte, stand für ein hohes Maß an (informeller) Richtlinienkompetenz, gewährte zugleich aber große Ressortautonomie.[35] Die ersten Kabinettsitzungen fanden wegen der sich noch im Aufbau befindlichen Institutionen im Regierungsgästehaus in der Dresdner Scheverstraße statt. Es diente dem Ministerpräsidenten sowie einigen Ministern und Staatssekretären zunächst als Domizil und der Staatskanzlei als provisorischer Sitz. Dies hatte viele „Feierabendkabinette" mit einem hohen Grad an Informalität zur Folge.[36] Auch danach blieb die Zahl der Kernakteure überschaubar. Bis zum Ende der Alleinregierung existierten (wegen der schwachen Landes-CDU) drei verbundene Machtzentren – die vom Ministerpräsidenten dominierte Staatsregierung mit der Staatskanzlei als politischem Koordinations- und dem Kabinett als zentralem Beschluss- und Entscheidungsorgan sowie die CDU-Fraktion unter dem Biedenkopf-Getreuen Fritz Hähle. Vorrang hatte dabei das Kabinett – speziell bei wichtigen Themen. „Die CDU-Landtagsfraktion wurde erst nach einem Kabinettbeschluss in das Entscheidungsverfahren einbezogen, niemals vorher."[37] Es herrschte eine Top-Down-Struktur mit dem Kabinett an der Spitze, mit Abstand gefolgt von Fraktion und Partei.[38]

---

33 Karl Schmitt: Die Landtagswahlen 1994 im Osten Deutschlands, in: Zeitschrift für Parlamentsfragen 26 (1995), S. 261–295, hier S. 264.

34 Alexander Wendt: Kurt Biedenkopf. Ein politisches Porträt, Berlin 1994, S. 133.

35 Vgl. etwa Harald Noeske: Regieren in Sachsen, Dresden 2012, S. 214.

36 Vgl. Peter Köpf: Der Querdenker. Kurt Biedenkopf. Eine Biografie, Frankfurt a. M. 1999, S. 203–206.

37 Timo Grunden: Politikberatung im Innenhof der Macht. Zu Einfluss und Funktion der persönlichen Berater deutscher Ministerpräsidenten, Wiesbaden 2009, S. 146; vgl. auch die lebendige, aber subjektive Einschätzung von Harald Noeske (Anm. 35), S. 54–57.

38 Vgl. Timo Grunden (Anm. 37), S. 175–177. Dem Finanzministerium unter Georg Milbradt kam unter allen Ressorts eine herausragende Machtrolle zu. Vgl. Harald Noeske (Anm. 35), S. 71–73.

Die komplexe politische und ökonomische Transformation beherrschte die Regierungsagenda während der ersten Legislaturperiode. Ordnungs- und strukturpolitische Aufgaben waren an der Tagesordnung, die Staatsregierung betrieb eine erfolgreiche administrative Aufbauarbeit. Zu ihrem Markenzeichen wurde früh eine restriktive Fiskal- und Finanzpolitik, mit (bis heute) hohen Investitions- und geringen Verschuldungsquoten. Daneben agierte Biedenkopf in der bundespolitischen Arena. In einer „Gratwanderung zwischen loyalem Aufbegehren und Quertreiberei"[39] pflegten er und sein Finanzminister Georg Milbradt ihren Ruf als „hartnäckige" Kritiker des Bundesfinanzministers und dessen Konzeption zur Finanzierung der Einheit. Beide vertraten die Interessen des Freistaates, beteiligten sich maßgeblich an der Aushandlung des Solidarpakts von 1993.[40] Das wichtigste landespolitische Projekt war – neben dem Gesetzgebungsmarathon mit fast 200 Gesetzen – die Verfassung, die am 26. Mai 1992 beschlossen wurde. Das Verfahren des Zwei-Drittel-Beschlusses und die Zustimmung der vier demokratischen Fraktionen verdeutlichen den Konsens in diesem Fall – trotz Alleinregierung. Die Oppositionsbeteiligung blieb ansonsten beschränkt, der Kooperationswille der Mehrheitsfraktion fiel gering aus. Trotzdem agierte die SPD unter Karl-Heinz Kunckel als eine kooperative Opposition, suchte in zentralen Bereichen die Zusammenarbeit mit der CDU. Eigene Konzepte konnte sie kaum verwirklichen.[41]

Dennoch verfügte die CDU-Regierung nicht über eine in jeder Hinsicht willfährige Landtagsmehrheit. So erwies sich die im Mai 1993 beschlossene Kreisgebietsreform, da einige Landräte und Bürgermeister ein CDU-Landtagsmandat führten und regionale Interessen vertraten, als parlamentarische Hürde. Mitunter kam es zu fraktionsinternen Konflikten, etwa bei der Rebellion einiger Abgeordneter um Matthias Rößler gegen die Bildungspolitik der Staatsregierung. Der Zusammenhang, dass Einparteienregierungen „stärker zu Flügelbildungen in Partei und Fraktion" tendieren,[42] trifft für den frühen sächsischen Fall durchaus zu. Überwiegend jedoch war die Regierungsfraktion ein „Vollstrecker der Regierungsvorlagen"[43] – zumal nach 1994. Die Widerstände gegen die Beschlüsse des Kabinetts fielen gering aus. Der Hauptgrund: Biedenkopfs Regierungspolitik, speziell dessen persönliches (mitunter patriarchalisches) Handeln, stieß in den eigenen Reihen weithin auf Zustimmung.[44]

Da die Staatsregierung in den Augen der Bevölkerung positiv abschnitt, errang die CDU bei der Landtagswahl 1994 77 der 120 Landtagssitze. Der mehrheitsdemokratische

---

39 Albert Funk: Der Präsident und Außenminister Kurt Biedenkopf, in: Frankfurter Allgemeine Zeitung vom 7. September 1994.

40 Vgl. ders.: Mit Bonn oder gegen Bonn, in: Frankfurter Allgemeine Zeitung vom 8. Oktober 1992.

41 Vgl. Werner Patzelt: Sachsen, in: Siegfried Mielke/Werner Reutter (Hrsg.): Länderparlamentarismus in Deutschland. Geschichte – Struktur – Funktionen, Wiesbaden 2004, S. 389–416, hier S. 411.

42 Hans Peter Bull: Die Ein-Partei-Regierung – eine Koalition eigener Art, in: Roland Sturm/Sabine Kropp (Hrsg.): Hinter den Kulissen von Regierungsbündnissen, Baden-Baden 1999, S. 169–179, hier S. 176.

43 Vgl. Michael Groth: Die Sachsen wollen Flagge zeigen, in: Rheinischer Merkur vom 2. Oktober 1992.

44 Vgl. Timo Grunden (Anm. 37), S. 158 f.

Charakter der Einparteienregierung trat nun offener zutage. Auch stärkte das neue Kräfteverhältnis der Fraktion den Rücken. Noch am Wahlabend kündigte der regierungskritische Reformer Matthias Rößler seine Kandidatur um den Fraktionsvorsitz an, was den Kampf „Alt" gegen „Neu" belebte. Als Goliasch zurückzog und Biedenkopf mit Fritz Hähle einen ihm loyal ergebenen Kandidaten lancierte, nahm Rößler seine Kandidatur zurück. Er wurde neuer Kultusminister.[45] Biedenkopf beließ sein Kabinett ansonsten fast unverändert (markant war allenfalls die Abschaffung der parlamentarischen Staatssekretäre) und sorgte damit für eine im ostdeutschen Kontext hohe Regierungsstabilität.

Als Landesvorsitzender hatte er die CDU zum Wahlerfolg geführt. 1995 gab er dennoch das ungeliebte Amt in die Hände seines Stellvertreters Fritz Hähle. Zum einen hatte sich die Auseinandersetzung in der Partei beruhigt. Wegen ihrer Alleinherrschaft ersetzte bei den Christdemokraten nun das Regierungs- das Parteiprofil.[46] Zentrale politische Entscheidungen liefen meist an der CDU(-Basis) vorbei. Den Ministern kam eine starke Rolle bei der innerparteilichen Willensbildung zu, die Fraktionsmitglieder waren fast alle Honoratioren mit zentralen Funktionen in den regionalen Parteigliederungen. „Die Fraktion war die Partei"[47] und die wurde ihrerseits vom Kabinett dominiert. Zum anderen benötigte Biedenkopf mehr politische Freiheiten. Er ließ seinen Ministern bei der Erledigung ihrer Amtsgeschäfte breiten Spielraum und zog sich, u. a. gut vertreten durch den Staatskanzleichef Meyer, teilweise aus der Landespolitik zurück. Ihn interessierte weniger der kommunale Kläranlagenbau; lieber drehte er „das große Rad", wofür z. B. die Auseinandersetzung im Jahr 1996 mit der EU-Kommission um Subventionszahlungen an den VW-Konzern steht. Mit der Begründung, Arbeitsplätze zu schaffen, setzte sich die Staatsregierung über die Brüsseler Vorgaben hinweg. Der Rechtsbruch war – medial gut kommuniziert – ein politischer Erfolg.[48] Auch bot Biedenkopf nach 1998 Bundeskanzler Gerhard Schröder bei dessen wirtschafts- und sozialpolitischen Reformvorhaben die Mitwirkung des Freistaates an. Sein Vorgehen hatte Methode. Einerseits hatte er die Grenzen des auf Landesebene politisch Möglichen erreicht. Andererseits bot ihm die Kritik an Schröders Politik – bei gleichzeitiger Zusammenarbeit – die Option der bundespolitischen Profilierung und Einflussnahme.[49]

Bescherte sein bundes- und europapolitisches Handeln Biedenkopf eine enorme Popularität und war er als Ministerpräsident unangefochten, kritisierten die eigenen Reihen hinter vorgehaltener Hand seine landespolitische Abstinenz. Vor dem Hintergrund der steigenden Arbeitslosigkeit und einer konfliktbeladenen Gemeindegebietsreform litt das Verhältnis zwischen Regierung und Teilen der (insgesamt regierungsdominierten) Fraktion. Insbesondere bei der Umsetzung des von der Bevölkerung weithin abge-

45 Vgl. Ulrich H. Brümmer (Anm. 25), S. 151.
46 Vgl. Werner Patzelt: Die CDU in Sachsen, in: Christian Demuth/Jakob Lempp (Anm. 13), S. 87–119, hier
    S. 96, 106.
47 Günter Meyer zitiert in Timo Grunden (Anm. 37), S. 159.
48 Vgl. Roland Sturm/Heinrich Pehle (Anm. 12), S. 328 f.; Timo Grunden (Anm. 37), S. 246–249.
49 Vgl. Jan Ross: Schröders Lehrmeister, in: Die Zeit vom 16. September 1999.

lehnten Kommunalabgabengesetzes wurde Biedenkopfs ordnende Hand vermisst.[50] Zudem ereilte das Kabinett im Frühjahr 1995 mit den Vorwürfen der sexuellen Belästigung gegen Innenminister Eggert ein Skandal. Biedenkopfs zögerliches Vorgehen bescherte ihm erstmals ein negatives Medienecho. Das Amt des Innenministers übernahm nach Eggerts Rücktritt der Hamburger Justizsenator und vormalige sächsische Justizstaatssekretär Klaus Hardrath.

Trotz der Diskrepanzen befand sich Biedenkopf im Wahljahr 1999 auf dem politischen Zenit. Die erneute Mehrheit und die Fortsetzung der Alleinregierung überraschten kaum. Er unterzog das Kabinett einer Verjüngungskur, ließ aber die Schlüsselministerien unverändert besetzt.[51] Nachfolger des pensionierten Staatskanzleichefs Günter Meyer wurde der frühere Schweriner Staatskanzleichef Thomas de Maizière. CDU-Generalsekretär Steffen Flath trat als neuer Minister für Umwelt und Landwirtschaft die Nachfolge von Rolf Jähnichen an. Intention dieser umstrittenen Entscheidung war es wohl, Flath als Thronfolger zu positionieren. Schließlich hatte der Amtsinhaber seine letzte Legislatur angekündigt. Als Anfang 2001 im Rahmen einer Fraktionsklausur ein möglicher Nachfolger, Finanzminister Milbradt, indirekt nach der Macht griff und die Abwahl von Biedenkopfs getreuem Statthalter, dem Fraktionsvorsitzenden Hähle, forcierte, geriet die „Sächsische Union" in einen „Erbfolgekrieg".[52] Als Zugeständnis an die Fraktion bekundete Biedenkopf, bis Mitte 2003 seine Nachfolge regeln zu wollen. Im gleichen Atemzug entließ er Milbradt.

Der scheinbare „Befreiungsschlag" endete für ihn in einem Fiasko. Der CDU-Landesvorstand emanzipierte sich und initiierte ein Verfahren zur Nachfolgeregelung. Die bis dahin weitgehend passive Partei entzog Biedenkopf, der das parteipolitische Umfeld ebenso wenig gepflegt wie er keine gezielte Nachwuchsförderung betrieben hatte, nach über einem Jahrzehnt plötzlich die personelle Handlungshoheit.[53] Als der geschasste Milbradt nach wochenlangem Werben um die Gunst der Parteibasis im September 2001 Hähle entthronte und neuer CDU-Landesvorsitzender wurde, war dies ein deutliches Signal.[54] Biedenkopfs Autorität war beschädigt, auch wegen paralleler Vorwürfe, er habe Vetternwirtschaft betrieben („Fall Paunsdorf-Center") und öffentliche Mittel missbraucht („Fall Schevenstraße").[55] Nach seinem Rücktritt wählte der Landtag mit den Stimmen der CDU-Fraktion am 18. April 2002 Milbradt zum Ministerpräsidenten. Interne Skepsis gegenüber dem neuen Mann an der Spitze bestand unter diesen, die

---

50 Vgl. Albert Funk: Ohne ordnende Hand, in: Frankfurter Allgemeine Zeitung vom 26. März 1997; Gunnar Saft: Kochender Volkszorn, in: Sächsische Zeitung vom 31. August 1999.

51 Auf Friederike de Haas als Staatsministerin in der Staatskanzlei für Gleichstellung (seit 1994) folgte Christine Weber. Staatsminister in der Staatskanzlei für Bundes- und Europaangelegenheiten wurde der Europaabgeordnete Stanislaw Tillich.

52 Vgl. ausführlich Ulrich H. Brümmer (Anm. 25), S. 205–214; Timo Grunden (Anm. 37), S. 370–373.

53 Vgl. Timo Grunden (Anm. 37), S. 381; Harald Noeske (Anm. 35), S. 66.

54 Vgl. Reiner Burger: Die sächsische Union in der Pubertät, in: Frankfurter Allgemeine Zeitung vom 3. September 2001.

55 Vgl. Ulrich H. Brümmer (Anm. 25), S. 193–200.

ihm Machtstreben nachsagten, und jenen, die unter seiner Regentschaft finanzielle Einschnitte fürchteten. Er setzte bei seinem Kabinett auf innerparteiliche und innerfraktionelle Ausgewogenheit, band seine unmittelbaren Kontrahenten Stanislaw Tillich, Steffen Flath, Thomas de Maizière und Matthias Rößler ein.[56]

In der dritten Legislaturperiode schiffte die Staatsregierung in unruhigem Fahrwasser. Die Aufbauarbeit war getan, der landespolitische Alltag dominierte nun. In einer „Legislaturperiode der Kleinarbeit" (Kurt Biedenkopf) setzte das Kabinett auf finanzpolitische Konsolidierung. Umstritten waren nicht nur Kürzungen im Bereich Schulen und Hochschulen. Der Doppelhaushalt 2001/02 erregte vor allem wegen der sozialen Abstriche Missmut – selbst in der CDU-Fraktion. Die vielen Kritiker strafte Milbradt durch sein souveränes Handeln bei der Elbeflut im Sommer 2002 bald Lügen.[57] Ferner setzte er sich mehrfach bundespolitisch in Szene. Ungeschickt fiel seine Haltung zur Arbeitsmarktreform Hartz-IV aus. Zunächst hatte die Staatsregierung Ende 2003 dem Gesetzespaket im Vermittlungsausschuss des Bundesrates zugestimmt. Im Juli 2004 lehnte Sachsen das konkret ausgearbeitete Reformgesetz im Bundesrat u. a. mit der Begründung ab, es sei voller „handwerklicher Fehler". Die Öffentlichkeit zieh dies als wankelmütig.

Wie die Regierungskrise 2001/02 gezeigt hat, können Alleinregierungen in ihren Binnenrelationen Koalitionen ähneln. Die innerparteilichen Konflikte beeinflussten unmittelbar die Regierungskonstellation, der im Machtkampf aufgebrochene Dualismus zwischen Regierung und Teilen der Fraktion tat dies ebenso. Jenseits dessen herrschte von 1990 bis 2004 zwischen allen Regierungsakteuren eine hohe Kohäsion. Konflikte wurden vorrangig auf dem „kurzen Dienstweg" ausgetragen, weniger über den medialen Diskurs, wie es für die Koalitionen typisch werden sollte. Insgesamt hatte die CDU-Alleinregierung „die einmalige Gelegenheit, vom Ausgangspunkt einer politischen Tabula-Rasa-Situation über drei Legislaturperioden hinweg politische Entscheidungen durchsetzen zu können, ohne Rücksicht auf Koalitionspartner, eine partizipationsbegierige Parteibasis oder starke Interessenverbände nehmen zu müssen".[58] Das sollte sich künftig nur teilweise ändern.

---

56 Landwirtschaftsminister Steffen Flath verblieb in seiner Position. Thomas de Maizière, der zeitweilig die Amtsnachfolge von Milbradt übernommen hatte, wechselte zum Justizressort. Neuer Finanzminister wurde Horst Metz. Auf Innenminister Hardrath folgte Horst Rasch. Chef der Staatskanzlei wurde Stanislaw Tillich, neue Sozialministerin Christine Weber. Zum neuen Minister für Wissenschaft und Kunst berief Milbradt Matthias Rößler, seine Nachfolge als Kultusminister trat Karl Mannsfeld an. Das Ministerium für Wirtschaft und Arbeit wurde mit dem „Quereinsteiger" Martin Gillo besetzt.
57 Vgl. Reiner Burger: Der neue Sachsenkönig, in: Frankfurter Allgemeine Zeitung vom 7. Februar 2003.
58 Timo Grunden (Anm. 37), S. 135.

4 CDU-SPD-Koalition 2004–2009 in Sachsen

Bei der vierten Landtagswahl verlor die CDU ihre parlamentarische Mehrheit. Herrschte deswegen bei ihr Entsetzen, ereilte die SPD die Gnade der Koalitionsarithmetik. An die Stelle der Alleinregierung trat eine alternativlose Koalition aus CDU und SPD. Für eine Mehrheit in dem auf 124 Abgeordnete angewachsenen Landtag benötigten die Christdemokraten 63 Mandate, also acht über dem eigenen Anteil. Der Einzug der Grünen und der NPD verhinderte jedoch eine schwarz-gelbe Mehrheit. Der „Sächsischen Union" kam das durchaus gelegen, galt ihr doch die FDP nach zehn Jahren Landtagsabstinenz personell wie konzeptionell nur bedingt als koalitionsfähig. So bildeten die beiden Wahlverlierer die erste Regierungskoalition nach 1990 – wohlgemerkt wegen der extremen Asymmetrie beim Wahlergebnis zwischen CDU und SPD keine „übliche" Große Koalition. An die Seite der erfahrenen Regierungspartei trat eine Oppositionspartei mit einem seriösen Regierungsanspruch. Verlor die CDU ihre bislang dominante Stellung im politischen System, bot sich der SPD die „historisch einmalige Chance, an die große Tradition der SPD in Sachsen anzuknüpfen".[59] Sahen die einen die erste Koalition im Freistaat als Last für eine effiziente Regierungsarbeit an, brachte sie für die anderen neuen Schwung in einen angerosteten und verfilzten Regierungsapparat.

Die Sozialdemokraten hatten der CDU in den Koalitionsverhandlungen die Ressorts Wirtschaft und Arbeit sowie Wissenschaft und Kunst abringen können; dies stieß in den Reihen der Christdemokraten auf Kritik. Der Koalitionsvertrag[60] wies indes eher wenige sozialdemokratische Elemente auf. Bei den Konzeptionen im Bereich Wirtschaft ähnelten sich die Positionen der Partner. Den Punkt Arbeit konnte die CDU durch Kompromissformeln und kleine Zugeständnisse für sich entscheiden. Im Bereich Bildung entstand ein Kompromiss. Das Ressort blieb in der Hand der CDU, die Schulpolitik war weithin von christdemokratischer Diktion. Experimentierklauseln für Gemeinschaftsschulen beruhigten die SPD. Konflikte auf diesem Feld waren programmiert.

In dem am 11. November 2004 (fast acht Wochen nach der Wahl) gebildeten, neun Ressorts und zehn Minister umfassenden Kabinett verschoben sich die Posten. Umwelt- und Landwirtschaftsminister Steffen Flath wechselte ins Kultusministerium. Der bisherige Staatskanzleichef Stanislaw Tillich trat Flaths Nachfolge an, Chef der Staatskanzlei wurde Hermann Winkler. Thomas de Maizière übernahm das Innenressort. Ihm folgte als Justizminister Geert Mackenroth. Horst Metz blieb Finanzminister, Helma Orosz Sozialministerin. Zur neuen Ministerin für Wissenschaft und Kunst berief Milbradt die Chemnitzer Sozialdezernentin Barbara Ludwig (SPD), Minister für Wirtschaft und Arbeit sowie stellvertretender Ministerpräsident wurde der SPD-Landesvorsitzende

---

59 Thomas Jurk zitiert nach Reiner Burger: Milbradt beruhigt die CDU, die SPD schöpft Hoffnung, in: Frankfurter Allgemeine Zeitung vom 8. November 2004.

60 Vereinbarung zwischen der CDU, Landesverband Sachsen und der SPD, Landesverband Sachsen über die Bildung der Staatsregierung für die 4. Legislaturperiode des Sächsischen Landtages, Dresden 2004.

Thomas Jurk. Hatte Biedenkopf anfangs Minister ohne Mandat bevorzugt, verfügten mit Ausnahme von Ludwig und Mackenroth nun alle Minister über ein solches. Neu war, dass keine Vertreter der früheren CDU-Reformer ins Kabinett gelangten, wohl aber vier ehemalige Mitglieder der Block-CDU (Flath, Metz, Tillich, Winkler). Bei der Wahl zum Ministerpräsidenten am 10. November erzielte Milbradt im ersten Wahlgang anstatt der benötigten 63 nur 62 Stimmen (bei 67 anwesenden Abgeordneten der Regierungsfraktionen), der NPD-Kandidat Uwe Leichsenring bei 12 NPD-Abgeordneten 14 Stimmen. Obwohl sich das Ergebnis im zweiten Wahlgang wiederholte, war Milbradt damit gewählt, die Koalition hatte jedoch einen holprigen Start.[61]

Die Regierungsarbeit prägten von Beginn an eine christdemokratische Dominanz sowie wechselseitige Rollenfindungsprozesse. Während die SPD bis etwa Mitte des Jahres 2006 brauchte, um sich als Regierungspartei in den „schwarzen" Ministerien einzurichten, wusste die CDU von Anfang an ihren Regierungsapparat geschickt einzusetzen. Sie spielte ihre Rolle des hegemonialen Routiniers erkennbar aus – auch gegen den neuen Koalitionspartner –, sprach offen über die Nützlichkeit der SPD für den Beschluss des Haushalts wie für die Verwaltungsreform und drohte mehrfach mit dem Ende der Koalition. Stanislaw Tillich bekannte im Dezember 2006: „Das Niveau im Landtag war zuvor mit drei Fraktionen besser, das Regieren ohne die SPD konstruktiver und weniger mühselig."[62] Zudem hatte die CDU mit ihrem Generalsekretär Michael Kretschmer einen Kommunikator, der in der (konfliktbeladenen) öffentlichen Debatte gegenüber der SPD offensiv agierte, während Georg Milbradt den Koalitionsfrieden wahren konnte. Die SPD, die erst Mitte 2007 über einen Generalsekretär verfügte, geriet hier ins Hintertreffen. Während Georg Milbradt und Thomas Jurk ein gespanntes, aber professionelles Verhältnis zueinander pflegten, funktionierte der Kontakt zwischen den Fraktionsvorsitzenden Fritz Hähle (CDU) und Cornelius Weiss (SPD) besser. Dies war von Vorteil, hatte sich doch mit der Koalitionsbildung 2004 das Machtgefüge im sächsischen Regierungssystem vom Kabinett zu den Mehrheitsfraktionen verschoben, die fortan früher am Gesetzgebungsverfahren mitwirkten und stärker das Regierungshandeln zu beeinflussen suchten.[63] Das Kabinett wurde vereinzelt zum Blockadeinstrument, der Koalitionsausschuss zum Schlichtungsgremium. Ein „von oben" gesteuertes „Durchregieren" war nun erschwert, die Richtlinienkompetenz des Ministerpräsidenten durch die SPD-Minister geschwächt.

Die Koalition arbeitete trotzdem solide. Dass die SPD das Ministerium für Wirtschaft und Arbeit übernommen hatte, brachte (überraschende) Konstanz. Zum einen ähnelte ihre wirtschaftspolitische Konzeption jener der CDU, zum anderen betrieb Jurk sozialdemokratische Wirtschaftspolitik aus einem CDU-dominierten Haus heraus, abhängig von einem christdemokratischen Finanzministerium. Die von der Koalition ver-

---

61 Vgl. Reiner Burger: Milbradts Makel, in: Frankfurter Allgemeine Zeitung vom 11. November 2004.
62 Interview mit Stanislaw Tillich in: Freie Presse vom 29. Dezember 2006.
63 Vgl. Timo Grunden (Anm. 37), S. 147.

abschiedeten Doppelhaushalte hatten jeweils keine Neuverschuldung als Ziel: Im Jahr 2006 gelang dies erstmals. Das schwarz-rote Bündnis schrieb den bisherigen fiskalischen Konsolidierungskurs fort. Auch das wohl größte Projekt der Legislaturperiode, die Kreis- und Verwaltungsreform, setzte es weitgehend im Einklang um. Zum ersten Sachstreit kam es, als die SPD von Kultusminister Steffen Flath 2005 weniger Schulschließungen und den Aufbau von Gemeinschaftsschulen forderte.[64] Die SPD konnte die CDU-Pläne mäßigen, musste aber Wahlversprechen relativieren. Auch kamen ihr die Christdemokraten bei der Forderung nach mehr vorschulischer Bildung entgegen – nicht zuletzt deshalb, um sich dieses Thema anzueignen. Standfest verhinderte die SPD die von der CDU geforderten Studiengebühren. Die Bildungspolitik blieb ein Dauerkonfliktthema (z. B. Hochschulgesetz). Die SPD agierte eher im Stil einer Oppositionspartei, die CDU wähnte einen Angriff auf das von ihr protegierte zweigliedrige Schulsystem. Eine große Koalitionskrise verursachte 2006 die Neubesetzung des Wissenschaftsministeriums mit der GEW-Funktionärin und dem früheren SED-Mitglied Eva-Maria Stange (für die zur Chemnitzer Oberbürgermeisterin gewählte Barbara Ludwig). Die CDU wertete dies als „Provokation" und siedelte in der Folge kurzerhand zentrale wissenschaftspolitische Ressortkompetenzen im Bereich der Staatskanzlei an. Nachdem Milbradt, der im Gegensatz zu Biedenkopf einen ein- und durchgreifenden Regierungsstil verfolgte, Anfang 2007 einen energiepolitischen Vorstoß des Wirtschaftsministers abgeschmettert hatte,[65] stand die Koalition im Frühjahr 2007 im Streit um das sächsische Hochschulgesetz auf der Kippe. Jedoch überlagerte bald die von der Linksfraktion skandalierte „Sachsen-Sumpf-Affäre" über ein – vermeintliches – Korruptionsnetz im Freistaat diese Diskussion.

Der größte Skandal in der sächsischen Regierungsgeschichte, die Pleite und der Verkauf der Sächsischen Landesbank, die Mitte 2007 in der heraufziehenden globalen Finanzkrise wegen Fehlspekulationen in Schieflage geraten war, beendete mit Zeitverzug die Regierung Milbradt. Zunächst trat Finanzminister Horst Metz Ende September 2007 zurück. Die Koalition drohte abermals zu zerbrechen, erneut hielt die SPD am Bündnis fest. Die CDU, die zuweilen mit dem Ende der Koalition gedroht hatte, betonte nun deren Alternativlosigkeit.[66] Milbradt reagierte mit personellen Umstellungen. Stanislaw Tillich gelangte in das Amt des Finanzministers, Roland Wöller in das des Umweltministers, die Führung der Staatskanzlei wechselte auf Biedenkopfs langjährigen Regierungssprecher Michael Sagurna. Nach Monaten der Krise spitzte sich das Landesbankthema erneut zu. Dem Freistaat drohten horrende Ausfallbürgschaften. Milbradt geriet als „Vater" des Bankmodells in die Kritik. Schließlich gab er im Mai 2008 Amt und Parteivorsitz auf – wegen der Causa Landesbank und wegen mangelnder Autorität in den eigenen Reihen, die mit Blick auf die anstehende Wahl 2009 besorgt waren. Der Über-

---

64 Vgl. Hubert Kemper: Koalition streitet um sächsische Schulpolitik, in: Freie Presse vom 17. Mai 2005.

65 Vgl. ders.: Milbradt lässt Jurk ins Leere laufen, in: Freie Presse vom 15. Februar 2007.

66 Vgl. Interview mit Steffen Flath, in: Freie Presse vom 4. September 2007.

Tabelle 2   Regierungen in Sachsen seit 1990

Amtszeit	Parlamentsparteien (nach Stärke)	Regierungsparteien (nach Stärke)	Ministerpräsident	Regierungstyp
1990–1994	CDU-SPD-PDS-Grüne-FDP	CDU	Kurt Biedenkopf	Einparteienmehrheit
1994–1999	CDU-SPD-PDS	CDU	Kurt Biedenkopf	Einparteienmehrheit
1999–2002	CDU-PDS-SPD	CDU	Kurt Biedenkopf	Einparteienmehrheit
2002–2004	CDU-PDS-SPD	CDU	Georg Milbradt	Einparteienmehrheit
2004–2008	CDU-PDS-SPD-NPD-FDP-Grüne	CDU-SPD	Georg Milbradt	min. Gewinnkoalition
2008–2009	CDU-Die Linke-SPD-NPD-FDP-Grüne	CDU-SPD	Stanislaw Tillich	min. Gewinnkoalition
seit 2009	CDU-Die Linke-SPD-FDP-Grüne-NPD	CDU-FDP	Stanislaw Tillich	min. Gewinnkoalition

gang auf Stanislaw Tillich als Nachfolger verlief ruhig. Die SPD stand zu ihrer Regierungsbeteiligung und beging damit den parteitaktischen Fehler, die CDU im Moment ihrer größten Schwäche (Fehlen eines populären Amtsinhabers) nicht zu Neuwahlen zu zwingen. Am 28. Mai 2008 wählte der Landtag Tillich mit 66 von 124 Stimmen zum neuen Ministerpräsidenten. Die Landespartei hatte ihn zuvor mit 97,7 Prozent zum Vorsitzenden gewählt. Wie Milbradt vereinte er Regierungs- und Parteiführerschaft zum Zweck einer größeren Stabilität. Nicht verhindern konnte dies, dass Tillich, 1987 der CDU beigetreten, 1989 Stellvertretender Vorsitzender des Rates des Kreises Kamenz, sich bald mit Vorwürfen wegen seiner DDR-Vergangenheit konfrontiert sah. Die Sozialministerin Christine Clauß (für Helma Orosz nach ihrer Wahl zur Dresdener Oberbürgermeisterin), Johannes Beermann (Staatskanzlei), Georg Unland (Finanzen) sowie der Umwelt- und Landwirtschaftsminister Frank Kupfer gelangten neu ins Kabinett. Kupfer löste Roland Wöller ab, der die Nachfolge von Steffen Flath (CDU-Fraktionsvorsitz) im Kultusressort antrat. Wirtschaftsminister Thomas Jurk und Justizminister Geert Mackenroth blieben als einzige die volle Legislatur im Amt.

Von regelmäßigen Sticheleien und einigen ernsten Krisen abgesehen, hatte die Koalition aus CDU und SPD durchaus funktioniert,[67] nicht zuletzt wegen der bei aller Rivalität professionellen Zusammenarbeit der Parteivorsitzenden. Ferner spielte bei der SPD eine gewisse Alternativlosigkeit eine Rolle. Die CDU sah für einen Bruch der Koalition keine Veranlassung, konnte sie doch im Wesentlichen ihre Politik umsetzen.

---

67   Vgl. Ulrich Brümmer: Schwarz-rote Vernunft-Ehe in Sachsen. Fragile Beziehungen im Parteiensystem des Freistaates, in: Deutschland Archiv 40 (2007), S. 222–230.

5 CDU-FDP-Koalition seit 2009 in Sachsen

Bei der Wahl 2009 behielten die Christdemokraten nicht zuletzt wegen ihres binnen kurzer Zeit zu guten Popularitätswerten gelangten Amtsinhabers ihre dominante Stellung. Das Bündnis mit der SPD war mit dem Wahltag Geschichte, die Koalition mit der FDP die Zukunft. Unstimmigkeiten gab es bei den zügigen Koalitionsverhandlungen lediglich bei der Bildungspolitik, wünschte die FDP doch im Gegensatz zur CDU längeres gemeinsames Lernen. Der Kompromiss bestand in einer größeren Durchlässigkeit beim Wechsel der Schulformen. Beider Bestreben, die Regierung noch vor der Bundestagswahl zu bilden, gleichsam als Signal für Berlin, war vergebens. Die Alterspräsidentin des Landtages, Edith Franke, rief die konstituierende Sitzung erst für den 29. September ein – zwei Tage nach der Bundestagswahl.[68] Stanislaw Tillich erhielt im ersten Wahlgang 69 von 132 Stimmen. Die FDP bekam das Wirtschafts- (Sven Morlok) und das Justizressort (Jürgen Martens). Erneut ist damit der kleine Koalitionspartner überdurchschnittlich in der Koalition vertreten. Der FDP-Vorsitzende Holger Zastrow, der kein Ministeramt annahm, blieb Fraktionsvorsitzender. Die Kohäsion zwischen ihm und seinem parlamentarischen Gegenüber von der CDU Steffen Flath ist groß. In fünf Fällen hielt die personelle Konstellation im Kabinett: Johannes Beermann (Staatskanzlei), Christine Clauß (Soziales), Frank Kupfer (Umwelt- und Landwirtschaft), Georg Unland (Finanzen), Roland Wöller (Kultus). Der Pirnaer Bürgermeister Markus Ulbig trat die Nachfolge von Innenminister Albrecht Buttolo an, Sabine Freifrau von Schorlemer die von Eva-Maria Stange (Wissenschaft und Kunst).

Die Fluktuation gegenüber der Ministerriege von Georg Milbradt ist erheblich, die hohe Kabinettstabilität der Ära Biedenkopf Vergangenheit. Dies begründet sich nur bedingt mit der Koalitionsregierung. Entscheidend ist die größere personelle Fluktuation in den Reihen der CDU (Generationswechsel). Auch fehlen dem Kabinett politische Schwergewichte wie unter Biedenkopf. Erneut (wie von 2004 an) ist kein früherer Bürgerrechtler im Kabinett. Immerhin übernahm Matthias Rößler das Amt des Landtagspräsidenten. Eine Paradoxie: Während mit Tillich nun ein Sachse die Geschicke des Freistaates lenkt, waren von 2009 bis 2012 sechs der zehn Minister westdeutschen Ursprungs. Seit der Ernennung der gebürtigen Burgstädterin Brunhild Kurth zur Kultusministerin am 22. März 2012 – Roland Wöller war zuvor zurückgetreten – herrscht eine „Ost-West-Parität". Und dennoch: Mit zunehmender Distanz zur deutschen Einheit verringerte sich die Zahl der „sächsischen" Kabinettsmitglieder. Dies und Tillichs Hang zu parteilosen Ministern, mit denen er Überparteilichkeit zu demonstrieren sucht, weisen auf eine mangelhafte Rekrutierung durch die Parteien bzw. Fraktionen hin. Schlecht steht es um die Beteiligung von Frauen in den Kabinetten. Regieren ist in Sachsen, bis auf wenige Ausnahmen, Männersache. In den Kernressorts stehen seit 1990 48 Män-

---

68 Vgl. Albert Funk: Alterspräsidentin vereitelt Tillichs Wahl vor der Wahl, in: Der Tagesspiegel vom 23. September 2009.

nern gerade einmal acht Frauen gegenüber, die „harten" Bereiche wie Staatskanzlei, Finanzen oder Inneres waren stets in Männerhand, das Kultusministerium war es von 1993 bis 2012. Biedenkopfs drei Kabinette wiesen sogar nur eine Ministerin mit eigenem Ressort aus (Stefanie Rehm) sowie eine in den Ministerrang gehobene parlamentarische Staatssekretärin für Gleichstellung von Mann und Frau (Friederike de Haas).

Neben dem Ziel, Sachsen wieder in den Kreis der „wirtschaftlich erfolgreichsten Regionen in Europa" zu führen, möchte die schwarz-gelbe Koalition das Land auf das Auslaufen des Solidarpaktes im Jahr 2019 vorbereiten: „Wir richten unsere Haushalts- und Finanzpolitik an den Kriterien Stabilität, Solidität sowie Nachhaltigkeit aus und halten an dem Grundsatz fest, dass die laufenden Ausgaben aus den laufenden Einnahmen zu finanzieren sind."[69] Das ehrgeizige Vorhaben bedeutet in erster Linie Ausgabenreduktion. Daher stimmte Tillich in seiner Regierungserklärung am 11. November 2009 das Parlament auf „Staatsmodernisierung", Stellenabbau im öffentlichen Dienst und gravierende Einsparungen im Landeshaushalt ein. Mit dem Doppelhaushalt 2011/12 verabschiedete das Kabinett ein von Opposition und Verbänden kritisiertes Kürzungspaket. Je über eine Milliarden Euro soll in den beiden Jahren ressortübergreifend eingespart werden.[70] Die Verwaltungsreform des Jahres 2011 zielte ebenfalls auf schlankere Strukturen, deren kostendämpfende Effekte Kritiker bestreiten.

Andere Bereiche hielten für die Staatsregierung indes Fallstricke bereit. Akuter bzw. drohender Lehrermangel und die Forderung nach einer besseren „Inklusion" behinderter Kinder in das reguläre Schulsystem stießen bei Kultusminister Wöller zunächst auf taube Ohren. Später führte der Streit zwischen ihm und dem Finanzministerium um die Höhe der Bildungsausgaben (ein Zeichen mangelnder Ressortkoordination und schwacher politischer Führung) zu schweren internen Konflikten bei der „Sächsischen Union".[71] Schließlich trat Wöller nach erheblichen Eingriffen Tillichs in seine Ressorthoheit (u. a. wurde das Kultusressort aus fiskalischen Gründen um den Bereich Sport beschnitten) am 20. März 2012 zurück. Dies legte, ebenso wie der Rücktritt des bildungspolitischen Sprechers der CDU-Fraktion, Thomas Colditz, Probleme innerhalb der schwarz-gelben Regierungskoalition offen. Innenminister Ulbig war nicht nur im Umgang mit der rechtlich umstrittenen Ausspähung von Mobilfunkdaten durch die Polizei anlässlich einer Demonstration am 19. Februar 2011 in Dresden überfordert. Auch in der Diskussion um die rechtsextremistische Terrorgruppe Nationalsozialistischer Untergrund (NSU) und die Rolle des sächsischen Verfassungsschutzes schien Ulbig nur bedingt Herr der Lage zu sein. Obgleich es sich bei der FDP um keinen zahmen, und

69 Freiheit – Verantwortung – Solidarität. Gemeinsam für ein starkes und selbstbewusstes Sachsen. Koalitionsvertrag von CDU und FDP, Dresden 2009, S. 3, 11.
70 Vgl. Uwe Kuhr: Haushalten mit knappem Geld, in: Freie Presse vom 15. Dezember 2010.
71 Vgl. Sven Heitkamp: Kabinett ist anders, in: Zeit-Online vom 27. April 2011.

schon gar nicht um einen einfachen Koalitionspartner handelt,[72] profitiert die „Sächsische Union" einerseits von den politischen Schnittmengen mit den Liberalen, von der öffentlichen Kritik an deren Regierungstätigkeit sowie von der eigenen Dominanz im Landtag und in den Ministerien. Andererseits erweisen sich die offensichtlichen Schwächen der FDP, die damit verbundenen Profilierungsnöte und (frühen) politischen Fehler sowie die ausgeprägte öffentliche Unzufriedenheit mit der Arbeit der FDP in der Staatsregierung[73] zunehmend als ein Problem für die Christdemokraten, drohen sie doch, die an sich öffentlich gut angesehene Staatsregierung zu beschädigen.[74]

Wie ihre Bundespartei leidet die sächsische FDP an ihren überzogenen Wahlkampfversprechen. Als Tillich Ende 2009 wegen des kommenden Sparkurses die Berliner Koalition vor schnellen Steuersenkungen warnte,[75] mussten die Liberalen, die im Landtagswahlkampf noch „Steuern runter!" gefordert hatten, nicht zuletzt der fiskalischen Zwänge wegen „zurückrudern". Zastrows Vorstoß 2011, den Solidaritätszuschlag abzuschaffen, stieß beim Koalitionspartner auf Ablehnung. Ferner hielt die Verwaltungsreform 2011 an den Regierungspräsidien fest, deren Abschaffung die FDP im Wahlkampf noch vollmundig gefordert hatte. Das von ihr 2010 mit beschlossene, kurze Zeit später vom Verfassungsgerichtshof aus formalen Gründen für verfassungswidrig erklärte Versammlungsgesetz, widersprach teilweise freiheitlichen Grundsätzen. Auch in anderen Bereichen verpufften bald die liberalen Postulate. Bei der Personalpolitik mangelte es der regierungsunerfahrenen, personell eher schwachen Partei oft an der angekündigten Professionalität, mit Sonntagsöffnungszeiten für Videotheken oder der Wiedereinführung alter Kfz-Kennzeichen betreibt die FDP (durchaus erfolgreich) populäre Symbolpolitik.

6 „Sächsischer Weg"?

„Gegen Ende Juli gab es in Sachsen wieder einmal eine Regierungskrise, wobei zu beachten ist, dass die sächsische Regierung nur eine Stimme Mehrheit im Parlament hat, sich also in einer andauernden Krise befindet."[76] Im Unterschied zu den heute (medial) fast pausenlos beschworenen Regierungskrisen, verdeutlicht Bruno Sydows Zwischenbilanz der SPD-Minderheitsregierung von Wilhelm Buck (1920–1922) die hohe politi-

---

72 Beispielsweise kündigte Holger Zastrow vor der Bundespräsidentenwahl 2010 an, die sächsischen Liberalen würden in der Bundesversammlung den Kandidaten von SPD und Grünen, den parteilosen Joachim Gauck, unterstützen.

73 Vgl. tns emnid: Sachsen im Spiegel der Bevölkerung, Dresden 2012, S. 19.

74 Vgl. Hubert Kemper: In Sachsens CDU schwindet die Liebe zu den Liberalen, in: Freie Presse vom 5. April 2011; Sven Heitkamp: „Wir haben uns Illusionen gemacht, in: Die Zeit vom 7. Juli 2011.

75 Vgl. Peter Schilder: Tillich warnt Berlin vor Verschuldungskurs, in: Frankfurter Allgemeine Zeitung vom 12. November 2009.

76 Vgl. Bruno Sydow: Aus der politischen Küche Sachsens, in: Die Deutsche Nation 3 (1921), S. 644–646, hier S. 644.

sche Instabilität in der ersten sächsischen Demokratie. Zwischen Januar 1919 und März 1933 fanden in Sachsen sieben (mehrheitlich vorzeitige) Landtagswahlen statt, wurde der Freistaat von zwölf (verschieden gefärbten) Kabinetten unter sieben Ministerpräsidenten (davon fünf aus den Reihen der SPD) regiert. Demgegenüber zeichnet die Regierungen der zweiten sächsischen Demokratie ein hohes Maß an Stabilität aus. Von 1990 bis 2011 kam es in Sachsen zu fünf (termingerechten) Landtagswahlen, wurde das Land von sieben (recht homogenen) Mehrheitskabinetten unter drei Ministerpräsidenten (alle CDU) regiert. Keine Regierungsbildung misslang, und die Koalitionsbeendigungen[77] seit 1990 markieren Stabilität. Demnach kam es zu vier regulären Beendigungen der Legislaturperioden (1994, 1999, 2004, 2009), bewusst angestoßene Übergänge bei den Ministerpräsidenten waren der Wechsel von Biedenkopf auf Milbradt im Jahr 2002 sowie von Milbradt auf Tillich im Jahr 2008. Beide Wechsel folgten endogenen Zwängen. Insgesamt spricht all dies für eine im (ost-)deutschen Vergleich hohe Regierungsstabilität,[78] zumal in den ersten Jahren der Alleinregierung. Das heißt aber nicht, die Koalitionen seit 2004 verursachen eine höhere Instabilität. Kristallisationspunkt von Regierungskrisen war stets die CDU gewesen.

Unter formalen Gesichtspunkten sticht das sächsische Regierungssystem im Konzert der deutschen Länder nicht heraus,[79] zumal sich die Unterschiede bei der Entstehung, dem Bestand und der Beendigung der Landesregierungen in der Verfassungswirklichkeit kaum nachhaltig bemerkbar machen.[80] Gleich den anderen deutschen Ländern verfügt der Freistaat über ein parlamentarisches Regierungssystem, wie in der Mehrheit der Länder besteht eine Vereinbarkeit von Regierungsamt und Mandat, muss der Regierungschef nicht „aus der Mitte des Parlaments" (so in Nordrhein-Westfalen) kommen. Die Regelung des konstruktiven Misstrauensvotums ist herkömmlich, das Verfahren zur Wahl des Ministerpräsidenten wenig rigide. Anders als in Berlin, Bremen, Baden-Württemberg, Rheinland-Pfalz oder dem Saarland kann der Sächsische Landtag weder über die Besetzung noch über die Absetzung der Minister entscheiden. Dies stärkt (wie in allen ostdeutschen Ländern) den Regierungschef, in dessen Händen die Kabinettbildung liegt. Eine Vorherrschaft der verfassungsmäßig freilich starken Exekutive über die Legislative liegt in Sachsen nach der Verfassung nicht vor,[81] in der realen Ausgestaltung verhält sich dies freilich anders.

---

77 Es kann zwischen „technischen" und „vorsätzlichen" Kabinettbeendigungen unterschieden werden. Im ersten Fall entzieht sich das Ende dem Einfluss der Akteure, etwa durch „reguläre" Wahlen. Im zweiten Fall handelte es sich um von den Akteuren herbeigeführte Brüche.
78 Vergleichswerte finden sich etwa bei Werner Reutter (Anm. 16), S. 219.
79 Vgl. etwa Matthias Niedobitek: Die Landesregierungen in den Verfassungen der deutschen Länder, in: Arthur Benz u. a. (Hrsg.): Institutionenwandel in Regierung und Verwaltung, Berlin 2004, S. 355–370; Martina Flick: Parlamente und ihre Beziehungen zu den Regierungen, in: Markus Freitag/Adrian Vatter (Hrsg.): Die Demokratien der deutschen Bundesländer, Opladen 2008, S. 161–194, hier S. 182–187.
80 Vgl. Werner Reutter (Anm. 16), S. 203.
81 Vgl. Martina Flick (Anm. 79), S. 184 f.

„Sächsische Verhältnisse" im Parteiensystem bewirken „sächsische Verhältnisse" beim Regieren. Die CDU dominierte den Parteienwettbewerb und damit die Regierungen – anfangs absolut, danach relativ. Von 1990 bis 2004 stellte sie eine Alleinregierung, dies gelang außer der CSU (Bayern) über diesen Zeitraum keiner anderen Partei in einem Bundesland. Alleinregierungen waren auf Landesebene nach der deutschen Einheit zwar keine Seltenheit, nur bestanden sie über kürzere Etappen.[82] In der vierten Legislaturperiode (2004–2009) dominierte die CDU eine im Kontext einzigartige kleine „Große Koalition". Das asymmetrische Bündnis aus Christ- und Sozialdemokraten symbolisierte ebenso die besondere sächsische Situation. Mit der 2009 gebildeten schwarz-gelben Koalition ist eine gewisse Normalität eingetreten, verstanden als Angleichung an traditionelle Koalitionsmuster. Unveränderte Ausnahme ist die christdemokratische Hegemonie. Sachsen war bis 2004 ein stark mehrheitsdemokratisch regiertes und von geringer Machtteilung geprägtes Land,[83] in dem sich seither – trotz Koalitionsregierungen – konsensdemokratische Verfahrensweisen wegen der CDU-Dominanz kaum durchsetzen konnten. Jedenfalls blieb ein spürbarer Wandel in der Regierungspolitik nach 2004 aus. Auf den maßgeblichen landespolitischen Feldern behielt die CDU ihren Kurs weithin bei. Selbst bei einer formellen Koalition, die zum Teil sogar lagerübergreifend war (CDU-SPD), gab es so nahezu eine informelle „Einparteienregierung".

---

82 Vgl. Frank Decker: Regieren im „Parteienbundesstaat", Wiesbaden 2011, S. 301.
83 Vgl. Aline Schniewind: Regierungen, in: Markus Freitag/Adrian Vatter (Anm. 79), S. 111–160, hier S. 127 f., 132, 140 f.

Kapitel 6
Ministerpräsidenten

1 Ministerpräsidenten in Deutschland

Die Bundesrepublik ist – je nach Perspektive – eine Parteiendemokratie, eine parlamentarische Demokratie, eine Koalitionsdemokratie, eine Verhandlungsdemokratie, eine Justizdemokratie und auch eine Kanzlerdemokratie, aber so gut wie niemals ist von einer „Ministerpräsidentendemokratie"[1] die Rede. Der Hamburger Politikwissenschaftler Winfried Steffani hat 1983 den paradox anmutenden Begriff von der „Republik der Landesfürsten" gewählt, um deren Bedeutung hervorzuheben: „In allen Ländern stehen die Ministerpräsidenten – die republikanische Version der ‚Landesfürsten' – im Zentrum des Verbunds parteilicher, parlamentarischer, staatsleitender und bürokratischer Wirkungs- und Kompetenzebenen."[2] Auch wenn der Einfluss der Regierungschefs gewichtig ist, so verkennt die Charakterisierung als „Ministerpräsidentendemokratie" die durch die Kanzlerdemokratie gesetzten Schranken. Was der Bundeskanzler im Bund ist, sind die Ministerpräsidenten in den Ländern.[3] Sie bestimmen die Richtlinien der Politik. Allerdings gibt es gravierende Unterschiede. Der Ministerpräsident hat nur „das Sagen" im eigenen Bundesland. Im Gegensatz zum Bundeskanzler fällt ihm zugleich fak-

---

1   Zu den Ausnahmen zählt Timo Grunden: Politikberatung im Innenhof der Macht, Wiesbaden 2009, S. 79–83.
2   Winfried Steffani: Die Republik der Landesfürsten, in: Ders.: Gewaltenteilung und Parteien im Wandel, Opladen/Wiesbaden 1997, S. 56–88, hier S. 75.
3   Vgl. aus politikwissenschaftlicher Sicht Herbert Schneider: Ministerpräsidenten. Profil eines politischen Amtes im deutschen Föderalismus, Opladen 2001; aus juristischer Perspektive: Anne-Louise Schümer: Die Stellung des Ministerpräsidenten in den Bundesländern im Vergleich, Frankfurt a. M. 2006.

tisch die Funktion des Staatsoberhauptes im Bundesland zu, ist dieses Amt doch hier nicht gesondert vorgesehen.[4]

Gleichwohl besitzen die Ministerpräsidenten einen beträchtlichen Gestaltungsspielraum (nicht nur bei der Ministerpräsidentenkonferenz, sondern auch bei Abstimmungen im Bundesrat gegen die eigene Regierung im Bund)[5], und einige von ihnen verfügen über eine beträchtliche öffentliche Wirkung (etwa durch Wahrnehmung repräsentativer Funktionen). Dies erklärt u. a., dass der Weg zur Kanzlerschaft oft über das Amt des Ministerpräsidenten führte.[6] Das gilt für Kurt-Georg Kiesinger (baden-württembergischer Ministerpräsident von 1958 bis 1966) und für Gerhard Schröder (niedersächsischer Ministerpräsident von 1990 bis 1998). Beide wechselten als Ministerpräsident direkt in das Kanzleramt über. Bei Willy Brandt lagen zwischen der Zeit als Berliner Regierungschef (1957–1966) und der Kanzlerschaft drei Jahre, bei Helmut Kohl, dem rheinland-pfälzischen Ministerpräsidenten (1969–1976) dauerte es sechs Jahre. Eine Reihe weiterer Landesregierungschefs versuchte, in das Kanzleramt zu gelangen: Willy Brandt 1961 und 1965 (Berlin), Franz Josef Strauß 1980 (Bayern), Johannes Rau 1987 (Nordrhein-Westfalen), Oskar Lafontaine 1990 (Saarland), Rudolf Scharping 1994 (Rheinland-Pfalz), Edmund Stoiber 2002 (Bayern). Der politische Aufstieg von Angela Merkel bis an die Spitze der Bundesregierung ist heutzutage eine Ausnahme, vollzog er sich doch nicht über die Länder, schon gar nicht über das Amt des Ministerpräsidenten.[7]

Die Befugnisse der Regierungschefs sowie deren „staatsoberhauptliche" Funktionen ähneln sich in den Ländern. Ungeachtet einiger verfassungsrechtlicher Besonderheiten dürfte „in der politischen Wirklichkeit die Stellung des Ministerpräsidenten maßgeblich durch die Person des Amtsinhabers und dementsprechend durch seine Art der Amtsführung geprägt werden".[8] Allerdings sind die Grenzen durch das Verfassungsrecht eng gesteckt. Schließlich muss nach Art. 28 GG die verfassungsmäßige Ordnung in den Ländern den Grundsätzen des republikanischen, demokratischen und sozialen Rechtsstaates entsprechen.

Zwischen den Ländern ähnlich ist auch die Prozedur der Wahl bzw. Abwahl des Ministerpräsidenten. Zwar wählt das Parlament überall den Regierungschef, doch gibt es geringfügige Unterschiede[9] – zumal für den Fall, wenn der Kandidat für das Amt

---

4 In Bayern wurde in der verfassungsgebenden Landesversammlung über die Einführung eines vornehmlich mit repräsentativen Funktionen ausgestatteten Staatspräsidenten abgestimmt. Die Abstimmung konnte knapper nicht ausgehen: 85 Mitglieder votierten dagegen, 84 dafür. Vgl. Peter März: Ministerpräsidenten, in: Herbert Schneider/Hans-Georg Wehling (Hrsg.): Landespolitik in Deutschland. Grundlagen – Strukturen – Arbeitsfelder, Wiesbaden 2006, S. 148–184, hier S. 173.

5 Vgl. den Artikel: Merkel rüffelt Ministerpräsidenten, in: Der Spiegel, Nr. 39/2012, S. 15.

6 Vgl. Peter März: An der Spitze der Macht. Kanzlerschaften und Wettbewerber in Deutschland, München 2002, S. 252–270.

7 Dies galt ebenso für Konrad Adenauer, Ludwig Erhard und Helmut Schmidt.

8 So Anne-Louise Schümer (Anm. 3), S. 162.

9 Vgl. Richard Ley: Die Wahl des Ministerpräsidenten in den Bundesländern. Rechtslage und Staatspraxis, in: Zeitschrift für Parlamentsfragen 41 (2010), S. 390–420.

des Ministerpräsidenten im ersten Wahlgang die erforderliche Mehrheit verfehlt. In allen Ländern – weder in der saarländischen Verfassung noch in der Geschäftsordnung des Landtages gibt es dazu eine Regelung[10] – erfolgt die Wahl geheim,[11] in den meisten Ländern „ohne Aussprache" und mit absoluter Mehrheit (nicht in Bayern und Bremen). Wird die absolute Mehrheit der Mitglieder des Landtages im ersten Wahlgang verfehlt, so ist in einigen Ländern (Baden-Württemberg, Hamburg, Hessen, Rheinland-Pfalz, Saarland) weiterhin die absolute Mehrheit nötig – wohl deshalb, um eine Minderheitsregierung möglichst auszuschließen. Kommt diese absolute Mehrheit in nachfolgenden Wahlgängen nicht zustande, ist der Landtag aufgelöst. Andere Länder fordern noch für den zweiten Wahlgang die absolute Mehrheit (Berlin, Brandenburg, Schleswig-Holstein, Thüringen), nicht mehr für den dritten. In Nordrhein-Westfalen genügt bereits im zweiten Wahlgang die Mehrheit der abgegebenen Stimmen. Die Regelungen in Mecklenburg-Vorpommern, Niedersachsen und Sachsen-Anhalt, an eine mögliche Selbstauflösung des Landtages gekoppelt, sind besonders kompliziert.[12] In der Praxis ist die Wahl des Ministerpräsidenten durch die Stärkeverhältnisse im Parlament „Formsache". Bei knappen Mehrheiten sind jedoch Überraschungen möglich. So scheiterte 1976 der SPD-Kandidat Helmut Kasimier trotz einer parlamentarischen Mehrheit der SPD-FDP-Koalition in Niedersachsen, und nicht anders erging es der schleswig-holsteinischen SPD-Ministerpräsidentin Heide Simonis 2005, als ihr viermal eine Stimme fehlte, ehe sie aufgab.[13]

Die Abwahl des Ministerpräsidenten ist, dem parlamentarischen System gemäß, durch das Parlament möglich, allerdings nicht in Bayern.[14] Das konstruktive Misstrauensvotum stellt dabei das übliche Verfahren dar,[15] in einigen Ländern (Hessen, Rheinland-Pfalz, Saarland) muss der Ministerpräsident zurücktreten, wenn das Parlament ihm das Misstrauen ausspricht, ohne dass es dazu eines Gegenkandidaten bedarf (destruktives Misstrauensvotum). Der bekannteste Fall eines erfolgreichen konstruktiven Misstrauensvotums war die Wahl von Klaus Wowereit (SPD) im August 2001 mit den Stimmen der Grünen und der PDS (und damit die Ablösung des langjährigen Regieren-

---

10 Wahlen sind durch Handaufheben möglich. Widerspricht ein Abgeordneter, findet eine schriftliche Wahl statt. Davon macht die Opposition regelmäßig Gebrauch.

11 Dieser Sachverhalt, „eine deutsche Spezialität", ist nicht so selbstverständlich wie vielfach angenommen. Vgl. die berechtigte Kritik von Frank Decker, Demokratie in der Dunkelkammer, in: Ders: Wenn die Populisten kommen. Beiträge zum Zustand der Demokratie und des Parteiensystems, Wiesbaden 2013, S. 163–166, hier S. 164.

12 Vgl. Richard Ley (Anm. 9), insbes. S. 416–418.

13 Beide Vorgänge zogen eine andere Koalitionskonstellation nach sich.

14 Dort muss der Ministerpräsident erst dann zurücktreten, wenn ihm die politischen Verhältnisse eine vertrauensvolle Zusammenarbeit mit dem Landtag unmöglich machen.

15 In Nordrhein-Westfalen genügt bereits die Mehrheit der abgegeben Stimmen für die Wahl eines neuen Ministerpräsidenten.

den Bürgermeisters Eberhard Diepgen).[16] Weitaus häufiger ist der – mehr oder weniger – freiwillige Rücktritt des Ministerpräsidenten. Man denke an Kurt Filbinger, Lothar Späth, Erwin Teufel, Günther Oettinger, um nur bei Baden-Württemberg zu bleiben – oft etwa in der Mitte der Legislaturperiode, um dem Nachfolger für die nächste Wahl einen Amtsbonus zu sichern.

Die Ministerpräsidenten führen die Regierungsgeschäfte und besitzen die Richtlinienkompetenz (bis auf Bremen, wo nach der Verfassung das Kollegialprinzip zählt). Der Ministerpräsident hat in der Regel die Möglichkeit, seine Minister zu ernennen[17] und zu entlassen, ohne dass es dazu der Zustimmung einer weiteren Instanz bedarf.[18] Bei einer Koalitionsregierung folgt der Ministerpräsident dem Votum seines Koalitionspartners. Auch sonst muss der Regierungschef bei der Ernennung der Minister eine Reihe von Interessen austarieren. Was früher der Konfessionsproporz war, ist heute vielfach der Geschlechterproporz. Dazu kommen regionale und „politische" Quoten, damit die wichtigsten Strömungen im Kabinett vertreten sind.

Die „staatsoberhauptlichen" Funktionen betreffen u. a. das Recht zur Vertretung des Landes nach außen, die Ernennung und Entlassung der Richter und Beamten des Landes, das Begnadigungsrecht sowie die staatsnotarielle Funktion der Ausfertigung und Verkündung von Gesetzen.[19] In den meisten Verfassungen fallen diese Funktionen dem Ministerpräsidenten zu. Das gilt zumal für die Außenvertretung (in Bremen und Hamburg obliegt sie dem Senat) und das Begnadigungsrecht (nicht in den drei Stadtstaaten und nicht im Saarland). Hingegen hat nur in sieben Ländern der Ministerpräsident die Ernennungs- und Entlassungsbefugnis (in neun die Landesregierung), und die Ausfertigung und Verkündung der Gesetze erfolgt bloß in Bayern und Rheinland-Pfalz durch den Ministerpräsidenten, in den anderen Ländern u. a. durch die Landesregierung oder den Landtag.

Die Ministerpräsidenten, die eine Art „Erbhof" (Winfried Steffani) auf ihre Mitgliedschaft im Bundesrat haben, stellen dort zugleich den Präsidenten, dessen Amt von Jahr zu Jahr rotiert (vom 1. November an). Dieser nimmt die Amtsgeschäfte des Bundespräsidenten im Fall seiner Verhinderung oder seines Rücktritts wahr, so 2010, als der Bremer Jens Böhrnsen nach dem Rücktritt Horst Köhlers die Geschäfte des Bundespräsidenten oblagen, und so 2012, als die Aufgabe Horst Seehofer nach dem Rücktritt Christian Wulffs zufiel. Das Land, aus dem der jeweilige Bundesratspräsident kommt, richtet die Festveranstaltungen zum Tag der Deutschen Einheit am 3. Oktober aus (2013:

---

16   In Nordrhein-Westfalen wurde das konstruktive Misstrauensvotum zweimal erfolgreich praktiziert: 1956 löste Fritz Steinhoff (SPD) Karl Arnold (CDU) ab, 1966 Heinz Kühn (SPD) Franz Meyers (CDU). In beiden Fällen war die FDP das Zünglein an der Waage.

17   In Bremen erfolgen die Wahl und die Entlassung der Minister durch die Bürgerschaft.

18   Ein Zustimmungsvorbehalt des Parlaments besteht in Baden-Württemberg, Bayern, Hamburg, Hessen, Niedersachsen, Rheinland-Pfalz und im Saarland, eine Anzeigepflicht dem Parlament gegenüber in Mecklenburg-Vorpommern und in Nordrhein-Westfalen.

19   Vgl. Anne Louie Schümer (Anm. 3), S. 75–95.

Baden-Württemberg). Kai Uwe von Hassel (CDU) aus Schleswig-Holstein hatte als bisher einziger Ministerpräsident (1954–1963) später das Amt des Bundesrats- (1955–1956) und das des Bundestagspräsidenten (1969–1972) inne.

Die Regierungschefs in den Flächenstaaten heißen Ministerpräsidenten, in den Stadtstaaten weicht die Bezeichnung voneinander ab (Berlin: „Regierender Bürgermeister"; Bremen: „Bürgermeister"; Hamburg: „Erster Bürgermeister"). Bis auf drei Fälle – Reinhold Maier (FDP) in Baden-Württemberg von 1952 bis 1953 und zuvor in Württemberg-Baden von 1949 bis 1952; Heinrich Hellwege (Deutsche Partei) in Niedersachsen von 1955 bis 1959; Winfried Kretschmann (Bündnis 90/Die Grünen) in Baden-Württemberg seit 2011 – kamen die Regierungschefs ausschließlich aus den Reihen der Union und der SPD. Peter Altmeier (CDU) hat von 1947 bis 1969 in Rheinland-Pfalz regiert, Franz Josef Röder (CDU) von 1959 bis 1979 im Saarland, Wilhelm Kaisen (SPD) von 1945 bis 1965 in Bremen, Johannes Rau (SPD) in Nordrhein-Westfalen von 1978 bis 1998, Georg August Zinn (SPD) in Hessen von 1950 bis 1969, Kurt Beck (SPD) in Rheinland-Pfalz von 1994 bis 2013. „Rekordhalter" ist jedoch Bernhard Vogel (CDU). Er fungierte zwischen 1976 und 1988 als Regierungschef in Rheinland-Pfalz und von 1992 bis 2003 in Thüringen. Der dienstälteste Regierungschef in den Ländern ist Klaus Wowereit, der dem Berliner Senat seit 2001 vorsteht. Mit Christine Lieberknecht (CDU) in Thüringen (seit 2009), Hannelore Kraft (SPD) in Nordrhein-Westfalen (seit 2010), Annegret Kramp-Karrenbauer (CDU) im Saarland (seit 2011) und Malu Dreyer (SPD) in Rheinland-Pfalz (seit 2013) stehen gegenwärtig vier Frauen an der Spitze eines Bundeslandes. Die einzige Ministerpräsidentin zuvor war Heide Simonis (SPD) in Schleswig-Holstein (1993–2005).

Häufig stellen Parteien im Wahlkampf ihren „Landesvater" groß heraus, weil sie sich davon eine Art Personalplebiszit versprechen. Wird die regierende Partei abgewählt, so ist die politische Karriere des Ministerpräsidenten meistens zu Ende, jedoch nicht immer. Die SPD-Politiker Hans Eichel, Reinhard Klimmt, Sigmar Gabriel und Peer Steinbrück – jeweils abgewählte Ministerpräsidenten – avancierten zu Bundesministern. Aber es gibt auch den umgekehrten Fall: Obwohl die Regierungspartei trotz massiver Stimmenverluste weiterhin das Amt des Regierungschefs behalten konnte, musste der bisherige Amtsinhaber „gehen" (so 2008 Günter Beckstein in Bayern, so 2009 Dieter Althaus in Thüringen) – wegen des „Einbruchs" bei der Wählerschaft.

In der letzten Zeit wird die heikle Frage nach der Direktwahl des Ministerpräsidenten erörtert.[20] Wer für einen „Wechsel zum präsidentiellen Modell"[21] plädiert, begründet dies u. a. damit, dass die Länder ähnliche Aufgaben wie die Kommunen haben. Dort wählen die Bürger den Bürgermeister und den Gemeinderat. Wenn die Partei A den

---

20 Vgl. Jan L. Bachmann: Direktwahl der Ministerpräsidenten. Als Kern einer Reform der Landesverfassungen, Berlin 2006.

21 So Frank Decker: Zwischen Placebo und Erfolgsmodell. Direkte Demokratie auf der Landesebene, in: Zeitschrift für Parlamentsfragen 41 (2010), S. 564–579, hier S. 576. Siehe jüngst ders.: Direktwahl der Ministerpräsidenten: Begründung, Ausgestaltung und Umsetzbarkeit eines Wechsels der Regierungsform in den Ländern, in: Zeitschrift für Parlamentsfragen 44 (2013), S. 296–314.

Bürgermeister stellt und die Partei B im Gemeinderat die Mehrheit besitzt, so erfährt das konkordanzdemokratische Element eine Stärkung. Gleiches sollte für die Länder gelten. Kritiker verweisen u. a. auf die Gefahr von „Blockaden" sowie auf die Schwächung des Bundeskanzlers und der Parteiendemokratie durch die Direktwahl der „Landesfürsten".[22] Gegenwärtig ist die Diskussion – noch – akademisch, auch wenn eine Mehrheit der Bürger und eine starke Minderheit der Parlamentarier in den Ländern diesem Ansinnen etwas abgewinnen können.[23]

2 Ministerpräsident im sächsischen Institutionengefüge

Die sächsischen Ministerpräsidenten der Weimarer Republik[24] (Georg Gradnauer, Wilhelm Buck, Erich Zeigner, Alfred Fellisch, Max Heldt, Wilhelm Bünger, Walther Schieck) spielen im kollektiven Gedächtnis Sachsens kaum eine Rolle – schon deshalb nicht, weil ihre Regierungszeit kurz war. Am längsten bekleidete der Sozialdemokrat Max Heldt das Amt (1924–1929). Die beiden Ministerpräsidenten der NS-Zeit (Manfred von Killinger [1933–1935] und Martin Mutschmann [1935–1945]) und der Zeit nach 1945 (Rudolf Friedrichs [1945–1947] und Max Seydewitz [1947–1952]) symbolisierten jeweils die Diktatur. Am bekanntesten (und berüchtigtsten) dürfte der Nationalsozialist Mutschmann („König Mu") sein, der 1947 in der Sowjetunion hingerichtet wurde.[25]

Die Kompetenzen der heutigen Ministerpräsidenten ähneln denen der Ministerpräsidenten in der Weimarer Republik. Auch diese konnten gemäß der Verfassung die Richtlinien der Politik bestimmen. Im vierten Abschnitt der sächsischen Landesverfassung (Art. 59–69) ist von der Staatsregierung die Rede. Ihr gehören der Ministerpräsident und die Staatsminister an. In Art. 64 heißt es u. a., die Staatsregierung habe über Fragen von grundsätzlicher oder weittragender Bedeutung zu beschließen. Diese Formulierung stellt die in Art. 63 zuvor verankerte Richtlinienkompetenz nicht in Frage, verweist vielmehr auf die Bedeutung des Kollegialprinzips, wie Art. 63 das Ressortprinzip herausstreicht.

Der Ministerpräsident wird gemäß Art. 60 in geheimer Abstimmung vom Landtag mit der Mehrheit seiner Mitglieder gewählt. Dies geschah bis auf eine Ausnahme stets beim ersten Mal. Bei der Wahl von Georg Milbradt 2004 versagte ihm ein Teil (sechs

22 In diesem Sinne Everhard Holtmann: Direkt gewählte Ministerpräsidenten der Länder – eine kritische Folgenabschätzung der von Frank Decker in Heft 3/2010 der ZParl veröffentlichten Überlegungen, in: Zeitschrift für Parlamentsfragen 42 (2011), S. 194–205. Siehe dazu Frank Decker: Direktwahl der Ministerpräsidenten? Eine Entgegnung auf Everhard Holtmanns Replik in Heft 1/2011 der ZParl, in: Ebd., S. 886–890.

23 Vgl. Everhard Holtmann (Anm. 22), S. 205.

24 Vgl. Mike Schmeitzner/Andreas Wagner (Hrsg.): Von Macht und Ohnmacht. Sächsische Ministerpräsidenten im Zeitalter der Extreme 1919–1952, Beucha 2006.

25 Vgl. Mike Schmeitzner: Der Fall Mutschmann. Sachsens Gauleiter vor Stalins Tribunal, Beucha 2011.

Tabelle 1 Wahl der sächsischen Ministerpräsidenten

		Tag der Wahl	Stimmen/Mandate	Wahlgang
(1)	Kurt Biedenkopf	27. Oktober 1990	120/160	1.
(2)	Kurt Biedenkopf	6. Oktober 1994	74/120	1.
(3)	Kurt Biedenkopf	13. Oktober 1999	75/120	1.
(4)	Georg Milbradt	18. April 2002	72/120	1.
(5)	Georg Milbradt	10. November 2004	62/124	1.
			62/124	2.
(6)	Stanislaw Tillich	28. Mai 2008	66/124	1.
(7)	Stanislaw Tillich	29. September 2009	69/132	1.

Quelle: Zusammenstellung anhand der Parlamentsstatistiken.

Mitglieder) der Regierungskoalition die Gefolgschaft, sodass ihm eine Stimme am nötigen Quorum fehlte und ein zweiter Wahlgang nötig wurde.[26] Hingegen erreichte Kurt Biedenkopf bei seiner ersten Kandidatur eine 75-Prozent-Mehrheit (120 Stimmen) im Mammutparlament von 160 Mitgliedern. Allerdings konnte er bei seiner zweiten und dritten Wahl mit 74 und 75 Stimmen nicht ganz die Mandatszahl der eigenen Fraktion erreichen (77 und 76). Seine Nachfolger bekamen jeweils weniger Stimmen, als das eigene Regierungsbündnis zur Verfügung hatte (vgl. Tabelle 1): Georg Milbradt 2002 vier und 2004 sechs Stimmen, Stanislaw Tillich 2008 und 2009 je zwei Stimmen.[27] Bei dem zweiten oder einem weiteren Wahlgang genügt bereits die „Mehrheit der abgegebenen Stimmen" (Art. 60 Abs. 2 SV). Kommt innerhalb von vier Monaten nach dem Zusammentritt des neugewählten Landtages keine Wahl des Ministerpräsidenten zustande, so ist das Parlament aufgelöst – dies trat bisher nie ein.

Was die „staatsoberhauptlichen" Funktionen betrifft, so liegen sie nahezu allesamt beim Ministerpräsidenten: Vertretung des Landes nach außen (Art. 65), Ernennung und Entlassung der Richter und Beamten des Freistaates (Art. 66), Ausübung des Begnadigungsrechts (Art. 67). Eine kleine Einschränkung gilt für die staatsnotarielle Funktion: Gemäß Art. 76 fertigt zwar der Landtagspräsident die Gesetze aus, allerdings erst nach Gegenzeichnung des Ministerpräsidenten und des zuständigen Staatsministers. Die Gegenzeichnung des Ministerpräsidenten läuft auf eine „materielle Prüfungskompetenz"[28]

---

26 Dieses Ergebnis löste vor allem deswegen Irritationen aus, weil Uwe Leichsenring, der Kandidat der NPD, mit 14 Stimmen im ersten und zweiten Wahlgang zwei mehr erhielt als die eigene Fraktion Mandate besaß.

27 Vgl. Richard Ley (Anm. 9), S. 397; ergänzt durch den Verfasser.

28 So Anne-Louise Schümer (Anm. 3), S. 94.

hinaus, sodass auch hier diesem die Prärogative zufällt. Die Verkündung erfolgt ebenso durch ihn. Schließlich: Die Integrations- und Identifikationsfunktionen des Ministerpräsidenten sind, wiewohl informell, von beträchtlicher Relevanz für sein Renommee.[29]

Dem Ministerpräsidenten kann gemäß Art. 69 das Vertrauen nur durch die Wahl eines Nachfolgers mit der Mehrheit der Mitglieder des Landtages entzogen werden (konstruktives Misstrauensvotum). Diese Regelung ist deckungsgleich mit der entsprechenden im Grundgesetz. Allerdings steht dem Regierungschef die Möglichkeit, die Vertrauensfrage zu stellen, anders als im Bund, zu Recht nicht zu. „Dadurch wird auf Länderebene das unwürdige Schauspiel vermieden, sich als Regierungschef mit einer ‚unechten Mehrheit‘ das Vertrauen absprechen lassen zu müssen, um zu einer womöglich auch von der Opposition gewünschten Parlamentsauflösung zu kommen.“[30]

Der Ministerpräsident, der in Sachsen stets ein Abgeordnetenmandat innehat(te), jedoch nicht innehaben muss(te), nimmt eine dominante Stellung ein, ebenso in der politischen Willensbildung, zumal in einer Einparteienregierung wie von 1990 bis 2004.[31] Zudem prägt die jeweilige Persönlichkeit dieses Amt. Die Spitzenkandidaten der CDU traten bei Landtagswahlen jeweils als „Ministerpräsidentenkandidaten“ oder Amtsinhaber an, angesichts der Machtverhältnisse nicht jedoch die der Konkurrenz – mit den folgenden Ausnahmen: Bei der ersten Landtagswahl 1990 ging die SPD unter Anke Fuchs als Anwärterin für das Amt ins Rennen (ebenso, aber weit weniger überzeugend Karl-Heinz Kunckel 1994), und bei der letzten Wahl 2009 tat dies André Hahn von der Linken.

Ungeachtet des verfassungsrechtlich und politisch starken Ranges: Wenn in der Partei des Ministerpräsidenten Unmut aufkeimt und ausgesprochen wird, sei es wegen dessen Eigenmächtigkeiten, sei es wegen eines gravierenden Vertrauensentzugs bei der Bevölkerung, verliert der Ministerpräsident schnell seine Autorität inner- und außerhalb der eigenen Partei – zumal die Medien nicht mit bärbeißiger Schelte sparen.[32] Das musste Kurt Biedenkopf 2002 erfahren und sein Nachfolger Georg Milbradt 2008: Ein Rücktritt war jeweils unausweichlich, unabhängig von der sonstigen Stabilität der Regierung.

3 „Landesvater" Kurt Biedenkopf 1990–2002

Geboren am 28. Januar 1930 in Ludwigshafen als Sohn eines Chemnitzer Ingenieurs, wuchs Kurt Biedenkopf in Schkopau bei Merseburg auf.[33] Nach dem Zweiten Weltkrieg absolvierte er das Abitur in Hessen. Dem Jura- und Volkswirtschaftsstudium folgten die Promotion (1960) und die Habilitation (1963), jeweils in Rechtswissenschaft. Von 1964

---

29 Vgl. ausführlich Herbert Schneider (Anm. 3).
30 Sven Leunig: Die Regierungssysteme der deutschen Länder, 2. Aufl., Wiesbaden 2012, S. 246.
31 Vgl. das Kapitel „Regierungen und Regieren".
32 Vgl. das Kapitel „Medien und Medienpolitik".
33 Die Daten zu seinem Lebenslauf beruhen vorwiegend auf dem Internationalen Biographischen Munzinger Archiv.

bis 1970 lehrte Biedenkopf Handels-, Wirtschafts- und Arbeitsrecht an der Ruhr-Universität Bochum, wo er – auf dem Höhepunkt der Studentenunruhen – zwischen 1967 und 1969 als Rektor fungierte, der damals jüngste in der Bundesrepublik Deutschland. Das CDU-Mitglied (seit 1966) stand von 1968 bis 1970 einer Mitbestimmungskommission vor. Als Generalsekretär der CDU (1973–1977) trug er nicht nur erheblich zur Modernisierung der Partei bei, sondern strickte durch Eigenwilligkeiten auch an seiner politischen Karriere, keineswegs zum Wohlgefallen des CDU-Vorsitzenden Helmut Kohl, mit dem Biedenkopf in der Folge immer wieder aneinander geraten sollte.

Im Westen vor 1990 bisweilen hoffärtig wirkend, agierte der querköpfig-kantige Biedenkopf, der von 1980 bis 1988 dem nordrhein-westfälischen Landtag angehört hatte, bis 1983 als Vorsitzender der dortigen CDU-Fraktion, zuweilen unglücklich (1987 verlor er das Amt des nordrhein-westfälischen CDU-Landesvorsitzenden), professoral besserwisserisch. Der Bundestagsabgeordnete schien Ende der 1980er Jahre „schon fast in den Bereich des parlamentarischen Hinterbänklers abgedrängt, wo er seinen wissenschaftlich-publizistischen Ambitionen nachging".[34] Seine Kandidatur für das Amt des sächsischen Ministerpräsidenten (er war wegen der Absagen von Lothar Späth und Heiner Geißler „eigentlich dritte Wahl"[35]) erwies sich als Glücksfall für ihn wie für den Freistaat.[36] Die Kandidatur, die er unter der Voraussetzung akzeptierte, an personalpolitische Verabredungen anderer nicht gebunden zu sein, setzten die neuen Kräfte in der sächsischen CDU um Arnold Vaatz durch; sie verbaute Klaus Reichenbach, dem einstigen Vorsitzenden des CDU-Bezirksverbandes Karl-Marx-Stadt sowie, von März 1990 an, des sächsischen CDU-Landesverbandes, den Weg an die Spitze.

Der Landtag wählte Kurt Biedenkopf in seiner konstituierenden Sitzung am 27. Oktober 1990 mit 120 Stimmen zum Ministerpräsidenten, wobei nur 88 Abgeordnete aus den Reihen der CDU an der Abstimmung teilnahmen. Unter der Amtsführung von „König Kurt" mit seinem Dresdner „Hofstaat" blühte Sachsen durch zahlreiche Investitionen wirtschaftlich auf – ungeachtet der hohen Arbeitslosigkeit vor allen in den 1990er Jahren. Er band Westpolitiker wie Georg Milbradt und Kajo Schommer in sein Kabinett ebenso ein wie „alte" und „neue" Kräfte aus Sachsen. Dreimal erzielte die „Sächsische Union" unter ihm die absolute Mehrheit. Wie Harald Noeske treffend bemerkt hat: „Unter Kurt Biedenkopf lebte die Regierungsarbeit außerordentlich stark von qualifizierten Ressortministern."[37] Und Biedenkopfs Stärke seinerseits war es, diesen den ihnen gebührenden Freiraum zu geben. Selbst Georg Milbradt erklärte 2012: „Biedenkopf vertrat die großen Linien und Ziele in öffentlichen Reden und sicherte die Zustimmung der Bevölkerung. Ich konnte unter diesem Schirm die notwendigen Maßnahmen zusammen

---

34 Peter März (Anm. 6), S. 262.
35 Harald Noeske: Regieren in Sachsen, Dresden 2012, S. 43.
36 Kurt Biedenkopf hat in seinem „deutschen Tagebuch" die sich überschlagende Entwicklung 1989/1990 anschaulich eingefangen. Vgl. ders.: Ein deutsches Tagebuch 1989–1990, Berlin 2000.
37 Harald Noeske (Anm. 35), S. 214.

mit den Fachministern umsetzen. Ich war mit der Kombination Biedenkopf-Milbradt sehr zufrieden."[38]

Der leutselig auftretende „Landesvater" pflegte in einer Mischung aus staatsmännischer Professionalität und bürgernaher Inszenierung Überparteilichkeit, griff die politische Konkurrenz kaum an (allenfalls Peter Porsch von der PDS), ignorierte sie eher. Gerne sprach er von seiner Partei als der „Sächsischen Union". Er galt als „Anwalt Sachsens", weniger als ein „Mann der Partei". Den 1991 eher widerwillig übernommenen Parteivorsitz hatte er schon 1995 freiwillig abgegeben. Bereits in seiner ersten Regierungserklärung erwies er dem Sachsenland pathetisch seine Reverenz: „Sachsen ist ein schönes Land und ein reiches Land. Seine Landschaft gehört zu den schönsten in Europa. Seine Lebensqualität kann mit Fleiß und Intelligenz von den Belastungen durch die alten Industrien befreit werden."[39] Jedoch hatte selbst der Realist Biedenkopf die Leistungskraft Sachsens überschätzt, hieß es doch in seiner letzten Regierungserklärung 1999, Sachsen könne 2015 einen Status erreicht haben, den es ohne die Teilung besitzen würde: eine der dynamischsten Regionen Deutschlands zu sein.

Biedenkopfs Popularität reichte in den 1990er Jahren weit über die Wählerschaft der eigenen Partei hinaus. In der Endphase seiner Zeit als Ministerpräsident profilierte er sich mehr bundes- als landespolitisch, etwa beim „Aufbau Ost" und bei der Reform der sozialen Sicherungssysteme. Mitunter trat er – wie früher gegenüber dem Parteifreund Helmut Kohl – als Gegen- und Mitspieler von Bundeskanzler Gerhard Schröder in Erscheinung; und er wartete bisweilen mit unorthodoxen Positionen auf. So machte sich der Ministerpräsident eines neuen, aber „armen" Bundeslandes 1997 die Meinung alter, aber „reicher" Bundesländer zu eigen, der Länderfinanzausgleich sei grundlegend zu reformieren. Sachsen enthielt sich 1998 im Bundesrat nicht zuletzt wegen der Intervention Biedenkopfs als einziges Land bei der Abstimmung über die Einführung des Euro. Biedenkopf, ein „Seiteneinsteiger"[40], kein Mann der „Ochsentour", der sich der Partei verpflichtet fühlte, war als unabhängiger „Querdenker"[41] in seinem Element. Nach dem Rücktritt Wolfgang Schäubles im Jahre 2000 vom Amt des CDU-Vorsitzenden stand daher seine Kandidatur nicht ernsthaft zur Diskussion, ungeachtet öffentlicher Spekulationen.

Wie eine Reihe von Spitzenpolitikern hatte Biedenkopf es versäumt, einen Nachfolger aufzubauen. Dieser Umstand sollte ihm zum Nachteil gereichen. Die öffentliche

---

38 Wollen Sie die Aussöhnung? „Ja" – Alt-Ministerpräsident Georg Milbradt über den Bruch mit seinem Vorgänger Kurt Biedenkopf, die Gefahren des Euro – und den 10. Jahrestag der Flut, in: Die Zeit vom 9. August 2012.

39 Kurt Biedenkopf: Die erste Regierungserklärung, in: Ders.: Einheit und Erneuerung. Deutschland nach dem Umbruch in Europa, Stuttgart 1994, S. 142.

40 Vgl. Matthias Micus: Kurt Biedenkopf – General bei Kohl, König in Sachsen, in: Robert Lorenz/ Matthias Micus (Hrsg.): Seiteneinsteiger. Unkonventionelle Politiker-Karrieren in der Parteiendemokratie, Wiesbaden 2009, S. 81–114.

41 Peter Köpf: Der Querdenker Kurt Biedenkopf. Eine Biografie, Frankfurt a. M./New York 1999.

Aufforderung von Arnold Vaatz aus dem Jahre 2000, sich für einen Nachfolger auszu-
sprechen, ignorierte er. Als jedoch der starke Finanzminister Georg Milbradt im Januar 2001 Horst Metz als Gegenkandidat zu dem von Biedenkopf favorisierten Fritz
Hähle für das Amt des Fraktionsvorsitzenden ins Rennen schickte, gab Biedenkopf bekannt, nach der Bundestagswahl 2002 von seinem Amt zurückzutreten. Obwohl das für
Biedenkopf unangenehme Szenario (der Sturz seines Paladins Hähle) knapp abgewen-
det werden konnte, entließ der verärgerte Ministerpräsident den „hochbegabten Fachmann, aber miserablen Politiker"[42] Milbradt Ende Januar 2001. Biedenkopfs Ansehen
hatte mittlerweile durch eine Reihe – sei es tatsächlicher, sei es angeblicher – Skandale
gelitten. Die Vorwürfe zielten in die Richtung, Privates mit Dienstlichem vermengt zu
haben. Das abschätzig gemeinte Wort vom „System Biedenkopf"[43] machte die Runde.
Die „Abnutzungserscheinungen"[44] der Regierung ließen sich nicht verschleiern. Nachdem bekannt geworden war, dass das Ehepaar Biedenkopf bei IKEA um Rabatte ge-
feilscht hatte, kündigte der angeschlagene, in die Defensive gedrängte Ministerpräsident
im Januar 2002 für den 18. April 2002 seinen Rücktritt an. Ein geordneter Abgang sah
anders aus, zumal Biedenkopf Milbradt als seinen Nachfolger verhindern wollte – zumindest ab Januar 2001.

Mittlerweile ist im kollektiven Gedächtnis Sachsens die Erinnerung an die als glanz-
voll empfundene Zeit stärker als die an das für ihn bittere Ende. Nach seiner Amtszeit
ist Biedenkopf weiterhin aktiv, weniger politisch im engeren Sinne, mehr publizistisch
und wissenschaftlich. Stromlinienförmigkeit ist seine Sache nicht. Als ein eingefleisch-
tes „Parteitier" fungierte er nie. So durfte sein Votum für die Freigabe der Abstimmung
bei der Wahl des Bundespräsidenten in der Bundesversammlung ebensowenig überraschen wie die Kritik am „Atomausstieg" 2011. Leidenschaftlich plädiert er, der früh vor
den Folgen der demographischen Entwicklung und vor der Allmacht von „Vater Staat"
gewarnt hatte, für Eigenverantwortung, Nachhaltigkeit und das Subsidiaritätsprinzip.[45]

4 „Landesmanager" Georg Milbradt 2002–2008

Geboren am 23. Februar 1945 in Eslohe (im Hochsauerland-Kreis) als Sohn eines heimatvertriebenen Landwirts, den es 1945, aus der Nähe von Posen kommend, in den
Westen verschlagen hatte, absolvierte Georg Milbradt, gefördert von der Studienstif-

---

42 Diese nicht dementierte Äußerung Biedenkopfs gegenüber einem Journalisten stand am nächsten
Tag in der Zeitung. Vgl. Sven Siebert, Biedenkopf kanzelt Milbradt ab, in: Leipziger Volkszeitung vom
25. Januar 2001.
43 Michael Bartsch: Das System Biedenkopf. Der Hof-Staat Sachsen und seine braven Untertanen oder:
Wie in Sachsen die Demokratie auf den Hund kam, Berlin 2002.
44 So Harald Noeske (Anm. 35), S. 105.
45 Vgl. Kurt Biedenkopf: Die Ausbeutung der Enkel. Plädoyer für die Rückkehr zur Vernunft, Berlin 2006;
ders.: Wir haben die Wahl. Freiheit oder Vater Staat, Berlin 2011.

tung des deutschen Volkes, ein Volkswirtschaftsstudium.[46] Diesem folgten die Promotion (1973) und die Habilitation (1980). Das CDU-Mitglied (seit 1973) übernahm 1983 in Münster das Amt des Stadtkämmerers. Biedenkopf berief ihn 1990 in sein Kabinett als Finanzminister – ein Amt, das er über zehn Jahre wegen seiner Gestaltungskraft und seines konsequenten Sparkurses mit großem Erfolg wahrgenommen hatte.[47]

Nachdem Biedenkopf Milbradt im Januar 2001, wie beschrieben, abgehalftert hatte, weil er ihn der Illoyalität zieh – er glaubte, dieser hege Ambitionen auf sein Amt –, ging der gedemütigte Milbradt, von einem Teil der Partei unterstützt, in die Offensive: Er nahm den Kampf um das Amt des Parteivorsitzenden und damit indirekt um das Amt des Ministerpräsidenten auf. Im September 2001 setzte sich Milbradt auf einem Parteitag in Glauchau mit 57,7 Prozent gegen Steffen Flath durch, den von Biedenkopf favorisierten Umwelt- und Landwirtschaftsminister. Damit war faktisch auch das Rennen um die Nachfolge Biedenkopfs entschieden. Milbradt gewann die Nominierung auf dem CDU-Sonderparteitag Anfang 2002 mit 71 Prozent klar gegen einen Außenseiter, den Zwickauer Oberbürgermeister Dietmar Vettermann. Nach seiner Wahl im Landtag am 18. April 2002 baute er Biedenkopfs Kabinett personell nicht grundlegend um, nahm aber einige Umbesetzungen vor.

Ausgerechnet der in der Wolle gefärbte Antipopulist rückte zeitweilig aus taktischen Erwägungen von Hartz-IV im Wahlkampf 2004 ab und erwies sich somit keineswegs frei von populistischen Gedankengängen. Biedenkopf ließ es sich nicht nehmen, seinen Nachfolger in einem „Spiegel"-Interview indirekt Wankelmütigkeit vorzuwerfen: Es war die sächsische Staatsregierung, die 1998 auf einer gemeinsamen Sitzung mit dem Bundeskabinett darauf gedrungen hat, Arbeitslosen- und Sozialhilfe zusammenzulegen."[48] Das wollte der neue Ministerpräsident ebenso – jedoch lavierte er angesichts der verbreiteten Kritik an Hartz-IV.

Obwohl Milbradt sich während der (ersten) „Jahrhundertflut" im Sommer 2002 als tatkräftiger Ministerpräsident – „in gelben Gummistiefeln" – zu profilieren wusste und der Wiederaufbau dank vieler Spenden schnell vonstatten ging, erlebte die „Sächsische Union" im Herbst 2004 ihr „blaues Wunder" – sie verlor 15,8 Prozentpunkte und damit ihre absolute Mehrheit. Einen so großen „Einbruch" hatte die CDU zuvor in keinem Bundesland erlitten. Der spröde Münsteraner konnte im Gegensatz zum Vorgänger, der allerdings nichts dafür tat, ihn zu unterstützen, seinen Amtsbonus nicht auf die Partei übertragen. Offenkundig streichelte er die „Seele" der Sachsen zu wenig. Die daraufhin

---

46 Die Daten zu seinem Lebenslauf beruhen vorwiegend auf dem Internationalen Biographischen Munzinger Archiv.

47 Einen Einblick in sein konzeptionelles Denken bietet Georg Milbradt: Kraft der Visionen. Erinnerungen, Analysen, Perspektiven vorgestellt von Thomas Rietzschel, Leipzig 2003.

48 „Bei seiner Linie bleiben". Der frühere sächsische Ministerpräsident Kurt Biedenkopf über den Protest gegen Hartz IV und den Wackelkurs seines Nachfolgers Georg Milbradt, in: Der Spiegel, Nr. 35/2004, S. 31.

gebildete Koalition mit der SPD war ein Notbehelf. Anders als Biedenkopf übernahm Milbradt keinen früheren Bürgerrechtler mehr in sein Kabinett.

Wie Biedenkopf musste er schließlich vorzeitig demissionieren, nicht zuletzt wegen des katastrophalen Geschäftsgebarens der Sächsischen Landesbank, des Umgangs der Staatsregierung damit und mangelnder Autorität in den eigenen Reihen. 2007 wurde die Sächsische Landesbank, die riskante Geldgeschäfte getätigt hatte, an die Landesbank Baden-Württemberg mit schweren Verlusten verkauft.[49] Im April 2008 gab Milbradt den Verzicht auf das Amt des Ministerpräsidenten und des Parteivorsitzenden bekannt, im Mai trat er zurück. Immerhin verlief der Übergang zu Stanislaw Tillich reibungsloser als der von Biedenkopf zu Milbradt, zumal dieser seinen Nachfolger selber auf den Schild hob. Wie Biedenkopf blieb Milbradt bis zum Ende der Legislaturperiode Landtagsabgeordneter.

In der Erklärung zu seinem Rücktritt vom Amt des Ministerpräsidenten und des Parteivorsitzenden sprach Georg Milbradt von einem „geordneten und harmonischen Übergang". Das stimmte so keineswegs, eher der Nachsatz: „und um Verletzungen zu vermeiden – bei mir und bei anderen."[50] Selbstkritik fehlte, nicht nur an dieser Stelle. Der Rücktritt beendete einen längeren Leidensweg. Sachsen kam nicht aus den Negativschlagzeilen heraus, auch wenn diese bisweilen auf puren Gerüchten fußten (wie beim „Sachsen-Sumpf"). Das Krisenmanagement, das noch beim Verkauf der Sächsischen Landesbank funktioniert hatte, ließ zunehmend zu wünschen übrig.

Milbradt kam in seiner nüchternen, nicht eben auf Repräsentation angelegten Art den Ritualen einer Mediengesellschaft kaum nach. Kantig, nahezu ruppig reagierte er auf manche Avancen. „Die Aura eines Staatmannes ging ihm ab."[51] Er hat später selbst eingeräumt: „Mir lag an den Insignien der Macht nicht sehr viel. Möglicherweise habe ich mir daraus auch zu wenig gemacht."[52] Mehr sein als scheinen – das war sein Bestreben. Dem überaus fleißigen, detailversessenen Ministerpräsidenten, der sich mit Energie und hoher Kompetenz in die Akten vertiefte, ging es um die Sache. Populismus überließ er meistens anderen, Stromlinienförmigkeit passte nicht zu ihm. So nahm er wegen des Baus der Waldschlösschenbrücke den Verlust des UNESCO-Welterbetitels „Dresdner Elbtal" nonchalant hin.

Die Kehrseite war sein Argwohn. Dabei hatte er eine ihm nahezu bis zur Selbstverleugnung loyale Ministerriege. Er traute offenkundig kaum einem seiner Minister, und er wusste als ehemaliger Finanzminister (fast) alles – besser. Insofern nahm ihm die Öf-

---

49 Bis Juni 2013 musste Sachsen zudem eine Milliarde Euro an die baden-württembergische Landesbank entrichten. Vgl. Tino Moritz/Uwe Kuhr: Landesbank-Desaster: Schaden überschreitet Milliarden-Grenze, in: Freie Presse vom 2. Juli 2013. Insgesamt ist Sachsen zur Zahlung einer Summe von bis zu 2,75 Milliarden Euro verpflichtet.

50 Erklärung von Georg Milbradt (Amtsübergabe), unter: http://cdu-erzgebirge.de/2008-04/erklaerung-von-georg-milbradt-amtsuebergabe/ (Stand: 12. Mai 2013).

51 Harald Noeske (Anm. 35), S. 120.

52 So das Interview mit Georg Milbradt (Anm. 38).

fentlichkeit nicht recht ab, dass er von den dubiosen Geschäften der Sächsischen Landesbank keine Kenntnis gehabt haben will. Seinen ungeschickten und unschicklichen privaten Geldgeschäften, wiewohl legal, haftete ein „Geschmäckle" an.

Beratungsresistenz hatte er mit seinem Vorgänger gemein. Beide vernachlässigten die Partei, deren Aktivitäten immer weniger in den vorpolitischen Raum ausstrahlten. Insofern wiederholte sich die Geschichte des Machtverfalls. Im Gegensatz zu Biedenkopf hatte es Milbradt, eine Art „Landesmanager", nicht verstanden, die Herzen der für Lob besonders empfänglichen Sachsen zu berühren. Ihm fehlte weithin das für einen Ministerpräsidenten so wichtige Integrations- und Identifikationsmoment. Fühlte er sich fremd im eigenen Land, fühlten sich die Sachsen ihm gegenüber fremd? Der desaströse Stimmenrückgang bei der Wahl 2004, wahrlich nicht nur Milbradts Schuld, wurde von ihm niemals kritisch analysiert, hingegen die Rolle der als satt empfundenen Partei. Hatte Biedenkopf im Land der friedlichen Revolution die betont „bürgerlich" eingestellten Bürgerrechtler hofiert, so fand der Nachfolger wenig Zugang zu ihnen. Milbradts Tragik lag darin, dass er ausgerechnet auf seinem ureigensten Feld – den Finanzen – derartige Schwächen erkennen ließ. Wie eine Telefonkarte irgendwann „aufgebraucht" ist, so war es mit dem Vertrauen in die Führungskraft des zuweilen unwirsch agierenden Ministerpräsidenten. Als untragbar für die Landes- und auch Bundes-CDU empfunden, musste er das „Handtuch werfen".

Der Finanzminister Georg Milbradt, durch den Bund der Steuerzahler mit dem „Eisernen Steuergroschen" ausgezeichnet, wird in besserer Erinnerung bleiben als der Ministerpräsident Milbradt. Durch die solide Finanzpolitik (z. B. Konsolidierungspolitik, „Verschlankung" des öffentlichen Dienstes) konnte Sachsen einen erheblichen Spielraum für Investitionen gewinnen. Der sächsische Freistaat rangiert bei der Pro-Kopf-Verschuldung hinter dem bayerischen Freistaat an zweiter Stelle. Das war Milbradts großes, selbst von seinen Gegnern anerkanntes Verdienst. Erst in Jahrzehnten dürfte dieser Umstand voll in das Bewusstsein der Öffentlichkeit treten. Milbradt, seit 2009 in Dresden Volkswirtschaft lehrend, ist nach seinem Abgang mehrfach als Schlichter in Tarifstreitigkeiten aufgetreten. Zu einer persönlichen Aussprache scheint es mit Biedenkopf selbst zehn Jahre nach dessen Rücktritt nicht gekommen zu sein,[53] obwohl die beiden sich nicht nur in ihrer Kritik am Euro einig wissen,[54] sondern auch in ihrem moderaten Lob für Stanislaw Tillich.

---

53 Vgl. ebd.
54 Vgl. Georg Milbradt: „Pakt für den Euro": Kann mit den im März beschlossenen Maßnahmenpaket die Europäische Union die Euro-Schuldenkrise überwinden; ders.: Die EZB auf der schiefen Bahn, jeweils in: ifo Schnelldienst 64 (2011), Nr. 9, S. 3–10, Nr. 16, S. 39–45.

5 „Landessohn" Stanislaw Tillich seit 2008

Geboren am 10. April 1959 in Neudörfel (Kreis Kamenz) als Sohn eines SED-Funktio-
närs im Dachverband der sorbischen Minderheit, der Domowina, schloss der Sorbe
Stanislaw Tillich 1984 ein Studium der Ingenieurwissenschaften an der Technischen
Universität Dresden ab.[55] Seine erste berufliche Station war eine Stelle als Konstruk-
teur in einem Elektronikbetrieb. Mitglied in der CDU-Blockpartei von 1987 an, wirkte
er im selben Jahr als Angestellter beim Rat des Kreises Kamenz und nach der Wahl auf
der Einheitsliste ab Mai 1989 als Stellvertreter des Vorsitzenden im dortigen Rat, verantwortlich für Handel und Versorgung. „Nebenbei" folgte ein Aufbaustudium an der
Handelshochschule Leipzig. Tillich, inzwischen mittelständischer Unternehmer geworden, gelangte 1990 für die CDU in die erste freigewählte Volkskammer.

Fungierte der polyglotte Politiker bis 1994 zunächst als einer von 18 Beobachtern
aus den neuen Ländern im Europäischen Parlament, gehörte er ihm von 1994 bis 1999
als Abgeordneter an. Danach begann die Zeit, Erfahrungen in verschiedenen Ressorts
zu sammeln. Berief ihn Kurt Biedenkopf 1999 zum Staatsminister für Bundes- und
Europaangelegenheiten, so wurde er unter Georg Milbradt im ersten Kabinett Chef der
Staatskanzlei (2002–2004), im zweiten zunächst Staatsminister für Umwelt und Landwirtschaft (2004–2007), danach Staatsminister der Finanzen (2007–2008), ehe ihn der
Ministerpräsident im kleinen Kreis sächsischer CDU-Granden zu seinem Nachfolger
auserkor, auch in seiner Eigenschaft als Parteivorsitzender, ohne dass Tillich sich nach
vorne gedrängt hatte. Damit gelangte erstmals ein sächsisches Eigengewächs auf den
Stuhl des Ministerpräsidenten, wie von vielen Sachsen gewünscht, weniger aus Aver-
sion gegen „den Westen", mehr von hiesigem Selbstbewusstsein getragen – und wie es
fast überall Normalität ist.

Obwohl bis zur Landtagswahl nur 16 Monate blieben, wusste sich Tillich gut in Szene
zu setzen – er überwarf sich nicht mit dem sozialdemokratischen Koalitionspartner, im
Gegenteil: Die Atmosphäre in der Regierung verbesserte sich. Die Gabe, auf Menschen
zuzugehen, Gelassenheit an den Tag zu legen und Optimismus auszustrahlen, ist ihm
eigen. Der smarte Sorbe, der sich gegenüber seinen Vorgängern in ihrer Krise loyal verhalten hatte, sorgte nach den Streitigkeiten innerhalb der CDU – das gilt für die Spätphase von Biedenkopf wie für die von Milbradt – für Ruhe. Nach Bekanntwerden seiner vielfältigen Aktivitäten in der Ost-CDU, die Kritik auslösten,[56] regierte er in eigener
Sache freilich wenig souverän, hinhaltend und ausweichend. Allerdings verpufften die
Attacken, etwa von dem aus dem Westen stammenden SPD-Abgeordneten Karl Nolle[57],

---

55 Die Daten zu seinem Lebenslauf beruhen vorwiegend auf dem Internationalen Biographischen Munzinger Archiv.
56 Vgl. prononciert bei Uwe Müller/Grit Hartmann: Vorwärts und vergessen! Kader, Spitzel und Komplizen: Das gefährliche Erbe der SED-Diktatur, Berlin 2000, S. 116–123.
57 Vgl. die Polemik von Karl Nolle: Sonate für Blockflöten und Schalmeien. Zum Umgang mit der Kollaboration heutiger CDU-Funktionäre im SED-Regime, Dresden 2009.

der durch seinen Skandalisierungsdrang einen gewissen Anteil am Abgang der beiden ersten Ministerpräsidenten gehabt hatte. Tillichs Verhalten in der DDR war ebenso kein Ruhmesblatt wie sein Umgang damit – so die anfängliche Nichtherausgabe von ausgefüllten Personalfragebögen an die Presse.[58] Gleichwohl konnten sich viele Bürger aus eigener Erfahrung mehr mit ihm als mit den als selbstgerecht empfundenen Kritikern identifizieren. Schon gar nicht überzeugte die Schelte von André Hahn, des einstigen SED-Mannes und des Spitzenkandidaten der Linken 2009, Tillich sei ein Nomenklatur-Kader gewesen.

Obwohl „der Sachse", so der Hauptslogan der CDU vor der Landtagswahl 2009, sich auf keine bestimmte Koalitionspräferenz festgelegt hatte, ließ er seinen Wunsch nach einem „bürgerlichen" Bündnis durchblicken. Die Union konnte sich unter ihm mit 40,2 Prozent behaupten und setzte ihr (Koalitions-)Vorhaben um. Wenn die Liberalen sich in der Koalition nur ungenügend zu profilieren verstehen, so liegt das nicht am Ministerpräsidenten, der sichtlich um ein gutes Klima in der Regierung bemüht ist. Wie Biedenkopf wird Tillich nicht müde, die sächsische Identität hervorzuheben, zuweilen in einer übertriebenen Weise, so in einer Regierungserklärung zur Mitte der fünften Legislaturperiode. Sie fängt mit den folgenden Wort an: „Im Ausland werde ich oft gefragt: ‚Alle ostdeutschen Länder hatten 1990 die gleichen Startchancen. Was habt ihr in Sachsen besser gemacht?' Meine Antwort ist: Wir Sachsen packen an. Wir wollen erfolgreich sein. Und die Sachsen haben Erfolg." Sie endet mit den Imperativen: „Für unsere Heimat. Für ein Sachsen mit Wohlstand für alle."[59] Durch Berufung parteiloser Minister wie Georg Unland, der erst später in die CDU eintrat, Sabine Freifrau von Schorlemer und Brunhild Kurth will Tillich auf der einen Seite im Land nicht als „Parteitier" erscheinen. Dass nach der Bildung der Tillich-Regierung 2009 kein Minister mehr aus dem Milbradt-Kabinett von 2004 im Amt ist, zeigt auf der anderen Seite das oft unterschätzte Machtbewusstsein des Ministerpräsidenten.

Der „Landessohn" ist allerdings auch „Landesvater" und „Landesmanager". „Landesvater" deshalb, weil er als galanter Sachse charmant die Identität des Landes verkörpert und sich aus manchen politischen Konflikten bewusst heraushält; „Landesmanager" deshalb, weil ihm, dem Ingenieur, technokratisches Denken keineswegs fremd ist. Gleichwohl wandelt der praktizierende Katholik weder auf den Spuren Biedenkopfs noch Milbradts. Das ist nicht nur eine Schwäche, was die inhaltlichen Positionen betrifft, sondern auch eine Stärke, versucht er doch, Eigenständigkeit zu demonstrieren, etwa mit beträchtlicher Bereitschaft zu Kommunikation.[60] „Hier glänzte er und hob sich damit von seinen beiden Vorgängern ab. Stanislaw Tillich verstand es, sowohl durch

58 Vgl. Peter Schilder: Tillich veröffentlicht umstrittenen Fragebogen, in: Frankfurter Allgemeine Zeitung vom 7. Juli 2009.

59 Stanislaw Tillich: Moderne Heimat – Sachsen hat Zukunft, hrsg. von der Sächsischen Staatskanzlei, Dresden 2012, S. 3, 26.

60 Allerdings gelang es ihm nicht, den Rücktritt seines Kultusministers Roland Wöller, der gegen die Kürzungen in seinem Ressort aufbegehrt hatte, im März 2012 zu verhindern.

seine intensiven Kontakte mit wissenschaftlichen und gesellschaftlichen Gruppierungen und dem Bürger seine Rolle als Mittler in der Landespolitik voll auszuspielen. Keine neue Brotbackmaschine und keine Forschungsabteilung in mittelständischen Betrieben wurde ohne einen Handschlag des Ministerpräsidenten in Betrieb genommen. Er zeigte eine bemerkenswerte Präsenz im Lande."[61] Die Kehrseite: eine Tendenz zum „wachsenden Einfluss der persönlichen Entourage."[62] Im Vergleich zu den anderen mitteldeutschen CDU-Granden Christine Lieberknecht und Reiner Haseloff ist er auf der bundespolitischen Bühne ein Aktivposten, wiewohl mit deutlich weniger Gewicht als seine Vorgänger.

6 „Sächsischer Weg"?

Was die verfassungsrechtlichen Kompetenzen des Ministerpräsidenten betrifft, orientiert sich Sachsen mehr als manche anderen Bundesländer an den Bestimmungen des Grundgesetzes, meidet größere landesspezifische Abweichungen. Das gilt für die Wahl des Ministerpräsidenten (allerdings genügt im Gegensatz zur Wahl des Kanzlers im zweiten Wahlgang bereits die Mehrheit der abgegebenen Stimmen), ebenso für die Ernennung der Minister durch den Ministerpräsidenten: Das Parlament muss nicht zustimmen. Das konstruktive Misstrauensvotum ist nach den Bestimmungen des Grundgesetzes geregelt. Die Richtlinienkompetenz liegt wie in den anderen Ländern beim Ministerpräsidenten, mit der kleinen Einschränkung, dass es in Art. 64 der Verfassung heißt, „über Fragen von grundsätzlicher oder weittragender Bedeutung" bestimme die Staatsregierung. Die Regelungen über die Befugnisse des Ministerpräsidenten als Staatsoberhaupt sind ausgeprägt. Sachsen gehört zur Minderheit der Länder, in denen der Ministerpräsident das Recht zur Ernennung und Entlassung der Richter wie der Beamten hat und zur Mehrheit der Länder, in denen ihm das Begnadigungsrecht zusteht. Diese feinen Unterschiede liefern keine Argumente für einen „sächsischen Weg".

Anders als in den vier neuen Ländern Brandenburg, Mecklenburg-Vorpommern, Sachsen-Anhalt und Thüringen nahm in Sachsen 1990 kein „Einheimischer" das Amt des Ministerpräsidenten ein, sondern ein Mann aus dem Westen: Das Paradoxe besteht nur darin, dass Kurt Biedenkopf die sächsische Identität förderte, wie das kein Einheimischer besser gekonnt hätte. Und als Georg Milbradt im Frühjahr 2008 zurücktrat, kamen in den anderen Ost-Ländern die Ministerpräsidenten ausschließlich aus der „Heimat": Matthias Platzeck in Brandenburg, Harald Ringstorff in Mecklenburg-Vorpommern[63], Wolfgang Böhmer in Sachsen-Anhalt und Dieter Althaus in Thüringen (vgl. Tabelle 2).

---

61 Harald Noeske (Anm. 35), S. 170.
62 Ebd., S. 201.
63 Allerdings trat im Oktober 2008 der aus Nordrhein-Westfalen stammende Erwin Sellering die Nachfolge von Harald Ringstorff an.

In den neuen Ländern nehmen Brandenburg und Sachsen in gewisser Weise eine Sonderstellung ein. Das gilt für die politische und die personelle Kontinuität gleichermaßen: Brandenburg ist strukturell ein „rotes Land", in dem die CDU kaum über die 20 Prozent hinauskommt, Sachsen ein „schwarzes Land", in dem die SPD seit den letzten drei Landtagswahlen bei zehn Prozent liegt. Daran haben die ersten Ministerpräsidenten (Manfred Stolpe und Kurt Biedenkopf) ihren Anteil. Biedenkopfs landes- und bundespolitische Rolle erinnert gleichsam an die Amtsinhaber in Bayern von der CSU (u. a. Franz Josef Strauß oder Edmund Stoiber). Die sensationellen Wahlergebnisse für die CDU 1990, 1994 und 1999, die es in anderen Ländern nicht annähernd gab, gingen stark auf „König Kurt" zurück, der es im Gegensatz zu Manfred Stolpe nicht verstanden hatte, einen „Ziehsohn" aufzubauen. Seit 1990 hat Sachsen wie Brandenburg lediglich drei Regierungschefs erlebt.[64] Das ist nicht nur ein Beleg für politische Stabilität, sondern auch für gesellschaftliche Zufriedenheit. Und Stanislaw Tillich will 2014 wieder für sein hohes Amt kandidieren – mit sehr guten Aussichten.

Ein Spezifikum von Sachsen war die so herausragende wie eigenwillige Rolle von Ingrid Biedenkopf als „Landesmutter", eine „Institution von bisweilen bemerkenswerter Interventionslust im Lande"[65]. Das traf auf die Frauen der Nachfolger ebenso nicht zu wie für die meisten Frauen der Ministerpräsidenten in den anderen Ländern. In Nordrhein-Westfalen, in Rheinland-Pfalz, in Thüringen und im Saarland ist die „Landesmutter" ohnehin der öffentlich wenig in Erscheinung tretende „Landesvater".

---

64 Jedoch stehen die nicht ganz freiwilligen Rücktritte der Ministerpräsidenten 2002 und 2008 in einem gewissen Gegensatz zur Regierungsstabilität.

65 Alexander Wendt: Kurt Biedenkopf. Ein politisches Porträt, Berlin 1994, S. 179. Siehe auch Albin Nees (Hrsg.): Die Landesmutter: Ehrenamt mit Ehrentitel. Festschrift für Ingrid Biedenkopf zum 70. Geburtstag, Hammerbrücke 2001.

Tabelle 2   Ministerpräsidenten in den ostdeutschen Bundesländern seit 1990

Brandenburg	Manfred Stolpe – SPD (1990–2002)
	Matthias Platzeck – SPD (2002–2013)
	Dietmar Woidke – SPD (seit 2013)
Mecklenburg-Vorpommern	Alfred Gomolka – CDU (1990–1992)
	Berndt Seite – CDU (1992–1998)
	Harald Ringstorff – SPD (1998–2008)
	Erwin Sellering – SPD (seit 2008)
Sachsen	Kurt Biedenkopf – CDU (1990–2002)
	Georg Milbradt – CDU (2002–2008)
	Stanislaw Tillich – CDU (seit 2008)
Sachsen-Anhalt	Gerd Gies – CDU (1990–1991)
	Werner Münch – CDU (1991–1993)
	Christoph Bergner – CDU (1993–1994)
	Reinhard Höppner – SPD (1994–2002)
	Wolfgang Böhmer – CDU (2002–2011)
	Reiner Haseloff – CDU (seit 2011)
Thüringen	Josef Duchač – CDU (1990–1992)
	Bernhard Vogel – CDU (1992–2003)
	Dieter Althaus – CDU (2003–2009)
	Christine Lieberknecht – CDU (seit 2009)

Quelle: Zusammenstellung durch den Verfasser.

Kapitel 7
Wahlen und Wahlverhalten

1 Wahlen und Wahlverhalten in Deutschland

Der Kern einer repräsentativ-demokratischen Staatsordnung liegt im freien Bestellen und Abberufen eines Parlaments und/oder eines Präsidenten sowie, direkt oder indirekt, einer Regierung durch Volkswahl. Jedoch ist die politische Teilhabe in parlamentarischen Demokratien kanalisiert, die Volkssouveränität eine wichtige, wiewohl nicht die einzige Legitimationsquelle politischen Handelns. Dennoch ist die Wahl das „Schlüsselelement" (Thomas Ellwein) politischer Partizipation – sowohl in der „Breite der Beteiligung als auch der Bedeutung der Richtungsentscheidung".[1] Ungeachtet der auf Landesebene und in den Kommunen beachtlichen plebiszitären Optionen sowie der seit der „partizipatorischen Revolution" (Max Kaase) in den 1970er Jahren gestiegenen Relevanz unkonventioneller Beteiligungsformen bildet sie das gebräuchlichste Format politischer Partizipation.

Demokratische Wahlen sind fast 65 Jahre nach Gründung der Bundesrepublik Deutschland weder in räumlicher noch in zeitlicher Hinsicht alltäglich. Räumlich befindet sich die deutsche Demokratie in einer globalen Minderheitenposition. Zeitlich meint, dass die teildeutsche Erfahrung mit unfreien Wahlen noch nah ist, entbehrten doch alle Wahlen in der DDR – jene des Jahres 1990 ausgenommen – demokratischen Grundsätzen. Mit Blick auf die „alte" und auf die „erweiterte" Bundesrepublik verbinden Wahlen indes funktionale Kontinuität mit strukturellem und prozessualem Wandel. Ist die (1) Wahl als demokratisches Instrument gefestigt und das (2) Wahlsystem als strukturprägender Mechanismus etabliert (bei Modifikationen), verändert das (3) Wählerverhalten seit Jahren seinen Charakter.

---

[1] Uwe Andersen: Die Wahl als Teilhabe: Wahlrecht und Kandidatenaufstellung, in: Ulrich von Alemann (Hrsg.): Parteien und Wahlen in Nordrhein-Westfalen, Köln u. a. 1985, S. 175–188, hier S. 175.

(1) Damit eine Wahl als partizipatives „Schlüsselelement" wirksam werden kann, muss sie demokratisch, d. h. frei, gleich, geheim, unmittelbar und allgemein sein. In erster Linie soll sie den Wählern eine Machtentscheidung ermöglichen. Darin liegt der Unterschied zu Wahlen in autokratischen Staaten. So dienten die DDR-Volkskammerwahlen einzig der Akklamation der (ideologisch legitimierten) SED-Herrschaft. Mit heterogenen Regierungen im Bund und vielen Regierungswechseln in den Ländern sind Parlamentswahlen in der Bundesrepublik (17 Bundestags- und über 200 Landtagswahlen) indes wirksame Elemente der Machtzuweisung oder des -entzugs. So existierten, wie Aline Schniewind ermittelt hat, in den bundesdeutschen Ländern zwischen 1947 und 2006 271 Regierungen, wovon knapp zwei Drittel unmittelbar im Anschluss an Wahlen gebildet wurden.[2] Die Situation, dass ein Parlament nach einer Wahl keine handlungsfähige Regierung hervorbringt und die Wahl als Machtzuteilungsmechanismus Schaden nimmt, blieb auf Bundesebene bislang aus und auf Landesebene eine Ausnahme.

(2) Wahlsysteme prägen das Parteiensystem, die Regierungsbildung und nicht zuletzt das Wahlverhalten. Die personalisierte Verhältniswahl bei Bundestagswahlen steht für eine gute Repräsentation diverser politischer Interessen, ebenso für die Bildung regierungsfähiger Mehrheiten und ist nicht zuletzt deshalb Symbol von Stabilität.[3] Die Stimmen-Mandate-Verhältnisse waren meist ausgewogen, künstliche, d. h. rein durch die Verzerrungswirkung des Wahlsystems erzeugte absolute Mehrheiten gab es nicht.[4] Frühe Befürchtungen, die Verhältniswahl bewirke eine Parteienzersplitterung, erwiesen sich als unbegründet. Politische Instabilitäten waren primär dem Parteiensystem und der Wählervolatilität geschuldet, die bundesweite Fünfprozenthürde wirkte hier mäßigend. Bei Bundestagswahlen ohne nationale Sperrklausel (1949, 1990) lag die parlamentarische Fragmentierung stets höher. Indes wirkte die Grundmandatsklausel „zersplitternd" (1953, 1957, 1994), die Überhangregelung dagegen integrierend.[5]

(3) Ungeachtet wahlsystemischer Einflüsse auf die Entwicklung des Parteiensystems formte und formt das Wahlverhalten maßgeblich die Parteienlandschaft. Wie Studien zeigen, sind in Deutschland die sozialstrukturellen Verhaltenskomponenten (speziell bei den Großparteien) rückläufig, zweckrationale und affektive Beweggründe nehmen indes zu. Die klassischen mikrosoziologischen Annahmen, Wahlverhalten variiere nach sozialem Status, Alter oder Geschlecht und die sozialen Bindungen eines Individuums entfalten wahlentscheidende Wirkung, sind von sinkender Erklärungs-, aber konstant hoher Anschauungskraft. Ebenso schwindet die Relevanz makrosoziologischer Modelle.

---

2   Vgl. Aline Schniewind: Regierungen, in: Markus Freitag/Adrian Vatter (Hrsg.): Die Demokratien der deutschen Bundesländer, Opladen 2008, S. 111–160, hier S. 124.

3   Vgl. Dieter Nohlen: Wahlsysteme im Vergleich, in: Eckhard Jesse/Konrad Löw (Hrsg.): Wahlen in Deutschland, Berlin 1998, S. 51–67, hier S. 65 f.

4   Vgl. ders.: Wahlrecht und Parteiensystem, 6. Aufl., Opladen 2009, S. 193–197. Die in einigen Ländern lange Zeit übliche absolute Mehrheit für eine Partei gelang auf Bundesebene allein der Union 1957.

5   Vgl. die Darstellung bei Giovanni Capoccia: The Political Consequences of Electoral Laws: The German System at Fifty, in: West European Politics 25 (2002), S. 171–202.

Die Annahme, traditionelle gesellschaftliche Konfliktmuster bestimmen die politischen Präferenzen sozialer Milieus, krankt an der gewandelten Konfliktstruktur und am relativen Bedeutungsverlust der Gruppen. Werden neue Cleavages (politisch-kulturelle, sozio-ökonomische) wichtig, verlieren die traditionellen Muster Konfession und soziale Schicht an Kraft. Galt zum Beispiel lange Zeit, Arbeiter (vor allem mit Gewerkschaftsbindung) votieren eher für die SPD, Selbstständige und Landwirte (alter Mittelstand) bevorzugen die Union, lässt der Wandel zur Dienstleistungsgesellschaft diese Gruppen seit den 1970er Jahren schrumpfen. Es entstand eine wahlentscheidende Mittelschicht ohne klare politische Präferenz. Wo die klassischen Wählermilieus indes erhalten blieben, ist ihre politische Prägekraft noch immer hoch.[6] In Ostdeutschland schuf 1990 die hiesige Sozialstruktur (kaum konfessionelle Bindung; hoher Arbeiteranteil) keine Wahlpräferenz zugunsten der SPD. Die Mehrheit der Arbeiter wählte indes CDU, entschied sich für die „Partei der Einheit". Klassische Wertekonflikte und klassenbezogene Präferenzmuster existierten im Jahr 1990 nur bedingt, haben sich seither aber in weiten Teilen wieder herausgebildet. Heute prägen dennoch eine spezifische Regionalkultur und Sozialstruktur das ostdeutsche Wahlverhalten, vermengt mit kurzfristigen Einflüssen.[7]

Stichhaltiger erfassen sozialpsychologische Ansätze, bei denen langfristig stabile Parteiorientierungen und kurzfristig variable Einflussfaktoren zählen, das Wahlverhalten. Wichtigster langfristiger Faktor ist die Parteiidentifikation. Die Mehrheit der Wähler identifiziert sich aufgrund ihrer gesellschaftlichen Verwurzelung sowie aus individuellen Erwägungen mehr oder weniger stark mit einem politischen Akteur. Eine ausgeprägte Parteiidentifikation bewirkt ein konstantes Wahlverhalten. Sicherte dies den Parteien lange Zeit Stabilität, schwächen zunehmend rückläufige sozialstrukturelle Bindungen und die „kognitive Mobilisierung" der Wähler Parteiloyalitäten. Weniger gebundene Wähler öffnen sich kurzfristigen Indikatoren, entscheiden mehr nach den Personen, der Regierungsarbeit oder der wahrgenommenen Kompetenz einer Partei.[8] Daneben spielen die Spitzenkandidaten bzw. deren vermittelte Sympathien und Kompetenzen eine größere Rolle für die Wahlentscheidung. Insbesondere in den ostdeutschen Ländern ist die Zahl der Wechsel- und Nichtwähler hoch, die der Stammwähler gering. Langfristige Faktoren der Wahlentscheidung, wie Parteibindungen oder sozialstrukturelle Prägungen, sind schwächer, kurzfristige Faktoren und rationale Kalküle stärker.[9]

---

6   Vgl. Harald Schoen: Soziologische Ansätze in der empirischen Wahlforschung, in: Jürgen Falter/ders. (Hrsg.): Handbuch Wahlforschung, Wiesbaden 2005, S. 135–185, hier S. 162. Für die Landesebene Kerstin Völkl/Wolfgang Langer: Cleavages und Landtagswahlen 1981 bis 2009, in: Rüdiger Schmitt-Beck (Hrsg.): Wählen in Deutschland (PVS-Sonderheft 45), Baden-Baden 2011, S. 63–84.

7   Vgl. Tilo Görl: Klassengebundene Cleavage-Strukturen in Ost- und Westdeutschland. Eine empirische Untersuchung, Baden-Baden 2007, S. 43, 109–111, 197 f.

8   Vgl. Oscar W. Gabriel: Parteiidentifikation, Kandidaten und politische Sachfragen als Bestimmungsfaktoren des Parteienwettbewerbs, in: Ders. u. a. (Hrsg.): Parteiendemokratie in Deutschland, Bonn 2001, S. 228–273, hier S. 236.

9   Vgl. Kai Arzheimer/Jürgen W. Falter: Wahlen, in: Eckhard Jesse/Roland Sturm (Hrsg.): Demokratien des 21. Jahrhunderts im Vergleich, Opladen 2003, S. 289–312, hier S. 307 f.

Ein Resultat des individuelleren Wählerverhaltens ist die steigende Wahlenthaltung. Im Durchschnitt machten vor 1990 87 Prozent der Wahlberechtigten bei Bundestagswahlen von ihrem Wahlrecht Gebrauch, nach 1990 waren es im Schnitt 78 Prozent, wobei die Westdeutschen stärker zur Wahl gingen als die Ostdeutschen. Auf Landesebene herrschte von Beginn an ein geringerer Wahleifer. Bis 1990 wählten hier durchschnittlich 78 Prozent der Stimmberechtigten, danach beteiligten sich in den westdeutschen Ländern 67 Prozent, in den ostdeutschen Ländern 62 Prozent. Markant ist im Westen wie im Osten der Einbruch der Beteiligung ab Mitte der 1990er Jahre. Seit Jahren erodiert die Akzeptanz der Wahlnorm, nimmt die Nichtwahl vor allem in der großen Gruppe der politisch nicht Interessierten überproportional zu. Dies ist besonders auf Landesebene bedeutsam, entscheidet hier doch stärker als bei Wahlen auf Bundesebene das persönliche Interesse an Politik über eine Stimmabgabe. Die Beteiligung ist hier geringer, situativer, instabiler.[10]

Auch die Wahlwechselbeziehungen zwischen Bundes- und Landesebene wandeln sich. Landtagswahlergebnisse vermengen seit jeher regionale und nationale Politikeinflüsse. Eine zentrale Wechselwirkung äußert sich in Einbußen der im Bund regierenden Parteien sowie in Gewinnen der im Bund opponierenden Parteien bei Landtagswahlen innerhalb der bundespolitischen Legislaturperiode. Dieser Midterm-Effekt hängt von der Popularität der Bundesregierung und der Relevanz landespolitischer Motive ab. Wird die Regierungsarbeit im Bund von den Wählern im Land positiv gesehen, verfügen Landesregierungsparteien über Amtsboni, gibt es etwa regionale Hegemonialparteien, eine klare Wettbewerbssituation im Land oder herausragende Landesväter, begrenzt dies die Bundeseffekte und umgekehrt. Während die zyklischen Effekte für die Zeit vor 1990 nachgewiesen wurden, sind seither Bundeseinflüsse zunehmend wieder durch Landesspezifika gemindert. Die bundespolitischen Einflüsse auf das Votum bei Landtagswahlen lassen sich wegen der Komplexität und Situativität des Phänomens kaum verallgemeinern.[11]

2 Wahlergebnisse in Sachsen

Im Jahr der deutschen Einheit überraschten die Wahlergebnisse auf dem Gebiet Sachsens. Schon zur Volkskammerwahl am 18. März 1990 (Tabelle 1) hatte das Wahlbündnis „Allianz für Deutschland" mit 57,7 Prozent eine klare absolute Mehrheit erzielt (darunter die CDU mit 43,6 Prozent), die SPD indes nur 15,1 Prozent errungen. Nachdem

---

10 Vgl. Markus Steinbrecher u. a.: Turnout in Germany. Citizen Partizipation in State, Federal, and European Elections since 1979, Baden-Baden 2007, S. 252–255, 288–297; Claudio Caballero: Nichtwahl, in: Jürgen W. Falter/Harald Schoen (Anm. 6), S. 329–365, hier S. 345–357.
11 Vgl. Kerstin Völkl u. a.: Zum Einfluss der Bundespolitik auf Landtagswahlen: theoretischer Rahmen und Analysemodelle, in: Dies. (Hrsg.): Wähler und Landtagswahlen in der Bundesrepublik Deutschland, Baden-Baden 2008, S. 9–36, hier S. 30 f.

die Kommunalwahlen diesem Trend gefolgt waren, endete die erste Landtagswahl mit einer absoluten CDU-Mehrheit (53,8 Prozent). Die Partei hatte vom „Einheitseffekt", der frühen Popularität ihres Spitzenmanns Kurt Biedenkopf und den ihr zugeschriebenen hohen Kompetenzen profitiert. Die Quote für die Sozialdemokraten stieg zwar auf 19,1 Prozent, die erhoffte Renaissance im einst „roten Sachsen" blieb aber aus.[12] Die Arbeiterschaft versagte der in Fragen der deutschen Einheit zögerlichen SPD ihre Gunst und entschied in großer Mehrheit für die „Partei der Einheit", die CDU. Neben ihr in der Opposition landete die PDS mit ihrer linken Listenverbindung (10,2 Prozent). Das Bündnis aus Neuem Forum, Bündnis 90 und den Grünen schaffte mit 5,6 Prozent, die FDP mit 5,3 Prozent den Sprung in den Landtag. Als die sächsische CDU bei der Bundestagswahl am 2. Dezember 1990 trotz des mit 12,4 Prozent hohen Ergebnisses der FDP („Genschereffekt") 49,5 Prozent der Stimmen auf sich vereinte, während die SPD auf nur 18,2 Prozent kam, rundete dies das neue Bild ab. In der Folge prägten die Landtagswahlen in Sachsen vier Charakteristika: (1) eine Dominanz der CDU, (2) eine Schwäche der SPD, (3) eine christ- und sozialdemokratische Abweichung zwischen Bund und Land sowie (4) eine hohe landespolitische Eigenständigkeit.[13]

Nach der Landtagswahl galt die Stärke der alleinregierenden CDU als vergänglich, sah es im Zuge der sozio-ökonomischen Transformation lange nach einer Kräfteverschiebung aus. Mitte des Jahres 1993 lagen CDU und SPD in den Umfragen mit je 31 Prozent Kopf an Kopf. Die Grünen rangierten gar bei 12 Prozent. In der Folge öffnete sich die Schere zugunsten der Regierungspartei, für die sich Anfang September 1994 eine Mehrheit abzeichnete. Zum einen war der Union die Trendwende im Bund gelungen. Zum anderen fiel das Urteil der Wähler über Staatsregierung und Ministerpräsidenten sehr gut aus.[14] Die „Sächsische Union" verbuchte 1994 schließlich mit 58,1 Prozent das höchste, je von der CDU bei einer Landtagswahl errungene Ergebnis.[15] Sie hatte alle 60 Direktmandate gewonnen und kam in 27 von 60 Wahlkreisen auf über 60 Prozent der Stimmen. Den Ausschlag für den Triumph gaben ihr Spitzenkandidat, die positiv beurteilte Regierungsleistung, die der CDU zugeschriebene Kompetenz auf zentralen Problemfeldern sowie eine in den Augen der Wähler fehlende Alternative. Für die SPD unter Karl-Heinz Kunckel war der Wahlausgang (16,6 Prozent) bitter – 41,5 Punkte hinter der CDU, aber nur 0,1 Punkte vor der PDS. Die PDS bewertete ihre – im ostdeutschen Vergleich eher schlechten – 16,5 Prozent als Erfolg.[16] Die Grünen scheiterten mit

12 Vgl. Franz Walter: Sachsen – ein Stammland der Sozialdemokratie?, in: Politische Vierteljahresschrift 32 (1991), S. 207–231, hier S. 208, 219.
13 Siehe hierzu ausführlich Thomas Schubert: Wahlkampf in Sachsen. Eine qualitative Längsschnittanalyse der Landtagswahlkämpfe 1990–2004, Wiesbaden 2011.
14 Vgl. Infas: Die politische Stimmung im Freistaat Sachsen im Vorfeld der Landtagswahl am 11. September 1994, Bonn/Bad Godesberg 1994, Tabellen 21–24.
15 Vgl. Ulrich Brümmer: Parteiensystem und Wahlen in Sachsen, Wiesbaden 2006, S. 152 f., 164.
16 Vgl. Forschungsgruppe Wahlen e. V.: Wahl in Sachsen. Eine Analyse der Landtagswahl vom 11. September 1994, Mannheim 1994, S. 35–39.

4,1 Prozent. Ebenso ereilte die Liberalen mit 1,7 Prozent das Aus. Das sächsische Ergebnis der Bundestagswahl bestätigte dies nur in Teilen. Mit 48,0 Prozent verschlechterte
sich die CDU kaum. „Rissen" Grüne und Liberale die Fünfprozenthürde, erreichte die
PDS 16,7 Prozent. Die Sozialdemokraten verbesserten sich indes auf 24,3 Prozent. Es offenbarte sich erstmals eine deutliche Kluft zwischen den Bundes- und Landtagswahlergebnissen von CDU und SPD.

In der Folge fielen Land- und Bundestagswahlen wegen der auf fünf Jahre verlängerten sächsischen Legislaturperiode auseinander – mit Konsequenzen für die Wahlergebnisse. So schlossen die Sozialdemokraten bei der Bundestagswahl 1998 mit 29,1 Prozent
zur CDU (32,7 Prozent) nahezu auf. Die Differenz zwischen beiden Wahlebenen betrug
nun bei der SPD 12,2, bei der CDU 25,4 Punkte. Das Resultat konfrontierte die „Sächsi-
che Union" mit der Gewissheit, nicht auf allen Wahlebenen über eine strukturelle Mehrheit zu verfügen. Die Angst vor einem Machtverlust im Land machte in der Partei die
Runde. Indes strotzte die SPD vor Optimismus, sie sah die Christdemokraten in Sachsen
als entzaubert an. Der Antritt der rot-grünen Bundesregierung wendete das Blatt, bald
beschworen innerer Streit sowie die Steuer- und Rentenpläne die Missgunst der Wähler.
Entsprechend verlief die Europawahl am 13. Juni 1999. Die CDU erhielt 45,9 Prozent, die
SPD unterlag mit 19,6 Prozent erstmals der PDS (21,0 Prozent). Auch die Kommunalwahl bescherte den Christdemokraten Zugewinne und deklassierte die SPD.

Wie erwartet verteidigten die Christdemokraten bei der Landtagswahl 1999 mit
56,9 Prozent ihre Mehrheit, die Sozialdemokraten (10,7 Prozent) wurde von der PDS
(22,2 Prozent) als zweitstärkste Kraft abgelöst (Tabelle 2).[17] Erneut gewann die CDU
alle Direktmandate, ihre landesweite Dominanz sank nur leicht. Hingegen hatte sich
die Wählerschaft der SPD im Vergleich zu 1990 fast halbiert (von 19,1 auf 10,7 Prozent).
Zahlreiche frühere SPD-Wähler waren der Wahl ferngeblieben.[18] Von 15 Parteien scheiterten 12 an der Sperrklausel, darunter überraschend deutlich FDP (1,1 Prozent) und
Grüne (2,6 Prozent) mit ihren vergleichsweise prominenten Kandidaten Rainer Ortleb
und Gunda Röstel. Trotz Bundeseinflüssen waren speziell die strukturellen Faktoren
wahlentscheidend. Der auf fast allen Politikfeldern antizipierte Kompetenzvorsprung
der CDU, die schwache Opposition, Biedenkopfs hohe Beliebtheits- und Kompetenz-
werte und die Überzeugung Vieler, mit einem Votum für die CDU eine Entscheidung
für Sachsen zu treffen, bedingten deutlicher den Wahlausgang als das bundespolitische
Tief der SPD.[19]

Hatte es 2002 im Bund zunächst nach einem Regierungswechsel ausgesehen, vermochte die SPD im Wahlkampf das Blatt zu wenden. In Sachsen lag die CDU mit
33,6 Prozent nur knapp vor der SPD (33,3 Prozent). Die Bund-Land-Stimmendiskre-

17 Vgl. die ausführliche Analyse von Eckhard Jesse: Die Landtagswahl in Sachsen vom 19. September 1999:
    Triumphale Bestätigung der CDU, in: Zeitschrift für Parlamentsfragen 31 (2000), S. 69–85.
18 Vgl. Infratest dimap: Kurzanalyse zur Landtagwahl in Sachsen am 19. September 1999, Berlin 1999, S. 15.
19 Vgl. Forschungsgruppe Wahlen e. V.: Wahl in Sachsen. Eine Analyse der Landtagswahl vom 19. Septem-
    ber 1999, Mannheim 1999, S. 49–52.

Tabelle 1 Stimmenanteile der Parteien in Sachsen bei den Landtags-, Bundestags-, Europa- und Kommunalwahlen 1990–2009 (in Prozent)

	Wahlbet.	CDU	SPD	Linke[1]	Grüne	FDP	NPD	Sonst.
Volkskammerwahl								
13.3.1990	93,7	43,6	15,1	13,3	3,0[2]	5,7[3]	–	19,5[4]
Landtagswahlen								
14.10.1990	72,8	53,8	19,1	10,2	5,6[5]	5,3	–	6,0
11.9.1994	58,4	58,1	16,6	16,5	4,1[6]	1,7	–	3,0
19.9.1999	61,1	56,9	10,7	22,2	2,6	1,1	1,4	5,1
19.9.2004	59,6	41,1	9,8	23,6	5,1	5,9	9,2	5,3
30.8.2009	52,2	40,2	10,4	20,6	6,4	10,0	5,6	6,8
Bundestagswahlen								
2.12.1990	76,2	49,5	18,2	9,0	5,9	12,4	0,3	4,7
16.10.1994	72,0	48,0	24,3	16,7	4,8	3,8	–	2,4
27.9.1998	81,6	32,7	29,1	20,0	4,4	3,6	1,2	9,0
22.9.2002	73,7	33,6	33,3	16,2	4,6	7,3	1,4	3,6
18.9.2005	75,7	30,0	24,5	22,8	4,8	10,2	4,8	2,9
27.9.2009	65,0	35,6	14,6	24,5	6,7	13,3	4,0	1,3
Europawahlen								
12.6.1994	70,2	39,2	21,0	16,6	5,6	3,8	0,2	13,6
13.6.1999	53,6	45,9	19,6	21,0	2,7	2,3	1,2	7,3
13.6.2004	46,1	36,5	11,9	23,5	6,1	5,2	3,3	13,5
7.6.2009	47,6	35,3	11,7	20,1	6,7	9,8	–	16,4
Gemeinde-/Stadtratswahlen								
6.5.1990		39,8	12,9	10,5	3,5	8,3	–	25,0
12.6.1994	70,4	34,8	17,6	14,5	5,0	6,4	–	21,7
13.6.1999	53,9	39,9	15,7	16,9	2,4	4,1	0,3	20,6
13.6.2004	46,1	34,8	11,4	18,6	3,1	5,1	0,5	26,4
7.6.2009	47,7	32,7	10,9	15,5	5,0	8,3	2,3	25,3
Kreistags-/Stadtratswahlen der Kreisfreien Städte								
6.5.1990		44,6	14,7	11,6	4,5	7,5	–	17,1
12.6.1994	73,6	38,6	21,0	16,7	7,7	6,3	–	9,7
13.6.1999	53,8	44,5	18,7	19,2	3,7	5,2	0,2	8,6
13.6.2004	48,2	38,4	13,6	21,6	5,2	7,2	0,9	13,2
8.6.2008	45,8	39,5	11,5	18,7	3,1	8,3	5,1	13,8

[1] Bis 2007 PDS

[2] Der Name der Partei hieß: Bündnis 90.

[3] Der Name der Partei hieß: Bund Freier Demokraten.

[4] Darunter die DSU mit 13,2 Prozent und der Demokratische Aufbruch mit 0,9 Prozent.

[5] Der Name der Gruppierung hieß: Neues Forum – Bündnis – Grüne.

[6] Das gesondert kandidierende Neue Forum Sachsen erreichte 0,7 Prozent.

Quelle: Zusammenstellung nach den amtlichen Wahlstatistiken.

panz hatte nun bei der SPD mit 22,6 Punkten ein Maximum erreicht. Hingegen fiel die nach den Rücktritten Gregor Gysis und Lothar Biskys geschwächte PDS mit 16,2 Prozent hinter ihr Resultat von 1994. Erneut witterte Sachsens SPD landespolitische Morgenluft, erneut riss der Einbruch der rot-grünen Bundesregierung im potenziellen Wählerzuspruch sie mit in die Tiefe. Die rot-grüne Arbeitsmarktreformpolitik und die wirtschaftliche Flaute schürten im Jahr 2004 eine diffuse Proteststimmung in der Bevölkerung. (Wenige) objektiv begründete und (viele) subjektiv empfundene Ängste erschütterten hier das Vertrauen in die Demokratie.[20] In Sachsen war indes 2001/02 der Übergang im Amt des Ministerpräsidenten von Kurt Biedenkopf auf Georg Milbradt konfliktbehaftet verlaufen.[21] Während die schwache SPD davon kaum profitieren konnte, da sie unter der bundespolitischen Atmosphäre litt, fand die CDU schnell zur Stabilität zurück. Zu Beginn des Jahres 2004 standen die Signale daher auf Kontinuität. Jedoch war die Zufriedenheit mit den Leistungen der Staatsregierung gesunken. Ihr nach wie vor hoher Zuspruch war nun in großen Teilen einer mangels Alternative.[22] Zudem fiel das Ansehen der Bundesregierung miserabel aus, weshalb 31 Prozent der Sachsen eine bundespolitisch motivierte (Protest-)Wahl beabsichtigten. Im Land angeschlagen und als Hartz-IV-„Mittäterin" identifiziert, drohte der CDU Mitte 2004 ein Verlust ihrer Mehrheit.[23]

Zunächst fuhren die sächsischen Volksparteien in den Kommunal- und Europawahlen am 13. Juni 2004 bittere Verluste ein. „Wahlgewinner" waren die PDS sowie Grüne und FDP. Der 19. September 2004 revolutionierte schließlich das sächsische Parteiensystem.[24] Die Hauptverliererin, die CDU, fiel auf 41,1 Prozent, die zweite Verliererin, die SPD, mit 9,8 Prozent ins Einstellige (Tabelle 2). Einzig der Zieleinlauf vor der NPD ersparte ihr die Blamage. Der NPD gelang mit 9,2 Prozent erstmals nach 1968 der Einzug in einen Landtag. Mit radikalem Gebaren (u. a. gegen Asylanten und Hartz-IV) hatte sie Erstwähler, abtrünnige CDU-Wähler und bisherige habituelle Nichtwähler (jung, männlich, formal eher gering gebildet) angezogen. Die PDS verbesserte sich mit ihrer Kampagne gegen Hartz-IV auf 23,6 Prozent, verfehlte aber wohl wegen der im Wahlkampf bekannt gewordenen früheren Verstrickungen ihres Spitzenkandidaten Peter Porsch mit der DDR-Staatssicherheit die angepeilten 25 Prozent. Vier ihrer Direktkandidaten setzten sich durch. FDP (5,9 Prozent) und Grüne (5,1 Prozent) feierten ihre Rückkehr in den Landtag. Wieder folgte die Wahlentscheidung einer Mischung aus strukturellen landespolitischen und (diesmal stärkeren) situativen bundespolitischen Faktoren. Die Protest-

---

20 Vgl. Renate Köcher: Mit Verständnis statt Konzepten, in: Frankfurter Allgemeine Zeitung vom 18. August 2004.

21 Vgl. die ausführliche Darstellung bei Ulrich Brümmer (Anm. 15), S. 205–214.

22 Vgl. Forschungsgruppe Wahlen e. V.: Wahl in Sachsen. Eine Analyse der Landtagswahl vom 19. September 2004, Mannheim 2004, S. 23, 32 f.

23 Vgl. Infratest dimap: Wahlreport. Landtagswahl in Sachsen 19. September 2004, Berlin 2004, S. 92–94.

24 Als ausführliche Analyse siehe Eckhard Jesse: Die sächsische Landtagswahl vom 19. September 2004: Debakel für CDU und SPD gleichermaßen, in: Zeitschrift für Parlamentsfragen 36 (2005), S. 80–100.

Tabelle 2   Zweitstimmenergebnisse der Landtagswahlen in Sachsen 1990–2009

	1990		1994		1999		2004		2009	
	absolut	%	absolut	%	absolut	%	absolut	%	absolut	%
Wahlber.	3 709 210	100	3 586 160	100	3 592 456	100	3 554 542	100	3 510 336	100
Wähler	2 699 724	72,8	2 093 815	58,4	2 196 282	61,1	2 118 792	59,6	1 830 819	52,2
Ungültige	66 302	2,5	30 033	1,4	32 210	1,5	38 657	1,8	33 470	1,8
Gültige	2 633 422	97,5	2 063 782	98,6	2 164 072	98,5	2 080 135	98,2	1 797 349	98,2
CDU	1 417 332	53,8	1 199 883	58,1	1 231 254	56,9	855 203	41,1	722 983	40,2
SPD	502 722	19,1	342 706	16,6	232 311	10,7	204 438	9,8	187 261	10,4
PDS/ Die Linke	269 420	10,2	339 619	16,5	480 317	22,2	490 488	23,6	370 359	20,6
Grüne	–	–	85 485	4,1	55 609	2,6	106 771	5,1	114 963	6,4
FDP	138 376	5,3	36 075	1,7	23 369	1,1	122 605	5,9	178 867	10,0
NPD	17 727	0,7	–	–	29 593	1,4	190 909	9,2	100 834	5,6
REP	–	–	26 177	1,3	32 793	1,5	–	–	3 346	0,2
DSU	94 347	3,6	12 851	0,6	9 204	0,4	11 133	0,5	3 036	0,2
BüSo	–	–	–	–	2 440	0,1	11 299	0,5	4 093	0,2
Tierschutz	–	–	–	–	–	–	34 068	1,6	36 932	2,1
Graue	–	–	–	–	6 876	0,3	19 377	0,9	–	–
PBC	–	–	–	–	6 935	0,3	13 880	0,7	7 571	0,4
Forum	147 543	5,6	13 555	0,7	4 100	0,2	–	–	–	–
Pro DM	–	–	–	–	46 469	2,1	–	–	–	–
Freie Sachsen	–	–	–	–	–	–	–	–	24 287	1,4
Piraten	–	–	–	–	–	–	–	–	34 651	1,9
Sonstige	45 955	1,7	7 431	0,4	2 802	0,2	19 964	1,1	7 166	0,4

Quelle: Zusammenstellung nach den amtlichen Wahlstatistiken.

stimmung richtete sich auf Landesebene gegen CDU und SPD. Die eine hatte als Regierungspartei an Attraktivität eingebüßt, vermochte es nicht mehr, lagerübergreifend zu integrieren. Die andere war in den Augen der Wähler ungeliebte Bundesregierungs- und unfähige Landesoppositionspartei zugleich.

In der vierten Legislaturperiode wurde Sachsen erstmals von einer Koalition regiert. Während die SPD im Bund ab 2005 als „Juniorpartner" eine starke Rolle in der Großen Koalition einnahm,[25] dominierte in Sachsen die CDU die „kleine" Koalition mit der SPD. Beide Parteien kooperierten trotz mancher Zwietracht solide. Auch der Übergang von Georg Milbradt zu Stanislaw Tillich änderte daran nichts, da sich die SPD an ihre Regierungsbeteiligung klammerte. Zum eigenen Schaden, hatten sich doch zum Zeitpunkt der Krise ihres Partners gute Umfragewerte. Die CDU hielt sich schadlos, lag in den Umfragen fast kontinuierlich über 40 Prozent. Die Zeit ihrer absoluten Mehrheit war vorüber, die ihrer Hegemonie nicht. Die Linke, die sich vor allem mit Skandalisierung bemerkbar gemacht hatte, schien ihren Zenit bei 25 Prozent erreicht zu haben. Von den kleinen Parteien stand die FDP am stabilsten, während der Verbleib der Grünen und der NPD im Landtag ungewiss war. Erneut führte die CDU in den Vorwahlbefragungen die Kompetenz- und Präferenzwerte an. Ihr trauten die Wähler am ehesten zu, die Probleme des Landes lösen zu können. 58 Prozent der Sachsen waren im August 2009 mit der Staatsregierung – und dabei vor allem mit der CDU – zufrieden.[26]

Das Wahljahr 2009 eröffneten die Europa- und Kommunalwahlen. Die SPD, die abermals gegen einen miserablen Bundestrend anfocht, erzielte ihr schlechtestes Kommunal- und Europawahlergebnis, ebenso brach Die Linke ein. Die Christdemokraten ließen zwar Federn, zeigten sich aber zufrieden. Grüne und Liberale behaupteten sich. Da eine schwarz-gelbe Koalition in Sachsen früh wahrscheinlich war, überraschte am 30. August 2009 vor allem der Wiedereinzug der NPD (5,6 Prozent) in den Landtag.[27] Anders als fünf Jahre zuvor war der Jubel der Partei jedoch ebenso gedämpft wie die öffentliche Aufregung. Die 6,4 Prozent der Grünen sorgten für ein Durchatmen bei der Ökopartei. Einen Sprung nach vorn machte die FDP, die im Sog des bundespolitischen Stimmungshochs und wohliger Wahlversprechen mit 10,0 Prozent ihr Ergebnis von 1999 nahezu verzehnfachte und das von 2004 fast verdoppelte. Die CDU verschlechterte sich leicht auf 40,2 Prozent. Einerseits verlor sie ins Nichtwählerlager und an die FDP. Andererseits profitierte sie von ihrem „hohen Parteiansehen, einer guten Leistungsbilanz sowie einem Ministerpräsidenten, der nach einem Jahr im Amt bereits an

---

25 In der vorgezogenen Bundestagswahl 2005 spürten die sächsischen Koalitionäre die Ausläufer des Protestwahljahres 2004. Die Sozialdemokraten fielen in Sachsen mit nur 24,5 Prozent auf ihr Niveau von 1994 zurück, die CDU rutschte auf 30,0 Prozent ab. Wahlgewinner: Die Linke.PDS und die FDP.
26 Vgl. Infratest dimap: Saarland, Sachsen und Thüringen vor den Landtagswahlen 2009. Analyseband, Berlin 2009, S. 20–22, 27–31, 47, Anhang Sachsen, S. 2.
27 Vgl. ausführlich Eckhard Jesse: Die sächsische Landtagswahl vom 30. August 2009: Sachsens Vorreiterrolle für den Bund, in: Zeitschrift für Parlamentsfragen 41 (2010), S. 322–339.

die positiven Ausnahmewerte seiner Vorgänger heranreichen kann".[28] Die Linke verlor
mit 20,6 Prozent erstmals bei einer sächsischen Landtagswahl. Sie hatte keinen Oppositionsbonus abrufen können, ihr Spitzenkandidat André Hahn war ohne Zugkraft. Die
SPD kam nur auf 10,4 Prozent. Nach fünf Jahren Regierungsbeteiligung war ihre Lage
unverändert prekär, Hauptgrund für ihre „Gefangenschaft" im „10-Prozent-Turm" ihre
im Vergleich zu den Bundestagswahlen geringe landespolitische Mobilisierungsfähigkeit. 2009 war selbst dies anders. Die Beteiligung fiel bei der Bundestagswahl in Sachsen
um 10,7 Punkte, das Resultat der SPD (14,6 Prozent) kam für die Partei einer Katastro-
phe gleich. CDU und Die Linke vermochten ihre Ergebnisse zu steigern – die einen mit
35,6 Prozent auf ihr bestes Resultat seit 1994, die anderen mit 24,5 Prozent auf ein sächsisches Allzeithoch. Liberale (13,3 Prozent) und Grüne (6,7 Prozent) profitierten von
den Rekorden ihrer Bundesparteien. Die 17. Bundestagswahl bestätigte und durchbrach
in Sachsen Trends. Die CDU erzielte ihr bundesweit bestes, die SPD ihr schlechtestes
Resultat. Beide knüpften damit an die frühen 1990er Jahren an – aber auf niedrigerem
Niveau. Die Bund-Land-Differenz seit 1994 schwand. Auch wenn die christdemokratische Hegemonie in Sachsen jene jahrzehntelange, personenunabhängige Dominanz der
CSU in Bayern nicht erreicht, ist der hiesige Freistaat seit dem Wahljahr 2009 in diesem
Sinne mehr denn je das „Bayern des Ostens".

3 Wahlsystem und Wahlrecht in Sachsen

Im Unterschied zum deutschen Kaiserreich, als in Sachsen in scharfer Abgrenzung zum
„liberalen" Reichstagswahlrecht ein restriktives Landtagswahlrecht galt, das einen Großteil der zum Reichstag wahlberechtigten Bürger ausschloss und viele Wahlberechtigte
benachteiligte, ähneln Wahlrecht und Wahlsystem im heutigen Sachsen stark dem zum
Deutschen Bundestag. Für die Wahl zum Sächsischen Landtag schreiben die Sächsische
Verfassung (Art. 41) und das Gesetz über die Wahlen zum Sächsischen Landtag (Sächsisches Wahlgesetz)[29] ein personalisiertes Verhältniswahlsystem fest. Jeder Wähler verfügt über zwei Stimmen, mit denen er die Verteilung der 120 Landtagsmandate beeinflusst. Die Erststimme (Direktstimme) entscheidet in relativer Mehrheitswahl über den
Direktgewinn eines der 60 Wahlkreise durch einen Kandidaten. Mit der Zweitstimme
(Listenstimme) wählen die Bürger die (starre) Landesliste einer Partei und befinden so
über die Anzahl ihrer Landtagsmandate. Listenverbindungen sind unzulässig. Anhand
der Zweitstimmen errechnet der Landeswahlausschuss nach dem Höchstzahlverfahren
von d'Hondt die Verteilung der Landtagssitze. An dieser Verteilung nehmen Parteien

---

28 Forschungsgruppe Wahlen e. V.: Wahlen in Sachsen. Eine Analyse der Landtagswahl vom 30. August
    2009, Mannheim 2009, S. 42.
29 Änderungen dieses Gesetzes erfolgten lediglich im Detail. Die *Neufassung des Gesetzes über die Wahlen
    zum Sächsischen Landtag* stammt vom 15. September 2003.

teil, die mindestens fünf Prozent der Zweitstimmen auf sich vereinen oder zwei Wahl-kreismandate erworben haben. Bleiben bei einer Partei nach Abzug der direkt gewonne-nen Wahlkreise Mandate übrig, füllt diese die Differenz durch Kandidaten ihrer Landes-liste auf. Gewinnt eine Partei mehr Direktmandate als ihr nach Zweitstimmen zustehen, behält sie diese als Überhangmandate, andere Parteien erhalten Ausgleichsmandate, die nicht die Zahl der Überhangmandate überschreiten dürfen. Wahlberechtigt ist jeder volljährige Deutsche, wohnhaft im Wahlgebiet seit drei Monaten, wählbar, wer wahlbe-rechtigt ist und seit einem Jahr im Wahlgebiet wohnt. Die Legislaturperiode beträgt fünf Jahre. Eine Ausnahme bestand zur Landtagswahl am 14. Oktober 1990. Damals galt für alle ostdeutschen Länder eine vierjährige Legislaturperiode, eine personalisierte Ver-hältniswahl mit Fünfprozentklausel, alternativer Drei-Mandate-Regelung und der Op-tion auf verbundene Listen. Die Zahl der Mandate betrug in Sachsen 160.

Wie ist das sächsische Verhältniswahlsystem zu bewerten? Nach Dieter Nohlen exis-tieren fünf Kriterien, mit deren Hilfe ein Wahlsystem qualitativ taxiert werden kann: Repräsentation, Konzentration, Partizipation, Einfachheit, Legitimität.[30] Repräsentation wird hier verstanden als „Grad der Proportionalität von Stimmen und Mandaten"[31], der wiederum ein Maß für die Ausgewogenheit der im Parlament vertretenen gesellschaft-lichen Interessen ist. Hohe Disproportionalitäten weisen auf niedrige, niedrige auf hohe Ausgewogenheit hin. Wie Tabelle 3 zeigt, verzerrt das sächsische Wahlsystem – aus-genommen die Jahre 1994 und 1999 – nur moderat (Werte von 11,8 bis 13,6).[32] Zum Vergleich: Das niederländische Verhältniswahlsystem mit seinem fast perfekten Pro-porz bewirkte 2010 einen extrem niedrigen Distorsionsgrad von 3,4, hingegen die re-lative Mehrheitswahl zum britischen Unterhaus im Jahr 2010 einen sehr hohen Wert von 45,4. In Sachsen nahmen 1990 und 2004 Grüne und Liberale knapp die Fünfpro-zenthürde, die Zahl der Stimmen, die nicht zum Zuge kamen, war gering – beides mo-derierte die Verzerrung. 2009 stieg diese wegen der Überhang- und Ausgleichsmandate und des guten Abschneidens der „Sonstigen". Am meisten beeinflusste das Wahlsystem das Stimmen-Mandaten-Verhältnis 1994 und 1999. Die Konstellation begünstigte 1994 CDU und SPD, 1999 CDU und PDS. So bekamen die Christdemokraten im ersten Fall für 58,1 Prozent Stimmen 64,2 Prozent der Mandate, die Postkommunisten im zweiten Fall für 22,2 Prozent Stimmen 25,0 Prozent der Mandate. Dennoch gab stets das Wahl-verhalten den Ausschlag für die absolute CDU-Mehrheit. Künstliche, nur dem Wahlsys-tem geschuldete Mehrheiten blieben aus. Wegen der seit 2004 auftretenden CDU-Über-

---

30 Vgl. Dieter Nohlen (Anm. 4), S. 169–171.

31 Ebd., S. 169.

32 Die Darstellung ist angelehnt an Giovanni Capoccia (Anm. 5), S. 171–202. Der von Capoccia verwen-dete Distorsionsgrad ist die Summe der absoluten Quoten der Über- oder Unterrepräsentation aller wahlbeteiligten Parteien. Die Formel lautet: $D = \sum_{i=1}^{n} |V_i - S_i|$. V_i steht für den Wählerstimmenanteil der Partei i, S_i für deren Mandatsanteil. Hohe Werte von D weisen auf einen starken Distorsionseffekt hin (also auf eine breite Kluft zwischen Stimm- und Mandatsverteilung), niedrige Werte zeigen schwache Effekte an. Überhang- und Ausgleichsmandate werden mitgerechnet.

Tabelle 3 Wahlsystemeffekte bei den Wahlen zum Sächsischen Landtag 1990–2009

Jahr	Angetretene Parteilisten	Erfolgreiche Parteilisten (mit Sperr-klausel)	Erfolgreiche Parteilisten (ohne Sperr-klausel)	Erfolglose Stimmen	Distorsions-grad	Elektorale Fragmen-tierung
1990	12	5	7	6,0	11,9	2,9
1994	9	3	5	8,8	17,6	2,5
1999	15	3	8	10,2	20,4	2,6
2004	13	6	8	5,3	11,8	4,0
2009	16	6	9	6,8	13,6	4,3

Quelle: Angelehnt an Giovanni Capoccia (Anm. 5), S. 182; eigene Berechnungen.

hänge verformen die Direktmandate quantitativ die parlamentarische Repräsentation und qualitativ den Parteienwettbewerb – speziell nach dem Ende der CDU-Stimmenmehrheit. Die Wahlkreisdominanz der CDU (von 320 seit 1990 vergebenen Direktmandaten errang sie 313) ist zunehmend dem Wahlmechanismus geschuldet. Zuletzt genügten ihr in einigen Kreisen unter 30 Prozent zum Mandatsgewinn.

Unter dem zweiten Kriterium, der Konzentration, versteht Nohlen die Fähigkeit eines Wahlsystems, die Zahl der parlamentarisch repräsentierten Parteien klein zu halten und so Regierungsstabilität zu fördern.[33] In Sachsen (Tabelle 3) begrenzte die Fünfprozenthürde stets die Zahl der Parlamentsparteien – am wirksamsten im Jahr 1999, als 12 von 15 Parteien den Landtagseinzug verpassten. War in den 1990er Jahren die hohe Konzentration des Parteiensystems weniger dem Wahlsystem und mehr der politischen Integrationskraft der CDU geschuldet, nimmt die Bedeutung des Wahlsystems seit 2004 zu, wie die trotz des gestiegenen parlamentarischen Formats unvermindert hohe Zahl erfolgloser Parteien zeigt. Ohne Fünfprozenthürde hätte die Zahl der Parlamentsparteien stets höher gelegen (z. B. 1999 acht statt drei), FDP und Grüne wären durchgehend vertreten gewesen, ohne – gleiches Wahlverhalten vorausgesetzt – die absolute CDU-Mehrheit oder die Regierungsbildung und -stabilität zu gefährden.[34]

Bei der Partizipation ist das sächsische Landtagswahlsystem – wie die meisten Landtagswahlsysteme – sehr „parteienfreundlich".[35] Während die Fünfprozenthürde der Stabilität dient, sind die durch starre Listen beschränkte Wahlmacht der Bürger und das Stimmgebungsverfahren (zwei Stimmen, keine Präferenzstimmen) kritikwürdig. Eine

33 Vgl. Dieter Nohlen (Anm. 4), S. 169 f.
34 Eine solche Betrachtung ignoriert die psychologischen Effekte einer Sperrklausel.
35 Vgl. Frank Decker: Die Regierungssysteme in den Ländern, in: Ders. (Hrsg.): Föderalismus an der Wegscheide?, Wiesbaden 2004, S. 169–201, hier S. 181 f.

stärkere Personalisierung der Wahl durch lose gebundene – nicht freie – Listen ist ebenso möglich wie eine Mehrstimmengebung, die den Wählern Präferenzen erlaubt. Ferner könnten Parteien, die bei der Mandatsvergabe unberücksichtigt bleiben, durch eine Alternativstimme „verwertet" werden. Sie kommt zur Geltung, sollte die als Hauptpräferenz gewählte Partei an der Fünfprozenthürde scheitern.[36] Überlegenswert ist auch eine Koalitionspräferenzstimme, mit der die Wähler zu ihrem Parteienvotum die von ihnen favorisierten Koalitionen aufzeigen.

Nohlens weitere Anforderungskriterien an ein Wahlsystem lauten Einfachheit und Legitimität. Den moderaten Verzerrungseffekten und der leicht eingeschränkten Repräsentation, der soliden Konzentrationsleistung und dem niedrigen Partizipationsgrad steht eine mittlere Komplexität des sächsischen Wahlsystems gegenüber. Obgleich das Zweistimmensystem einem Großteil der Wahlbevölkerung in seiner genauen Funktionsweise nicht vertraut ist, besticht es durch seine klare Funktionalität. Nicht zuletzt steigt so seine Legitimität, also die „allgemeine Akzeptanz der Wahlergebnisse und des Wahlsystems".[37] Die dürfte hoch sein, mangelt es schließlich seit Jahren an Kritik – ausgenommen die Wahlkreiseinteilung und die beschränkte Partizipation. Das Wahlgesetz wurde in großem Konsens beschlossen. Die Politik- und Parteienverdrossenheit bezieht sich nicht auf das Wahlsystem, ebenso wenig ist die hohe Wahlenthaltung hierauf zurückzuführen. Nicht zuletzt dürfte mit ursächlich für die Akzeptanz des Wahlsystems sein, dass die absolute christlich-demokratische Sitzmehrheit stets auf einer Stimmenmehrheit basierte – anders als 2004 in Thüringen, wo der CDU 43,0 Prozent für eine absolute Mandatsmehrheit genügten und 16,4 Prozent der Stimmen „unverwertet" blieben. Das Verhältniswahlsystem stieß hier an seine Legitimitätsgrenze, das fast baugleiche sächsische müsste sich in einem solchen Fall zu Recht mit der Legitimitätsfrage konfrontiert sehen.

4 Wahlverhalten bei den sächsischen Landtagswahlen

Wer die Landtagswahlen seit 1990 nach Wahlverhaltensmustern prüft, findet vor allem in den Regierungsbilanzen, den Kompetenz- und Sympathiewerten der Spitzenkandidaten sowie in den Problemlösungskompetenzen der Parteien wichtige Einflussfaktoren auf das Wahlverhalten. Die Stärke der CDU erklärt wesentlich, dass die Partei bei allen genannten Faktoren – speziell dem personellen Element – vorn lag. 1990 überragte Kurt Biedenkopf seine SPD-Herausforderin Anke Fuchs an Beliebtheit. In den folgenden Jahren stieg sein Ansehen. 72 Prozent der Sachsen bevorzugten ihn 1994 gegenüber Karl-Heinz Kunckel. Dominierte er auch 1999 in Führungs-, Sympathie- und Glaubwür-

---

36 Siehe zu diesem Vorschlag Eckhard Jesse: Reformvorschläge zur Änderung des Wahlrechts, in: Aus Politik und Zeitgeschichte, B 52/2003, S. 3–11, hier S. 9 f.
37 Dieter Nohlen (Anm. 4), S. 171.

digkeitsfragen die Landtagswahl, erreichte Georg Milbradt 2004 zwar hohe, aber keine
überragenden Werte. An seinen Vorgänger vermochte er im persönlichen Profil nicht
anzuknüpfen. Diese „Scharte" wetzte Stanislaw Tillich 2009 aus. Er setzte sich „landes-
väterlich" in Szene. 68 Prozent der Bevölkerung zeigten sich mit seiner Arbeit zufrieden.[38] Wie sich die absoluten Erfolge der CDU zu einem beträchtlichen Teil mit der hohen Popularität von Kurt Biedenkopf erklären lassen, hängen die Verluste 2004 mit der
gesunkenen personellen Popularitätskurve zusammen. SPD und PDS/Die Linke waren
mit ihren Spitzenkandidaten stets chancenlos gegen die Amtsinhaber.

Ähnlich verhält es sich mit den wahrgenommenen Regierungsbilanzen. Speziell 1994
und 1999 war die große Mehrheit mit der Arbeit der Staatsregierung zufrieden, sprach
ihr die größte Problemlösungskompetenz zu.[39] Herrschte Unzufriedenheit, wirkte sich
diese u. a. wegen der Annahme, die Opposition sei nicht regierungsfähig, kaum negativ
auf die Regierung aus. Selbst im Jahr des CDU-Absturzes (2004) waren 56 Prozent der
Sachsen mit der Arbeit der Staatsregierung zufrieden, während die Oppositionsparteien
schlechtere Urteile denn je erhielten – dies entsprach einer gefühlten Alternativlosigkeit.
Fünf Jahre später war die Bewertung der CDU besser als die der SPD, die der Linken
schlechter als jene der Regierungsparteien.[40] Mit ursächlich dafür waren die stets hohen
Kompetenzzuschreibungen an die CDU. Speziell in den Jahren ihrer herausragenden
Wahlerfolge billigten die Wähler der Partei besonders auf den in der Transformations-
zeit wichtigen Feldern Wirtschaft und Arbeit die größte Kompetenz zu.[41] 2004 verschoben sich die Variablen. Die CDU führte zwar unverändert in wichtigen Bereichen, jedoch wuchs die Haltung, keine der Parteien könne die Probleme lösen. Dies schadete
der Regierungspartei. Hingegen waren SPD und Die Linke durchweg im Hintertreffen,
zumal der PDS von den Wählern in den 1990er Jahren fast jede Kompetenz abgespro-
chen worden war. Die Oppositionsparteien konnten die CDU einzig auf dem Gebiet der
sozialen Gerechtigkeit überflügeln. Die im Jahr 2009 an die regierende SPD gestiegenen
Zuschreibungen in den Bereichen Arbeit, Bildung und soziale Gerechtigkeit fielen aber
zu schwach aus, um die Christdemokraten zu gefährden. Die Linke hatte ihre Werte in
der Opposition nicht steigern können, war 2009 in wichtigen Bereichen gar abgefallen.[42]
Beides verstärkte die empfundene Kompetenzbündelung bei den Christdemokraten.

Die Landtagswahlen waren stark durch Landesdynamiken geprägt. Nach Anja Mays
traten bei der PDS wegen der „Milieuverhaftung" ihrer Wähler und der Relevanz landesspezifischer Motive „zu keinem Zeitpunkt signifikante Bundeseffekte" auf. Auch der

---

38 Vgl. Forschungsgruppe Wahlen (Anm. 16), S. 29–33, Forschungsgruppe Wahlen (Anm. 19), S. 37–41,
    Forschungsgruppe Wahlen (Anm. 22), S. 27–31; Forschungsgruppe Wahlen (Anm. 28), S. 24.
39 Vgl. Infas (Anm. 14), Tab. 21; Infratest dimap: Landtagswahl'99 Sachsen. SachsenTREND II, Berlin
    1999, S. 5.
40 Vgl. Infratest dimap (Anm. 23), S. 72 f.; Forschungsgruppe Wahlen (Anm. 28), S. 20.
41 Vgl. etwa Forschungsgruppe Wahlen (Anm. 19), S. 45–47.
42 Vgl. EMNID-Politbarometer Freistaat Sachsen vom März und November/Dezember 1996, Juni/Juli
    2004; Infratest dimap (Anm. 26), S. 20–25, Anhang: Sachsen, S. 2.

Bundeseinfluss auf die Voten der CDU-Anhänger, ausgenommen die Denkzettelwahl 1999 gegen Rot-Grün, war schwach, der Landeseinfluss dominant. Hingegen litt die SPD vor allem unter bundespolitisch bedingten Mobilisierungsdefiziten.[43] Mays' Urteile dürften für 2009 fortgelten, wobei die Landeskomponente der SPD wegen der Regierungsbeteiligung gestiegen war.[44] Größere „externe" Einflüsse existierten 1990 und 2004. 1990 verband sich eine starke westdeutsche Personen- und Themenorientierung mit schwachen ostdeutschen Parteibindungen.[45] 2004 beeinflusste die Arbeitsmarktreform Hartz-IV das Wahlverhalten. Geringes Interesse für Landesthemen und die Stimmungsmache von PDS und NPD trieben Wähler in den bundespolitischen Protest. In toto waren die Vielzahl der sächsischen Landtagswahlen von Landesspezifika, der Parteienwettbewerb von Landesdynamiken und die Mehrheit der Landtagswahlkämpfe von sächsischen Identitätsmotiven beherrscht.

Wie die sächsischen Wahlergebnisse zeigen, hängt die Wahlbeteiligung nicht nur von der perzipierten Relevanz einer Wahl ab, sondern auch vom Grad des Wählerinteresses. Bewog 1990 der Erstwahleffekt 72,7 Prozent zu einer Teilnahme an der Landtagswahl, war die Beteiligung im Jahr 2009 (52,2 Prozent) nicht nur wegen des vorhersehbaren Wahlausgangs gering. 20 Jahre nach der friedlichen Revolution wirkten ebenso die Verdrossenheit und Bequemlichkeit der Bürger wie die mangelnde Mobilisierungsfähigkeit und -willigkeit der Parteien. Dazwischen hatten die sächsischen Raten bei Landtagswahlen mit rund 60 Prozent etwas oberhalb des ostdeutschen Durchschnitts gelegen. Auch die Europawahl 1994 erlebte mit 70,4 Prozent einen Erstwahleffekt. Seinerzeit beflügelte die hohe erstmalige Teilnahme an der Europawahl die Beteiligung bei den parallel abgehaltenen Kommunalwahlen. Seither zeichnet beide Ebenen eine hohe Abstinenzrate aus, wobei nun von den Kommunalwahlen ein „positiver" Effekt für die Europawahlen ausgeht. Angesichts der im Osten chronisch niedrigeren Beteiligung ist es legitim, diese als Indiz eines demokratischen Vertrauensdefizits zu bewerten, wobei der situative Charakter jeder Wahl pauschale Urteile verbietet. Dennoch bewirken nicht nur die schwache Wahlnorm und das individualisierte Wahlverhalten eine starke Enthaltung. Politische Unzufriedenheit und Deprivation kommen als Gründe hinzu, in einigen Fällen auch Zufriedenheit.[46]

Differenziert nach Geschlecht und Alter sind die sächsischen Landtagswahlen ohne große Besonderheiten. In der Summe wählen Männer und Frauen annähernd gleich stark, steht am Anfang und am Ende der Altersstaffelung eine stärkere Beteiligung der Männer, in den mittleren Kohorten eine der Frauen (Tabelle 4). Die Wahlbeteiligung stieg bei jeder Wahl mit zunehmendem Lebensalter der Wähler. Hierbei fällt im Längs-

---

43   Vgl. Anja Mays: Landtagswahlen in Sachsen 1994 bis 2004: stärkere Landes- als Bundeseinflüsse, in: Zeitschrift für Parlamentsfragen 38 (2007), S. 567–577, hier S. 575–577.
44   Vgl. Forschungsgruppe Wahlen (Anm. 28), S. 20.
45   Vgl. Carsten Bluck/Henry Kreikenbom: Die Wähler in der DDR: Nur issue-orientiert oder auch parteigebunden?, in: Zeitschrift für Parlamentsfragen 22 (1991), S. 495–502, hier S. 498–500.
46   Vgl. Markus Steinbrecher u. a. (Anm. 10), S. 152–155.

Tabelle 4   Wahlverhalten nach Alter und Geschlecht (in Prozent)

Jahr	1994			1999			2004			2009		
Alter/ Geschlecht	Insg.	Mann	Frau	Insg.	Mann	Frau	Insg.	Mann	Frau	Insg.	Mann	Frau
18–24	34,9	35,6	34,1	42,6	43,8	41,3	43,4	45,1	41,5	33,8	35,7	31,7
25–34	41,3	40,0	42,7	47,2	45,8	48,7	48,5	47,9	49,2	35,4	34,8	36,0
35–44	54,4	53,1	55,7	57,4	56,3	58,6	57,8	56,4	59,3	45,4	44,2	46,8
45–59	63,9	63,9	63,9	63,2	63,1	63,3	62,0	61,6	62,4	47,5	47,6	47,5
ab 60	66,6	71,4	63,9	66,4	71,2	63,2	60,2	65,1	56,8	47,8	51,9	44,8
insgesamt	55,7	55,3	56,1	58,5	58,6	58,3	56,8	57,6	56,2	44,4	45,3	43,6

Quelle: Konrad-Adenauer-Stiftung e. V.: Repräsentative Wahlstatistik Sachsen, unter: http://www.kas.de/upload/wahlen/ wahlergebnisse/rep-sachsen.pdf (Stand: 12. März 2012); Statistisches Landesamt des Freistaates Sachsen: Ergebnisse der Repräsentativen Wahlstatistik 2004, Kamenz 2004.

schnitt auf, dass sich die Altersschere schließt. Bis 1999 bedingte dies eine Zunahme der Wahlbeteiligung bei den Jungen, danach sorgt deren starker Einbruch bei den Alten für diesen Effekt. Lag 1994 zwischen der jüngsten und der ältesten Wählergruppe ein Partizipationsunterschied von 31,7 Punkten, halbierte sich dieser bis zum Jahr 2009. Jenseits dessen wuchs von Wahl zu Wahl die Bedeutung der älteren Kohorten. Stellten die über 60jährigen im Jahr 1994 28,5 Prozent der Wahlberechtigten, kamen sie 2009 schon auf 35,4 Prozent. Hingegen waren zur letzten Landtagswahl nur 22,9 Prozent der Wahlberechtigen unter 35 Jahre alt. Deren niedrige Partizipation verstärkt die strukturelle Unwucht. So waren zur letzten Wahl gerade 17,8 Prozent der Wähler unter 35 Jahre, indes 38,2 Prozent über 60 Jahre alt.[47]

Obwohl die sozialstrukturellen Muster das Wahlverhalten kaum prägten, lassen sie doch Unterschiede in der Wählerschaft der Parteien ebenso erkennen wie Trends.[48] Nach Alter und Geschlecht sind nur die Wähler von CDU und Grünen seit 1990 durchgehend mehrheitlich weiblich, die der NPD mehrheitlich männlich. Der Geschlechterproporz der anderen schwankte im Betrachtungszeitraum. Zuletzt überwogen bei der SPD die Frauen, während Die Linke und FDP mehrheitlich Männer wählten. Für CDU, Die Linke und SPD ergeben sich Mobilisierungsschwächen in den Altersgruppen unter 45 Jahre, umgekehrt verhält es sich bei FDP, Grünen und der NPD. Über die mit Ab-

---

47   Vgl. Statistisches Landesamt des Freistaates Sachsen: Ergebnisse der repräsentativen Wahlstatistik 1994, 2009, Kamenz 1994, 2009.

48   Vgl. hierzu Thomas Schubert (Anm. 13), S. 445–447; Repräsentative Wahlstatistiken des Statistischen Landesamtes Sachsen 1994–2009 sowie die Wahlanalysen der Forschungsgruppe Wahlen e. V. zu den sächsischen Landtagswahlen 1990–2009.

stand „älteste" Wählerschaft verfügen seit Jahren SPD und Die Linke. Fast jeder zweite war hier zuletzt über 60 Jahre alt, 1990 war es nur jeder vierte. Außer bei den über 60jährigen liegen die Sozialdemokraten seit 1990 in fast allen Altersgruppen unter ihrem Durchschnitt. Die Linke weist ähnliche Tendenzen auf. Ihre stärkste Gruppe sind seit 1994 die über 60jährigen Männer, von denen zuletzt beinahe ein Drittel für die Partei stimmte. Indes banden die Christdemokraten lange Zeit ausreichend junge Wähler, 1999 sprachen über 60 Prozent der unter 35jährigen Frauen Biedenkopfs CDU zu. Nach ihrem massiven Einbruch 2004 sind sie bei den unter 60jährigen Wählern unterrepräsentiert, erfahren den meisten Zuspruch aus der Gruppe der über 60jährigen Frauen (zuletzt 49,6 Prozent). Viele junge Wähler haben indes Liberale und Grüne. Dabei ist die FDP die einzige sächsische Partei, bei der sich die Altersverteilung im Betrachtungszeitraum fast umkehrte. Erzielte sie 1990 ihr bestes Ergebnis bei den über 60jährigen, schnitt sie dort 2009 am schlechtesten ab. Zuletzt lag die Partei bei den Wählern bis 35 Jahren nach der CDU an zweiter Stelle. Deutlicher noch ist der Trend bei den Grünen, die bei über 45jährigen unterrepräsentiert sind, hingegen in den jüngeren Altersgruppen – speziell bei Frauen – ihr Gesamtergebnis teilweise verdoppeln. Die „männlichste" Wählerschaft versammelt die NPD. 2004 war nur ein Drittel ihrer Wähler weiblich, 2009 sogar bloß ein Viertel. Die landläufige Annahme, fast ausschließlich junge Menschen wählten die Partei, geht in die Irre. Während die NPD in den jüngeren Kohorten zwar überdurchschnittlich punkten kann, waren ihre Wähler 2004 zu 44,7 Prozent und 2009 zu 53,7 Prozent über 45 Jahre alt.[49]

Weitere sozialstrukturelle Charakteristika offenbart die Unterscheidung nach Beruf und Konfession.[50] Die sächsische Arbeiterschaft versagt der SPD seit 1990 fast gänzlich ihre Gunst. Obwohl sie bei den Angestellten durchweg über ihrem Gesamtergebnis lag, weist über den Betrachtungszeitraum hinweg keine der Berufsgruppen ein für die SPD konstant positives Wahlverhalten auf. Indes wählte das Gros der Arbeiter von Beginn an CDU. Mit Raten von 60 Prozent war sie hier bis einschließlich 1999 stark überrepräsentiert, punktete als „Kleineleutepartei" vor allem bei formal gering Gebildeten. Blieb ihre Resonanz bei den Angestellten und Beamten stets verhalten, wählten Landwirte und Selbstständige (außer 2009) weit überdurchschnittlich CDU. 2004 büßte die Partei vor allem bei den Arbeitern ein, u. a. zugunsten der NPD, die hier auf 14 Prozent kam. 2009 verlor sie über Gebühr bei den Selbstständigen, vor allem wegen der FDP. Die Linke weist Stärken bei den Angestellten und Beamten auf, vereint diese Berufsgruppe doch zahlreiche frühere Systemkader der DDR. Bis 2004 war sie hier überrepräsentiert. Unter ihr landesweites Ergebnis rutschte die Partei regelmäßig bei Selbstständigen und Landwirten. In der Gruppe der Arbeiter schnitt sie erstmals 2009 überdurchschnittlich ab.

---

49 Vgl. Statistisches Landesamt des Freistaates Sachsen: Ergebnisse der repräsentativen Wahlstatistik 2009, Kamenz 2009, S. 34 f.

50 Vgl. hierzu Thomas Schubert (Anm. 13), S. 445–447; Repräsentative Wahlstatistiken des Statistischen Landesamtes Sachsen 1994–2009 sowie die Wahlanalysen der Forschungsgruppe Wahlen e. V. zu den sächsischen Landtagswahlen 1990–2009.

Liberale und Grüne halten ihre Hauptwählerschaft bei den Angestellten. Zuletzt punkteten sie über Durchschnitt bei Beamten (eher Grüne) und Selbstständigen (eher Liberale). Hochburgen der NPD sind Arbeiter und Arbeitslose, wobei die Partei hier 2009 Verluste verzeichnete.[51] Berufstätige gaben ihre Stimme stets mehr der CDU sowie FDP und Grünen. Die SPD liegt hier wegen ihrer „überalterten" Wählerstruktur ebenso unter dem Durchschnitt wie Die Linke. CDU und SPD sind – wie Die Linke – bei Rentnern überrepräsentiert. Sie bilden seit 2004 ihre wichtigste Stütze, halten die CDU oberhalb der 40, Die Linke oberhalb der 20 Prozent und bewahren die SPD vor Platz vier.

Die Bedeutung der konfessionellen Komponente ist für das sächsische Wahlverhalten gering, sind doch drei Viertel der Bevölkerung konfessionslos. Die CDU band von Beginn an überdurchschnittlich evangelische und katholische Wähler. Jedoch sank der konfessionelle Anteil an ihrer Wählerschaft von 53,8 Prozent im Jahr 1990 auf zuletzt 45,0 Prozent, jener der Konfessionslosen stieg. Während die Ergebnisse der SPD seit 2004 invariant sind, ist Die Linke bei konfessionslosen Wählern deutlich überrepräsentiert – mit abnehmender Tendenz. Ihre Wählerschaft besteht zu drei Vierteln aus Konfessionslosen (1990 waren es noch 89,9 Prozent). Ähnlich konstituiert war 2004 die NPD-Wählerschaft (konfessionslos: 77 Prozent). Grüne und Liberale sprechen hingegen schon eher konfessionell gebundene Wähler an.

Die geografisch-sozialstrukturellen Wahlmuster[52] sind in Teilen erstaunlich konstant. Der frühere Bezirk Leipzig war 1990 der für die CDU schwächste, für die SPD der stärkste, während die Bezirke Dresden und Karl-Marx-Stadt eine stärkere CDU-Präferenz aufwiesen. Im Großen und Ganzen hat sich diese Anordnung ebenso bewahrt wie der Stadt-Land-Unterschied. SPD und PDS/Die Linke erzielten von Beginn an ihre besten Ergebnisse in Großstädten, die CDU reüssierte vor allem in ländlichen Gebieten. Auch in Sachsen gilt die bundesweit übliche Formel: je höher die Bevölkerungsdichte, umso schlechter für CDU, FDP und NPD, umso besser für Parteien links der Mitte.

Insbesondere den Grünen garantiert einzig eine hohe Bevölkerungsdichte Erfolg. Ihr Stadt-Land-Unterschied betrug zuletzt 6,9 Punkte, bei einem Gesamtergebnis von 6,4 Prozent. In ihren sechs stärksten Wahlkreisen, alle in Dresden und Leipzig, holte die Partei 2009 30,2 Prozent ihrer Stimmen, in ihren 12 stärksten Wahlkreisen, davon zehn in Dresden und Leipzig, ganze 47,7 Prozent! Hingegen schnitt sie in 45 von 60 Wahlkreisen (weit) unterdurchschnittlich ab. Bündnis 90/Die Grünen sind als „Großstadtpartei" dort stark, wo formal hoch gebildete, postmaterialistisch-ökologisch orientierte Wählerschichten leben.

Ebenfalls überdurchschnittlich in den Großstädten schneiden Die Linke und die SPD ab, wiewohl beide im Gesamtzeitraum gegenläufigen Trends folgten. Die SPD zeigt ein zunehmendes Übergewicht in Wahlkreisen mit hoher Bevölkerungsdichte, speziell

---

51 Vgl. Forschungsgruppe Wahlen (Anm. 28), S. 66.
52 Vgl. hierzu Thomas Schubert (Anm. 13), S. 447; Wahlanalysen der Forschungsgruppe Wahlen e. V. zu den sächsischen Landtagswahlen 1990–2009.

Chemnitz, Plauen und Leipzig, wo die Partei am stärksten organisiert ist. Jenseits West-
und Nordwestsachsens ist sie „abgehängt". PDS/Die Linke, die in den frühen 1990er
Jahren in den großen Städten wegen des dort höheren Anteils an Angestellten und Beamten sowie des formal höheren Bildungsniveaus der Einwohner reüssierte, hat mittlerweile dort (auch wegen der Grünen) an Vorsprung eingebüßt. Wie in den anderen
ostdeutschen Ländern vollzogen sich ihre Zuwächse nach 1994 zuvörderst in Wahlkreisen mit niedriger oder mittlerer Bevölkerungsdichte.[53] Beide wiesen zuletzt eine leicht
unterdurchschnittliche Wahlkreisverteilung auf, d. h., die städtischen Wahlkreise heben
deutlich ihr Gesamtergebnis.

Demgegenüber schnitt die CDU im Jahr 2009 nur in 20 Wahlkreisen (zum Teil stark)
unterdurchschnittlich ab, was ihre Überrepräsentanz in der Fläche und ihre Schwäche
in den wenigen, an Wahlberechtigten starken städtischen Wahlkreisen ausdrückt. Von
Beginn an war sie in den drei Großstädten unterrepräsentiert, dabei im „bürgerlichen"
Dresden weniger als in Chemnitz oder Leipzig. Die Wahlkreise mit niedriger oder mittlerer Bevölkerungsdichte brachten ihr satte Resultate, so die mittleren Erzgebirgsregi-
onen, die Sächsische Schweiz sowie – zuletzt mit Abstrichen – die Oberlausitz und
Mittelsachsen. Das Jahr 2009 festigte für die CDU einen negativen Trend. Ihre schwä-
cheren Ergebnisse in den großen Städten werden nicht mehr durch gute Resultate auf
dem Land kompensiert.

Dies dürfte 2004 und 2009 nicht zuletzt an der FDP gelegen haben, die mit ihrer
Ausrichtung auf die „Leistungsträger der Mitte" im Mittelstand und den „bürgerlich"-
liberalen Schichten jenseits der Großstädte punkten konnte. Ähnlich der CDU verbucht
sie seit jeher in Wahlkreisen mit niedriger und mittlerer Bevölkerungsdichte überdurchschnittliche Ergebnisse,[54] wenngleich bei ihr die Ergebnisverteilung nach Bevölkerungsdichte die geringste regionale Varianz aufweist. 2009 wich sie in der Mehrzahl
der Wahlkreise nicht mehr als einen Punkt von ihrem landesweiten Ergebnis ab.

Auch die Stimmen der NPD verteilen sich eher in der Fläche, wobei ihre Resultate umso schlechter ausfallen, je höher die Bevölkerungsdichte ist. So erzielte sie 2004
zwar in 10 Prozent der Wahlkreise, darunter die Sächsische Schweiz, 16,5 Prozent der
Stimmen, kam aber in gerade einmal vier Wahlkreisen nicht über die Sperrhürde. Im
Jahr 2009 hielt sich die Zahl ihrer unter- und überdurchschnittlichen Wahlkreisergeb-
nisse fast die Waage. Ihre Hochburgen lagen wieder in der Sächsischen Schweiz, Riesa-
Großenhain und den Erzgebirgswahlkreisen.

---

53 Vgl. Viola Neu: Das Janusgesicht der PDS. Wähler und Partei zwischen Demokratie und Extremismus,
    Baden-Baden 2004, S. 64.
54 Vgl. auch die Analyse bei Falk Illing: Auf dem Weg zur etablierten Partei? Wahlanalyse, Organisation,
    Programmatik und Strategie der FDP seit 1990, Wiesbaden 2013.

5 „Sächsischer Weg"?

Das sächsische Landtagswahlsystem bzw. -wahlrecht verhält sich im Konzert der deutschen Länder unauffällig.[55] Das personalisierte Zweistimmenproporzsystem, die Länge der Legislaturperioden, die Regelungen zu Wahlalter und Wählbarkeit, die Fünfprozenthürde, die Ausgleichsmandatsregelung oder die starre Listenform entsprechen im Großen und Ganzen den mehrheitlich länderübergreifenden (speziell den ostdeutschen) Mustern. Markante strukturelle Ausnahmen verzeichnet Sachsen nur bei der Grundmandatsklausel und beim Sitzzuteilungsverfahren. Die alternative Zwei-Mandate-Regelung im Freistaat ist einmalig, das d'Hondtsche Verfahren der Mandatsvergabe wird nur noch in Niedersachsen und dem Saarland genutzt. Die untersuchten Mechanismen Repräsentation, Konzentration, Partizipation, Einfachheit und Legitimität bedürften für ein valides Urteil einer aufwändigen länderübergreifenden Studie. Zum Beispiel ordnen Christina Eder und Raphael Magin, die den Disproportionalitätsgrad der Landeswahlsysteme verglichen haben, Sachsen im Zeitraum von 1990 bis 2005 im Mittelfeld ein – bei Output- wie bei Input-orientierten Indizes.[56] Eine „messbare" sächsische Besonderheit existiert nicht.

Das sächsische Wahlverhalten entsprach lange Zeit nicht den ostdeutschen Mustern. Das Ausmaß der Veränderungen war in den 1990er Jahren überschaubar, die Integrationskraft der CDU sehr hoch, Protestwahl selten. Nachdem bereits die Bundestagswahl 1998 erste Instabilitäten hatte aufblitzen lassen, förderte die Landtagswahl 2004 neben einer enormen Wählervolatilität ein erhebliches Protestpotenzial zutage. Der Freistaat entspricht seither stärker ostdeutschen Mustern, auch wenn die zuletzt kapitalen Ausschläge im Wahlverhalten in Bayern, Hessen, Baden-Württemberg oder Hamburg die These von der höheren ostdeutschen Volatilität wohl Lügen strafen. Ein klares Spezifikum waren die eher geringen bundespolitischen Einflüsse bei den sächsischen Landtagswahlen. Auch die wahrgenommene Regierungs- und Parteikompetenz der CDU, das hohe Ansehen ihrer Amtsinhaber und die Schwäche der Oppositionsparteien sprechen für einen „sächsischen Weg".[57] Hingegen bewegt sich die sächsische Wahlbeteiligung im ostdeutschen Trend unterhalb des gesamtdeutschen Niveaus. Nach dem Erstwahleffekt 1990 mit der höchsten Wahlbeteiligung unter den fünf Ost-Ländern kam es ab 1994 zu einer „Normalisierung". Auch die sozialstrukturellen Betrachtungen ergaben entweder keine Abweichungen (bei Alter, Geschlecht) oder legten die ostdeutsche Wählerverwandtschaft offen, etwa bei der geringen Bedeutung der konfessionellen

---

55 Vgl. Matthias Trefs: Die Wahlsysteme der Länder, in: Achim Hildebrandt/Frieder Wolf (Hrsg.): Die Politik der Bundesländer. Staatstätigkeit im Vergleich, Wiesbaden 2008, S. 331–344.

56 Vgl. Christina Eder/Raphael Magin: Wahlsysteme, in: Markus Freitag/Adrian Vatter (Anm. 2), S. 33–62, hier S. 48, 58.

57 Umfassende Vergleichsdaten, die Sachsens Sonderrolle bestätigen, finden sich bei Kerstin Völkl: Reine Landtagswahlen oder regionale Bundestagswahlen? Eine Untersuchung des Abstimmungsverhaltens bei Landtagswahlen 1990–2006, Baden-Baden 2009, S. 152–160, 169–182.

Konfliktlinie oder in Form des lange sehr hohen Zuspruchs der Arbeiter an die CDU. Während die SPD in Sachsen ohne strukturell gebundene Wählerschaft ist, haben die CDU und Die Linke relativ gefestigte Wählerstrukturen. Indes blieben FDP und Grüne viele Jahre ohne gesellschaftliche Wählerverankerung. In letzter Zeit konnten vor allem die Grünen in den Universitätsstädten Fuß fassen. Dem stehen wirksame kurzfristige Faktoren gegenüber, wie etwa die wichtige Einschätzung der Regierungs- und Parteikompetenz, die starke Sachorientierung der Wähler, deren Wahrnehmung der Kandidaten und, speziell mit Blick auf die SPD, bundespolitische Einflüsse. Bis 2004 wusste die CDU in hohem Maße diese Faktoren zu bedienen und Wähler zu binden bzw. zu mobilisieren.

Die Ergebnisse bekräftigen die These eines „sächsischen Wegs". Beispiellos war nicht nur die langanhaltende Differenz zwischen Bundes- und Landtagswahlergebnissen bei CDU und SPD. Die Christdemokraten (die CSU in Bayern ausgenommen) erzielten in den Bundestagswahlen 1990, 1994 und 2009 ihre bundesweit besten Ergebnisse in Sachsen, während die SPD bei allen Bundestagswahlen hier ihre schlechtesten Resultate verbuchte – außer im Jahr 2002 (CSU-Chef Edmund Stoiber war Kanzlerkandidat), als die bayerischen Genossen die sächsischen unterboten. Im ostdeutschen Vergleich schnitt die sächsische PDS/Die Linke bei Bundestagswahlen übermäßig schlecht ab. Lediglich 1990 in Thüringen und 2005 in Sachsen-Anhalt fiel die Partei unter das sächsische Ergebnis. Hingegen erringen die Grünen (wieder im ostdeutschen Vergleich) seit 1998 stets überdurchschnittliche Resultate, dasselbe gilt für die FDP. Beide scheinen sich im Freistaat nun zu etablieren. Eine gewisse Verankerung gelang der NPD, die seit Jahren in Sachsen ihre bundesweit besten Ergebnisse erzielt, freilich mit sinkender Tendenz.

Im einzelnen waren die sächsischen Landtagswahlergebnisse durch die Stärke der CDU und die Schwäche der SPD markant. In Sachsen potenzierten sich auf Landesebene die „bayerischen Verhältnisse". Wohl hatte die CSU – nicht die CDU – größere Höhen erklommen, die SPD aber nie so tiefe Täler durchschritten. Die PDS/Die Linke erzielte im Freistaat eher durchschnittliche Ergebnisse und fiel zuletzt ab. FDP und Grüne bewegen sich auf Landesebene in den Wogen der ostdeutschen Wählervolatilität. Der NPD, die in Sachsen ihren organisatorischen Mittelpunkt hat, gelang 2004 erstmals der Wahlerfolg, der sich 2009 (abgeschwächt) wiederholte. Insgesamt zeigen die Daten eine (zumindest) in Ostdeutschland einzigartige „strukturelle Mehrheit" der CDU (auch bei den Kommunalwahlen[58]), die an einigen Punkten erodiert; eine bundesweit einmalige „strukturelle Schwäche" der SPD, für die bislang keine Besserung in Sicht ist; ein eher mittelmäßiges Potenzial für Die Linke, die zunehmend unter Konkurrenzdruck gerät; eine im Vergleich zur Vergangenheit wohl bessere Zukunft für Liberale und Grüne sowie eine (zumindest mittelfristige) NPD-Hochburg – neben Mecklen-

---

58   Vgl. Annette Rehfeld-Staudt/Werner Rellecke: Kommunalpolitik in Sachsen, in: Andreas Kost/Hans-Georg Wehling (Hrsg.): Kommunalpolitik in den deutschen Ländern, 2. Aufl., Wiesbaden 2010, S. 282–306, hier S. 299.

burg-Vorpommern. Über 20 Jahre nach der Wiedergründung ist in Sachsen die Wahl als Partizipationsinstrument gefestigt, das Wahlsystem als strukturprägender Mechanismus etabliert, das Wählerverhalten weiterhin volatil; viele Besonderheiten haben ein spezifisches Parteiensystem zur Folge.

Kapitel 8
Parteien und Parteiensystem

1 Parteien und Parteiensysteme in Deutschland

Parteien, die als wichtige Elemente repräsentativer Demokratien zu deren Funktionalität und Stabilität beitragen, stehen auf einer pluralistisch-demokratischen Basis und haben diverse Aufgaben: Sie sind Instrumente, um politisches Personal zu rekrutieren und zu legitimieren sowie um Macht zu erlangen und zu erhalten, um gesellschaftliche Interessen zu bündeln, die Willensbildung zu lenken und um politische Ziele durchzusetzen.[1] Sie erfüllen idealtypisch eine „Doppelrolle" – ihrer Herkunft nach gesellschaftlich, sind sie ihrem Ziel nach „auf den Staat gerichtet, in welchem sie [...] ihre Meinung zur verbindlichen Herrschaft zu bringen versuchen".[2] Als politische „gatekeeper" fangen sie gesellschaftliche Bedürfnisse auf, gleichen verbundene Spannungen aus und stabilisieren das politische System[3] – wobei ihre staatliche Anbindung und ihre wachsenden Strukturschwächen letztgenannte Funktion einschränken. Wegen der Mehrebenenstruktur des deutschen Parteienstaats fallen die Aufgaben in den Ländern den Landesparteien zu – organisatorisch (fast) eigenständige Akteure mit regionalspezifischen Charakteristika.[4] Sie bilden mehr oder weniger landestypische Parteiensysteme[5] aus. Die föderale

---

1   Vgl. Winfried Steffani: Gewaltenteilung und Parteien im Wandel, Opladen/Wiesbaden 1997, S. 190–195.
2   Dieter Grimm: Die Parteien im Verfassungsrecht: Doppelrolle zwischen Gesellschaft und Staat, in: Peter Haungs/Eckhard Jesse (Hrsg.): Parteien in der Krise?, Köln 1987, S. 132–138, hier S. 133, 136.
3   Vgl. Elmar Wiesendahl: Parteien und Demokratie, Opladen 1980, S. 200.
4   Vgl. Thomas Bräuninger/Marc Debus: Parteienwettbewerb in den deutschen Bundesländern, Wiesbaden 2012.
5   Ein Parteiensystem charakterisiert die Zahl der im Parlament vertretenen Parteien (Format), deren gewichtetes Größenverhältnis (Fragmentierung), die Machtverhältnisse zwischen dem Regierungs- und dem Oppositionslager (Asymmetrie), das Ausmaß der Veränderung zwischen zwei Wahlen (Volatilität), die ideologische Distanz zwischen den Parteien (Polarisierung) und deren Koalitionsfähigkeit (Segmentierung). Vgl. Oskar Niedermayer: Zur systematischen Analyse der Entwicklung von Parteien-

Struktur der Bundesrepublik barg von Beginn an ein dekonzentriertes Parteiensystem
mit zwei Arenen in sich – der zentralen bundespolitischen und der dezentralen landespolitischen. Obwohl auf beiden Ebenen fast dieselben Akteure agieren, besteht ein kom-
plexer und vielgestaltiger Parteienwettbewerb.

Das anfängliche Vielparteiensystem erlebte bald einen Konsolidierungs- und Kon-
zentrationsprozess.[6] Vor allem das Integrationsvermögen der Union als interkonfessio-
nelle Sammlungs- und erfolgreiche Regierungspartei entflocht zunächst die Parteienlandschaft (Abbildung 1). Zwischen 1961 und 1983 dominierten allein Union, SPD und
FDP die Szenerie, wobei der SPD ihre Zugewinne erst dann nutzten, als die sozialliebe-
rale Metamorphose der FDP die Asymmetrie zu ihrem Vorteil umkehrte. Der „Macht-
wechsel" 1969 zu einer SPD-FDP-Koalition verschob den Parteienwettbewerb. Der
Präferenzwechsel der FDP 1982 wendete das Gefüge erneut. Ende der 1970er Jahre erweiterten neue ökologisch-postmaterialistische Einstellungen die „eingefrorene" Parteienlandschaft um einen Akteur – die Grünen. Zuerst auf Landesebene erfolgreich, zogen sie bald als eine vierte Kraft in den Bundestag ein. Die Protestpartei etablierte sich
binnen eines Jahrzehnts als regierungswillig und -fähig (an der Seite der SPD). Zwei fast
gleichstarke Lager entstanden.

Schließlich läutete 1990 die PDS die Phase des „fluiden Fünfparteiensystems" (Oskar
Niedermayer) ein. Nicht nur wegen ihrer Sonderrolle als ostdeutsche Regionalpartei er-
wuchsen in Ost und West divergente Parteiensysteme. FDP und Grüne waren im Osten
lange Zeit (fast) ohne spezifische Klientel, hemmte hier doch der konservierte DDR-
Materialismus und Etatismus lange Zeit libertäre Werte und Lebensstile. Ostdeutsche
Wähler wie Parteien orientierten sich in den 1990er Jahren betont sozial und eher autoritär, westdeutsche eher marktwirtschaftlich und libertär – als Bild verschiedener Le-
benslagen.[7] Die Bundestagswahl 1998 mit dem ersten ungefilterten Regierungswechsel
lockerte das Parteiensystem auf. Die Oppositionsparteien SPD und Grüne gelangten
in die Regierung, die Regierungsparteien in die Opposition, die PDS übersprang die
Fünfprozenthürde. Unter der von 2005 bis 2009 amtierenden Großen Koalition verschärfte sich die Dekonzentration. Die Gewichte verschoben sich von den Volksparteien
hin zu den kleineren Parteien. Gestärkt vom „Verfall" der regierenden Sozialdemokraten kehrte die nun als Linkspartei (Mitglieder der WASG kandidierten auf PDS-Listen)
auch im Westen erfolgreiche PDS im Jahr 2005 mit 8,7 Prozent in den Bundestag zurück.
Sie steigerte 2009 als Die Linke ihr Resultat auf 11,9 Prozent. Ebenso wie sie profitierten

---

systemen, in: Oscar W. Gabriel/Jürgen W. Falter (Hrsg.): Wahlen und politische Einstellungen in westlichen Demokratien, Frankfurt a. M. 1996, S. 19–49.

6   Vgl. hier und nachfolgend Eckhard Jesse: Die Entwicklung des Parteiensystems und der Parteien in der
Bundesrepublik Deutschland, in: Emil Hübner/Heinrich Oberreuter (Hrsg.): Parteien und Wahlen in
Deutschland, München 2003, S. 11–89; Oskar Niedermayer: Das Parteiensystem Deutschlands, in: Ders.
u. a. (Hrsg.): Die Parteiensysteme Westeuropas, Wiesbaden 2006, S. 109–133.

7   Vgl. Richard Stöss: Stabilität im Umbruch. Wahlbeständigkeit und Parteienwettbewerb im „Superwahljahr" 1994, Opladen/Wiesbaden 1997, S. 171–174, 220 f.

Abbildung 1   Stimmenanteile der Parteien zu den Bundestagswahlen 1949–2009 (in Prozent)

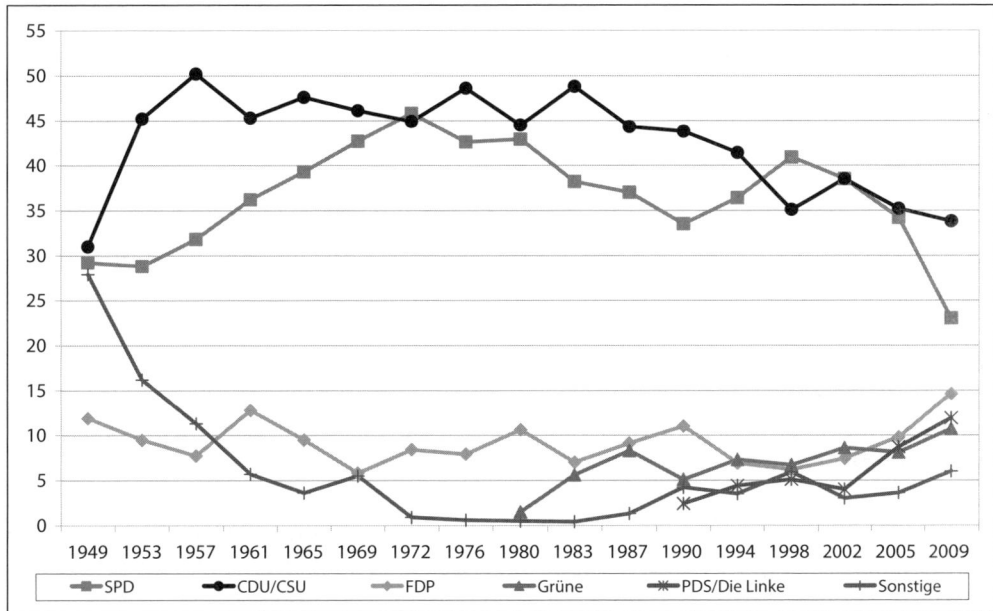

Quelle: Eigene Zusammenstellung.

vor allem die FDP und Bündnis 90/Die Grünen von der Schwäche der Volksparteien. Die Bundestagswahl 2009 setzte hier keinen Endpunkt: SPD (mehr) und Union (weniger) fuhren Niederlagen ein, Liberale, Grüne und Linke erreichten neue Höchstmarken. Das Bundesparteiensystem befindet sich seitdem in einer Metamorphose hin zu einem wandelhaften Typus mit kleineren Großen und größeren Kleinen.[8]

Die Länderparteiensysteme spiegelten von Beginn an im Kern die Verhältnisse im Bund wider, waren aber stets vielgestaltiger. Nicht nur, dass nach 1945 die Parteien zunächst auf Ebene der Länder aktiv wurden – was bis heute regionale Unterschiede begründet. Auch konnten sich bis Mitte der 1960er Jahre kleine Gruppen wegen spezifischer regionaler Wählerverankerungen halten. Landesparteiensysteme waren zunächst entsprechend fragmentierter, Vielparteienkoalitionen die Norm. Diese Zerklüftung schwand ab Mitte der 1950er Jahre durch die integrative Union und die erstarkte SPD, die in den Ländern Hochburgen besaß. Die kleinen Parteien (z. B. die Bayernpartei, die Deutsche Partei oder der Gesamtdeutsche Block/Bund der Heimatvertriebenen und

---

8   Vgl. Oskar Niedermayer: Von der Zweiparteiendominanz zum Pluralismus: Die Entwicklung des deutschen Parteiensystems im westeuropäischen Vergleich, in: Politische Vierteljahresschrift 51 (2010), S. 1–13.

Entrechteten) wurden von den großen „aufgesogen" oder verloren als Interessenparteien ihre Existenzgrundlage. Von Anfang der 1960er bis Ende der 1970er Jahre etablierten sich fast überall Zweieinhalbparteisysteme aus Union, SPD und FDP. Die Parteienkonzentration erreichte ihr Maximum, der bipolare Wettbewerb ebenso. In Bayern, Baden-Württemberg und Rheinland-Pfalz bestanden christlich-demokratisch, in Bremen, Hamburg sowie zeitweise in Berlin und Hessen sozialdemokratisch dominierte Parteiensysteme. Alleinregierungen bestimmten oft das Bild, die FDP wurde bei Koalitionen zu einem „Zünglein an der Waage".[9]

In der Folge bildete das Aufkommen der Grünen eine bipolare Parteienstruktur aus, die der SPD mit allmählich stabilen rot-grünen Regierungen eine neue Koalitionsoption eröffnete. Mit der deutschen Einheit wuchs die Heterogenität. Zunächst war das Parteiensystem des Westens auf den Osten übertragen worden – mit spezifischen Abweichungen (PDS), die sich in der Folge verstärkten. Ab Mitte der 1990er Jahre etablierte sich ein landesindividuell unterschiedliches Dreiparteisystem aus CDU, SPD und PDS,[10] während in den westdeutschen Ländern das Vierparteisystem der 1980er Jahre aus Union, SPD, FDP und Grünen fortbestand. Für die noch 1990 vor allem wegen des „Genscher-Bonus" erfolgreiche FDP hagelte es ab 1993 infolge bundespolitischer Verwerfungen harsche Niederlagen auf Landesebene – insbesondere im Osten. Indes etablierten sich die Grünen bis Mitte der 1990er Jahre in allen westlichen Ländern, nicht im Osten. Einzelerfolge erzielten die Rechtsparteien. Die Republikaner profitierten vom Parteienverdruss (u. a. 1992/96 in Baden-Württemberg), die DVU hatte geringe Erfolge im Norden (Bremen, Schleswig-Holstein) und nutzte frühzeitig das Protestpotenzial mit vereinzelten Erfolgen im Osten (Sachsen-Anhalt, Brandenburg).

Die 2000er Jahre brachten eine Dekonzentration der Parteiensysteme und neue Koalitionsformen.[11] Union und SPD verloren sukzessive ihre absoluten Mehrheiten. Die Vorherrschaft der Volksparteien erodierte. Zunächst hatten die von 1998 an im Bund regierenden Sozialdemokraten bei den Landtagswahlen zum Teil drastisch „Federn lassen" müssen. Das Koalitionsgefüge der Länder verschob sich hin zu Großen Koalitionen (eher im Osten) und zu Schwarz-Gelb (eher im Westen). Die Große Koalition im Bund (2005–2009) schwächte schließlich beide Volksparteien in den Ländern. Der PDS bzw. der Linkspartei (2005–2007) gelang nach der Fusion mit der WASG unter dem Namen Die Linke die Westausdehnung. Im Jahr 2010 war sie in 13 Landtagen vertreten, seither ist die Entwicklung rückläufig. Die FDP konnte sich zwischen 2002 und 2009 erholen

---

9   Vgl. Sven Leunig: Die Regierungssystem der deutschen Länder im Vergleich, 2. Aufl., Wiesbaden 2012, S. 80–105; Uwe Jun: Koalitionsbildung in den deutschen Bundesländern, Opladen 1994, S. 102–109, 121–124.

10 Vgl. Eckhard Jesse: Die Landtagswahlen in den neuen Bundesländern 1990 bis 2004, in: Deutschland Archiv 37 (2004), S. 952–962.

11 Vgl. Franz Walter: Farblose und entkoppelte Oligarchien – das Parteiensystem, in: Hans-Peter Schwarz (Hrsg.): Die Bundesrepublik Deutschland. Eine Bilanz nach 60 Jahren, München 2008, S. 299–317.

(auch im Osten), verliert seither aber wegen ihrer weithin als negativ wahrgenommenen Regierungsbeteiligung im Bund wieder an Boden. Die Grünen, die nach dem Ende der rot-grünen Regierung im Bund 2005 vom Abstieg der SPD profitierten und im Osten besser als früher abschnitten, übertrafen 2011 auf Landesebene erstmals die SPD (Baden-Württemberg: 24,2 Prozent). Während REP und DVU fast verschwanden, reüssierte die NPD durch gute Gelegenheitsstrukturen und eine gewisse Verankerung in Sachsen (2004/09) und Mecklenburg-Vorpommern (2006/11).

In toto sind die Landesparteisysteme seit 1990 geringer pluralisiert als unmittelbar nach 1949, doch stärker als in der Zwischenzeit. Sie ähneln dem Bundesparteinsystem, weisen aber Spezifika auf (z. B. ostdeutscher Dreiparteienkern).[12] Bestanden 2012 in zehn Ländern Fünfparteiensysteme, hatten nur Sachsen und Schleswig-Holstein sechs Parteien im Parlament, Bremen, Sachsen-Anhalt und Baden-Württemberg je vier, Rheinland-Pfalz drei. Die Formate erzwingen bei der Koalitionsbildung Flexibilität. Hatten in den 1990er Jahren lagerübergreifende Dreierkoalitionen (Bremen, Brandenburg) kurzzeitig für gewisse Furore gesorgt, kam es von 2008 bis 2010 in Hamburg zu einer schwarz-grünen Koalition und von 2009 bis 2012 im Saarland zur ersten „schwarzen Ampel" (CDU-FDP-Grüne). Dies signalisiert auf Landesebene einen Wandel, dessen jüngstes Kind Grün-Rot in Baden-Württemberg ist.

2 Entstehung des sächsischen Parteiensystems 1989/90

Auf dem Gebiet des heutigen Sachsen beendete die friedliche Revolution das formale Mehrparteien-, jedoch faktische Einparteiensystem der DDR. Bis zum Jahresende 1989 verlor die Staatspartei SED ihren Alleinvertretungsanspruch und wurde – Ende 1989 in SED/PDS, Anfang 1990 in PDS umbenannt – Teil des freien Parteienpluralismus. War ihr habitueller Wandel ein Gemisch aus widerwilliger Anpassung und ehrlicher Überzeugung, diente ihre Umorganisation der Abkehr vom Zentralismus. Aus den Überresten ihrer drei südöstlichen Parteibezirke formte die PDS am 28./29. Juli 1990 einen etwa 70 000 Mitglieder starken sächsischen Landesverband. Zum Vorsitzenden avancierte der ehemalige SED-Kader Klaus Bartl. Die an Konflikten reiche Partei integrierte von Anfang an „unterschiedliche politische Stile, Kulturen, Traditionen und Verständnisse von Politik",[13] darunter offen extremistische.

Die DDR-Blockparteien, die in ihren Führungsetagen bis weit in das Jahr 1989 hinein ein den Einheitssozialisten ähnliches politisches Selbstverständnis pflegten, vollzogen eine Metamorphose. Sie entsagten Ende 1989 dem Pakt mit der SED, verließen den

---

12 Vgl. Sven Leunig (Anm. 9), S. 92–98; Uwe Jun (Anm. 9), S. 90.
13 Gero Neugebauer: Die PDS in Sachsen, in: Christian Demuth/Jakob Lempp (Hrsg.): Parteien in Sachsen, Berlin/Dresden 2006, S. 121–144, hier S. 123.

Blockverbund und demokratisierten ihre Organisationen und Programme. Die bald in LDP zurückbenannte LDPD gründete am 24. Februar 1990 einen sächsischen Landesverband. Parallel gab es liberale Gründungen: die am 26. Februar 1990 als sächsische Formation gegründete Freie Demokratische Partei (FDP) und die am 27. Januar 1990 in Karl-Marx-Stadt entstandene Ablegerin des Neuen Forums, die Deutsche Forumpartei (DFP) unter Jürgen Schmieder. Alle drei traten zur Volkskammerwahl als Bund Freier Demokraten an, schnitten aber nur mäßig ab. Mitte August 1990 gründeten nach vorherigen Fusionen zwei frühere Blockparteien (LDP, NDPD) sowie zwei „Neue" (DFP, DDR-FDP) den sächsischen FDP-Landesverband.[14]

Bei der Block-CDU rebellierte im Herbst 1989 vorrangig ein Teil der kirchlich engagierten Parteibasis – sie initiierte einen allmählichen demokratischen Wandlungsprozess. Unter dem neuen Vorsitzenden Lothar de Maizière rückten die Christdemokraten bis Ende 1989 vom Sozialismus ab, wandten sich Marktwirtschaft und nationaler Einheit zu.[15] Im Zuge ihrer Neuorganisation gründete sich am 3. März 1990 der Landesverband Sachsen mit dem früheren CDU-Bezirksvorsitzenden von Karl-Marx-Stadt Klaus Reichenbach an der Spitze. Nach dem symbolkräftigen Eintritt einer Gruppe Bürgerrechtler um Arnold Vaatz trat am 28. Juli die „Hauptfraktion" des (erfolglosen) sächsischen Demokratischen Aufbruchs der sächsischen CDU bei, der die unbelasteten Neumitglieder sehr gelegen kamen. Parallel fusionierte sie mit der DBD, einer früheren Blockpartei.[16] Diese Melange aus Alt und Neu band 1990 ein beachtliches Organisationspotenzial (37 231 Mitglieder, zum Teil allerdings „Karteileichen"), brachte aber auch Konflikte in die Reihen der Landespartei.

Größte Neugründung war die am 7. Oktober 1989 von Bürgerrechtlern ins Leben gerufene Sozialdemokratische Partei in der DDR (SDP). Trotz widriger Bedingungen entwickelte sich bis Januar 1990, als sich die SDP in SPD umbenannte, eine (bedingt) arbeitsfähige Partei. In den südlichen Bezirken entstanden ab Oktober 1989 erste Strukturen: „Da die Leipziger SDP bis Dezember 1989 am nachhaltigsten ihren Organisationsaufbau betrieben hatte, war sie es schließlich, die als Impulsgeber für den Auf- und Ausbau von Bezirksstrukturen in Dresden, Chemnitz und Leipzig und [...] den Aufbau eines Landesverbands fungierte."[17] So gab es in Sachsen Anfang 1990 drei Bezirksverbände, die am 26. Mai 1990 unter dem Vorsitz von Michael Lersow zum Landesverband

14   Vgl. Michael Richter: Die Friedliche Revolution. Aufbruch zur Demokratie in Sachsen 1989/90, 2 Bde., Göttingen 2009, S. 149–153, 1076 f.; ders.: Die Bildung des Freistaates Sachsen. Friedliche Revolution, Föderalisierung, deutsche Einheit 1989/90, Göttingen 2004, S. 135 f., 1208–1210; Falk Illing: Auf dem Weg zur etablierten Partei? Wahlanalyse, Organisation, Programmatik und Strategie der FDP seit 1990, Wiesbaden 2013.

15   Vgl. Michael Richter: Die Entwicklung der CDU-Ost 1989/90, in: Deutschland Archiv 27 (1994), S. 1015–1025.

16   Vgl. ders.: Die Bildung (Anm. 14), S. 154–157, 615, 654–663; ders.: Die Friedliche Revolution (Anm. 14), S. 1355–1366.

17   Mike Schmeitzner/Michael Rudloff: Geschichte der Sozialdemokratie im Sächsischen Landtag. Darstellung und Dokumentation 1877–1997, Dresden 1997, S. 150.

Tabelle 1   Strukturmerkmale des sächsischen Parteiensystems seit 1990

	1990–1994	1994–1999	1999–2004	2004–2009	seit 2009
Format[1]	12 (5)	9 (3)	15 (3)	13 (6)	16 (6)
Fragmentierung	2,91	2,53	2,51	4,01	4,31
Asymmetrie[2]	24,4/34,7	25,0/41,5	24,0/34,7	7,1/17,5	7,2/19,6
Volatilität	12,8	10,3	20,6	10,4	–

[1] In Klammern steht die Zahl der im Parlament vertretenen Parteien.

[2] Die erste Zahl bezeichnet jeweils den Abstand zwischen der Regierungspartei/dem Regierungslager und den Oppositionsparteien, die zweite Zahl den Abstand zwischen der stärksten und der zweitstärksten Partei.

Quelle: Ulrich Brümmer (Anm. 20), S. 273; eigene Berechnungen.

zusammengeführt wurden.[18] Obwohl von der nordrhein-westfälischen SPD unterstützt, plagten die sächsische SPD von Beginn an massive Struktur- und Personalprobleme.

Ähnlich erging es anderen Neugründungen. Sie bewirkten eine gesunde Pluralisierung, scheiterten aber oft an ihrer Strukturschwäche bzw. an ihren Idealen. Andere schlossen sich in dem nun verschärften Parteienwettbewerb größeren Akteuren an. Neben der konservativen Deutschen Sozialen Union (DSU), die über das Jahr 1990 hinaus keine sonderliche Bedeutung mehr erlangte, war dies insbesondere das im September 1989 entstandene Neue Forum. Dessen sächsische Protagonisten setzten sich mit der Gründung einer Landespartei am 17. Februar 1990 von den Berliner Vertretern ab, die eine Bürgerbewegung bevorzugten. Parallel organisierten sich ökologische Kräfte. Am 10. Mai 1990 entstand der sächsische Verband der DDR-Grünen. Da beide Parteien ihre Schwächen kannten, bildeten sie zur Landtagswahl zusammen mit dem Bündnis 90 die Listenverbindung Neues Forum – Bündnis – Grüne.[19] Dieser Schachzug erwies sich als erfolgreich.

Hatte die Volkskammerwahl 1990 die Annahme des westdeutschen Parteiensystems durch die sächsische Wählerschaft ausgedrückt, wiewohl die Erfolge von CDU und DSU (zusammen 56,8 Prozent) und das schwache Abschneiden der SPD überraschten, führte die Landtagswahl am 14. Oktober 1990 zu einem Fünfparteiensystem aus CDU, SPD, FDP, Grünen und PDS. Die Zahl der „effektiven Parteien" erreichte wegen der absoluten CDU-Mehrheit und des schlechten Abschneidens der Kleinparteien einen niedrigen Wert. Es herrschte eine starke Asymmetrie zugunsten der CDU, die 34,7 Punkte vor der

---

18 Vgl. dies.: Die Wiederbegründung der sächsischen SPD, in: Dies. (Hrsg.): Die Wiedergründung der sächsischen Sozialdemokratie 1989/90, Dresden 2000, S. 14–26, hier S. 23.

19 Vgl. Michael Richter: Die Bildung (Anm. 14), S. 89 f., 96 f.; Jakob Lempp: Bündnis 90/Die Grünen in Sachsen, in: Christian Demuth/ders. (Anm. 13), S. 187–203, hier S. 188 f.

SPD lag (Tabelle 1), sowie eine scharfe Segmentierung zwischen den demokratischen Kräften und der politisch isolierten SED-Nachfolgepartei.[20]

3 Fünfparteiensystem 1990–1994 in Sachsen

Ende 1990 befand sich das sächsische Parteiensystem unverändert in einer Phase der Transformation; Strukturprobleme und innerparteiliche Konflikte bestimmten das Bild. So entstammte bei der CDU die Mehrheit der Mitglieder und Funktionäre früheren Blockparteien – dies beschwor Streit mit den rührigen Bürgerrechtlern und Reformern. Schlüsselfigur war zunächst der Landesvorsitzende. Durch seine Vergangenheit politisch geschwächt, trat Reichenbach am 14. September 1991 zurück. Er stieß damit die Tür zu einer Erneuerung der Partei auf. Ihm folgte im Vorsitz der populäre Ministerpräsident Kurt Biedenkopf, bis dahin schon starker Mann und Spiritus Rector der Landespartei.[21] Auf dem Annaberger Parteitag Ende 1991 triumphierte das Reformlager. Der neue Landesvorstand versammelte vorrangig „unbelastete“ Personen wie Arnold Vaatz (aus dem Osten) oder Georg Milbradt (aus dem Westen). Dies begünstigte die Konsolidierung der sächsischen CDU. Inhaltliche Diskrepanzen zwischen dem konservativen (im Sinne einer stärkeren Wertgebundenheit) und dem progressiven (in Sinne einer stärkeren Zukunftsorientierung) Flügel[22] wurden 1993 mit dem Grundsatzprogramm behoben.

Bei der SPD bestimmten Versuche der organisatorischen Konsolidierung die ersten Jahre. Da sie es kaum vermocht hatte, ihre Mitgliederzahl zu steigern (mit 5027 Parteigängern lag sie 1993 hinter der FDP), wich das gewählte vierstufige Organisationsmuster bald 15 Unterbezirken als Klammer zwischen Landespartei und Ortsvereinen. Franz Walter befand 1993: „Heute ist die sächsische SPD faktisch eine Partei ohne Tradition, ohne Organisation, ohne Mitglieder, ohne Bodenhaftung, ohne kommunale Basis und Prominenz, ohne ein zündendes politisches Konzept.“[23] Zündend war nur die interne Rivalität zwischen Michael Lersow und dem Fraktionsvorsitzenden Karl-Heinz Kunckel. Forderte Lersow eher eine harte Opposition gegen die CDU, setzte Kunckel auf eine konsensuelle Strategie. Nach einem lähmenden Machtkampf trat Lersow 1993 zurück. Kunckel folgte ihm im Amt des Vorsitzenden.

In der PDS kam es zur gleichen Zeit zwischen Reformern und Orthodoxen sowie zwischen der dominanten Landtagsfraktion und dem schwachen Landesvorstand zu Richtungskämpfen. Zunächst geriet Klaus Bartl, 1990 zum Fraktionsvorsitzenden gewählt, wegen seiner früheren Stasi-Verstrickungen und hohen SED-Apparatstätigkeit in

---

20 Vgl. Ulrich Brümmer: Parteiensystem und Wahlen in Sachsen, Wiesbaden 2006, S. 108–111, 132.
21 Vgl. Markus Lesch: Richtungsstreit in der sächsischen CDU, in: Die Welt vom 16. November 1991.
22 Vgl. Nana Brink: Biedenkopfs Ärger mit den Flügeln, in: Focus vom 26. April 1993.
23 Franz Walter u. a.: Die SPD in Sachsen und Thüringen zwischen Hochburg und Diaspora, Bonn 1993, S. 37.

die Kritik. Ihm folgte Ende 1991 Peter Porsch im Parteivorsitz (Tabelle 2). Sein Wunsch nach mehr innerparteilichem Pluralismus stieß jedoch bei den „Orthodoxen" auf Skepsis. Eine zu heterogene Partei barg in ihren Augen die Gefahr des Identitätsverlustes. Die Konflikte endeten erst auf dem Markkleeberger Parteitag 1994, wo die Delegierten ihrem Vorsitzenden Porsch, dessen Kurs sowie dessen Spitzenkandidatur bestätigten.[24] Die regierungsunfähige, größtenteils auch regierungsunwillige Landespartei schloss mit ihrem Programm „Leben in Menschenwürde" nach harten Debatten einen Burgfrieden.

Anders als die DDR-Grünen, die sich schon am Tag nach der Bundestagswahl 1990 mit den West-Grünen vereint hatten, ging der sächsische Landesverband eigene Wege. Sein Ziel war es, sich „zunächst mit den sächsischen Bürgerbewegungen zu vereinen, um so gestärkt als gemeinsame ostdeutsche Partei in die Vereinigungsverhandlungen mit den westdeutschen Grünen zu gehen".[25] Daher gründeten Demokratie Jetzt, Teile des Neuen Forums und die Grünen am 29. September 1991 das sächsische Bündnis 90/ Die Grünen. Landessprecher wurden Gunda Röstel und Heiko Weigel. Streitigkeiten in der Fraktion und der Partei über den Kurs und über eine Koalition mit der CDU trieben indes einen Keil zwischen Führung und Teile der „bürgerbewegten" Anhängerschaft. Sie destabilisierten die Partei.[26]

Kaum besser erging es der FDP. Im Strudel eines bundesweiten Abwärtstrends kam es in der ersten Legislaturperiode zu Massenaustritten – bis 1995 verlor sie 75 Prozent ihrer (Alt-)Mitglieder[27] –, zu harten organisatorischen Einschnitten und zu Streitigkeiten in der (eher passiven) Landtagsfraktion.[28] Am meisten zu schaffen machte der FDP neben personellen Schwächen und dem Image der Klientelpartei die populäre Regierungsarbeit der CDU. Für ein liberales Korrektiv bestand in den Augen der Wähler keine Notwendigkeit.

Am 11. September 1994 überraschte vor allem die Wahlniederlage der Grünen. Die Sympathien der Bürgerbewegung waren aufgebraucht, grüne Kernthemen in der öffentlichen Wahrnehmung fast irrelevant. Die separate Kandidatur des Neuen Forums tat ihr Übriges. Sachsen hatte nun ein gering fragmentiertes, stark asymmetrisches und volatiles Dreiparteiensystem. Wegen der ausgebauten CDU-Mehrheit und der gleichauf mit der PDS liegenden SPD war die effektive Parteienzahl auf 2,53 gesunken, die Asymmetrie zugunsten der CDU gestiegen. Sie lag nun 25 Prozentpunkte vor dem gesamten Oppositionslager.[29] Unverändert war indes die Segregation zwischen den demokratischen Kräften und der in Teilen extremistischen PDS.

---

24 Vgl. Heinrich Löbbers: PDS beendet interne Grabenkämpfe, in: Sächsische Zeitung vom 7. März 1994.
25 Jakob Lempp (Anm. 19), S. 189.
26 Vgl. ebd., S. 189–191.
27 Vgl. Olaf Jandura: Die FDP in Sachsen, in: Christian Demuth/Jakob Lempp (Anm. 13), S. 171–186, hier S. 178.
28 Vgl. Ulrich Brümmer (Anm. 20), S. 148 f.
29 Vgl. ebd., S. 148–153, 164.

4 Dreiparteiensystem 1994–2004 in Sachsen

Nach 1994 beruhigte sich die Situation zwischen den „alten" und den „neuen" Mitgliedern in der CDU. Biedenkopf übergab Ende 1995 den Parteivorsitz an seinen bisherigen Vize, Fraktionschef Fritz Hähle. Die interne Polarisierung verlief nun entlang re-
gierungsinhaltlicher Linien eher zwischen „Sozialpolitikern" und „Modernisierern".
Jedoch wirkte die christdemokratische Regierungsdominanz bald lähmend auf die Partei. Biedenkopfs Kritik an der Bundes-CDU nach der Wahlniederlage 1998, die Last der
Regierung habe ihr inneres Leben erdrückt, skizzierte unbewusst die sächsische Situation. Die Partei stand im Schatten von Staatsregierung und Fraktion, Entscheidungen
liefen an ihr vorbei, die Willensbildung war „regierungszentriert".[30] Obwohl mit 18 000
Mitgliedern und einem dichten Organisationsnetz gut konstituiert, wurde sie ein „Mi-
nisterpräsidentenwahlverein". Ihr Kantersieg zur Wahl 1999 festigte die hegemoniale
Stellung. Von außen unerschütterlich, schwächte die CDU fortan ein interner Erbfolgekrieg um Biedenkopfs Amtsnachfolge.[31] Nach einem ersten Vorstoß des stellvertretenden Parteivorsitzenden Georg Milbradt im Januar 2001 entließ Biedenkopf diesen
als Finanzminister – wegen Illoyalität. Die Neuwahl der Parteiführung im September
2001 mutierte daraufhin zum Vorentscheid in der Amtsnachfolge, den Milbradt gegen
Steffen Flath gewann.[32] In seiner Autorität beschädigt und von Affären geschwächt, legte
Biedenkopf am 18. April 2002 das Amt nieder. Sein Nachfolger, Milbradt, galt einem Teil
der Partei als kompetenter „Kronprinz", einem anderen als „Königsmörder". Jedoch be-
endeten seine Wahl und die darauf folgende Spitzenkandidatur den parteischädigenden
Streit. Wie üblich gab sich die CDU im Wahljahr 2004 geschlossen und stellte ihre Probleme (der Wechsel war längst nicht verdaut) hinten an.[33]

Die SPD verbuchte ihre Niederlage 1994 als Gemeinschaftswerk. Sie verstärkte ihre
Organisationsbemühungen und modifizierte ihre hauptamtliche Struktur – ohne Erfolg. „Eingeklemmt" zwischen PDS und CDU, sah sich die Partei 1996/97 internen Debatten über den richtigen Kurs ausgesetzt. Während Karl-Heinz Kunckel einem Bündnis mit der PDS eine Absage erteilte und der Oppositionsrolle durch eine Koalition mit
der CDU entrücken wollte, plädierten die Genossen des Arbeitskreises „SPD-Werkstatt
Sachsen" für „normale" Beziehungen zur PDS und einen Regierungswechsel mit Hilfe
von links.[34] 1998 beflügelte der bundesweite Aufwärtstrend der SPD die Landespartei.
Der Richtungsstreit verstummte, Kunckel wurde wiedergewählt, das erste Grundsatz-

---

30 Vgl. Werner J. Patzelt: Die CDU in Sachsen, in: Christian Demuth/Jakob Lempp (Anm. 13), S. 87–119,
     hier S. 96, 106.
31 Vgl. ausführlich das Kapitel „Ministerpräsidenten".
32 Vgl. Reiner Burger: Die sächsische Union in der Pubertät, in: Frankfurter Allgemeine Zeitung vom
     3. September 2001.
33 Vgl. Gunnar Saft: CDU diszipliniert aufgestellt, in: Sächsische Zeitung vom 22. September 2003.
34 Vgl. Albert Funk: Für mehr Offenheit gegenüber der PDS, in: Frankfurter Allgemeine Zeitung vom
     6. Februar 1997.

programm beschlossen. Jedoch erwies sich im Wahljahr 1999 der bundespolitische Segen bald als Fluch. Nach 10,7 Prozent trat Kunckel noch am Wahlabend zurück, Nachfolgerin wurde Constanze Krehl, neuer Fraktionsvorsitzender Thomas Jurk. Die schwache SPD griff erneut zur Doppelspitze – mit abermals negativen Folgen. Während Krehl die alte Linie fortführte, setzte Jurk auf ein neues Profil seiner Partei im Landtag: konfrontativer gegenüber der CDU, kooperativer gegenüber der PDS. Stand das Lager um Jurk für eine mögliche Zusammenarbeit mit der PDS, lehnte das Krehl-Lager diese ab und schielte auf eine Koalition mit der CDU.[35] Nach erbitterten Gefechten zwischen Krehl und Jurk um die Spitzenkandidatur schuf der Parteitag am 27. Juni 2004 klare Fronten. Krehl trat zurück, Jurk avancierte zum Spitzenkandidaten und kommissarischen Vorsitzenden. Die im Wahljahr 4453 Mitglieder starke SPD stand vor ihrer vierten Wahlniederlage in Folge.

Auch in der PDS brachen nach dem Wahljahr 1994 bald wieder Flügelkämpfe aus. Die Wahlerfolge und die indirekte Regierungsbeteiligung in Sachsen-Anhalt belebten die bündnispolitischen Gedankenspiele der Reformkräfte, während der orthodoxe Flügel die Regierungsteilhabe als Gefahr für den sozialistischen Kurs ablehnte.[36] Nachdem Porsch, von 1994 an Fraktionsvorsitzender, nicht mehr für den Parteivorsitz kandidiert hatte, übernahm 1995 Reinhard Lauter das Amt. Ebenso radikal wie konzeptionslos führte er die Landespartei ins politische Abseits.[37] Nach seiner Wiederwahl 1997 rief Porsch SPD und Grüne zur Kooperation auf – ermahnte seine Partei zu realistischen Zielen. Eines dieser Ziele, mehr politische Macht, erreichte die PDS 1999 als neue Oppositionsführerin im Landtag. Äußerlich solide im Parteiensystem etabliert, standen ihre inneren Reibereien dazu in Widerspruch. Neu war ein Generationenkonflikt zwischen den „Alteingesessenen", die einen realitätsnahen, parlamentarischen Kurs steuerten, und der „Jugendbrigade" mit ihren radikalen, außerparlamentarischen Losungen. Trotz ihrer Fundamentalopposition schlug vor allem die Fraktionsführung den Weg der Öffnung ein (z. B. Alternativer Landeshaushalt, Alternatives Landesentwicklungskonzept), galt es doch, 2004 ein Konzept zur Regierungsübernahme anzubieten. Porsch übergab 2001 den Landesvorsitz an seine Stellvertreterin Cornelia Ernst und konzentrierte sich auf die Spitzenkandidatur.

Für FDP und Grüne war die außerparlamentarische Phase teilweise eine verlorene Zeit. Einerseits war beider öffentliche Präsenz marginal. Die Parteien waren nur kommunal- und bundespolitisch vertreten (die Liberalen besser als die Grünen) und entsprechend eine weithin unbekannte Größe. Andererseits nutzten sie die Phase zur

---

35 Vgl. Reiner Burger: Sächsische SPD streitet mit sich selbst, in: Frankfurter Allgemeine Zeitung vom 15. Januar 2002.

36 Vgl. Christoph Seils: PDS. In Sachsen toben Flügelkämpfe und legen den Landesverband lahm, in: Berliner Zeitung vom 24. September 1997.

37 Vgl. Michael Koß/Dan Hough: Landesparteien in vergleichender Perspektive: Die Linkspartei.PDS zwischen Regierungsverantwortung und Opposition, in: Zeitschrift für Parlamentsfragen 37 (2006), S. 312–334, hier S. 329.

Tabelle 2   Sächsische Parteivorsitzende von 1990–2012

CDU	SPD	PDS/Die Linke	FDP	Bündnis 90/ Die Grünen
Klaus Reichenbach (1990–1991)	Michael Lersow (1990–1993)	Klaus Bartl (1990–1991)	Joachim Günther (1990–1995)	Gunda Röstel/Heiko Weigel (1991–1994)
Kurt Biedenkopf (1991–1995)	Karl-Heinz Kunckel (1993–1999)	Peter Porsch (1991–1995)	Klaus Haupt (1995–1997)	Karl-Heinz Gerstenberg/Gerda Viecenz (1994–1995)
Fritz Hähle (1995–2001)	Constanze Krehl (1999–2004)	Reinhard Lauter (1995–1997)	Rainer Ortleb (1997–1999)	Karl-Heinz Gerstenberg/Kornelia Müller (1996–1999)
Georg Milbradt (2001–2008)	Thomas Jurk (2004–2009)	Peter Porsch (1997–2001)	Holger Zastrow (seit 1999)	Karl-Heinz Gerstenberg/Pino Olbrich (1999–2001)
Stanislaw Tillich (seit 2008)	Martin Dulig (seit 2009)	Cornelia Ernst (2001–2009)		Karl-Heinz Gerstenberg (2001–2005)
		Rico Gebhard (seit 2009)		Eva Jähnigen/Claus Krüger (2005–2007)
				Eva Jähnigen/Rudolf Haas (2007–2010)
				Volkmar Zschocke/ Claudia Maicher (seit 2010)

Quelle: Ullrich Brümmer (Anm. 20), S. 264 f.; eigene Erhebungen.

Konsolidierung – zumal nach der Wahl 1999. Die Grünen konzentrierten sich auf ihre Zentren Dresden und Leipzig, profilierten stärker ihre linksalternativ-ökologische Seite. Die Liberalen leiteten unter dem neuen Vorsitz von Holger Zastrow (seit 1999) ihren personellen, organisatorischen und strategischen Wandel ein, modernisierten ihre innere Substanz und ihren äußeren Habitus. 2004 profitierten beide Parteien von den jeweils geschärften Profilen. Die wiederbelebte FDP schlug als „bürgerliche Protestpartei" populistische Töne an, die Grünen gingen mit Antje Hermenau auf Konfrontation zur geschwächten CDU.[38]

Veränderte das sächsische Dreiparteiensystem 1999 Aussehen und Struktur kaum – die geringe Fragmentierung und der hegemoniale Charakter verfestigten sich, lediglich innerhalb der Opposition verschob sich das Kräfteverhältnis zugunsten der PDS –, war die Landtagswahl 2004 folgenreich. Die hohen Verluste der CDU und der Erfolg von

---

38   Vgl. Reiner Burger: Liberale Populisten und grüne Kämpfer gegen den Paternalismus, in: Frankfurter Allgemeine Zeitung vom 14. September 2004.

FDP, Grünen und NPD verdoppelten die Volatilität und brachten ein stark fragmentiertes Sechsparteiensystem hervor. Zwischen dem Regierungs- und dem Oppositionslager sank die Asymmetrie auf gerade einmal 7,1 Punkte. Indem sich die Brandmauer zwischen SPD und PDS abschwächte und Teile der Grünen nur geringe Berührungsängste gegenüber der SED-Nachfolgerin hatten, sank die Segmentierung. Wegen des Wahlerfolgs der (isolierten) NPD trat an die Stelle der CDU-Alleinregierung – trotz des historisch schlechten Abschneidens der Sozialdemokraten – eine alternativlose Koalition aus CDU und SPD.[39]

5 Sechsparteiensystem seit 2004 in Sachsen

Im Sechsparteiensystem verschoben sich die Muster – in unterschiedlichem Ausmaß. Die CDU blieb 2004 trotz herber Verluste hegemoniale Partei. Wohl oder übel akzeptierte sie die Koalition mit der SPD – sie wähnte das Wahldesaster in Teilen als „hausgemacht".[40] Milbradt galt als einer der Hauptverantwortlichen und war fortan als Parteivorsitzender angeschlagen. Seine Wiederwahl 2005 mit nur 76,9 Prozent offenbarte das Misstrauen der sonst auf Geschlossenheit bedachten Landespartei. Nach einer Zeit scheinbarer Stabilität beendete die Pleite der Sächsischen Landesbank im Mai 2008 seinen politischen Weg. Der Wechsel verlief diesmal wider Erwarten ruhig. Von der CDU mit 97,7 Prozent zum Vorsitzenden gewählt, wurde Stanislaw Tillich am 28. Mai 2008 neuer Ministerpräsident. Erstmals übernahm ein gebürtiger Sachse das Spitzenamt, abermals führte ein früheres Blockparteimitglied die Partei, nochmals holte die CDU ihre Vergangenheit ein. Tillichs politische Rolle in der DDR[41] war Gegenstand hitziger Debatten, für die CDU aber ebenso wenig von Nachteil wie die Koalition. Mit ihm behaupteten sich die Christdemokraten im Wahljahr 2009. Sie dominieren seither – bei inneren Generationenkonflikten, mit guten Umfragewerten – die schwarz-gelbe Koalition und betonen in Abgrenzung zur Bundes-CDU ein wertkonservatives Profil – speziell in der Person des Fraktionsvorsitzenden Steffen Flath.[42]

Die SPD erlangte 2004 trotz der Wahlniederlage ihre lang ersehnte Regierungsteilhabe. Thomas Jurk, von den Delegierten des Landesparteitags am 6. November 2004 mit 88 Prozent als Parteichef bestätigt, wurde Wirtschaftsminister. Die Landespartei befand sich – scheinbar – auf dem Weg der Besserung. Die Fraktionsvorsitzenden (bis 2007 Cornelius Weiss, danach Martin Dulig) und der Landesvorsitzende harmonierten, es herrschte ungewohnte Stabilität. Dennoch litt die Partei unter der Übermacht des Koalitionspartners, benötigte lange, um sich in der Regierungsrolle einzufinden. Jurk stand

---

39 Vgl. Ulrich Brümmer (Anm. 20), S. 188 f., S. 200 f., 234 f.

40 Vgl. Reiner Burger: Grummeln in der sächsischen CDU, in: Frankfurter Allgemeine Zeitung vom 5. November 2004.

41 Stanislaw Tillich war 1989 Stellvertretender Vorsitzender des Rates des Kreises Kamenz gewesen.

42 Vgl. Interview mit Steffen Flath „CDU muss für Werte stehen", in: Freie Presse vom 7. November 2011.

Ende 2008 einer geschlossenen und selbstsicheren SPD vor. Die schon von Kunckel verfolgte Strategie, die SPD aus der Regierung heraus zu profilieren und zu stärken, schien angesichts guter Umfragewerte aufzugehen. Erneut scheiterte sie auf den letzten Metern. Fehlende Koalitionsoptionen und ein desaströser Bundestrend verhagelten ihr 2009 das Wahlergebnis. Jurk trat, wie Kunckel 1999, noch am Wahlabend zurück. Sein Nachfolger Martin Dulig rief abermals eine Parteireform ins Leben, mit der sich die sächsische SPD als „linke Volkspartei in der Mitte der Gesellschaft [zu] verankern"[43] sucht. Seither bemüht sie sich um eine bessere und aktivere Basisverankerung, und kämpft – mit hohen Ansprüchen (Ministerpräsidentschaft), aber wenig erfolgreich – um mehr landespolitisches Gewicht.

Im Unterschied zur SPD hatte die PDS 2004 zwar ihr bisher bestes Ergebnis, nicht aber ihr Ziel, das Ende der „CDU-Herrschaft", erreicht. Die „sozialistische Opposition" versuchte fortan, der Staatsregierung eine die eigene Regierungsfähigkeit stützende Konzeption zu entgegnen. Sie polarisierte gegenüber der CDU („Sachsensumpfaffäre") und warb mehr denn je für alternative linke Mehrheiten unter ihrer Führung. Dazu beherrschten den 2005 in Linkspartei.PDS umbenannten Landesverband noch immer Fehden zwischen „Realos" und „Fundis" über den zulässigen Grad an Realpolitik. Manifest wurde dies u. a. anhand des Dresdner Stadtverbands. Als 2006 Teile der Stadtratsfraktion einer Privatisierung der Wohnungsbaugenossenschaft zugestimmt hatten, spaltete dies – auch vor dem Hintergrund einer Fusion mit der WASG – Partei und Fraktion; zum Nachteil der „Realos". Zu einer Zusammenführung kam es Mitte 2007, als sich in Sachsen die kaum existente WASG mit der PDS zur Partei Die Linke verband. Cornelia Ernst blieb Vorsitzende, Peter Porsch übergab den Fraktionsvorsitz an André Hahn. Gleich ihrer Bundespartei befand sich Die Linke in einem Umfragehoch, das aber u. a. mangels einer Machtperspektive ohne reale Gewinne blieb. 2009 verlor sie erstmals – obwohl in der Opposition – an Stimmen. Seither befindet sich die Partei an einer Wegscheide – nicht nur wegen der schrumpfenden Parteibasis. Unter ihrem neuen Vorsitzenden Rico Gebhardt sucht die im Innern unverändert konfliktbeladene Linke nun stärker den „Dialog auf Augenhöhe" zu SPD und Grünen. Sie möchte mit einer sozialen und „radikalen Realpolitik" punkten, setzt stärker denn je auf Seriosität.

Bündnis 90/Die Grünen steckten nach ihrem Erfolg 2004 unverändert inmitten des Parteiaufbaus. Mit nur 900 Mitgliedern und gut 50 kommunalen Mandatsträgern zeigten die sächsischen Grünen außerhalb der Universitätsstädte kaum Präsenz. Die Ökopartei profilierte sich zuvörderst über ihre Landtagsfraktion und über die medial präsente Fraktionsvorsitzende Antje Hermenau. Sie bekannte 2008: „Unser strategisches Ziel ist es, dass ohne uns keines der Lager allein eine Mehrheit hat."[44] Was unkonventionell klang, war der in dieser Frage gespaltenen Partei geschuldet. Die einen wollen

---

43 Martin Dulig zitiert in: Hubert Kemper: Ein Schutzhelm für den neuen Hoffnungsträger, in: Freie Presse vom 26. Oktober 2009.

44 Interview mit Antje Hermenau, in: Freie Presse vom 20. Februar 2008.

ein Bündnis mit der CDU (und der FDP), die anderen ein solches mit SPD und Linken. Dass die Grünen 2009 noch nicht „liefern" mussten, wohl aber an Mandaten hinzugewannen, bescherte ihnen seither einen Aufwind. Mit ihrer Innenreform, die eine breite Organisationsstruktur ebenso ermöglichen soll wie eine professionellere Arbeit, möchte die Partei ihrem Wunsch nach Regierungsbeteiligung im Jahr 2014 Ausdruck verleihen. Die unerlässliche Bündnisfrage klar zu beantworten, fällt dem nicht nur in dieser Hinsicht gespaltenen Landesverband indes schwer.[45] Jedoch ist das politische Profil der sächsischen Grünen in Teilen gemäßigter als jenes der Bundespartei, Schwarz-Grün keine unrealistische Option, sollte die FDP 2014 scheitern.

Die Liberalen stiegen nach ihrer parlamentarischen Rückkehr 2004 dank des Strategie- und Imagewandels unter Holger Zastrow zu einer potenziellen Regierungspartei auf. Sie setzten sich geschickt in Szene, u. a. indem sie vollmundig als „Volkspartei" (Holger Zastrow) Regierungsanspruch vertraten, das schwarz-rote Bündnis kritisierten und öffentlichkeitswirksam einen rebellischen Nimbus pflegten. Die FDP sammelte Praxiserfahrung und stärkte ihre organisatorische Basis (2009: 568 kommunale Mandatsträger).[46] Vor allem erreichte sie die langersehnte erste Regierungsbeteiligung im sächsichen Freistaat. Zastrow, der Landes- und Fraktionsvorsitzender blieb und der 2011 wie 2013 zum stellvertretenden FDP-Bundesvorsitzenden gewählt wurde, hatte als medienpräsenter Quereinsteiger und Querdenker maßgeblich Anteil an diesem Erfolg. Er ist die unumstrittene liberale Führungsfigur im Freistaat, geht mit dem FDP-Landesverband einen „sächsischen Weg" – staatsfern und säkular, aber auch sozial und arbeitnehmerbezogen, mitunter kritisch bis distanziert zur Bundespartei. Weiß er doch, die liberale Wählerschaft ist in Sachsen volatil, das Resultat von 2009 eine Momentaufnahme, die FDP auf Landesebene keine politisch fest etablierte Partei, ihre Partei- und (vor allem) Wählerbasis brüchig, das erneute parlamentarische Aus möglich.

Von sich reden machte die NPD. Mit ausländerfeindlichen und sozialpopulistischen Forderungen hatten die Rechtsextremisten 2004 ein diffuses Wählerpotenzial mobilisieren können. Sie nutzen ihre parlamentarische Basis für Hetzreden sowie den Auf- und Ausbau des seit Ende der 1990er Jahre größten und am besten organisierten Landesverbands der Bundespartei.[47] Allerdings währte es nur kurz, bis erste NPD-Abgeordnete ihrer Fraktion den Rücken kehrten, ausgeschlossen wurden oder ihr Mandat nach Skandalen niederlegten. Die Partei entzauberte sich. 2009 gelang ihr knapp der Wiedereinzug in den Landtag. Bis Januar 2012 saß der Fraktionschef Holger Apfel, seit Ende 2011 NPD-Bundesvorsitzender, der sächsischen NPD vor. Mit ihm und mit seinen Nachfolgern im Amt des Landesvorsitzenden, Mario Löffler und (seit 2013) Holger Szyman-

---

45 Vgl. Uwe Kuhr: Grüne wollen künftig mitregieren, in: Freie Presse vom 30. November 2009.

46 Vgl. Hubert Kemper: FDP: Einstimmen auf Machtteilhabe, in: Freie Presse vom 2. Februar 2009.

47 Vgl. Henrik Steglich: Die NPD in Sachsen. Organisatorische Voraussetzungen ihres Wahlerfolgs 2004, 2. Aufl., Göttingen 2006, S. 62 f.

ski, verbindet sich der Kurs der „seriösen Radikalität", eine im äußeren Auftreten gemäßigtere Strategie, die erhebliche parteiinterne Konflikte erzeugt.

Die fünfte Landtagswahl bescherte dem Sechsparteiensystem Kontinuität. SPD, Grüne und (insbesondere) FDP erstarkten, CDU und Die Linke büßten leicht ein, die NPD konnte sich knapp über die Fünfprozenthürde retten. Trotz der geringen Volatilität kletterte die Fragmentierung mit 4,31 auf ein neues Höchstmaß. Der Abstand der CDU zur Linken erhöhte sich leicht auf 19,6 Prozentpunkte und belegt den Hegemonialstatus der Christdemokraten. Gewiss sind sie nicht mehr in der komfortablen Situation der 1990er Jahre, doch gibt es gegenwärtig keine parteipolitische Kraft, die sie aus ihrer Position stoßen könnte.

6 Akteurs- und Wettbewerbsstrukturen im Parteiensystem Sachsens

CDU und Die Linke leiden seit 1990 unter einer schrumpfenden Parteibasis (Tabelle 3).[48] Zunächst bauten sie ihren hohen Mitgliederstamm aus DDR-Zeiten schnell ab, danach verloren sie im Saldo aus Ausgetretenen bzw. Verstorbenen und Neuzugängen (CDU von 37 231 auf 11 973; Die Linke von 71 510 auf 10 200). Ein Ende dieses Trends ist für beide Parteien schon wegen der Überalterung ihrer Mitgliedschaft nicht absehbar. Während die CDU – gut 22 Prozent ihrer Mitglieder sind über 70 Jahre und nur knapp fünf Prozent unter 30 Jahre alt – einer langsamen altersbedingten Schrumpfung unterliegt, ist der Abfluss bei der Linken horrend. Zuletzt waren 56 Prozent ihrer Mitglieder über 70 Jahre und nur knapp fünf Prozent unter 30 Jahre alt. Die Partei verliert seit 1990 beständig an Mitgliedern. Die SPD leidet hingegen unter einer chronischen Mitgliederschwäche. Selbst mit 5358 Genossen im Jahr 1998 rangierte sie kaum über dem Niveau einer Kleinpartei. Für den seitherigen Rücklauf ist die Überalterung nur ein Grund, verlor die Landespartei doch allein während ihrer Regierungsbeteiligung im Bund (1998–2009) ein Fünftel ihrer Mitgliederschaft. Unterdessen ist der sächsische der „jüngste" SPD-Landesverband in den Bundesländern. Im Vergleich zu CDU und Die Linke bindet die SPD (absolut) am meisten unter 30jährige.

Von den Kleinparteien verzeichneten die Bündnisgrünen mit 1310 Mitgliedern im Jahr 2012 ihren bislang höchsten Stand. Ihr Zulauf geschieht vorrangig in den Kreisverbänden Dresden und Leipzig, die zusammen über die Hälfte der Parteigänger versammeln. Sie sind eine „Großstadtpartei", Mittelsachsen und das Erzgebirge ihre Diaspora. Ihre Basis ist jung. Die Liberalen hatten in den 1990er Jahren zunächst den größten Teil ihrer DDR-Klientel verloren. Seither liegen sie bei Werten um die 2500 Mitglieder. Der Anstieg 2009 auf 2740 Mitglieder war eine Folge der bundesweiten Hochstimmung; seitdem kämpft die gescholtene Regierungspartei mit fallenden Umfrage- und Mitglieder-

---

48 Die Daten zu Alters-, Geschlechts- und Regionalstruktur basieren auf Angaben der Landesgeschäftsstellen für das Jahr 2011.

Tabelle 3   Parteimitglieder in Sachsen 1990–2012

	CDU	SPD	PDS/Die Linke	Grüne	FDP	NPD
1990	37 231	5 525	71 510	k. A.	25 363	k. A.
1991	32 082	4 713	45 425	k. A.	16 758	400
1992	28 156	4 750	39 876	k. A.	9 666	250
1993	24 517	5 027	34 294	1 000	7 492	250
1994	22 932	5 304	32 853	1 027	6 635	100
1995	21 043	5 178	29 910	1 007	5 690	200
1996	19 205	5 123	27 401	963	4 664	300
1997	18 303	5 200	25 125	978	4 083	900
1998	17 731	5 385	24 333	1 139	3 719	1 400
1999	17 767	5 280	22 281	1 052	3 261	1 000
2000	16 630	5 198	20 871	951	2 851	1 100
2001	16 184	5 133	19 696	876	2 782	1 000
2002	15 804	5 022	17 572	879	2 746	900
2003	15 407	4 759	15 969	875	2 579	800
2004	15 098	4 453	15 280	907	2 483	950
2005	14 622	4 523	14 607	959	2 481	1 000
2006	13 942	4 444	14 066	943	2 480	1 000
2007	13 373	4 324	13 280	962	2 458	850
2008	13 092	4 257	12 682	993	2 481	850
2009	12 964	4 332	12 390	1 117	2 740	800
2010	12 531	4 314	11 614	1 182	2 612	800
2011	12 238	4 298	10 927	1 291	2 453	760
2012	11 973	4 283	10 200	1 310	2 296	700

Quelle: Oskar Niedermayer: Parteimitglieder in Deutschland: Version 2011, in: Arbeitshefte aus dem Otto-Stammer-Zentrum, Nr. 18, Berlin 2011; ders.: Parteimitgliedschaften im Jahr 2012, in: Zeitschrift für Parlamentsfragen 44 (2013), S. 365–383; eigene Erhebungen.

zahlen. Einen Mitgliederrückgang erlebt seit Jahren die Kaderpartei NPD. Nachdem ihr Strategiewechsel und die Zusammenarbeit mit rechtsextremen Gruppen die Mitglieder- zahl Ende der 1990er Jahre auf über 1000 hatte anwachsen lassen, bröckelt ihre Parteiba- sis – von einem kurzen Zwischenhoch um den Wahlerfolg 2004 abgesehen. 2012 waren in Sachsen ca. 700 Personen NPD-Mitglied, davon über 85 Prozent Männer.[49] Die Partei ist in letztgenannter Hinsicht keine Ausnahme. So betrug im Jahr 2011 der Frauenanteil bei der FDP 20 Prozent, der SPD 24 Prozent, der CDU 28 Prozent, den Grünen knapp 30 Prozent und der Linken 45 Prozent. Damit bilden SPD und Grüne die Schlusslich- ter in ihren Bundesparteien, CDU und Die Linke liegen über dem Bundesdurchschnitt. Die Unterrepräsentanz der Frauen schwächt sich in den jüngeren Altersgruppen nicht ab, sondern verstärkt sich. Parteimitgliedschaften sind für junge Frauen in Sachsen sehr unattraktiv.

Ein guter Indikator für die Mitgliederschwäche der sächsischen Parteien ist de- ren Rekrutierungsfähigkeit (Anteil der Mitglieder an den parteibeitrittsberechtigten Bürgern).[50] Danach band die SPD im Jahr 2009 nur 0,12 Prozent der Sachsen als Mit- glieder. Zum Vergleich: Die hessische SPD kam auf einen zehnfach höheren Wert (1,2). Nimmt man an, dass sich höchstens ein Viertel der Parteimitglieder aktiv beteiligt,[51] dann stehen die sächsischen Sozialdemokraten sinnbildlich für die gesellschaftlich kaum verankerten ostdeutschen Parteien. Hingegen betrug die Rekrutierungsfähigkeit der CDU 0,35, die der Linken 0,33 Prozent. Während Die Linke damit im ostdeutschen Mittel liegt und viel besser dasteht als im Westen, ist das Mitglieder-Eintrittsberechti- gen-Verhältnis der CDU nur in Brandenburg schlechter (0,3), im Westen beträgt es in- des fast das Dreifache (0,99). Unter den Kleinen schneidet die FDP mit einer Quote von 0,07 recht gut ab, war und ist sie doch keine Mitgliederpartei. Hingegen indiziert der Wert für die Grünen von 0,03 eine Schwäche. Wie FDP und CDU leiden sie unter dem in der DDR durch „Emigration, Entzug der wirtschaftlichen Basis und habitueller Zwangsproletarisierung"[52] zerstörten Bürgertum.

Insbesondere die drei großen Parteien sind in Sachsen herausgefordert.[53] So verfügte die CDU als ehemalige Blockpartei in den 1990er Jahren mit etwa 1000 Ortsverbänden über gute Netzwerkstrukturen, litt aber unter einer inaktiven Parteibasis, die sich an- fangs kaum aus den alten Verfahrens- und Denkweisen der Blockpartei befreite. Parallel bedienten die Wahlerfolge und die Regierungsrolle ein neues zentralistisches Selbst- verständnis und neue Lethargie. Seither ist die CDU eher eine „Funktionärspartei", die

---

49 Vgl. Henrik Steglich (Anm. 47), S. 67, 82 f.

50 Vgl. hierzu Oskar Niedermayer: Parteimitgliedschaften im Jahre 2010, in: Zeitschrift für Parlamentsfra- gen 42 (2011), S. 365–383.

51 Vgl. Tim Spier: 7. Wie aktiv sind die Mitglieder der Parteien?, in: Ders. u. a. (Hrsg.): Parteimitglieder in Deutschland, Wiesbaden 2011, 97–119, hier S. 99.

52 Werner J. Patzelt (Anm. 30), S. 89.

53 Vgl. zu diesem Absatz Thomas Schubert: Wahlkampf in Sachsen. Eine qualitative Längsschnittanalyse der Landtagswahlkämpfe 1990–2004, Wiesbaden 2011, S. 315–317.

sich personell sukzessive erschöpft, aber unverändert über eine erhebliche kommunale Präsenz verfügt. Auch viele PDS-Mitglieder verharrten nach 1990 zunächst in Passivität. In dem Maße, in dem die Partei erstarkte, wuchs das Engagement der von Rentnern (vorrangig frühere SED-Mitglieder) dominierten Basis. Mitte der 1990er Jahre organisierte die PDS 30 000 Personen in rund 1500 Basisgruppen, ihre Interessen- und Arbeitsgemeinschaften verankerten sie gesellschaftlich.[54] Seither schrumpfte die Zahl der aktiven Mitglieder und Strukturen drastisch. Hingegen waren die bereits in den 1990er Jahren in kaum 300 Ortsvereinen organisierten rund 5000 SPD-Mitglieder zunächst enthusiastisch. Die sächsische SPD band überwiegend Ingenieure, Naturwissenschaftler oder Lehrer, hingegen kaum ihre traditionelle Klientel, die Arbeiterschaft.[55] Regional und vor allem lokal war die Partei – den Raum Leipzig ausgenommen – kaum verankert. Schließlich vertrieb die Dauererfolglosigkeit viele der wenigen Mitglieder oder ließ sie resignieren. Wie bei der CDU liegt seit Jahren das größte Mobilisierungspotenzial der SPD bei ihrer Jugendorganisation. Von einer flächendeckenden Parteistruktur ist sie weit entfernt.[56]

Die Landesparteien stehen vor einem Dilemma. Einerseits können sie bei ihrer politischen Arbeit nur eingeschränkt auf die eigene Basis zurückgreifen, andererseits haben sie wegen ihrer limitierten finanziellen Spielräume kaum Ausweichoptionen. Sie sind, wollen sie erfolgreich sein, auf das Engagement weniger Mitglieder angewiesen. Oft dominieren deshalb die Entscheidungsträger das Geschehen, spielt die Parteibasis bei der innerparteilichen Willensbildung kaum eine Rolle.[57] Ihre zentrale Aufgabe, das Rekrutieren politischen (Führungs-)Personals, fällt den Parteien speziell auf der kommunalen Ebene schwer, es mangelt an geeigneten Mandatsträgern. „Die Folge ist eine unzulängliche Ausschöpfung des in einer Gesellschaft tatsächlich vorhandenen politischen Potenzials samt Insider-Geschäften derer, welche die Hemmschwelle in die Politik hinein überschritten haben." Damit, so Werner Patzelt, schrumpft „unweigerlich auch die unmittelbar in die Politik einzubringende praktische Erfahrung, Lebensklugheit und gesellschaftliche Vernetzung."[58] Sachsens Parteien werden zu Mitgliederparteien ohne Mitglieder, dominiert von Funktionären, geplagt von Finanzproblemen, außer Stande, eine breite Anhängerschaft zu versammeln, zu einem immer geringeren Grad fähig, ihre politisch-gesellschaftliche „gatekeeper"-Funktion zu erfüllen.

Die CDU vermochte als „Sächsische Union" insbesondere unter Kurt Biedenkopf, Inhalte, Personen und Images von Partei, Fraktion und Regierung wirksam zu verbin-

54 Vgl. Werner J. Patzelt/Karin Algasinger: Das Parteiensystem Sachsens, in: Oskar Niedermayer (Hrsg.): Intermediäre Strukturen in Ostdeutschland, Opladen 1996, S. 237–262, hier S. 245.

55 Vgl. Franz Walter u. a. (Anm. 23), S. 34–36; Mike Schmeitzner/Michael Rudloff (Anm. 17), S. 26.

56 Vgl. Christian Demuth: Die SPD in Sachsen, in: Ders./Jakob Lempp (Anm. 13), S. 145–169, hier S. 150.

57 Vgl. Karsten Grabow: The Re-Emergence of the Cadre Party? Organisational Patterns of Christian and Social Democrats in Unified Germany, in: Party Politics 7 (2001), S. 23–43, hier S. 34.

58 Werner J. Patzelt: Parteien und Demokratie in Sachsen nach 1990, in: Konstantin Hermann (Hrsg.): Sachsen seit der Friedlichen Revolution, Dresden/Markkleeberg 2010, S. 103–112, hier S. 110 f.

den und nach außen zu kommunizieren.[59] Ihr Erfolgsrezept lautete: (1) ein populärer „Landesvater", (2) eine nahezu exklusiv vertretene sächsische Identität und (3) ein auf guter Regierungsarbeit gründendes Selbstverständnis. Biedenkopf verkörperte den Staatsmann und Landesvater. Als „König Kurt" medial hofiert, präsidentialisierte er die Wahlen zu indirekten Plebisziten über seine Regierungsarbeit, erschien zuweilen als ein „über den Parteien stehender Streiter für die sächsische Sache".[60] An seine umfassende Integrationskraft konnten die Nachfolger nur bedingt anknüpfen. Bis heute hält sich – wenn auch geschwächt – das Image der CDU als „Sachsenpartei". Intensiv betreibt sie Identitätspolitik, jongliert mit Landessymboliken, grenzt sich mitunter deutlich von der Bundespartei ab, greift zu einer sächsischen „Gemeinschaftsrhetorik", stellt im externen Diskurs ihre christliche Konstitution zugunsten einer sächsischen zurück. Sie bedient das starke Identitätsgefühl der Sachsen,[61] verbindet nach bayerischem Muster wählerwirksam Landesmotiv und Regierungshandeln. Selbstverständnis und Außenwahrnehmung als eine kompetente und vertrauenswürdige, bundespolitisch gewichtige (zuletzt weniger) Regierungspartei, als Partei für Wirtschaft und Arbeit, Wohlstand und soziale Sicherheit, Ordnung und gute Bildung, die mit ihrer Politik eine stabile und erfolgreiche Entwicklung des Freistaates befördert, knüpfen an das landesspezifische Image an. Staatliche Solidarität verbunden mit Eigenverantwortung und Vertrauen auf die gesellschaftliche Leistungskraft sind ihr Credo. Sachsens CDU pflegt wertorientiert-konservative wie patriotische Ansätze.

Die Oppositionsparteien konnten dem in den 1990er Jahren kaum etwas entgegnen. Besonders die von der SPD als „weiche" Opposition verfolgte Argumentation, sie sei die vertrauenswürdigere Alternative sowie das sozial gerechte Korrektiv zur CDU-Alleinregierung, scheiterte an deren hohen Kompetenz- und Zufriedenheitswerten. Ein weiterer Grund war der geburtsbedingte „Doppelcharakter" der Sozialdemokraten. Einerseits verfügten sie über eine lange sächsische Traditionslinie und waren eng mit der bundesdeutschen Sozialdemokratie verbunden. Andererseits trugen sie Züge der Bürgerbewegung des Herbstes 1989, deren Politikansatz nicht dem einer „Arbeiterpartei" entsprach. So suchte die SPD lange Zeit nach einem wirkungsvollen sozialdemokratischen Rollenbild.[62] Ihre Wahlprogramme strotzten stets vor historischen Anlehnungen und Regierungsambitionen, auf der Strecke blieb ein sozialdemokratischer Wertrahmen. Ihre Inhalte prallten an der Regierungspartei CDU ab und spielten der linkspopulistischen PDS in die Hände. Während ihrer Regierungsbeteiligung (2004–2009) konnte die SPD zwar ihre Kompetenz unter Beweis stellen, jedoch kommunizierte die CDU kontinuierlich die Entbehrlichkeit des Koalitionspartners. Zwei weitere Mankos sind das Feld der „sächsischen Identität", auf dem die SPD trotz zahlreicher Anläufe nicht gegen die

---

59 Vgl. ausführlich Thomas Schubert (Anm. 53).
60 Ulrich Brümmer (Anm. 20), S. 253.
61 Vgl. ebd., S. 249; Werner Patzelt (Anm. 30), S. 111; detailliert Wolfgang Luutz: Region als Programm.
   Zur Konstruktion „sächsischer Identität" im politischen Diskurs, Baden-Baden 2002.
62 Vgl. die treffliche Darstellung bei Christian Demuth (Anm. 56), S. 147 f., 156 f.

„Sächsische Union" ankam, sowie ihre bis heute anhaltende Gesichtslosigkeit. Das SPD-Personal war den Amtsinhabern in Sympathie- und Kompetenzwerten stets unterlegen, bekannte sächsische Sozialdemokraten scheuten die Landespolitik. In den Wahlkämpfen nach 1994 hat die SPD auf den Anspruch der Ministerpräsidentschaft verzichtet.

Besser behauptete sich die PDS bzw. Die Linke. Ihr Erfolgsrezept lag in der „harten" Opposition gegen die in ihren Augen „selbstherrliche" Regierungspartei, wobei sie von der Schwäche der SPD profitierte. Zunächst schlüpfte sie in die Rolle der Verteidigerin der Identität und der „sozialen Errungenschaften" der DDR. Danach rückte sie ein allgemeines soziales Leitbild in den Mittelpunkt, sah sich als einzige Partei der sozialen Gerechtigkeit in Sachsen. Dabei ist das Urteil verfehlt, die PDS/Die Linke habe sich mit der Zeit „zur pragmatischen linken Sozialdemokratie mit Machtanspruch gemausert".[63] Zwar streben die Genossen zunehmend nach Regierungsbeteiligung, dennoch polemisierten sie gegen die Regierungspolitik der SPD im Bund, lehnen die soziale Marktwirtschaft ab und wollen eine dem Sozialprinzip untergeordnete solidarische Gesellschaft als Alternative zum Kapitalismus.[64] Ihr Rollenbild ist bis heute weithin von einem systemoppositionellen Selbstverständnis geprägt. So wie sich die CDU als regierende „Sachsenpartei" mit der sächsischen Identität verbindet, streichelt Die Linke als oppositionelle „sozialistische Volkspartei" ostdeutsche Seelen. Langhin mied sie eine ausgeprägte Landesidentität.[65] Sie agiert als „Kümmererpartei" der „kleinen Leute", ist in ihrem Habitus sozialistisch, in Teilen kommunistisch. Ähnlich der SPD mangelt es ihr an personeller Präsenz, ihre Herausforderer sind chancenlos gegen die Amtsinhaber.

Liberale und Grüne blieben bis 2004 im Verborgenen. Erstgenannte befanden sich im Kernschatten der Regierungspartei. Themen wie „innere Sicherheit" oder eine wirtschaftsliberale Ausrichtung, die für Steuer- und Abgabensenkungen sowie für eine Bekämpfung der Arbeitslosigkeit stand, wurden von den Christdemokraten hinreichend vertreten. Als „Partei der Besserverdienenden" mit einem eher negativen Image versehen, hatte die FDP personell wenig zu bieten. Ähnlich erging es den Grünen, deren Umwelt- und Gesellschaftsthemen in den von ökonomischen und sozialen Verwerfungen gezeichneten 1990er Jahren kein Gehör fanden. Ihre personellen Profilierungsversuche, etwa als 1999 die Bundessprecherin Gunda Röstel als Spitzenkandidatin antrat und eine Koalition mit der CDU nicht ausschloss, waren erfolglos.[66] Seit 2004 gelingt beiden Parteien die Verzahnung von Person, Inhalt und Image besser. Zugute kommt ihnen dabei die verminderte Dominanz der Christdemokraten. So wie ökologische und postmate-

---

63 Michael Lühmann: Die Zukunft der „anderen" Vergangenheit. Erkundungen im Labor Ostdeutschland, in: Felix Butzlaff u. a. (Hrsg.): Patt oder Gezeitenwechsel? Deutschland 2009, Wiesbaden 2009, S. 183–209, hier S. 197.

64 Vgl. etwa PDS-Fraktion im Sächsischen Landtag (Hrsg.): Aleksa. Alternatives Landesentwicklungskonzept für den Freistaat Sachsen, Dresden 2004.

65 Vgl. Gero Neugebauer (Anm. 13), S. 138.

66 Vgl. Ulrich Brümmer (Anm. 20), S. 142–144, 177–179.

rialistische Themen der Grünen zunehmend Gehör finden, hat 2009 die starke „Sachsentümelei" der FDP gefruchtet.

Die zunächst absolute, später relative Dominanz der CDU, der Niedergang bzw. die stete Schwäche der SPD, die deutlich stärkere, als Daueropposition politisch eher schwache PDS/Die Linke und die lange Zeit nicht relevanten Kleinparteien schufen in Sachsen eigentümliche Konkurrenzmuster. Insbesondere in den Jahren 1994 bis 2004 begünstigte das Dreiparteiensystem mit seiner gespaltenen linken Doppelopposition die hegemoniale Regierungspartei.[67] Hinter ihrer Stärke stand stets die strukturelle und personelle Unterlegenheit der SPD, die ihrerseits im Verdrängungswettbewerb mit der PDS unterlag. Letztgenannte bot sich ab Mitte der 1990er Jahre aus diversen Gründen der SPD als Kooperationspartner an, die sich den Avancen widersetzte und auf eine schwarz-rote Koalition zielte. Dies nützte der CDU, die mit dem stetigen Ziel der absoluten Mehrheit eine klare Linie fuhr. Die linke Doppelopposition hatte der Regierungspartei nichts entgegenzusetzen. Indem die CDU im Parteienwettbewerb über die politische Gestaltungsmacht, die Themenführerschaft, die größere Medienpräsenz und einen populären Amtsinhaber verfügte, lag die (unbefriedigende) Chance der Opposition allein darin, deren politischen Verschleiß zu beschleunigen. War diese Lage für die PDS ambivalent, da sie einerseits die Partei stärkte, andererseits keine realistische Option auf eine Regierungsbeteiligung bot, befand sich die SPD in einer vernichtenden Konkurrenzsituation. „Zwischen der Partei der Einheitsgewinner und Optimisten (CDU) und jener der Verlierer und Pessimisten (PDS) existierte für die SPD, die sich auch nie zu einer Fundamentalopposition hinreißen ließ, keine ausreichend große Marktlücke."[68] Sie, die sich weder zu einer klaren Koalitionsaussage noch zu einem eindeutigen Verhältnis zur PDS durchringen konnte, war in Bündnisfragen eine getriebene Partei. Zwar galten ihre Vorsitzenden Kunckel und Krehl als Gegner einer Kooperation mit der SED-Nachfolgepartei, der Standpunkt der SPD war aber allein 1990 eindeutig, als sie sich scharf von der PDS abgrenzte. In der Folge verhinderten Flügelkämpfe eine geschlossene Strategie.

Seit dem Jahr 2004 (verstärkt seit 2009) hat sich der sächsische Parteienwettbewerb – die NPD ausgenommen – „normalisiert". Ein (volatiles) „rechts-liberales" Lager aus CDU und FDP steht einem (ungefestigten) „links-ökologischen" Lager aus SPD, Die Linke und Grünen gegenüber, ohne dass lagerübergreifende Koalitionen wie Schwarz-Grün oder Schwarz-Rot ausgeschlossen sind – bei einer politischen Isolation der NPD. Charakteristisch – nicht zuletzt wegen der inneren Zerstrittenheit sowie der Schwäche der Oppositionsparteien – bleibt die hegemoniale Stellung der Christdemokraten. Sie streben die absolute Mehrheit an, stehen ansonsten neben dem „klassischen" Bündnis mit der FDP, wiewohl verhalten, Koalitionen mit der SPD und den Grünen offen. Die

---

67 Vgl. ders., S. 262.
68 Timo Grunden: Politikberatung im Innenhof der Macht. Zu Einfluss und Funktion der persönlichen Berater deutscher Ministerpräsidenten, Wiesbaden 2009, S. 138.

SPD sucht unverändert den richtigen Weg in eine Regierungsbeteiligung. Ihr Verhältnis zur Linken bleibt weiter ungeklärt. Während Letztgenannte stetig Kooperationsangebote an die SPD adressiert, scheut die klare Worte, schließt eine Koalition aber nicht mehr aus.[69] Ursächlich für ihr Lavieren sind einerseits strategische Überlegungen, ist doch in Sachsen eine Regierungsbeteiligung an der Seite der CDU für die SPD eher wahrscheinlich. Andererseits spielen normative Aspekte eine Rolle, angesichts einer weithin DDR-affinen Linken. Dennoch schwinden bei der SPD die Berührungsängste in dem Maße, in dem sich die Gründergeneration aus dem politischen Geschehen zurückzieht. Der Gegner steht für die Jüngeren nicht links, sondern „heißt CDU und FDP".[70] Die Linke befindet sich seit Jahren in der Oppositionsklemme, verhindern doch die schwachen Sozialdemokraten und Grünen, und zuletzt auch die eigene Schwäche, die ersehnte „Linkskoalition". Hinzu kommen der Unwille der SPD, als Juniorpartner einem rot-roten Kabinett beizutreten, sowie die langhin reservierte Haltung der Grünen. Die Ökopartei strebt jedoch seit einiger Zeit offener eine Kooperation mit SPD und Linken an, schlägt aber zugleich die Tür zu einer (wahrscheinlicheren) Kooperation mit der CDU nicht zu. 2014 könnte Schwarz-Grün in Sachsen Realität werden, sollte die FDP nicht wieder oder stark geschwächt in den Landtag gelangen.

7 „Sächsischer Weg"?

Sachsen hat seit 1990 ein kompetitives Hegemonialparteiensystem. Die CDU gewann dreimal die absolute Mehrheit und bleibt nach deren Verlust klar die dominierende Partei. Sie beherrscht als Regierungspartei das politische Geschehen, profitiert von der politischen Ressourcengewichtung und der sächsischen Wählerstruktur und determiniert als regional gut verankerte und kommunal noch gut angebundene Partei bis zu einem gewissen Grad den Wettbewerbsraum ihrer Konkurrenten. Die Linke erstarkte im ostdeutschen Verhältnis nur moderat, büßte zuletzt sogar an Stimmen ein, blieb aber klar zweitstärkste Kraft. Indes hat die „drittplatzierte" SPD das elektorale Niveau einer Kleinpartei (seit drei Landtagswahlen). Sie war stets organisatorisch defizitär, strategisch fehlerbehaftet, durchaus personell wie programmatisch qualifiziert, aber unpopulär. Ihre Regierungsbeteiligung an der Seite der dominanten CDU blieb ohne positive Effekte für sie. Seit 2004 sorgen die Liberalen und die Grünen sowie die schwarz-roten bzw. schwarz-gelben Koalitionen für eine gewisse „Normalisierung" im bundesdeutschen Kontext – mit Ausnahme der NPD.

Der „sächsische Weg" liegt in einer singulären asymmetrischen Ausformung der ostdeutschen Dreiparteienkernstruktur – durch die strukturelle, gouvernementale wie

---

69 Vgl. etwa die Aussagen von Martin Dulig in: Hubert Kemper: Das Planspiel der Oppositionsführer, in: Freie Presse vom 22. Juni 2011.
70 So Michael Lühmann (Anm. 63), S. 197.

kulturelle Prädominanz der CDU[71] und die schwache linke Doppelopposition (außer von 2004 bis 2009) unter „Führung" der PDS/Die Linke. Somit ist das sächsische Parteiensystem eine spezielle ostdeutsche Spielart, die sich ihrerseits vom west- bzw. gesamtdeutschen Parteiensystem abhebt. Das seit 2004 bestehende Sechsparteiensystem schwächt den „osttypischen" Dreiparteienkern ab und vermengt sich mit dem „westtypischen" Vielparteiensystem. Insofern unterscheidet sich die sächsische Konstellation deutlich vom gesamtdeutschen Fünfparteiensystem, in dem sich Union und SPD als Hauptkonkurrenten gegenüberstehen, begleitet von Liberalen, Grünen und Linken. Mit Blick auf die Länder entspricht sie weder den süddeutschen Hegemonialsystemen, mit ihrer Hauptkonkurrenz zwischen (großer) CSU/CDU und (kleiner) SPD, noch anderen Sechsparteiensystemen. Äquivalent waren allein die CDU-dominierte Konstellation in Thüringen (1999–2009) und – unter anderen Vorzeichen – die SPD-Dominanz in Brandenburg (1994–1999, abgeschwächt seit 2004).[72] Zudem ist Sachsens Parteiensystem auch ein ostdeutscher Sonderfall: erstens wegen der dominanten Rolle der CDU; zweitens wegen der (zwischen 1994 und 2004 besonders) hohen Asymmetrie zugunsten der CDU; drittens wegen der schwachen SPD, die kaum über Koalitionsoptionen verfügt; viertens wegen der Erfolge der NPD; fünftens wegen der – u. a. bedingt durch die Machtverhältnisse – lange Zeit großen Distanz der anderen Parteien gegenüber der PDS bzw. der Linken. Und dennoch weist das sächsische Parteiensystem zahlreiche Parallelen zur ostdeutschen Parteienlandschaft auf (bei größeren Unterschieden zur westdeutschen). Seine Fragmentierung, Volatilität oder Polarisierung sind eher durchschnittlich,[73] der Blick auf die Parteien offenbart deren im Osten verbreitete Mobilisierungs- und Strukturschwäche mit allen ihren politischen Folgen.

Viele schauen heute wehmütig auf die im Bund wie in den Ländern stark konzentrierten Parteiensysteme der 1970er Jahre zurück, mit ihrer Dominanz der Volksparteien und verlässlichen Bündnisformen. Seither, so die geläufige Lesart, steige die Instabilität, die Parteien verlören an Unterstützern, die Koalitionsbildung würde erschwert bis unmöglich. Wer so argumentiert, wertet die Ausnahme als Normalität und die Normalität als Ausnahme, verkennt, dass im Wandel eines Parteiensystems dessen Stabilität begründet liegt. Folgender Gedankengang ist logisch: Bei dem sächsischen Dreiparteiensystem zwischen 1994 und 2004 handelt es sich um die Ausnahme, bei der vor- und seitherigen Vielparteienkonstellation mit Dreiparteienkern eher um die „Regel". Jedoch ist jede Prognose riskant.

Dies liegt nicht nur an dem unberechenbaren Wahlverhalten und der hohen Zahl an schwach etablierten Parteien. Am stärksten spricht die junge demokratische Entwicklungsgeschichte in Sachsen dagegen. Auch beim hegemonialen Charakter des sächsi-

---

71 Vgl. Ulrich Brümmer (Anm. 20), S. 248–259.
72 Vgl. ders., S. 255 f.
73 Vgl. Aline Schniewind: Parteiensysteme, in: Markus Freitag/Adrian Vatter (Hrsg.): Die Demokratien der deutschen Bundesländer, Opladen 2008, S. 63–109; Thomas Bräuninger/Marc Debus (Anm. 4), S. 165.

schen Parteiensystems bestehen wegen der bundespolitischen und der in ihrer Intensität abnehmenden landespolitischen Einflüsse zahlreiche Unwägbarkeiten, die von einer erneuten absoluten Mehrheit der CDU, über eine (wahrscheinliche) CDU-dominierte Koalition bis hin zur (unwahrscheinlichen) ersten „linken" Mehrheit viele Optionen zulassen.

Kapitel 9
Verwaltung

1 Öffentliche Verwaltung in Deutschland

Im Unterschied zur Gesetzgebung liegt im deutschen Föderalismus die Staatsverwaltung, verstanden als die „Summe aller Einrichtungen und organisierten Wirkungszusammenhänge, die vom Staat, den Gemeinden und den von ihnen geschaffenen öffentlich-rechtlichen Körperschaften zur Erledigung öffentlicher Aufgaben unterhalten werden",[1] überwiegend in den Händen der Länder (und Kommunen). „Die Ausübung der staatlichen Befugnisse und die Erfüllung der staatlichen Aufgaben ist Sache der Länder, soweit dieses Grundgesetz keine andere Regelung trifft oder zulässt" (Art. 30 GG). Der Parlamentarische Rat folgte damit der traditionellen föderalen Aufgaben- und Arbeitsteilung: Der zentralstaatlichen Ebene (Bund) obliegt das Gros der Gesetzgebung (sachpolitisches Primat), die Länder vollziehen das Gros der Gesetze (funktionales Primat). Beide Ebenen koordinieren, beeinflussen und beaufsichtigen ihr Handeln, kontrolliert durch die Verfassungs- und Verwaltungsgerichte, Rechungshöfe und Öffentlichkeit.[2] Demnach lässt sich die Verwaltung als (primär hierarchisches) „Mehrebenensystem" mit mehr oder weniger eigenständigen Verwaltungs- und Aufsichtsbehörden charakterisieren.[3] Seit Jahrzehnten gliedert sich ihr äußerer Aufbau in die drei Makroebenen Bundesverwaltung, Länderverwaltung und in die (staatsrechtlich zur Landesebene ge-

---

1   Joachim Jens Hesse/Thomas Ellwein: Das Regierungssystem der Bundesrepublik Deutschland, 10. Aufl., Baden-Baden 2012, S. 464.
2   Vgl. Karlheinz Niclauß: Der Weg zum Grundgesetz. Demokratiegründung in Westdeutschland 1945–1949, Paderborn u. a. 1998, S. 316, 336.
3   Vgl. Arthur Benz: Verwaltung als Mehrebenensystem, in: Bernhard Blanke u. a. (Hrsg.): Handbuch zur Verwaltungsreform, 4. Aufl., Wiesbaden 2011, S. 11–20, hier S. 12 f.

hörige) Kommunale Selbstverwaltung, die sich jeweils funktionsbezogen weiter vertikal und horizontal differenzieren.[4]

Die Bundesverwaltung umfasst zunächst die *unmittelbare Bundesverwaltung* mit den Obersten Bundesbehörden (etwa die Bundesministerien), ihnen nachgeordneten, partiell souveränen Oberbehörden ohne eigenen Unterbau (u. a. Bundeskartellamt), Mittelbehörden (z. B. Wehrbereichsverwaltungen) und regionalen Bundesunterbehörden (z. B. Wasserämter). Während die meisten Bundesministerien vorrangig als Regierungsverwaltung fungieren, verfügen einige Ressorts über einen Verwaltungsunterbau. Art. 87 GG deklariert als solche den Auswärtigen Dienst, die Bundesfinanzverwaltung, die Verwaltung der Bundeswasserstraßen, die Bundes- und die Bundeskriminalpolizei oder den Bundesnachrichtendienst. In diesen Hoheitsbereichen, in denen „Interessen des Staatsganzen die Erledigung von Verwaltungsaufgaben zwingend erforderlich"[5] machen, kann der Bund keine oder nur sehr begrenzte Zuständigkeiten auf die Länder übertragen (Art. 86 GG). Zur unmittelbaren Verwaltung des Bundes gehören ebenso die Bundeswehrverwaltung, die Luft- und die Eisenbahnverkehrsverwaltung oder die Verwaltung der Bundesautobahnen und -straßen, wobei hier Aufgaben an die Länder abgegeben oder in privatrechtlicher Form ausgeübt werden können. Daneben existiert die *mittelbare Bundesverwaltung* in Form bundesunmittelbarer Körperschaften und Anstalten des öffentlichen Rechts, wie die Bundesagentur für Arbeit, bei denen das zuständige Ministerium allein die Rechtsaufsicht ausübt.[6] Die *Bundesverwaltung in Privatrechtsform* zeichnet sich durch eine Eigentumsbeteiligung des Bundes aus, ohne dessen Rechts- oder Fachaufsicht zu unterliegen (z. B. Deutsche Flugsicherung). Zu guter Letzt regelt der Bund einige Sachbereiche durch die *privatrechtliche Auftragsverwaltung*.[7]

Obwohl der Bund gemäß Art. 87 Abs. 3 GG für alle Bereiche der Bundesgesetzgebung eine eigene vollziehende Verwaltung errichten kann, bedient er sich zum Gesetzesvollzug fast ausschließlich der Verwaltungen der Länder. In deren Handlungsbereich fällt folglich das Gros der Verwaltungsaufgaben, wobei drei Sektoren[8] zu unterscheiden sind: zunächst die (1) *landeseigene Verwaltung* (etwa bei Kultur, Sport oder Bildung), bei der die Länder mit eigenen Behörden und frei von der Einwirkung durch den Bund ihre eigenen Angelegenheiten regeln und Landesgesetze vollziehen. Daneben führen die Länder Bundesgesetze als „eigene Angelegenheiten" aus. Art. 84 Abs. 1 GG präzisiert die (2) *Bundesaufsichtsverwaltung:* „Führen die Länder die Bundesgesetze als eigene

---

4 Vgl. Jörg Bogumil/Werner Jann: Verwaltung und Verwaltungswissenschaft in Deutschland, 2. Aufl., Wiesbaden 2009, S. 82.

5 Ralf Walkenhaus: Bundesverwaltung, in: Rüdiger Voigt/ders. (Hrsg.): Handwörterbuch zur Verwaltungsreform, Wiesbaden 2006, S. 50–54, hier S. 50.

6 Vgl. ebd.

7 Als Überblick siehe Jörg Bogumil/Werner Jann (Anm. 4), S. 95.

8 Die komplexen Bund-Länder-Strukturen der Finanzverwaltung (Art. 104a/108 GG) und der Gemeinschaftsaufgaben (Art. 91a GG) bleiben in diesem Kapitel unberücksichtigt.

Abbildung 1 Äußerer Verwaltungsaufbau in der Bundesrepublik Deutschland (exemplarisch)

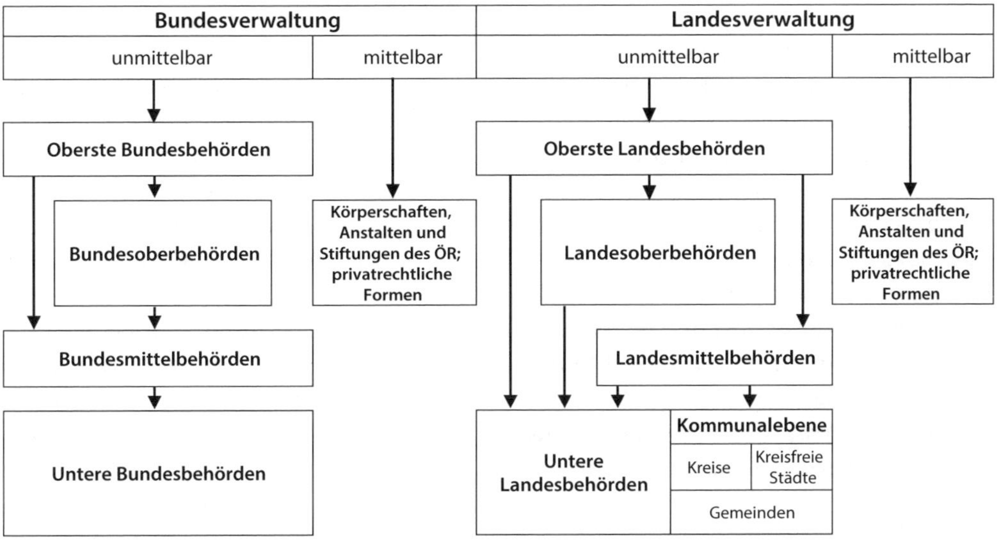

Bundesverwaltung		Landesverwaltung	
unmittelbar	mittelbar	unmittelbar	mittelbar
Oberste Bundesbehörden		Oberste Landesbehörden	
Bundesoberbehörden	Körperschaften, Anstalten und Stiftungen des ÖR; privatrechtliche Formen	Landesoberbehörden	Körperschaften, Anstalten und Stiftungen des ÖR; privatrechtliche Formen
Bundesmittelbehörden		Landesmittelbehörden	
Untere Bundesbehörden		Untere Landesbehörden	Kommunalebene

Quelle: Darstellung nach Jörg Bogumil/Werner Jann (Anm. 4), S. 88.

Angelegenheit aus, so regeln sie die Einrichtung der Behörden und das Verwaltungsverfahren. Wenn Bundesgesetze etwas anderes bestimmen, können die Länder davon abweichende Regelungen treffen. […] In Ausnahmefällen kann der Bund wegen eines besonderen Bedürfnisses nach bundeseinheitlicher Regelung des Verwaltungsverfahrens ohne Abweichungsmöglichkeit für die Länder regeln. Die Gesetze bedürfen dann der Zustimmung des Bundesrates." Der Bund hat die Rechtsaufsicht, den Ländern obliegen die Fachaufsicht, die Behördeneinrichtung und das Verwaltungsverfahren. Regelt der Bund eigenmächtig das Verwaltungsverfahren, können die Länder davon abweichen. Der Bund legt nur mit Zustimmung des Bundesrates das Verwaltungsverfahren fest.[9] Indes lässt das Grundgesetz offen, inwiefern die Länder über die Möglichkeit eigener Sachentscheidungen verfügen. Je stärker der Bundesgesetzgeber den Aktionsraum der Verwaltung durch Details reduziert, umso mehr kann die Landesverwaltung nur vollziehen.[10] Weniger häufig exekutieren die Länder Gesetze im Auftrag des Bundes. Bei

9 Vgl. Katrin Gerstenberg: Zu den Gesetzgebungs- und Verwaltungskompetenzen nach der Föderalismusreform, Berlin 2009, S. 281–284; Janbernd Oebbecke: Verwaltungszuständigkeit, in: Josef Isensee/ Paul Kirchhof (Hrsg.): Handbuch des Staatsrechts der Bundesrepublik Deutschland, Bd. VI, Heidelberg 2008, S. 743–809, hier S. 760.

10 Vgl. Martin Schewerda: Die Verteilung der Verwaltungskompetenzen zwischen Bund und Ländern nach dem Grundgesetz, Aachen 2008, S. 7–9.

der (3) *Bundesauftragsverwaltung,*[11] etwa der Verwaltung der Bundesstraßen durch die Länder, erstreckt sich die Bundesaufsicht „auf Gesetzmäßigkeit und Zweckmäßigkeit der Ausführung" (Art. 85 Abs. 4 GG), also auf Rechts- und Fachaufsicht. Die Landesbehörden unterstehen gemäß Art. 85 Abs. 3 GG den Weisungen der zuständigen obersten Bundesbehörden. Stimmt der Bundesrat dem zu, kann die Bundesregierung ferner allgemeine Verwaltungsvorschriften erlassen und in die personelle wie organisatorische Ausgestaltung der Landesbehörde eingreifen. Im Normalfall bleibt die Einrichtung der Behörden aber Angelegenheit der Länder.[12]

Die konkrete Verwaltungsorganisation (Ressorts, Struktur, innere Organisation) unterscheidet sich je nach Bundesland. Während in den Stadtstaaten Kommunal- und Landesebene verschmelzen, verfügen die meisten größeren Flächenländer über einen dreistufigen unmittelbaren Verwaltungsaufbau aus einer Oberinstanz, bestehend aus Obersten Landesbehörden (z. B. Ministerien) und Landesoberbehörden (z. B. Landesamt für Umwelt), den Mittelbehörden (u. a. Regierungspräsidium) und den Unteren Landesbehörden (z. B. Finanzamt).[13] Funktionen der Landesministerien sind neben der politischen Verwaltung und Leitung die Aufsicht über die nachgeordneten Behörden. Den Landesoberbehörden sind spezielle Aufgaben zugeordnet (etwa Landesamt für Statistik). Sie entlasten die Ministerien. Die Mittelbehörden haben Koordinierungs- und Kontrollfunktionen, die Unteren Landesbehörden als Ordnungs- und Leistungsverwaltung ausführende Funktionen, wegen des kommunalen Verwaltungsprimats aber nur gewisse Aufgaben „erstinstanzlich" zu erledigen. Zudem existiert eine mittelbare Verwaltung durch Körperschaften, Anstalten und Stiftungen des öffentlichen Rechts sowie kommunale Gebietskörperschaften.[14]

Die Kommunen (kreisangehörige Gemeinden, kreisfreie Städte, Kreise) sind staatsrechtlich den Ländern zugehörig. Als Gebietskörperschaften des öffentlichen Rechts formen sie als Träger der Kommunalen Selbstverwaltung und der staatlichen Auftragsverwaltung eine separate Verwaltungsebene aus. Geregelt wird ihre Stellung in den Kommunalverfassungen der Länder.[15] Innerhalb des darin gesetzten Rahmens erledigen die Kommunen eigenverantwortlich ihre freiwilligen und pflichtigen Aufgaben. In diesen Angelegenheiten haben die Länder lediglich eine Rechtsaufsicht inne. Ferner vollziehen die Kommunen (besonders die kreisfreien Städte und Kreise) das Gros der staatlichen Ordnungs- und Leistungsverwaltung. Hierbei stehen sie unter der Rechts- und

---

11 Vgl. hierzu Franz-Ludwig Knemeyer: Auftragsverwaltung, in: Rüdiger Voigt/Ralf Walkenhaus (Anm. 5), S. 18–20.

12 Vgl. Martin Schewerda (Anm. 10), S. 10 f.

13 Vgl. hierzu Ralf Walkenhaus: Landesverwaltung II, in: Rüdiger Voigt/ders. (Anm. 5), S. 212–216.

14 Vgl. Hellmut Wollmann: Staatsorganisation zwischen Territorial- und Funktionalprinzip im Ländervergleich, in: Jörg Bogumil (Hrsg.): Politik und Verwaltung, Wiesbaden 2006, S. 424–452, hier S. 433; Jörg Bogumil/Werner Jann (Anm. 4), S. 103, 133.

15 Vgl. Franz-Ludwig Knemeyer: Kommunalverwaltung/Kommunalverfassung, in: Rüdiger Voigt/Ralf Walkenhaus (Anm. 5), S. 193–196.

Fachaufsicht der Länder. Daher sind sie bei den bundes- bzw. den landesrechtlichen „Auftragsangelegenheiten" keine souveräne Instanz, sondern agieren – obgleich selbstständig – als untere staatliche Exekutive. Die genaue Aufgabenstruktur ist landesspezifisch geregelt.[16]

Öffentliche Verwaltungsorganisationen sind auf allen Ebenen bedeutsame Akteure bei der Umsetzung und Evaluierung politischer Programme. Sie besitzen durch ihre hohe Fachkompetenz eine enorme Problemlösungsfähigkeit. Verwaltungen entlasten die politischen Akteure, greifen aber zuweilen eigeninteressiert in politische Prozesse ein.[17] Das lange Zeit vorherrschende und bis heute starke instrumentelle Verständnis von öffentlicher Verwaltung als hoheitliche Vollzugsinstanz, mit unabhängigen Beamten, die lediglich den Weisungen des Gesetzgebers Folge leisten, hat mit den Leitbildern des „schlanken", „aktivierenden Staates" eher ausgedient.[18] Nun ist von einem politischadministrativen System die Rede, das der neuen Interdependenz staatlicher Aufgaben entspricht. Öffentliche Verwaltungen planen, erlauben und verbieten nicht mehr nur, sondern moderieren, informieren und integrieren zunehmend – zumal auf Landes- und Kommunalebene.[19]

2 Neuorganisation und Reform der sächsischen Verwaltung nach 1990

Im „demokratischen Zentralismus" der DDR bestanden auf sächsischem Gebiet die Bezirke Karl-Marx-Stadt, Dresden und Leipzig sowie 42 Kreise. Die Bezirke waren als mittlere Administrativeinheiten allein der Umsetzung zentraler Direktiven verschrieben.[20] Die Kreise handelten einzig als untere staatliche Verwaltungsinstanzen. Die DDR kannte weder Selbstverwaltung noch unabhängige Verwaltungskontrolle. Die SED entschied über alle politischen, gesellschaftlichen und ökonomischen Grundfragen, der hierarchische Staatsapparat setzte ihre Beschlüsse um (Kommandoverwaltung). Das Ende dieses Verwaltungsprinzips war folglich eine der Forderungen der friedlichen Revolution 1989/90. Ein zügiger Verwaltungsaufbau und -umbau nach modernen rechtsstaatlichen Kriterien war notwendig, wollte man die Demokratisierungs- und Konsolidierungsziele erreichen und die sozio-ökonomischen Transformationsprozesse bewältigen.[21] Deshalb

---

16 Vgl. Hellmut Wollmann (Anm. 14), S. 434 f.; Jörg Bogumil/Werner Jann (Anm. 4), S. 104.

17 Vgl. Jörg Bogumil/Werner Jann (Anm. 4), S. 197.

18 Vgl. Marc Jan Beer: Staatsleitbilder, in: Bernhard Blanke u. a. (Anm. 3), S. 52–60, hier S. 57.

19 Vgl. Roland Lhotta: Kooperation, in: Rüdiger Voigt/Ralf Walkenhaus (Anm. 5), S. 197–199; Jörg Bogumil/Werner Jann (Anm. 4), S. 43 f.

20 Vgl. Andreas Thüsing: Der staatliche Neuanfang in Sachsen 1945–1952, in: Rainer Behring/Mike Schmeitzner (Hrsg.): Diktaturdurchsetzung in Sachsen, Köln 2003, S. 171–199.

21 Vgl. Michael Richter: Die Entstehung des Freistaates Sachsen, in: Konstantin Hermann (Hrsg.): Sachsen seit der Friedlichen Revolution. Tradition, Wandel, Perspektiven, Dresden 2010, S. 71–77, hier S. 72.

und vor dem Hintergrund der deutschen Einheit wurde die Staatsverwaltung gleichsam
über Nacht einem „vollständigen institutionellen Neuaufbau" unterzogen, der in einem
komplexen Prozess eine „exogene und exogen stark (mit-)gesteuerte Kopie der obersten
Landesbehörden der westdeutschen Bundesländer" implementierte.[22]

In Sachsen ging die Verwaltungstransformation einen gesonderten Weg. Die erste
und letzte demokratisch legitimierte DDR-Regierung unter Lothar de Maizière sowie
Teile der Bundesregierung standen für den schnellen, aber zum Teil problembehafteten
Weg, das bestehende Bezirks- und Kreissystem in fünf Länder zu überführen, die Institutionen und das Personal des DDR-Staatsapparats in die neuen Landesverwaltungen zu
integrieren und damit, so Arnold Vaatz, „die alten Personalstrukturen zu schützen und
dafür zu sorgen, dass es nicht zu einer wesentlichen Veränderung in der Administration
kommt".[23] Dem widersetzten sich die sächsischen Reformkräfte. Sie erzwangen nicht
nur eine grundlegende personelle Erneuerung, sie durchbrachen vor allem die Aktivitäten der alten Räte der Bezirke und der neuen Bezirksverwaltungsbehörden, die sich
früh als Herzstück einer Landesverwaltung gewähnt hatten. Dazu verdrängten sie die
alten Kräfte in den Fachgruppen der „Gemischten Kommission Sachsen/Baden-Würt-
temberg" und verankerten den Koordinierungsausschuss als regierungsoffizielle Organisation zur Landesbildung und Verwaltungsreform.[24] Unterstützt von bayerischen und
besonders von baden-württembergischen Experten sowie unter Rückgriff auf die Vor-
bzw. Parallelarbeit der Gemischten Kommission erarbeitete der Koordinierungsausschuss „Strukturen der ministeriellen Verwaltung, der Regierungspräsidien, der nachgeordneten Behörden einschließlich der Geschäftsverteilung- und Stellenpläne"[25] aus.

Ende August 1990 war so die zukünftige Verwaltungsstruktur des Freistaates Sachsen
konzipiert, die später in weiten Teilen implementiert wurde. Anders als Mecklenburg-
Vorpommern und Brandenburg entschied man sich (wie Sachsen-Anhalt und Thüringen) für einen dezentralisierten dreistufigen Verwaltungsaufbau. Die oberste Stufe
bestand aus Landesministerien und unmittelbar nachgelagerten Behörden. Während
andere Verwaltungsebenen auf Strukturen zurückgreifen konnten, musste die oberste
Verwaltungsorganisation 1990/91 neu aufgebaut werden – zunächst durch Arbeitsstäbe
des Koordinierungsausschusses, später durch die Ministerien selbst. So war die Grob-
struktur aus neun Ministerien frühzeitig arbeitsfähig, jedoch blieben in den 1990er Jahren – das war unvermeidlich – viele kleinere und größere Umbauten nicht aus.[26]

Auf der dem sächsischen Innenministerium unterstellten Mittelebene wurde nach
der Wiedergründung des Freistaates bis Mitte des Jahres 1991 in den drei Regierungsbe-

---

22 So Alexander Thumfart: Die politische Integration Ostdeutschlands, Frankfurt a. M. 2000, S. 498.
23 Arnold Vaatz zitiert in: Michael Richter: Die Entstehung der neuen Bundesländer 1989/90, in: Ders. u. a.
     (Hrsg.): Länder, Gaue und Bezirke. Mitteldeutschland im 20. Jahrhundert, Dresden 2007, S. 279–306,
     hier S. 287.
24 Vgl. ausführlich Michael Richter: Die Bildung des Freistaates Sachsen, Göttingen 2004.
25 Ebd., S. 379.
26 Vgl. ebd., S. 806–821, 885–943.

zirken Chemnitz, Dresden und Leipzig vornehmlich auf Basis der vom Koordinierungsausschuss vorbereiteten Konzepte und unter baden-württembergischer wie bayerischer
Anleitung eine neue Mittelstruktur (Regierungspräsidien) geschaffen. Dass Sachsen dabei strukturell und teils personell (nur SED-Leitungskader wurden abgelöst) an die ehemaligen DDR-Bezirksverwaltungen anknüpfte, schuf frühe Vorbehalte. Obgleich für
ein Flächenland mit einer zerfaserten Kreisstruktur sinnvoll, waren die Mittelinstanzen
daher nicht nur aus Gründen der Effizienz oder aus machtpolitischen Motiven oft der
Ausgangspunkt hitziger Diskussionen.[27]

Schließlich wurde auf der kommunalen Verwaltungsebene (Landkreise, kreisfreie
Städte und Kommunen) nach der Kommunalwahl vom 6. Mai 1990 im Rahmen der
neuen DDR-Kommunalverfassung vom 17. Mai 1990 und des Ländereinführungsgeset-
zes vom 22. Juli 1990 die Kommunale Selbstverwaltung wieder eingerichtet. Der administrative Neuaufbau begann damit von unten, als es noch keine Landesregierungen
gab und mit den Bezirksverwaltungen die (zwar entmachteten) alten Strukturen fort-
existierten.[28]

Durch die neue – erst wieder zu erlernende – Selbstverwaltung und die Übergabe
bzw. das Verschieben zahlreicher staatlicher Aufgaben erfolgte eine Funktions- und
Aufgabenverlagerung auf die Kreise und die Kommunen. Organisatorisch hieß dies,
„die bisherigen Abteilungs- und Sachgebietsgliederungen aufzulösen und aus den strukturellen und personellen Teileinheiten zusammen mit den von außen hinzugekom-
menen Verwaltungsteilen und Personalstäben eine neue administrative Struktur zu
konstruieren".[29] Dabei wurde gemäß der reformierten DDR-Kommunalverfassung „die
Zweiteilung des Landratsamtes in eine Selbstverwaltungsbehörde und eine untere staatliche Verwaltungsbehörde eingeführt" und so an die traditionelle „Janusköpfigkeit" der
untersten sächsischen Verwaltungsebene angeknüpft.[30]

Personell trugen die Ost-Länder an einer doppelten historischen Bürde. Ihre Verwaltung war „quantitativ übersetzt und qualitativ sowohl bezogen auf die neuen Aufgaben als auch im Hinblick auf die stark ideologisch geprägte Personalselektion in der früheren DDR defizitär".[31] Den „unbelasteten" DDR-Verwaltungsmitarbeitern fehlte es an
Kenntnissen über bundesdeutsche Verwaltungsverfahren und geltendes Verwaltungs-

---

27 Vgl. Horst Damskis/Bärbel Möller: Verwaltungskultur in den neuen Bundesländern, Frankfurt a. M.
    1997, S. 23; Michael Richter (Anm. 24), S. 943–961.

28 Vgl. Udo Bullmann/Wito Schwanengel: Zur Transformation territorialer Politikstrukturen. Landes-
    und Kommunalverwaltungen in den neuen Bundesländern, in: Susanne Benzler u. a. (Hrsg.): Deutsch-
    land-Ost vor Ort, Opladen 1995, S. 193–224, hier S. 205.

29 Sabine Kuhlmann-Lorenz/Kai Wegrich: Kommunalverwaltung in den neuen Bundesländern, in: Eck-
    hard Schröter (Hrsg.): Empirische Policy- und Verwaltungsforschung, Opladen 2001, S. 243–260, hier
    S. 245.

30 Wolf-Uwe Sponer: Die Abschaffung der unteren staatlichen Verwaltungsbehörde im sächsischen Land-
    ratsamt, Frankfurt a. M. 2001, S. 47, 75.

31 Uwe Andersen: Landesverwaltung I, in: Rüdiger Voigt/Ralf Walkenhaus (Anm. 5), S. 207–211, hier
    S. 208.

recht; demokratisches Verwaltungshandeln und aktives Verwaltungsmanagement war ihnen oft fremd, ihre erlernte Verwaltungskultur imperativ-hierarchisch.[32] Demgemäß war vor allem in den höheren Ebenen ein „Westimport" (vorrangig aus Baden-Württemberg und Bayern) erfahrener Verwaltungsexperten und Spezialisten unabdingbar. Herrschte weiter unten große personelle Kontinuität, vollzog sich in den Leitungsebenen (vor allem in den Bereichen Inneres, Justiz, Finanzen) ein umfassender Austausch. Nur rund 15 Prozent des Altpersonals verblieben Anfang der 1990er Jahre in Führungspositionen.[33] Durch das Prinzip „Stellenausschreibung" vor „Stellenübernahme" hatten die sächsischen Reformer einen breiten Personalwechsel erreichen können, obgleich das neue Personal nicht immer den Erwartungen entsprach. Während Rollenbild und Aufgabenverständnis des ost- und westdeutschen Führungspersonals einander ähnelten, prägten deren unterschiedliche soziale, kulturelle, religiöse und politische Hintergründe andere Verwaltungskulturen aus. Dies führte mitunter zu erheblichen Animositäten.[34]

Die demokratisch-rechtsstaatliche Transformation der Verwaltungsstrukturen war in den frühen 1990er Jahren unter enormem Zeitdruck geschehen. Aus diesem Grund hatten unpassende oder ineffiziente Verwaltungsstrukturen Einzug gehalten bzw. waren konserviert worden. Mitte der 1990er Jahre existierte ein Nebeneinander von über 400 Landesbehörden mit dutzenden Behördentypen. Die politischen Gestalter hatten es im Sinne einer umfassenden Dezentralisierung (und um die frisch legitimierten Strukturen nicht sofort wieder zu zerschlagen) vernachlässigt, die zersplitterte DDR-Kreisstruktur mit ihrem eingeschränkt tauglichen Verwaltungsapparat in leistungsfähige Großkreise zu überführen.

Folglich waren bald strukturelle, personelle und funktionale Reformen zur administrativen Verschlankung und Effizienzsteigerung notwendig geworden.[35] Trotz eines breiten Interessenausgleichs war das Vorgehen der Staatsregierung umstritten; nicht zuletzt in der CDU-Landtagsfraktion, die – beherrscht von starken Regionalinteressen – auf eine politisch-integrative Mäßigung der Reformen pochte.[36] Im Zuge der Kreisgebietsreform 1993 reduzierte Sachsen die Zahl seiner Kreise von 48 auf 22 (plus sieben kreisfreie Städte) und ermöglichte so eine leistungsfähigere regionale Planungs- und Entwicklungspolitik. Blieb die Struktur der Mittelbehörden unangetastet, modifizierte eine nachgelagerte Funktionalreform die Verwaltungsaufgaben gemäß der neuen Gebietszuschnitte auf der kommunalen sowie zwischen der kommunalen und der staatlichen Ebene. Parallel wirkte ein von denselben Motiven getriebener Gemeindereform-

---

32 Vgl. Michael Richter (Anm. 23), S. 298.

33 Vgl. Alexander Thumfart (Anm. 22), S. 570; Harald Noeske: Regieren in Sachsen, Dresden 2012, S. 20.

34 Vgl. die umfassende Studie von Horst Damskis/Bärbel Möller (Anm. 27), S. 39, 75.

35 Vgl. Tobias Bach u. a.: Verwaltungspolitik als Politikfeld, in: Bernhard Blanke u. a. (Anm. 3), S. 527–536, hier S. 531.

36 Vgl. Stephanie Reulen: Entwicklung landesspezifischer Legitimationsmuster am Beispiel der Kreisgebiets- und Gemeindereform in Brandenburg und Sachsen, in: Hans Bertram u. a. (Hrsg.): Systemwechsel zwischen Projekt und Prozess, Opladen 1998, S. 625–662, hier S. 626 f., 649.

prozess.[37] Zuvor hatte 1993 die neue sächsische Landkreis- und Gemeindeordnung das DDR-Provisorium abgelöst. Mit dem seither als kommunale Einheitsbehörde konzipierten Landratsamt gehört Sachsen zu den Ländern ohne untere staatliche Verwaltungsorganisation. Der Landkreis erfüllt „Aufgaben der Landesverwaltung, nimmt diese jedoch als Eigenverwaltungskompetenz und ohne institutionelle Einbindung in die Landesverwaltung wahr".[38]

Während der Grundaufbau und die unmittelbar damit verbundenen ersten inneren und äußeren Struktur- und Funktionalreformen der Landesverwaltung Ende der 1990er Jahre weithin abgeschlossen waren, ist der Verwaltungsumbau und -abbau mit dem Ziel der Strukturverschlankung (Senkung von Personal- und Strukturkosten), Effizienzsteigerung (Abbau von Vorschriften) und Professionalisierung (moderne Kommunikationsinfrastruktur, New Public Management) in vollem Gange. Schrumpfende Finanzen und Einwohnerzahlen zwingen Sachsen zu einer Verkleinerung seiner Verwaltung. Den Anfang machte 2004 das Verwaltungsmodernisierungsgesetz. Es neustrukturierte, entflocht und kommunalisierte Aufgaben u. a. in den Bereichen Umwelt, Gewerbeaufsicht, Denkmalschutz, Straßenverkehr, Vermessungswesens und Polizei. Durch die weiteren Kreis- und Funktionalreformen im Jahr 2008[39] wurden mit dem Ziel der „Konzentration und Straffung der unmittelbaren staatlichen Verwaltung" im Rahmen einer Zwei-Schritt-Reform die Kreisgebiete vergrößert und Doppelstrukturen durch eine Reform der Regierungspräsidien und eine weitere Kommunalisierung staatlicher Sonderbehörden abgebaut.[40]

Vorbild war erneut Baden-Württemberg, wo 2005 nach dem Prinzip der „konzentrierten Dreistufigkeit" staatliche Sonderbehörden aufgelöst und deren Aufgaben anderen Instanzen übertragen worden waren.[41] Nach einem mehrjährigen Beratungs- und Verhandlungsprozess reduzierte Sachsen abermals die Anzahl seiner Kreise auf nunmehr zehn Landkreise und drei kreisfreie Städte. Die parallele Funktionalreform zum 1. August 2008[42] führte zu einer Bündelung der Sonderbehörden und einer starken Kommunalisierung der Landesverwaltung (etwa im sozial-, verkehrs- und kulturpolitischen Bereich); aus den Regierungspräsidien, die Kompetenzen an die Kommunen abgaben, entstanden Regierungsdirektionen.[43] So wurden etwa im Bereich Umwelt- und

---

37 Vgl. Fritz Schnabel: Kommunale Gebietsreform im Freistaat Sachsen, in: Eckhard Schröter (Anm. 29), S. 393–398.

38 Wolf-Uwe Sponer (Anm. 30), S. 70.

39 Vgl. ausführlich Ralf Brinktrine (Hrsg.): Rechtsfragen der Kreisgebiets- und Verwaltungsreform 2008 in Sachsen, Berlin 2009.

40 Vgl. Jörg Bogumil: Die Ebenen der Verwaltung, die Verteilung der Aufgaben und die Realität der Verwaltungspolitik, in: Dieter Schimanke (Hrsg.): Verwaltung und Raum, Baden-Baden 2010, S. 77–88, hier S. 80.

41 Vgl. Hellmut Wollmann (Anm. 14), S. 437.

42 Vgl. das Kapitel „Kommunalpolitik und Kommunale Selbstverwaltung".

43 Vgl. Jörg Bogumil (Anm. 40), S. 83; Sächsisches Verwaltungsneuordnungsgesetz – SächsVwNG vom 29. Januar 2008, unter: http://www.revosax.sachsen.de (Stand: 10. Oktober 2012).

Landwirtschaft nahezu alle Aufgaben diverser Landesanstalten, Landesämter und Abteilungen im Landesamt für Umwelt, Landwirtschaft und Geologie (LfULG) zusammengeführt.[44] Zahlreiche andere Aufgaben (z. B. im Bereich Immissions-, Strahlen- und Naturschutz) gingen von den Landesdirektionen (inklusive Personal) auf die Landkreise und Kreisfreien Städte über. „Machtpolitisch gab es eine explizite Koppelung der weitreichenden Kommunalisierungen an die Zustimmung zur Gebietsreform durch die kommunalen Spitzenverbände".[45] Sie waren neben der Staatsregierung die zentralen Akteure, wobei die Reform im kleinen Kreis beschlossen und dann ohne vorherige Aufgabenkritik „durchgedrückt" wurde.[46]

Die fünfte Legislaturperiode brachte eine weitere Funktionalreform. Die schwarzgelbe Koalition hatte sich nicht nur zum Ziel gesetzt, 20 Prozent der Verwaltungsvorschriften abzubauen und die informationstechnologische Modernisierung voranzutreiben. Vielmehr verfolgte sie eine Verwaltungsmodernisierung gemäß den Grundsätzen „Aufgabenverzicht, Privatisierung, Kommunalisierung sowie Bündelung und Konzentration verbleibender staatlicher Tätigkeit".[47] Anders als in den frühen 1990er Jahren ging es nun nicht mehr um demokratische Dezentralisierung, sondern vielmehr um das Zusammenführen von Strukturen unter Effizienzgesichtspunkten. Durch eine Konzentration staatlicher Behörden revidierte die Reform die überinstitutionalisierte Aufbauorganisation der 1990er Jahre. Größere Kreise und damit größere Verwaltungseinheiten, auch gestärkte kommunale Gebietskörperschaften und professionalisierte Kommunalverwaltungen waren die Basis für die weitere Verlagerung staatlicher Aufgaben. Speziell betraf dies die Übernahme der Aufgaben diverser Sonderbehörden durch die Landratsämter, die dadurch zu Großbehörden aufblähten. Der Freistaat folgt mit der (nicht immer nachvollziehbaren) Eingliederung der Sonderverwaltungsbehörden in den kommunalen Verwaltungsaufbau der Annahme, „dass eingegliederte Behörden nicht nur kostengünstiger arbeiten, sondern ihre Aufgaben regelmäßig ebenso zuverlässig und wirkungsvoll erfüllen wie ausgegliederte Verwaltungseinheiten".[48]

Mit der Verwaltungsstrukturreform hat der Landtag Anfang 2012 schließlich das bisher größte Vorhaben auf den Weg gebracht. Durch Stellenreduzierungen, Behördenfusionen, Standortverlagerungen und eine Neuordnung von Polizei und Justiz soll mit Blick auf die stark rückläufige Einwohnerzahl die Verwaltungseffektivität weiter gesteigert werden. Vor allem jedoch möchte die Staatsregierung mit der Reform die Verwaltungskosten weiter senken. In den Reihen der Opposition, beim sächsischen Steuerzahlerbund, dem Landesrechnungshof und bei den Behördenmitarbeitern stieß das Reformvorhaben auf harsche Kritik. Neben dem Vorwurf, die Reform reduziere Bürger-

---

44 Vgl. Verwaltungsreform in Sachsen, unter: http://www.smul.sachsen.de (Stand: 20. Oktober 2012).
45 Jörg Bogumil (Anm. 40), S. 83.
46 Vgl. ebd., S. 83–85.
47 Freiheit – Verantwortung – Solidarität. Gemeinsam für ein starkes und selbstbewusstes Sachsen. Koalitionsvertrag von CDU und FDP, Dresden 2009, S. 52.
48 Hanno Kube: Verwaltungseingliederung in den Ländern, Heidelberg 2004, S. 1.

nähe und sei ein Rückzug aus der Fläche, wurde etwa der Umzug der Sächsischen Aufbaubank nach Leipzig oder die Verlegung des Rechnungshofes nach Döbeln als unnötig gescholten, die von der Staatsregierung veranschlagten Kosten der Reform für ebenso unrealistisch gehalten wie die veranschlagten (möglichen) Einsparungen.[49] Größtes Vorhaben im Reformpaket ist die organisatorische Zusammenlegung der drei Landesdirektionen. Ob als erster Schritt zur Abschaffung der Mittelinstanz oder als notwendige Strukturanpassung unter Beibehaltung einer stark konzentrierten Mittelinstanz, in jedem Fall sind in den kommenden Jahren erhebliche Personalreduktionen zu erwarten. Am Ende soll ein Verwaltungsaufbau aus klar strukturierten Ministerien, wenigen besonderen Staatsbehörden, einer schlanken Landesdirektion und einer ausgebauten Kommunalverwaltung stehen.

Ziel der Staatsregierung war und ist eine personell schlanke staatliche Verwaltung, sind doch die Personalausgaben im Landeshaushalt der größte Posten und damit die öffentliche Verwaltung erste Wahl bei der fiskalischen Konsolidierung. Dabei weisen die ostdeutschen Länder – auch Sachsen – wegen der personellen Lasten der DDR-Verwaltung bis heute einen im relativen Vergleich zu den meisten West-Flächenländern größeren Personalstock auf.[50] Sachsen liegt schon seit Ende der 1990er Jahre an der Spitze der ostdeutschen Länder. So sank die Zahl der insgesamt im Freistaat unmittelbar oder mittelbar im öffentlichen Dienst Beschäftigten (ohne Beschäftigte im Bundesdienst) von über 350 000 in den frühen 1990er Jahren auf rund 200 000 in den Jahren nach 2006. Waren davon 1991 noch 166 566 Personen unmittelbar beim Land beschäftigt, halbierte sich deren Zahl bis zum Jahr 2011 beinahe auf 85 057. Bis 2020 will der Freistaat die Zahl der unmittelbaren Landesbediensteten auf 70 000 reduzieren. Ferner verringerte sich die Zahl der kommunal Beschäftigten deutlich – von 200 306 im Jahr 1991 auf 71 644 im Jahr 2011, obgleich hier die Funktionalreformen einen regen Personalübergang zwischen Land und Kommune bewirkten, der zuletzt die Zahl der Kommunalbeschäftigten wieder ansteigen ließ. Während die kommunalen Zweckverbände seit Jahren eine recht konstante Beschäftigtenzahl ausweisen, erhöhte sich die Zahl der im mittelbaren öffentlichen Dienst Beschäftigten durch die Auslagerung und Privatisierung zahlreicher Verwaltungsbereiche stetig.[51]

Insgesamt gab es somit im Betrachtungszeitraum zwei große Bewegungen: (1) eine gesunkene und in Zukunft weiter sinkende Zahl an Beschäftigten im öffentlichen Dienst; (2) eine Verlagerung der Beschäftigung vom Land zu den Kommunen sowie eine Verschiebung vom unmittelbaren zum mittelbaren Bereich.

---

49 Vgl. Neuordnung der Behörden stößt auf breiten Widerstand, in: Freie Presse vom 27. Januar 2011.
50 Vgl. Werner Jann: Leistungsfähigkeit der Landesverwaltung, in: Hans-Ulrich Derlin (Hrsg.): Zehn Jahre Verwaltungsaufbau Ost – eine Evaluation, Baden-Baden 2001, S. 103–119, hier S. 113.
51 Vgl. für die Daten die Statistischen Jahrbücher des Freistaates Sachsen.

3 Verwaltung in Sachsen

Die Verfassung des Freistaates Sachsen widmet sich im siebten Abschnitt der Verwaltung als Teil der vollziehenden Gewalt.[52] Dem „Wohl der Allgemeinheit verpflichtet", wird diese durch „die Staatsregierung, die ihr unterstellten Behörden und durch die Träger der Selbstverwaltung", also Gemeinden, Landkreise sowie öffentlich-rechtliche Körperschaften, Anstalten und Stiftungen, ausgeübt (Art. 82 Abs. 1 SV). Die Verfassung (Art. 83) lässt den politischen Akteuren dabei breiten Raum für das konkrete Arrangement der administrativen Ebenen. Organisatorischer Aufbau, räumliche Gliederung und Zuständigkeiten müssen zunächst in ihren Grundlagen durch Landesgesetze kodifiziert werden. Sie fallen damit in den Kompetenzbereich des Landtages. Organisation und Handeln der Verwaltung sind „an Gesetz und Recht gebunden" (Art. 3 Abs. 3 SV). Dieser Vorrang des Gesetzes „sichert nicht nur ein mit den Gesetzen übereinstimmendes Verwaltungshandeln, sondern bedingt überdies auch eine Vorrangstellung des Gesetzes gegenüber den von der Exekutive erlassenen Rechtsvorschriften, wie Rechtsverordnungen, Satzungen und Verwaltungsvorschriften",[53] die für Verwaltungsorganisation und -handeln unabdingbar sind. Die konkrete Einrichtung der Behörden liegt in den Händen der Staatsregierung. Sie entscheidet „u. a. über deren jeweiligen Sitz und Amtsbezirk sowie über die behördeninternen Strukturen", regelt mit Rechtsverordnungen bzw. Fachgesetzen Organisation und Zuständigkeiten der Verwaltung.[54]

Die grobe staatliche Verwaltungsorganisation fixiert das im Jahr 2003 in Kraft getretene, zuletzt 2012 modifizierte Sächsische Verwaltungsorganisationsgesetz (SächsVwOrgG). Das Verwaltungshandeln regelt ein Verfahrensgesetz. Demnach gliedert sich die unmittelbare Staatsverwaltung (Abbildung 2) in drei hierarchisch verbundene Stufen, „die obersten Staatsbehörden, die allgemeine Staatsbehörde und die besonderen Staatsbehörden" (§2 SächsVwOrgG). Davon ausgenommen sind die Organe der Rechtspflege (Gerichte), der Rechnungshof, der Verfassungsgerichtshof, die Landtagsverwaltung und der Sächsische Datenschutzbeauftragte. Für sie gelten eigene Bestimmungen. Jenseits der staatlichen Verwaltungsträger handeln (neben öffentlich-rechtlichen Körperschaften, Anstalten und Stiftungen) die kommunalen Selbstverwaltungsbehörden als „nicht in die staatliche Verwaltungshierarchie eingegliederte juristische Personen des öffentlichen Rechts",[55] wobei an dieser Stelle nur der Landkreis und speziell das Landratsamt als kommunale Einheitsbehörde betrachtet werden soll.[56] Sie sind „das traditionelle Bindeglied zwischen der Landesverwaltung und der gemeindlichen Ebene", das

---

52 Ausführlich dazu Matthias Dehoust u. a.: Die sächsische Verfassung, Dresden/Leipzig 2011, S. 118–130.
53 Ebd., S. 20.
54 Vgl. ebd., S. 122 f.
55 Ebd., S. 120.
56 Siehe für die Gemeindeebene das Kapitel „Kommunalpolitik und Kommunale Selbstverwaltung".

Abbildung 2   Verwaltungsarchitektur des Freistaates Sachsen

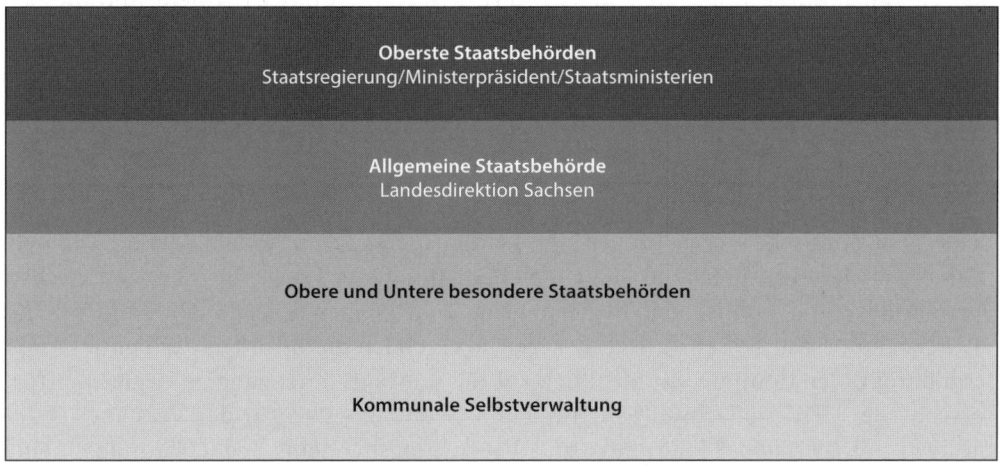

die „Lücke zwischen staatlicher zentraler Aufgabenerfüllung und notwendiger ortsna-her und bürgernaher Verwaltung in den Gemeinden" schließt.[57]

4 Oberste Staatsbehörden in Sachsen

Staatsregierung, Ministerpräsident und Fachministerien bilden als oberste Behörden die Spitze der Staatsverwaltung. Gemäß Verfassung und Verwaltungsorganisationsge-setz übertragen sie den ihnen nachgeordneten Staatsbehörden Zuständigkeiten, „lei-ten" und „beaufsichtigen" diese. Hierbei ist die Funktion der politiknahen Staatsmini-sterien vielfältig. Einerseits sind sie Basis der Regierungstätigkeit, „indem sie politische Entscheidungen des Ministers oder der Ministerin und insbesondere die Gesetzgebung vorbereiten, andererseits sind sie als oberste Bundes- und Landesbehörden auch an der Durchführung der Gesetze, der Implementation von Politik beteiligt, in ihnen wird also regiert und verwaltet".[58]

Als Fach- und Dienstaufsicht lenken sie „das Verwaltungshandeln der ihnen unter-stellten staatlichen Behörden. Im Rahmen der Fachaufsicht überwachen sie nicht nur die Rechtmäßigkeit der Behördentätigkeit, sondern steuern auch vermittels grundsätz-lich unbeschränkter Weisungsbefugnisse die Zweckmäßigkeit der Aufgabenerfüllung".[59] Ihre Aufsichtsfunktion stellt die gesetzmäßige und inhaltliche Stringenz des Verwal-

57 Wolf-Uwe Sponer (Anm. 30), S. 19.
58 Jörg Bogumil/Werner Jann (Anm. 4), S. 154.
59 Matthias Dehoust u. a. (Anm. 52), S. 119.

tungshandelns sicher, und sie gewährleistet mittelbar „die Rückbindung der vollziehenden Gewalt in ihren unterschiedlichen Ausprägungen an das Parlament und die parlamentarische Kontrolle".[60] In Sachsen sind dabei die ministerialen Vollzugsaufgaben wegen der Landesdirektion geringer ausgeprägt als in zweistufigen Landesverwaltungen, wo die Ministerien stärker Kontroll- und Aufsichtsaufgaben ausgesetzt sind. Dennoch ist die Ministerialaufsicht, die darauf achtet, dass sich in den nachgelagerten Verwaltungsebenen keine „ministerialfreien Räume" bilden,[61] von großem Gewicht.

Anders als die nachgelagerten Behörden sind die Staatsministerien zu einem erheblichen Teil politische Verwaltungen, ihr Leitungspersonal in hohem Maße parteipolitisch organisiert. Entsprechend fließend verläuft auf dieser Ebene die „Grenze zwischen Verwaltungs- und politischem Regierungshandeln",[62] auch jenseits der Landesebene, etwa im Bundesrat, dessen Ausschussarbeit maßgeblich die Beamten der Landesministerialbürokratien dominieren. Mit Blick auf die seit 1990 durchgängige Regierungsführerschaft der CDU in Sachsen bemerkt Timo Grunden, es sei für das Verständnis des hiesigen ministerialen Regierungs- und Verwaltungshandelns bedeutsam, dass „eine parteipolitisch loyale und programmatisch homogene Beamtenschaft rekrutiert werden konnte, die nicht im Verdacht stand, eine eigene, traditionell oder politisch bedingte Agenda zu verfolgen".[63] Die fast durchweg „schwarzen" Ministerien ermöglichten vor allem der CDU erhebliche Handlungsmacht. Während dies die politische Konstanz in manchen Politikfeldern (Finanzen, Bildung) erklärt, ebenso wie manchen „Politikstau", lässt sich über Art und Ausmaß der Ämterpatronage nur mutmaßen. Offensichtlich ist die Einwirkung der parteipolitischen Monokultur auf die Verwaltungskultur. So bestätigten Horst Damskis und Bärbel Möller Mitte der 1990er Jahre dem ministeriellen Führungspersonal in Sachsen im Vergleich zu Brandenburg eine stärkere Orientierung an einer handlungsfähigen Exekutive, eine eher skeptische Einstellung zu pluralistischen Formen des Interessenstreits, ein „konservatives" Politikverständnis und den „Rückzug auf die Rechts- und Ordnungsfunktionen des Staates".[64]

Der innere strukturelle Aufbau der Ministerien entspricht indes den üblichen Mustern. An der Spitze stehen jeweils der Staatsminister und ein ihm direkt zugeordneter Staatssekretär sowie persönliche Referenten und Stabsstellen. Die einzelnen Verantwortungsbereiche und Aufgaben sind in Abteilungen organisiert, die sich ihrerseits in diverse Referate gliedern. Die kontinuierlichen Verwaltungsreformen wie die Strukturverschiebungen im Rahmen der Regierungs- und Koalitionsbildungen verändern seit jeher die innere Ausgestaltung und die Aufgabenabgrenzung der obersten Staatsbehör-

---

60 Matthias Herdegen: Strukturen und Institute des Verfassungsrechts der Länder, in: Josef Isensee/Paul Kirchhof (Anm. 9), S. 271–316, hier S. 293.
61 Vgl. Marian Döhler: Aufsicht, in: Rüdiger Voigt/Ralf Walkenhaus (Anm. 5), S. 15–17, hier S. 15.
62 Vgl. Matthias Dehoust u. a. (Anm. 52), S. 18.
63 Timo Grunden: Politikberatung im Innenhof der Macht, Wiesbaden 2009, S. 217.
64 Vgl. Horst Damskis/Bärbel Möller (Anm. 27), S. 157.

den[65] – mit der Konsequenz, dass sich die sächsische Ministerialverwaltung stetig modifizierte und sich die detaillierte ministerielle Ressortverteilung in allen Ländern mitunter deutlich unterscheidet.

Während die Sächsische Staatskanzlei keine oberste Staatsbehörde ist und im Verwaltungsorganisationsgesetz nicht vorkommt, handelt es sich (wie in den anderen Ländern) aus politischer Sicht beim Finanzministerium um das zentrale Fachressort. Es fungiert auf der einen Seite im Bundesauftrag bzw. in Bundesaufsicht mit dem ihm unterstellten Landesamt für Steuern und Finanzen sowie den nachgelagerten Finanzämtern als staatliche Steuer- und Finanzverwaltung. Auf der anderen Seite obliegt ihm u. a. die Aufstellung des Staatshaushalts, die Finanzplanung, die Kontrolle der sächsischen Staatsfinanzen (Finanzwirtschaft) und die Regelung des kommunalen Finanzausgleichs. Als einzige Ministerialverwaltung (neben jener der Staatskanzlei) ist es in Abteilung II mit „Spiegelreferaten" ausgestattet.

Dies beschert der Behörde eine gute Kenntnis der einzelnen Ressorts und damit eine gewisse politische „Allmacht". Hingegen fällt aus Verwaltungssicht dem Innenministerium die wichtigste Rolle zu.[66] Während der Transformation Anfang der 1990er Jahre musste es die Landes- und Kommunalverwaltung auf- und umbauen, seither ist es federführend bei den Verwaltungsreformen. Dem Innenressort untersteht die Landesdirektion und damit ein Großteil der Verwaltungsorganisation, -koordination und -aufsicht. Darüber hinaus ist das Ministerium Dienstherr über eine Vielzahl von besonderen Staatsbehörden, darunter jene im Bereich der öffentlichen Sicherheit und Ordnung, wie die Polizeidirektionen oder das Landeskriminalamt. In der unmittelbaren Aufbauorganisation des Innenministeriums ist die Einrichtung der Bauverwaltung (seit 1991) markant, während andere Länder (etwa Brandenburg) diese mit einem eigenen Ressort versahen bzw. dem Wirtschaftsressort angliederten.[67] Diese – stark an Bayern angelehnte – Struktur hat neben einer höheren Effizienz zur Folge, „dass andere Ressorts oder Politikfelder im Innenministerium [...] fachlich-sachlich sehr heterogen und wenig übersichtlich kombiniert wurden".[68] So ist etwa die Dienstaufsicht über das zuletzt in Führungs- und Aufsichtsfragen kritisierte Landesamt für Verfassungsschutz als Referat in einer Sammlungsabteilung verankert.

---

65 Vgl. dazu den zuvor und seither mehrfach geänderten Beschluss der Sächsischen Staatsregierung über die Abgrenzung der Geschäftsbereiche der Staatsministerien vom 18. Februar 2008, unter: http://www.revosax.sachsen.de (Stand: 10. September 2012).
66 Vgl. Harald Noeske (Anm. 33), S. 86.
67 Vgl. Horst Damskis/Bärbel Möller (Anm. 27), S. 27.
68 Alexander Thumfart (Anm. 22), S. 467.

5 Allgemeine und Besondere Staatsbehörden in Sachsen

Symbol der Dreistufigkeit der sächsischen Landesverwaltung ist die Landesdirektion. Sie ist zugleich die mittlere staatliche Verwaltungsstufe und eine eigenständige Verwaltungsebene. Ihre ursprüngliche Einrichtung in Form dreier Regierungspräsidien war in den frühen 1990er Jahren umstritten. Zum einen erinnerte sie an die Struktur der DDR-Bezirksverwaltung, zum anderen wurde die Möglichkeit einer effektiven parlamentarischen Kontrolle bezweifelt.[69] Die Befürworter „hielten dagegen, dass die Bezirksebenen weder über eigene Haushalte noch über originäre Entscheidungsspielräume verfügten. Ihre Dezernate seien unmittelbar den entsprechenden Fachressorts, die Regierungspräsidien insgesamt den jeweiligen Innenministerien unterstellt, sodass ihre Arbeit auch der vollen Kontrolle durch die Landtage unterliege."[70] Entsprechend ist die allgemeine Staatsbehörde eine der Staatsregierung unmittelbar nachgeordnete und weisungsgebundene innere Verwaltung. Sie bestand bis 2008 aus drei Regierungspräsidien. Im Zuge der Neuorganisation entstand daraus im Jahr 2012 die Landesdirektion Sachsen mit Sitz in Chemnitz sowie Dienststellen in Leipzig und Dresden.

Die sich unvermindert im inneren Umbau befindliche Landesdirektion ist mit gegenwärtig rund 1400 Beschäftigten eine Vollzugsverwaltung und damit gegenüber den Ministerien weisungsabhängig. Indem sie „Aufgaben aus mehreren Staatsministerien" wahrnimmt und „die staatliche Verwaltungstätigkeit im gesamten Freistaat Sachsen" bündelt und koordiniert (§6 SächsVwOrgG), untersteht sie der Fachaufsicht des inhaltlich jeweils zuständigen Staatsministeriums. Beispielsweise überwacht die Landesdirektion (Abteilung 4) im Auftrag des Umweltministeriums die Einhaltung der Umweltvorschriften. Sie ist oberste Immissionsschutzbehörde. Die Dienstaufsicht obliegt dem Staatsministerium des Innern. Die Landesdirektion selbst ist nach den Funktionalreformen vor allem gegenüber der nachgeordneten Kommunalebene aufsichtsberechtigt und nimmt als Ministerial- und Kommunalaufsicht sowie Widerspruchsinstanz Kontrollfunktionen wahr.[71] Schließlich ist der Freistaat nach Art. 89 Abs. 1 SV zur Rechtsaufsicht gegenüber den kommunalen Selbstverwaltungsträgern verpflichtet. Anders als im Bereich der staatlichen Aufgabenübertragung nach Art. 85 Abs. 3 SV, wo die Landesdirektion über die Kompetenz zur Dienst-, Rechts- und Fachaufsicht verfügt, prüft sie im Bereich der Kommunalen Selbstverwaltung vorrangig die Rechtmäßigkeit des Handelns. Die Kommunalaufsicht folgt dem Opportunitätsprinzip und setzt eher auf Kooperation, Vertrauen und präventive Kontrolle. Beim Bekanntwerden von Vollzugsdefiziten kann die Landesdirektion mit Aufsichtsmaßnahmen (z. B. Anordnungen oder Ersatzvornahmen) reagieren.

---

69 Vgl. Udo Bullmann/Wito Schwanengel (Anm. 28), S. 206.
70 Ebd.
71 Vgl. Jörg Bogumil/Werner Jann (Anm. 4), S. 100, 133.

Neben ihrer Funktion als höhere Verwaltungsbehörde im Sinne bundesrechtlicher Vorschriften und der integrierten Einzelbehörden (z. B. Landesamt zur Regelung offener Vermögensfragen) entlastet die Landesdirektion die Staatsministerien, „setzt den Willen der politischen Führung im Verwaltungsalltag fachlich, räumlich und in Übereinstimmung mit geltendem Recht"[72] um, fungiert als kommunale Aufsichtsbehörde, koordiniert kommunale Aufgaben, moderiert den regionalen Interessenausgleich und betreibt staatliches Regionalmanagement. Kommunale Verwaltungseinheiten, so Arthur Benz, „blenden bei der Aufgabenerfüllung gesamtstaatliche Ziele tendenziell aus, weshalb ihre Tätigkeit zu koordinieren ist".[73] Das heißt freilich nicht, die Landesdirektionen erteilten den kommunalen Verwaltungen ständig Weisungen. Vielmehr erfolgt die Steuerung im Idealfall „in kontinuierlichen Kommunikationsbeziehungen zwischen den Ebenen".[74] Benz spricht von einer „Kooperation im Schatten der Hierarchie", mit der Konflikte eher einvernehmlich beschieden werden. Der frühere Leipziger Regierungspräsident Walter Christian Steinbach brachte dies auf den Punkt: „Man will ja als Mittelbehörde nicht nur als der staatliche Rohrstock durch die Gegend marschieren, sondern will ja auch versuchen, dass die Region insgesamt sich zu einer soliden Entwicklung verständigen kann".[75] Die Zusammenarbeit mit der kommunalen Ebene funktioniert dabei nicht immer reibungslos – zumal in den frühen 1990er Jahren, als einigen kommunalen Akteuren noch die Weisungsverwaltung der DDR in den „Knochen steckte" und ein tiefes Misstrauen gegenüber vorgelagerten Behörden bestand.[76] Zudem herrschen auf Kommunalebene oft unrealistische Souveränitätsannahmen.

Zweifelhaft ist, ob die Regionalmanagementfunktion nach der jüngsten Funktionalreform in vollem Umfang gewährleistet werden kann (und soll). Karl Noltze, früherer Präsident des Regierungspräsidiums Chemnitz, ist skeptisch: „Die Landesdirektion heute ist für ganz Sachsen zuständig und nicht wie damals für die einzelnen Regierungsbezirke, die es ja heute de facto nicht mehr gibt. Dadurch versteht sich die Behörde heute mehr als Kontroll- und Aufsichtsinstanz, weniger als Problemlösungsorgan." Zudem seien die Gestaltungskompetenzen der Landesdirektion „enorm zurückgefahren" worden.[77] Dabei ist Ortsnähe die Stärke (und in Teilen Existenzberechtigung) einer Mittelbehörde. Sie verhindert die Überlastung der Kommunen und eine zu große administrative Zentralisierung. Gegenwärtig leisten das die Dienststellen, auch wenn die Umstrukturierungen (u. a. durch aufwändige Zeichnungsregeln) das Verwaltungshandeln verlangsamt haben und der Personalabbau mitunter Aufgabenverlagerungen zwischen

---

72 So die Selbstdarstellung unter: http://www.lds.sachsen.de (Stand: 26. September 2012).

73 So Arthur Benz (Anm. 3), S. 12.

74 Ebd., S. 14.

75 Walter Christian Steinbach: Regierungspräsidium und Kommunalaufsicht, in: Hans-Ulrich Derlien (Hrsg.): Zehn Jahre Verwaltungsaufbau Ost – eine Evaluation, Baden-Baden 2001, S. 157–163, hier S. 161.

76 Vgl. ebd., S. 157.

77 Interview mit Karl Noltze, in: Freie Presse vom 26. September 2012.

den „baugleichen" Dienststellen zur Folge haben kann. Dies würde – jenseits „zentrali-
sierungsfähiger", standortunabhängiger Aufgaben (z. B. statistische Erfassung, Haushalt
oder Personal) – die Ortsnähe einschränken.

Die besonderen Staatsbehörden sind den einzelnen Staatsministerien nachgeord-
net, wobei nur die oberen besonderen Staatsbehörden (z. B. Landeskriminalamt, Oberbergamt, Landesstelle für Museumswesen oder Landesamt für Straßenbau und Verkehr)
unmittelbar der ministeriellen Dienst- und Fachaufsicht (§ 17 Abs. 3 SächsVwOrgG)
unterstehen. Die unteren besonderen Staatsbehörden (Bereitschaftspolizeiabteilungen,
Finanzämter, Schulen in Landesträgerschaft) sind in der Regel den oberen besonderen
Staatsbehörden nachgeordnete Behörden und unterliegen deren Aufsicht. Durch die
vielen Kommunalisierungen hat sich in den letzten Jahren vor allem die ehemals hohe
Zahl an unteren besonderen Staatsbehörden drastisch reduziert. Zu ihrer Verwaltungszuständigkeit führen Matthias Dehoust u. a. aus: „Auf bestimmten Fachgebieten werden die Aufgaben zweistufig [...] wahrgenommen; dies gilt beispielsweise für den Vollzug des Bergrechts, der dem sächsischen Oberbergamt und dem Staatsministerium für
Wirtschaft und Arbeit zugewiesen ist. In den meisten Fällen sind die Verwaltungszu-
ständigkeiten dreistufig angelegt, indem fachgesetzlich untere, obere und oberste Ver-
waltungsbehörden in den Gesetzesvollzug eingebunden werden. [...] In der Praxis weisen Fachgesetze häufig die der unteren Verwaltungsbehörde obliegenden Aufgaben den
Landkreisen und Kreisfreien Städten zu."[78]

Als Beispiel dient der Schulbereich, wo das sächsische Schulgesetz (SchulG) die
Gemeinden bzw. Landkreise als Schulträger der allgemeinbildenden Schulen und der
Schulen des zweiten Bildungsweges, die Landkreise und Kreisfreien Städte als Schulträger der berufsbildenden Schulen vorsieht. Sie verwalten nach § 23 SchulG „die ihnen
als Schulträger obliegenden Angelegenheiten als Pflichtaufgaben", errichten und erhalten die Schulgebäude und die Schulräume, statten sie mit „den notwendigen Lehr- und
Lernmitteln aus", überlassen dem Schulleiter „die zur Deckung des laufenden Lehr-
und Lernmittelbedarfs erforderlichen Mittel zur selbstständigen Bewirtschaftung" und
bestellen in „Abstimmung mit dem Schulleiter die Mitarbeiter, die nicht im Dienst des
Freistaates Sachsen" stehen. Landkreise und Kreisfreie Städte sind zudem für die Schulnetzplanung in ihrem Gebiet zuständig. Dem gesamtverantwortlichen Staatsministerium für Kultus als oberster Schulaufsichtsbehörde unterstehen neben den Schulen
in Trägerschaft des Freistaates Sachsen unmittelbar nur drei obere besondere Staatsbehörden: die Sächsische Bildungsagentur, das Sächsische Bildungsinstitut sowie (als
nichtsrechtsfähige Anstalt des öffentlichen Rechts) die Sächsische Landeszentrale für
politische Bildung. Die Schulpolitik wird dabei über die beiden erstgenannten Behörden umgesetzt und beaufsichtigt. (1) Der Sächsischen Bildungsagentur (SBA) obliegen
strukturell-organisatorische Aufgaben wie die Schulaufsicht, die Beratung und Unterstützung der Schulen sowie die Lehreraus- und -weiterbildung. Die aus den ehemaligen

---

78 Matthias Dehoust u. a. (Anm. 52), S. 123.

Regionalschulämtern Bautzen, Dresden, Leipzig, Chemnitz und Zwickau gebildete Behörde hat ihren Hauptsitz in Chemnitz und verfügt zur besseren regionalen Koordination über vier Außenstellen. Von hier aus beaufsichtigt und berät sie die kommunalen Schulträger bei der Schulgestaltung. (2) Die Aufgaben des 2007 aus dem Comenius-Institut, der Sächsischen Akademie für Lehrerfortbildung und der Sächsischen Evaluationsagentur hervorgegangenen Sächsischen Bildungsinstituts (SBI) sind hingegen inhaltlich-qualitativer Art. Der Behörde obliegen u. a. die Weiterentwicklung von pädagogischen Grundlagen, Konzepten und Lehrplänen, das Durchführen der externen Schulevaluation, die allgemeine Weiterbildung sowie die regionale Lehrerfortbildung.[79]

6 Landkreise und Landratsämter in Sachsen

Die Landkreise verbindet ein Organisations- und Aufgabentrias. Sie sind (1) kommunale Gebietskörperschaften mit übergemeindlichen Funktionen, die eigenverantwortlich Aufgaben erfüllen, (2) Gemeindeverbände mit Ausgleichs- und Ergänzungsaufgaben gegenüber den Gemeinden und dem kreisangehörigen Raum sowie – die in der Verwaltungswirklichkeit wohl wichtigste Funktion – in Form des Landratsamts (3) untere Verwaltungsbehörde, die im Sinne bundes- und landesrechtlicher Vorschriften eigenverantwortlich Aufgaben einer staatlichen Verwaltung übernimmt.[80] Auf der Kreisebene verbinden sich einzigartig staatliche und kommunale Aufgabenbereiche, hier wird „am besten die beiderseitige Verbindung und Abhängigkeit sowie das planmäßige Zusammenspiel deutlich".[81] Jedoch, und das unterscheidet Sachsens Verwaltung von der in anderen Ländern, sind die Landratsämter *nicht* Selbstverwaltungsorgan *und* unterste staatliche Behörde. Sie führen staatliche Aufgaben *allein* in Eigenkompetenz und *ohne* Einbindung in die Landesverwaltung aus.[82] Allenfalls kann wegen der Aufgabenüberlagerung und der staatsorganisationsrechtlichen Einbindung der Landkreise von einer „mittelbaren Staatsverwaltung" gesprochen werden.[83] Freilich stehen die Landratsämter unter der Rechts- bzw. Fachaufsicht der Landesdirektion bzw. des Innenministeriums. Sie selbst üben die Aufsicht über alle kreisangehörigen Gemeinden und Städte aus. Behördenleiter ist der Landrat. Er ist laut Landkreisordnung „für die sachgemäße Erledigung der Aufgaben und den ordnungsmäßigen Gang der Kreisverwaltung verantwortlich und regelt die innere Organisation der Kreisverwaltung".

Neben einem generellen Subsidiaritätsgebot (Art. 83 Abs. 1 SV) kann den Landkreisen laut Art. 85 Abs. 1 SV vom Freistaat „durch Gesetz die Erledigung bestimmter Auf-

---

79 Vgl. die Selbstdarstellung unter: http://www.sbi.smk.sachsen.de (Stand: 10. Oktober 2012).

80 Vgl. Heinrich Siedentopf/Eberhard Laux: Funktionalreform in Sachsen, Baden-Baden 1998, S. 12; Wolf-Uwe Sponer (Anm. 30), S. 19.

81 Vgl. Franz-Ludwig Knemeyer (Anm. 11), S. 194.

82 Vgl. Wolf-Uwe Sponer (Anm. 30), S. 117.

83 Vgl. Matthias Dehoust u. a. (Anm. 52), S. 120.

gaben übertragen werden". Nach Dehoust u. a. ist dies dann der Fall, „wenn auf kommunaler Ebene eine zuverlässige und zweckmäßige Erfüllung gewährleistet werden kann".
Die Verfassung konkretisiere ein „Prinzip der gestuften Aufgabenwahrnehmung" und
wirke so auf eine „möglichst ortsnahe Erfüllung auch der staatlichen Aufgaben hin".[84]
Der Landesgesetzgeber hat vor allem im Bereich der landeseigenen Verwaltung, ebenso
im Bereich der Bundesaufsichtsverwaltung die Wahl, „auf der unteren Stufe landesun-
mittelbare Behörden oder die kommunale Ebene mit der Aufgabenwahrnehmung zu
beauftragen".[85] Sachsen beschreitet im Zuge seiner Gebiets- und Funktionalreformen
zunehmend letztgenannten Weg. Dabei behält sich der Freistaat – neben seiner Rechts-
und Fachaufsicht – gegenüber den Landkreisen nach Art. 85 Abs. 3 SV „ein Weisungs-
recht nach näherer gesetzlicher Vorschrift" vor, übt dieses aber nicht gegenüber einer
nachgeordneten, sondern gegenüber einer eigenständigen kommunalen Behörde aus.[86]
Zudem schreibt Art. 85 Abs. 2 SV einen „finanziellen Ausgleich" der für die Selbstverwaltungsträger infolge der Aufgabenübernahme entstehenden Mehrkosten durch den
Freistaat vor (Konnexitätsprinzip) – jenseits der „normalen" kommunalen Finanzausstattung.

Die Palette an staatlichen Verwaltungsaufgaben, welche die Landkreise und Landratsämter erfüllen, ist groß, besonders im Bereich der allgemeinen Daseinsvorsorge.
„Öffentliche Einrichtungen wie Krankenhäuser, Sparkassen, Kreisstraßen, Nahverkehrs-
betriebe und Naturparks werden von den Landkreisen getragen. Landkreise sorgen beispielsweise für den Rettungsdienst, den Umweltschutz, Beseitigung und Verwertung
von häuslichem Abfall, Einrichtung von Deponien oder Recycling-Anlagen. Die Landkreise sind für die Schulnetzplanung innerhalb des Kreisgebietes verantwortlich. Auf
kulturellem Gebiet sind die Landkreise Träger von Volkshochschulen, Musikschulen,
Bibliotheken und Bildstellen."[87] Auch staatlich übertragene Verwaltungsaufgaben wie
Ausländerangelegenheiten, Arbeitslosenvermittlung, Jugendschutz, Brand-, Rettungs-,
Katastrophen- und Zivilschutz, Kfz-Zulassung, Straßenbau und -unterhaltung, Verwaltung sozialer Leistungen wie Bafög, Wohn- und Elterngeld oder die Bereiche Gesund-
heit und Hygiene gehören zum Handlungsbereich der Landkreise.

7 „Sächsischer Weg"?

Im Jahr 1990 endete die zentralistische Verwaltung der SED-Diktatur. Stark beeinflusst von den jeweiligen westlichen Partnern, wurden in den ostdeutschen Ländern
neue – dezentralisierte – Administrativsysteme geschaffen. Indem sich der institutio-

84 Ebd., S. 126.
85 Vgl. Wolf-Uwe Sponer (Anm. 30), S. 95.
86 Vgl. ebd.
87 Gabriela Retschke: Neue Kreisstruktur in Sachsen – Auswirkungen auf regionale Bezugssysteme, unter:
    http://www.statistik.sachsen.de (Stand: 9. Oktober 2012).

nelle Neuaufbau am westdeutschen Vorbild orientierte, entstanden zunächst – trotz tradierter Unterschiede – im Grundsatz ähnliche Strukturen. Mit der Zeit entwickelten sich daraus selbstgestaltete Unikate, eigenständige landesspezifische „Rahmen für Politik und Verwaltung".[88] Die Verwaltungen der (ostdeutschen) Länder driften bis heute in ihrer strukturellen und funktionalen Gestalt auseinander.[89] Insgesamt haben wir es folglich mit 16 differenten Landesverwaltungen und daher mit 16 unterschiedlichen „Wegen" zu tun, die aber – je nachdem ob es sich um große oder kleine Flächenländer bzw. um Stadtstaaten handelt – mehr Gemeinsamkeiten oder Unterschiede haben, etwa bei der hier nicht erörterten Landespolizei, die organisatorisch heterogen, funktional aber eher einheitlich ausgestaltet ist.[90]

Schließlich obliegt den Ländern im deutschen Verwaltungsföderalismus das Gros des Gesetzesvollzugs, was meist Absprachen sowie koordinierte und synchronisierte Strukturen und Prozesse zur Folge hat (Kooperativföderalismus). So ähneln sich etwa die groben Strukturen der obersten Landesbehörden, bei zugleich unterschiedlich angeordneten Aufgabenfeldern, abweichenden Zuständigkeiten oder organisatorischen Zuschnitten. Sachsen fügt sich hier (fast) ohne Ausnahmen ein. Wie Baden-Württemberg, Bayern, Hessen, Nordrhein-Westfalen, Rheinland-Pfalz, Sachsen-Anhalt und Thüringen, anders als Brandenburg, Niedersachsen, das Saarland und Schleswig-Holstein, setzt der Freistaat auf einen dreistufigen Verwaltungsaufbau, der sich freilich von Land zu Land in seiner jeweiligen Gestalt und besonders in Form der Mittelinstanz unterscheidet. Mit seiner neuen Landesdirektion liegt Sachsen zwischen dem zentral ausgerichteten Dreistufen-Modell eines Landesverwaltungsamts mit Außenstellen, wie in Thüringen und in Sachsen-Anhalt, und dem regional ausgerichteten dreistufigen Modell mit Regierungspräsidien bzw. Bezirksregierungen, wie wir es in Hessen, Baden-Württemberg, Bayern und Nordrhein-Westfalen vorfinden – wobei die Anlehnung an die Ost-Länder überwiegen dürfte.

Einen eigenen „sächsischen Weg" gingen die Reformkräfte bei der Verwaltungsbildung während der Transformation 1990/91. Die Arbeit des Koordinierungsausschusses bescherte Sachsen im ostdeutschen Vergleich nicht nur einen zeitlichen Vorlauf bei der Ämterbildung. Das Vorgehen gegen alte Führungskader sorgte für eine effektive personelle Erneuerung. Mit seinen in den 1990er Jahren abgeschlossenen Kreis- und Gemeindegebietsreformen hatte der Freistaat (zusammen mit Thüringen) einen weiteren frühzeitigen Strukturvorteil gegenüber anderen ostdeutschen Ländern. Heute haben alle Ost-Länder größere kommunale Verwaltungseinheiten geschaffen.[91] Wie fast

---

88 Udo Bullmann/Wito Schwanengel (Anm. 28), S. 203.

89 Vgl. Jörg Bogumil (Anm. 40), S. 86.

90 Vgl. dazu Bernhard Frevel/Hermann Groß: „Polizei ist Ländersache!" – Politik der Inneren Sicherheit, in: Achim Hildebrandt/Frieder Wolf (Hrsg.): Die Politik der Bundesländer. Staatstätigkeit im Vergleich, Wiesbaden 2008, S. 67–88.

91 Vgl. Kay Ruge: Auf- und Umbau der (Kommunal-)Verwaltungen in den neuen Bundesländern, unter: http://beck-online.de (Stand: 16. August 2012).

überall kam es auch in Sachsen im letzten Jahrzehnt zu umfangreichen Verwaltungsreformen. Dabei hebt sich der Freistaat eher durch die landesspezifische inhaltliche Ausgestaltung bzw. die größere Intensität der Umstrukturierungen ab, weniger durch die Art der Reformen oder die (allgemein verbreiteten) Effizienz- und Einsparziele. Jörg Bogumil und Joachim Jens Hesse/Thomas Ellwein ordnen Sachsen (neben acht anderen Ländern, darunter Hessen und Baden-Württemberg) dem Reformmodell der „konzentrierten Dreistufigkeit" zu. Typisch dafür sei die „Konzentration" der Regierungsebene, die Eingliederung von Sonderbehörden in die Mittelebenen bzw. Kreise, die Integrationsfunktion der mittleren Verwaltung und die „Auflösung und Integration" der unteren staatlichen Verwaltungsebene.[92]

---

92 Joachim Jens Hesse/Thomas Ellwein (Anm. 1), S. 487; Jörg Bogumil (Anm. 40), S. 81.

Kapitel 10
Kommunalpolitik und
Kommunale Selbstverwaltung

von Anita Maaß*

1 Kommunalpolitik und Kommunale Selbstverwaltung in Deutschland

Die Kommunen bilden rechtlich und politisch die unterste Ebene des föderalen politischen Systems der Bundesrepublik Deutschland. Auf Basis des Grundgesetzes und innerhalb der Schranken der Gesetze dürfen sie ihre Angelegenheiten selbstständig und selbstverantwortlich regeln. Diese freiheitliche Kommunale Selbstverwaltung ist ein hohes Gut unserer Demokratie. Sie ist in ihrer heutigen Ausprägung das Ergebnis eines langen historischen Wegs. Unter Kommunalpolitik und Kommunaler Selbstverwaltung sind dabei nicht nur das örtliche Verwaltungshandeln zu verstehen, sondern auch die Vermittlung politischer Werte, Leitbilder und Prinzipien eines Herrschaftssystems. Daher wirft die Stärke der Kommunalen Selbstverwaltung stets ein Licht auf die politische Kultur (und damit auf die demokratische Qualität) in einem Staat. Die Gemeinden sind einerseits die gesellschaftlichen Institutionen, in denen politische Machtverhältnisse für den Einzelnen und die örtliche Gemeinschaft am deutlichsten spürbar sind. Andererseits nehmen die Bürger auf der Ebene der Kommunalpolitik unmittelbar teil am Ringen um ein funktionierendes Gemeinwesen. Sie erleben die Art und Weise des politischen Meinungskampfes um Lebensqualität und Funktionsfähigkeit der eigenen Kommune. Diese unmittelbare Betroffenheit der Bürger schlägt sich auf ihr politisches Meinungsbild nieder. Zugleich bestimmen die Strukturen der Kommunalpolitik, welche Möglichkeiten der Einzelne zur Teilhabe und Mitwirkung bei der Regelung der örtlichen Verhältnisse hat.

---

*   Dr. Anita Maaß ist hauptamtliche Bürgermeisterin der Stadt Lommatzsch und Lehrbeauftragte an der Technischen Universität Chemnitz (Lehrstuhl für Politische Systeme, Politische Institutionen).

In Deutschland liegt die gesetzliche Regelung der Kommunalen Selbstverwaltung in der Zuständigkeit der Länder. Daher erließ jedes Land nach seiner Gründung eigene Kommunalverfassungen. Die Merkmale und Spezifika jeder Gemeindeordnung der Länder resultierten aus den Entwicklungen der Regionen bzw. aus dem Einfluss der Besatzungsmächte nach dem Zweiten Weltkrieg. Die Ausprägung der Kommunalen Selbstverwaltung – mithin der selbstständigen Verwaltung der eigenen Angelegenheiten einer Gemeinde – zeigt sich an ihrer inneren Organisation. Folgende Typen waren für lange Zeit zu unterscheiden: (1) die Süddeutsche Ratsverfassung (Baden-Württemberg, Bayern) mit Direktwahl des Bürgermeisters und starken Rechten des Bürgermeisters; (2) die Norddeutsche Ratsverfassung (Niedersachsen, Nordrhein-Westfalen) mit einem starken Rat, einem aus der Ratsmitte gewählten Vorsitzenden als ehrenamtlichen Bürgermeister und einem relativ schwachen hauptamtlichen Gemeindedirektor; (3) die Magistratsverfassung (Hessen, Städte Schleswig-Holsteins) mit einer Stadtverordnetenversammlung als Volksvertretung und dem Magistrat mit dem Bürgermeister als Stadtregierung sowie (4) die Bürgermeisterverfassung (Rheinland-Pfalz, Saarland, Landgemeinden Schleswig-Holsteins) mit dem vom Rat gewählten starken Bürgermeister, in Rheinland-Pfalz zudem mit einem formellen Stadtvorstand für Kommunen über 15 000 Einwohnern mit Bürgermeister und zwei Beigeordneten.[1]

In der Bundesrepublik gab es bis 1990 kaum Änderungen oder Anpassungen in den jeweiligen Kommunalverfassungen. Erst nach der deutschen Wiedervereinigung kam es in den 1990er Jahren zu Reformen sämtlicher Gemeindeordnungen. Die Neuerungen wie z. B. Direktwahl der Bürgermeister durch die Bürger oder die Einführung direktdemokratischer Elemente (Bürgerbegehren und Bürgerentscheid) führten zwar zur Angleichung, nicht aber zur Vereinheitlichung aller Kommunalverfassungen. Jede Gemeindeordnung behielt nach wie vor eigene unterschiedliche Regelungen, die sich gemäß den Erfahrungswerten der Länder bewährt hatten. Auch die Anzahl und die Größen von Gemeinden unterscheiden sich in den Ländern. Damit verbunden variieren die Aufgabenzuweisungen und die Finanzausstattung der Kommunen. Im Folgenden sollen nicht die Kommunalverfassungen der Länder miteinander verglichen werden, um den „sächsischen Weg" herauszufiltern. Da es „die" typische Kommunalverfassung nicht gibt, kann für die Untersuchung der Kommunalpolitik im Freistaat Sachsen nicht von „allgemein deutschen" Verhältnissen auf „konkret sächsische" geschlossen werden. Dennoch gilt es zu klären, welche Besonderheiten die sächsische Kommunalpolitik im Ländervergleich aufweist.

---

1   Vgl. Hans-Georg Wehling/Andreas Kost: Kommunalpolitik in der Bundesrepublik Deutschland – Eine Einführung, in: Dies. (Hrsg.): Kommunalpolitik in den deutschen Ländern, 2. Aufl., Wiesbaden 2010, S. 7–18, hier S. 10–12.

2 Kommunale Selbstverwaltung in Sachsen vor 1990

Die Idee der Kommunalen Selbstverwaltung entspringt den Organisationsformen germanischer Dörfer und mittelalterlicher Städte.[2] Die dörfliche Siedlungsgemeinschaft sesshafter Bauern entwickelte sich als Genossenschaft. Sie entstand aus dem Bedürfnis heraus, sich in der Not gemeinsam beizustehen und die eigene Siedlungsstätte gegen Eroberer zu schützen. Die Bauern bildeten eine Vollversammlung, in der sie stimmberechtigt waren und die wichtigsten Angelegenheiten der Gemeinschaft regelten. Sie wählten aus ihrer Mitte einen Vorsteher, der die Geschäfte der Gemeinde lenkte. Mit dem Aufkommen der Grundherrschaft und des Lehnswesens im frühen Mittelalter ging diese Frühform Kommunaler Selbstbeteiligung verloren. Nunmehr bestimmte der Grundherr über die Entwicklung des Dorfes und der Rechtsprechung, die Bauern gerieten in Abhängigkeit.

Etwa ab dem 12./13. Jahrhundert bildeten sich in der Mark Meißen im Zuge des Landesausbaus an Kreuzungspunkten wichtiger Handelswege oder im Schutz von Burgen und Klöstern die ersten Städte. Die Stadtherren verliehen entwickelten bäuerlichen Siedlungen mit dem Stadtrecht zusätzliche Privilegien.[3] Die Vertretung der Bürger lag in den Händen des Stadtmagistrats. Dieser setzte sich aus dem von den Bürgern gewählten Bürgermeister und den Ratsherren zusammen. Der Rat ergänzte sich durch Zuwahl geeigneter Persönlichkeiten aus der Oberschicht, zumeist Kaufleuten oder Grundbesitzern. Die Kommunale Selbstverwaltung veränderte sich. Mit zunehmender sozialer Differenzierung in den Städten waren fast nur wohlhabende Bürger in der Lage, die ehrenamtlichen Verpflichtungen übernehmen zu können. Dadurch verlor sich allmählich der Anspruch, als Stadtrat die Interessen der gesamten Gemeinde gegenüber dem Stadtherrn zu vertreten. Der Rat verstand sich vielmehr als Inhaber obrigkeitlicher Gewalt, die er zuweilen willkürlich einsetzte. Insofern kann nicht von früher „städtischer Demokratie" gesprochen werden.[4] In Sachsen erreichten viele Städte im Laufe des späten Mittelalters und der frühen Neuzeit eine Ausweitung ihrer Privilegien. Besonders Wirtschaftszentren wie Freiberg oder Leipzig versuchten sich zu emanzipieren.[5] Nach dem Dreißigjährigen Krieg wurden die Städte zunehmend in die staatlichen Verwaltungsstrukturen eingegliedert. Dadurch verstärkte sich ihre Abhängigkeit vom Landes-

---

2   Vgl. Alfons Gern: Sächsisches Kommunalrecht, München 1994, S. 1.

3   Vgl. Katrin Keller: Landesgeschichte Sachsen, Stuttgart 2002, S. 90 f.; Karlheinz Blaschke: Verwaltungsgeschichte für Stadt- und Kreisarchivare im Gebiet des ehemaligen Landes Sachsen, in: Uwe Schirmer/ André Thieme (Hrsg.): Beiträge zur Verfassungs- und Verwaltungsgeschichte Sachsens. Ausgewählte Aufsätze von Karlheinz Blaschke, Göttingen 2002, S. 63–109, hier S. 87 f. Der Stadtherr hatte die Herrschaft und Gewalt über das Stadtgebiet inne. Als Stadtherren fungierten in Sachsen: der deutsche König (für die ehemaligen Reichsstädte Chemnitz und Zwickau), der König von Böhmen (für die Oberlausitz und die Sächsische Schweiz), die Bischöfe, die Burggrafen, die Vögte von Plauen, die Herren von Colditz und von Schönburg.

4   Vgl. Karlheinz Blaschke (Anm. 3), S. 88.

5   Vgl. Katrin Keller (Anm. 3), S. 93–98.

herrn.[6] Die Räte in den Städten und die Gemeindevorsteher der Dörfer waren Befehls-empfänger. Im 18. Jahrhundert setzte sich die Tendenz der Einbindung der städtischen Verwaltungsstrukturen in das staatliche System fort, gelehrte Amtsträger übernahmen nun Aufgaben im städtischen Rat. Mittelstädte erlangten als Amtssitze besondere admi-nistrative Bedeutung, nur in sehr kleinen Städten hielten sich individuelle Strukturen der Stadtverwaltung länger. Wirtschaftlich starke Städte (wie Leipzig) vermochten es weiterhin, landesherrliche Eingriffe abzuwehren und ihren Einfluss auf die Landespoli-tik über die Landstände zu erhöhen.[7]

Die Auswirkungen der Französischen Revolution und der napoleonischen Beset-zung ließen Anfang des 19. Jahrhunderts das Streben nach Kommunaler Selbstverwal-tung in Deutschland wieder aufleben. Preußen reformierte nach der Niederlage gegen Frankreich seinen Staatsaufbau, um die Bürger stärker an den Staat zu binden.[8] Ein zen-traler Punkt der Staatsmodernisierung war der Erlass der preußischen Städteordnung vom 19. November 1808 unter dem Reformpolitiker Karl Freiherr vom und zum Stein. In Sachsen blieb hingegen zunächst eine grundlegende Erneuerung des Staats- und Ver-waltungswesens aus; erst nach den revolutionären Ereignissen 1830 wurde hier das Ge-meinderecht reformiert.

Im Jahr 1832 trat in Sachsen die „Allgemeine Städteordnung" in Kraft, die für 139 Städte galt.[9] Diese lehnte sich stark an die revidierte preußische Städteordnung von 1831 an. Nach dem Beispiel von Preußen erhielten die sächsischen Städte das Recht auf Selbstverwaltung. Sie durften in örtlichen Satzungen alles regeln, was der Städteord-nung nicht widersprach und innerhalb der Grenzen der allgemeinen Gesetze lag. Die Stadtverordnetenversammlung war nun das Hauptorgan der Kommune und repräsen-tierte die Bürgerschaft.[10] Ihr oblagen die Entscheidungen über alle Angelegenheiten der Stadt und die Kontrolle des Stadtrates. Stimmrecht und Wahlrecht zur Stadtverordne-tenversammlung standen nur Bürgern zu. Diese wählten ihre Stadtverordneten (teils direkt, teils indirekt) auf drei Jahre. Die Verwaltung des Gemeindewesens erfolgte dem-gegenüber durch den Stadtrat als Verwaltungsorgan. Die Stadtverordneten wählten die Stadträte, einen Teil von ihnen auf Lebenszeit. Das erste, auf Lebenszeit gewählte Mit-glied des Stadtrates führte die Bezeichnung Bürgermeister.

Für die Landgemeinden trat eine Landgemeindeordnung erst 1838 in Kraft.[11] Die wichtigste Neuerung für die Dörfer betraf die Einrichtung eines kommunalen Reprä-

---

6 Vgl. ebd., S. 145–199.
7 Vgl. ebd., S. 199; vgl. ferner Reiner Groß: Geschichte Sachsens, Berlin 2001, S. 126.
8 Vgl. Hans-Georg Wehling: Kommunalpolitik in Geschichte und Gegenwart, in: Informationen zur po-litischen Bildung, 242/1/1994, S. 4–14, hier S. 5.
9 Vgl. GVBl. für das Königreich Sachsen, 1832, S. 7; Karlheinz Blaschke (Anm. 3), S. 91; Christian Enge-li/Wolfgang Haus: Quellen zum modernen Gemeindeverfassungsrecht in Deutschland, Stuttgart u. a. 1975, S. 515.
10 Vgl. Reiner Gross (Anm. 7), S. 205.
11 Vgl. GVBl. für das Königreich Sachsen, 1838, S. 431–449.

sentationsorgans, dem Gemeinderat. Bis dahin gab es nur die Grundherrschaft und die Versammlung aller Dorfbewohner. Insgesamt verblieben die Landgemeinden in stärkerer staatlicher Abhängigkeit als die Städte. Erst die Revidierte Landgemeindeordnung von 1873 erweiterte die Selbstständigkeit der Dörfer. Im gleichen Jahr erhielten erstmals mittlere und kleine Städte eine eigene Ordnung.[12] Stadtrat und Stadtverordnete verschmolzen zu einem Organ, dem Stadtgemeinderat. Ebenfalls 1873 trat die Revidierte Städteordnung für Städte mit mehr als 5 000 Einwohnern in Kraft. Sie formulierte das Recht zur Kommunalen Selbstverwaltung.[13] Die Möglichkeiten zur Mitwirkung in der Gemeindeverwaltung verbesserten sich. Den Städten stand „das Recht der juristischen Persönlichkeit und unter Oberaufsicht des Staates die selbstständige Verwaltung ihrer Gemeindeangelegenheiten zu" (§ 4). Die Aufsicht über die Städte beschränkte sich auf die Rechtsaufsicht.[14] Stadtrat und Stadtverordnetenversammlung blieben die Hauptorgane der Stadt: Die Stadtverordneten wählten den Stadtrat, beide zusammen den Bürgermeister, der dem Stadtrat vorstand.

In der Weimarer Republik zählte die Kommunale Selbstverwaltung rechtlich und politisch als unterste Ebene des politischen Systems.[15] Art. 127 der Weimarer Reichsverfassung garantierte den Gemeinden und Gemeindeverbänden das Recht auf „Selbstverwaltung innerhalb der Schranken der Gesetze".[16] Der Gesetzgeber durfte den Gesetzesvorbehalt nicht dafür benutzen, die hauptsächliche Zuständigkeit der Gemeinde aufzuheben und eine weisungsabhängige Verwaltung zu schaffen. Ein Mindestmaß an selbstständigen Aufgaben und Befugnissen der Gemeinde als öffentlich-rechtliche Körperschaft musste gewahrt bleiben. Der Art. 17 der Weimarer Reichsverfassung fixierte zudem das Verhältniswahlrecht als Grundsatz für die Wahlen der kommunalen Repräsentationsorgane. Den Ländern oblagen die Ausgestaltung der Regelungsbefugnisse sowie die Rechtsaufsicht über die Kommunen.

Die „Gemeindeordnung für den Freistaat Sachsen" von 1923 vereinheitlichte das Kommunalverfassungsrecht und hob die rechtliche Trennung der Kommunen in Landgemeinden, „kleine und mittlere Städte" sowie Städte auf.[17] Sie reformierte zudem die Kompetenzverteilung zwischen Rat und Stadtverordnetenkollegium. Letztgenanntem oblagen u. a. die Beschlussfassungen über alle Gemeindeangelegenheiten, die nicht durch Gesetz oder Ortsgesetz anderen Stellen übertragen waren, die Beschlüsse über die Ortsgesetzentwürfe und die Feststellung des Haushaltsplanes. Der nach wie vor von den Stadtverordneten gewählte Rat führte unter Aufsicht der Gemeindeverordneten die

---

12 Vgl. Christian Engeli/Wolfgang Haus (Anm. 9), S. 239, 515; Städteordnung für mittlere und kleine Städte vom 24. April 1873, Dresden o. J; GVBl. für das Königreich Sachsen, 1873, S. 321–327.

13 Vgl. Revidierte Städteordnung vom 24. April 1873; GVBl. für das Königreich Sachsen, 1873, S. 295–320.

14 Vgl. Alfons Gern (Anm. 2), S. 8–10.

15 Vgl. exemplarisch Anita Maaß: Politische Kommunikation in der Weimarer Republik. Das Dresdner Stadtverordnetenkollegium 1918–1933, Göttingen 2009.

16 Vgl. Verfassung des Deutschen Reiches vom 11. August 1919.

17 Vgl. SächsGBl. 1923, S. 373–407, erlassen am 1. August 1923, in Kraft am 1. April 1924.

Verwaltung. Als basisdemokratische Elemente sah das Gesetz erstmals das Bürgerbegehren und den Bürgerentscheid vor. Die Stadtverordneten waren nach den Grundsätzen der Verhältniswahl zu wählen. Die Legislaturperiode betrug drei Jahre. Die 1925 vom Landtag novellierte Gemeindeordnung[18] enthielt u. a. Verschärfungen bei der Staatsaufsicht. Waren die vorgesetzten Behörden vor 1918 nicht in der Ausübung der Aufsicht beschränkt, begrenzte die Gemeindeordnung diese und wandelte die Genehmigung von Erlassen in ein Einspruchsrecht um. Dieses wich wieder der Genehmigungspflicht.

Ab 1930 schränkten infolge der wirtschaftlichen und politischen Krisen Notverordnungen von Reich und Freistaat in Verbindung mit der Änderung der Steuergesetzgebung die Kommunale Selbstverwaltung ein. Die Maßnahmen besaßen nur Übergangscharakter bis zur erhofften Verbesserung der Verhältnisse.[19] Der Wesensgehalt der Kommunalen Selbstverwaltung sollte nicht gefährdet, sondern in funktionsfähige Bahnen gelenkt werden. Der „Machtergreifung" der Nationalsozialisten folgten indes gravierende Einschnitte. Die Gesetze zur Änderung der Gemeindeordnung von 1933/34 brachten neue Regeln für den Austausch von Eliten und eine Verschärfung der Staatsaufsicht.[20] Anfang 1935 hob die Deutsche Gemeindeordnung (DGO) die Sächsische Gemeindeordnung auf. Das Kommunalverfassungsrecht lag nicht mehr in der rechtlichen Zuständigkeit der Länder. Die Durchherrschung der Gesellschaft durch die NSDAP auf allen politischen Ebenen führte zur Vereinheitlichung des Kommunalrechts und zur Aufgabe der jungen Selbstverwaltungstradition.[21] Mit ihrer Präambel berief sich die DGO zwar auf den Geist des Freiherrn vom Stein, aber die nachfolgenden Regelungen bestimmten die Durchsetzung des zentralen Staats- und Parteiwillens auf kommunaler Ebene. Die politische Einwirkung auf die Gemeinde konnte juristisch nicht mehr überprüft werden, was die Selbstverwaltung faktisch aushebelte. Die Gemeindevertretungen verkümmerten zu einem Beratungsgremium. Die Bürger wählten nicht mehr ihre Stadtverordneten (§ 51 DGO) und diese nicht mehr den Bürgermeister (§ 41 DGO). Vielmehr wurden die kommunalen Organe, die der unbeschränkten Weisung von Staat und Partei unterlagen, staatlich ernannt.

Nach dem Kriegsende 1945 funktionierte die örtliche Verwaltung weitgehend unter zentraler Steuerung weiter. Die leitenden Kommunalbeamten mussten ihre Ämter aufgeben. Die von der Militärregierung ernannten kommissarischen Bürgermeister und Landräte unterlagen aber (noch) keiner demokratisch-repräsentativen Kontrolle.[22] Den-

---

18 Vgl. SächsGBl. 1925, S. 131–169.
19 Vgl. Gunda Ulbricht: Kommunalverfassung und Kommunalpolitik im NS, in: Clemens Vollnhals (Hrsg.): Sachsen in der NS-Zeit, Leipzig 2002, S. 85–103, hier S. 88.
20 Vgl. Gesetz zur Änderung der Gemeindeordnung vom 5. März 1933, SächsGBl. 1933, S. 59; Gesetz zur Änderung der Gemeindeordnung und des Landesfinanzausgleichsgesetzes vom 17. Januar 1934, SächsGBl. 1934, S. 9.
21 Vgl. Christian Engeli/Wolfgang Haus (Anm. 9), S. 673–675.
22 Vgl. ebd., S. 699.

noch wollten die westlichen Alliierten Deutschland nach demokratischen Grundsätzen organisieren. Sie knüpften daher an die Selbstverwaltungstradition an und setzten
Kommunalpolitiker der Weimarer Zeit wieder ein. Nach Gründung der Länder erließen
diese eigene Gemeindeordnungen.[23] In der sowjetischen Besatzungszone trat 1946 die
„Demokratische Gemeindeordnung für die sowjetische Besatzungszone" in Kraft. Nach
dem Wortlaut galt wie in den westlichen Zonen die Selbstverwaltungsgarantie, doch
der SED-Zentralismus beseitigte die Kommunale Selbstverwaltung. Die Auflösung der
Länder 1952 und die Konstituierung von Bezirken gestaltete die staatliche Verwaltungsebene um. Mit dem „Gesetz über die örtlichen Organe der Staatsmacht" von 1957 setzte
die DDR schließlich das Prinzip des „demokratischen Zentralismus" auf kommunaler
Ebene durch. Die Städte und Dörfer bildeten die unterste staatliche Verwaltungsebene
ohne Kompetenzen der Selbstverwaltung.[24] Ihre „Volksvertretungen" fungierten als Instrumente der sozialistischen Staats- und Parteiführung.[25] Das „Gesetz über die örtlichen Volksvertretungen und ihre Organe in der DDR" von 1973 regelte die Zustän-
digkeitsbereiche der Volksvertretungen genauer, eine grundlegende Dezentralisierung
und Wiederherstellung der Kommunalen Selbstverwaltung gelang hierdurch nicht. Der
Versuch, mit dem „Gesetz über die örtlichen Volksvertretungen in der DDR" von 1985,
den örtlichen Organen mehr Flexibilität und Eigenverantwortung zu gewähren, versagte. Die Vertretungskörperschaften entschieden weiterhin nur über verbindliche Vorgaben. Dieser Zustand bestand bis 1989/90.[26]

3 Kommunale Selbstverwaltung in Sachsen seit 1990

Am 17. Mai 1990 erließ die frei gewählte Volkskammer das „Gesetz über die Kommunale Selbstverwaltung der DDR"[27]. Die DDR führte nach dem Vorbild der Bundesrepublik die Kommunale Selbstverwaltung ein. Die Gemeinde galt wieder als „Grundlage
und Glied des demokratischen Staates".[28] Die neue Kommunalverfassung enthielt im
§ 18 Regelungen der direkten Demokratie, die sich stark an der Baden-Württembergischen Gemeindeordnung orientierten. Derartige direktdemokratische Rechte sahen
bis dahin nur einige deutsche Länder in ihren Gemeindeordnungen vor. Sie sollten die

23 Vgl. für die westlichen Länder siehe ebd., S. 700–702.
24 Vgl. Helmut Melzer: Kommunale Demokratie – Erwartungen, Probleme, Lösungen, in: Franz-Ludwig
    Knemeyer (Hrsg.): Aufbau kommunaler Selbstverwaltung in der DDR, Baden-Baden 1990, S. 33–48,
    hier S. 41; GBl. der DDR, 1957, S. 65 f.
25 Vgl. Die Kommunalstruktur der DDR (bisher), in: Franz-Ludwig Knemeyer (Anm. 24), S. 94–98.
26 Vgl. Gesetz über die örtlichen Volksvertretungen in der DDR vom 4. Juli 1985; Alfons Gern (Anm. 2),
    S. 13.
27 Vgl. GBl. der DDR, 1990, S. 225.
28 Gesetz über die Selbstverwaltung der Gemeinden und Landkreise in der DDR (Kommunalverfassung),
    Kommentar von Gerd Schmidt-Eichstaedt/Siegfried Petzold u. a., Köln 1990, S. 34.

Erfahrungen und Forderungen der friedlichen Revolution in die Entwicklung der Gemeinden einbeziehen.[29]

Nach der Wiedervereinigung trat im wiedergegründeten Freistaat Sachsen bundesdeutsches Recht in Kraft, wobei die Kommunalverfassung von 1990 bis zur Verabschiedung einer sächsischen Gemeindeordnung gültig blieb.[30] Das Grundgesetz garantierte parallel die in der Bundesrepublik historisch gewachsene Kommunale Selbstverwaltung. Nach Art. 28 Abs. 1 GG gibt es in den Kreisen und Gemeinden Vertretungen der Bürgerschaft, die aus demokratischen Wahlen hervorgehen. Die Gemeindeversammlung ist ferner gemäß Art. 28 Abs. 1 ein Selbstverwaltungsorgan nach Maßgabe der Gesetze.

In Sachsen proklamierte die Verfassung von 1992 in Art. 82 Abs. 2 die Gemeinden, Landkreise und Gemeindeverbände zu Trägern der Selbstverwaltung.[31] Die Selbstverantwortung der Gemeinden, die inhaltlich selbstständige unabhängige Willensbildung und der eigenständige Willensvollzug werden geschützt.[32] Am 18. März 1993 verabschiedete der Landtag die neue Sächsische Gemeindeordnung (SächsGO), die am 1. Mai 1993 in Kraft trat.[33] Sie orientierte sich stark am Modell der Süddeutschen Ratsverfassung, weil vor allem baden-württembergische Kommunalbeamte den Aufbau einer effektiven sächsischen Kommunalverwaltung unterstützten. Die sächsische Gemeindeordnung sieht das Einkammersystem mit einem Gemeinderat als Repräsentant der Bürgerschaft vor. Dieser legt die Grundsätze für die Verwaltung der Gemeinde fest. Zudem entscheidet er über alle Angelegenheiten der Gemeinde, sofern der Bürgermeister nicht gesetzlich zuständig ist (§ 28 SächsGO). Zu seinen wichtigsten Rechten gehören die Haushaltsplanung einschließlich der Stellenplanung und die Bauleitplanung. Der Gemeinderat kann dem Bürgermeister bestimmte Angelegenheiten zur eigenen Erledigung übertragen. Der Gemeinderat handelt als Kollegialorgan durch Beschluss. Er ist kein Parlament, sondern Verwaltungsorgan und steht damit gleichberechtigt neben dem Bürgermeister. Ein Über- oder Unterordnungsverhältnis besteht nicht. Der Bürgermeister hat in Sachsen eine starke politische und administrative Stellung inne, da er direkt vom Volk nach dem Prinzip der absoluten Mehrheitswahl gewählt wird. Er ist damit unabhängig von der Gunst bzw. Zusammensetzung des Gemeinderates. Wie in den meisten anderen Ländern (außer Bayern und Baden-Württemberg) ist eine Abwahl durch die Bürger möglich, wobei Sachsen mit einem Quorum von 50 Prozent sehr hohe

---

29 Vgl. ebd., S. 73.
30 Das Ländereinführungsgesetz vom 22. Juli 1990 schrieb die Kommunalhoheit der Länder fest. Insofern blieb die Neufassung von Landkreis- und Gemeindeordnungen Sache der ostdeutschen Länder. Vgl. Annette Rehfeldt-Staudt/Werner Rellecke: Kommunalpolitik in Sachsen, in: Andreas Kost/Hans-Georg Wehling (Anm. 1), S. 282–306, hier S. 282.
31 Vgl. SächsGVBl., 1992, S. 243, gültig ab 6. Juni 1992.
32 Vgl. Alfons Gern (Anm. 2), S. 35.
33 Gemeindeordnung für den Freistaat Sachsen vom 21. April 1993 nachfolgend mehrfach geändert und Neufassung der Gemeindeordnung für den Freistaat Sachsen vom 18. März 2003 verkündet, gültig ab 11. Juli 2009.

Hürden für eine erfolgreiche Abwahl schafft. Die Wahlperiode beträgt sieben Jahre. Der Bürgermeister leitet die Verwaltung und repräsentiert die Gemeinde nach außen. Als Vorsitzender der Gemeinderatssitzungen bereitet er die Tagesordnung der Sitzungen vor, er kann Beschlussfassungen lenken und gegebenenfalls – bei rechtswidrigen oder nachteiligen Ratsbeschlüssen für die Gemeinde – widersprechen (§ 52 SächsGO). Diese Doppelrolle setzt gewisse Qualifikationen voraus und bietet zugleich zahlreiche Möglichkeiten der Einflussnahme.

Der Gemeinderat wird von den Bürgern nach dem Prinzip der Verhältniswahl für fünf Jahre gewählt, allerdings ohne verbundene Listen. Die Wähler können einem Kandidaten bis zu drei Stimmen geben; Kumulieren und Panaschieren der Stimmen ist möglich. Neben der Ausübung des Wahlrechts gesteht die Sächsische Gemeindeordnung ihren Bürgern die Möglichkeit zur politischen Teilhabe über Einwohnerversammlungen (§22 SächsGO) und den Einwohnerantrag (§ 23 SächsGO) sowie über Bürgerbegehren und Bürgerentscheid zu (§§ 24–25 SächsGO). Ähnliche Regelungen zur politischen Mitbestimmung enthält die sächsische Landkreisordnung für die Landkreise.

Die Wahlbeteiligung zu den Stadt- und Gemeinderatswahlen nahm im Laufe der Zeit deutlich ab. Gingen zu den ersten Kommunalwahlen nach der neuen Gemeindeordnung 1994 70,4 Prozent der Wähler an die Urnen, waren es 2004 46,1 Prozent. Im Jahr 2009 stieg die Wahlbeteiligung leicht auf 47,7 Prozent an.[34] Anders als in den übrigen ostdeutschen Ländern, wie z. B. Sachsen-Anhalt oder Thüringen, waren in Sachsen die unabhängigen Wählervereinigungen von Beginn an sehr erfolgreich. Zwar gewann die CDU bei den letzten vier Kommunalwahlen mit durchschnittlich 35,5 Prozent aller Stimmen die meisten Stadt- und Gemeinderatsmandate, aber die Wählervereinigungen lagen mit durchschnittlich 21,6 Prozent relativ knapp dahinter und damit vor PDS/Die Linke, SPD und FDP.[35] Ähnliche Ergebnisse sind bei den Bürgermeisterwahlen zu verzeichnen. Auch hier stellen parteilose Einzelbewerber hinter der CDU die meisten Amtsträger. Werden Einzelbewerber und Kandidaten von Wählervereinigungen zusammengezählt, besitzt rund die Hälfte aller Bürgermeister kein Parteimandat.[36] Dieser Trend scheint sich fortzusetzen. Nur bei den Landratswahlen dominierten stets deutlich die Kandidaten der CDU. Im Jahr 2008 gewannen diese alle zehn Mandate.[37]

---

34 Vgl. die Ergebnisse des Statistischen Landesamtes Sachsen unter: http://www.statistik.sachsen.de (Stand: 17. Mai 2012).
35 Vgl. ebd.
36 Vgl. ebd. sowie Annette Rehfeldt-Staudt/Werner Rellecke (Anm. 30), S. 299.
37 Vgl. http://www.statistik.sachsen.de (Stand: 17. Mai 2012).

4 Art und Aufgaben der Kommunalen Selbstverwaltung in Sachsen

Das Recht zur Kommunalen Selbstverwaltung der Gemeinden drückt sich in der Zuweisung selbstverwaltungstypischer Hoheitsrechte aus. Diese sind:

1) Gebietshoheit: Innerhalb des Gemeindegebiets sind alle Bürger und Sachen der Rechtsmacht der Kommune unterworfen. Die Gebietshoheit begründet kein Recht auf unveränderten Bestand der Gemeinde. Gemeindefusionen sind gesetzlich möglich.

2) Finanzhoheit: Die Gemeinden bestimmen eigenverantwortlich über ihre Einnahmen (einschließlich der Zuweisungen durch das Land) und Ausgaben. Sie führen ihren Haushalt und ihre Vermögensverwaltung im Rahmen der Gesetze selbstständig. Für Aufgabenverlagerungen auf die kommunale Ebene muss der Staat den Kommunen auf Grundlage des Konnexitätsprinzips die zur Aufgabenerfüllung erforderlichen Mittel zur Verfügung stellen.

3) Planungshoheit: Die Gemeinden haben das Recht, in eigener Verantwortung städtebauliche Entwicklungen zu gestalten.

4) Organisationshoheit: Die Gemeinden dürfen ihre innere Verwaltungsorganisation zur Erfüllung ihrer freiwilligen und übertragenen Aufgaben nach ihrem eigenen Ermessen organisieren. Sie können beispielsweise per Satzung die Zuständigkeiten für die Verwaltungsarbeit festlegen, die Gründung von Eigenbetrieben beschließen und mit der Geschäftsordnung die Einrichtung der Gemeindeorgane und Ausschüsse regeln.

5) Personalhoheit: Die Gemeinden wählen selbstständig ihre Bediensten aus, stellen sie an, befördern oder entlassen sie.[38]

Heute sind die Gemeinden – anders als im 19. Jahrhundert – politisch und organisatorisch die unterste Stufe der öffentlichen Verwaltung. Sie üben Hoheitsgewalt aus, sind aber kein Teil der staatlichen Behördenorganisation. Zwischen originären kommunalen Aufgaben und staatlich übertragenen sowie staatlich gelenkten Aufgaben wird nicht mehr unterschieden. Die Gemeindeordnung geht vielmehr von der Annahme der „Allzuständigkeit" der Gemeinde aus. Die Kommune darf alle ihr zweckmäßig erscheinenden öffentlichen Aufgaben erfüllen, soweit sie für die örtliche Erledigung geeignet sind. In die Rechte der Gemeinden und Landkreise kann nur per Gesetz eingegriffen werden. Die Selbstverwaltungsaufgaben im Sinne des Art. 28 Abs. 2 GG unterteilt die Gemeindeordnung in Freiwillige Aufgaben und Pflichtaufgaben.[39]

---

38 Vgl. Alfons Gern (Anm. 2), S. 70–80.
39 Vgl. Jörg Bogumil/Lars Holtkamp: Kommunalpolitik und Kommunalverwaltung. Eine policyorientierte Einführung, Wiesbaden 2006, S. 51 f.

Freiwillige Aufgaben sind Angelegenheiten, zu deren Erfüllung die Gemeinden nicht verpflichtet sind. Sie können frei entscheiden, ob sie bestimmte Aufgaben übernehmen und wie sie diese erfüllen. Klassische Beispiele sind im Kulturbereich die Einrichtung von Bibliotheken, Archiven oder Museen, im Sozialbereich der Betrieb von Jugendhäusern oder Seniorenclubs, im Freizeitbereich die Unterhaltung von Sportanlagen, Schwimmbädern oder Spielplätzen. Auch die kommunale Wirtschaftsförderung, die Pflege von Städtepartnerschaften oder die Vereinsförderung gehören dazu.[40]

Pflichtaufgaben der Kommunen sind dagegen solche Aufgaben, für deren Erfüllung die Gemeinden gesetzlich zuständig sind. Die Verpflichtung kann unbedingt sein, d. h. die Aufgabe ist in jedem Fall zu erfüllen (Pflichtaufgaben nach Weisung). Oder die Verpflichtung gilt bedingt (Pflichtaufgaben ohne Weisung), d. h. die Aufgabe ist bei Bedarf oder unter bestimmten Voraussetzungen zu erfüllen. Die Kommune entscheidet bei Pflichtaufgaben ohne Weisung nur „wie", nicht „ob" sie ihre Aufgaben erfüllt. Pflichtaufgaben sind z. B. die Aufstellung von Bebauungsplänen, die Ausrüstung der Freiwilligen Feuerwehr, die Ausstattung öffentlicher Schulen, die Ortsbeleuchtung, die Straßenunterhaltung, der Winterdienst, die Gewässerpflege oder die Abwasserbeseitigung. Diese Pflichtaufgaben sind im Rahmen der spezifischen Fachgesetze zu erfüllen.

Zu den Pflichtaufgaben nach Weisung der Kommune gehören staatlich übertragene Aufgaben. Dies sind Angelegenheiten, deren theoretische Zuständigkeit zwar beim Staat (Bund oder Land) liegt, deren praktische Aufgabenerfüllung aber auf die Kommunen übergegangen ist. Die Übertragung staatlicher Aufgaben kann mit einer Erfüllungsverpflichtung einhergehen oder mit der Maßgabe der freiwilligen Erfüllung. Die sächsische Gemeindeordnung hat diesen Aufgabentyp nicht selbstständig geregelt (§ 2 Abs. 3 SächsGO). Pflichtaufgaben nach Weisung sind insbesondere Aufgaben der unteren Verwaltungsbehörde. Die Kommunen können nicht über das „ob" oder „wie" der Aufgabenerfüllung entscheiden. Sie sind hierbei an Gesetze gebunden, die den Umfang des Weisungsrechts bestimmen. Beispiele für Pflichtaufgaben nach Weisung enthalten das Gaststättengesetz, das Polizei- oder Passgesetz. Für die Erfüllung dieser staatlichen Aufgaben sind die Kommunen mit entsprechenden Finanzen auszustatten (§ 2 Abs. 2 SächsGO). So soll die Aushöhlung des Selbstverwaltungsrechts verhindert werden. In vielen Fällen wird dieses Ziel nicht erreicht. Die zugewiesenen Mittel genügen oft nicht für die Aufgabenerfüllung, oder die Rechte der selbstständigen Gebühreneinnahmen decken die Kosten der Verwaltungsarbeit nicht.

Für die Landkreise regelt die sächsische Landkreisordnung das Recht der Kommunalen Selbstverwaltung nach Maßgabe der Gesetze. Allerdings sind den Landkreisen gemäß Art. 28 Abs. 2 GG keine originären Kreisaufgaben zugeordnet. Die Aufgabenerfüllung richtet sich nach gesetzlichen Zuweisungen, wobei die gemeindliche Selbstverwaltungsgarantie den Vorrang hat. Die Aufgaben der Landkreise erstrecken sich

---

40 Vgl. Alfons Gern (Anm. 2), S. 96.

insbesondere auf alle überörtlichen Aufgaben und solche, die die Leistungsfähigkeit der Gemeinden übersteigen. Auch auf der Landkreisebene wird in Freiwillige Selbstverwaltungsaufgaben, Pflichtaufgaben und Pflichtaufgaben nach Weisung unterschieden (§ 2 Aufgaben LkrO). Grundsätzlich stehen den Landkreisen im Rahmen ihres Wirkungsbereiches zahlreiche Hoheitsrechte zu – wie die Organisationshoheit, die Personalhoheit, die Finanzhoheit, nicht aber die Planungshoheit im engeren Sinne. Die Kreisbehörden sind funktional gesehen zugleich Staats- wie Selbstverwaltungsbehörden. Als Staatsbehörde sind ihnen Weisungsaufgaben sowie die Rechtsaufsicht über die kreisangehörigen Kommunen übertragen. Für die Landkreise und Kreisfreien Städte sind die Landesdirektionen obere Rechtsaufsichtsbehörde. Oberste Rechtsaufsichtsbehörde ist das Staatsministerium des Innern. In strittigen Fällen können Entscheidungen an jeweils höherer Stelle geprüft und bestätigt oder neu gefällt werden.[41]

Da das Kommunalverfassungsrecht Länderrecht ist, üben ausschließlich die Bundesländer die Staatsaufsicht über die Gemeinden aus. Die Rechtsaufsicht und die Fachaufsicht sind zu unterscheiden. Die Erfüllung der Selbstverwaltungsaufgaben und der Pflichtaufgaben unterliegen nur der Rechtsaufsicht. Die Rechtsaufsichtsorgane prüfen die Gesetzmäßigkeit der gemeindlichen Selbstverwaltung, nicht die Zweckmäßigkeit. Die Erfüllung der Pflichtaufgaben nach Weisung unterliegt der Rechts- und der Fachaufsicht. Die Fachaufsicht geht über den Rahmen der Gesetzmäßigkeitprüfung hinaus und nimmt Einfluss auf die Zweckmäßigkeit der gemeindlichen Aufgabenerfüllung. Hierdurch wird die Gemeinde im übertragenen Aufgabenbereich in die allgemeine Staatsverwaltung eingebunden. Die Verantwortung für die Umsetzung der Weisungsaufgabe bleibt beim Staat. Erfüllt die Gemeinde eine Weisung nicht, handelt sie gesetzwidrig. Die Fachaufsichtsbehörde wendet sich zur Durchsetzung der Weisung an die Rechtsaufsichtsbehörde. Diese kann mit Aufsichtsmitteln auf Grundlage der Gesetze eingreifen.[42] Instrumente der Rechtsaufsicht sind: das Informationsrecht, das Beanstandungsrecht, das Anordnungsrecht, die Ersatzvornahme, die Bestellung eines Beauftragten sowie die vorzeitige Beendigung der Amtszeit des Bürgermeisters.

Die Haushaltspläne der kreisangehörigen Gemeinden sind der Rechtsaufsichtsbehörde der Landkreise generell zur rechtsaufsichtlichen Prüfung vorzulegen. Beschließen Gemeinden im Rahmen des Haushaltsplans eine Kreditaufnahme, ist diese von der Rechtsaufsichtbehörde zu genehmigen. Enthält der Haushaltsplan keine genehmigungspflichtigen Bestandteile, kann er trotzdem im Einzelfall beanstandet werden, etwa bei einem Verstoß gegen geltendes Haushaltsrecht oder einer instabilen Haushaltslage der Kommune. Die Rechtsaufsichtsbehörde kann dann z. B. die Heilung des Rechtsverstoßes oder Sparmaßnahmen wie den Erlass eines Haushaltssicherungskonzeptes anordnen. Weigert sich der Stadtrat vor diesem Hintergrund, die originären Einnahmemöglichkei-

---

41 Vgl. Annette Rehfeldt-Staudt/Werner Rellecke (Anm. 30), S. 291.
42 Vgl. Alfons Gern (Anm. 2), S. 343.

ten der Kommune auszuschöpfen (z. B. die Erhebung von Beiträgen für Abwasserbaumaßnahmen) und lässt der kommunale Haushalt keine anderen Spielräume zu, kann die Rechtsaufsichtsbehörde die Erhebung im Form der Ersatzvornahme festlegen.[43] Gegen Verfügungen der Rechtsaufsicht können die Gemeinde und die Landkreise klagen. Die Rechtsaufsichtsbehörden sollen bei der Ausübung ihrer Aufsichtsrechte nicht nur kontrollieren, sondern auch beraten. Die Ausübung der Rechts- und Fachaufsicht darf die Selbstbestimmung und Eigenverantwortung der Gemeinden nicht einschränken.

5 Kommunale Gebiets- und Verwaltungsgliederung in Sachsen

Mit der Verabschiedung der Kommunalverfassung für die neuen Länder im Mai 1990 stellte sich für die politisch Verantwortlichen die Frage nach einer Gebietsreform entsprechend dem Muster der Bundesrepublik. Da die Selbstverwaltung in der DDR faktisch abgeschafft war, kam dem territorialen Zuschnitt der Gemeinden, Städte und Kreise keine große Bedeutung zu.[44] 1990 gab es in Sachsen 48 Kreise und 1626 Kommunen, darunter sechs kreisfreie Städte.[45] Viele Gemeinden und Kreise erwiesen sich nach Auffassung des sächsischen Innenministeriums als zu klein, um den Ansprüchen einer effizienten und von bürgerschaftlichem Engagement zeugenden Kommunalen Selbstverwaltung zu genügen. Insofern gab es frühzeitig konzeptionelle Vorarbeiten für eine Kreisgebietsreform.[46] Nach langer Prüfung unterschiedlicher Modelle verabschiedete 1993 der Sächsische Landtag das Kreisgebietsreformgesetz. Es trat – außer im Vogtland und nordöstlich von Dresden – zum 1. August 1993 in Kraft. Anpassungen in den genannten Gebieten erfolgten erst zum 1. Januar 1996. Nun gab es in Sachsen sieben kreisfreie Städte und 22 Landkreise mit durchschnittlich 139 000 Einwohnern und einer Fläche von rund 800 Quadratkilometern.

Kreisfreie Städte sind nach § 3 Abs. 1 SächsGemO Kommunen, die in keinen Landkreis eingegliedert sind. Sie übernehmen als Großstädte neben den eigenen gemeindlichen Aufgaben auch die Aufgaben, die sonst die Landkreise erfüllen und die Tätigkeiten als untere Verwaltungsbehörde. Zu Großen Kreisstädten können auf Antrag von der Staatsregierung Kommunen mit mehr als 20 000 Einwohnern ernannt werden. Diese bleiben einem Landkreis zugehörig, erfüllen aber Teile von Verwaltungsaufgaben, die

---

43 Vgl. § 76 Abs. 2 u. 3 SächsGO sowie §§ 113–116 SächsGO.

44 Vgl. Günter Püttner: Kommunale Gebietsreform in den neuen Ländern, in: Ders./Wolfgang Bernet (Hrsg.): Verwaltungsaufbau und Verwaltungsreform in den neuen Ländern, Köln u. a. 1992, S. 1–5, hier S. 1.

45 Vgl. Manfred Schleer: Kommunalpolitik in Sachsen. Bürger, Politiker und Verwaltungen in Gemeinden, Städten und Landkreisen, Dresden 2003, S. 27.

46 Vgl. Wito Schwanengel: Die kommunale Gebietsreform in den fünf neuen Ländern, in: Günter Püttner/Wolfgang Bernet (Anm. 44), S. 9–27, hier S. 9; Wolf-Uwe Sponer: Die Abschaffung der unteren staatlichen Verwaltungsbehörde im sächsischen Landratsamt, Frankfurt a. M. 2001, S. 78.

sonst das Landratsamt als unterer Verwaltungsbehörde für die kreisangehörigen Gemeinden wahrnimmt. Alle übrigen Städte und Gemeinden sind kreisangehörig. Für sie übernimmt der Landkreis die überörtlichen Aufgaben sowie die Rechtsaufsicht. Die Landkreise sind Verwaltungseinheiten oberhalb der Gemeindeebene. Ihren Rechtsstatus definiert die Landkreisordnung. Demnach handelt es sich bei ihnen um rechtsfähige Gebietskörperschaften des öffentlichen Rechts und zugleich um „Gemeindeverbände". Ihre Mitglieder sind die Einwohner des Kreises. Ihr Gebiet besteht aus der Gesamtheit der zum Landkreis gehörenden Gemeinden.[47]

Die Kreisgebietsreform orientierte sich an den Altbundesländern wie Bayern mit kleinen Kreisstrukturen. Zunächst erschien diese Strukturierung sinnvoll, da sie Raum für territoriale Besonderheiten ließ. Der Landkreis Oelsnitz hatte etwa wegen seiner geringen Bevölkerungsdichte und der Beachtung der historischen Bindungen im Vogtland nur rund 75 000 Einwohner. Historisch-kulturelle Bindungen waren zudem Gründe, um auf eine Fusion der Landkreise Görlitz, Niesky, Weißwasser zu verzichten. Nach damaliger Ansicht hätte dieser Kreis mit 1405 Quadratkilometern die Grenze zur Unüberschaubarkeit erreicht.[48]

Nur zehn Jahre später dachte der Freistaat im Zuge der Diskussion über eine Funktionalreform und Aufgabenverlagerung von der staatlichen auf die kommunale Ebene erneut über eine Kreisgebietsreform nach, und er wandte sich nun von kleinteiligen Strukturen ab. Ziel sollte sein, mit der Funktionalreform die Kreisebene als Selbstverwaltungsträger zu stärken. Das Innenministerium erklärte wegen der geänderten Rahmenbedingungen und der Notwendigkeit zu erheblichen Kosteneinsparungen in der Verwaltung eine Fusion von Landkreisen für unumgänglich. Als größtes Problem galt der Bevölkerungsrückgang in Sachsen von 4,91 Millionen Einwohner im Jahr 1990 auf geschätzte vier Millionen Einwohner im Jahr 2020.[49] Der Bevölkerungsverlust verursachte sinkende Einnahmen des Freistaates aus dem Länderfinanzausgleich. Hinzu kamen die planmäßige Absenkung der Mittel des Solidarpaktes II sowie die Zersplitterung der staatlichen Verwaltung auf mehr als 200 Behörden. Ähnliche Reformen gab es in Nordrhein-Westfalen, Baden-Württemberg, Mecklenburg-Vorpommern, Niedersachsen und Sachsen-Anhalt.

Zum 1. August 2008 wurde die Verwaltungsreform in Sachsen umgesetzt. Sie bestand aus einer Funktionalreform und einer Kreisgebietsneugliederung. Der Freistaat übertrug zahlreiche seiner Aufgaben auf die Landkreise, Kreisfreien Städte sowie auf den Kommunalen Sozialverband.[50] Die verbleibenden staatlichen Aufgaben bündelte

---

47 Vgl. Alfons Gern (Anm. 2), S. 355.
48 Vgl. Wito Schwanengel (Anm. 46), S. 21.
49 Vgl. das Kapitel „Demografie und Sozialstruktur".
50 Vgl. Begründung zum Gesetzentwurf der Sächsischen Staatsregierung in den Sächsischen Landtag zum Gesetz zur Neugliederung des Gebietes der Landkreise des Freistaates Sachsen und zur Änderung anderer Gesetze vom 24. Mai 2007 Drs 4/8811, Parlamentsdokumentation des Sächsischen Landtages; vgl. auch die „Vorschläge zur Neuordnung der Verwaltung im Freistaat Sachsen" vom 18. Oktober 2005 im

er in wenigen Behörden. Die Anzahl der Landkreise verringerte sich auf zehn, die der Kreisfreien Städte auf drei. Die Größe der Landkreise und Kreisfreien Städte sollte wegen der notwendigen Leistungsfähigkeit im Jahr 2020 möglichst mehr als 200 000 Einwohner aufweisen. In dünnbesiedelten Räumen konnte dies um 15 Prozent unterschritten werden.[51] Die Flächengrößen sollten in der Regel 3000 Quadratkilometer nicht überschreiten und eine ausgewogene gemeindliche Struktur haben.[52] Die Reform orientierte sich ausdrücklich nicht an „Vergangenem", wie traditionellen Grenzen von Kreis-, Amtshauptmannschaften oder historischen Bindungen, sie stellte die Verwaltungseffizienz in den Vordergrund.[53] Kommunalisiert wurden vor allem publikumsintensive Tätigkeiten und solche Aufgaben, die besondere Ortskenntnisse voraussetzen bzw. die in einem engen Sachzusammenhang mit Aufgaben standen, die bereits von den Kreisen erfüllt wurden. Dazu zählten u. a. die Tätigkeiten der Flurneuordnungsbehörden, der Ämter für ländliche Entwicklung, der Staatlichen Vermessungsämter, der Straßenbauämter, Teilaufgaben der Verwaltung für Familien und Soziales oder Teilaufgaben der Regionalschulämter. Der Landkreistag und der Städte- und Gemeindetag stimmten der Reform grundsätzlich zu.[54]

Parallel zur Kreisgebietsreform kam es in Sachsen zu freiwilligen bzw. gesetzlichen Gemeindezusammenschlüssen. Ab 1991, besonders im Vorfeld der ersten Kommunalwahlen 1994, nutzten viele Gemeinden diese freiwillige Möglichkeit, wodurch sich die Anzahl der Gemeinden auf 970 verringerte.[55] Die „Freiwilligkeitsphase" dauerte bis Ende 1998. Bis dahin konkretisierte das Innenministerium allmählich seine Ziele zur zukünftigen Gemeindegebietsstruktur. Die Kommunen nutzten dies vielfach, um freiwillig Veränderungen herbeizuführen, die später gesetzlich verordnet werden sollten. Sie schrieben in gemeinsamen Kontrakten Übergangsregelungen fest, um z. B. unterschiedliche Hebesätze für kommunale Steuern oder Finanzierungsformen von Abwasseranlagen für die einzugemeindenden Kommunen auf einen gewissen Zeitraum festzulegen. Das Finanzausgleichsgesetz gewährte für freiwillige Veränderungen „Hochzeitsprämien". Damit „belohnten" die Gemeinden häufig die Gemeindeteile, die ihre Selbstständigkeit aufgaben. Mit dem Geld setzten sie in diesen Orten von der Bevölkerung besonders gewünschte Baumaßnahmen um, wie z. B. den Ausbau von Straßen oder die Sanierung von Dorfgemeinschaftshäusern. Auf diese Weise reduzierte sich bis Ende 1998 die Zahl der Kommunen ein weitere Mal. Als die gesetzliche Gemeindegebietsre-

Auftrag der Sächsischen Staatsregierung (ungedruckt). Mitglieder der Kommission waren: Wolfgang Kleine, Thomas Giesen, Wolfgang Riotte, Wolf-Uwe Sponer.

51 Vgl. Begründung zum Gesetzentwurf (Anm. 50), S. 66–73.
52 Vgl. ebd., S. 73–75.
53 Vgl. ebd., S. 84.
54 Vgl. ebd., S. 101.
55 Vgl. Manfred Schleer (Anm. 45), S. 34.

form am 1. Januar 1999 in Kraft trat,[56] bestanden noch 546 Kommunen, davon zwei Drittel mit einer Größe zwischen 1000 und 5000 Einwohner.[57]

Durch die größeren Gemeindestrukturen galt es, zukünftig die Verwaltungsarbeit effizienter, qualitativ leistungsstärker und wirtschaftlicher durchzuführen. Die Finanzkraft der Kommunen sollte gestärkt, besser spezialisiertes Personal angestellt und moderne Verwaltungstechnik genutzt werden können.[58] Die Mindesteinwohnerzahl von selbstständigen Gemeinden hatte 1000 zu betragen. Allerdings mussten derart kleine Gemeinden, um die Ziele einer leistungsstarken Verwaltungsarbeit zu gewährleisten, sich in Verwaltungsverbänden oder Verwaltungsgemeinschaften organisieren. Die Mindesteinwohnerzahl für eine Einheitsgemeinde sollte 5000, im Verdichtungsraum um die Oberzentren 8000 Einwohner erreichen. Die Einheitsgemeinde nimmt selbstständig und umfassend ihre Aufgaben- und Verwaltungskompetenz wahr. Für die Gemeinden, die Teil eines Verwaltungsverbandes bzw. einer Verwaltungsgemeinschaft sind, regelt die Verwaltungsarbeit die Verbandsverwaltung bzw. die „erfüllende" Gemeinde.[59] Auch nach der gesetzlichen Gemeindegebietsreform kam es zu freiwilligen Fusionen. Mit dem Stichtag vom 1. Januar 2012 gab es in Sachsen 458 Gemeinden, 87 Verwaltungsgemeinschaften und sieben Verwaltungsverbände.[60] Allerdings verlief die Gemeindegebietsreform nicht konfliktfrei. Einwohner und Kommunalpolitiker befürchteten durch den Verlust der kommunalen Selbstverwaltung ihrer Gemeinde z. B. langfristig den Stillstand in der Dorfentwicklung oder stärkere Belastungen der Bürger durch höhere Steuern der neuen Gemeinde und größere Kreditbelastungen. Teilweise bedurfte es mehrerer Jahre, bis die „künstlichen" Gebilde zusammenwuchsen. Exemplarisch ist der Fall der Gemeinde Diera-Zehren im Landkreis Meißen. Diese wurde aus den ehemaligen Gemeinden Diera mit Ortsteilen (rechtselbisch) und Zehren (linkselbisch) gebildet und liegt auf beiden Seiten der Elbe ohne Brückenverbindung. Hierdurch hatte es die Gemeinde nach der Fusion 1999 schwer, eine gemeinsame Identität aufzubauen. Erst nach über zehn Jahren scheint das gelungen zu sein.[61]

Wegen der anhaltend negativen demografischen Entwicklung entschloss sich die sächsische Staatsregierung im Jahr 2010 erneut, freiwillige Gemeindezusammenschlüsse

---

56 Vgl. SächsGVBl., 1998, S. 553, 562, 568, 575, 582 sowie die Eingliederungsgesetze für Dresden, Leipzig, Chemnitz, Zwickau und Görlitz/Hoyerswerda/Plauen, ebd., S. 461, 464, 468, 472, 475.

57 Genau wiesen 41,5 Prozent der Gemeinden eine Größe zwischen 1000 und 3000 Einwohner, 25,2 Prozent zwischen 3000 und 5000 Einwohner und nur 18,9 Prozent die geforderte Anzahl von 5000 bis 10 000 Einwohner auf. Vgl. http://www.statistik.sachsen.de (Stand: 17. Mai 2012).

58 Vgl. Manfred Schleer (Anm. 45), S. 35.

59 Vgl. ebd., S. 37.

60 Vgl. http://www.kommunale-verwaltung.sachsen.de (Stand: 17. Mai 2012).

61 Vgl. hierzu die Diskussionen in der Sächsischen Zeitung zwischen September 2010 und Juni 2011, u. a. Sächsische Zeitung vom 11. November 2010, S. 16 und 1. Dezember 2010, S. 14 sowie den Bürgerentscheid der Gemeinde Diera-Zehren zur Frage „Stimmen Sie dem Zusammenschluss der Gemeinde Diera-Zehren mit der Stadt Meißen zu?" vom 5. Juni 2011, vgl. Amtsblatt der Gemeinde Diera-Zehren vom 10. Juni 2011. Mit rund 62 Prozent wurde die Fusion der Gemeinde mit Meißen abgelehnt.

zu fördern. Hierzu erließ das Kabinett die Fortschreibung des Leitbildes mit der entsprechenden Verwaltungsvorschrift.[62] Die Begründung für die Notwendigkeit freiwilliger Zusammenschlüsse änderte sich nicht. Es gilt weiterhin das Prinzip, durch größere Gemeindegrößen eine bessere Effizienz und Qualität der Verwaltungsarbeit zu erhalten, die finanzielle Basis der Kommunen abzusichern und den demografischen Wandel zu meistern. Leitbildgerechte Gemeinden sind Einheitsgemeinden. Verwaltungsverbände oder Verwaltungsgemeinschaften dürfen nicht mehr neu gebildet werden. Die Aufgabenerfüllung durch die Kommunen muss dauerhaft garantiert sein. Die Einwohnerkennzahlen sind gleich geblieben, gelten aber nun für das Jahr 2025. Dann müssen die Gemeinden im ländlichen Raum mindestens 5000 Einwohner, die im Verdichtungsraum um die Oberzentren mehr als 8000 Einwohner ausweisen. Im Ausnahmefall ist eine Unterschreitung um 15 Prozent möglich. Durch die Gemeindefusionen sollen die zentralen Orte im ländlichen Raum gestärkt werden. Zugleich gilt es, raumordnerische Belange wie Verkehrsverbindungen, Landschaft und Topografie, historische und religiöse Bindungen zu beachten. Landkreisüberschreitende Fusionen sind im Einzelfall möglich.

Faktisch zwingt die Fortschreibung des Leitbilds mit den Einwohnerprognosen für das Jahr 2025 die meisten Kommunen im ländlichen Raum, über neue Fusionen nachzudenken. Freiwillige Gemeindezusammenschlüsse werden aus Mitteln des Finanzausgleiches noch bis Ende des Jahres 2015 bezuschusst. Das Echo auf die neuerlichen Fusionsanstrengungen ist unter den Bürgermeistern und Kommunalpolitikern geteilt. Während die Befürworter die mit der Reform gegebene Chance auf leistungsstärkere Kommunalverwaltungen betonen, kritisieren die Gegner eine mangelnde Freiwilligkeit dieses Prozesses und die u. a. wegen der Umstellung des Rechnungswesens von der Kameralistik auf die doppelte Buchführung in Konten (Doppik) ungünstige Zeitschiene.[63] Dennoch gab es in der „Freiwilligkeitsphase" im Jahr 2011 zwölf freiwillige Zusammenschlüsse. Meist schlossen sich Verwaltungsgemeinschaften zu Einheitsgemeinden zusammen. Dies wiederum entspricht – aus Sicht des Innenministeriums – „in besonderem Maße den neugefassten Grundsätzen für freiwillige Zusammenschlüsse von Gemeinden im Freistaat Sachsen".[64]

---

62 Vgl. Grundsätze für freiwillige Zusammenschlüsse von Gemeinden im Freistaat Sachsen vom 26. Oktober 2010, unter: http://www.kommunale-verwaltung.sachsen.de; Verwaltungsvorschrift des Sächsischen Staatsministeriums des Innern über die Genehmigung von Gebietsänderungen von Gemeinden vom 26. Oktober 2010, unter: http://www.kommunale-verwaltung.sachsen.de; Leitfaden für freiwillige Zusammenschlüsse von Gemeinden im Freistaat Sachsen, unter: http://www.kommunale-verwaltung.sachsen.de (jeweils Stand: 17. Mai 2012).

63 Vgl. Ausführungen zur Anhörung durch den Innenausschuss des sächsischen Landtages vom 3. Februar 2011, stenografisches Protokoll vom 8. Februar 2011 PD 2.4 Apr5/6-15A (1). Anders als 1994 oder 1999 stehen derzeit keine neuen Kommunalwahlen an. Die Wahlperiode der Gemeinderäte läuft erst 2014 ab, die vieler Bürgermeister erst im Jahr 2015. Der von der Staatsregierung gewollte kurzfristige Realisierungszeitraum erweist sich daher aus Sicht der Autorin in der Umsetzung als ungünstig.

64 Vgl. Ausführungen des sächsischen Innenministers Markus Ulbig unter: www.kommunale-verwaltung. sachsen.de (Stand: 17. Mai 2012).

6 „Sächsischer Weg"?

Bei der Frage nach dem spezifisch „sächsischen Weg" der Kommunalpolitik kristallisieren sich drei Phänomene heraus: (1) die Einführung der Süddeutschen Ratsverfassung; (2) die Gebietsreformen seit 1990 sowie (3) die Ergebnisse zu den Kommunal- und Bürgermeisterwahlen.

(1) Die Sächsische Gemeindeordnung orientierte sich stark an der Kommunalverfassung von Baden-Württemberg. Das Land besaß von seiner Gründung 1952 an eine fortschrittliche Gemeindeordnung nach dem Typus der Süddeutschen Ratsverfassung mit starken Mitwirkungsrechten der Bürger. Es unterschied sich hierin von anderen westdeutschen Ländern, die erst in den 1990er Jahren die Direktwahl des Bürgermeisters oder kommunale Bürgerentscheide einführten. Die Übernahme des Typus der Süddeutschen Ratsverfassung ist für Sachsen jedoch mit Blick auf die ostdeutschen Länder kein Alleinstellungsmerkmal und nicht neu. Bereits in der sächsischen Gemeindeordnung von 1923 waren das Bürgerbegehren und der Bürgerentscheid fixiert. Alle anderen neuen Bundesländer integrierten in ihre Kommunalverfassungen ebenfalls diese Elemente der Süddeutschen Ratsverfassung zum Bürgerbegehren und Bürgerentscheid, wiewohl im Einzelnen unterschiedlich.

Grund hierfür waren die persönlichen „Wendeerlebnisse" der damaligen Entscheidungsträger an den Runden Tischen in der DDR, in den Bürgerrechtsgruppen und die positiven Erfahrungen mit der Kommunalverfassung vom 17. Mai 1990. Ziel war es, in der gewonnenen Freiheit den Bürgern möglichst viele Rechte zur politischen Teilhabe in der Kommune zu geben. Zugleich führten die ostdeutschen Länder (außer Mecklenburg-Vorpommern) die Direktwahl des Bürgermeisters durch die Einwohner ein.[65] Bei der Kommunalgesetzgebung auf demokratischer Basis bekamen alle neuen Bundesländer ab 1990 Unterstützung aus ihren jeweiligen westdeutschen Nachbarländern. Daher orientierten sich die kommunalen Einzelgesetze jeweils stark an der Gesetzgebung der „Paten". Die Orientierung Sachsens an den südlichen Bundesländern Baden-Württemberg und Bayern ist eine logische Folge und kein Spezifikum. Sie entsprach zudem der kommunalpolitischen Tradition in Sachsen.[66]

(2) Mit Blick auf die Gemeindegrößen unterscheidet sich der „sächsische Weg" von Ländern wie Baden-Württemberg und Bayern, ebenso von den anderen ostdeutschen Ländern. Die sächsische Staatsregierung ist der Auffassung, nur verhältnismäßig große kommunale Einheitsgemeinden und Landkreise seien in der Lage, die administrativen

---

65 Brandenburg 1993, Thüringen und Sachsen-Anhalt 1994, Mecklenburg-Vorpommern folgte erst 1999.

66 Bereits 1868 forderte der Sächsische Städtetag eine grundlegende Reform der Städteordnung, u. a. die Abschaffung des Zwei-Kammer-Systems und den Wegfall staatlicher Bestätigungsrechte sowie die Personalunion zwischen Bürgermeister und Vorsitz im Gemeinderat. Vgl. Engeli/Haus (Anm. 9), S. 514–539. Weder in der Revidierten Städteordnung von 1873 noch in der Gemeindeordnung von 1923/1925 wurden die Reformziele der sächsischen Städte jedoch umfassend umgesetzt. Erst 1993 konnte das Ziel eines starken Gemeinderates erreicht werden.

Aufgaben mittels leistungsstarker Verwaltung zu erfüllen sowie für gleichwertige Lebensbedingungen im ganzen Land zu sorgen.[67] Die sächsischen Kommunen unterlagen daher von 1990 bis heute einem ständigen Veränderungsdruck. Phasen des „gesetzlichen Zwangs" und der „erzwungenen Freiwilligkeit" von Gemeindefusionen lösten sich hierbei ab. Weitgehend ungeachtet historischer Prägungen und einzig der Verwaltungseffektivität folgend, verringerte sich die Anzahl der kommunalen Einheiten deutlich. Zugleich nahm die Größe der Kommunen und Landkreise (Einwohner wie Fläche) stetig zu. Wenige Landkreise (mit starken Landräten) und wenige Kommunen erleichtern es dem Staat, auf die kommunale Arbeit vor Ort durch seine zentralen Verwaltungsorgane (Ministerien, Landesdirektionen, Landesbehörden) mit ihren Verwaltungsvorschriften Einfluss zu nehmen.

Diese politischen Entscheidungen stehen in gewisser Hinsicht im Gegensatz zur Idee der Kommunalen Selbstverwaltung in der Sächsischen Gemeindeordnung. Das theoretisch starke Selbstverwaltungsrecht der Gemeindebürger, wie es sich aus der historischen Tradition in Sachsen herausbildete und in der Gesetzgebung verankert ist, verliert in der kommunalen Praxis an Bedeutung. Immer weniger Gemeinderäte entscheiden über die Belange immer größerer Kommunen mit häufig vielen Ortsteilen. Ortschaftsräte, die nach der sächsischen Gemeindeordnung vor allem Beratungsfunktion haben, werden für die Bürger vor Ort zu immer wichtigeren Ansprechpartnern. Zugleich können sie nur im Rahmen der Beschlüsse des Gemeinderats agieren. Sie sind „zahnlose Tiger" und von der politischen Akzeptanz durch den Gemeinderat bzw. Bürgermeister abhängig. Mit Zunahme der Gemeindegröße und damit einer größeren Entfernung von Entscheidungsträgern zu ihrer politischen Basis sinkt zudem das Interesse der Bürger zur politischen Mitgestaltung und ihre Identifikation mit der Kommune. Sachsen ist mit der Bildung verhältnismäßig großer kommunaler Einheiten zwar nicht einzigartig in Deutschland, steht aber damit im Gegensatz zu seiner kommunalpolitischen Tradition.[68] Dies ist insofern eine sächsische Besonderheit.

(3) Die geringe Wahlbeteiligung zu den Kommunalwahlen sowie die schwierige Suche nach geeigneten Kandidaten für die kommunalen Ämter unterstreicht die Gefährdung der Kommunalen Selbstverwaltung. Während die hohe Zahl an Nichtwählern kein spezifisch „sächsisches" Phänomen ist, sind es die Wahlergebnisse schon. Ähnlich wie auf Landesebene ist die CDU in den Kommunalparlamenten stärkste Kraft. In ihren Gemeinderatsfraktionen engagieren sich nach wie vor viele Reformkräfte der Jahre 1989/90. Allerdings müssen auf kommunaler Ebene ebenso die seit 1994 konstant hohen Wahlerfolge der Wählervereinigungen sowie der parteilosen Bürgermeisterkandidaten

---

67 Vgl. Annette Rehfeldt-Staudt/Werner Rellecke (Anm. 30), S. 288.

68 Beispielsweise haben das Saarland, Nordrhein-Westfalen und Hessen ebenfalls relativ große kommunale Verwaltungseinheiten, Baden-Württemberg und Bayern setzen dagegen auf starke Kommunale Selbstverwaltung auch mit kleinen Verwaltungseinheiten. Vgl. hierzu Klaus Adelt, Vizepräsident des Bayrischen Gemeindetages, in: Anhörung dem Innenausschuss des Landtages am 3. Februar 2011 (Anm. 62), S. 33–35.

beachtet werden. Vermutlich geht diese Entwicklung auf das Bedürfnis vieler Sachsen zurück, sich – wie 1989/90 – in der Gemeinde frei von parteipolitischen Zwängen engagieren zu wollen.

Kommunalpolitik und Kommunale Selbstverwaltung in Sachsen seit 1990 können nur bedingt mit der Phrase vom „sächsischen Weg" überschrieben werden. Die kommunale Entwicklung des Freistaates ist im Vergleich zu den anderen Bundesländern in gewisser Weise einzigartig, da sich Sachsen zwar an anderen Ländern orientiert, aber sich stets aus einer eigenen politisch-kulturellen Tradition heraus entwickelt. Ob die sächsische Entwicklung erfolgreich ist, wird sich erst in einigen Jahr(zehnt)en bewerten lassen. Wer die Gemeinden als „Schulen der Demokratie" versteht, empfindet bürgerschaftliches Engagement als wichtig und versucht, die Kommunale Selbstverwaltung als eines der höchsten demokratischen Güter zu schützen. Wer hingegen vorrangig die Verwaltungsfunktionalität der Gemeinden betont, bevorzugt größere Gemeinden, ungeachtet der damit einhergehenden Bürokratisierung der Kommunalen Selbstverwaltung.

Kapitel 11
Der Freistaat im Bund
und in der Europäischen Union

1 Länder in Deutschland und im europäischen „Staatenverbund"

Deutschland gehört innerhalb der Europäischen Union gemeinsam mit Belgien und Österreich zur Minderheit föderal verfasster Staaten.[1] Von Föderalismus als staatlichem Ordnungsprinzip wird gesprochen, wenn sich – im Gegensatz zu zentralistischen Staaten – gleichberechtigte und eigenständige Gliedstaaten zu einem Bundesstaat zusammenschließen und sowohl der Gesamtstaat als auch seine Teilstaaten über eigene Staatsqualität verfügen.[2] Zugleich unterscheidet sich der Föderalismus durch seine gemeinschaftliche Staatlichkeit und wegen der Bindung aller Gliedstaaten an eine gemeinsame Verfassung von einer (losen) Form des Staatenbundes, bei dem unabhängige Staaten einen gemeinsamen völkerrechtlichen Vertrag nach außen schließen, im Inneren allerdings größtenteils souverän bleiben. Ob und warum manche Staaten föderal organisiert sind, kann vielfältige Ursachen haben, soziale, räumliche, historische, ökono-

---

[1] Neben den föderalen Staaten existieren innerhalb der EU mit Italien, Spanien und dem Vereinigten Königreich drei sogenannte regionalisierte Staaten, in denen bestimmte Regionen (Schottland, Katalonien) weitreichende Autonomie und Gesetzgebungsbefugnisse besitzen, allerdings nicht der gesamte Staat föderalistisch verfasst ist. Weitere föderale Staaten in Europa sind Bosnien-Herzegowina, Russland und die Schweiz. Bei allen anderen Ländern handelt es sich um unitarische Staaten, deren Zentralismusgrad variiert. Vgl. Jürgen Dieringer: Föderalismus in Europa – Europäischer Föderalismus, in: Oscar W. Gabriel/Sabine Kropp (Hrsg.): Die EU-Staaten im Vergleich. Strukturen, Prozesse, Politikinhalte, 3. Aufl., Wiesbaden 2008, S. 550–578; Ludger Helms: Strukturelemente und Entwicklungsdynamik der deutschen Bundesstaates im internationalen Vergleich, in: Zeitschrift für Politik 49 (2002), S. 125–148.

[2] Vgl. Hans-Georg Wehling: Landespolitik und Länderpolitik im föderalistischen System Deutschlands – zur Einführung, in: Herbert Schneider/ders. (Hrsg.): Landespolitik in Deutschland. Grundlagen – Strukturen – Arbeitsfelder, Wiesbaden 2006, S. 7–22, hier S. 8.

mische, demokratietheoretische oder ethnische.[3] Föderale Staaten weisen nach Rainer-Olaf Schulze eine Reihe von Gemeinsamkeiten auf: (1) die Gliederung des Staates in territoriale Einheiten, (2) die Aufteilung der exekutiven und legislativen Gewalt, (3) die Beteiligung der Regionen an Bundesangelegenheiten, (4) Konfliktlösungsverfahren mit qualifizierten Entscheidungsquoten zum Schutz von Minoritäten sowie (5) Verfassungsgerichte als Schiedsrichter bei Konflikten zwischen Bundes- und Landesorganen.[4]

Föderale Strukturen haben in Deutschland eine lange Tradition – vom losen Verbund deutscher Territorialstaaten im Heiligen Römischen Reich Deutscher Nation bis hin zur Verfassung der Weimarer Republik. Trotz aller Unterschiede zwischen eher lockerem Staatenbund und festem Bundesstaat im Einzelnen existierten jeweils Ordnungsprinzipien, bei denen Zentral- und Gliedstaaten die staatlichen Aufgaben und Funktionen gemeinsam erfüllten.[5] Dennoch hatte die Wiederbegründung des deutschen Föderalismus nach 1945 nicht nur historische Gründe. Wolfgang Rudzio sieht die Wiederherstellung der Bundesstaatlichkeit in erster Linie als „machtverteilendes Prinzip" und als Mittel der „Demokratiestabilisierung und Friedenssicherung", nachdem die erste Hälfte des 20. Jahrhunderts von einem Verlust an regionaler Eigenständigkeit der Länder gekennzeichnet gewesen sei.[6] Auch andere Autoren verweisen als Begründung für den Föderalismus als Verfassungsprinzip darauf, nach der bedingungslosen Kapitulation Deutschlands habe es gegolten, einen Einheitsstaat, wie er während der Zeit des Nationalsozialismus existierte, zu verhindern. Die Besatzungsmächte hatten aus Angst vor einer erneuten Machtkonzentration eine föderalistische Ordnung bevorzugt bzw. „vorgeschrieben"[7], dennoch ist der (west-)deutsche Föderalismus nach 1945 wegen seiner Beständigkeit und Pfadabhängigkeit „kein Importartikel"[8].

Er war gleichermaßen Neuanfang und Fortsetzung. Auf der einen Seite versuchten die Alliierten, räumliche Traditionen bei der Wiederbegründung der Länder zu berücksichtigen. Auf der anderen Seite unterschied sich die Neugliederung deutlich vom Zuschnitt der Territorien in der Weimarer Zeit, vor allem wegen der Zerschlagung Preußens. Die vier Siegermächte schufen Länder, die teilweise den traditionellen Regionen entsprachen, häufig aber an den Zonengrenzen endeten, oder es wurden mehrere Gebietseinheiten zusammengefasst, woraus „Bindestrich-Länder" wie Nordrhein-Westfalen, Rheinland-Pfalz oder Sachsen-Anhalt entstanden. Von den Ländern, deren Tradi-

---

3   Vgl. statt vieler Roland Sturm/Petra Zimmermann-Steinhart: Föderalismus. Eine Einführung, Baden-Baden 2005, S. 15–19.

4   Vgl. etwa Rainer-Olaf Schulze: Föderalismus, in: Dieter Nohlen/Florian Grotz (Hrsg.): Kleines Lexikon der Politik, 5. Aufl., München 2011, S. 179–186.

5   Vgl. zur Geschichte des deutschen Föderalismus statt vieler Roland Sturm: Föderalismus in Deutschland, Berlin 2001, S. 17–21.

6   So Wolfgang Rudzio: Das politische System der Bundesrepublik Deutschland, 5. Aufl., Opladen 2000, S. 355.

7   Kurt Sontheimer/Wilhelm Bleek: Grundzüge des politischen Systems Deutschlands, 14. Aufl., München 2002, S. 354.

8   So Eckhard Jesse: Die Demokratie der Bundesrepublik Deutschland, 8. Aufl., Berlin 1997, S. 66.

tionen und Gebietsgrenzen bis in das 19. Jahrhundert und weiter zurückreichen, sind heute neben den Hansestädten Hamburg und Bremen nur die Freistaaten Bayern und Sachsen übrig geblieben.[9]

Mit der Blockbildung in Europa manifestierte sich die deutsche Teilung, und es entzweite sich das Schicksal der ost- und westdeutschen Länder. Im Juli 1945 gründete die Sowjetische Militäradministration (SMAD) in der SBZ die Länder Mecklenburg, Sachsen und Thüringen, 1947 folgten Brandenburg und Sachsen-Anhalt. Durch die Zentralisierung der DDR wurden alle fünf Länder nach einer Verwaltungsreform 1952 aufgelöst und durch 14 Bezirke ersetzt. Im Westteil bildeten die Alliierten in der amerikanischen Zone die Länder Bayern, Hessen, Württemberg-Baden (1945) und Bremen (1947), in der britischen Zone Nordrhein-Westfalen, Schleswig-Holstein, Niedersachsen und Hamburg sowie in der französischen Zone Rheinland-Pfalz, Baden und Württemberg-Hohenzollern (alle ab 1946).[10] Die Beschlüsse der Londoner Sechs-Mächte-Konferenz 1948 prägten die weitere Entwicklung. Die Ministerpräsidenten der westdeutschen Länder erhielten mit der Übergabe der Frankfurter Dokumente den Auftrag, eine verfassunggebende Versammlung einzuberufen, eine einheitliche demokratisch-föderale Verfassung zu verabschieden und eine westdeutsche Zentralregierung zu bilden. Die Gelegenheit zur Wiedererlangung staatlicher Souveränität stieß bei den westlichen Landesvertretern jedoch wegen der Gefahr der weiteren Teilung Deutschlands auf starke Vorbehalte. Dennoch verabschiedete der Parlamentarische Rat auf Grundlage des Herrenchiemseer Verfassungskonvents (10. bis 23. August 1948) am 23. Mai 1949 das Grundgesetz. Aus dem Zusammenschluss der elf westdeutschen Länder entstand die Bundesrepublik Deutschland.[11]

Obwohl der Föderalismus eines der unabänderlichen Grundprinzipien des politischen Systems der Bundesrepublik darstellt, bezeichnet Roland Sturm dessen Entwicklung als eine „ständige Suche nach der Balance von Einheit und Vielfalt – mit offenem Ausgang"[12]. Wegen der Offenheit der föderalen Ordnung veränderte sich die Zahl der Länder mehrfach: 1952 schlossen sich Baden, Württemberg-Baden und Württemberg-Hohenzollern zum Land Baden-Württemberg zusammen. Am 1. Januar 1957 wurde nach einer Volksabstimmung das von 1945 an autonome und von Frankreich kontrollierte Saarland auf der Basis des Art. 23 GG in die Bundesrepublik integriert. 1990 traten ihr die wiederbegründeten fünf ostdeutschen Länder bei. Damit erhöhte sich zusammen mit dem vereinten Berlin die Anzahl der Länder auf 16. Anschließend wurde Art. 23 in der herkömmlichen Form abgeschafft und durch eine Neuregelung ersetzt.

---

9   Vgl. Wolfgang Rudzio (Anm. 6), S. 355.
10   Vgl. Michael Gehler: Deutschland. Von der Teilung zur Einigung. 1945 bis heute, Köln u. a. 2010, S. 35.
11   Berlin war nach dem Grundgesetz und der Verfassung des Landes Berlin ebenfalls ein Land, das allerdings bis zur Wiedervereinigung unter dem Sonderstatus der Alliierten blieb und keinen konstitutiven Bestandteil der Bundesrepublik darstellte. Vgl. Roland Sturm (Anm. 5), S. 26.
12   Ders.: Bundesstaatlichkeit, in: Hans-Peter Schwarz (Hrsg.): Die Bundesrepublik Deutschland. Eine Bilanz nach 60 Jahren, München 2008, S. 279–298, hier S. 279.

Ein Beitritt weiterer Gebiete zum deutschen Staatsgebiet ist nicht mehr möglich; seit 1992 behandelt Art. 23 die Mitwirkungsrechte der Bundesländer innerhalb des europäischen Integrationsprozesses.[13] Veränderungen in der Länderarchitektur könnte es dennoch im Falle einer Länderneugliederung geben. Bisher scheiterten außer im Fall 1952 alle Vorhaben zur (notwendigen) Reduzierung der Zahl der Länder – wie zuletzt 1996 beim Versuch der Fusion von Berlin und Brandenburg.

Das Spannungsverhältnis von Kontinuität und Wandel prägt(e) nicht nur die Zahl und den Zuschnitt der Länder, sondern auch ihr Verhältnis zur Bundesebene. Roland Sturm unterscheidet deshalb für die Geschichte der Bundesrepublik drei sich wandelnde Leitbilder des Föderalismus, die sich zum Teil ablösten, zum Teil ergänzten: den kooperativen Föderalismus, die Politikverflechtung und den Wettbewerbsföderalismus.[14] Charakteristisch für den deutschen Kooperativföderalismus ist die auf Zusammenarbeit und Einheitlichkeit ausgerichtete gemeinsame Kooperation auf Bundes- und Landesebene. Im Gegensatz zur klaren Trennung von Bundes- und Landesaufgaben wie beim dualen Föderalismus (etwa in den USA) definiert sich der deutsche Kooperativ- bzw. Beteiligungsföderalismus nicht von den Ländern aus, sondern maßgeblich über den Bund.[15] Dies zeigt sich insbesondere an der legislativen Dominanz des Bundes gegenüber den Ländern und an dem Grundsatz der „Gleichwertigkeit der Lebensverhältnisse" (Art. 72 GG).[16] Die Länder stehen nicht im Wettbewerb zueinander, sondern sind zu einem „gedeihlichen Zusammenwirken" und einem „föderalismusschonenden Konsens"[17] verpflichtet.

Weitere zentrale Merkmale des deutschen Kooperativföderalismus sind die Mitwirkung der Länder bei der Gesetzgebung im Bundesrat, die konkurrierende Gesetzgebung zwischen dem Bund und den Ländern und die vielfältige Zusammenarbeit der Länder untereinander (durch gemeinsame Konferenzen und Koordinationsorgane). Die Länder besitzen ihre Gesetzgebungszuständigkeit nur solange, bis der Bund im Sinne der gesamtstaatlichen Verantwortung von seinem Recht der eigenen Gesetzgebungskompetenz Gebrauch macht. Um dem Grundprinzip gleichwertiger Lebensverhältnisse zu entsprechen, vor allem aber, weil in der politischen Praxis zunehmend länderspezifische Aufgaben überregionaler Koordination bedurften (z. B. bei der Infrastruktur und der Energieversorgung) kam es Ende der 1960er Jahre zu Kompetenzverlagerungen auf die Bundesebene und zu einem entsprechenden Machtverlust der Länder. Ferner regelt

---

13 Vgl. ebd., S. 279 f.
14 Vgl. ders. (Anm. 5), S. 36.
15 Heidrun Abromeit sprach wegen des lange gültigen Verfassungsprinzips einheitlicher Lebensverhältnisse, die einer Differenzierung der Gliedstaaten widersprechen würden, von der Bundesrepublik Deutschland als einem „verkapptem Einheitsstaat". Vgl. Heidrun Abromeit: Der verkappte Einheitsstaat, Opladen 1992, S. 124; Hartmut Klatt: Reformbedürftiger Föderalismus in Deutschland? Beteiligungsföderalismus versus Konkurrenzföderalismus, in: Hans-Georg Wehling (Hrsg.): Die deutschen Länder. Geschichte, Politik, Wirtschaft, Opladen 2000, S. 9–15, hier S. 9.
16 Vgl. Eva Barlösius: Gleichwertig ist nicht gleich, in: Aus Politik und Zeitgeschichte, B 37/2006, S. 16–21.
17 Roland Sturm (Anm. 5), S. 36 f.

das Grundgesetz (Art. 91a–e) eine Reihe von Gemeinschaftsaufgaben des Bundes und der Länder, „wenn diese Aufgaben für die Gesamtheit bedeutsam sind und die Mitwirkung des Bundes zur Verbesserung der Lebensverhältnisse erforderlich ist" (91a). Dazu zählen die Verbesserung der Wirtschafts- und Agrarstruktur (91a), das Zusammenwirken bei der Bildungsplanung und Forschung (91b), der gemeinsame Betrieb informationstechnischer Systeme (91c), die Effizienzverbesserung der Verwaltungen (91d) sowie die Zusammenarbeit auf dem Gebiet der sozialen Grundsicherung für Arbeitssuchende (91e). Von Länderseite wird die Erweiterung der Gemeinschaftsaufgaben als Eingriff in ihre Gestaltungsspielräume kritisiert. Zudem führe ihre Finanzierung durch unterschiedliche staatliche Ebenen (Mischfinanzierung) zu Intransparenz und Ineffizienz.[18]

Der kooperative Charakter des deutschen Föderalismus führte verstärkt zum Phänomen der Politikverflechtung. Damit ist die Tendenz zur gemeinsamen Aufgabenerfüllung durch den Bund und die Länder (Gemeinschaftsaufgaben) sowie zur nicht kongruenten Verteilung von Gesetzgebungskompetenz und der Durchführung einer Aufgabe gemeint.[19] Im Bereich der ausführenden Gewalt besitzen die Bundesländer ein deutliches Übergewicht (Verwaltungsföderalismus). Die zunehmende bundespolitische Rolle im Bereich der überlappenden Gesetzgebung wurde auf Seiten der Länder allerdings nicht durch eine Stärkung genuin landespolitischer Angelegenheiten kompensiert, sondern durch eine größere Beteiligung der Landesregierungen an der bundesstaatlichen Gesetzgebung über den Bundesrat. Zu den Negativfolgen dieser Politikverflechtung zählen Kompetenzstreitigkeiten, eine weniger effiziente öffentliche Aufgabenerfüllung, die fehlende Sanktionierbarkeit politischer Entscheidungen sowie die Machtverlagerung von der Legislative zur Exekutive. Das föderale System der Bundesrepublik Deutschland gilt daher als Exekutivföderalismus.[20]

Als Konsequenz aus der wachsenden Politikverflechtung werden seit den 1970er Jahren eine stärkere Trennung und Dezentralisierung von Kompetenzen sowie die Entflechtung der Aufgaben von Bund und Ländern gefordert. Das Vorhaben, die Blockademöglichkeiten durch institutionelle Veränderungen aufzulösen, scheiterte lange am Widerstand der Länder bzw. der Landesregierungen. Der Rechts- und Politikwissenschaftler Fritz W. Scharpf spricht in diesem Zusammenhang von der „Politikverflechtungsfalle".[21] Erst die Große Koalition (2005–2009) konnte den notwendigen Konsens zwischen den Parteien, zwischen den Ländern und zwischen Bundestag und Bundesrat über einen

---

18 Vgl. Johann Wilhelm Gaddum: Gemeinschaftsaufgaben und Mischfinanzierungen – Eine Bilanz, in: Hans-Günter Henneke (Hrsg.): Verantwortungsverteilung zwischen Kommunen, Ländern, Bund und EU, Stuttgart u. a. 2001, S. 147–150.

19 Vgl. Bert Rürup/Sandra Gruescu: Politikverflechtung, in: Thorsten Hadeler u. a. (Hrsg.): Gabler Wirtschafts-Lexikon, 15. Aufl., Wiesbaden 2011.

20 Siehe zum Begriff des Exekutivföderalismus ausführlich Heinz Laufer/Ursula Münch: Das föderative System der Bundesrepublik Deutschland, Wiesbaden 2010.

21 Siehe hierzu Fritz W. Scharpf: Föderalismusreform: Kein Ausweg aus der Politikverflechtungsfalle, Frankfurt a. M. 2009.

Umbau der Bund-Länder-Beziehungen erzielen. Im Hinblick auf die Entflechtung des Föderalismus sind die Ergebnisse der Föderalismusreform I positiv – verbesserte Handlungsautonomie des Bundes, Verringerung an zustimmungspflichtigen Gesetzen, klarere Kompetenztrennung zwischen Bund und Ländern. Gleichwohl hat die Reform auf zahlreichen Politikfeldern nicht jede Not gewendet.[22] Im Bereich der Finanzverfassung wurden die Defizite 2008 durch die Föderalismusreform II kaum behoben.[23] Die Entflechtung der Bundes- und Landeskompetenzen soll künftig zu mehr Autonomie der Gliedstaaten führen, den Gedanken der Solidarität mit dem Prinzip der Subsidiarität verbinden und den Forderungen nach mehr Wettbewerb um Innovationen und Problemlösungsmöglichkeiten unter den einzelnen Bundesländern Rechnung tragen (Leitbild 3: Wettbewerbsföderalismus).

Kompetenzverluste und Politikverflechtung der Länder betreffen nicht nur das Verhältnis zur Bundesebene, sondern auch und vor allem die Prozesse der europäischen Integration. Durch die doppelte Kompetenzausweitung von Bund und EU sehen die Länder zunehmend ihre Eigenständigkeit und Gestaltungsfähigkeit eingeschränkt. Roland Sturm und Heinrich Pehle sprechen deswegen gar von der Gefahr einer Verkümmerung des deutschen Föderalismus zur „folkloristischen Restgröße".[24] Seit der Unterzeichnung der Römischen Verträge 1957 haben sich zahlreiche Befugnisse von den National- bzw. Gliedstaaten auf die europäische Ebene verlagert, z. B. in der Visa- und Einwanderungspolitik, in den Bereichen Außenhandel und Wettbewerb, in der Landwirtschaft und beim Umweltschutz. Selbst genuin landespolitische Kompetenzen konnten bis in die 1980er Jahre ohne Rücksprache mit den Ländern auf die europäische Ebene übertragen werden. Mit dem Vertrag von Maastricht (1993) und weitergehend geregelt im Vertrag von Lissabon (2009) verpflichteten sich alle EU-Staaten zu einer stärkeren Zusammenarbeit und einer noch engeren „Union der Völker Europas".[25]

Die Europäisierung der deutschen Politik hat für die Länder nicht nur Kompetenzeinbußen zur Folge, sondern sie bedeutet auch zusätzliche Pflichten. Die Übernahme der Gesetze, Verordnungen und Gemeinschaftsaufgaben des Europarechts betreffen Bund und Länder gleichermaßen. Die Mitwirkung der Bundesrepublik am Prozess der europäischen Integration (Art. 23 Abs. 1 GG) hat zur Folge, dass wegen des Grundsatzes der Bundestreue die Länder innerhalb des deutschen Systems des Kooperativföderalis-

---

22 Vgl. Werner Reutter: Regieren nach der Föderalismusreform, in: Aus Politik und Zeitgeschichte, B 50/2006, S. 12–17; zur Föderalismusreform I ausführlich Hans Meyer: Die Föderalismusreform 2006. Konzeption, Kommentar, Kritik, Berlin 2008.

23 Siehe im Einzelnen Dominic Heinz: Politikverflechtung im Verhandlungsprozess der Föderalismusreform II, in: Europäisches Zentrum für Föderalismusforschung Tübingen (Hrsg.): Jahrbuch des Föderalismus 2011, Baden-Baden 2011, S. 181–191.

24 Roland Sturm/Heinrich Pehle: Das neue deutsche Regierungssystem. Die Europäisierung von Institutionen, Entscheidungsprozessen und Politikfeldern in der Bundesrepublik Deutschland, 3. Aufl., Wiesbaden 2012, S. 96.

25 Vgl. ausführlich die Beiträge in Olaf Leiße (Hrsg.): Die Europäische Union nach dem Vertrag von Lissabon, Wiesbaden 2010.

mus zur Umsetzung von EU-Prinzipien verpflichtet sind. In der Gesetzgebung haben sie die europäischen Vorgaben in Landesrecht umzusetzen, im Rahmen ihrer Verwaltungskompetenz sind sie für die Umsetzung europäischer Gesetze verantwortlich, und die Finanzausstattung der Landeshaushalte ist ebenfalls europarechtlichen Richtlinien unterworfen.[26]

Als Ausgleich für die Machtabnahme der Bundesländer bei der gleichzeitigen Übertragung von Pflichten zur Ausführung von EU-Bestimmungen wurden Möglichkeiten geschaffen, die diesen Einflussverlust kompensieren sollen.[27] Es lassen sich Mitwirkungspotenziale auf europäischer und auf innerstaatlicher Ebene unterscheiden. Die Beteiligung der Länder an der nationalen Politik wird durch die Koordination der einzelnen Landesminister für Europaangelegenheiten (Europaministerkonferenz),[28] vor allem durch die Beteiligung des Bundesrates (Art. 23 GG) ermöglicht. Der sogenannte Europa-Artikel garantiert den Ländern, umfassend und frühzeitig über EU-Vorhaben durch die Bundesregierung informiert zu werden und sichert ihnen eine (abgestufte) Mitwirkung an der Europapolitik. Dazu zählt die Möglichkeit der Stellungnahme im Bundesrat (Europakammer), die von der Bundesregierung bei Länderangelegenheiten „maßgeblich zu berücksichtigen" ist (Art. 23 Abs. 5 GG), die Beteiligung der Länder bei Beratungen der Bundesregierung zu europapolitischen Positionen und die Teilnahme von Landesvertretern bei Konsultationen auf EU-Ebene. Ferner wurde den Ländern bei dem Versuch einer Entflechtung von Bundes- und Landeskompetenzen auf europäischer Ebene für drei Gebiete die ausschließliche Gesetzgebungsbefugnis überlassen (Schulbildung, Kultur und Rundfunk).

Bis Mitte der 1980er Jahre beanstandeten die Länder vielfach ihre Einflusslosigkeit und eine „Landesblindheit" der EG.[29] Davon kann angesichts der zahlreichen Partizipationsmöglichkeiten innerhalb der europäischen Institutionen heute keine Rede mehr sein. Die Bundesländer üben durch ihre Ländervertretungen, durch die regionale Herkunft ihrer Abgeordneten im Europaparlament und durch ihre Mitwirkung im Aus-

---

26 Vgl. Adelheid Puttler: § 142. Die deutschen Länder in der Europäischen Union, in: Josef Isensee/Paul Kirchhof (Hrsg.): Handbuch des Staatsrechts der Bundesrepublik Deutschland, Bd. VI, 3. Aufl., Heidelberg 2008, S. 1049–1101, hier S. 1050.

27 Siehe hierzu Carsten Witzke: Zur Erforderlichkeit einer effektiven Interessenvertretung der Bundesrepublik Deutschland auf europäische Ebene. Die Reformbedürftigkeit der Regelungen zur Mitwirkung von Bund und Ländern in Angelegenheiten der Europäischen Union, Frankfurt a. M. 2008; Stefanie Oberländer: Aufgabenwahrnehmung im Rahmen der EU durch Vertreter der Länder, Baden-Baden 2000; Henning Klaus: Die deutschen Bundesländer und die Europäische Union, Vierchow bei Greifswald 1996.

28 Vgl. ausführlich Otto Schmuck: Die Europaministerkonferenz der deutschen Länder – Strukturen, Aufgaben, Themenschwerpunkte, in: Europäisches Zentrum für Föderalismusforschung (Hrsg.): Jahrbuch des Föderalismus 2009, Baden-Baden 2009, S. 489–502.

29 Vgl. statt vieler Volker Marcus Hackel: Subnationale Strukturen im subnationalen Europa, in: Wolfgang Graf Vitzthum (Hrsg.): Europäischer Föderalismus. Supranationaler, subnationaler und multiethnischer Föderalismus in Europa, Berlin 2000, S. 57–80, hier S. 59.

schuss der Regionen (AdR) Einfluss aus.[30] Außerdem arbeiten etwa 300 vom Bundesrat delegierte Ländervertreter in verschiedenen Beratungsgremien der europäischen Institutionen mit.[31] Die Länder entsenden Beobachter, welche die Sitzungen des Europäischen Rates begleiten sowie Vertreter in Ratsarbeitsgruppen und in Kommissionsausschüsse, um die Beteiligung der Länder an den Entscheidungen der Europäischen Kommission zu gewähren.[32] Allerdings stehen die vergrößerten Mitwirkungsmöglichkeiten der Länder in einem Spannungsverhältnis zu deren Kapazitäten und zur beeinträchtigten integrationspolitischen Handlungsfähigkeit der Bundesrepublik.[33] Die Schaffung einer eigenen regionalen Ebene mit Mitsprache- und Kontrollrechten innerhalb der EU wurde den deutschen Ländern deswegen bislang verwehrt.[34]

2 Freistaat Sachsen im Bundesrat

Da die Länder im deutschen Kooperativföderalismus kaum über eigene legislative Kompetenzen verfügen, sind sie – gleichsam kompensatorisch – an der politischen Willensbildung des Gesamtstaates beteiligt. Dafür steht ihnen eine im internationalen Vergleich fast einzigartige Institution zur Verfügung, der Bundesrat.[35] Seine Besonderheit hat zwei Gründe. Zum einen ist der Bundesrat – formal betrachtet und im Gegensatz zu „klassischen" zweiten Parlamentskammern – kein Teil der Volksvertretung, sondern als eines der fünf obersten Verfassungsorgane eigenständig.[36] Wegen seiner (gewichtigen) Mitwirkung an der Gesetzgebung und als Vertretung der Gliedstaaten wird er in der internationalen Parlamentarismusforschung allerdings zumeist den Zweiten Kammern zugerechnet.[37] Zum anderen unterscheidet sich der Bundesrat vom Senatsmodell darin, dass er sich nicht aus direkt gewählten Vertretern oder aus Delegierten der Landesparlamente zusammensetzt, sondern aus Mitgliedern der Landesregierungen.

---

30 Vgl. Lars Bosselmann: Die deutschen Länder in der EU, Saarbrücken 2007, S. 8–32.
31 Vgl. Steffen Dagger/Till Schröder: Flagge zeigen: Landesvertretungen in Brüssel, in: politik & kommunikation, Nr. 23/2005, S. 40–45.
32 Vgl. Land Sachsen: Europa. Sächsische Vertretungen in den Institutionen, abrufbar unter: http://www. europa. sachsen.de/7914.htm (Stand: 14. Mai 2013).
33 Vgl. Christina Baier: Bundesstaat und Europäische Integration. Die „Europatauglichkeit" des deutschen Föderalismus, Berlin 2006, S. 277–283.
34 Vgl. Adelheid Puttler (Anm. 26), S. 1051.
35 Vgl. als Überblick Ulrich Eith/Markus B. Siewert: Das „unechte" Unikat: der Deutsche Bundesrat, in: Gisela Riescher u. a. (Hrsg.): Zweite Kammern, 2. Aufl., München 2010, S. 97–125.
36 Gegen die Bezeichnung des Bundesrates als Zweite Kammer wendet sich u. a. Klaus von Beyme: Das politische System der Bundesrepublik Deutschland. Eine Einführung, 10. Aufl, Wiesbaden 2004, S. 340.
37 Vgl. Roland Sturm: Vorbilder für eine Bundesratsreform? Lehren aus den Erfahrungen der Verfassungspraxis Zweiter Kammern, in: Zeitschrift für Parlamentsfragen 33 (2002), S. 166–179; Steffen Kailitz: Zwei Seiten der gleichen Medaille? Zum theoretischen und empirischen Zusammenhang zwischen der Regierungsform und der Ausgestaltung von Zweikammersystemen, in: Zeitschrift für Parlamentsfragen 39 (2008), S. 387–414.

Auch um die Zusammensetzung des Bundesrates rangen die Väter des Grundgesetzes. Während die Anhänger einer Senats-Lösung für die Vertretung aller Länder in gleicher Stärke votierten, strebten die süddeutschen Vertreter von CDU/CSU ein reines Proportionalprinzip an. Die Entscheidung für die „abgeschwächte Bundesratslösung"[38] – die Sitzverteilung richtet sich nach der Einwohnerzahl, aber keineswegs in vollem proportionalem Maß – war folglich das Ergebnis eines Kompromisses, „dass die großen Länder die übrigen nicht übertrumpfen, aber auch die kleinen Länder die großen nicht majorisieren können".[39] Nach der Wiedervereinigung wurde die Sitzverteilung entsprechend der Erweiterung um die fünf ostdeutschen Länder modifiziert, grundsätzlich änderte sich dadurch nichts am Prinzip der Bundesratszusammensetzung. Jedes Land hat mindestens drei Stimmen. Länder mit mehr als zwei Millionen Einwohnern verfügen über vier Sitze, mehr als sechs Millionen Einwohner bedeuten fünf Stimmen, und Länder mit mehr als sieben Millionen Einwohnern besitzen sechs Stimmen (Tabelle 1). Hessen verfügt – seitdem die Einwohnerzahl 1996 auf mehr als sechs Millionen anstieg – über fünf der nun insgesamt 69 Sitze im Bundesrat. Der Freistaat Sachsen liegt sowohl bei seiner Stimmenzahl (4) als auch bei seiner Einwohnerzahl (4,14 Millionen) im Mittelfeld, wobei er von den Ländern mit vier Sitzen – noch – die meisten Einwohner hat.

Die Mitglieder des Bundesrates müssen Ministerpräsidenten oder Minister der Länder bzw. Bürgermeister oder Senatoren der Stadtstaaten sein oder als Staatssekretäre mit Sitz und Stimme dem Landeskabinett angehören (Art. 51 GG). Sie wählen immer am 1. November für die Dauer eines Jahres den Bundesratspräsidenten, dessen Aufgaben weniger politischer als vielmehr repräsentativ-organisatorischer Natur sind.[40] Die Wahl des Bundesratspräsidenten erfolgt nach einer festgelegten Reihenfolge, die der Einwohnerzahl der Länder entspricht. Der Turnus beginnt beim Regierungschef des Landes mit den meisten Einwohnern. Sachsen stellte wie die anderen ostdeutschen Länder außer Mecklenburg-Vorpommern (1991/92 und 2006/07) bisher einmal den Bundesratspräsidenten – 1999/2000 durch Ministerpräsident Kurt Biedenkopf. 2015/16 übernimmt Sachsen erneut den Vorsitz des Bundesrates.

Sachsen wird seit den Landtagswahlen 2009 von Ministerpräsident Stanislaw Tillich (CDU), Wirtschaftsminister Sven Morlok (FDP), durch Finanzminister Georg Unland (CDU) sowie durch den Chef der Staatskanzlei Johannes Beermann (CDU) vertreten. Über ein „freies Mandat" verfügen die Mitglieder dabei nicht – das Abstimmungsverhalten wird in den Kabinettssitzungen festgelegt und erfolgt im Sinne der Länderinteressen im Bundesrat für jedes Land einheitlich durch die sogenannten Stimmenführer. Sollten die Koalitionäre einer Landesregierung nicht zu einer gemeinsamen Position

---

38 Ebd., S. 56 f.
39 Bundesrat: Strukturen und Aufgaben. Stimmenverteilung, abrufbar unter: http://www.bundesrat.de (Stand: 10. Mai 2013)
40 Zu den Aufgaben des Bundesratspräsidenten zählen u. a. die Einberufung und Leitung der Plenarsitzungen, die Vertretung des Bundesrates nach außen sowie die Wahrnehmung der Befugnisse des Bundespräsidenten, falls dieser verhindert ist oder vorzeitig aus dem Amt ausscheidet.

Tabelle 1   Stimmenverteilung im Bundesrat (Stand: 1. Juli 2013).

Bundesland	Stimmenanzahl seit 1996	Einwohner in Mio.	Repräsentationsverhältnis in Mio. Einwohner je Stimme
Nordrhein-Westfalen	6	17,84	2,97
Bayern	6	12,58	2,10
Baden-Württemberg	6	10,78	1,80
Niedersachsen	6	7,92	1,32
Hessen	5	6,09	1,22
Sachsen	4	4,14	1,04
Rheinland-Pfalz	4	4,00	1,00
Berlin	4	3,50	0,88
Schleswig-Holstein	4	2,84	0,71
Brandenburg	4	2,51	0,63
Sachsen-Anhalt	4	2,32	0,58
Thüringen	4	2,22	0,56
Hamburg	3	1,81	0,60
Mecklenburg-Vorpommern	3	1,64	0,55
Saarland	3	1,01	0,34
Bremen	3	0,66	0,22

Quelle: Der Bundesrat; eigene Berechnung.

finden, enthalten sie sich der Stimme. Beschlüsse werden mit absoluter Mehrheit der Stimmen gefasst (Art. 52 GG); Enthaltungen gelten bei zustimmungspflichtigen Gesetzen als Nein-Stimmen. Der Bundesrat verlor in den letzten Jahrzehnten angesichts seiner wachsenden Bedeutung als Instrument der Parteienpolitik und wegen der Zunahme an Koalitionsvarianten auf Länderebene an Handlungsfähigkeit.[41] Der Trend zu ungleichen Mehrheitsverhältnissen im Bundestag und im Bundesrat geht allerdings weniger auf den sächsischen Freistaat zurück. Lediglich in den sieben Jahren der rot-grünen Bundesregierung unter Gerhard Schröder (1998–2005) wich die sächsische Regierungskonstellation von der im Bund ab. Von 1990 bis 1998 unter Helmut Kohl und Kurt Biedenkopf, von 2004 bzw. 2005 bis 2009 mit den Union-SPD-Koalitionen und von

---

41 Vgl. zusammenfassend die Reformdiskussion bei Frank Decker: Reform des Bundesrates: unmöglich oder unnötig?, in: Uwe Jun/Sven Leunig (Hrsg.): 60 Jahre Bundesrat, Baden-Baden 2011, S. 200–217.

2009 an durch die schwarz-gelben Bündnisse in Berlin wie in Dresden entsprachen die sächsischen Mehrheitsverhältnisse denen im Bund. Das sind ca. 68 Prozent der Regierungszeit seit 1990; im Bundesdurchschnitt ist das Verhältnis etwa umgekehrt.[42]

Mit Blick auf die Aufgaben des Bundesrates relativiert sich die Frage nach der Sonderrolle Sachsens. Er repräsentiert den Freistaat wie alle anderen Länder auch auf der Bundesebene (Repräsentativfunktion), und er verfügt über wichtige administrative Mitwirkungsrechte z. B. durch sein Votum im Bundes-, Verteidigungs- und Notstandsfall sowie bei den meisten Verordnungen und Verwaltungsvorschriften (Administrativfunktion). Ferner wählt die Länderkammer die Hälfte der Richter des Bundesverfassungsgerichts (Wahlfunktion), und sie entsendet eine Reihe von Vertretern in Verwaltungsräte sowie in parlamentarische Kontrollgremien (Kontrollfunktion).[43] Die Hauptaufgabe des Bundesrates liegt allerdings in der Mitwirkung der Länder „bei der Gesetzgebung und Verwaltung des Bundes und in Angelegenheiten der Europäischen Union" (Art. 50 GG). Er besitzt das Recht zur Gesetzesinitiative (von dem er im Verhältnis zum Bundestag und zur Bundesregierung nur selten Gebrauch macht) sowie zur ersten Stellungnahme bei Gesetzesvorlagen des Bundeskabinetts. Bei Einspruchsgesetzen verfügt er nur über ein suspensives Veto; bei Zustimmungsgesetzen ist die Einwilligung dagegen zwingend erforderlich. Dazu zählen etwa 30 Sachgebiete, die im Grundgesetz ausgeführt werden, darunter Verfassungsfragen, die Finanzverfassung von Bund und Ländern oder EU-Angelegenheiten.[44]

Erzielen Bundestag und -rat keine Einigung, wird der Vermittlungsausschuss angerufen, in den jede Seite 16 Vertreter entsendet. Trotz bisweilen dreifach unterschiedlicher Interessen (von Bund und Ländern, entlang parteipolitischer Konflikte sowie unter den Ländern – Ost versus West; Große versus Kleine) und bei aller Kritik wegen der schwachen Legitimation des Ausschusses gilt er als wirkungsvolles Instrument zur Kompromissfindung im Gesetzgebungsverfahren. Knapp 90 Prozent der Anrufungen des Vermittlungsausschusses seit 1949 führten anschließend zum Beschluss der Gesetze.[45] Ein spezifisch sächsisches Abstimmungsverhalten lässt sich hier nicht erkennen. Zwischen Landes- und Parteiinteressen abzuwägen sowie Kompromissfähigkeit zu beweisen, gilt für die sächsischen Bundesratsmitglieder ebenso wie für alle anderen Ländervertreter. Bei einem der wichtigsten Beschlüsse des Bundesrates seit der Wiedervereinigung, der Entscheidung um die Einführung des Euro im Jahr 1998, stimmte der Freistaat allerdings als einziges Land gegen die Empfehlungen von Bundestag und -rat.

---

42 Für die Zeit bis 1999 Roland Sturm: Zur Reform des Bundesrates. Lehren eines internationalen Vergleiches der Zweiten Kammern, in: Aus Politik und Zeitgeschichte, B 29-30/2003, S. 24–31.

43 Vgl. Ulrich Eith/Markus B. Siewert (Anm. 35), S. 107–110; Sven Leunig: Der deutsche Bundesrat: Einzigartig, einflussreich, aber nicht unumstritten, in: Ders. (Hrsg.): Handbuch Föderale Zweite Kammern, Opladen/Farmington Hills 2009, S. 104–106.

44 Vgl. Ulrich Eith/Markus B. Siewert (Anm. 35), S. 107 f.

45 Vgl. ebd., S. 111; Konrad Reuter: Praxishandbuch Bundesrat. Verfassungsrechtliche Grundlagen, Kommentar zur Geschäftsordnung, Praxis des Bundesrates, 2. Aufl., Heidelberg 2007, S. 704–706.

Der „Außenseiter" Kurt Biedenkopf forderte damals, was heute Common sense unter Finanzexperten in- und außerhalb der Eurozone ist: eine verbindliche Verpflichtung zum Schuldenabbau der hoch verschuldeten Staaten sowie der Bundesregierung, sich stärker für die Einhaltung der Konvergenzkriterien und Stabilitätsziele der EU einzusetzen.[46] Bei der Verabschiedung der Hartz-IV-Gesetze 2004 stimmte Sachsen mit den anderen ostdeutschen Länder gegen die Arbeitsmarktreform, was das Inkrafttreten der Neuregelung allerdings nicht verhinderte.

3 Vertretung des Freistaates Sachsen beim Bund

Landesvertretungen auf zentralstaatlicher Ebene sind weder eine Erfindung des Föderalismus der Bundesrepublik noch eine Besonderheit des Freistaates Sachsen. Bereits im Mittelalter existierten diplomatische Gesandtschaften der deutschen Territorialstaaten in den jeweiligen Zentren der Herrschaft.[47] Nach der Reichsverfassung von 1871 erhielten die Bevollmächtigten der Länder den Status von Ministern und die weitgehende Entscheidungsmacht im Bundesrat. In der Weimarer Republik verloren die Ländervertretungen ihre diplomatische Rechtsstellung und damit ihre Relevanz. Nachdem solche Gesandtschaften durch die Gleichschaltung während der Zeit des Nationalsozialismus verschwunden waren, knüpften die Länder mit der Gründung der Bundesrepublik an das Erbe der einstigen Landesvertretungen an. Nach der Wiedervereinigung kamen die Vertretungen der ostdeutschen Länder hinzu. Am 2. Januar 1991 nahm die Vertretung Sachsens beim Bund ihre Arbeit auf. Seit dem Umzug des Bundesrates von Bonn nach Berlin im Jahr 2000 ist das Haus des Freistaates wieder im historischen Umfeld des Berliner Regierungsviertels angesiedelt.

Eine Reihe von Aufgaben und institutionellen Mechanismen der heutigen Ländervertretungen entspricht den Vorbildern früherer Gesandtschaften. Ihr zentrales Anliegen ist es, den Interessen des jeweiligen Landes auf bundespolitischer Ebene Gehör zu verschaffen, weshalb sich die Aufgaben der einzelnen Länderbüros kaum voneinander unterscheiden. Dazu zählen die Stimmführung und Vertretung der Länder im Bundesrat, die politische Vorbereitung und Koordination der Bundesratsarbeit, die Pflege von Kontakten zur Bundesregierung, zum Bundestag und zu den Kollegen in den Vertretungen der anderen Bundesländer. Die Länderbüros verfolgen auf Arbeitsebene das aktuelle politische Geschehen im Bund und informieren darüber ihre Staatskanzleien, Ministerien und Parlamente („Bericht aus Berlin").[48] Die sächsische Vertretung sieht ihre Aufgabe darin, „die Gesetzgebung des Bundes und dessen Politik konstruktiv und

---

46 Vgl. Bundesrat: Vor zehn Jahren: Bundesrat stimmt Euro-Einführung zu, unter: http://www.bundesrat. de (Stand: 18. Mai 2013).

47 Vgl. hier und im Folgenden Klemens H. Schrenk: Die Vertretungen der Länder beim Bund, in: Ders./ Markus Soldner (Hrsg.): Analyse demokratischer Regierungssysteme, Wiesbaden 2010, S. 359–374.

48 Vgl. ebd., S. 360.

wachsam zu begleiten, politische Entwicklungen und Tendenzen frühzeitig auszuma-
chen, Einfluss zugunsten berechtigter Länderinteressen zu nehmen und die Anliegen,
Meinungen und Forderungen des Freistaates zur Geltung zu bringen".[49] Neben den umfangreichen Koordinierungsaufgaben nehmen die Bevollmächtigten der Länder eine
Reihe von Verwaltungsaufgaben wahr, wirken an der Außendarstellung von Landes-
interessen in der Presse und in der Öffentlichkeit mit, und sie sind für die Imagepflege
der Länder verantwortlich. Dafür werden zahlreiche Veranstaltungen ausgerichtet (z. B.
Sommerfeste),[50] bei denen die Landesvertretungen Lobbyarbeit betreiben: Sie präsentieren ihr Land und seine Regionen, sind Plattform und Aushängeschild für Politik,
Wirtschaft und Kultur – sie fördern so den Dialog zwischen den verschiedenen Interes-
sensgruppen.

Unterschiede zwischen den Landesvertretungen gibt es weniger in ihren Aufgaben-
bereichen als vielmehr in ihrer Organisation sowie in ihrer finanziellen und damit personellen Ausstattung. Nach dem Umzug von Bonn nach Berlin und damit der kürzeren
Distanz von Bundes- und Landeshauptstadt verringerte die sächsische Landesvertretung aus Kostengründen ihren Stab von 34 auf 24 Mitarbeiter. Zwar haben auch andere
Länder ihren Personalbestand zum Teil deutlich reduziert, allerdings hat Sachsen derzeit die wenigsten Mitarbeiter von allen 16 Landesvertretungen.[51] Dies spiegelt sich auf
der Führungsebene wider, wo die Anzahl der Spitzenpositionen wie ihre Ränge an Bedeutung verloren haben. Auch hier galt Sachsen lange als Trendsetter. Der Freistaat ist
das einzige Bundesland, in dem der Bevollmächtigte der Landesvertretung in Personalunion das Amt des Dienststellenleiters ausübt. Zudem leiteten von 2002 bis 2008 Ministerialdirigenten die sächsische Landesvertretung; in allen anderen Bundesländern (mit
Ausnahme des Saarlandes) hatten die Bevollmächtigten den Rang eines Ministers oder
Staatssekretärs. Seit 2008 steht jedoch mit Erhard Weimann wieder ein Staatssekretär
an der Spitze der sächsischen Landesvertretung (Tabelle 2). Der gebürtige Würzburger
arbeitete von 1979 bis 1990 für die CDU-Fraktion im Landtag von Baden-Württemberg.
Nach der deutschen Einheit wechselte Weimann vom Neckar an die Elbe – er war bis
2008 Fraktionsgeschäftsführer der Union. Nicht nur deshalb hat die sächsische Vertretung den Ruf, eine „Filiale der sächsischen Staatskanzlei" zu sein. Organisatorisch wie
funktional handelt es sich bei ihr um eine ausgegliederte Abteilung der sächsischen Re-
gierungszentrale, die deren zahlreiche Koordinierungs- und Kooperationsfunktionen
auszuführen hilft.

---

49 Sächsische Staatskanzlei: Die Vertretung des Freistaates Sachsen in Berlin. Aufgaben, unter: http://
    www.sk.sachsen.de/14293.htm (Stand: 11. Mai 2013).
50 Wegen der Vielzahl an Terminen (je nach Bundesland 200 bis 800 jährlich) werden die Landesvertre-
    tungen auch als „Veranstaltungsmaschinen" bezeichnet. Vgl. Till Schröder/Mirjam Stegherr: Die stillen
    Zentren der Macht, in: politik & kommunikation, Nr. 37/2006, S. 12–14.
51 Vgl. hier und im Folgenden ausführlich: Fred J. Heidemann: Sachsen Vertretungen. Von den Kurfürst-
    lich-Sächsischen Gesandtschaften zur Vertretung des Freistaates Sachsen beim Bund, Dresden 2008,
    S. 146–156.

Tabelle 2 Bevollmächtigte des Landes Sachsen beim Bund seit 1990

Bevollmächtigter	Amtszeit	Rang
Günter Ermisch	26.11.1990–31.12.1996	Staatssekretär
Günter Meyer	1.1.1997–31.12.1998	Staatsminister
Fred J. Heidemann	13.1.1999–26.10.1999	Ministerialdirigent
Stanislaw Tillich	26.10.1999–13.5.2002	Staatsminister
Fred J. Heidemann	14.5.2002–1.10.2003	Ministerialdirigent
Michael Wilhelm	1.10.2003–30.6.2008	Ministerialdirigent
Erhard Weimann	seit 1.7.2008	Staatssekretär

Quelle: Sächsische Staatskanzlei.

Auch in Finanz- und Verwaltungsangelegenheiten nimmt die sächsische Vertretung eine Sonderrolle unter den Bundesländern ein. Während die meisten von ihnen wegen der Distanz zwischen der jeweiligen Landes- und Bundeshauptstadt in Haushalts- und Personalfragen unabhängig sind und daher als Verwaltungskörper „sui generis" bezeichnet werden können, untersteht die sächsische Gesandtschaft dem Ministerpräsident. Sie hat sich bei Verwaltungsentscheidungen zudem mit dem Leiter der Staatskanzlei in Dresden abzustimmen, dem sie formal zugeordnet ist.[52] Obwohl die Sonderrolle und Autonomie der anderen Landesvertretungen für die sächsischen Bevollmächtigten lange Zeit als erstrebenswert galt, zeigten sich bei den notwendigen Einsparungsmaßnahmen größere Spielräume des sächsischen Modells. Während manche Bundesländer Gebäude und Serviceeinrichtungen gemeinsam nutzen, vermochte die Vertretung des Freistaates ihre räumliche und strukturelle Eigenständigkeit bisher zu bewahren.[53]

4 Freistaat Sachsen im Ausschuss der Regionen

Parallel zur Bund-Länder-Verflechtung berührte der Fortgang der Europäischen Integration zunehmend die Zuständigkeiten der Regionen – er führte ab Mitte der 1980er Jahre zur Regionalisierung und Etablierung des Konzepts „Europa der Regionen".[54] Da-

---

52 Vgl. ebd., S. 105.
53 Vgl. Klemens H. Schrenk (Anm. 47), S. 361.
54 Vgl. ausführlich Cornelia Föhn: Der Ausschuss der Regionen – Interessenvertretung der Regionen Europas. Eine Darstellung unter besonderer Berücksichtigung der deutschen Länder, München 2003, S. 16–20.

für wurde mit dem Vertrag von Maastricht der Ausschuss der Regionen (AdR) ins Leben gerufen, der 1994 seine Arbeit aufgenommen hat. Er besteht derzeit aus 344 Vertretern der regionalen und kommunalen Gebietskörperschaften Europas, wobei sich die Anzahl der Mitglieder pro Land nach der jeweiligen Einwohnerzahl richtet. Wegen des Rotationsprinzips unter den Ländern entsendet der Freistaat Sachsen in die momentan fünfte Amtsperiode des AdR (2010–2015) zwei der 24 deutschen Mitglieder; den Staatsminister der Justiz und für Europa Jürgen Martens (FDP) sowie den CDU-Landtagsabgeordneten Heinz Lehmann.[55] Neben den 27 nationalen Delegationen sind seine Mitglieder in vier Fraktionen organisiert: in der Europäischen Volkspartei (EVP), in der Sozialdemokratischen Partei Europas (SPE), in der Allianz der Liberalen und Demokraten für Europa (ALDE) und in der Europäischen Allianz (EA).

Der Ausschuss der Regionen, der zu den „Nebenorganen" der Europäischen Union zählt, verfügt innerhalb der EU-Institutionen über den Status eines beratenden Gremiums, das vom Ministerrat, von der EU-Kommission und vom EU-Parlament regelmäßig konsultiert wird.[56] Die Zahl der Rechtssetzungsvorhaben, bei denen der Ausschuss angehört werden muss, ist im Laufe der Jahre deutlich angestiegen. Heute sind seine Stellungnahmen bei EU-Entscheidungen in den Bereichen (Berufs-)Bildung, Kultur, Gesundheitswesen, transeuropäische Netze und Verkehr, wirtschaftlicher und sozialer Zusammenhalt, Beschäftigungspolitik, Zivilschutz, Energie, Klimawandel und Umwelt sowie bei einer Reihe von Dienstleistungsbereichen wie Post- und Telekommunikation obligatorisch.[57] Auf weiteren Politikfeldern ist die Anhörung fakultativ. Zudem kann der Ausschuss der Regionen Initiativerklärungen und Entschließungen zu allen Themen der europäischen Integration verabschieden.[58]

Insbesondere wegen der Stärkung des Subsidiaritätsprinzips im Vertrag von Lissabon und durch die Einführung neuer Kontrollmechanismen hat der AdR in den letzten Jahren einen Bedeutungszuwachs erfahren.[59] Demnach soll eine staatliche Aufgabe soweit wie möglich von der regionalen Ebene erfüllt werden. Bei geteilten Zuständigkeiten zwischen der EU und einem Mitgliedstaat ist gemäß des Subsidiaritätsprinzips zu entscheiden, ob die entsprechende Maßnahme in den Bereich der europäischen, nationalen oder lokalen Ebene fällt. Die Union kann somit nur tätig werden, „wenn sie in der Lage ist, effizienter zu handeln als die Mitgliedsstaaten".[60] Das Protokoll über die

---

55 Vgl. Staatsministerium der Justiz und für Europa: Sächsische Vertretungen in den Institutionen. Ausschuss der Regionen, unter: http://www.europa.sachsen.de (Stand: 13. Mai 2013).
56 Vgl. Jürgen Mittag: Ausschuss der Regionen, in: Werner Weidenfeld/Wolfgang Wessels (Hrsg.): Europa von A bis Z. Taschenbuch der europäischen Integration, 8. Aufl., Bonn 2002, S. 78–81.
57 Vgl. Europäische Union: Der Ausschuss der Regionen auf einen Blick, Brüssel 2011, unter: http://cor.europa.eu (Stand: 13. Mai 2013).
58 Vgl. Jürgen Mittag (Anm. 56), S. 79.
59 Vgl. Christian Callies: Die neue Europäische Union nach dem Vertrag von Lissabon, Tübingen 2010.
60 Europäische Union: Zusammenfassungen der EU-Gesetzgebung. Der Grundsatz der Subsidiarität. Definition, unter: http://europa.eu (Stand: 14. Mai 2013).

Anwendung der Grundsätze der Subsidiarität und der Verhältnismäßigkeit nennt dafür drei Kriterien: (1) Wenn die Maßnahme wegen grenzüberschreitender Aspekte nicht von den Mitgliedsstaaten geregelt werden kann; (2) wenn eine nationale Maßnahme oder ein Nichttätigwerden im Widerspruch zu den Anforderungen des Vertrags steht; (3) wenn eine Maßnahme auf europäischer Ebene offenkundige Vorteile besitzt.[61] Dem Grundsatz der Subsidiarität verpflichtet, soll der AdR die Selbstverwaltung von Gebietskörperschaften stärken, die Vernetzung grenzübergreifender Räume fördern und eine nachhaltige Entwicklung der „Euroregionen" gewährleisten.

Die länderüberschreitende Zusammenarbeit in den Euroregionen[62] ist für den Freistaat wegen seiner Grenzen zu Polen (120 Kilometer) und zur Tschechischen Republik (454 Kilometer)[63] von besonderer Bedeutung. Nach dem Vorbild der 1958 ins Leben gerufenen EUREGIO-Region im deutsch-niederländischen Grenzraum entstanden in ganz Europa solche Kooperationen; vier davon Anfang der 1990er Jahre mit sächsischer Beteiligung: die Euroregionen Neiße (mit Polen und der Tschechoslowakei/Tschechien, gegr. 1991), Elbe und Erzgebirge (beide mit Tschechien, gegr. 1992), und Egrensis (mit Tschechien und Bayern, gegr. 1993). Organisiert werden die Zusammenschlüsse von Kommunen und Kreisen durch Ansprechpartner und Geschäftsstellen auf beiden Seiten, finanziell unterstützt durch die Förderprogramme der EU und durch den Freistaat Sachsen.

Die Zusammenarbeit soll dazu beitragen, die „trennende Wirkung von Staatsgrenzen zu überwinden", grenzüberschreitende Begegnungen der Menschen zu unterstützen sowie die Wettbewerbsfähigkeit der Regionen zu fördern und ihr wirtschaftliches Potenzial innovativ zu nutzen.[64] Vor allem durch den EU-Beitritt Polens und Tschechiens im Jahr 2004 hat sich die transnationale Zusammenarbeit in den sächsischen Grenzräumen intensiviert. Allerdings kritisieren Beobachter, dass in den zentralen Bereichen Wirtschaft und Arbeitsmarkt nach wie vor nationale Interessen Vorrang gegenüber einer grenzüberschreitenden Harmonisierung der Strukturen genießen.[65]

---

61 Vgl. ebd.

62 Siehe ausführlich zur Konzeption und Praxis der Euroregionen Marzena Schöne: Bedeutung, Typologie und Entwicklungsperspektiven der deutsch-polnischen und deutsch-tschechischen Euroregionen, Dissertation, Dresden 2006, unter: http://tud.qucosa.de (Stand: 20. Mai 2013).

63 Vgl. Roger Mackeldey: Alte Bindungen wieder neu? Sachsen Beziehungen in Europa, in: Konstantin Hermann (Hrsg.): Sachsen seit der Friedlichen Revolution. Tradition, Wandel, Perspektiven, Dresden u. a. 2010, S. 159–169, hier S. 163.

64 So der Freistaat Sachsen: Euroregionen, unter: http://www.internationales.sachsen.de (Stand: 10. Mai 2013).

65 Vgl. Marzena Schöne (Anm. 62), S. 211–213.

5 Vertretung des Freistaates Sachsen bei der Europäischen Union

Neben ihrer Einbindung über den Bund und den AdR versuchen die deutschen Länder vor allem über ihre Kontaktbüros in Brüssel Einfluss auf die Arbeit der EU zu nehmen. Zunächst war die Einrichtung der Länderbüros ab Mitte der 1980er Jahre umstritten. Die Bundesregierung sah in ihnen die Betreiber einer „Nebenaußenpolitik" und dadurch ihren außenpolitischen Alleinvertretungsanspruch gefährdet.[66] Mittlerweile sind solche Diskussionen einem kooperativen Umgang miteinander gewichen. Das Modell der direkten Repräsentation subnationaler Einheiten hat sich europaweit durchgesetzt; fast alle Regionen sind heute mit eigenen Vertretungen in Brüssel präsent. Die 16 deutschen Vertretungen bzw. Länderbüros arbeiten mit der Ständigen Vertretung der Bundesrepublik eng zusammen, und auch die Abstimmung zwischen den Länderbüros ist nicht mehr der Konkurrenzkampf um die wertvollsten Informationen früherer Tage. Bei Entscheidungen stimmen sie sich miteinander ab, und der deutsche EU-Botschafter informiert die Länder über die Ergebnisse und Verläufe nach europäischen Gipfeltreffen.[67]

Das Sachsenbüro Brüssel, so die offizielle Bezeichnung vor der Umbenennung in Sachsen-Verbindungsbüro (1999), nahm, wie erwähnt, am 2. Januar 1991 mit den anderen Ostländervertretungen im Haus der ehemaligen DDR-Botschaft seine Arbeit auf.[68] Nach zwei Umzügen und mehreren Umstrukturierungen in der Zuständigkeit zwischen Staatskanzlei und Europaministerium zählt das Büro seit der Regierungsumbildung im Jahr 2009 zum Geschäftsbereich des Sächsischen Staatsministeriums der Justiz und für Europa. Dienststellenleiter ist seit 2007 Wolf-Eberhard Kuhl, wie seine drei Vorgänger im Rang eines Ministerialdirigenten.[69]

Die Aufgaben des Sachsen-Verbindungsbüros in Brüssel unterscheiden sich kaum von denen der anderen deutschen Landesvertretungen. In den Anfangsjahren ging es vorrangig darum, ein europäisches Bewusstsein zu entwickeln, der Öffentlichkeit die europäische Idee näher zu bringen und die Rolle der EG im politischen und wirtschaftlichen Alltag der Menschen zu erklären.[70] Hier haben die ostdeutschen Landesvertretungen weiterhin einen gewissen Nachholbedarf – zum einen durch ihre zeitverzögerte

---

66 Zur Debatte um die deutschen Ländervertretungen siehe ausführlich Christian Burgsmüller: Die deutschen Länderbüros in Brüssel – verfassungswidrige Nebenaußenpolitik oder zeitgemäße Ausprägung des Föderalismus, Aachen 2003.

67 Vgl. Martin Große Hüttmann/Michèle Knodt: „Diplomatie mit Lokalkolorit": Die Vertretungen der deutschen Länder in Brüssel und ihre Aufgaben im EU-Entscheidungsprozess, in: Europäisches Zentrum für Föderalismusforschung (Hrsg.): Jahrbuch des Föderalismus 2006, Baden-Baden 2006, S. 595–605, hier S. 599.

68 Vgl. Thomas Grosse: Von der Außenhandelsvertretung der DDR zum Zentrum der Regionen – die Geschichte der Liegenschaft am Boulevard Saint Michel 80, in: Wolfgang Renzsch/Thomas Wobben (Hrsg.): 20 Jahre ostdeutsche Landesvertretungen in Brüssel: Eine Bilanz der Interessenvertretung der Länder aus unterschiedlichen Blickwinkeln, Baden-Baden 2013, S. 52–57.

69 Vgl. Fred J. Heidemann (Anm. 51), S. 113–120.

70 Vgl. Martin Große Hüttmann/Michèle Knodt (Anm. 67), S. 599.

Einrichtung nach 1990, zum anderen deshalb, weil das politische und gesellschaftliche Interesse der Ostdeutschen nach der Wiedervereinigung zunächst überwiegend dem alten Bundesgebiet galt. In den letzten Jahren hat vor allem die „Dienstleistungsfunktion" der Landesvertretungen zugenommen. Martin Große Hüttmann und Michèle Knodt unterscheiden hierfür drei unterschiedliche Aufgaben. Zum ersten sollen die Landesbehörden umfassend mit offiziellen und informellen Informationen versorgt werden, um rechtzeitig auf Gesetzesvorhaben und Projekte der EU reagieren zu können (Informationsfunktion). Zum zweiten ist es Aufgabe der Länderbüros, die mittlerweile unüberschaubare Informationsflut zu sortieren, wichtige Fachinformationen für die Ministerien und Beamten zusammenzustellen und von öffentlichen Informationen für die Bevölkerung zu trennen (Filterfunktion).[71] Zum dritten werden bei geplanten EU-Maßnahmen Expertisen und Hintergrundinformationen aufbereitet, um frühzeitig entsprechende Pläne nach den eigenen Vorstellungen beeinflussen zu können (Frühwarnfunktion).[72]

Neben der Informationsversorgung nennt die sächsische Vertretung in Brüssel Networking und Repräsentation als ihre Hauptaufgaben.[73] Dazu gehören die Kontaktpflege zu Abgeordneten und Beamten im EU-Parlament und in der Kommission, zu Firmen und Verbänden sowie seit einigen Jahren die verstärkte transnationale Kooperation mit anderen Regionen. Ferner besitzen die Brüsseler Büros eine Art Scharnierfunktion zwischen Unternehmen und EU. Ziel der Landesvertretungen ist es, Wirtschaft, Wissenschaft und Kultur über Ausschreibungen zu informieren und sie bei der Beantragung und Umsetzung von EU-Projekten zu beraten bzw. zu begleiten. Zur PR- und Öffentlichkeitsarbeit der Büros zählt außerdem, die Länder und ihre politischen Vertreter erfolgreich auf großen Veranstaltungen und kleinen Fachtagungen zu präsentieren sowie als erster Ansprechpartner für Besucher und interessierte Bürger „Europa auf Sachsen neugierig zu machen und umgekehrt".[74]

Ob sich der Einfluss und die Aufgabenerfüllung der sächsischen Vertretung nennenswert von den anderen Bundesländern unterscheidet, lässt sich kaum nachweisen. Folgt man der These, je größer und ressourcenstärker eine Region (und ihre Vertretung ist), umso machtvoller ist diese auch in Brüssel vertreten, spricht wenig für eine sächsische Sonderstellung.[75] Mit derzeit 13 Mitarbeitern liegt die Personalstärke klar unter der in den „Minibotschaften" von Bayern (30), Nordrhein-Westfalen (25) und Baden-Würt-

---

71 Fast alle Landesbüros veröffentlichen regelmäßig Berichte über neue Entwicklungen und geplante Vorhaben der EU. Das sächsische Verdingungsbüro in Brüssel gibt wöchentlich den Newsletter Woche in Brüssel (WiB) heraus. Vgl. http://www.wib.sachsen.de (Stand: 14. Mai 2013).

72 Vgl. Martin Große Hüttmann/Michèle Knodt (Anm. 67), S. 600 f.

73 Vgl. Staatsministerium der Justiz und für Europa: Sachsen in Brüssel. Aufgaben, unter: http://www.justiz.sachsen.de (Stand: 14. Mai 2013)

74 Ebd.

75 Vgl. Thomas Wobben/Franziska Busse: Fakten und Zahlen über die Entwicklung der deutschen Länderbüros in den letzten 20 Jahren, in: Wolfgang Renzsch/ders. (Anm. 68), S. 58–64.

temberg (23), allerdings über denen der Stadtstaaten (7–10) und der übrigen Ost-Länder (5–12).[76] Während das sächsische Justiz- und Europaministerium 2012 für die Brüsseler Vertretung einen Etat von 648 000 Euro bereitstellte, zahlen die Vertretungen Hessens und Bayerns allein für ihre Unterbringungen in bester Brüsseler Lage jährlich Millionen – so gilt die bayrische Vertretung als „Schloss Neu-Wahnstein".[77]

6 „Sächsischer Weg"?

Die Antwort auf die Frage nach einer sächsischen Sonderrolle fällt in kaum einem Bereich so eindeutig aus wie in diesem. Von einem „sächsischen Weg" innerhalb des bundesdeutschen Föderalismus und in der EU kann keine Rede sein. Der Freistaat ist ein Land unter 16 bzw. eine Region unter vielen – eine signifikante Sonderrolle würde der Funktionslogik des föderalen Systems der Bundesrepublik wie auch den Ideen und Zielen der europäischen Integration widersprechen. Das Modell des „Beteiligungsföderalismus setzt ein gewisses Maß an Konsensbereitschaft voraus und bedingt eine Politik der kleinen Schritte und Minimalkompromisse",[78] nicht der Alleingänge und Abgrenzung. Ähnlich sieht es beim ohnehin abstrakten Gedanken eines „Europa der Regionen" aus.

Jedoch gibt es eine Reihe von Spezifika, die allerdings nicht die These eines originären sächsischen Weges verfestigen. Die sächsischen Vertreter im Bundesrat treten selbstbewusst auf und ließen sich selten von Nicht-Länderinteressen vereinnahmen. Trotz der häufig übereinstimmenden Regierungskonstellationen in Berlin und Dresden entschieden die vier Bundesratsmitglieder wie bei den Abstimmungen über die Einführung des Euro und den Hartz-IV-Gesetzen „konsequent sächsisch", nicht nur nach parteipolitischen Mustern oder länderübergreifenden Kooperationen (z. B. ost-west, armreich). Auch das ist weniger eine sächsische Besonderheit als vielmehr ein Zeichen des Funktionierens der föderalen Ordnung Deutschlands sowie des Bundesrates als Interessenvertretung der Länder – trotz seiner Bedeutung als Instrument der Parteipolitik.

Mit Blick auf die EU-Ebene fallen die sächsischen Eigenarten noch geringer ins Gewicht. Die Arbeit in den Institutionen, Ausschüssen und in der Brüsseler Vertretung unterscheidet sich kaum von jener der anderen deutschen Länder, zumal sie alle weitgehend identische Interessen und Ziele verfolgen – das Wahren landeseigener Kompetenzen, das Schaffen einer weitreichenden Mitbestimmungsebene der Regionen sowie das Bewilligen möglichst vieler Subventionen und Fördermittel durch die EU. Hierbei nimmt Sachsen wegen seiner gemeinsamen Grenzen mit Polen und Tschechien eine ge-

---

76 Der Hamburger Stadtstaat teilt sich eine gemeinsame Vertretung mit Schleswig-Holstein mit zusammen 16 Mitarbeitern. Vgl. Steffen Dagger/Till Schröder (Anm. 31), S. 42–45.

77 Vgl. o. A.: Landesvertretungen in Brüssel. 2,9 Millionen für die Nähe zur Macht, in: Handelsblatt vom 4. Januar 2012.

78 Heike Tuchscheerer: 20 Jahre vereintes Deutschland: Eine „neue" oder „erweiterte Bundesrepublik"?, Baden-Baden 2010, S. 94.

wisse räumliche Sonderrolle ein, die sich in der Beteiligung an vier Euroregions-Projekten niederschlägt, während Brandenburg zwei und Mecklenburg-Vorpommern eine Partnerschaft pflegt. Die länderübergreifende Zusammenarbeit ist in gesamteuropäischer Perspektive allerdings seit Jahren praktizierte Normalität und kein Zeichen einer sächsischen Vorreiterrolle.

Kapitel 12
Medien und Medienpolitik

von Ulrich Brümmer*

1 Medien in Deutschland

Das Prinzip der Volkssouveränität erfordert neben Wahlen eine freiheitliche publizistische Ordnung. In Deutschland herrschen Pressefreiheit und Zensurverbot. Eine freie, nicht staatlich gelenkte Presse ist für die freiheitliche demokratische Grundordnung und die öffentliche Meinungsbildung von zentraler Bedeutung. Im demokratischen Prozess bedeutet Öffentlichkeit vor allem Medienöffentlichkeit, auch wenn das Diktum des Soziologen Niklas Luhmann übertrieben sein mag: „Was wir über unsere Gesellschaft, ja über die Welt, in der wir leben, wissen, wissen wir durch die Massenmedien."[1] Jedoch stimmt die Tendenz: Angesichts mangelnder Bindungskraft und sinkender Mitgliederzahlen haben die politischen Parteien ihre Artikulations- und Informationsfunktion weitgehend verloren und an die Medien abgegeben. So konstatiert der Kommunikationswissenschaftler Hans Mathias Kepplinger: „Gegen die Mehrheit der meinungsbildenden Medien kann keine Partei ein Thema etablieren bzw. die Diskussion darüber entsprechend der eigenen Sichtweise prägen."[2]

Die Pressefreiheit des Art. 5 Abs. 1 GG schützt die gesamte Tätigkeit der Presse – von der Informationsbeschaffung bis zur Verbreitung. Sie gewährleistet als subjektives Grundrecht den Schutz für die in diesem Bereich Tätigen sowie als Institutsgarantie eine freie Presse an sich.[3] Für den Begriff „Presse" gibt es weder im Grundgesetz noch

---

*   Dr. Ulrich Brümmer ist leitender Fernsehredakteur und Lehrbeauftragter an der Technischen Universität Chemnitz (Lehrstuhl für Politische Systeme, Politische Institutionen).
1   Niklas Luhmann: Die Realität der Massenmedien, 3. Aufl., Wiesbaden 2004, S. 9.
2   Hans Mathias Kepplinger/Markus Maurer: Abschied vom rationalen Wähler. Warum Wahlen im Fernsehen entschieden werden, Freiburg i. B. 2005, S. 188.
3   BVerfGE 20, 162 (175 f.) – „Spiegel"

in den Landespressegesetzen eine Legaldefinition.[4] In einer weit gefassten Interpretation gilt die Freiheit des gedruckten Wortes nicht nur für Zeitungen und Zeitschriften, sondern auch für Hörfunk, Fernsehen und das Internet.

Zwar ist die Rundfunkfreiheit im Grundgesetz normiert, aber der Terminus „Rundfunk" wird nicht definiert, sondern vorausgesetzt. Kennzeichen ist die Verbreitung von publizistischen Darbietungen – über Leitungen oder drahtlos – an eine unbestimmte Zahl von Empfängern. Gemäß Art. 70 GG fällt die rechtliche Ordnung des Rundfunkwesens in die Kompetenz der Länder. Wesentlich ausgestaltet wurde die Rundfunkfreiheit des Art. 5 Abs. 1 GG durch die Rechtsprechung des Bundesverfassungsgerichts. Die Rundfunkfreiheit ist nicht nur ein Abwehrrecht gegen staatliche Eingriffe, sondern sie ist auch eine dienende Freiheit, die freie und umfassende Meinungsbildung gewährleisten soll.[5] Damit weisen die Verfassungsrichter dem Gesetzgeber und dem Rundfunk selbst eine hohe Verantwortung zu: „Angesichts seiner herausragenden kommunikativen Bedeutung wird freie Meinungsbildung nur in dem Maß gelingen, wie der Rundfunk seinerseits frei, umfassend und wahrheitsgemäß informiert."[6] So besteht die Rundfunkfreiheit in ihrem Kern aus Programmfreiheit.[7]

Das Bundesverfassungsgericht unterscheidet Rundfunk und Presse nicht in ihrer Funktion für die öffentliche Meinungsbildung und erkannte im ersten Fernsehurteil, „dass für den Rundfunk als einem neben der Presse stehenden, mindestens gleich bedeutsamen, unentbehrlichen modernen Massenkommunikationsmittel und Faktor der öffentlichen Meinungsbildung die institutionelle Freiheit nicht weniger wichtig ist als für die Presse".[8] Die Rundfunkfreiheit umfasst nicht nur „Berichterstattung", sondern analog zur Pressefreiheit auch alle Formen journalistischer Darbietung.[9] Da Rundfunk- und Pressefreiheit überdies denselben Schranken unterliegen, kann sie als „einheitliches Grundrecht der Medienfreiheit"[10] verstanden werden.

Die Schranken der Pressefreiheit nach Art. 5 Abs. 2 GG bestehen vor allem in den allgemeinen Gesetzen. Sondergesetze, die sich gegen die Presse richten, sind damit verfassungswidrig. In der „Spiegel-Entscheidung" hat das Bundesverfassungsgericht die auf die Meinungsfreiheit bezogene Wechselwirkungslehre für die Pressefreiheit bestätigt.[11] Auch allgemeine, für jedermann geltende Gesetze haben danach keinen absoluten Vorrang und dürfen die journalistische Tätigkeit unbedeutenderer Rechtsgüter wegen nicht behindern. Die Pressefreiheit darf nur zum Schutz höherwertiger Rechtsgüter gesetzlich

---

4   Auch die Weimarer Reichsverfassung und das Reichspressegesetz enthielten keine Legaldefinition des Terminus „Presse".
5   BVerfGE 57, 295 (320) – „FRAG"
6   BVerfGE 83, 238 (296) – „Nordrhein-Westfalen"
7   BVerfGE 97, 298 (310) – „Fernsehkurzberichterstattung"
8   BVerfGE 12, 205 (260 f.) – „Deutschland-Fernsehen GmbH"
9   BVerfGE 35, 202 (222) – „Lebach"
10 Frank Fechner: Medienrecht, 12. Aufl., Tübingen 2011, S. 48.
11 BVerfGE 20, 162 (176) – „Spiegel"

eingeschränkt werden, wie zum Beispiel beim Allgemeinen Persönlichkeitsrecht, beim Jugendschutz, beim Datenschutz oder bei strafrechtlichen Normen.[12] Das Bundesverfassungsgericht muss im Einzelfall zwischen den widerstreitenden Rechtsgütern abwägen.

Wie die anderen Kommunikationsfreiheiten, darf die Rundfunkfreiheit nur aufgrund eines allgemeinen Gesetzes eingeschränkt werden. Regierung und Verwaltung können damit nicht in die Freiheit der Fernsehberichterstattung und ihrer vorbereitenden Tätigkeit eingreifen. Die vom Bundesverfassungsgericht in den „Fernsehentscheidungen" entwickelte duale Rundfunkordnung stellt an die öffentlich-rechtlichen Anstalten höhere Anforderungen als an die privaten Sender, vor allem mit Blick auf die Meinungspluralität. Die „dienende Freiheit" und der Grundversorgungsauftrag der Öffentlich-Rechtlichen rechtfertigen eine Bestands- und Entwicklungsgarantie sowie eine von staatlichem Einfluss unabhängige Finanzierung durch Gebühren.

Mit der Föderalismusreform von 2006 ist die Gesetzgebungskompetenz des Bundes für ein Presserechtsrahmengesetz (Art. 75 Nr. 2 a. F. GG) weggefallen. Der Bund hatte davon nie Gebrauch gemacht. Der letzte Versuch, die Rechtsverhältnisse der Presse in einem Bundesgesetz zu regeln, scheiterte in den 1970er Jahren vor allem am Widerstand der Verleger. So sind in Deutschland 16 in Nuancen unterschiedlich aufgebaute Landespressegesetze in Kraft. Inhaltlich gleichen sich diese Landespressegesetze weitgehend. Sie konkretisieren die Pressefreiheit des Art. 5 Abs. 1 GG, zum Beispiel mit Blick auf die Informationsrechte der Journalisten. Die öffentliche Aufgabe der Presse wird gleichermaßen normiert wie die journalistische Sorgfaltspflicht und das Gebot der Trennung von redaktionellen und werbenden Inhalten.

Die deutsche Presselandschaft ist, verglichen mit jenen in anderen Staaten Europas, recht vielfältig. In einem gut sortierten Bahnhofskiosk könnte ein Besucher theoretisch mehr als 300 Tageszeitungstitel zählen. Viele dieser Blätter haben allerdings einen gemeinsamen Mantel, das heißt einen einheitlichen Teil mit überregionaler Berichterstattung. Insgesamt versorgen 127 Vollredaktionen die Bürger mit Informationen. Sieben von zehn Deutschen über 14 Jahren lesen regelmäßig eine Tageszeitung. Mitte 2011 haben die deutschen Verlage fast 22 Millionen Tages-, Wochen- und Sonntagszeitungen pro Erscheinungstag verkauft, 70 Prozent davon im Abonnement. Bei lokalen und regionalen Blättern macht der Abo-Verkauf sogar 92 Prozent aus. Jedoch sinkt die Auflage der Tageszeitungen seit Jahren kontinuierlich. So wurden im Jahr 2001 noch mehr als 28 Millionen Exemplare verkauft. Die Gründe dafür sind vielfältig: gestiegene Zeitungspreise, das abnehmende Interesse am politischen Geschehen und vor allem die verstärkte Nutzung des Internets als Quelle für Informationsbeschaffung. Werbung und Kleinanzeigen wandern von den Printmedien überwiegend in den virtuellen Raum ab, sodass sich viele ehemals regelmäßige Zeitungsleser ohne Abonnement gut informiert fühlen.

---

12 Vgl. Peter Gädeke: Stichwort „Pressefreiheit", in: Peter Schiwy u. a. (Hrsg.): Medienrecht. Lexikon für Praxis und Wissenschaft, 4. Aufl., Köln 2006, S. 360–367, hier S. 365 f.

Bei aller Vielfalt ist die deutsche Presselandschaft von einem starken Konzentra-
tionstrend gekennzeichnet. In 60 Prozent aller Städte und Landkreise erscheint nur eine
Zeitung mit lokalen und regionalen Informationen („Einzeitungskreise"). Dies betrifft
selbst mehr als 30 Großstädte. Besonders konzentriert ist der Zeitungsmarkt in Ostdeutschland. Dies ist auch ein Erbe des DDR-Mediensystems. Dominierend waren dort
die von der SED herausgegebenen Bezirkszeitungen: die *Freie Presse* (Bezirk Karl-Marx-
Stadt), die *Sächsische Zeitung* (Bezirk Dresden), die *Leipziger Volkszeitung* (Bezirk Leipzig), das Zentralorgan *Neues Deutschland* und das FDJ-Blatt *junge Welt*. Ihre Auflage
betrug im Jahr 1988 mehr als 6,8 Millionen Exemplare. Insgesamt wurden in der DDR
9,7 Millionen Tageszeitungen verkauft.[13] Berücksichtigt man, dass in der DDR auch die
Blockparteien eigene Zeitungen herausgaben und es somit wenigstens einen quantita-
tiven publizistischen Wettbewerb gab, ist der Marktanteil der früheren SED-Zeitungen
heute höher als zu DDR-Zeiten.

Im Jahr 2010 schalteten die deutschen Zuschauer im täglichen Durchschnitt für
223 Minuten ihr Fernsehgerät ein.[14] Der Fernsehkonsum hat in den vergangenen Jahren deutlich zugenommen, vor allem am Wochenende. Die neuen Länder führen dabei
die Ranglisten an. Sachsen liegt mit täglich 269 Fernsehminuten klar über dem Bundesdurchschnitt. Das Radio schalten täglich etwa 58 Millionen Menschen ein. Sie hören durchschnittlich 186 Minuten am Tag – vor allem als Begleitmedium zu Hause, auf
der Arbeit oder im Auto. Die meisten bleiben dabei „ihren" Sendern treu. Die wenigsten Menschen hören mehr als vier verschiedene Stationen. Der Radiokonsum der Sachsen liegt exakt im bundesdeutschen Durchschnitt.[15] Das Internet wird von 49 Millionen
Menschen ab 14 Jahren wenigstens gelegentlich verwendet. Dies entspricht einem Anteil von 70 Prozent. Drei von vier Internet-Nutzern sind täglich online. Die häufigere
Nutzung des Internets geht nicht zu Lasten des Fernsehkonsums.[16] Dies liegt auch darin
begründet, dass für den intensiven Internet-Nutzer die Individualkommunikation über
das Netz den größten Stellenwert hat. Die Informationsfunktion des Netzes spielt lediglich für den selektiven Nutzer eine größere Rolle.

2 Presselandschaft in Sachsen

Die Leipziger andere Zeitung war die erste unabhängige und zugleich offiziell publizierte
DDR-Zeitung, von Mitgliedern der Bürgerbewegung unmittelbar nach dem Mauerfall
1989 gegründet und mit einer Auflage von 40 000 Exemplaren von den Lesern gut angenommen. Nach wenigen Monaten schwächelte das Blatt, das hauptsächlich von jour-

---

13 Vgl. Gunter Holzweißig: Die schärfste Waffe der Partei. Eine Mediengeschichte der DDR, Köln 2002,
    S. 214 f.
14 Vgl. ARD/ZDF-Onlinestudie 2010, in: MediaPerspektiven 7-8/2011, S. 348.
15 Vgl. Radionutzung in Deutschland mit leichten Zuwächsen, in: MediaPerspektiven 10/2010, S. 455.
16 Vgl. ARD/ZDF-Onlinestudie 2010 (Anm. 14), S. 334–349.

nalistischen Autodidakten gestaltet wurde. Deren eher basisdemokratische Haltung erschien vielen Lesern schon bald nicht mehr zeitgemäß. Möglicherweise verschreckte das anfangs attraktive Themenspektrum von Stasi-Enthüllungen bis zu Umweltskandalen die in der Mehrheit eher bürgerlich gesinnten Leser.[17]

Wie überall in der DDR kooperierten die westdeutschen Verlagshäuser nach dem Mauerfall auch in Sachsen umgehend mit den ehemaligen SED-Bezirkszeitungen. Von 1990 an beteiligten sich Verleger aus der Bundesrepublik an diesen Blättern oder erwarben sie gleich komplett von der Treuhand. Die Zeitungsgruppe Madsack kaufte 1991 gemeinsam mit dem Axel-Springer-Verlag die *Leipziger Volkszeitung* (LVZ) und übernahm das Blatt im Jahr 2009 vollständig.[18] Die SPD ist über ihre Medienholding *DDVG* mit 23 Prozent an der Zeitungsgruppe Madsack beteiligt und folglich Miteigentümerin der LVZ. Die *Sächsische Zeitung* und die *Morgenpost* gehören zu 40 Prozent der SPD-Medienholding. Die *Freie Presse* (Chemnitz) wurde von der konservativen Ludwigshafener Medienunion *(Die Rheinpfalz)* übernommen. Bei diesem Geschäft soll der Bundeskanzler Helmut Kohl vermittelt haben. Die früheren SED-Blätter erweiterten anschließend erfolgreich ihr regionales und lokales Informationsangebot.

In Sachsen beherrschen die ehemaligen SED-Bezirkszeitungen weitgehend den Markt: die *Freie Presse* (Chemnitz) im Südwesten, die *Leipziger Volkszeitung* im Nordwesten und die *Sächsische Zeitung* (Dresden) in der Mitte und im Osten des Freistaates. Ihr Anteil an den täglich verkauften regionalen und lokalen Blättern beträgt 92 Prozent, bezogen auf eine Gesamtauflage von 804 483 in Sachsen erscheinenden Tageszeitungen Ende 2011 (Tabelle 1).[19] Nicht berücksichtigt sind dabei die Straßenverkaufszeitungen, sogenannte Boulevardzeitungen: Die drei sächsischen Ausgaben der *Bild-Zeitung* kommen auf 163 651 verkaufte Exemplare, die *Morgenpost* (Dresden, Chemnitz) auf 88 149.[20]

In den meisten Städten und Kreisen Sachsens herrscht de facto kein publizistischer Wettbewerb. So haben in Leipzig und Chemnitz die dortigen Regionalzeitungen eine Monopolstellung. In Dresden kann sich neben der *Sächsischen Zeitung* noch die zur LVZ gehörende *Dresdner Neueste Nachrichten* behaupten. Die DNN sind nach der „Wende" aus den Blockparteizeitungen *Union* (CDU), *Sächsisches Tageblatt* (LDPD) und *Sächsische Neueste Nachrichten* (NDPD) hervorgegangen. Die Tageszeitungen in Sachsen müssen seit 1990 allesamt einen massiven Auflagenrückgang hinnehmen. So verkaufte die *Sächsische Zeitung* 1991 494 000 und im Jahr 2011 256 036 Exemplare. Die Auflage der *Leipziger Volkszeitung* betrug im Jahr 2011 211 221 Exemplare, rund 100 000 weniger als noch zehn Jahre zuvor.[21] Bei der *Freien Presse* ist der Rückgang noch stärker.

---

17 Vgl. Hans-Jörg Stiehler: Keine blühende Presse-Landschaft (Interview), in: Message. Internationale Zeitschrift für Journalismus (2011) 1, S. 80.

18 Vgl. diese und die folgenden Angaben in Peter Stawowy: Medien in Sachsen, Dresden 2011, S. 59–61.

19 Angaben laut IVW – Informationsgemeinschaft zur Feststellung der Verbreitung von Werbeträgern e. V., unter: http://www.ivw.eu (Stand: 12. Februar 2012).

20 Ebd.

21 Angaben laut Verlag und IVW.

Tabelle 1   Verkaufte Auflagen in Sachsen erscheinender Tageszeitungen

Freie Presse (FP)	274 314
Sächsische Zeitung (SZ)	256 036
Leipziger Volkszeitung (LVZ)	211 221
Dresdner Neueste Nachrichten (DNN)	25 012
Lausitzer Rundschau	11 533
Döbelner Anzeiger	10 050
Döbelner Allgemeine Zeitung	8 373
Vogtlandanzeiger	8 153

Quelle: Angaben für das 4. Quartal 2011 laut IVW – Informationsgemeinschaft zur Feststellung der Verbreitung von Werbeträgern e. V.

Die aus der Bürgerrechtsbewegung der Jahre 1989/90 hervorgegangenen Zeitungs-Neugründungen sind bis auf wenige Ausnahmen wieder verschwunden. Mit einer Auflage von jeweils weniger als 10 000 Exemplaren haben nur die *Torgauer Zeitung* (vormals Torgauer Kreisblatt) und der in Plauen erscheinende *Vogtlandanzeiger* überlebt. Verblüffender Weise konnten sich die Zeitungen der DDR-Blockparteien nicht lange am Markt halten, obwohl sie zunächst eine gute Ausgangsposition hatten. Auch die Unterstützung durch die *Frankfurter Allgemeine Zeitung,* die *Süddeutsche Zeitung* und den Axel Springer Verlag vermochte es nicht, die strukturellen Nachteile wettzumachen. So hatten in der DDR die Blockpartei-Zeitungen wie *Die Union,* die *Neue Zeit* oder *Der Morgen* eine vergleichsweise geringe Auflage und damit einen niedrigeren Bekanntheitsgrad. Vor allem waren sie in ihrer Berichterstattung nicht regional verankert.[22]

Es ist ein für ganz Ostdeutschland geltendes Phänomen: Die überregionalen Qualitätszeitungen und -zeitschriften fristen – ohnehin bis auf wenige Ausnahmen von einem Auflagenrückgang gebeutelt – in der Gunst der sächsischen Leser eher ein Schattendasein. Die Anzahl der verkauften Exemplare ist zumeist so gering, dass viele Verlage keine exakten Daten für Sachsen veröffentlichen.[23] Einer der publizistischen Meinungsführer in der Bundesrepublik, die Wochenzeitschrift *Der Spiegel,* verkaufte 2011 in Ostdeutschland nicht einmal ein Zehntel seiner Gesamtauflage in Höhe von 967 002 Exemplaren. Immerhin steigt trotz bundesweit sinkender Auflage die absolute Zahl auf niedrigem Niveau. Die linksalternative Zeitung *taz* bewegt sich seit zehn Jahren über der Eintausender-Marke mit leicht steigender Tendenz: Bei einer Gesamtauflage von 56 000 verkaufte sie im Jahr 2010 in Sachsen gerade einmal 1120 Exemplare. *Die Zeit*

22   Vgl. Hans-Jörg Stiehler (Anm. 17), S. 81.
23   Die nachfolgenden Zahlen beruhen auf Verlagsangaben und IVW.

hat Ende 2009 eigene Regionalseiten eingeführt, so auch für Sachsen. Seitdem kann die Wochenzeitung aus Hamburg 2000 bis 4000 Exemplare mehr in Sachsen absetzen, und das bei einer Gesamtzahl von 10 000 bis 12 000 im Freistaat verkaufter Exemplare. Die *Frankfurter Allgemeine Zeitung* vermochte in den vergangenen Jahren in Sachsen leicht zuzulegen und verkaufte im Jahr 2010 im Tagesdurchschnitt knapp 10 000 Exemplare. Bei einer Gesamtauflage von mehr als 360 000 lag der sächsische Anteil damit gerade einmal bei 2,7 Prozent.

Eine Sonderstellung nimmt die wöchentlich im Bauer-Verlag erscheinende *SuperIllu* ein: Das Blatt setzt auf ostalgisch-populäre Themen und ist Marktführer unter den Zeitschriften im Freistaat. Jeder fünfte Sachse über 14 Jahren liest die *SuperIllu*. Das ist weitaus mehr als die Leserschaft von *Spiegel, Focus, Die Zeit, FAZ, Süddeutsche* und *Die Welt* zusammen. Das ehemalige SED-Zentralorgan *Neues Deutschland* ist mit einer Gesamtauflage von rund 37 000 Exemplaren die in den ostdeutschen Ländern am häufigsten verkaufte überregionale Tageszeitung.[24] In der Themenauswahl ist es stark auf Berlin und Brandenburg, weniger auf den ostdeutschen Süden bezogen. Die publizistische Bedeutung des *Neuen Deutschland* ist indes eher gering. Das Blatt, von dem 1989 noch täglich mehr als 1,1 Millionen Exemplare verkauft wurden, hat zusammen mit der *jungen Welt* den stärksten prozentualen Auflagenverlust aller früheren DDR-Zeitungen hinnehmen müssen.

3 Rundfunklandschaft in Sachsen

Die Abwicklung des zentralistischen DDR-Rundfunksystems ist in Art. 36 des Einigungsvertrages fixiert. Danach sollten die Hörfunk- und Fernsehsender bis zum 31. Dezember 1991 aufgelöst oder in die Hoheit der neuen Bundesländer überführt werden. Der Rundfunkbeauftragte Rudolf Mühlfenzl, ehemaliger Chefredakteur des *Bayerischen Rundfunks,* übernahm die Aufgabe, die „Einrichtung" nach den Prinzipien des öffentlich-rechtlichen Rundfunks umzustrukturieren. Damit verbunden war die Frage, ob sich mehrere Länder auf einen gemeinsamen Ost-Sender einigten, den ARD-Anstalten beitraten oder Einzellösungen bevorzugten.[25]

Der *Mitteldeutsche Rundfunk* wurde bereits am 30. Mai 1991 mit der Unterzeichnung eines Staatsvertrages zwischen Sachsen, Sachsen-Anhalt und Thüringen gegründet. Eine noch größere Anstalt, etwa ein gemeinsamer Sender für alle ostdeutschen Bundesländer, war u. a. vom sächsischen Ministerpräsidenten Kurt Biedenkopf abgelehnt worden. Dies hätte seiner Ansicht nur eine erneute deutsche Teilung bedeutet.[26] Auch das bran-

---

24 Verkaufsauflage gesamt 2011 IVW/IV. Die Zahl der in Sachsen verkauften Exemplare liegt nicht vor.

25 Vgl. Das Ende des DDR-Rundfunks, in: Themen und Frequenzen 4/2010 (hrsg. von der Sächsischen Landesanstalt für privaten Rundfunk und neue Medien), S. 10 f.

26 Vgl. 20 Jahre MDR, unter: http://www.mdr.de/nachrichten/artikel116758.html (Stand: 5. September 2012).

denburgische Modell, einen eigenen Landessender – den *Ostdeutschen Rundfunk Brandenburg* – zu errichten, war für Sachsen allenfalls kurzzeitig eine Option. Der Freistaat setzte stattdessen auf höheren Steuerungseinfluss im Gemeinschaftsmodell. Als größtes Bundesland sicherte er sich seinen Einfluss in der Dreiländeranstalt u. a. dadurch, dass Sachsen mehr Vertreter in die Aufsichtsgremien Rundfunkrat und Verwaltungsrat entsandte als Thüringen oder Sachsen-Anhalt. Nicht zuletzt begünstigte die Gründung des MDR, dass in allen drei Staatsvertragsländern die CDU regierte und parteipolitische Auseinandersetzungen um die neue Anstalt deshalb zunächst nicht zu erwarten waren.

Erster Intendant des MDR wurde der bisherige Hörfunkdirektor des *Bayerischen Rundfunks* (BR), Udo Reiter. Am 27. November 1991 nahm die ARD den *Mitteldeutschen Rundfunk* als neues Mitglied auf. Zum Jahreswechsel 1991/92 wurde der *Deutsche Fernsehfunk* abgeschaltet, und der MDR ging auf Sendung. „Aufbauhelfer" der ersten Stunde waren Journalisten fast aller ARD-Anstalten (mit einer leichten Dominanz des *Bayerischen* und des *Norddeutschen Rundfunks*), Mitarbeiter des *Deutschen Fernsehfunks,* junge Journalistik-Absolventen der Universität Leipzig (vormals Karl-Marx-Universität) sowie Seiteneinsteiger. Noch vor dem zehnjährigen Jubiläum des MDR geriet der Sender mit der „Stasi-Affäre" in eine schwere Krise. Durch die Berichterstattung in mehreren überregionalen Printmedien wurde bekannt, dass einige Beschäftigte des Senders offenbar – vor allem als inoffizielle Mitarbeiter – für das MfS gearbeitet hatten. Zu Beginn des Jahres 2001 beschlossen MDR-Rundfunkrat und Intendant, alle fest angestellten und freien Mitarbeiter erneut auf eine Tätigkeit für das Ministerium für Staatssicherheit zu überprüfen. Die Vorwürfe von Politikern, Opferverbänden und Bürgerrechtlern waren zu laut geworden. Im Laufe des Jahres 2001 trennte sich der MDR unter anderem von mehreren prominenten Moderatoren, darunter Ingo Dubinski, Frank Liehr, Oliver Nix und Horst Mempel, wegen deren einstiger Tätigkeit für das MfS.

Die gesetzliche Grundlage des *Mitteldeutschen Rundfunks,* der Staatsvertrag zwischen Sachsen, Sachsen-Anhalt und Thüringen, lässt über die regionale Ausrichtung des größten ostdeutschen Senders keine Zweifel aufkommen: Der MDR etablierte drei Landesfunkhäuser, die in eigener Verantwortung regionale Programme für Hörfunk und Fernsehen produzieren. Das Regionale benennt der MDR als Legitimationsgrundlage und Selbstverpflichtung zugleich. In den Programmrichtlinien heißt es, das Programm lässt sich „von der Überlegung leiten, dass in Zeiten zunehmender Globalisierung das Bedürfnis der Menschen nach Nähe, Heimat, Vertrautheit und Überschaubarkeit immer stärker wird".[27] Damit ist wohl auch ein Eingehen auf ostdeutsche Befindlichkeiten gemeint.

Deshalb leistete sich das MDR-Fernsehen von Anfang an den journalistischen und wirtschaftlichen „Luxus" einer eigenen Hauptnachrichtensendung. Anstatt um 20.00 Uhr die *Tagesschau* aus Hamburg zu übernehmen, strahlt Leipzig um 19.30 Uhr *mdr-aktuell* aus. Die Uhrzeit dürfte vielen älteren Zuschauern aus der DDR bekannt

---

27 Leitlinien für die Programmgestaltung des MDR 2011/2012, S. 5.

sein, wurde damals doch zur selben Zeit die *Aktuelle Kamera* gesendet. *mdr-aktuell* setzt stark auf regionale Ereignisse im Sendegebiet. Nur der *Bayerische Rundfunk* übernimmt ebenfalls nicht die *Tagesschau* der ARD. Die starke Ausrichtung auf regionale Themen und Ratgeber wird vom Zuschauer honoriert: Seit 1997 ist der MDR ununterbrochen Marktführer bei den dritten Programmen in ihrem jeweiligen Sendegebiet. Das regionale Fernsehmagazin *Sachsenspiegel* erreicht im Freistaat oft einen Marktanteil von 20 Prozent.

Nachdem sich die Regierung Biedenkopf in den 1990er Jahren als Anwalt aller ostdeutschen Bundesländer empfohlen hatte, will die sächsische Staatsregierung nun auf Bundesebene verstärkt medienpolitisch agieren. Durch den Regierungswechsel in Baden-Württemberg 2011 hat die dortige CDU ein Machtvakuum hinterlassen. Künftig wird daher Sachsen die Medienpolitik der unionsregierten Bundesländer koordinieren. Staatskanzleichef Johannes Beermann hat die „Arbeitsgruppe Beitragsstabilität" gegründet. Ziel ist, die Rundfunkgebühr auf dem aktuellen Niveau von 17,98 Euro einzufrieren. Den öffentlich-rechtlichen Anstalten stünde dann, bedingt durch die Inflation, Jahr für Jahr weniger Geld zu Verfügung. Die Sender sollen nach dem Willen der sächsischen Staatskanzlei sparen – ein den Wählern vermutlich leicht zu vermittelndes Ansinnen. Rechtlich umstritten ist dies deshalb, weil die Staatskanzleien zwar die Rechtsaufsicht über die öffentlich-rechtlichen Rundfunkanstalten ausüben, nicht aber in deren Programmautonomie eingreifen dürfen. Vor der Wahl des neuen MDR-Intendanten wurde der Ton aus der Staatskanzlei gegenüber dem *Mitteldeutschen Rundfunk* auch in anderer Hinsicht rauer. Mit Bezug auf die Affäre um den MDR-Unterhaltungschef Udo Foht und die beim Kinderkanal veruntreuten Millionenbeträge ließ sich Staatskanzleichef Beermann im *Spiegel* zitieren: „Ich mache mir Sorgen um den Sender. Kaum eine Instanz in diesem Sender ist intakt."[28] Dennoch gelang es im Herbst 2011 dem sächsischen Staatskanzleichef nicht, seinen Wunschkandidaten, den Chefredakteur der *Leipziger Volkszeitung,* für das Amt des Intendanten durchzusetzen. Der MDR-Rundfunkrat ließ den vom Verwaltungsrat nominierten, als CDU-nah geltenden Bernd Hilder in geheimer Wahl durchfallen. Im Nachhinein lässt sich nur spekulieren, inwieweit dabei eine Rolle gespielt hat, dass der Favorit der sächsischen Staatskanzlei ein im Westen geborener Zeitungsjournalist war und sich die Länder Sachsen-Anhalt und Thüringen bei dieser Personalie übergangen fühlten. Zur Intendantin gewählt wurde schließlich die Juristische Direktorin des MDR, die in Sachsen geborene Karola Wille.

Als ausgesprochen vielfältig und zahlreich stellt sich die privatwirtschaftliche Konkurrenz dar, denn die Dichte an TV-Sendern in Sachsen sucht ihresgleichen. Fast jeder zweite Einwohner kann mindestens ein privates lokales Fernsehprogramm empfangen. Die Sächsische Landesanstalt für privaten Rundfunk und neue Medien (SLM) hat für den Freistaat insgesamt 59 lokale und regionale Fernsehprogramme lizenziert. 27 dieser

---

28 Der Spiegel, Nr. 33/2011, S. 79.

Sender besitzen eine technische Reichweite von mehr als 10 000 Haushalten.[29] Die größten Stationen *Dresden-Fernsehen, Leipzig-Fernsehen* und *Chemnitz-Fernsehen* strahlen ihr Programm für diese drei Ballungsräume aus. Damit kommt Sachsen die Rolle als „Vorreiter in Sachen Lokalfernsehen"[30] zu. Allzu hohe journalistische Maßstäbe sollte man allerdings nicht überall anlegen. Viele Sender wiederholen ihr Programm recht häufig in „Schleifen", andere zeigen vorwiegend Tafeln mit Text und Bild. Manche dieser Programme werden seit 20 Jahren von journalistischen und technischen Tüftlern produziert. Gerade für kleinere Stationen mit geringer Reichweite ist die finanzielle Lage oftmals prekär, weil sich das private Fernsehen allein durch Werbeeinnahmen finanziert. Angesichts sinkender Einwohnerzahlen vor allem auf dem Land ist die Zukunft vieler Sender ungewiss.[31] Die Subregionalisierung der privaten Fernsehlandschaft stößt hiermit an finanzielle Grenzen. Dies ist bedauerlich, weil die identitätsstiftenden lokalen Programme vielerorts eine – wenn auch bescheidene – Ergänzung zur regionalen Tageszeitung sind. In einer von der Sächsischen Landesanstalt für privaten Rundfunk und neue Medien (SLM) in Auftrag gegebenen Studie wird die Qualität des Informationsangebotes des Ballungsraumfernsehens gewürdigt, das mit den Angeboten der Tageszeitungen und des öffentlich-rechtlichen Regionalprogramms mithalten könne.[32] Die SLM spricht von „markanter publizistischer Leistung" des Ballungsraumfernsehens (Leipzig, Dresden, Chemnitz), bezieht dabei aber die lokalen Programme nicht mit ein. Der Qualitätsunterschied ist schlicht zu groß.

Basis des Erfolgs der regionalen und subregionalen Sender ist, dass im überregionalen Fernsehprogramm der Bundesrepublik Deutschland spezifisch ostdeutsche Themen kaum präsent sind. Nur 1,3 Prozent der untersuchten nonfiktionalen Beiträge von ARD, ZDF oder RTL behandelten Themen wie Flucht aus der DDR, friedliche Revolution, Stasi-Aufarbeitung oder tagesaktuelle Ereignisse in den ostdeutschen Ländern. Im regionalen Programm des *Mitteldeutschen Rundfunks* machen diese Themen einen Anteil von 11 Prozent aus. Zu diesem Ergebnis kommt die Studie „Mediale Vereinigung – Wo bleibst Du, Ostdeutschland?" des Instituts für Kommunikations- und Medienwissenschaft der Universität Leipzig. Lediglich Jubiläen wie der 20. Jahrestag der Wiedervereinigung würden von den überregionalen Programmen umfassend behandelt.[33]

Marktführer – mit großem Abstand – unter den sächsischen Hörfunksendern ist *MDR 1 Radio Sachsen*. Alle MDR-Programme zusammen bringen es im Freistaat werktags auf einen Höreranteil von 45,7 Prozent. Werktags schalten pro Stunde mit Werbung

---

29   Vgl. http://www.slm-online.de (Stand: 22. November 2012).
30   Peter Stawowy (Anm. 18), S. 95.
31   Vgl. ebd., S. 95.
32   Vgl. Wolfgang Donsbach/Anne-Marie Brade u. a.: Publizistischer Mehrwert von privatem Ballungsraumfernsehen, Berlin 2011, S. 10 f.
33   Vgl. „Studie: Ost-Themen kaum im überregionalen TV präsent", Evangelischer Pressedienst, Meldung Nr. 089 vom 4. Mai 2011. Ausgewertet wurde die Berichterstattung im Jahr 2010 über einen Zeitraum von mehreren Wochen.

415 000 Hörer zwischen 6.00 und 18.00 Uhr ein. Neben landesspezifischen Informationen ist das Programm gekennzeichnet durch eine im Sendegebiet nahezu einzigartige und damit konkurrenzlose Musikmischung aus deutschen Schlagern und internationalen Oldies. Die auf Werbeeinnahmen angewiesenen Privatradios zielen mit ihrer Musikmischung auf ein deutlich jüngeres Publikum und machen sich dabei untereinander Konkurrenz. Auf Platz zwei in der sächsischen Hörergunst rangiert der Privatsender *Radio PSR,* der 215 000 Hörer in der Stunde verzeichnet. *Hitradio RTL* hat 181 000 Hörer pro Stunde. Die sächsische Lokalradiokette mit Stationen in Dresden, Leipzig, Chemnitz, Zwickau sowie in der Lausitz, im Vogtland und im Erzgebirge kommt auf 159 000 Hörer. Die große Reichweite des sächsischen MDR-Radios weist zugleich auf deutliche Disparitäten in der Nutzung der MDR-Programme hin: Die Kulturwelle *MDR Figaro,* die Nachrichtenwelle *MDR info* sowie die Jugendwellen *Jump* und *Sputnik* werden deutlich seltener eingeschaltet.[34]

Der „Heimatsender", wie *MDR 1 Radio Sachsen* sich selbst nennt, ist auf „aktuelle Themen aus Sachsen und Darstellung von Ereignissen und Sachverhalten aus sächsischer Sicht" ausgerichtet.[35] Diese Maxime gilt für das Fernsehen: „Regionalität ist Auftrag und Erfolgsgarant für den MDR zugleich. Eine starke regionale Verankerung betrifft dabei nicht nur die Sendungen der Landesfunkhäuser, sondern alle Fernsehsendungen".[36] Im Freistaat Sachsen genießt der *Mitteldeutsche Rundfunk* eine herausgehobene Bedeutung im Mediensystem. Unbeschadet der Rechtsprechung des Bundesverfassungsgerichts, das in seinen Urteilen zumeist dem öffentlich-rechtlichen Rundfunk den Rücken stärkt, garantiert die sächsische Landesverfassung in Art. 20 den Bestand und die Fortentwicklung des öffentlich-rechtlichen Rundfunks.

---

4 Fallbeispiele Politik und Medien in Sachsen

Kritischer und zugleich verantwortungsvoller Journalismus ist im hektischen Mediengeschäft und angesichts eines harten publizistischen Wettbewerbs nicht immer an der Tagesordnung. Definiert das Grundgesetz die Pressefreiheit im wesentlichen als ein Abwehrrecht, so geht das Sächsische Gesetz über die Presse (SächsPresseG) darüber hinaus und konkretisiert in § 5 die Pressefreiheit, indem es eine journalistische Sorgfaltspflicht postuliert: „Die Presse hat alle Nachrichten vor ihrer Verbreitung mit der nach den Umständen gebotenen Sorgfalt unter Berücksichtigung von Herkunft und Inhalt auf ihre Wahrheit hin zu prüfen." Ähnliche Formulierungen finden sich in anderen Landespressegesetzen. Nicht immer scheinen Journalisten des Lesens mächtig, wie der „Fall Joseph" zeigt.

---

34 Angaben nach Mediaanalyse 2011 Radio I (Arbeitsgemeinschaft Media-Analyse e. V.)
35 Leitlinien für die Programmgestaltung des MDR 2011/2012, S. 7.
36 Ebd., S. 15.

Die ostsächsische Kleinstadt Sebnitz geriet im November des Jahres 1999 unfrei-
willig in die Schlagzeilen. Den Anfang machte die *Bild-Zeitung:* „Neonazis ertränken
Kind. Am helllichten Tag im Schwimmbad. Keiner half. Und eine ganze Stadt hat es
totgeschwiegen." Was war passiert? Im Juni 1997 wurde der sechsjährige Joseph Abdulla, Sohn eines irakischen Apothekers und einer Westdeutschen, Renate Kantelberg-
Abdulla, im Freibad von Sebnitz tot aufgefunden. Die Behörden stellten einen Badeunfall fest. Die Eltern ließen ein Gutachten des Kriminologischen Forschungsinstituts
Niedersachsen erstellen. Darin fanden sich Hinweise auf Zeugenaussagen, nach denen
Rechtsextremisten den sechsjährigen Jungen gequält und getötet hätten.[37] Die *Bild-Zei-
tung* griff die unbestätigten Zeugenaussagen und die Vorwürfe der Mutter auf: „Kleiner
Joseph – gegen 50 Neonazis hatte er keine Chance".

In den nächsten beiden Tagen vergaßen selbst überregionale Qualitätszeitungen die
im Hinblick auf journalistische Verantwortung und Recherchepflicht geltenden Min-
deststandards und produzierten u.a. folgende Überschriften: „Sebnitz in Sachsen: Der
stille Tod eines Kindes – Erstickt in den Wellen des Schweigens" *(Süddeutsche Zeitung);*
„Badeunfall erweist sich als rassistischer Mord" *(Tageszeitung);* „„Na, mach's endlich,
schmeiß ihn schon rein' – Die ganze Gruppe lachte und guckte zu" *(Frankfurter Allgemeine Zeitung). Die Welt* schrieb: „300 Menschen können zusehen, wie rund 50 Jugendliche einen Jungen grausam misshandeln, ihn ins tiefe Wasser werfen und dort weiter
quälen."[38] Eine von der Sächsischen Staatskanzlei in Auftrag gegebene Studie der Technischen Universität Dresden kommt zu dem Ergebnis, dass 43 Prozent der Artikel die
vermuteten Ereignisse zunächst als Tatsache darstellen.[39] Dem Druck der Schlagzeilen
konnte sich offensichtlich auch die sächsische Justiz nicht entziehen: Drei junge Sebnitzer wurden überstürzt als Tatverdächtige festgenommen und wie Schwerverbrecher
nach Dresden verfrachtet – zu Unrecht, wie sich später herausstellte. Das Kind war weder ertränkt noch ins Wasser geschubst worden. Joseph starb an einem Herzanfall.

Die einheimischen Journalisten hielten sich mit einseitigen Schuldzuweisungen zurück – im Gegensatz zu den bundesweit erscheinenden Zeitungen. Die Dresdner Studie
kommt zu dem Schluss: Die sächsischen und ostdeutschen Regionalzeitungen zeichne-
ten das am wenigsten negative Bild von Sebnitz.[40] Die ungeheuerlichen Anschuldigungen wurden selten als Tatsache ausgeben. Den Verdachtscharakter betonten 78 Prozent
der ostdeutschen Printmedien.[41] Auch der *Mitteldeutsche Rundfunk* hielt sich in seiner breiten Berichterstattung über den „Fall Joseph" mit unrecherchierten Behauptungen zurück.

---

37 Vgl. Der Spiegel, Nr. 48/2000.
38 Zitiert nach einer Studie der Technischen Universität Dresden im Auftrag der Sächsischen Staatskanz-
    lei: Wolfgang Donsbach/Anja Willkommen: Ein bemerkenswerter Fall. Joseph, Sebnitz und die Presse,
    Dresden 2001, S. 43–54.
39 Vgl. ebd., S. 22.
40 Vgl. ebd., S. 39.
41 Vgl. ebd., S. 35.

Wie konnte es überhaupt zu diesem Sündenfall des – durchaus unter Zeitdruck stehenden – tagesaktuellen Journalismus kommen? Vermutlich waren viele Journalisten aus dem Westen den eigenen Klischees erlegen. Die Ingredienzen eines Aufmachers präsentierten sich ihnen ja auch nahezu idealtypisch: ostdeutsche Provinz mit „rechter Szene", ein irakisch-westdeutsches Ehepaar, das dumpf angefeindet wird, ein ausländisch aussehendes Kind etc. So erschien gerade den überregionalen Medien und weit entfernt von Sachsen beheimateten Redaktionen ein rassistischer Mord durchaus vorstellbar. Wenn die seit langem in Sachsen tätigen Journalisten nicht wie Pawlows Hund darauf angebissen hatten, lag das vielleicht an ihrer gründlicheren Arbeitsweise, vor allem wohl daran, dass sie sich solche Ungeheuerlichkeiten nicht vorzustellen vermochten. Man mag das als fehlende Distanz kritisieren, kann es aber ebenso Regionalkompetenz nennen.

Die Binnen- und Außenwahrnehmung des Freistaates Sachsen war in den 1990er Jahren untrennbar mit der Person des Ministerpräsidenten Kurt Biedenkopf verbunden. Ihm gelang es, das Selbstbewusstsein der Sachsen deutlich zu stärken, indem er sie ermutigte, stolz auf die eigenen Leistungen zu sein. Biedenkopf wirkte identitätsstiftend. Spätestens nach der triumphal gewonnenen Landtagswahl vom 19. September 1999 stellte sich für die sächsische CDU jedoch die Kandidatenfrage, die zeitgleich in der Presse und in der Partei debattiert wurde. Kaum jemandem erschien es realistisch, dass im Jahr 2004 ein dann fast 75 Jahre alter Kurt Biedenkopf erneut als Spitzenkandidat antreten könnte. Nach seinem pompös gefeierten 70. Geburtstag im Januar 2000 traf der Ministerpräsident keine klaren Aussagen über den Zeitpunkt der unausweichlichen Machtübergabe und die dafür in Frage kommenden Personen. Hinter vorgehaltener Hand machten CDU-Politiker ihrem Unmut gegenüber den landespolitischen Journalisten Luft. Niemand wollte sich zitieren lassen. Das beiderseitige Vertrauensverhältnis trug dazu bei, dass tatsächlich kein Christdemokrat ungewollt als „Königsmörder" Schlagzeilen machte. Für die Journalisten war dies auf Dauer eine unbefriedigende Situation, weil sie nicht jeden Tag von neuem öffentlich spekulieren konnten – ohne zitierfähige Neuigkeiten. Für die Biedenkopf-kritischen und zögerlichen CDU-Politiker ging die Nachfolgedebatte nicht schnell genug voran, weil die öffentliche Berichterstattung ihrer Meinung nach nicht parteilich genug war. Im Mai 2000 preschte schließlich der ehemalige Bürgerrechtler Arnold Vaatz vor. 1998 desillusioniert aus der Landesregierung ausgeschieden und seitdem CDU-Bundestagsabgeordneter, forderte er Kurt Biedenkopf über die Medien auf, den Weg für einen Nachfolger frei zu machen und nicht die gleichen Fehler wie Helmut Kohl zu begehen.[42] Damit wurde die Nachfolgedebatte öffentlich.

Sie erreichte im Januar 2001 einen vorläufigen Höhepunkt. Die Klausur der CDU-Landtagsfraktion am 24. Januar 2001 wäre ohne mediale Begleitung anders verlaufen.

---

42 Vgl. Sven Siebert: Sticheln und Stänkern im Sturzflug – Vaatz rechnet mit Biedenkopf ab, in: Leipziger Volkzeitung vom 17. Mai 2000.

Biedenkopfs langjähriger Vertrauter Fritz Hähle sollte auf dieser Sitzung für die nächsten zwei Jahre als Vorsitzender bestätigt werden. Zunächst hinter verschlossenen Türen und vor der Fraktion brüskierte Biedenkopf seinen einstigen Intimus und langjährigen Finanzminister Georg Milbradt, indem er aus einem Vier-Augen-Gespräch zitierte: „Herr Milbradt hat keinen Zweifel daran gelassen in diesem Gespräch, dass er der Auffassung sei, Herr Hähle müsse abgelöst werden."[43] Biedenkopf kündigte zugleich, um seinen Wunschkandidaten zu unterstützen, den eigenen Rückzug an. Er wolle rechtzeitig vor der nächsten Landtagswahl für einen Übergang des Amtes auf einen Nachfolger und damit für einen Generationswechsel sorgen. Zu einem nicht näher bestimmten Zeitpunkt nach der Bundestagswahl wolle er Ende 2002, Anfang 2003 aus dem Amt scheiden.[44] Unmittelbar nach dieser Fraktionsklausur sagte Biedenkopf einem Journalisten, Georg Milbradt sei ein „hochbegabter Fachmann, aber miserabler Politiker". Er fand diese Aussage tags darauf in der *Leipziger Volkszeitung* wieder[45] – ob gewollt oder ungewollt. Die Dementis und Bestätigungen überschlugen sich. Eine Woche nach dieser Fraktionsklausur mit ungewohnt starker Medienöffentlichkeit entließ Biedenkopf seinen Finanzminister wegen unterschiedlicher Auffassungen in der Nachfolgefrage, so die Begründung.

Im Frühjahr 2001 gerieten die Wohnverhältnisse des Ministerpräsidenten plötzlich in den Mittelpunkt der politischen Auseinandersetzung. Opposition und Medien befassten sich ausführlich mit der „Dienstvilla" sowie dem „Büro Ingrid Biedenkopf".[46] Worum ging es? Das Ehepaar Biedenkopf wohnte von 1991 an im Dresdner Gästehaus des Freistaates in der Schevenstraße 1, anfangs mit einigen Ministern, Staatssekretären und zeitweise mit Verwandten. Diese „Dresdner Regierungskommune" der Aufbaujahre wurde in den regionalen und überregionalen Medien zuerst mit großer Sympathie beschrieben. Die Gespräche über Haushaltsdetails beim Frühstücksei galten als Politik neuen Stils. Biedenkopf zahlte in den ersten Jahren keine Miete für die Villa und verzichtete dafür auf die ihm laut Sächsischem Ministergesetz zustehende Wohnungsentschädigung in Höhe von monatlich 1200 DM. Von 1997 an zahlte der Ministerpräsident eine für Dresdner Verhältnisse günstige Miete.[47] Bedingt durch die kritische Berichterstattung über die Causa Schevenstraße sank das zuvor sehr hohe Ansehen des Ministerpräsidenten. Im Juni 2001 erklärten sich „nur" noch knapp zwei Drittel der Sachsen mit der Politik von Biedenkopf einverstanden, 30 Prozent waren mit seiner Arbeit unzu-

---

43 Kurt Biedenkopf, in: Protokoll der Fraktionsklausur der sächsischen CDU am 24. Januar 2001 (unveröffentlichtes Manuskript), Dresden 2001.
44 Vgl. ebd.
45 Vgl. Sven Siebert: Biedenkopf kanzelt Milbradt ab, in: Leipziger Volkszeitung vom 25. Januar 2001.
46 Vgl. etwa Bernhard Honnigfort: Die kleine FDP will der „Lamu" auf die Finger sehen. Sachsens Liberale fragen nach der Tätigkeit von Kurt Biedenkopfs Gattin Ingrid, in: Frankfurter Rundschau vom 21. März 2001; Stefan Rössel: Biko: Villa wohnen – Platte zahlen, in: Dresdner Morgenpost vom 4. April 2001; Reiner Burger: Wer bezahlt den Gärtner? Fragen an den sächsischen Ministerpräsidenten Biedenkopf, in: Frankfurter Allgemeine Zeitung vom 4. April 2001.
47 Der Mietzins betrug aufgrund eines Nutzungsüberlassungsvertrages 1857,03 DM für 155 Quadratmeter.

frieden.[48] In der „Sonntagsfrage" (Parteipräferenz bei der Landtagswahl) verfehlten die Christdemokraten die absolute Mehrheit.[49]

Eine ähnliche Affäre verschärfte die Rücktritts- und Nachfolgediskussion. In der Vorweihnachtszeit des Jahres 2001 wurde ruchbar, das Ehepaar Biedenkopf habe im Möbelhaus IKEA für seine privaten Einkäufe einen Rabatt in Höhe von 15 Prozent erhalten. Der angeschlagene Ministerpräsident machte in den regionalen wie überregionalen Zeitungen Schlagzeilen: „Biedenkopf entdeckt die Möglichkeiten"[50]; „Da weint der Elch: Die Biedenkopfs beim Möbelkauf"[51]; „Landesmutter reizt Rabattgesetz aus"[52]; „Rabatt-Biko wieder auf Schnäppchenjagd"[53]. Als sich Biedenkopf angesichts dieses verheerenden Medienechos in einer Fraktionssitzung für sein Verhalten entschuldigte, wurde zugleich öffentlich die Frage nach dem Zeitplan für seinen Rückzug aufgeworfen.[54]

Schließlich forderte der sächsische CDU-Generalsekretär und Milbradt-Vertraute Hermann Winkler den Rücktritt des Ministerpräsidenten: „Herr Biedenkopf sollte zurücktreten. Ich habe keine Lust, im Bundestagswahlkampf statt über gescheiterte rotgrüne Politik mit den Leuten über Biedenkopfs Rabatte zu diskutieren."[55] Winkler dementierte zwar einen Tag später,[56] aber die Rücktrittsforderung aus den eigenen Reihen war auf dem Tisch. Vier Monate später trat Kurt Biedenkopf zurück. Der Sächsische Landtag wählte Georg Milbradt zum neuen Ministerpräsidenten. Hätte die CDU unbedingt geschlossen an „König Kurt" festhalten wollen, wäre auch die eindeutig Biedenkopf-kritische Berichterstattung der heimischen Medien am Ende wirkungslos verpufft. Doch die fehlende Geschlossenheit der „Sächsischen Union" begünstigte den Rückzug Biedenkopfs. Die Presse hatte sich auf ihn „eingeschossen" und seinen Gegner Milbradt schon vor dessen Wahl zum Parteivorsitzenden als Favoriten ausgemacht. Es ist eine Ironie der Geschichte, dass sechs Jahre später – im April 2008 – Ministerpräsident Milbradt im Zuge der Affäre um die Landesbank Sachsen zurücktreten musste. Die Unterstützung der sächsischen Presse hatte er zu diesem Zeitpunkt – bis auf wenige Ausnahmen – längst verloren.

---

48 Vgl. TNS EMNID: Winter-Politbarometer Freistaat Sachsen. Dezember 2001, Bielefeld 2002, S. 25.
49 Vgl. ebd., S. 27.
50 Sächsische Zeitung vom 8. Dezember 2001.
51 Dresdner Morgenpost vom 9. Dezember 2001.
52 Freie Presse vom 10. Dezember 2001.
53 BILD-Zeitung vom 10. Dezember 2001.
54 Vgl. etwa Jens Schneider: Sächsischer Amtsbonus, in: Süddeutsche Zeitung vom 13. Dezember 2001; Reiner Burger: Biedenkopf denkt über Rücktritt nach, in: Frankfurter Allgemeine Zeitung vom 13. Dezember 2001; Sven Heitkamp: Wie lange noch? Biedenkopf und sein ramponierter Ruf, in: Leipziger Volkszeitung vom 13. Dezember 2001.
55 Vgl. Andreas Harlass: Hat Biedenkopf sein Kabinett belogen?, in: Bild am Sonntag vom 16. Dezember 2001.
56 Vgl. Hubert Kemper: Sächsischer CDU-Generalsekretär rudert zurück, in: Freie Presse vom 17. Dezember 2001.

Das Verhältnis zwischen den Sprechern der Sächsischen Staatsregierung und den Journalisten der Landespressekonferenz ist über lange Phasen als schwierig bis angespannt zu bezeichnen. Schon mehrfach haben die Politikjournalisten im Freistaat mit dem Negativpreis „Tonstörung" die Informationsarbeit staatlicher Stellen kritisiert.[57] So erhielt 2006 die sächsische Regierungssprecherin diesen wenig begehrten Preis für „nicht nachvollziehbare Auskunftsverweigerung und [...] wiederholte Absage von Terminen und Pressekonferenzen".[58] Eine ähnliche Verletzung des Informationsrechts beklagte die Landespressekonferenz zwei Jahre später und verlieh die „Tonstörung" an die Sächsische Staatskanzlei im Ganzen.[59]

Dabei könnte alles so einfach sein: Das zum 1. Januar 2006 in Kraft getretene Informationsfreiheitsgesetz des Bundes (IFG-Bund) konkretisiert das Grundrecht auf Informationsfreiheit nach Art. 5 Abs. 1 GG. Es berechtigt jeden Bürger, und damit auch jeden Journalisten, Unterlagen öffentlicher Stellen einzusehen und Informationen aus Akten und anderen Datenträgern zu verlangen. Anspruchsverpflichtet nach § 1 Abs. 1 IFG-Bund sind sämtliche Bundesbehörden. Neben den Organen der Exekutive zählen dazu auch Bundestag, Bundesrat, Bundesverfassungsgericht, die Bundesgerichte und der Bundesrechnungshof. Persönliche Betroffenheit oder eine Begründung sind für einen Antrag nicht erforderlich. Grundsätzlich ist jede amtliche Information zugänglich. Verweigert eine Behörde Auskünfte, muss sie dies mit Blick auf die Ausnahmeregelungen begründen. Im Gegensatz zu den Bestimmungen in den Landespressegesetzen ist grundsätzlich Akteneinsicht möglich. Journalisten, die sich bei ihren Recherchen auf ein IFG berufen wollen, finden in den einzelnen Ländern jedoch unterschiedliche Arbeitsbedingungen vor, denn der Geltungsbereich des IFG-Bund umfasst lediglich Bundesbehörden.

Die meisten Länder haben eigene Informationsfreiheitsgesetze verabschiedet. Als einziges ostdeutsches Land lehnt Sachsen weiterhin die Einführung eines Informationsfreiheitsgesetzes ab – mit Verweis auf den Datenschutz und die mangelnde Notwendigkeit eines solchen Gesetzes.[60] Will ein Journalist unter Berufung auf das IFG-Bund Akten einer Bundesbehörde einsehen, kann er das in jedem Bundesland tun, in dem die Behörde ihren Sitz oder eine Dienststelle unterhält. Will er bei Landesbehörden oder kommunalen Organen recherchieren, wird seinem Ersuchen auf Akteneinsicht nur in den Ländern mit eigenem Informationsfreiheitsgesetz, also z. B. in Brandenburg, nicht in Sachsen, stattgegeben.

„Sehr geehrte Kolleginnen und Kollegen! Sie haben zum Teil vergeblich versucht, mich zu erreichen. Ich möchte Ihnen hinsichtlich der heutigen Anfragen mitteilen, dass sich das sächsische Finanzministerium aktuell nicht zum Themenkomplex Sachsen LB

57 Vgl. Peter Stawowy (Anm. 18), S. 42 f.
58 Pressemitteilung der Landespressekonferenz Sachsen e. V. vom 21. Dezember 2006.
59 Vgl. Pressemitteilung der Landespressekonferenz Sachsen e. V. vom 22. Januar 2009.
60 Vgl. Sächsischer Landtag: Drucksachen 3/2394 (SPD-Gesetzentwurf) und 3/5224 (Ausschussempfehlung).

äußert und bitte herzlich um Ihr Verständnis."[61] Diese E-Mail erreichte die Journalisten der Landespressekonferenz Sachsen e. V. auf dem Höhepunkt der Krise der Sächsischen Landesbank im August 2007, als die staatseigene Bank insolvent war und der Finanzminister Horst Metz (CDU) zurücktrat. Der Pressesprecher des sächsischen Finanzministeriums gab keine Auskünfte und begründete dies nicht einmal mehr. An ein Fernsehinterview war zu diesem Zeitpunkt nicht zu denken.

Dabei ist die Auskunftspflicht der Behörden gegenüber Journalisten in den Landespresse- bzw. Landesmediengesetzen eindeutig geregelt. Das Sächsische Pressegesetz bestimmt in § 4 (Informationsrecht der Presse) die Voraussetzungen, den Gegenstand sowie die Schranken des Auskunftsanspruchs und bezeichnet die Auskunftsberechtigten sowie die Auskunftsverpflichteten. Danach sind die Behörden verpflichtet, den Vertretern der Presse gegenüber Auskünfte zu erteilen, die der Erfüllung ihrer öffentlichen Aufgabe dienen. Ob die geforderte Auskunft tatsächlich notwendig ist, um die öffentliche Aufgabe der Medien zu erfüllen, ist irrelevant. Journalisten brauchen ihre Anfragen gegenüber den Behörden nicht zu begründen.[62] Allerdings müssen die Vertreter der Medien von sich aus tätig werden, wenn sie etwas erfahren wollen. Allein die Journalisten tragen die Verantwortung für die Art und den Inhalt der weiterverbreiteten Auskünfte.[63]

Anspruchsberechtigt sind sämtliche Vertreter der Presse, die sich als solche ausweisen. Dabei darf nicht zwischen Marktführern und Nischenanbietern oder „politischen" und „bunten" Medien unterschieden werden. Die *Frankfurter Allgemeine Zeitung* wird ebenso behandelt wie die Königshäuser-Postille *Das Goldene Blatt*, der *Mitteldeutsche Rundfunk* ebenso wie das *Kabeljournal Flöha* im Erzgebirge. Entscheidendes Kriterium ist die journalistische Tätigkeit. Soweit der Terminus „Vertreter der Presse" im Gesetz benutzt wird, sind damit auch Vertreter der audiovisuellen Medien gemeint. Im Sächsischen Pressegesetz wird – wohl der guten Ordnung halber – der Rundfunk eigens und gleichberechtigt neben den Vertretern der Presse erwähnt.

Was das Kommunikationsverhalten von Journalisten und Staatsdienern angeht, stoßen zwei Welten aufeinander. Der Auskunftsanspruch der Medien und ihr damit verbundenes Interesse an Information kollidiert mit der grundsätzlichen Verschwiegenheitspflicht der Beamten.[64] Der Behördenleiter entscheidet, wer den Medien Auskunft gibt. Zur Auskunft verpflichtet ist nicht der mit dem jeweiligen Gegenstand besonders vertraute Sachbearbeiter, sondern der vom Behördenleiter dafür Bestimmte.[65] Auch über die Form der Auskunft entscheidet der Behördenleiter, der dabei allerdings einen geeigneten Weg wählen sollte. Fraglich ist, ob der Journalist ein Interview verlangen

---

61 Sächsisches Staatsministerium der Finanzen: Mitteilung vom 24. August 2007.
62 Vgl. Dorothee Boelke: Presserecht für Journalisten, München 2005, S. 72.
63 Vgl. Jörg Soehring: Presserecht, 3. Aufl., Stuttgart 2000, Randnummer 4.36.
64 Vgl. ebd., Randnummern. 4.14 – 4.16.
65 Martin Löffler: Presserecht. Kommentar zu den Landespressegesetzen, 5. Aufl., München 2006, § 4 LPG, Rn. 61 f.

kann oder sich mit einer, wenn auch ausführlich auf seine Fragen eingehenden Pressemitteilung begnügen muss. Behörden sind nur zu Auskünften, d. h. zu Sachinforma-
tionen, verpflichtet. Einschätzungen, Bewertungen und Kommentare jeder Art, die für
Journalisten oftmals viel wichtiger als Sachauskünfte sind, können mit dem Hinweis auf
die Auskunftspflicht nicht erzwungen werden.[66]

Dem journalistischen Auskunftsbegehren setzen nach § 4 Abs. 2 des Sächsischen
Pressegesetzes ferner Vorschriften über die Geheimhaltung und über den Persönlich-
keitsschutz klare Grenzen. Redakteure des *Spiegel* und der *Welt* mussten dies erfahren,
als sie sich näher mit der DDR-Vergangenheit des sächsischen Ministerpräsidenten
Stanislaw Tillich befassten. Dieser hatte in seiner offiziellen Biografie ursprünglich nicht
seine Tätigkeit im Jahr 1989 als stellvertretender Vorsitzender des Rates des Kreises Kamenz erwähnt. *Der Spiegel* und andere Zeitungen verlangten darauf die Herausgabe
des Fragebogens, den Tillich einst anlässlich seiner Ernennung zum sächsischen Minister für Bundes- und Europaangelegenheiten ausgefüllt hatte. Die Staatskanzlei ver-
weigerte dies mit dem Hinweis darauf, dass es sich um vertrauliche Personalangelegen-
heiten handele. Dagegen klagten *Der Spiegel* und *Die Welt* vor dem Verwaltungsgericht.
Sie beriefen sich dabei auf § 4 des Sächsischen Pressegesetzes. Die Richter gaben dem
Auskunftsanspruch der Presse statt. Die Staatskanzlei informierte nicht nur die Klage-
parteien über die bislang geheim gehaltenen Antworten des Ministerpräsidenten, sondern veröffentlichte auch den kompletten Personalfragebogen. Tillichs Popularität taten
der Inhalt und die Auseinandersetzung mit den einflussreichen Presseorganen keinen
Abbruch. Die Sachsen solidarisierten sich eher mit dem Ministerpräsidenten gegen
die Journalisten jener Blätter, deren Chefredaktionen in Hamburg und Berlin behei-
matet sind.

5 „Sächsischer Weg"?

Von einem „sächsischen Weg" in der deutschen Medienlandschaft lässt sich nicht ohne
weiteres sprechen. Die friedliche Revolution in der DDR ging zwar im Wesentlichen
von Sachsen aus, aber publizistische Organe, die in dieser Zeit entstanden, haben nicht
überlebt. Die Medienlandschaft in Sachsen sieht nicht mehr so aus, als hätten ausgerechnet hier die größten Montagsdemonstrationen stattgefunden. Um sich über das politische Geschehen zu informieren, lesen die Bürger vor allem die ehemaligen Bezirkszeitungen der SED. Das mag gerade im Kernland der friedlichen Revolution auf den
ersten Blick überraschen, aber eine Erklärung erscheint plausibel: „Es war irrig zu glau-
ben, die Leser wenden sich von den alten Zeitungen angewidert ab, nur weil die vorher

---

66   Vgl. Jörg Soehring (Anm. 63), Randnummer 4.40.

in SED-Besitz waren. Die Zeitungen vollzogen ja parallel wie viele ihrer Leser den gesellschaftlichen Wandel sehr schnell mit."[67]

Auch wenn noch Redakteure aus der Zeit vor der friedlichen Revolution bei diesen Blättern arbeiten, so haben sich doch die Inhalte in der Tat deutlich gewandelt, wenngleich es gewisse (n)ostalgische Tendenzen gibt. Interessanterweise gehören in Sachsen, wo die CDU seit 1990 den Ministerpräsidenten stellt, zwei Zeitungen zum Teil der SPD. Bei Wahlen haben sich diese publizistischen Beteiligungen bislang nicht sonderlich positiv für die Sozialdemokraten ausgewirkt. Die Redakteure der SZ und der LVZ sind eigenständig genug, sozialdemokratische Politik kritisch zu betrachten.

In Sachsen sind Medien vor allem dann erfolgreich, wenn sie sich mit regionalen und lokalen Themen befassen. Der starke Bezug der Mediennutzer auf Informationen aus ihrem eigenen, überschaubaren Umkreis lässt auf eine starke Identifikation mit der Heimat schließen, trägt zugleich einen Hauch Provinzialität in sich. Zudem gelingt es den im Westen Deutschlands erscheinenden überregionalen Tages- und Wochenzeitungen sowie den Magazinen nicht immer, Komplexität so weit zu reduzieren, dass der ostdeutsche Leser das Produkt annimmt.

Die Zeitungen in Sachsen dürften weiterhin an Auflage verlieren. Das ist kein hiesiges Spezifikum. Noch nicht absehbar ist, ob die Verlage einen Teil der Gewinneinbußen durch kostenpflichtige Online-Inhalte ausgleichen können. Im Moment spricht wenig dafür, dass Nutzer bereit sind, für Informationen im Netz zu zahlen, zumal der gebührenfinanzierte MDR ein umfangreiches und kostenloses Online-Angebot bietet. Mit dem 12. Rundfunkänderungsstaatsvertrag wurde der Internet-Auftritt der öffentlich-rechtlichen Sender zwar beschränkt, aber zugleich als Auftrag festgeschrieben.

---

67 Hans-Jörg Stiehler (Anm. 17), S. 81.

Kapitel 13
Demografie und Sozialstruktur

1 Sozialstruktur und Demografie in Deutschland

Die Bevölkerungsentwicklung in Deutschland hat sich – nicht erst, aber vermehrt – seit der Wiedervereinigung zum öffentlichen Dauerthema entwickelt. Vor allem die Überalterung der Bevölkerung, der Wandel hin zu einer multiethnischen Gesellschaft und die anhaltenden Unterschiede zwischen Ost und West stehen im Mittelpunkt unzähliger, teilweise schriller Veröffentlichungen, die vor den dramatischen Auswirkungen und Folgen der demografischen Veränderungen warnen.[1] Die meisten Erkenntnisse, (je nach Perspektive) als sensationell, kontrovers oder schlicht falsch bewertet, entpuppen sich bei genauerem Hinsehen als wenig innovativ. Vor zwei Jahrzehnten formulierte der Soziologe Rainer Geißler in der Erstauflage seines Standardwerks zur Sozialstruktur in Deutschland Überalterung, Zuwanderung und Binnenwanderungsströme als Grundlinien der langfristigen Bevölkerungsentwicklung.[2] Bundesweit halten diese Trends, teils verstärkt, teils abgeschwächt, nach wie vor an, prägen allerdings in unterschiedlichem Ausmaß die Sozialstruktur der Regionen und Länder.[3]

Die Analyse von Sozialstruktur und Bevölkerungsentwicklung setzt zunächst eine Auswahl der zu untersuchenden Teilbereiche voraus. Beide Begriffe sind verwandt, aber nicht identisch. Sozialstruktur bezeichnet die Gesamtheit an dauerhaften, aber stän-

---

1 Siehe u. a. Frank Schirrmacher: Das Methusalem-Komplott. Die Macht des Alterns – 2004–2050, München 2004; Günther Lachmann: Von Not nach Elend. Eine Reise durch deutsche Landschaften und Geisterstädte von morgen, München 2008; Thilo Sarrazin: Deutschland schafft sich ab. Wie wir unser Land aufs Spiel setzen, München 2010.

2 Vgl. Rainer Geißler: Die Sozialstruktur Deutschlands. Ein Studienbuch zur gesellschaftlichen Entwicklung im geteilten und vereinten Deutschland, Bonn 1992, S. 165, 302–304.

3 Vgl. Insa Cassens/Marc Lucy/Rembrandt Scholz (Hrsg.): Die Bevölkerung in Ost- und Westdeutschland. Demografische, gesellschaftliche und wirtschaftliche Entwicklungen seit der Wende, Wiesbaden 2009.

dig wandelbaren Grundlagen und Handlungszusammenhängen der sozialen Beziehungen in einer Gesellschaft. Diese umfassen – je nach Theorietradition und Erkenntnisinteresse – unterschiedliche Dimensionen, wobei der Faktor Bevölkerungsentwicklung einen hohen Stellenwert innerhalb der Sozialstrukturanalyse einnimmt.[4] Zudem prägen vor allem Aspekte gesellschaftlicher Ungleichheit und sozialer Schichtung die Sozialstruktur in der Bundesrepublik Deutschland – sie bilden deshalb den Schwerpunkt der meisten Arbeiten zu diesem Thema.

Im Zuge der deutschen Einheit veränderten sich die Sozial- und Bevölkerungsstruktur in Deutschland vielfältig und tiefgreifend, wiewohl nicht jeder Wandel der langfristigen Entwicklung wiedervereinigungsbedingt ist. Die natürliche Bevölkerungsentwicklung als Verhältnis von Geburtenzahl und Sterbefällen geht – wie in ganz Europa – seit etwa vier Jahrzehnten zurück.[5] In Ost- wie Westdeutschland werden heute weit weniger Kinder geboren als es für die natürliche Reproduktion notwendig wäre (140 statt 208 Kinder pro 100 Frauen), ein Sachverhalt, der sich mit dem monokausalen Begriff „Pillenknick" nicht ausreichend erklären lässt (Abbildung 1). Zu den Gründen für den Geburtenrückgang zählen u. a. der Wandel in den Beziehungs- und Familienstrukturen, eine zunehmende gesellschaftliche Akzeptanz von Kinderlosigkeit, mangelnde gesell-

Abbildung 1   Durchschnittliche Kinderzahl je Frau

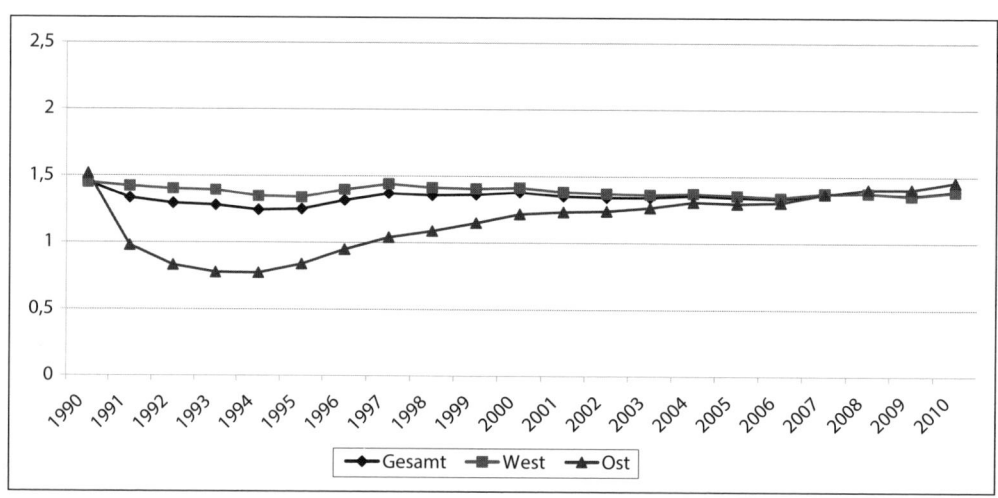

Quelle: Statistisches Bundesamt.

4   Vgl. Bernhard Schäfers: Gesellschaft/Sozialstruktur, in: Uwe Andersen/Wichard Woyke (Hrsg.):
     Handwörterbuch des politischen Systems der Bundesrepublik Deutschland, 4. Aufl., Opladen 2000,
     S. 203–207, hier S. 205 f.
5   Vgl. hier und im Folgenden Rainer Geißler: Die Sozialstruktur Deutschlands, 5. Aufl., Wiesbaden 2008,
     S. 41–47.

schaftliche Voraussetzungen für Familienplanung, stärker individualisierte Lebensstile sowie materielle Unsicherheit aufgrund von Unwägbarkeiten der wirtschaftlichen Entwicklung. Vor allem der letzte Aspekt sowie die Folgen des Systemwechsels in der DDR verstärkten Anfang der 1990er Jahre die dramatischen Einbrüche der Geburtenrate im Osten.[6] In den vergangenen zehn Jahren haben sich beide Landesteile (auf niedrigem Niveau) angenähert. Seit 2008 liegt die Geburtenrate von 1,4 im Osten erstmals nach der Wiedervereinigung leicht über der im Westen (1,37).

Neben der natürlichen Bevölkerungsentwicklung resultiert die Gesamteinwohnerzahl einer Gesellschaft aus räumlichen Wanderungsbewegungen. Hier unterscheiden sich alte und neue Bundesländer nach wie vor beträchtlich. Während die Gesamtbevölkerungszahl im Westen von Ende des Zweiten Weltkrieges an – trotz vorübergehender Stagnation (1975–1985) – bis zum Jahr 2004 kontinuierlich stieg, weil die Geburtenrückgänge vor allem durch die Zuwanderung von Vertriebenen, ehemaligen DDR-Bürgern und Ausländern kompensiert werden konnten, verschärfte sich mit dem Systemwechsel 1989/90 der seit 1946 ohnehin rückläufige Trend im Osten. Mit der Wiedervereinigung wurde die Aus- zur Binnenwanderung, die vor allem zu Beginn der 1990er Jahre einer wahren Abwanderungswelle glich (Abbildung 2).[7] Obwohl mit Beginn der 2000er

Abbildung 2   Wanderungssaldo der alten Länder gegenüber den neuen Ländern (in 1000)

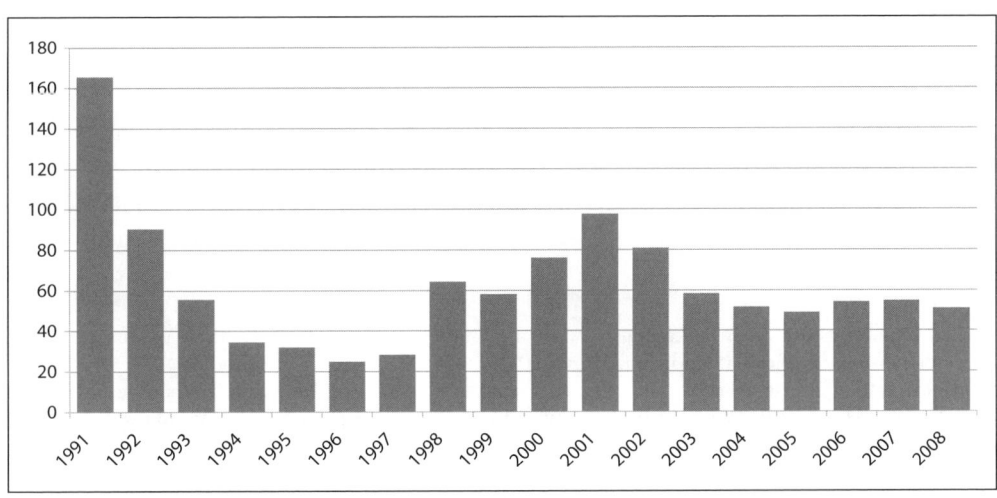

Quelle: Statistisches Bundesamt.

---

6   Vgl. Evelyn Grünheid: Überblick über die demografische Entwicklung in West- und Ostdeutschland von 1990 bis 2004, in: Insa Cassens u. a. (Anm. 3), S. 12–47, hier S. 14.
7   Vgl. Siegfried Grundmann: Bevölkerungsentwicklung in Ostdeutschland. Demographische Strukturen und räumliche Wanderungsprozesse seit 1945, Opladen 1998, S. 176.

Jahre an weniger Menschen aus den östlichen Bundesländern ihre Heimat verlassen und neben Westdeutschen, die ihr Glück im Osten versuchen, etliche Rückkehrer für eine Annäherung von Ab- und Zuwanderung sorgen, bleibt der Gesamttrend konstant: Von 1990 bis 2006 verlor der Osten etwa 1,3 Millionen Einwohner netto durch Abwanderung gen Westen.[8] Seither erreichte der Osten keine positive oder wenigstens ausgeglichene Wanderungsbilanz gegenüber dem Westteil des Landes. Da überwiegend die jüngere Generation wegen der besseren beruflichen Perspektiven übersiedelt, verstärkt dies im Osten (zusammen mit den niedrigen Geburtenraten und einer steigenden Lebenserwartung) die gesellschaftliche Vergreisung.[9]

Die Differenzen zwischen der bis 2004 wachsenden Bevölkerung im Westen und der kleiner werdenden Population im Osten werden durch eine räumlich unterschiedlich verteilte Außenwanderung verstärkt. Obwohl Deutschland seit 1990 jährlich unverändert positive Wanderungssalden aufweist, hat sich die Zuwanderungsdynamik der frühen 1990er Jahre in beiden Landesteilen deutlich abgeschwächt. Wuchs in den ersten fünf Jahren nach der Wiedervereinigung die Bevölkerung aufgrund des Wanderungsüberschusses um mehr als drei Millionen Menschen, hat sich das Verhältnis von Zu- und Fortzügen seit 2004 nahezu angeglichen. Während die alten Bundesländer bis 2007 Zuwanderungsgewinne verbuchten und erstmalig 2008 mehr Menschen das Land verließen als zuzogen (−55 743), weisen die neuen Länder bereits seit dem Jahr 2000 einen jährlichen Außenwanderungsverlust auf.[10]

Aussagen zur Entwicklung des Bevölkerungsanteils ethnischer Minderheiten im Ost-West-Vergleich sind aus methodischen Gründen schwierig,[11] dennoch lassen sich die Unterschiede und die daraus resultierenden Auswirkungen für beide Landesteile klar benennen. Während in Westdeutschland seit den 1950er Jahren – zunächst überwiegend durch Arbeitsemigranten, später vor allem durch Asylbewerber – der allochthone Bevölkerungsanteil kontinuierlich wuchs, die Ausländerquote Mitte der 1990er Jahre mit 10,5 Prozent ihren Höhepunkt erreichte und seitdem bei circa zehn Prozent liegt, bestand in Ostdeutschland nach der Wiedervereinigung eine weitgehend monoethnische

---

8   Vgl. Bundesinstitut für Bevölkerungsentwicklung: Binnenwanderungen in Deutschland, unter: http://www.bib-demografie.de (Stand: 13. Januar 2013).

9   Vgl. u. a. Günther Heydemann: Das schien mir ein Ding der Unmöglichkeit, in: Eckhard Jesse/Thomas Schubert (Hrsg.): Zwischen Konfrontation und Konzession. Friedliche Revolution und deutsche Einheit in Sachsen, Berlin 2010, S. 279–295, hier S. 291 f.

10 Claire Grobecker/Elle Krack-Roberg: Bevölkerungsentwicklung 2008, in: Statistisches Bundesamt (Hrsg.): Wirtschaft und Statistik Nr. 4/2010, S. 319–332.

11 Zum einen erschwert die Verwaltungsreform der Stadt Berlin im Jahr 2000 Ost-West-Studien, da ehemalige Ost- und Westbezirke zusammengelegt wurden (wie Kreuzberg und Friedrichshain). Diese lässt die traditionelle Ost-West-Aufteilung statistisch unberücksichtigt und führt gerade bei Aussagen zur Migration wegen der großen innerstädtischen Unterschiede in die Irre. Zum anderen gibt die Ausländerstatistik nur begrenzt Aufschluss über den Anteil ethnischer Minderheiten an der Bevölkerung, da Einbürgerungen, Nachgeborene und die Praxis doppelter Staatsbürgerschaften den Anteil von Ausländern innerhalb der multiethnischen Bevölkerungsgruppe sinken lassen.

Gesellschaft. Von einem geringen Ausgangsniveau (1990: 1,2 Prozent) stieg der Ausländeranteil bis zum Jahr 2009 auf 2,4 Prozent an, ist damit allerdings nach wie vor fast viermal niedriger als im Westen.[12] Wer die freilich schwer zu erhebenden Daten zu Personen mit Migrationshintergrund heranzieht, erkennt eine noch deutlichere Kluft.

Das liegt neben der „Bewährung von Migrationswegen" für nachziehende Familienangehörige vor allem an den fehlenden wirtschaftlichen Perspektiven und dem vielerorts eher negativen Image des Ostens. Stellt der situations- wie sozialisationsbedingte „Rechtsextremismus ohne Ausländer"[13] ein zentrales gesellschaftliches Problem im Osten dar, gilt die Integration von Migranten (und vor allem von Kindern muslimischer Zuwanderer) als Hauptproblem der multiethnischen Entwicklung im Westen. Während sich ethnische Minderheiten – trotz aller Schwierigkeiten und Vorbehalte – in den alten Ländern überwiegend wohlfühlen, bleibt der Osten offenbar für die meisten Zugewanderten ökonomisch wie soziokulturell unattraktiv.

Die materiellen Lebensbedingungen in Ost- und Westdeutschland sind auch mehr als 20 Jahre nach der deutschen Einheit geprägt von einer Annäherung ohne Angleichung.[14] Von den 1950er Jahren an wuchs das Wohlstandsdefizit in der DDR, dem „Wirtschaftswunder" im Westen stand im Osten allenfalls eine allmähliche Wohlstandssteigerung gegenüber. Diese Schere vergrößerte sich bis zum Systemwechsel 1989/90 kontinuierlich, was zum Teil aus den deutlich ungünstigeren Startbedingungen durch die Demontagen in der SBZ, überwiegend aber aus der Effizienz- und Wachstumsschwäche der sozialistischen Planwirtschaft resultierte. So wird die Produktivität der DDR-Wirtschaft in den 1980er Jahren auf etwa ein Drittel westdeutschen Niveaus geschätzt, weshalb die Steigerung der Lebensverhältnisse im Osten nach 1990 eine der größten gesellschaftlichen Herausforderungen und zugleich den zentralen Konfliktherd im Verhältnis von Ost- und Westdeutschen darstellt.[15] Trotz der vielfältigen Kritik am ostdeutschen Aufholprozess – manchem (im Westen) ging er zu schnell, manchem (im Osten) nicht schnell genug – entwickelte sich der Wohlstand in den 1990er Jahren in beachtlichem Tempo. Vor allem von der enormen Verbesserung der Wohnverhältnisse und Haushaltsausstattungen profitierten die meisten Ostdeutschen. Personen im Westen verfügen zwar häufiger über privates Wohneigentum (50 Prozent gegenüber 39 Prozent im Osten) und über durchschnittlich zehn Quadratmeter mehr Wohnraum als im Osten, bei Gebrauchsgütern, Telefon- und Internetanschlüssen existieren allerdings keine nennenswerten Unterschiede.[16]

---

12 Vgl. Statistisches Bundesamt (Hrsg.): 20 Jahre Deutsche Einheit. Wunsch oder Wirklichkeit, Wiesbaden 2010, S. 12.

13 Siehe Klaus Schroeder: Rechtsextremismus und Jugendgewalt in Deutschland. Ein-Ost-West-Vergleich, Paderborn 2004.

14 Siehe im Einzelnen Heike Tuchscheerer: 20 Jahre vereinigtes Deutschland: Eine „neue" oder „erweiterte Bundesrepublik"?, Baden-Baden 2010, S. 110–156.

15 Vgl. Rainer Geißler (Anm. 5), S. 72–76.

16 Vgl. Statistisches Bundesamt (Anm. 12), S. 59 f.

Anders sieht die Bilanz mit Blick auf die persönliche wirtschaftliche Lage, die Vermögens- und Einkommensungleichheit aus. Trotz der Milliardentransfers von West nach Ost konnte die strukturelle Schwäche im Osten nicht flächendeckend überwunden werden. Die im Osten um sieben bis acht Prozentpunkte höhere Arbeitslosigkeit erreichte mit über 20 Prozent erst im Jahr 2006 ihren Höchststand und ist trotz der positiveren Arbeitsmarktlage seit 2009 nach wie vor fast doppelt so hoch wie in den alten Bundesländern (Arbeitslosenquote Mai 2013 – Ost: 10,3; West: 6,0).[17] Auch die Entwicklung der Bruttolöhne und -gehälter verweist auf noch immer große Unterschiede. Einem starken Anstieg der Gehälter in den 1990er Jahren (von 61 Prozent der Westgehälter 1991 auf 80 Prozent im Jahr 1998), folgten nur geringe Angleichungen bzw. sogar zwischenzeitlich ein leichter Rückgang bis zum Jahr 2008 (81 Prozent), wiewohl sich die einzelnen Wirtschaftsbereiche noch immer erheblich voneinander unterscheiden.[18] Besonders markant ist der Ost-West-Unterschied bei der Ungleichheit privater Vermögensverhältnisse. Zwar verdoppelte sich das Geldvermögen ostdeutscher Haushalte im Zeitraum von 1991 bis 2007, erreichte aber bis zum Jahr 2008 nur etwa drei Viertel des Westniveaus.[19] Dieser Trend hielt bis 2011 an, auch deshalb, weil nach wie vor potenzielle ostdeutsche „Besserverdiener" aufgrund von beruflichen Perspektiven und höheren Gehältern ihr Glück im Westen versuchen.

Das Armuts- und Ungleichheitsniveau hat sich in West- ebenso wie in Ostdeutschland mit zeitlicher Verzögerung zur deutschen Einheit verschärft. Lag die Bundesrepublik in den 1990er Jahren bei der Verteilung sozialen Wohlstands über dem EU-Durchschnitt, steigt seither die Armutsquote in beiden Landesteilen.[20] Nach Angaben des Statistischen Bundesamtes waren im Jahr 2009 15,5 Prozent der Bevölkerung in Deutschland armutsgefährdet, allerdings mit erheblichen Unterschieden zwischen Ost und West.[21] Gelten im alten Bundesgebiet derzeit etwa 13 Prozent der Menschen als armutsgefährdet, hat in den neuen Ländern knapp ein Fünftel der Bewohner ein erhöhtes Armutsrisiko, das in einer starken Wechselbeziehung zum hier deutlich größeren Anteil der Erwerbslosen und Alleinerziehenden steht. Während 2009 im Westen knapp

---

17 Vgl. Bundesagentur für Arbeit, unter: http://statistik.arbeitsagentur.de/Navigation/Statistik/Statistik-nach-Regionen/Politische-Gebietsstruktur/Ost-West-Nav.html (Stand: 12. Juni 2013).

18 Vgl. Klaus Schroeder: Ostdeutschland 20 Jahre nach dem Mauerfall – eine Wohlstandsbilanz. Gutachten für die Initiative Neue Soziale Marktwirtschaft (INSM), Berlin 2009, unter: http://www.insm.de/insm/Themen/Soziale-Marktwirtschaft/Einheitsbilanz-Deutschland.html (Stand: 27. Januar 2013).

19 Vgl. Statistisches Bundesamt (Anm. 12), S. 52.

20 Vgl. Claus Leggewie: Veröstlichung oder: Vom Zäsur- zum Differenzbewusstsein, in: Eckhard Jesse/Eberhard Sandschneider (Hrsg.): Neues Deutschland. Eine Bilanz nach der deutschen Wiedervereinigung, Baden-Baden 2008, S. 15–25, hier S. 18 f.

21 Nach der EU gilt als armutsgefährdet, wer trotz staatlicher Transferleistungen ein Einkommen von weniger als 60 Prozent des mittleren Einkommens der Gesamtbevölkerung des jeweiligen Landes zur Verfügung hat. Gleichwohl ist eine solche Definition problematisch, da sie offenkundig soziale Ungleichheit, nicht unbedingt Armut misst. Vgl. Statistisches Bundesamt: Armutsgefährdung und Einkommensungleichheit 2008: Deutschland im EU-Vergleich, Pressemitteilung Nr. 31 vom 25. Januar 2011, unter: http://www.destatis.de (Stand: 27. Januar 2013).

50 Prozent der Nicht-Erwerbstätigen betroffen waren, sind es im Osten fast zwei Drittel. Bei Alleinerziehenden und deren Kindern liegt der ostdeutsche Wert (46,0 Prozent) mehr als acht Prozentpunkte über dem des Westens (37,8 Prozent).[22]

Das Risiko der Altersarmut ist hingegen im Osten nicht höher als im Westen, was vor allem mit den meist lückenlosen DDR-Erwerbsbiografien der heutigen Rentnergeneration (den „Gewinnern der Wende") im Osten zu tun hat. Die durchschnittlichen Rentenansprüche lagen Ende 2009 bei ostdeutschen Männern acht Prozent über dem Westniveau, bei Frauen gar 44 Prozent. Dies wiederum verstärkt den Trend, dass ältere Menschen meist bleiben, während jüngere eher zum Wegzug bereit sind bzw. bereit sein müssen.

2 Bevölkerungsentwicklung in Sachsen seit 1990

Sachsen gelten als sehr reisefreudig, aber zugleich ausgesprochen heimatverbunden. Der Annahme steht allerdings ein vor allem binnenmigrationsbedingter Verlust von fast 600 000 Einwohnern seit 1990 gegenüber, der die Bevölkerung im Freistaat zusammen mit dem natürlichen Rückgang in den vergangenen 20 Jahren um 12,5 Prozent auf knapp 4,2 Millionen Menschen hat schrumpfen lassen.[23] Dass einerseits massive Abwanderung und andererseits regionale Identität nur einen scheinbaren Gegensatz darstellen, lässt sich u. a. an den ungebrochenen Pendlerströmen auf den großen Ost-West-Verbindungen A4 und A72 ablesen – besonders vor und nach den Wochenenden. Viele nehmen Strapazen auf sich und sind lieber zwei Tage pro Woche in ihrer sächsischen Heimat als zweimal im Jahr.

Dennoch ist der Bevölkerungsrückgang in Sachsen – wie in vielen neuen Ländern[24] – ungebrochen; dies liegt weniger an der allmählich erliegenden Abwanderung als vielmehr an den nach wie vor deutlich zu niedrigen Geburtenzahlen. Sie können durch die Binnen- und Außenzuwanderung nicht kompensiert werden. Zwar lag die Geburtenrate zwischen Plauen und Görlitz in den vergangenen 20 Jahren stets über den ostdeutschen Gesamtwerten, und 2008 bzw. 2009 mit 82 Geburten je hundert Einwohner sogar leicht über dem Durchschnitt des alten Bundesgebietes (78). Dennoch verliert Sachsen in der Addition von natürlicher und räumlicher Bevölkerungsentwicklung seit 2003 durchschnittlich mehr als 20 000 Einwohner pro Jahr, seit 2007 mit erneut steigender Tendenz (Abbildung 3). Der sächsische Bevölkerungsrückgang (1990–2008: 12,0 Pro-

---

22 Vgl. Statistisches Bundesamt: Armutsgefährdung in den Bundesländern unterschiedlich, Pressemitteilung Nr. 300 vom 27. August 2010, unter: http://www.destatis.de (Stand: 31. Januar 2013).

23 Vgl. Statistisches Landesamt Sachsen (Hrsg.): Statistisches Jahrbuch Sachsen 2010, Bd. 19, Dresden 2010, S. 36.

24 Eine Ausnahme stellt das Land Brandenburg dar, dessen Bevölkerungsabnahme von 1990 bis 2008 mit 2,2 Prozent knapp zehn Prozentpunkte niedriger ausfällt als in den übrigen neuen Ländern. Dies ist überwiegend auf Neuansiedlungen im Großraum Berlin zurückzuführen („Speckgürtel").

Abbildung 3   Jährlicher Bevölkerungsrückgang in Sachsen seit 1990

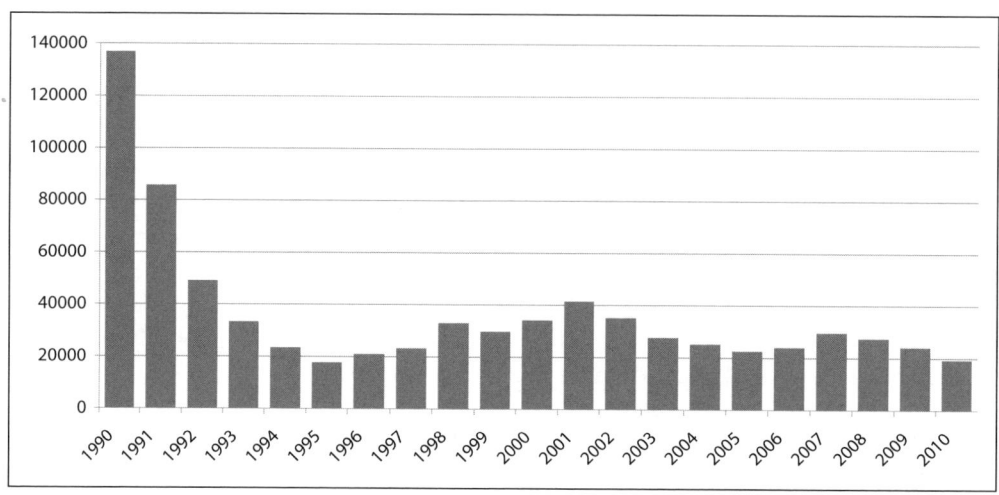

Quelle: Statistisches Landesamt Sachsen.

zent) vollzieht sich somit unwesentlich schneller als in den neuen Ländern insgesamt (11,7 Prozent). Der Unterschied zum alten Bundesgebiet ist dagegen gravierend. Hier wuchs die Bevölkerung im gleichen Zeitraum um 6,5 Prozent. Vor allem der Fortzug zahlreicher jüngerer Sachsen (insbesondere Frauen) verstärkte zusätzlich den Rückgang der Geburtenzahlen und damit die Diskrepanz zwischen beiden Landesteilen.[25] Dadurch und wegen der parallel steigenden Lebenserwartung, die sich wegen der verbesserten Lebens- und Arbeitsbedingungen mittlerweile fast dem Westniveau angenähert hat, ergraut die sächsische Bevölkerung zunehmend. War 1990 das Verhältnis von unter 20jährigen (24 Prozent) und über 60jährigen (22 Prozent) noch fast ausgeglichen, ist 20 Jahre später die Gruppe der Alten mehr als doppelt so groß wie die der Jungen (32 gegenüber 14 Prozent). So gelten die beiden „Karl-Marx-Städte" Chemnitz und Trier als die „ältesten" Städte Deutschlands – mit dem Unterschied, dass sich dieser Titel wohl nur im Fall der über 2000 Jahre alten Römerstadt gewinnbringend vermarkten lassen dürfte.

Die gravierenden Binnenwanderungsverluste Sachsens in den 1990er Jahren haben sich seit 2003 auf „nur noch" durchschnittlich 10 000 Abwanderer pro Jahr eingependelt.[26] 2010 war die Zahl mit 3555 Personen erstmals wieder so niedrig wie im Jahr 1997. Das entspricht bei Berücksichtigung der Gesamteinwohnerzahl etwa der Entwicklung

---

25 Vgl. Statistisches Bundesamt (Anm. 12), S. 10–14.

26 Vgl. hier und im Folgenden Statistische Ämter des Bundes und der Länder (Hrsg.): Räumliche Bevölkerungsbewegung, unter: http://www.statistik-portal.de (Stand: 31. Januar 2013).

Thüringens, während es in Mecklenburg-Vorpommern und Sachsen-Anhalt deutlich schlechter aussieht, in Teilen von Brandenburg, speziell dem „Speckgürtel" um Berlin, dagegen wesentlich besser. Entwarnung bedeutet dies keineswegs. Konnten die Binnenwanderungsverluste bis Mitte der 2000er Jahre durch Außenzuwanderung – vor allem von Spätaussiedlern aus den postsowjetischen Staaten – kompensiert werden, verlassen seit 2007 mehr Einwohner Sachsens ihre Heimat Richtung Ausland als sich Ausländer im Freistaat niederlassen. Der Ausländeranteil lag 2009 im Freistaat bei 2,2 Prozent und somit nur geringfügig über dem Niveau der anderen neuen Länder, was sich u. a. mit den Universitäten in Leipzig, Dresden und Chemnitz erklären lässt. Insgesamt entspricht Sachsen mehr dem – je nach Perspektive – ostdeutschen Regel- oder Sonderfall. Eine genuin sächsische Entwicklung markiert es nicht.

Was die unterschiedliche regionale Intensität des demografischen Wandels betrifft, folgt Sachsen hingegen eher dem west- als dem ostdeutschen Trend. Anstelle der nahezu flächendeckenden „Entvölkerung" großer Teile Ostdeutschlands lässt sich im Freistaat mittlerweile vielmehr eine Differenzierung der Bevölkerungsentwicklung in Boom- und Schwundregionen erkennen. Zwar gibt es die sogenannten ostdeutschen „Leuchttürme" nicht nur in Sachsen, doch sind die Gründe für den partiellen Aufschwung im Freistaat eher struktureller Natur und weniger der geografischen Lage geschuldet. Zwar profitieren die Metropolregionen um Dresden und Leipzig auch von der Naturschönheit der Gegenden – Dresden mit dem Elbtal und der Nähe zur Sächsischen Schweiz, Leipzig durch die im ehemaligen Braunkohlegebiet entstehende Seenlandschaft. Aber vor allem wegen ihrer positiven Wirtschaftsentwicklung verzeichnen beide Städte seit dem Jahr 2000 konstante Wanderungsgewinne. Ähnliches gilt seit 2007 für Chemnitz, wo der demografische „freie Fall" von 315 000 Bewohnern 1990 auf 243 000[27] im Jahr 2009 zumindest gestoppt werden konnte, wiewohl auf einem niedrigeren Niveau. Gerade der Aufschwung in den drei Großstädten verschärft (und verschleiert) den ungebremsten Bevölkerungsrückgang und Alterungsprozess in anderen sächsischen Regionen. Besonders betroffen sind davon die ländlichen Räume in der Lausitz, in Südwest- und Nordsachsen. Selbst in einigen größeren Städten wie Hoyerswerda oder Weißwasser ist die Einwohnerzahl um mittlerweile mehr als ein Drittel gegenüber 1990 geschrumpft.[28]

3 Sozialstruktur in Sachsen seit 1990

Bei der Entwicklung der materiellen Lebensbedingungen nimmt Sachsen eine Art Mittellage zwischen alten und neuen Bundesländern ein. Der Freistaat hat sich mehr als alle anderen Ostregionen der westdeutschen Gesellschaft angepasst. Zugleich sind jedoch

---

27 Diese Zahl konnte vor allem durch zahlreiche Eingemeindungen aus dem Chemnitzer Umland gehalten werden.

28 Vgl. Statistisches Landesamt Sachsen (Anm. 23), S. 46 f.

die Auswirkungen des Realsozialismus und die Folgen des Systemwechsels von 1989/90 nach wie vor deutlich spürbar. Seit 1990 liegen die Arbeitslosenquote über und die relative Kaufkraft unter dem Bundesdurchschnitt, jedoch niedriger bzw. höher als im ostdeutschen Mittel.[29] Im Jahr 2011 waren 10,6 Prozent der Menschen in Sachsen arbeitslos gemeldet, damit geringfügig weniger als im Ostdurchschnitt (12,0 Prozent), aber deutlich mehr als in den alten Bundesländern (6,6) und in Gesamtdeutschland (7,1).[30] Die Einkommen in Sachsen lagen 2008 mit 82,8 Prozent des Bundesdurchschnitts über denen in Thüringen, Mecklenburg-Vorpommern und Sachsen-Anhalt, wobei die tatsächlichen Wohlstandsunterschiede aufgrund der niedrigeren Lebenshaltungskosten im Osten geringer ausfallen. Noch bis zum Jahr 2000 erreichten die sächsischen Haushalte kaum 60 Prozent des deutschen Einkommensniveaus.[31]

Mit dem ostdeutschen Wohlstandsschub in den vergangenen 20 Jahren wuchs die soziale Kluft zwischen arm und reich. Ziel der „sozialistischen Leistungsgesellschaft" war es, die Einkommensunterschiede zwischen den Berufsgruppen und sozialen Klassen (die es nach Vorstellung der SED-Führung gar nicht geben konnte) zu nivellieren und die materielle Lage der Haushalte anzugleichen.[32] Der staatlich verordneten Gleichmacherei folgte nach 1990 eine stärkere soziale Differenzierung, die vor allem durch die Privatisierung der Wirtschaft, den Neuaufbau des unternehmerischen Mittelstandes und größere Lohn- und Gehaltsunterschiede anstieg. Aus materieller Perspektive lassen sich Gewinner (Rentner, öffentlicher Dienst, zum Teil Freiberufler und Arbeiter) und Verlierer (Kinderreiche, Alleinerziehende, Niedrigqualifizierte, Langzeitarbeitslose) unterscheiden – dies hat vor allem Konsequenzen für die Lebensbedingungen und -chancen der einzelnen sozialen Schichten. Trotz der größer werdenden Abstände zwischen Oben und Unten auf gesamtdeutscher Ebene ist die soziale Ungleichheit in Ostdeutschland wie im Freistaat Sachsen deutlich vom Westniveau entfernt.

Das dürfte vor allem auf das geringe Ausgangsniveau nach 1990 zurückzuführen sein. Insgesamt werden die Reichen zwar auch in Sachsen reicher, nach wie vor ist die Spreizung zwischen dem wohlhabendsten und ärmsten Fünftel der Gesellschaft aber signifikant geringer als im alten Bundesgebiet und marginal niedriger als im Ostdurchschnitt. Der Gini-Koeffizient[33] stieg in den neuen Ländern zwischen 1990 und 2003 von 69 auf

---

29 Vgl. Sandra Jenke/Uwe Lebok: Vom Aufbau-Ost zu ALDI-Ost: Deutsch-Deutsches Konsumverhalten nach 16 Jahren Einheit, in: Insa Cassens u. a. (Anm. 3), S. 334–367, hier S. 346 f.

30 Statistik der Bundesagentur für Arbeit, Arbeitslosigkeit im Zeitverlauf (eigene Berechnung für Ost und West), unter: http://www.statistik.arbeitsagentur.de (Stand: 31. Januar 2013).

31 Vgl. Statistisches Landesamt Sachsen (Hrsg.): Statistische Jahrbücher Sachsen 1990–2010, Kamenz 1991–2011.

32 Vgl. hier und im Folgenden Rainer Geißler (Anm. 5), S. 85–92.

33 Der Gini-Koeffizient ist ein Maß zur Berechnung materieller Ungleichheit (z. B. der Konsumausgaben oder die Verteilung der Einkommen) innerhalb einer Gesellschaft, bei dem der Grad der Abweichung von einer theoretischen Gleichverteilung abweicht. Vgl. Gerd Nollmann/Hermann Strasser: Armut und Reichtum in Deutschland, in: Aus Politik und Zeitgeschichte, B 29-30/2002, S. 20–28.

84 Prozent des Westniveaus.[34] Seit 2005 sind die Ost-West-Unterschiede allerdings nahezu unverändert geblieben, wobei Sachsen und Thüringen die Bundesländer mit der geringsten Wohlstandskluft darstellen.[35] Hier verstärkt die unterschiedliche Genese einzelner Branchen den Trend zunehmender sozialer Ungleichheit. Während der Bau-, Handels- und Niedriglohnsektor nach wie vor Löhne von unter 80 Prozent des Westniveaus zahlt, haben Bereiche wie der öffentliche Dienst mittlerweile das Westniveau erreicht. Parallel stieg der ökonomische Gesamtwohlstand in Sachsen. Im Zeitraum von 2005 bis 2008 entwickelten sich nur Sachsen-Anhalt, Baden-Württemberg, Bayern und Thüringen dynamischer. Und auch der prozentuale Anstieg der Arbeitsplatzversorgung ist im Freistaat – wie in allen neuen Ländern – überproportional ausgefallen, wobei das niedrigere Ausgangsniveau gegenüber dem alten Bundesgebiet zu berücksichtigen ist.[36]

Das sogenannte Armutsrisiko ist in Sachsen unverändert hoch: 19,5 Prozent seiner Bewohner lebten 2009 mit weniger als 60 Prozent des deutschen Durchschnittseinkommens. Nur in Mecklenburg-Vorpommern (23,1), Sachsen-Anhalt (21,8) und im Stadtstaat Bremen (20,1) gelten anteilig mehr Menschen als (relativ) arm. Vor allem – aber nicht nur – Erwerbslose sind im Freistaat überproportional betroffen. Fast zwei Drittel von ihnen leben unter der Armutsschwelle, einzig in Sachsen-Anhalt sind es mit über 70 Prozent mehr. Dazu kommt eine wachsende Zahl von Arbeitnehmern im Niedriglohnsektor, die trotz Vollbeschäftigung existenzsichernde Leistungen der öffentlichen Hand in Anspruch nehmen (müssen). Bei Alleinerziehenden sind in Sachsen wie in allen neuen Ländern außer in Brandenburg mehr als die Hälfte der Personen armutsgefährdet.[37] Hier gilt wie in Gesamtdeutschland wegen der allgemeinen Nachteile von Frauen am Arbeitsmarkt (niedrigere Löhne, weniger Spitzenpositionen, „Schwangerschaftsrisiko" für Arbeitgeber) ein höheres Risiko für junge Sächsinnen, allerdings ist dies durch die häufigere Erwerbstätigkeit im Osten nicht ganz so gravierend wie im Westen.

Als Folge der Langzeitkonsequenzen aus der sozialistischen „Lebensplanungspolitik" und wegen der Systemtransformation nach 1989/90 ergibt sich für die neuen Bundesländer im Allgemeinen und für Sachsen im Besonderen eine Reihe von Eigenheiten: Der formale Bildungsstand im Freistaat liegt nach wie vor deutlich über dem gesamtdeutschen Niveau. Gaben Ende 2008 deutschlandweit 41,8 Prozent den Volks- bzw. Hauptschulabschluss als höchsten Bildungsgrad an, waren es im Freistaat weniger als ein Viertel der Bewohner (24,4 Prozent). Dies liegt offenkundig an den Folgen des DDR-Bildungssystems, in dem gemeinsames Lernen bis zur 10. Klassenstufe der Regel entsprach. Bei der Hochschul- und Fachhochschulreife sind dagegen kaum nennenswerte Unter-

---

34 Vgl. Rainer Geißler (Anm. 5), S. 88.

35 Vgl. Statistische Ämter des Bundes und der Länder (Hrsg.): Gini-Koeffizient der Äquivalenzeinkommen, unter: http://www.amtliche-sozialberichterstattung.de/Tabellen/tabelleA3.html (Stand: 13. Februar 2013).

36 Vgl. Statista: Wohlstand und Arbeitsplatzversorgung in den Bundesländern im Zeitraum 2005–2008, unter: http://de.statista.com (Stand: 13. Februar 2013).

37 Vgl. Statistisches Bundesamt (Anm. 22).

schiede zwischen sächsischen Schülern (19,6 Prozent) und dem Bundesdurchschnitt (20,1) festzustellen.[38] Auch bei der Anzahl der Hochschulabsolventen, dem Trend zu mehr Gymnasialabschlüssen und bei der Frage nach den Bildungschancen existieren Unterschiede zwischen dem Freistaat und der Bundesebene, wiewohl der gesamte Osten hier (nur geringfügigen) Nachholbedarf hat.

Auch bei der Erwerbstätigkeit, den konfessionellen Bindungen und bei der Familienstruktur bestehen nach wie vor „Ostphänomene". So ist der Anteil Konfessionsfreier im Osten deutlich höher als im Westen (75,4 gegenüber 30,4 Prozent), u. a. eine Konsequenz der repressiven DDR-Kirchenpolitik.[39] 2010 entsprach Sachsen exakt dem ostdeutschen Durchschnitt, reichlich drei Viertel der Bevölkerung gehörten weder der evangelischen noch der katholischen Kirche an, nur in Sachsen-Anhalt (81,7), Brandenburg (79,2) und Mecklenburg-Vorpommern (79,0) sind noch mehr Menschen ohne Konfession. Im Westen dagegen (außer in Hamburg) bekennt sich jeweils die Mehrheit der Bevölkerung zu einer der beiden Kirchen, allerdings flächendeckend mit stark sinkender Tendenz.

Ähnlich sieht es bei anderen gesellschaftlichen Großgruppen aus, etwa den gewerkschaftlich organisierten Arbeitern. Diese sind in Sachsen zwar häufiger als in den anderen ostdeutschen Ländern anzutreffen, seltener jedoch als im Westen – das dürfte mit einer allgemeinen Apathie wegen des Gewerkschaftszwangs in der DDR, ebenso mit der generellen Abnahme gewerkschaftlicher Bindungen zu tun haben. Die klassisch familiäre Rollenverteilung ist im sächsischen Freistaat (wie im gesamten Osten) weniger stark ausgebildet, ebenso die Zustimmung zur Institution Ehe. Dies geht mit einer steigenden Anzahl unverheirateter Paare, Alleinlebender und -erziehender einher. Ebenfalls geringer als im Westen, aber stärker als in den anderen neuen Ländern sind kinderlose Familienformen eher unüblich, dafür steigt der Trend zur Ein-Kind-Familie und zu unverheirateten Eltern.[40] Die durchschnittliche Haushaltsgröße war 2008 nur in den zweitwohnsitzstarken Stadtstaaten geringer als im Freistaat (1,88 Personen).[41] Das Bild der „Normalfamilie" weicht in Sachsen mehr und mehr einer Individualisierung privater Lebensformen; dieser Sachverhalt beeinflusst den Trend zu sinkenden Kinderzahlen zusätzlich negativ.

---

38 Vgl. Sächsisches Ministerium für Soziales und Verbraucherschutz: Strukturatlas des Landesjugendamtes für den Freistaat Sachsen 2010, Chemnitz 2011, S. 53–59.

39 Vgl. Evangelische Kirche im Rheinland – Statistischer Dienst im Landeskirchenamt: Bevölkerung und Kirchzugehörigkeit nach Bundesländern, unter: http://www.ekir.de (Stand: 10. Februar 2013).

40 Vgl. Jürgen Dorbritz/Kerstin Ruckdeschel: Die langsame Annäherung – Demografisch relevante Einstellungsunterschiede und der Wandel der Lebensformen in West- und Ostdeutschland, in: Insa Cassens u. a. (Anm. 3), S. 261–294.

41 Vgl. Statistische Ämter des Bundes und der Länder (Hrsg.): Gebiet und Bevölkerung – Haushalte, unter: http://www.statistik-portal.de (Stand: 4. Februar 2013).

4 Prognosen zur Bevölkerungsentwicklung in Sachsen

Die allgemeinen Trends des demografischen Wandels in Sachsen werden sich über-einstimmend nach allen Prognosen für den Freistaat mindestens ein weiteres Jahr-zehnt fortsetzen.[42] Der Bevölkerungsrückgang hält an – bis 2020 sinkt die Einwohner-zahl nach unterschiedlichen Szenarien auf unter vier Millionen, bis 2025 auf 3,78 bzw. 3,65 Millionen Menschen (Abbildung 4).[43] Zwar wird bis 2020 eine steigende Geburten-rate erwartet, die mit 1,45 bzw. 1,42 aber nach wie vor deutlich unter dem natürlichen Reproduktionsniveau (2,1) liegt. Durch den Rückgang der Quote der jüngeren Genera-tion bei zugleich steigender Lebensdauer altert Sachsens Bevölkerung weiter. Im Jahr 2025 werden Frauen im Freistaat eine Lebenserwartung von 85,5 Jahren (2009: 82,7), Männer von 80,5 Jahren (76,8) erreichen und damit zum Niveau der alten Bundesländer aufgeschlossen haben. Das Durchschnittsalter erhöht sich in den nächsten zehn Jahren von 45 auf knapp 49 Jahre, die Zahl der Kinder unter 15 Jahren wird mehr als zehn Pro-

Abbildung 4   Bevölkerungsentwicklung und -prognose für Sachsen bis 2025
(in Millionen Einwohner)

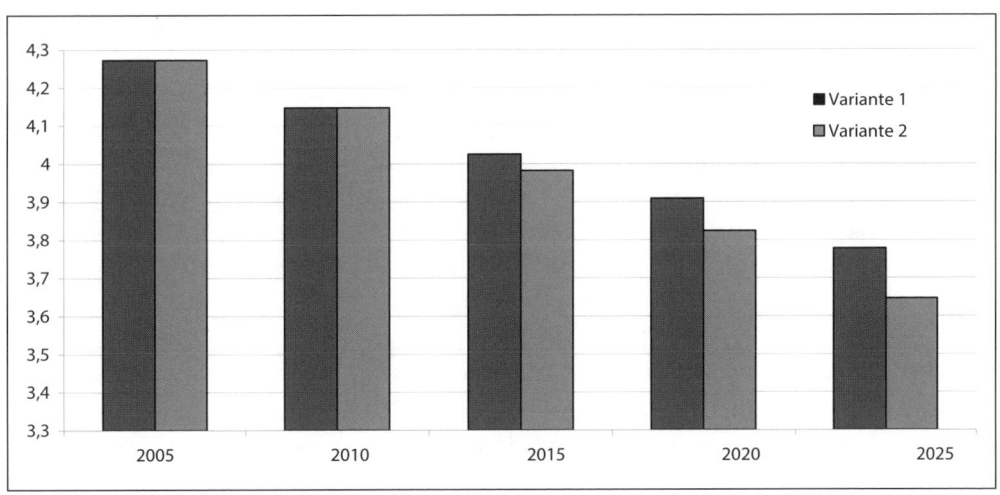

Quelle: Statistisches Landesamt Sachsen.

42   Vgl. hier und im Folgenden Statistisches Landesamt Sachsen (Hrsg.): 5. Regionalisierte Bevölkerungs-prognose für den Freistaat Sachsen bis 2025, unter: http://www.statistik.sachsen.de (Stand: 19. Februar 2013).

43   Variante 1 stützt sich auf die Ergebnisse der Bevölkerungsvorausberechnung für die Länder durch das Statistische Bundesamt, Variante 2 auf landesspezifische Annahmeszenarien. Der Bereich zwischen bei-den Prognosen stellt den sogenannten Annahmekorridor dar, in dem sich die Bevölkerungsentwick-lung bewegen wird. Vgl. unter: http://www.statistik.sachsen.de (Stand: 7. Februar 2013).

zent niedriger sein als vor 2003, und fast jeder dritte Sachse ist im Jahr 2020 älter als 65 Jahre. Die Auswirkungen des gesellschaftlichen Alterns sind vor allem für die Lebens- und Arbeitsbedingungen gravierend. Lag der Altersquotient[44] 2009 bei 55,8, werden in zehn Jahren 100 Erwerbstätigen knapp 70 Rentner gegenüberstehen. Bis 2025 vergrößert sich letztgenannte Gruppe je nach Prognose auf 73 bzw. 75 Personen. Zugleich sinkt der Anteil der erwerbstätigen Bevölkerung in Sachsen wegen des Nachwachsens der geburtenschwachen Jahrgänge.

Der Anteil räumlicher Einwohnerverluste am sächsischen Gesamtbevölkerungsrückgang wird in den nächsten Jahren abnehmen. Durch die Abwanderung der besonders mobilen jüngeren Altersgruppen fehlt es bereits jetzt in einigen Branchen an Berufseinsteigern; dies dürfte in den 2020er Jahren zu einem flächendeckenden Mangel an Arbeitskräften führen. Die optimistische Variante der sächsischen Bevölkerungsprognosen erwartet ab 2018 leichte Wanderungsgewinne (0,2 Prozent), die bis 2025 konstant wachsen sollen (2,4 Prozent).[45] Unklar ist, wie sich die Außenzuwanderung bzw. -abwanderung im Freistaat entwickelt. Da sie wegen einer Vielzahl von politischen und sozioökonomischen Faktoren auf nationaler und internationaler Ebene starken Schwankungen unterworfen sind, stehen den Annahmen eines jährlichen Zuwachses von 4000 Einwohnern in Sachsen ab 2014 berechtigte Zweifel gegenüber, die vor allem auf eine verstärkte Mobilität junger Deutscher bzw. Sachsen in den letzten Jahren verweisen. Auch bei einer deutlich positiveren Binnen- und Außenzuwanderung als angenommen wird dies die Gesamtbevölkerungsabnahme in Sachsen allenfalls abbremsen, keinesfalls stoppen.

Insgesamt folgt Sachsen bei der natürlichen Bevölkerungsentwicklung eher gesamtdeutschen Prognosen, bei der räumlichen eher ostdeutschen Mustern. Eine Art „Mittellage" zwischen Ost und West zeigt sich bei einer regional differenzierten Betrachtung der Binnenwanderungen und des Bevölkerungsrückgangs. So stellt Sachsen für Menschen aus den neuen Bundesländern seit 2005 und auch in der kommenden Dekade ein beliebtes Zuzugsgebiet dar, während sich die Bereitschaft dafür im früheren Bundesgebiet künftig in engen Grenzen halten dürfte. Umgekehrt werden Sachsen in den nächsten Jahren überproportional stark nach Westen und kaum in die anderen ostdeutschen Länder abwandern – der Freistaat ist somit zugleich Binneneinwanderungs und -abwanderungsland. Für die jüngsten Zuwanderungsgewinne aus den neuen Ländern machen Experten allerdings zeitlich befristete Phänomene wie Studienanfänger aus doppelten Abiturjahrgängen verantwortlich, die wegen der attraktiven und kostengünstigen Studienbedingungen nach Sachsen kommen.[46] Davon profitieren einmal mehr Dresden

---

44 Der Altenquotient (AQ) ist definiert als das Verhältnis der Personen im Alter von 60 bzw. 65 und mehr Jahren zu 100 derselben Bevölkerung im erwerbsfähigen Alter.
45 Vgl. Statistisches Landesamt Sachsen (Anm. 42).
46 Vgl. Statistisches Landesamt Sachsen (Hrsg.): 5. Regionalisierte Bevölkerungsprognose für den Freistaat Sachsen bis 2025, hier Annahmen, unter: http://www.statistik.sachsen.de (Stand: 17. Februar 2013).

und Leipzig sowie mit einigem Abstand Chemnitz. Während die beiden erstgenannten bis 2020 mit leichten Bevölkerungsgewinnen rechnen können, müssen alle anderen Städte und Kreise (außer Plauen, besonders die ostsächsischen Städte Hoyerswerda und Weißwasser) im Zeitraum von 2004 bis 2020 zweistellige Bevölkerungsrückgänge bewältigen.[47]

5 Steuerungsversuche in Sachsen

Wechselnde Zyklen der Bevölkerungsexpansion und -schrumpfung stellen historisch betrachtet eher die Regel als die Ausnahme demografischer Wandlungsprozesse dar. Doch die Herausforderung, eine zugleich schrumpfende und alternde Bewohnerzahl unter den Bedingungen moderner Industriegesellschaften zu meistern, ist neuartig. Die Schwierigkeit liegt nach Ansicht der „Expertenkommission Demografischer Wandel in Sachsen" vor allem in der Notwendigkeit, parallel zur Bevölkerungsabnahme öffentliche Leistungen abzubauen, wofür es angesichts der Streitpotenziale solcher Verteilungskonflikte nach wie vor an geeigneten Bewältigungsstrategien fehle.[48] Das betrifft nahezu alle relevanten politischen Handlungsfelder wie die Wirtschaftsentwicklung, Infrastrukturmaßnahmen, die Versorgung der Bevölkerung mit öffentlichen wie privaten Gütern und die Zukunft von Natur und Landschaft.[49]

   Vor allem die Prinzipien regionaler Solidarität und gleichwertiger Lebensbedingungen gilt es vor dem Spannungsverhältnis von Wettbewerbsfähigkeit und (in-)effizienten Strukturen zu überdenken.[50] Wenn der Bevölkerungsrückgang in vielen sächsischen Regionen weiterhin massiv anhält, kann die bisherige Förderpraxis „in der Fläche" auf Dauer nicht erhalten werden. Sachsens Raumplanung und Raumpolitik orientiert sich deswegen seit einigen Jahren bei Regionalentwicklungskonzepten stärker am Wettbewerbs- als am Gießkannenprinzip, und zwar um den Preis, dass abgelegene bzw. überproportional von Abwanderung betroffene Gebiete künftig finanziell gegenüber den als „nachhaltig" bewerteten Räumen zurücktreten müssen. Der gezielte Abbau von Siedlungen und Infrastruktur sowie personelle Anpassungen in den Verwaltungen gehören zu den besonders sensiblen Maßnahmen der sächsischen Raumentwicklungsplanung. Trotz heftiger Verteilungskonflikte konnte die Neugliederung bzw. Vergrößerung der

---

47 Vgl. Statistisches Landesamt Sachsen (Hrsg.): Demographischer Wandel in Sachsen, Sonderheft Nr. 3/ 2004, S. 38.

48 Vgl. Expertenkommission „Demografischer Wandel in Sachsen": Empfehlungen zur Bewältigung des demografischen Wandels im Freistaat Sachsen, Dresden 2006, S. 1.

49 Vgl. hier und im Folgenden Bernhard Müller: Demographische Entwicklung im Freistaat Sachsen – Konsequenzen für Raumentwicklung und Raumplanung, in: Georg Milbradt/Johannes Meier (Hrsg.): Die demographische Herausforderung – Sachsens Zukunft gestalten, Gütersloh 2004, S. 141–157.

50 Vgl. dazu Philipp Oswalt: Leben auf dem Land wird mühsam, in: Freie Presse vom 8. Mai 2013, S. 4.

Landkreise zu Regionaleinheiten mit dauerhaft mindestens 200 000 Einwohnern am 1. August 2008 in Kraft treten.[51]

Bereits im Jahr 2001 forderte der Sächsische Beirat für Raumordnung, es sei von realistischen Bevölkerungsprognosen auszugehen und der überzogene lokale Wettbewerb um Einwohner einzudämmen.[52] Statt den Standort- zu einem Überbietungswettbewerb zu machen (z. B. bei großzügigen, gesamtwirtschaftlich freilich kontraproduktiven Baulandausweisungen), gelten für die sächsische Regionalentwicklung seit einem Jahrzehnt schrumpfungsorientierte Planungen. Angestrebt werden danach (1) ein Stopp der Bebauung neuen Terrains, (2) stattdessen die Revitalisierung alter Flächen und Gebäude, (3) die Initiierung und Organisation des Rückbaus, (4) die kleinteilige funktionale Durchmischung von öffentlicher Versorgung sowie (5) der angemessene und sozialverträgliche Abbau personeller und finanzieller „Überversorgung".

Vor allem der öffentlichen Debatte bei raumpolitischen Maßnahmen wird in Zukunft eine wachsende Relevanz zuteilwerden. Zum einen kann nur die generelle Kenntnis von Ursachen und notwendigen Folgen der demografischen Veränderungen auch ein Verständnis für unliebsame, aber unabdingbare Sparmaßnahmen erzeugen und eine Beteiligung relevanter Akteure auf lokaler Ebene fördern. Den gesamtsächsischen Dialog um Gleichwertigkeit, Prioritäten und Zumutbarkeit gilt es folglich weiter zu unterstützen. Zum anderen sollte die Politik bei allen berechtigten Sorgen um den sächsischen Bevölkerungsrückgang nicht ausschließlich die Risiken hervorheben, sondern auch die Chancen und Potenziale solcher Schrumpfungsprozesse. Dazu gehören die städtebauliche Erneuerung und Modernisierung, die steigende Lebensqualität im Wohnumfeld und Freizeitraum sowie eine Verbesserung der Umwelt, verbunden mit naturnahen Landschaften und neuen Naherholungsmöglichkeiten.[53] Das Leipziger Umland erzählt eine solche Geschichte: Zwar gelang es nach 1989/90 nicht annähernd, hunderttausenden Beschäftigten der maroden Braunkohle- und Chemiebetriebe berufliche Perspektiven zu bieten. Doch gerade wegen des Rückbaus bzw. der Flutung der einstigen Reviere konnte in den letzten Jahren eine herrliche Seenlandschaft entstehen, welche die Attraktivität der ohnehin beliebten Messestadt weiter erhöht. Die Gegend, in der sich in der DDR wegen Luftverschmutzung die „Hand nicht vor den Augen" erkennen ließ, zählt mittlerweile zu den beliebtesten Zuwanderungsregionen Sachsens mit rosigen Zukunftsaussichten.

2004 äußerte sich der heutige sächsische Ministerpräsident Stanislaw Tillich zuversichtlich, der demografische Umbau sei auf einen „guten Weg gebracht"[54]. Ob die eingeleiteten Maßnahmen künftig ausreichen, bleibt zweifelhaft, vor allem in den länd-

---

51 Siehe Statistisches Landesamt Sachsen (Hrsg.): Neue Landkreise und kreisfreie Städte in Sachsen, Sonderheft 1/2008, S. 3.
52 Vgl. Bernhard Müller (Anm. 49), S. 153.
53 Vgl. ebd., S. 156 f.
54 Stanislaw Tillich: Den demographischen Umbau gestalten, in: Georg Milbradt/Johannes Meier (Anm. 49), S. 167–171, hier S. 171.

lichen Regionen. Verteilungskonflikte sind programmiert. Auch sonst sind sich Sachsens Regierungs- und Oppositionsparteien uneins über den richtigen Kurs der künftigen Bevölkerungspolitik. Zwar verweist die CDU-geführte Regierung in Dresden auf ihre Wirtschaftsaffinität und eiserne Haushaltsdisziplin, leugnet aber die Verfestigung von Langzeitarbeitslosigkeit und struktureller Armut in bestimmten Sozialmilieus. Die Opposition aus SPD, Die Linke und Grünen fordert daher vor allem stärkere staatliche Unterstützung im sozialen und familienpolitischen Bereich, da die Diskrepanz zwischen staatlichen Steuerungsversuchen und sozialer Wirklichkeit wachse. Auch von einem „gesellschaftlichen Klima, in dem Kinder hochwillkommen sind"[55] könne angesichts jahrelanger Wartezeiten auf einen Kindergartenplatz in den Boomstädten Leipzig und Dresden nicht die Rede sein.

6 „Sächsischer Weg"?

Trotz einiger demografischer Besonderheiten Sachsens gegenüber Ost-, West- und Gesamtdeutschland kann in den Bereichen Bevölkerungsentwicklung und Sozialstruktur von einem genuin „sächsischen Weg" keine Rede sein. Der Freistaat leidet wie die gesamte Bundesrepublik an einem spürbaren natürlichen Bevölkerungsrückgang, der durch eine parallel steigende Lebenserwartung zwar momentan abgefedert wird, jedoch künftigen Generationen eine doppelte Hypothek bei der Erhaltung der sozialen Sicherungssysteme und des allgemeinen Wohlstands auferlegt. Dieser Problemdruck wird im Osten durch die ungebrochene Binnenauswanderung zum Westen hin und unzureichende Außenzuwanderung verstärkt. In Sachsen fällt dieser Umstand zwar nicht ganz so gravierend aus wie in anderen ostdeutschen Regionen, aber auch nicht positiv (im Sinne einer steigenden Einwohnerzahl) wie in den südwestlichen Bundesländern. Bei den politischen Steuerungsversuchen, den Bevölkerungsrückgang aufzuhalten (z. B. keine Studiengebühren), unterscheiden sich die ostdeutschen Länder ebenfalls kaum.

Eine Eigenart stellt Sachsens Bevölkerungsentwicklung somit am ehesten aufgrund einer Art Mittelposition zwischen „nicht mehr auf Ost- und noch nicht auf Westniveau" dar. Der Trend zu Durchschnittswerten ist – trotz der wachsenden Diversität von Boom- und Schrumpfregionen in Deutschland – freilich nicht als spezifisch sächsisches Phänomen zu bewerten. Ebenso gut könnte dann von einem „thüringischen" oder „brandenburgischen Weg" die Rede sein, schließlich stehen hier ebenfalls prosperierenden Gegenden teilweise entvölkerte Landstriche gegenüber.

Eine Besonderheit des demografischen Wandels in Sachsen stellt die Abwanderung in die alten Länder bei paralleler Zuwanderung aus den neuen dar. Doch die Frage „gehen, bleiben oder kommen" wird für die sächsische Bevölkerung in den kommenden Jahren allerdings an Bedeutung verlieren. Den Bevölkerungsrückgang stoppt dies nicht.

---

55 Ebd., S. 170.

Viel wird daher davon abhängen, ob es im Freistaat gelingt, attraktive Lebensbedingungen für qualifizierte ausländische Zuwanderer zu schaffen und diese sozial wie am Arbeitsmarkt angemessen zu integrieren. Im Moment spricht wenig dafür, dass sich Sachsens Sozialstruktur in absehbarer Zeit verändert. Da mittlerweile selbst „traditionelle Einwanderungsbundesländer" im Westen an Anziehungskraft für hochqualifizierte Fachkräfte aus dem Ausland verlieren, wird sich der eher „zuwanderungsskeptische" Osten davon nicht nennenswert unterscheiden. Sollte sich der Freistaat analog zu Thilo Sarrazins Prophezeiung für Deutschland also demnächst „selbst abschaffen" – an den Ausländern und deren mangelnder Integration kann es nicht gelegen haben.

Kapitel 14
Politische Kultur und Regionalkultur

1 Politische Kultur in Deutschland

Politische Kultur gilt als die „subjektive" Dimension der Politik. Vereinfacht formuliert umfasst der Begriff die Gesamtheit aller individuellen Orientierungen einer Gesellschaft zum politischen System. Dabei werden die Meinungen, Einstellungen und Wertbindungen des Einzelnen erfasst (Mikroebene) und zu Aussagen über die spezifischen Verteilungsmuster politischer Haltungen in einer Gesamtbevölkerung überführt (Makroebene).[1] Die Frage, wie die Bürger einer Gesellschaft zur politischen Ordnung ihres Landes stehen, ist allerdings mehr als eine akademische. Obwohl in der Forschung Uneinigkeit herrscht, wie stark die politische Kultur das Funktionieren und die Stabilität eines politischen Systems beeinflusst, gehen die meisten kulturalistischen Ansätze davon aus, ein Mindestmaß an Übereinstimmung von Struktur und Kultur sei für das Überleben eines politischen Systems notwendig.[2]

Die Einschätzung, in den ostdeutschen Ländern fehle es mitunter an „politischer Kultur", was dem Zusammenwachsen beider Landesteile und der deutschen Demokratie schade, ist nicht nur im Westen verbreitet. Sie entspricht einer positiv konnotierten Verwendung des Begriffs im allgemeinen Sprachgebrauch, eng verbunden mit der Vorstellung von „moralischem und anständigem" Verhalten sowie Partizipation und politischem Interesse. Ungeachtet dessen, wie groß die Unterschiede zwischen Ost und West tatsächlich sein mögen, zielt ein solches Verständnis ins Leere: Politische Kultur ist als

---

1   Siehe zum ursprünglichen Konzept der politischen Kultur Gabriel Almond/Sidney Verba: The Civic Culture. Political Attitudes and Democracy in Five Nations, Princeton 1963. Zu den Grundlagen und -begriffen der politischen Kultur in Deutschland statt vieler Bettina Westle/Oscar W. Gabriel (Hrsg.): Politische Kultur. Eine Einführung, Baden-Baden 2009.

2   Vgl. Bettina Westle/Oscar W. Gabriel (Anm. 1), S. 41–43.

wissenschaftliches Kriterium grundsätzlich wertneutral – es gibt sie in demokratischen wie in autokratischen Systemen und unabhängig vom Grad der Zustimmung zu dem jeweiligen Systemtypus. Eine andere Frage ist die nach einer „demokratisch-politischen" Kultur. Vor allem jüngere Forschungsarbeiten verweisen auf den Zusammenhang von politischer Kultur und demokratischer Qualität.[3] Ob und wie gut eine Demokratie funktioniert, hängt demnach nicht nur vom bloßen Vorhandensein und Funktionieren demokratischer Institutionen und Regeln ab, sondern insbesondere auch von der positiven Verankerung des politischen Systems im Bewusstsein der Bevölkerung und der gesellschaftlichen Eliten.[4]

Im Gegensatz zu einem weitgefassten Begriff der politischen Kultur, der das politische Handeln der Akteure berücksichtigt (z. B. die Parteiarbeit oder das Wahlverhalten), beziehen sich die folgenden Ausführungen ausschließlich auf die politischen Einstellungen und Orientierungen der Bürger.[5] Umstritten ist die Frage, welche Bereiche des einstellungsorientierten Ansatzes die politische Kultur in einer Demokratie kennzeichnen. Für Oscar W. Gabriel sind vier Systemprinzipien zentral: Legitimität, Identität, Effektivität und Responsivität.[6] Als weiteres Merkmal lässt sich zudem das Interesse der Bürgerschaft am Politischen heranziehen. Für die Analyse der politischen Kultur geht es um (1) die Unterstützung des politischen Systems bzw. der Demokratie, (2) die Zufriedenheit mit den Leistungen der Politik, (3) das Verhältnis von Vertrauen und Misstrauen gegenüber der politischen Klasse, (4) die gesellschaftliche und politische Identität der Bevölkerung sowie (5) die Frage nach dem Interesse in gesellschaftspolitischen Fragen.

Die politische Kultur eines Landes wird auf vielfältige Art und Weise von einerseits historisch-kulturellen Prozessen und andererseits von den politisch-sozialen Verhältnissen geprägt – sie ist also gleichermaßen sozialisations- wie situationsbedingt.[7] Deswegen überraschten die teilweise gewaltigen mentalen Unterschiede zwischen Ost- und Westdeutschland nach 40 Jahren der Teilung nicht. Bei ähnlichen Ausgangsbedingungen am Ende des „totalen" Krieges mit dem Ergebnis der „totalen" Niederlage ent-

---

3   Vgl. zusammenfassend Susanne Pickel/Gert Pickel: Politische Kultur- und Demokratieforschung: Grundbegriffe, Theorien und Methoden. Eine Einführung, Wiesbaden 2006, S. 15.

4   Vgl. Jürgen Neyer: Externe Demokratisierung in Mittel- und Osteuropa und die Beständigkeit der politischen Kultur, in: Gunnar Folke Schuppert/Stefan Gosepath (Hrsg.): WZB Jahrbuch 2007, Berlin 2008, S. 223–238.

5   Zum einen ist innerhalb der Politischen Kultur-Forschung umstritten, ob politisches Handeln überhaupt Teil der politischen Kultur ist, zum anderen sollen Überschneidungen mit anderen Kapiteln, die stark auf die Verhaltensebene abstellen (z. B. Extremismus, Wahlen, Parteien), vermieden werden.

6   Vgl. als Überblick hier und im Folgenden Oscar W. Gabriel: Politische Einstellungen und politische Kultur, in: Ders./Sabine Kropp (Hrsg.): Die EU-Staaten im Vergleich. Strukturen, Prozesse, Politikinhalte, 3. Aufl., Wiesbaden 2008, S. 181–214, hier S. 184–186.

7   Zur Unterscheidung beider Aspekte siehe Martin Greiffenhagen/Sylvia Greiffenhagen: Zwei politische Kulturen? Wissenschaftliche und politische Unsicherheiten im Umgang mit der deutschen Vereinigung, in: Hans-Georg Wehling (Hrsg.): Deutschland Ost – Deutschland West. Eine Bilanz, Opladen 2002, S. 11–34, hier S. 24.

wickelten sich die politischen Systeme und damit die politischen Kulturen der beiden deutschen Teilstaaten diametral. Im Westen verloren obrigkeitsstaatliche Traditionen an Bedeutung, und die einst als typisch deutsch klassifizierte „Untertanenkultur"[8] wandelte sich allmählich in einen aufgeklärten und weithin anerkannten gesellschaftlichen Pluralismus. In der totalitär, später stärker autoritär geprägten DDR entstand dagegen eine von der Staatsbürokratie dominierte, weitgehend homogene bzw. gleichgeschaltete Gesellschaft, deren politische Kultur (eher ungewollt) an die „deutschen Traditionen" von Gehorsam und Unterordnung anknüpfte, nicht zuletzt, da viele Gegner des SED-Regimes in den Westen flüchteten.[9] Doch nicht nur im Verhältnis von Bürger und Staat entfernten sich die beiden Landesteile voneinander. Im Osten entwickelte sich eine planwirtschaftlich geprägte, „entbürgerlichte" und „entkirchlichte" Gesellschaft, im Westen dominierten eher Markt- bzw. Leistungsprinzipen sowie christlich-aufklärerische Traditionen.[10]

Umso mehr überraschten die Ergebnisse der ersten freien Meinungsumfragen 1989/90 in der DDR. Vor dem Hintergrund der Freiheits- und Einheitsbegeisterung im Land zeigten sich bei vielen politischen Orientierungen – sei es zur westdeutschen Demokratie, sei es zur SED-Diktatur, sei es zur Zukunft Deutschlands – kaum Unterschiede zwischen beiden Landesteilen. Bereits kurze Zeit später stellte sich heraus, die anfangs geäußerten Meinungen waren weniger Ausdruck manifester Werteüberzeugungen, sondern vielmehr Zeichen einer kurzfristigen „Revolutionseuphorie", zudem maßgeblich beeinflusst von überzogenen Konsumerwartungen und dominiert vom westdeutschen Meinungsklima. Kurt Sontheimer resümierte bereits 1990 pessimistisch: „Der demokratische Impetus des revolutionären Aufstands war schnell verpufft, die politische Mobilisierung großer Bevölkerungsteile ebbte rasch wieder ab; schon bald machten sich Anzeichen eines Zurückfallens in die altbekannte Lethargie und Untertanengesinnung bemerkbar."[11] Die anfangs unterschätzte bzw. verdeckte Kluft zwischen den politischen Kulturen in Ost und West kam schnell zum Vorschein. Bis heute unterscheiden sich die politischen Einstellungen in vielen Bereichen wesentlich.

Nachdem im Vereinigungsjahr 1990 die höchsten Zustimmungswerte zur Demokratie als Staatsform in Ost und West gemessen wurden, sank der Zuspruch bis Ende der 1990er Jahre vor allem im Osten. Die Gestaltung der Einheit hatte sich rasch als schwieriger herausgestellt als zunächst angenommen. Die Befürwortung der Demokratie bewegte sich dennoch auf unverändert hohem Niveau, wiewohl von Ende der 1990er Jahre

8   Gabriel Almond/Sidney Verba (Anm. 1).

9   Vgl. Jens Christian König: Politische Kultur in den USA und Deutschland: Nationale Identität am Anfang des 21. Jahrhunderts, Berlin 2010, S. 215.

10 Vgl. Oscar W. Gabriel/Katja Neller: Bürger und Politik in Deutschland, in: Ders./Fritz Plasser (Hrsg.): Deutschland, Österreich und die Schweiz im neuen Europa. Bürger und Politik, Baden-Baden 2010, S. 57–146, hier S. 74.

11 Kurt Sontheimer: Deutschlands Politische Kultur, München/Zürich 1990, S. 84.

Abbildung 1   Demokratie als beste Staatsform in der Bundesrepublik (in Prozent)

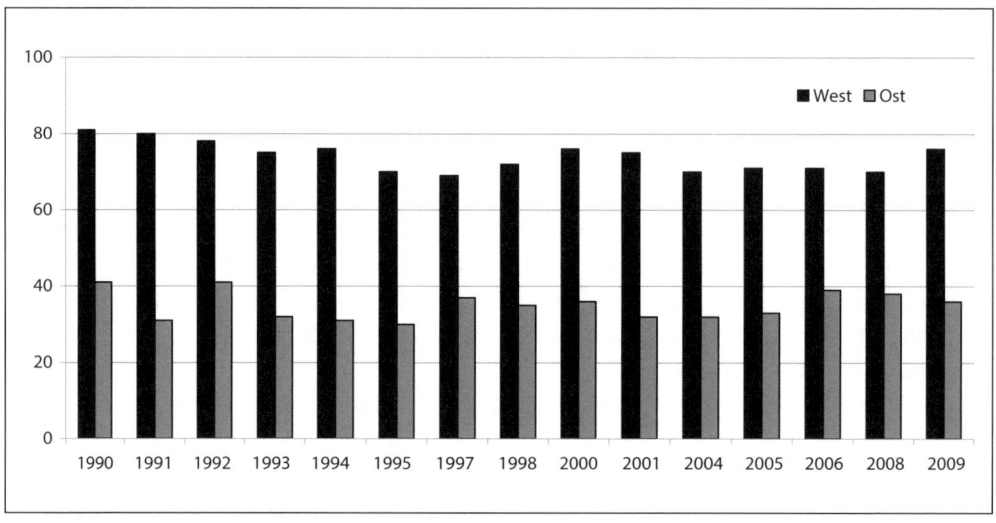

Quelle: Renate Köcher (Anm. 23), S. 116; eigene Darstellung.

an mit wachsenden Differenzen zwischen Ost und West. Über 90 Prozent der Deutschen sprachen sich 2008 grundsätzlich für die Idee der Demokratie aus, in den alten
Ländern waren es 93 Prozent, in den neuen immerhin 89 Prozent.[12] Stärkere Unterschiede zwischen beiden Landesteilen zeigen sich bei der Frage nach der Demokratie als bester Staatsform in der Bundesrepublik Deutschland. Teilte diese Meinung im
Osten nie mehr als die Hälfte der Bewohner, waren es im Westen stets mehr als zwei
Drittel (Abbildung 1). Dies hängt maßgeblich mit der Wahrnehmung und Bewertung
der deutschen Einheit zusammen. Bereits im Jahr 1990 hatten 39 Prozent der Ostdeutschen – trotz aller Euphorie – geäußert, statt der Übernahme des Bonner Demokratie-
modells lieber eine neu zu gründende Staatsform, einen „dritten Weg" zu bevorzugen.[13]
Dieser Wert blieb bis 2008 konstant und ist damit doppelt so hoch wie in Westdeutschland. Die Akzeptanz der Demokratie als beste Regierungsform nahm in den vergangenen 20 Jahren in Ost- wie in Westdeutschland geringfügig ab, bewegt sich aber – trotz
der innerdeutschen Kluft – insgesamt noch immer auf hohem Niveau.

---

12 Vgl. Oskar Niedermayer: Bevölkerungseinstellungen zur Demokratie: Kein Grundkonsens zwischen
    Ost- und Westdeutschen, in: Zeitschrift für Parlamentsfragen 40 (2009), S. 383–397, hier S. 385 f.
13 Vgl. Dieter Fuchs: Welche Demokratie wollen die Deutschen? Einstellungen zur Demokratie im ver-
    einten Deutschland, in: Oscar W. Gabriel (Hrsg.): Politische Orientierungen und Verhaltensweisen im
    vereinigten Deutschland, Opladen 1997, S. 81–113, hier S. 102 f.

Markanter sind die Ost-West-Unterschiede bei der Zufriedenheit mit den Leistungen bzw. der Effektivität des demokratischen Systems.[14] War die deutsche Demokratiezufriedenheit in den 1970er und 1980er Jahren eine der höchsten in Europa, sank sie im Sog einer gewissen Einheitsenttäuschung Mitte der 1990er Jahre auf unter 50 Prozent, vor allem wegen der niedrigeren Zustimmungsraten im Osten. Zwar verfestigte sich keine dauerhafte Akzeptanzkrise, doch waren die Leistungsbeurteilungen auch in den 2000er Jahren hoch volatil. Sie standen in enger Wechselbeziehung mit den Bewertungen der jeweiligen Bundesregierungen. Unverändert blieb das West-Ost-Gefälle (Abbildung 2). Die Zufriedenheitswerte liegen seit 1990 im Westen konstant mindestens 20 Prozentpunkte über denen im Osten. Auf die Frage, wie zufrieden die Deutschen mit dem Funktionieren der Demokratie seien, antworteten 2008 mehr als zwei Drittel im Osten „eher"/„sehr unzufrieden", im Westen war es etwa die Hälfte der Befragten.[15] 2009 äußerte sich erstmals eine Mehrheit der Ostdeutschen positiv (52 Prozent).

Deswegen ausschließlich Ostdeutschland „ein gebrochenes Verhältnis"[16] zur Demokratie der Bundesrepublik zu attestieren, mag übertrieben sein, zumal nicht die Idee der Demokratie als Staatsform angezweifelt wird, sondern sich die Kritik vielmehr gegen die Arbeit der politischen Akteure richtet. Zudem beträgt der Abstand zum Westen ein und nicht drei oder vier Fünftel der Bevölkerung. Dennoch dürfte sich die Lücke mittelfristig nicht verkleinern. Nach wie vor prägen die wirtschaftliche Lage, die als ungerecht empfundene Verteilung des Wohlstands, ein (Wende-)Verliererbewusstsein sowie nostalgische DDR-Einstellungen die niedrigen ostdeutschen Zufriedenheitswerte.[17] Die im Osten deutlich stärker als im Westen verbreitete Politikverdrossenheit ist allerdings nicht nur ein Generationenproblem. Ostdeutsche Jugendliche unterscheiden sich bei der Beurteilung von Ost-West-Disparitäten wie Chancengleichheit und Lebensumstände kaum von ihren Eltern und Großeltern.[18] Und wegen der Enttäuschung über das Ausbleiben eines (vor-)schnell versprochenen raschen Aufschwungs messen viele Ostdeutsche nach wie vor mit zweierlei Maß: Statt die Verbesserungen gegenüber der Zeit vor 1989/90 und den Aufholprozess gegenüber dem Westen herauszustellen, vermissen sie die scheinbaren wirtschaftlichen und sozialen Sicherheiten des Staatssozialismus und beklagen ein Wohlstandsdefizit gegenüber den alten Bundesländern. Dies äußert

---

14 Vgl. dazu aktuell die differenzierten Befunde bei Tom Mannewitz: Kein Ost-West-Gegensatz: Regionale Unterschiede der deutschen politischen Kultur, in: Gesellschaft – Wirtschaft – Politik 62 (2013), S. 205–215, hier S. 207 f.

15 Vgl. Oskar Niedermayer (Anm. 12), S. 393.

16 Oscar W. Gabriel: Bürger und Demokratie im vereinigten Deutschland, in: Politische Vierteljahresschrift 48 (2007), S. 540–552, hier S. 546.

17 Vgl. Detlef Pollack: Wie ist es um die innere Einheit Deutschlands bestellt, in: Aus Politik und Zeitgeschichte, B 30-31/2006, S. 3–7, hier S. 5.

18 Siehe als Zwischenbilanz Gert Pickel: Jugend und Politikverdrossenheit. Zwei politische Kulturen im Deutschland nach der Vereinigung?, Opladen 2002 und aktuell Oliver Hollenstein. Das doppelt geteilte Land. Neue Einblicke in die Debatte über West- und Ostdeutschland, Wiesbaden 2012.

Abbildung 2   Zufriedenheit mit der bundesdeutschen Demokratie (in Prozent)

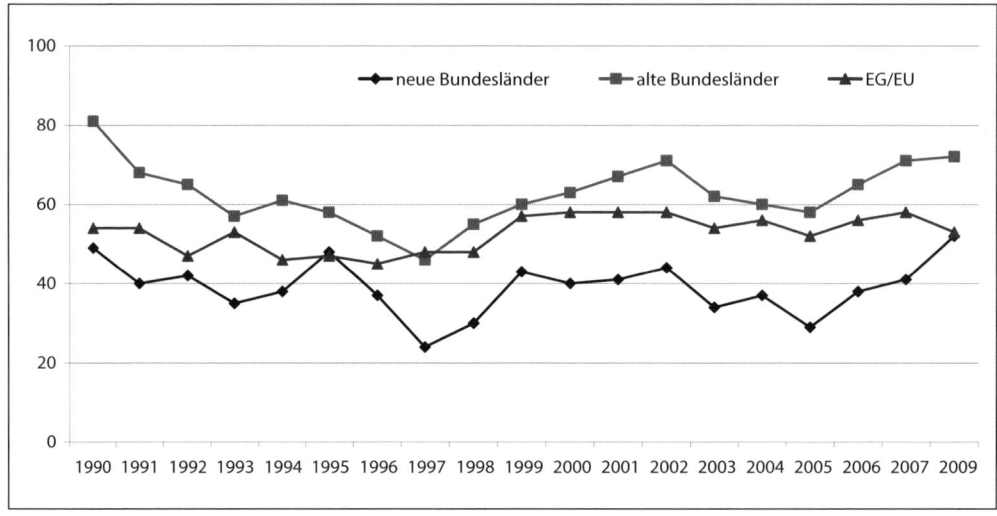

Quelle: Eurobarometer der EU-Kommission (keine Daten für 2008); eigene Darstellung.

sich durch deutlich niedrigere Zustimmungsraten zum Prinzip der sozialen Marktwirtschaft im Osten und in einer mit wachsender zeitlicher Distanz zunehmend positiven
DDR-Bewertung.[19]

Auch das Vertrauen in die (staatlichen) Institutionen ist im Osten durchgängig
schwächer entwickelt als im Westen. Obwohl sich die Unterschiede in einigen Bereichen
(z. B. bei den Hochschulen, Gewerkschaften und teilweise bei den Medien) aufgelöst
bzw. ins Gegenteil verkehrt haben, misstrauen Ostdeutsche vor allem den politischen
Institutionen bzw. den Verfassungsorganen. Zwar sind insbesondere der Bundestag
(29 Prozent Vertrauen im Jahr 2008) und die Bundesregierung (31 Prozent) auch im
Westen deutlich weniger angesehen als parteiferne Institutionen wie Justiz und Polizei,
erhalten allerdings durchschnittlich etwa zehn Prozentpunkte mehr an Zustimmung als
im Ostteil des Landes. Bedenklich ist weniger das geringe Ausmaß an Institutionenver-
trauen – zumal es im europäischen Durchschnitt liegt – als vielmehr der Trend. Nach
positiven Anzeichen um die Jahrtausendwende ist der Argwohn gegenüber der Politik
mittlerweile fast wieder auf dem Niveau der von herben Enttäuschungen geprägten frühen 1990er Jahre angelangt.[20]

---

19 Vgl. Heike Tuchscheerer: 20 Jahre vereinigtes Deutschland: Eine „neue" oder „erweiterte Bundesrepublik"?, Baden-Baden 2010, S. 307 f.
20 Vgl. ebd., S. 172.

Gegenüber ihrer nationalen Identität haben die Deutschen in Ost und West nach wie vor ein zwiespältiges Verhältnis. Einerseits hemmen die leidvollen Erfahrungen mit den Verbrechen des Nationalsozialismus noch immer die Entstehung eines positiven Nationalverständnisses. Andererseits ist der Umgang mit Begriffen wie Patriotismus und Nationalbewusstsein seit der deutschen Einheit unbefangener geworden. Die nach 1989/90 vielerorts befürchtete, teilweise apokalyptisch prophezeite Rückkehr eines Nationalismus blieb in größerem Ausmaß – trotz der rechtsextremen Aufwallungen vor allem zu Beginn der 1990er Jahre – in den neuen Ländern wie in fast allen postsozialistischen Staaten Europas aus.[21] Das nationale Selbstwertgefühl veränderte sich in Ost- wie Westdeutschland hingegen positiv. Von 1990 bis 2006 wuchs im Westen die Zahl derer, die Nationalbewusstsein für wichtig bzw. sehr wichtig halten von 60 auf 80 Prozent, im Osten von 65 auf 73 Prozent.[22] Bei den Einschätzungen zum Patriotismus unterscheiden sich beide Landesteile kaum – klare Mehrheiten von 68 im Westen bzw. 58 Prozent im Osten (2006) halten jenen für wichtig.

Am deutlichsten wird die vielzitierte „Mauer in den Köpfen" mit Blick auf die identitäre Selbstwahrnehmung von Ost- und Westdeutschen. Die von den Allensbacher Demoskopen seit 1992 regelmäßig gestellte Frage: „Fühlen Sie sich im allgemeinen eher als Deutscher oder mehr als Ostdeutscher (bzw. Westdeutscher)?" beantwortete in den alten Ländern stets eine solide Mehrheit zugunsten einer gesamtdeutschen Identität.[23] Der Zuspruch stieg von 57 (1992) auf 69 Prozent (2009), parallel sank der Anteil derjenigen, die sich stärker als Westdeutsche wahrnahmen: von 34 auf 25 Prozent. In den neuen Ländern sieht es anders aus. Bis zum Jahr 2005 fühlte sich eine Mehrheit stärker mit Ostdeutschland verbunden. 2006 – beeinflusst durch die Fußballweltmeisterschaft in Deutschland – wandelte sich die Zustimmung erstmalig zugunsten der Identifikation mit Deutschland (54 Prozent) statt mit dem Osten (35 Prozent). 2009 drehte sich das Verhältnis erneut – 53 Prozent der Befragten sahen sich wieder stärker mit einer ostdeutschen Identität verbunden. Mitverantwortlich für diese Lücke dürften die im Osten noch immer verankerten Gefühle sein, „man" sei eine benachteiligte Minderheit und würde vom Westen nicht ernstgenommen bzw. missverstanden. Allerdings gehen derlei Befindlichkeiten seit 1990 zurück.

Kenntnisse über die Politik bzw. politisches Interesse bewegen sich bei Ost- und Westdeutschen auf ähnlichem Niveau.[24] Im Zuge der friedlichen Revolution wuchs in beiden Landesteilen spürbar die Neugier gegenüber der Politik, die seitdem nur leicht

---

21 Siehe im Einzelnen Tom Thieme: Hammer, Sichel, Hakenkreuz. Parteipolitischer Extremismus in Osteuropa. Entstehungsbedingungen und Erscheinungsformen, Baden-Baden 2007.

22 Vgl. Heike Tuchscheerer (Anm. 19), S. 159.

23 Vgl. hier und im Folgenden Renate Köcher (Hrsg.): Allensbacher Jahrbuch der Demoskopie 2003–2009, Bd. 12, Berlin/New York 2009, S. 67.

24 Vgl. im Einzelnen Jürgen Maier u. a.: Was wissen die Bürger über Politik? Zur Erforschung der politischen Kenntnisse in den Bundesrepublik Deutschland 1949 bis 2008, in: Zeitschrift für Parlamentsfragen 40 (2009), S. 561–579.

gesunken ist.[25] Gewisse Unterschiede zeigen sich mit Blick auf die einzelnen Bereiche politischen Interesses. Ostdeutsche nutzen als Informationsquelle überwiegend das Fernsehen, während im Westen Tageszeitungen eine größere Rolle spielen. Die Bürger in den neuen Ländern schätzen ihr politisches Wissen und ihre Einflussmöglichkeiten niedriger ein als jene in den alten. Bei der Selbstwahrnehmung politischer Kompetenz unterscheiden sich Ost und West kaum. Abgesehen von kleineren Schwankungen blieb das politische Interesse seit 1990 weithin stabil – die Bürger in Ost wie West sind „weder hoch politisiert noch desinteressiert".[26]

Insgesamt schwankt die politische Kultur Deutschlands mehr als 20 Jahre nach der Vereinigung weiterhin zwischen allmählicher Annäherung und noch immer markanten Ost-West-Unterschieden. Vor allem die Orientierungen gegenüber dem demokratischen System der Bundesrepublik und der autokratischen DDR sind ungebrochen ein deutlicher Ausdruck unterschiedlich sozialisierter Werthaltungen. Nimmt im Westen der Wert Freiheit (mit sinkender Tendenz) einen höheren Rang ein als die Gleichheit, verhält es sich im Osten umgekehrt.[27] Zudem hemmen Klischees und Vorurteile das Zusammenwachsen. Deshalb jedoch von zwei politischen Kulturen in Deutschland zu sprechen, ist aus dreierlei Gründen unsinnig und kontraproduktiv: Erstens überwiegen die Gemeinsamkeiten gegenüber den Unterschieden, das Verhältnis zur nationalen Identität hat sich im Osten wie im Westen nicht zuletzt wegen der deutschen Einheit entkrampft. Zweitens existieren regionale Differenzen nicht nur zwischen alten und neuen Bundesländern, sondern auch zwischen Nord und Süd, wiewohl diese von der Ost-West-Dimension überlagert werden. Und drittens hat die deutsche Binnenwanderung zu einem Gemisch an politischen Einstellungen und Orientierungen geführt, die eine Angleichung der politischen Kultur in Deutschland künftig weiter befördert, wiewohl gerade die Persistenz ostdeutscher Wertorientierungen über Generationengrenzen hinweg dem entgegensteht.

2 Politische Kultur in Sachsen

Vergleichende Aussagen zur politischen Kultur auf Landesebene bzw. für Sachsen zu treffen, gestaltet sich in mehrerlei Hinsicht als schwierig. Erstens umfasst die Untersuchung der politischen Kultur in Deutschland meist das gesamte Bundesgebiet, häufig differenziert nach Ost- und Westdeutschland, nicht nach einzelnen Ländern und Regionen. Zweitens sind die (wenigen) landesspezifischen Daten für Sachsen nicht vorbehaltlos für einen Vergleich mit der Bundesebene heranzuziehen wegen inhaltlicher wie

---

25 Vgl. hier und im Folgenden Oscar W. Gabriel/Katja Neller (Anm. 10), S. 79–90.
26 Ebd., S. 80.
27 Vgl. Renate Köcher (Anm. 23), S. 132 f.

Abbildung 3   Zufriedenheit mit den politischen Institutionen in Sachsen (1 sehr zufrieden, 5 ganz und gar unzufrieden)

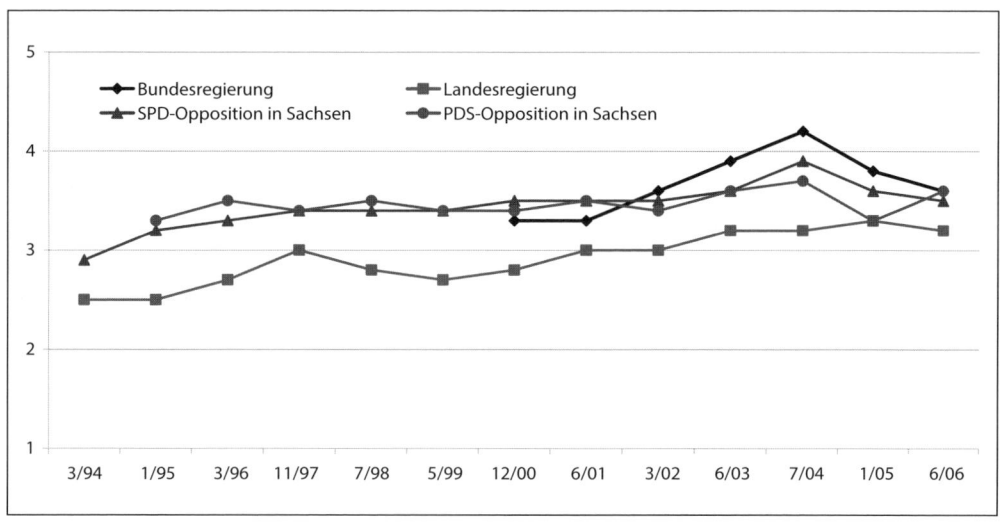

Quelle: tns-emnid: Politogramm Sachsen, Bielefeld 2006; eigene Darstellung.

methodischer Abweichungen bei den Erhebungen.[28] Drittens gilt es, sächsische Spezifika zu beachten, z. B. die Frage nach der regionalen Identität, die auf nationaler Ebene keine zentrale Rolle spielt.

Keine Studie zur politischen Kultur in Sachsen erfasst die Einstellungen der Bevölkerung zur Demokratie als Idee und Staatsform. Gleichwohl ist die Zustimmung generell hoch – sie liegt über dem Schnitt der neuen Länder, da solche Orientierungen meist mit der Frage der politischen Zufriedenheit korrelieren. Hier unterscheiden sich die Sachsen zwar in ihrer seit 1992 durchgängig negativen Bewertung der Bundespolitik – vor allem der Bundesregierung – kaum von den übrigen neuen Ländern, deutlich größer

---

28 Die für die Analyse der politischen Kultur zentralen Kriterien wurden für Sachsen zum Teil nicht, zum Teil mit abgewandelten Fragestellungen behandelt, was die Vergleichbarkeit der Daten erschwert. Zudem existieren nur unvollständige Zeitreihen, vor allem nach der Einstellung der von der Sächsischen Staatskanzlei regelmäßig und in gut vergleichbarer Art und Weise beim Emnid-Institut in Auftrag gegebenen Bevölkerungsbefragungen im Jahr 2006. Für 2007 gibt es keinerlei Untersuchungen, seit 2008 liegen vereinzelte, kaum auf das Material von vor 2006 bezogene Daten der Aproxima-Agentur vor. Die im Jahr 2012 wiederaufgenommenen Emnid-Befragungen können nur bedingt mit den früheren Befragungsreihen verknüpft werden. Eine lange, methodisch nur bedingt valide Trendreihe liefert die von der Rosa-Luxemburg-Stiftung geförderte Studie von Hendrik Berth u. a.: 20 Jahre deutsche Wiedervereinigung aus Sicht einer Gruppe ostdeutscher Erwachsener. Ergebnisse der Sächsischen Längsschnittstudie 1987 bis 2009, in: Deutschland Archiv 43 (2010), S. 787–794; dies. (Hrsg.): Innenansichten der Transformation. 25 Jahre Sächsische Längsschnittstudie (1987–2012), Gießen 2012.

ist allerdings der Vertrauenszuspruch in die Landespolitik (Abbildung 3). Vor allem die
sächsischen Staatsregierungen, aber auch die Oppositionsparteien im Landtag (ausgenommen die NPD) schnitten bei der Frage nach der Zufriedenheit mit den politischen
Institutionen stets klar besser ab als die Bundespolitik, obgleich sich der Trend stetig
verschlechterte. Alle drei sächsischen Ministerpräsidenten – der gut vernetzte Aufbauhelfer und populäre Landesvater Kurt Biedenkopf, der fleißige (wiewohl farblose) Landesmanager Georg Milbradt sowie der konziliante, sich selbst als „kantenlos" sehende
Landessohn Stanislaw Tillich – erreichten ununterbrochene Zustimmungsraten von
über 50, zeitweise von knapp 80 Prozent.[29] Zudem vollzog sich in Sachsen im Vergleich
zum übrigen Ostgebiet ein deutlich positiver Wandel bei der Beurteilung der Wiedervereinigung. Anfang/Mitte der 1990er Jahre war eine klare Mehrheit der Meinung, es
ginge ihr schlechter als vor 1989/90, und nur 20 Prozent der Sachsen schätzten ihre persönliche Lage besser ein als im Sozialismus.[30] Seit Mitte der 2000er Jahre haben sich
diese Werte umgekehrt. Mehr als die Hälfte der Sachsen äußert sich zufrieden über die
Ergebnisse der Wiedervereinigung, und knapp drei Viertel gaben an, die Verhältnisse in
Sachsen hätten sich seitdem verbessert.[31]

Sachsens Bevölkerung beurteilt nicht nur die Arbeit der Politik insgesamt besser als
die in den anderen neuen und teilweise in den alten Bundesländern; auch werden die
sächsischen Verhältnisse positiver bewertet als die in Ostdeutschland, nicht allerdings
gegenüber dem Westen. Die Zahl jener, die der Meinung waren, Sachsens wirtschaftliche Entwicklung sei im Vergleich zu den anderen neuen Ländern führend, hat zwar
von 1992 (61 Prozent) bis 2006 (39 Prozent) konstant abgenommen, und mehr Menschen glaubten zwischendurch, die Verhältnisse seien weitgehend gleichwertig (2006:
51 Prozent), im Jahr 2012 sahen sich aber im ostdeutschen Vergleich 82 Prozent bessergestellt.[32] Umgekehrt gaben damals wie heute kaum mehr als zehn Prozent der Bewohner an, Sachsen befände sich im Rückstand gegenüber dem Rest des Ostens.

Stabil sind hingegen das politische Interesse der Menschen und die Beurteilung
Sachsens mit Blick auf die gesamtdeutsche und die europäische Perspektive. In ihren
Kenntnissen und Informationswegen zur Politik unterscheiden sich die Sachsen kaum
von den Bewohnern der anderen ostdeutschen Länder. Nach wie vor groß ist die Wahr-

---

29 Vgl. von 1990 bis 2006 Emnid-Institut: Politbarometer Freistaat Sachsen, 1. bis 29. Welle, Bielefeld
    1991–2006; seit 2008 Aproxima-Agentur: Sachsen im Spiegel der Bevölkerungsmeinung, Weimar
    2008–2010. Die Emnid-Umfrage 2012 bestätigt dies. 64 Prozent der Sachsen zeigen sich mit der Arbeit
    der Staatsregierung sehr bzw. eher zufrieden, 58 Prozent sind mit der Bundesregierung eher bzw. sehr
    unzufrieden. 67 Prozent der Bürger sind mit der Politik von Stanislaw Tillich einverstanden. Vgl. Säch-
    sische Staatskanzlei (Hrsg.): Sachsen im Spiegel der Bevölkerung. tns-emnid-Umfrage Frühjahr 2012,
    Dresden 2012, S. 17–19.
30 Vgl. Klaus-Peter Schöppner/Michel Sagurna: Sächsische Meinungsbilder. Die ersten Jahre Freistaat
    Sachsen im Spiegel der Demoskopie, Dresden 1995, S. 19.
31 Vgl. Sächsische Staatskanzlei (Hrsg.): Sachsen im Spiegel der Bevölkerungsmeinung. Ergebnisse der
    Aproxima-Umfrage Herbst-Winter 2008/09, S. 12 f.
32 Vgl. hier und im Folgenden Emnid-Institut.

nehmung von Ost-West-Unterschieden im materiellen Bereich. 2005 stimmten 86 Prozent der Meinung zu, sie stünden besser da als die Bewohner Osteuropas. Bezogen auf Westeuropa teilten diese Aussicht gerade zehn Prozent, im Vergleich mit den alten Ländern nur sechs Prozent. Während 2012 die Selbsteinschätzung gegenüber den Osteuropäern nahezu gleich ausfällt, fühlen sich heute 39 Prozent der Sachsen gegenüber den Westeuropäern bessergestellt, mit Blick auf Westdeutschland empfinden dies 18 Prozent. Das Gefühl, Bürger zweiter Klasse zu sein, scheint – trotz der ungünstigeren bzw. als ungünstiger wahrgenommenen gesellschaftlichen Rahmenbedingungen – im Freistaat weniger stark vorhanden zu sein als in anderen Ostregionen. Seit 2002 nimmt die Einschätzung, zwischen Ost und West gäbe es mehr Trennendes als Verbindendes, konstant ab. 2009 sagten erstmals mehr als 70 Prozent der Sachsen, Gemeinsamkeiten würden im Verhältnis zueinander überwiegen.[33]

Ohnehin sehen sich viele sächsische Bürger stärker ihrer sächsischen Identität verbunden, weniger ihrer ost- oder gesamtdeutschen. Jammern scheint dabei nicht in das selbstbewusste Eigenbild zu passen. Trotz eines beachtlichen Protestwählerpotenzials hängt die grundsätzlich positive politische Grundstimmung in Sachsen nicht nur mit dem empfundenen bzw. realen ökonomischen Vorsprung gegenüber den meisten anderen ostdeutschen Regionen zusammen. Im Gegensatz zu den künstlich geschaffenen „Bindestrich-Ländern" ist die regionale Identität im Freistaat Sachsen stark ausgeprägt. 2010 gaben 82,5 Prozent der Bewohner an, stolz darauf zu sein, in Sachsen zu leben; nur 5,6 Prozent verneinten das.[34] Vor allem naturräumliche und kulturelle Aspekte prägen das attraktive Image des Freistaats. An Sachsen gefallen in erster Linie die landschaftlichen Sehenswürdigkeiten, das Kulturangebot, die Landeshauptstadt Dresden sowie die Gastfreundschaft der Bewohner. Mit einigem Abstand folgen „harte" Faktoren wie Technik, Wirtschaft und Wissenschaft.

3 „Sächsische Identität" und „sächsische Identitätspolitik"

Die Neugründung des Freistaates Sachsen wie der anderen ostdeutschen Länder am 3. Oktober 1990 wurde zwar grundsätzlich mit großer Begeisterung aufgenommen, allerdings gab es zum Teil beträchtliche Unterschiede. Ähnlich wie Thüringen, aber im Gegensatz zu Brandenburg, Mecklenburg-Vorpommern und Sachsen-Anhalt konnte Sachsen aus einer doppelten Identitätsquelle schöpfen. Zum einen war die Wiederherstellung Sachsens eng mit der führenden Rolle von Teilen seiner Bevölkerung im Herbst 1989 verbunden, die Unabhängigkeit somit Gefühl und Ausdruck eines selbsterrungenen Sieges. Zum anderen galten die nordöstlichen Länder aus historischer Sicht mehr

---

33 Vgl. Hendrik Berth u. a. (Anm. 28), S. 791.
34 Vgl. Sachsen im Spiegel der Bevölkerungsmeinung. Ergebnisse der Bevölkerungsbefragung 2010, S. 24–27, unter: http://www.regionen.sachsen.de (Stand: 8. April 2013).

als Provinzen Preußens denn als eigenständige „Staaten", während Sachsen und (mit Abstrichen) Thüringen – abgesehen von der Zeit zwischen 1933 und 1989 – auf eine jahrhundertealte Geschichte zurückblicken konnten.[35] Als die sächsischen Volksvertreter sich auf der konstituierenden Sitzung des Landtages am 27. Oktober 1990 für den Zusatz „Freistaat" entschieden, war dies Ausdruck der Sonderstellung und zugleich Rückbesinnung auf die föderale Tradition des Landes.[36]

Die sächsische Identität speist sich aus dem traditionell-historischen Landesbewusstsein und der neuen Rolle als ostdeutsches Musterland während und nach der Systemtransformation. Auf ihre 800jährige Geschichte sind die Sachsen stolz, zumal diese im Fürstentum, später im Königreich und heute im Freistaat fast ununterbrochen durch territoriale und herrschaftliche Einheit geprägt war und Sachsen somit eine von wenigen Ausnahmen unter den deutschen Ländern und Regionen darstellt.[37] Allerdings unterlagen die Quellen der Identifikation mit Sachsen immer wieder erheblichen Wandlungen. Waren es lange Zeit dynastische, geografische und religiöse Eigenheiten, welche die Landesidentität prägten, rückten spätestens mit der Revolution 1918 und der Abdankung des letzten sächsischen Königs Friedrich August III. sprachliche und kulturelle Merkmale ins Zentrum der Identifikation. Zugleich veränderten sich die Grenzen stetig, sodass auch Öffnung und Durchlässigkeit zu Identitätsmerkmalen Sachsens wurden. Die Betonung einer starken Bereitschaft zur Übernahme fremder Innovationen – technologisch wie kulturell – gilt heute als fester Bestandteil der sächsischen Identität, und prägt somit ein positives Spannungsverhältnis von regional-identitärer Abgrenzung einerseits und weltoffener Durchlässigkeit andererseits.[38]

Deshalb verwundert es nicht, dass ausgerechnet ein „Halb-Sachse" maßgeblich für die Revitalisierung der sächsischen Identität nach 1990 verantwortlich zu machen ist. Kurt Biedenkopf gilt als „Erfinder" eines sächsischen Modells. Es sei eine seiner größten Leistungen gewesen, Sachsen aus der ostdeutschen Identität herausgelöst und eine sächsische Identität etabliert zu haben, so Hans-Werner Wollersheim.[39] Biedenkopf verband die Vorreiterrolle der Region 1989/90 mit dem Wiederaufleben sächsischer Tra-

---

35 Vgl. Ulf Morgenstern: Sächsische (Dis-)Kontinuitäten und die „Sachsenrenaissance". Von Verschwinden und Wiederkehr Sachsens in den vier Jahrzehnten der DDR, in: Konstantin Hermann (Hrsg.): Sachsen seit der Friedlichen Revolution. Tradition, Wandel, Perspektiven, Dresden/Markkleeberg 2010, S. 28–45.

36 Vgl. Reiner Groß: Die politische Geschichte Sachsens, in: Siegfried Gerlach (Hrsg.): Sachsen. Eine politische Landeskunde, Stuttgart 1993, S. 77–126, hier S. 125.

37 Vgl. dazu André Thieme: Sächsische Mythen und sächsische Mentalitäten. Historische Anmerkungen zu Landesbewusstsein und Identität in Sachsen, in: Konstantin Hermann (Anm. 35), S. 13–27, hier S. 17–20.

38 Vgl. Wolfgang Fach u. a.: Regionsbezogene Identifikationsprozesse. Das Beispiel „Sachsen" – Konturen eines Forschungsprogramms, in: Heinz-Werner Wollersheim u. a. (Hrsg.): Region und Identifikation, Leipzig 1998, S. 1–32, hier S. 11–13.

39 Vgl. „Appell an das Wir-Gefühl." Interview mit Heinz-Werner Wollersheim, in: Kreuzer Leipzig Nr. 11/1999, unter: http://www.uni-leipzig.de (Stand: 22. April 2013).

ditionen, er machte dies von Anfang an zum programmatischen Leitbild der CDU.[40] In seiner staatsräsonalen Instrumentalisierung bediente der Sachsenbezug zugleich ein starkes Regionalbewusstsein. Die Sachsen würden den Systemwechsel bewältigen, fleißig und unermüdlich dessen Härten überstehen, einen Aufschwung bewirken, so die ermutigende CDU-Argumentation Anfang der 1990er Jahre. Bereits im Landtagswahlkampf 1990 war es Biedenkopf gelungen – getragen von überragenden Kompetenzzuschreibungen –, den Bürgern eine sächsische Identität zu vermitteln, die er als Primus inter pares als die eigene vertrat: „Ich bin jetzt Sachse, und ich habe die Absicht, genau das zu leben."[41]

Die CDU präsentiert bzw. sieht sich bis heute als „die sächsische Kraft", setzt auf das Identitätsgefühl der Sachsen und durch den starken Rückgriff auf Landessymbolik nicht zuletzt auf Abgrenzung gegenüber der Bundesebene, wie die Selbstbezeichnung der „Sächsischen Union" zeigt. Erst im Wahlkampf 2004 bekam das „Sachsenimage" der Union einige Kratzer, die aber seit 2008 mit Stanislaw Tillich („Der Sachse") an der Spitze des Freistaates weitgehend repariert sind. Der SPD und selbst der PDS/Die Linke blieb angesichts der Zugkraft des Themas nichts anderes übrig, als die Frage der sächsischen Identität ebenfalls parteipolitisch aufzugreifen. Zwar spielt das „Sachsenimage" bei der linken Opposition keine derart zentrale Rolle (ausgenommen sind davon Teile der SPD) wie bei der CDU, dennoch waren und sind der Sachsenbezug sowie sächsische Imagezuschreibungen bei allen sächsischen Parteien wichtiger Gegenstand in Programmen und Kampagnen.

4 Regionale Kulturen in Sachsen

Da sich die politische Kultur nicht wie im Konzept von Gabriel Almond/Sidney Verba ausschließlich auf Staaten bzw. Nationen beziehen muss, sondern auch auf regionaler Ebene existiert bzw. sich herausbilden kann, gilt es den Formen und Ausprägungen der hiesigen lokalen politischen Kulturen nachzugehen. Diese sind (nicht nur in Sachsen) gekennzeichnet von historischen Prägungen wie aktuellen Gegebenheiten: als Zeichen neuer und vergangener Herrschaftsräume, geprägt von Menschen mit gleichen Erfahrungen und ähnlichen Schicksalen sowie entlang wirtschaftlicher und konfessioneller Gegebenheiten. Regionale politische Kulturen erweisen sich dabei als langlebiger als die politischen Systeme an sich. Während historische Grenzen verschwinden, leben Erfahrungen, Glaubensüberzeugungen und Wertvorstellungen weiter, werden vererbt

---

40 Siehe im Einzelnen die detaillierte Studie von Wolfgang Luutz: Region als Programm. Zur Konstruktion „sächsischer Identität" im politischen Diskurs, Baden-Baden 2002; sowie Thomas Schubert: Wahlkampf in Sachsen. Eine qualitative Längsschnittanalyse der Landtagswahlkämpfe 1990–2004, Wiesbaden 2011.

41 Kurt Biedenkopf zit. nach Michael Richter: Die Bildung des Freistaates Sachsen. Friedliche Revolution, Föderalisierung, deutsche Einheit 1989/90, Göttingen 2004, S. 825.

und unter Einbezug jüngerer Entwicklungen zum Teil modifiziert. Nicht zuletzt deshalb und vor dem Hintergrund jahrhundertealter Kleinstaaterei ist die sächsische (wie die deutsche) Regionalkultur hochgradig fragmentiert, woran auch die deutsche Teilung und die politisch-kulturelle Großlinie zwischen Ost- und Westdeutschland seit der deutschen Einheit wenig geändert haben.[42]

Da Sachsens historische Grenzen – eingeklemmt zwischen den katholischen Habsburgern und den protestantischen Preußen – 1952 aufgelöst und durch drei DDR-Bezirke ersetzt wurden, vielfach unterschiedlich und anders als heute verliefen, spielte die Frage der Subregionalität stets eine wichtige Rolle. Heute orientiert sich die sächsische Politik bei der Konzentration und Koordination kultureller Aktivitäten wieder an den traditionellen Regionen. Sie fördert die ländlichen Kulturräume Vogtland, Zwickauer Raum, Erzgebirge, Mittelsachsen, Leipziger Raum, Elbtal, Sächsische Schweiz/Osterzgebirge und Oberlausitz-Niederschlesien sowie die städtischen Kulturräume Chemnitz, Dresden und Leipzig.[43]

Auf vielfältige Weise und in unterschiedlichem Maß prägen historische, räumliche, kulturelle, soziale und technologische Bezüge die jeweilige lokale Identität: Dresdner Elbtal und Barock, Leipziger Messe, Plauener Spitze, Bergbau und Kunsthandwerk im Erzgebirge, das berühmte Elbsandsteingebirge, die Meißner Porzellantradition, Hochtechnologien, Sachsens berühmte Kinder von August dem Starken und Gräfin Cosel über Robert Schumann bis Katharina Witt – die Inspirationsquellen sächsischer Identität scheinen unerschöpflich. Die Ursprünge der heutigen sächsischen Mentalität gründen dabei weniger auf den militärischen Erfolgen und der Machtfülle des Landes in der Vergangenheit als vielmehr auf den Mythen um ein einzigartiges geistig-kulturelles Erbe seiner Bewohner. Sei es der „barocke Lebemann und Mäzen"[44] August der Starke, sei es der einfache Handwerker aus dem Volk, der mit Einfallsreichtum und Pragmatismus die Gesellschaft und den Kulturraum prägte, die Anknüpfungspunkte für eine positive sächsische Identität sind vielfältig: Tradition und (Post-)Moderne, Wirtschaft und Landschaft, Industrie und Naherholung – gerade mit Hilfe solcher Gegensatzpaare (ähnlich dem bayerischen „Laptop und Lederhosen-Image") scheint es am ehesten möglich, das Selbstverständnis und den Gemeinsinn der sächsischen Bevölkerung zu repräsentieren sowie eine starke regionale Vielfalt auszudrücken.

Ausgeprägte Regionalkulturen innerhalb des Freistaates gibt es neben den Großstädten im Erzgebirge, im westsächsischen Vogtland sowie in der Lausitz. Am Mythos der traditionellen Rollenverteilung zwischen Dresden, Leipzig und Chemnitz hat sich bis heute wenig verändert – in der Elbmetropole wird regiert, in der Messestadt ge-

---

42 Vgl. Hans-Georg Wehling: Das Konzept der regionalen politischen Kultur, in: Ulrich Sarcinelli u. a. (Hrsg.): Politische Kultur in Rheinland-Pfalz, Mainz/München 2000, S. 25–43, S. 31 f.
43 Vgl. Werner Rellecke: Freistaat Sachsen, in: Hans-Georg Wehling (Hrsg.): Die deutschen Länder. Geschichte, Politik, Wirtschaft, Opladen 2000, S. 223–239, hier S. 237.
44 So André Thieme (Anm. 37), S. 24 f.

handelt und am „Tor zum Erzgebirge" gearbeitet. Trotz des verbreiteten Lokalpatriotismus – man denke nur an die mitunter hitzigen Derbys im Fußball zwischen Dresden, Leipzig, Chemnitz und Aue – überwiegt jedoch in den meisten Fällen die sächsische gegenüber den regionalen Subidentitäten. Dass ausgerechnet die größten Katastrophen der jüngsten sächsischen Geschichte – die Jahrhunderthochwasser 2002 und 2013 – wesentliche positive Impulse für das hiesige „Wir-Gefühl" auslösten, wird vielen der Betroffenen ein schwacher Trost sein. Doch die große Solidarität in ganz Deutschland im Allgemeinen und unter den Sachsen im Besonderen, dem Miteinander von opfernden Helfern und helfenden Opfern, ihr gemeinsamer Kampf gegen die Fluten, für *ihre* Städte und Dörfer, speziell für *ihre* Landeshauptstadt, erwiesen sich als Glücksfall für den gesellschaftlichen Zusammenhalt im Freistaat. Nicht nur in wirtschaftlicher Hinsicht stand Sachsen – wie der damalige Ministerpräsident Georg Milbradt findet– nach 2002 „besser da als vor der Flut"[45], sondern vor allem aus politisch-kulturellem Blickwinkel. Ob der Wiederaufbau auch nach dem Hochwasser 2013 zu solch einem positiven Nebeneffekt führen wird, bleibt abzuwarten.

Die kulturelle Besonderheit der Erzgebirgsregion liegt in ihrer im Mittelalter entstanden Bergbautradition – die Grußformel „Glück Auf!" ist bis heute allgegenwärtig. Ihr entstammen die meisten, weit über die sächsischen Grenzen bekannten erzgebirgischen Weihnachtsbräuche wie die traditionelle Volkskunst, deren Schnitzereien und Drechselarbeiten klassische Erzgebirgsberufe und -landschaften in Pyramiden, Nussknackern, Räuchermännern und Bergmannsfiguren darstellen.[46] Ähnlich stark wie im Erzgebirge ist das Regionalbewusstsein der Vogtländer ausgeprägt – auch hier pflegen die meisten Bewohner voller Selbstbewusstsein ihre außerhalb der sächsischen Grenzen meist belächelte markante Mundart, verweisen stolz auf die traditionelle Handwerkskunst der Region (z. B. der berühmte Musikinstrumentenbau in Markneukirchen), aber auch auf ihre Vorreiterrolle während der friedlichen Revolution 1989/90.

Wahrheit und Legende gehen oft Hand in Hand. So gilt der Wildschütz Karl Stülpner (1772–1841) bis heute als „sächsischer Robin Hood", der sich gegen die feudale Obrigkeit auflehnt, seiner Heimat trotz aller Anfeindungen aber stets die Treue hält. Gerade die Beständigkeit dieser kleinräumlichen Identitäten, die weder in der Zeit des Nationalsozialismus noch während der SED-Diktatur verschwanden (der „Stülpner-Mythos" wurde auch zu DDR-Zeiten kultiviert, bisweilen gar instrumentalisiert), stellt in gewisser Weise eine sächsische Besonderheit dar.[47] Gleichwohl sind solche regionalen Tradi-

---

45 Vgl. Wollen Sie die Aussöhnung? „Ja" – Alt-Ministerpräsident Georg Milbradt über den Bruch mit seinem Vorgänger Kurt Biedenkopf, die Gefahren des Euro – und den 10. Jahrestag der Flut, in: Die Zeit vom 9. August 2012.

46 Vgl. hier und im Folgenden Manuel Schramm: Konsum und regionale Identität in Sachsen. Die Regionalisierung von Konsumgütern im Spannungsfeld von Nationalisierung und Globalisierung, Leipzig 2001.

47 Siehe ausführlich Thomas Schaarschmidt, Regionalkultur und Diktatur. Sächsische Heimatbewegung und Heimat-Propaganda im Dritten Reich und in der SBZ/DDR, Köln u. a. 2004.

tionen beileibe keine Eigenart des Freistaates Sachsen (z. B. die bayrischen Stämme) und in diesem Sinne nicht als sächsisches Spezifikum zu überinterpretieren. Hingegen stellt eine besondere Form der Regionalkultur die sorbische Minderheit dar. Von den heute knapp 60 000 Sorben spricht etwas weniger als die Hälfte noch Sorbisch, zwei Drittel leben in Sachsen, ein Drittel in Brandenburg. Das in der Ober- und Niederlausitz angesiedelte westslawische Volk ist anerkannte Minderheit in Deutschland, wiewohl das Grundgesetz ohne Minderheitenschutzartikel auskommt.[48] Schutz und Förderung werden durch die Länder Sachsen und Brandenburg übernommen, die in ihren Landesverfassungen die Rechte der Sorben garantieren. Das in der Landesverfassung verankerte sächsische „Sorbengesetz" geht dabei weiter als das Brandenburger Modell. Während dort nur von „speziellen Rechten" die Rede ist, gewährt der Freistaat dem sorbischen Volk eine kollektive Gleichberechtigung gegenüber der deutschen Bevölkerungsmehrheit.[49] Die sorbische Sprache (strenggenommen sind obersorbisch und niedersorbisch zwei verschiedene Sprachen) nimmt im Freistaat den Rang einer Staatssprache ein und sichert die ohnehin praktizierte öffentliche Zweisprachigkeit in der Region rechtlich ab. Zudem wurde mit dem Gesetz ein „Sorbenrat" eingerichtet, der die Landesregierung in Dresden bei Fragen zum sorbischen Volk berät. Interessenvertreterin des sorbischen Volkes und Dachverband sorbischer Vereine ist die Domowina.

Trotz wiederkehrender Reibungspunkte – manchen geht der sorbische Einfluss zu weit, anderen nicht weit genug – ist die rechtliche Stellung der Sorben wie auch das gesellschaftliche Verhältnis von Mehr- und Minderheit in Sachsen positiv zu bewerten.[50] Die sorbische Kultur wird weithin geachtet und gepflegt: Sorbische Sitten und Traditionen wie Osterreiten, Vogelhochzeit und Maibaumwerfen sind – wie schon in der DDR – über die sächsisch-brandenburgischen Grenzen hinaus bekannte und beliebte Touristenmagneten. Die Zukunft des sorbischen Volkes hängt allerdings nicht allein von den rechtlichen und sozialen Rahmenbedingungen ab. Der demografische Faktor wirkt gerade im ökonomisch schwierigen ostsächsischen Raum. Die sorbische Volksgruppe wird einerseits zusehends kleiner und älter. Andererseits verwässert durch Abwanderung der jungen Generation nicht nur das traditionelle Siedlungsgebiet zwischen Bautzen und Cottbus, sondern auch die Überlieferung bzw. Weitergabe der sorbischen Volkskultur und Sprache ist flächendeckend kaum mehr gewährleistet. Umsiedlungen wegen des Braunkohleabbaus und Einschnitte in die Infrastruktur verstärken die Probleme. Allerdings ist seit Mai 2008 mit Stanislaw Tillich erstmals ein Sorbe Ministerpräsident Sachsens. Das ist nicht nur ein Beleg für die reibungslose Integration der sor-

---

48 Vgl. hier und im Folgenden Franziska Maria Michalk: Die Sorben – ein slawisches Volk in Deutschland. Eine historische und minderheitenschutzrechtliche Betrachtung, München 2002, S. 60–71.
49 Beim Wahlrecht sieht es allerdings anders aus. Im Freistaat Sachsen sind die sorbischen Vertreter anders als in Brandenburg bei Landtagswahlen nicht von der Fünfprozenthürde befreit.
50 Vgl. Franziska Maria Michalk (Anm. 48), S. 71.

bischen Minderheit, sondern die Fürsprache des Landesvaters dürfte ein Gehör für die sorbischen Belange in Sachsen garantieren.

5 „Sächsischer Weg"?

Die politische Kultur Sachsens ist gleichermaßen Regel- und Sonderfall. Sie unterscheidet sich bei den Einstellungen und der Zufriedenheit mit dem demokratischen System nach über 20 Jahren im Kernland der friedlichen Revolution weiterhin signifikant von den westlichen Ländern, weniger im Vergleich zu den anderen Ost-Ländern. Bei der Frage nach dem Selbstverständnis klafft zwischen West und Ost noch immer eine Lücke. Ostdeutsche sehen sich vorrangig als Ostdeutsche, während der Westen stärker einer gesamtdeutschen Perspektive zuneigt. Noch immer existente mentale Unterschiede erschweren das Zusammenwachsen. Während gewisse DDR-sozialisierte autoritäre Mentalitäten im Osten nach wie vor für Kopfschütteln bei Westdeutschen sorgen, schauen viele Ostdeutsche verwundert auf die vermeintlichen Problemlagen postmaterialistischer Milieus im Westen. „Fromme Wessis" sind oft entsetzt über die Gottlosigkeit im Osten, „atheistische Ossis" über die Scheinheiligkeit im Westen. Vieles verbesserte sich mit der Zeit; doch längst hat sich (noch) nicht alles angeglichen. Das muss auch nicht so sein, denn Vielfalt belebt.

Sprechen solche deutsch-deutschen Differenzen nicht eher für ostdeutsche Spezifika als für einen sächsischen Sonderfall? Ja und nein. Ja, weil viele Sachsen ebenso ostdeutsch „ticken" wie Brandenburger, Mecklenburger, Sachsen-Anhalter und Thüringer. Nein, weil die Ost-West-Dimension in Sachsen nicht eine so entscheidende Rolle spielt wie anderswo. Zwar orientierten sich auch die Menschen im Freistaat lange mehr an ost- als an gesamtdeutschen Bezügen, noch stärker verbunden fühl(t)en sich die meisten hierzulande mit ihrer Landesidentität. Diese speist sich aus einer breiten Palette identitärer Bezüge: von der jahrhundertealten landesgeschichtlichen Kontinuität, über den naturräumlichen und kulturellen Reichtum der Gegend, die (traditionelle) ökonomische Stärke der Region, bis zur sächsischen Vorreiterrolle während des Systemwechsels 1989/90. Im Gegensatz zu künstlich geschaffenen „Bindestrich-Ländern" war die Identifikation mit und in Sachsen nach Neugründung der Länder 1990 vorhanden bzw. sofort gegeben, nicht zuletzt wegen der starken Betonung regionaler Traditionen durch die CDU-Staatsregierung. Sachsen wird von seinen Bewohnern in hohem Maße als politisch-kulturelle Entität empfunden.

Tatsächlich ist die Landesidentifikation – von der Sondersituation in den Stadtstaaten abgesehen – nirgends so stark vorhanden wie in Sachsen (und im Freistaat Bayern, wo allerdings durch die traditionelle Konkurrenz von Bayern und Franken parallel eine wirkungsvolle Subidentifikation existiert). Zwar gibt es auch in Sachsen stark ausgeprägte Regionalkulturen, die allerdings nicht im Gegensatz zur sächsischen Identität stehen. Während sich Franken oder Rheinländer in erster Linie als solche wahrnehmen, verstehen sich Erzgebirger, Vogtländer und Lausitzer in gleichem Maße als Sachsen.[51] Im dritten Freistaat, in Thüringen, spielt die Identität ebenfalls eine große, allerdings nicht derart dominierende Rolle. Da sich die Frage nach der sächsischen Identität nicht zuletzt als erfolgreiche Selbstvermarktungsstrategie erwiesen hat, werden Politik, Wirtschaft und Kultur künftig am Image des weltoffenen und innovativen Musterlandes Sachsen festhalten.

---

51 Siehe zu den regionalen Identitäten in Deutschland im Einzelnen Kurt Müller/Karl-Dieter Opp: Region und Nation. Zu den Ursachen und Wirkungen regionaler und überregionaler Identifikation, Wiesbaden 2004.

Kapitel 15
Politischer Extremismus und Demokratieschutz

1 Politischer Extremismus und streitbare Demokratie in Deutschland

Das Thema „politischer Extremismus und Demokratieschutz" ist in Deutschland ein Reizthema. Die Verunsicherung ist nicht zuletzt der leidvollen deutschen Geschichte im 20. Jahrhundert geschuldet. Das „Tausendjährige Reich" beging einen Zivilisationsbruch ohnegleichen, und in der DDR herrschte bis 1989 eine totalitäre Diktatur mit autoritären Zügen bzw. eine autoritäre Diktatur mit totalitären Zügen, je nach Perspektive.[1]

Der politische Extremismus ist der Gegenbegriff zum Typus des demokratischen Verfassungsstaates. Bei ihm geht es um die offene oder verdeckte Ablehnung eines Minimalkatalogs an Werten und Spielregeln (z. B. Gewaltenteilung und -kontrolle, Volkssouveränität, Pluralismus, Menschen- und Grundrechte sowie Akzeptanz des staatlichen Gewaltmonopols), der für das gedeihliche Zusammenleben der Menschen unerlässlich ist.[2] Besteht über den extremistischen Charakter gewaltsamer Formen meist Einvernehmen, so gehen die Auffassungen beim nicht-gewalttätigen Extremismus auseinander. Das Grundgesetz wie die Sächsische Verfassung basiert auf dem antiextremistischen Konsens. Die Beurteilung der Varianten des Phänomens Extremismus hat nach denselben Maßstäben zu erfolgen. In der Praxis gibt es davon jedoch Abweichungen. Der Begriff Extremismus wird teilweise synonym für Radikalismus und Populismus gebraucht. Das ist kritikwürdig. Extremismus ist für antidemokratische Ideologien und Bewegungen besser geeignet – weil weniger positiv konnotativ vorbelastet – als Radikalismus. Und Populismus, eher negativ konnotiert, zielt vor allem auf die Art und Weise, wie

---

1 Vgl. Eckhard Jesse: Das Dritte Reich und die DDR – zwei „deutsche" Diktaturen?, in: Totalitarismus und Demokratie 2 (2005), S. 39–59.

2 Vgl. u. a. Uwe Backes: Politischer Extremismus in demokratischen Verfassungsstaaten. Elemente einer normativen Rahmentheorie, Opladen 1989.

(simpel) eine politische Kraft agi(ti)ert (gegen „die da oben"). Eine extremistische Kraft kann populistisch sein, muss es aber nicht, eine demokratische ebenso.

Der Rechtsextremismus verneint das ethische Prinzip der Fundamentalgleichheit der Menschen, der Linksextremismus verabsolutiert – in der Theorie – das Gleichheitsdogma. Vereinfacht ausgedrückt: Rechtsextremisten sind rassistisch oder nationalistisch ausgerichtet, Linksextremisten „antiimperialistisch" oder „antideutsch". Der extremistische Fundamentalismus strebt die Aufhebung der Trennung von geistlicher und weltlicher Macht an. Die wichtigste Spielart ist der Islamismus. Der Extremismusbegriff beabsichtigt entgegen vielen Behauptungen nicht, die linke und rechte wie die fundamentalistische Variante des Extremismus gleichzusetzen, will jedoch Analogien herausstellen.[3]

Der hiesige parteiförmige Extremismus sorgt zwar oft für Wirbel, ist aber im europäischen Maßstab insgesamt eher schwach entwickelt.[4] Das gilt für den Rechts- wie den Linksextremismus gleichermaßen[5], erst recht für den Islamismus.[6] Es gibt eine gewisse Diskrepanz zwischen (starker) Wahrnehmung und (schwacher) Realität aufgrund des historisch bedingten „Stabilitätstraumas" (Kurt Sontheimer). Der demokratische Verfassungsstaat ist in Deutschland heute nicht durch Extremisten gefährdet.[7]

Im vereinigten Deutschland spielt die Nationaldemokratische Partei Deutschlands (NPD) beim parteiförmigen Rechtsextremismus die Hauptrolle. Die 1964 gegründete Partei, die zwischen 1966 und 1968 in sieben Landesparlamenten vertreten war, hatte sich unter ihrem Vorsitzenden Udo Voigt in der zweiten Hälfte der 1990er Jahre zu einer teils rassistischen Kraft radikalisiert. Die Dreisäulenstrategie („Kampf um die Wähler", „Kampf um die Köpfe", „Kampf um die Straße") erfuhr 2004 durch den „Kampf um den organisierten Willen" eine Ergänzung. Die Partei konnte trotz des Einzugs in zwei Landtage (Sachsen: 2004, 2009; Mecklenburg-Vorpommern: 2006, 2011) bundesweit nicht reüssieren (Bundestagswahl 2005: 1,6 Prozent; Ost: 3,6; West: 1,1; Bundestagswahl 2009: 1,5 Prozent; Ost: 3,1; West: 1,1). Bei der NPD handelt es sich mit Blick auf Organisation, Ideologie und Strategie um einen harten Extremismus.[8] Der subkultu-

---

3   Vgl. Uwe Backes/Eckhard Jesse: Vergleichende Extremismusforschung, Baden-Baden 2005.
4   Vgl. u. a. Steffen Kailitz: Politischer Extremismus in der Bundesrepublik Deutschland. Eine Einführung, Wiesbaden 2004; zusammenfassend Eckhard Jesse: Extremismus in Deutschland, in: Ders./Tom Thieme (Hrsg.): Extremismus in den EU-Staaten, Wiesbaden 2011, S. 83–98.
5   Vgl. Gideon Botsch: Die extreme Rechte in der Bundesrepublik 1949 bis heute, Darmstadt 2012; Ulrich Dovermann (Hrsg.): Linksextremismus in der Bundesrepublik Deutschland, Bonn 2011.
6   Vgl. Armin Pfahl-Traughber: Das Gefahrenpotenzial gewaltorientierter Islamisten in Deutschland – eine vergleichende Betrachtung der regional und transnational ausgerichteten Anhänger, in: Uwe Backes/Eckhard Jesse (Hrsg.): Jahrbuch Extremismus & Demokratie, Bd. 18, Baden-Baden 2006, S. 189–206.
7   Vgl. Uwe Backes: Extremismus und politisch motivierte Gewalt im vereinten Deutschland, in: Birgit Enzmann (Hrsg.): Handbuch. Politische Gewalt, Wiesbaden 2013, S. 363–395.
8   Vgl. Marc Brandstetter: Die NPD unter Udo Voigt. Organisation, Ideologie, Strategie, Baden-Baden 2013.

relle Rechtsextremismus (mit ca. 9000 Personen) richtet sich einerseits gegen „Fremde" und andererseits gegen tatsächliche oder vermeintliche Linksextremisten; die „autonomen Nationalisten"[9] sind in gewisser Weise – nicht nur vom Habitus – eine Imitation der „Autonomen". Die Anfang November 2011 bekanntgewordenen zehn Morde einer kriminellen Gruppe, die sich als „Nationalsozialistischer Untergrund" (NSU) bezeichnet hatte, vornehmlich an Kleinunternehmern türkischer Herkunft, lösten einen Schock aus. Schwere Fahndungspannen verschlimmerten das Desaster.

Die Linke, 2007 aus dem Zusammenschluss der Linkspartei.PDS mit der WASG entstanden, ist im parteiförmigen Linksextremismus die bei weitem stärkste Kraft. Durch die Fusion ist keine Mäßigung eingetreten – gleichwohl verficht sie mit Blick auf Ideologie, Strategie und Organisation „nur" einen weichen Linksextremismus.[10] Sie stellt in vier von fünf neuen Bundesländern die zweitstärkste Partei dar. In den Koalitionsregierungen von Mecklenburg-Vorpommern (1998–2006) und Berlin (2002–2011) arbeitete sie als Juniorpartner der SPD konstruktiv mit. Hatte die PDS bei der Bundestagswahl 2002 2,4 Prozent erreicht (Ost: 11,1; West: 0,3), so 2009 mit 11,9 Prozent das Fünffache (Ost: 28,5; West: 8,3). Der subkulturelle Linksextremismus, zu dem vor allem die „Autonomen" gehören (mit ca. 6000 Personen), wendet sich einerseits gegen Repräsentanten des Staates, andererseits gegen tatsächliche oder vermeintliche Rechtsextremisten. Das Spektrum der Mittel reicht von „Massenmilitanz" bis zu „klandestinen Aktionen".[11]

Der parteiförmige Extremismus ist in nahezu allen seinen Varianten im weniger stark demokratisch konsolidierten Osten stärker als im Westen. Das gilt für den harten Rechtsextremismus der NPD wie für den weichen der Linken. Ist der subkulturelle Rechtsextremismus im Osten verbreiteter als im Westen, so dominieren „Autonome" im Westen, zumal in Universitätsstädten. Ein gravierender Unterschied zu den meisten EU-Staaten liegt im Fehlen einer rechtspopulistischen, nicht notwendigerweise rechtsextremistischen Kraft. Die zwei Hauptgründe: Zum einen schwächt die Last der leidvollen Geschichte das bundesweite Aufkommen einer solchen Partei, zum anderen hat Die Linke, der durch die Existenz der SPD eine Entwicklung versperrt war, wie sie andere postkommunistische Kräfte in Mitteleuropa durchliefen, populistisches Protestpotenzial aufgesogen.

Ein Antipode des politischen Extremismus ist die streitbare Demokratie. Sie basiert auf drei Säulen – erstens auf der Wertgebundenheit, zweitens auf der Abwehrbereitschaft, drittens auf der Vorverlagerung des Demokratieschutzes. Mit *Wertgebundenheit* ist die Unantastbarkeit bestimmter Werte gemeint. Sie können auch durch eine noch so große Mehrheit des Volkes oder des Parlaments nicht geändert werden. Dazu gehört Art. 1 des Grundgesetzes, der der Menschenwürde verpflichtet ist, und Art. 20 mit den

---

9   Vgl. u. a. Jan Schedler/Alexander Häusler (Hrsg.): Autonome Nationalisten. Neonazismus in Bewegung, Wiesbaden 2011.

10   Vgl. etwa Eckhard Jesse/Jürgen P. Lang: DIE LINKE – eine gescheiterte Partei?, München 2012.

11   Vgl. als ein Beispiel für die „Szene" Karsten Dustin Hoffmann: „Rote Flora". Ziele, Mittel und Wirkungen eines linksautonomen Zentrums in Hamburg, Baden-Baden 2011.

Staatsstrukturprinzipien (Republik, Demokratie, Rechtsstaat, Bundesstaat, Sozialstaat). *Abwehrbereitschaft* zielt auf Vorkehrungen des Staates zum Schutz der Verfassung, die Möglichkeit von Vereinigungs- und Parteiverboten etwa, ebenso die Verwirkung von Grundrechten von Personen. Es besteht ein enger logischer Zusammenhang zwischen der Wertgebundenheit und der Abwehrbereitschaft. Durch die *Vorverlagerung* des Demokratieschutzes schließlich greift der Staat nicht erst bei der Verletzung von Gesetzen ein. Es gibt verfassungsfeindliche Ziele, nicht bloß verfassungsfeindliche Mittel. Auf diese Weise soll der Legalitätstaktik von Extremisten ein Riegel vorgeschoben werden. Das ist eine wesentliche Reaktion auf die Weimarer Republik, die abwehrschwache erste deutsche Demokratie.[12]

In Deutschland sind bisher zwei Parteien verboten worden, die – rechtsextremistische – Sozialistische Reichspartei (1952) und die – linksextremistische – Kommunistische Partei Deutschlands (1956). Ein solches Verbot kann nur durch das Bundesverfassungsgericht ausgesprochen werden.[13] Das 2001 auf Antrag des Bundestages, des Bundesrates und der Bundesregierung eingeleitete NPD-Verbotsverfahren scheiterte 2003 aus formalen Gründen an der Existenz der zahlreichen V-Leute in den Vorständen der Partei. Es handelte sich um eine Prozessentscheidung, nicht um eine Entscheidung in der Sache.[14] Ende 2013, Anfang 2014 dürfte es als Reaktion auf den Rechtsterrorismus zu einem erneuten Verbotsantrag – allerdings lediglich durch den Bundesrat – gegen die NPD kommen. Dies ist ein Zeichen der Schwäche, keines der Stärke des demokratischen Verfassungsstaates. In diesem Urteil decken sich die Positionen von Anhängern und Gegnern der streitbaren Demokratie – im Ergebnis, nicht unbedingt in der Begründung.[15]

Anders als bei Parteien ist ein Verbot von Vereinigungen durch die Exekutive möglich. Davon wurde vor und nach der deutschen Einheit reichlich Gebrauch gemacht.[16] Seit der deutschen Einheit sind im Bund zehn deutsche rechtsextremistische Vereinigungen verboten worden ("Nationalistische Front" 1992, "Deutsche Alternative" 1992, "Nationale Offensive" 1992, "Wiking-Jugend" 1994, "Freiheitliche Deutsche Arbeiterpartei" 1995, "Nationale Liste" 1995, "Blood & Honour Division Deutschland" 2000, "Verein zur Rehabilitierung der wegen Bestreitens des Holocaust Verfolgten" 2008, "Internationales Studienwerk – Collegium Humanum" 2008, "Heimattreue Deutsche Jugend – Bund zum

---

12 Vgl. zur streitbaren Demokratie u. a. Markus Thiel (Hrsg.): Wehrhafte Demokratie. Beiträge über die Regelungen zum Schutz der freiheitlichen demokratischen Grundordnung, Tübingen 2003.
13 Das gilt ebenso für die Verwirkung von Grundrechten.
14 Vgl. Lars Flemming: Das NPD-Verbotsverfahren. Vom "Aufstand der Anständigen" zum "Aufstand der Unfähigen", Baden-Baden 2004.
15 Vgl. Eckhard Jesse: Die Diskussion um ein neuerliches NPD-Verbotsverfahren – Verbot: kein Gebot, Gebot: kein Verbot, in: Zeitschrift für Politik 59 (2012), S. 286–313; Horst Meier: Endlosschleife NPD-Verbot, in: Ders.: Protestfreie Zonen? Variationen über Bürgerrechte und Politik, Berlin 2012, S. 122–125.
16 Vgl. für Einzelheiten Julia Gerlach: Die Vereinsverbotspraxis der streitbaren Demokratie. Verbieten oder Nicht-Verbieten?, Baden-Baden 2012, S. 130–145.

Schutz für Umwelt, Mitwelt und Heimat" 2009, „Hilfsorganisation für nationale politische Gefangene und deren Angehörige" 2011), vier linksextremistische kurdische („Arbeiterpartei Kurdistans" [PKK] 1993, „Kurdistan Informationsbüro" 1995, „E. Xani Presse- und Verlags-GmbH" 2005, „Meso-Potenia Broadcast" 2008), zwei linksextremistische türkische Organisationen („Revolutionäre Volksbefreiungs-Front" 1998, „Türkische Volksbefreiungspartei/Revolutionäre Linke" 1998) sowie sieben islamistische („Kalifatsstaat" 2001, „Al-Argsa" 2002, „Hizb ut-Tahir" 2003, „Yemi Akit" 2005, „YATIM-Kinderhilfe" 2005, „Al-Massar" 2008, „Internationale Humanitäre Hilfsorganisation" 2010).[17] Vereinigungen, die nur in einem Bundesland aktiv sind, kann der jeweilige Landesinnenminister verbieten. Wie aus der Auflistung hervorgeht, ist im vereinigten Deutschland keine (deutsche) linksextremistische Vereinigung verboten worden.

Besonders die Ächtung rechtsextremistischer Positionen ist verbreitet. Auf die Frage, wen man nicht gerne als Nachbarn hat, tauchen – mit steigender Tendenz seit 1991 – Rechtsextremisten an erster Stelle auf, deutlich vor Linksextremisten (1991: 67 Prozent zu 56 Prozent; 2013: 85 Prozent zu 64 Prozent).[18] Vom Jahr 2000 an werden Präventionsprogramme gegen Rechtsextremismus und dessen Gewalt durch die Bundesregierung gefördert. Seit der Amtszeit der christlich-liberalen Regierung 2009 gibt es solche nun auch gegen Linksextremismus und Islamismus, freilich in weit bescheidenerem Maße. Dieser Umstand löste heftige Kritik bei den Oppositionsparteien aus, zumal dann, als bekannt wurde, dass die Vergabe der Gelder davon abhängig ist, ob die Träger der Projekte eine „Demokratieerklärung" („Extremismusklausel") unterschrieben und die Akzeptanz der freiheitlichen demokratischen Grundordnung auch für die mit ihnen zusammenarbeitenden Initiativen bestätigten.[19] Speziell in Sachsen schlugen die Wellen hoch.[20]

2 Parteiförmiger Extremismus in Sachsen

Die im September 1990 ins Leben gerufene sächsische NPD hatte bei der Landtagswahl 1990 lediglich 0,7 Prozent erreicht (vgl. Tabelle 1) – obwohl ohne Konkurrenz aus dem „nationalen Lager". 1993 war die NPD, was die Zahl der Mitglieder betrifft, nach der DVU (1500) und den „Republikanern" (700) nur die drittstärkste rechtsextremis-

---

17 Vgl. ebd., S. 567–570.
18 Vgl. Thomas Petersen: Wenig Toleranz gegenüber Extremisten, in: Frankfurter Allgemeine Zeitung vom 22. Mai 2013.
19 Vgl. exemplarisch die Dokumentation der Kontroverse (mit Beiträgen von Dorothee Bär, Florian Bernschneider, Ulla Jelpke, Monika Lazar, Sönke Rix): Der Streit um die „Extremismusklausel", in: Uwe Backes/Alexander Gallus/Eckhard Jesse (Hrsg.): Jahrbuch Extremismus & Demokratie, Bd. 23, Baden-Baden 2011, S. 108–126.
20 Vgl. Unterkapitel 4.

tische Kraft in Sachsen (250).[21] Interne Zwistigkeiten – etwa zwischen den Anhängern
Günter Deckerts und Udo Voigts, die um die Vorherrschaft in der Bundespartei kämpf-
ten, – schwächten die Schlagkraft. Bei der Landtagswahl 1994 trat die NPD nicht einmal an, die Partei der „Republikaner", antikapitalistisch agi(ti)erend, erzielte 1,3 Prozent
der Stimmen. 1997 avancierte die NPD zur größten rechtsextremistischen Partei (mit
900 Mitgliedern), ein Jahr später erreichte sie mit 1460 Personen ihren höchsten Mit-
gliederstand. Allerdings schnitt sie bei den Landtagswahlen 1999 0,1 Punkte schlechter ab als die Partei der „Republikaner" (1,5 Prozent).[22] Auf Platz 2 ihrer Landesliste
kandidierte Michael Nier, ein ehemaliger Dozent für Marxismus/Leninismus, auf den
manche Wahlparole („Arbeit statt Profite!") zurückzuführen sein dürfte. Die Partei verstärkte in der Folge ihre Kooperation mit der militanten „Kameradschaftsszene", nicht
jedoch ihre Orientierung am „deutschen Sozialismus".

Die NPD erreichte bei den Landtagswahlen 2004 auf dem Höhepunkt der Kritik an
Hartz-IV 9,2 Prozent der Stimmen. Der Erfolg der Partei wurde durch Kerstin Lorenz,
die Landesvorsitzende der „Republikaner", begünstigt. Sie hatte eigenmächtig die Kandidatur ihrer Partei zurückgezogen und zur Wahl der NPD aufgerufen. Noch bei den
Wahlen zum Europäischen Parlament wenige Monate zuvor hatten die „Republikaner"
mit 3,4 Prozent der Stimmen 0,1 Punkte mehr erzielt als die Nationaldemokraten. Neben Proteststimmung trug auch eine gewisse organisatorische Verankerung zum Reüssieren der Partei bei.[23] Die NPD schnitt bei den Männern (12,6 Prozent) deutlich besser
ab als bei den Frauen (5,9 Prozent), bei den 18- bis 24jährigen (16,0 Prozent) weitaus
besser als bei den über 60jährigen (4,3 Prozent).[24] Sie wurde überproportional von Arbeitern und Arbeitslosen gewählt.[25] Auf dieses Klientel hatte ihr Wahlkampf gezielt.

Der Einzug der NPD unter ihrem populistisch auftretenden Spitzenkandidaten
Holger Apfel („Grenze dicht für Lohndrücker") ins Landesparlament rief bei der Konkurrenz nicht nur Besorgnis und Entsetzen hervor, sondern auch Verwirrung und Hektik. Am 12. Januar 2005 erklärten die fünf Fraktionsvorsitzenden der anderen Parteien
(also unter Einschluss der PDS), es sei nötig, die Wähler der NPD „für die demokratische Wertegemeinschaft zurückzugewinnen. Zur Erreichung dieses Zieles ist eine sach-
orientierte und erfolgreiche Regierungsarbeit ebenso wichtig wie das kritische und zugleich konstruktive Wirken der demokratischen Opposition."[26]

---

21 Vgl. Staatsministerium des Innern/Landesamt für Verfassungsschutz Sachsen (Hrsg.): Verfassungs-
    schutzbericht 1993, Dresden 1994, S. 19.
22 Vgl. dies.: Verfassungsschutzbericht 1999, Dresden 2000, S. 114–116.
23 Vgl. Henrik Steglich: Die sächsische NPD und der Landtagswahlerfolg vom 19. September 2004, in:
    Uwe Backes/Eckhard Jesse (Hrsg.): Jahrbuch Extremismus & Demokratie, Bd. 17, Baden-Baden 2005,
    S. 142–159.
24 Die Angaben basieren auf der repräsentativen Wahlstatistik.
25 Die Angaben beziehen sich auf Daten der Forschungsgruppe Wahlen und von Infratest dimap.
26 Fritz Hähle/Cornelius Weiß/Peter Porsch/Holger Zastrow/Antje Hermenau: Pressemitteilung vom
    12. Januar 2005.

Tabelle 1   Wahlergebnisse der NPD und der PDS/Die Linke* bei den Landtags-, Bundestags- und Europawahlen im Freistaat Sachsen seit 1990 (in Prozent)

Jahr	Landtagswahlen		Bundestagswahlen		Europawahlen	
	NPD	Die Linke	NPD	Die Linke	NPD	Die Linke
1990	0,7	10,2	0,3	8,0		
1994	–	16,5	–	16,7	0,2	16,6
1998			1,2	20,0		
1999	1,4	22,2			1,2	21,0
2002			1,4	16,2		
2004	9,2	23,6			3,3	23,5
2005			4,8	22,8		
2009	5,6	20,6	4,0	24,5	–	20,1

* Die Partei hieß von 1990 bis 2005 PDS, von 2005 bis 2007 Die Linkspartei, seit 2007 heißt sie: Die Linke.

Quelle: Zusammenstellung nach den amtlichen Wahlstatistiken.

Die NPD sorgte mit ihrer aggressiven Strategie, vor allem anfangs, bundesweit für Schlagzeilen, so am 21. Januar 2005, als Holger Apfel in der von der NPD beantragten Aktuellen Stunde („Verhalten der Sächsischen Staatsregierung und des Landtages zu Erinnerungs- und Gedenkveranstaltungen zum 60. Jahrestag der anglo-amerikanischen Terrorangriffe auf die sächsische Landeshauptstadt Dresden") von „anglo-amerikanischer Gangsterpolitik" sprach und Jürgen W. Gansel mit Blick auf die Zerstörung Dresdens vom „Bomben-Holocaust". Die sächsische NPD-Fraktion wies trotz interner Konflikte (z. B. zwischen „Tauben" und „Falken", zwischen Ost- und Westdeutschen) einen größeren Zusammenhalt auf als manche andere Landtagsfraktion rechtsextremistischer Parteien.[27] Allerdings blieben Zerfallserscheinungen nicht aus. So verließen zum Jahreswechsel 2005/06 Klaus Baier, Mirko Schmidt und Jürgen Schön die Fraktion, gaben ihr Mandat aber nicht auf. Im November 2006 wurde der Neonationalsozialist Klaus-Jürgen Menzel ausgeschlossen (offiziell wegen finanzieller Unregelmäßigkeiten). Damit bestand die Fraktion nur noch aus acht Abgeordneten. Im gleichen Monat legte Mathias Paul nach strafrechtlichen Ermittlungen sein Mandat nieder. Die größte Schwächung hatte die Partei bereits wenige Monate zuvor erfahren – durch den Unfalltod ihres Parlamentarischen Geschäftsführers Uwe Leichsenring, der in der Sächsischen

---

27 Vgl. etwa das schnelle Zerbrechen der DVU-Fraktion im Landtag von Sachsen-Anhalt (1998–2002). Siehe Everhard Holtmann: Die angepassten Provokateure. Aufstieg und Niedergang der rechtsextremen DVU als Protestpartei im polarisierten Parteiensystem Sachsen-Anhalts, Opladen 2004.

Schweiz, einer NPD-Hochburg, gut verankert war, über rednerisches Talent und ein gewisses Charisma verfügt hatte.[28] Im Vergleich zur DVU im Landtag von Brandenburg (1999–2009) trat und tritt die sächsische NPD-Fraktion einerseits radikaler auf (z. B. durch die Inszenierung von Skandalen), andererseits professioneller (z. B. durch detaillierte Gesetzesvorlagen).[29] Die anderen Parteien bilde(te)n eine geschlossene Barriere gegen sie. *Ein* Repräsentant der Regierungsparteien antwortet(e) auf Gesetzesvorlagen der NPD und *ein* Repräsentant der Oppositionsparteien.[30] NPD-Anträge wurden und werden geschlossen abgelehnt. Die anderen Parteien hatten anfangs im Parlament reichlich hilflos reagiert – etwa durch Verlassen des Plenarsaales bei der Rede eines NPD-Abgeordneten.

Bei der Landtagswahl am 30. August 2009 hatte die Partei, in Teilen Sachsens sozial verwurzelt,[31] in ihrem Wahlprogramm „Arbeit – Familie – Heimat" rabiate Töne hintangestellt und sachsenspezifische Probleme benannt. Die etablierten Parteien firmierten als „Blockparteien", als „Systemparteien" und als „die sogenannten ,demokratischen' Fraktionen im Dresdner Landtag".[32] Die NPD als „antiimperialistische und befreiungsnationalistische Partei" sei „der organisierte Blockadebrecher der volksfeindlichen und antideutschen Politik aller etablierten Parteien".[33] Sie prangerte den „Sozialabbau" an, geißelte die Verantwortlichen der Finanzkrise, forderte die Nationalisierung der mit staatlicher Hilfe geretteten Banken ebenso wie den Wegfall von Hartz-IV. Die etablierten Parteien seien dabei, „den Nationalstaat abzuwickeln. Deutschland wird vorsätzlich in eine unselbstständige Provinz der Brüsseler Bürokratie und gleichsam systematisch in einen multikulturellen Vielvölkerstaat umgewandelt."[34] Die NPD setzte im Freistaat nunmehr auf den weniger radikalen „sächsischen Weg" – im Vergleich zu dem „deutschen Weg" des Bundesvorsitzenden Udo Voigt. Holger Apfel hatte deshalb das Amt des Stellvertreters 2009 aufgegeben. Andere Personen aus Sachsen stellten sich ebenso nicht zur Wahl. Die Partei konnte ihr Ziel – „10 Prozent + x" – zwar nicht erreichen, wohl aber – mit 5,6 Prozent der Stimmen – zum ersten Mal in ihrer Geschichte in einen Landtag wiedereinziehen, wenngleich mit Verlusten von 40 Prozent und damit auf einem deutlich niedrigeren Niveau. Es bestätigten sich die bisherigen Erkenntnisse über das NPD-Elektorat. Die Partei verlor besonders bei den Arbeitern und den Arbeitslosen. Gleichwohl ist sie dort weiterhin überrepräsentiert.[35]

---

28 Vgl. Marc Brandstetter: Die sächsische NPD: Politische Struktur und gesellschaftliche Verwurzelung, in: Zeitschrift für Parlamentsfragen 38 (2007), S. 349–367, hier S. 363 f.

29 Vgl. Sebastian Rehse: Die Oppositionsrolle rechtsextremer Protestparteien. Zwischen Anpassung und Konfrontation in Brandenburg und Sachsen, Baden-Baden 2008, S. 239–250.

30 In Mecklenburg-Vorpommern antwortet der NPD nur *ein* Abgeordneter einer anderen Partei.

31 Vgl. Henrik Steglich: Die NPD in Sachsen. Organisatorische Voraussetzungen ihres Wahlerfolgs 2004, 2. Aufl., Göttingen 2007.

32 Landtagswahlprogramm 2009 der NPD für Sachsen. Arbeit-Familie-Heimat, S. 4 f., 20.

33 Ebd., S. 4, 14.

34 Ebd., S. 12.

35 Die Angaben beziehen sich auf Daten der Forschungsgruppe Wahlen und von Infratest dimap.

Die NPD vermochte in der Folge nicht zu reüssieren, auch wenn sie mit der DVU zum 1. Januar 2011 fusionierte und Holger Apfel im November 2011 das Amt des Bundesvorsitzenden erlangte – in einer Kampfabstimmung gegen Udo Voigt. Obwohl Apfel plakativ das Konzept der „seriösen Radikalität" verficht, hielt ihn und die anderen Mitglieder der sächsischen Landtagsfraktion nichts davon ab, im Juni 2012 provokativ in der Kleidermarke „Thor Steinar" an einer Landtagssitzung teilzunehmen. Die Konsequenz: Verweis des Saales und Ausschluss für drei Sitzungstage.[36]

Die NPD hat im Freistaat Sachsen, neben Mecklenburg-Vorpommern, ihre Hochburg, etwa 700 Mitglieder (vgl. Tabelle 2). Die 13 Kreisverbände sind größtenteils in einem beklagenswerten Zustand und kaum kampagnenfähig. Die Partei hat wenig reputierliche Personen wie den Arzt Johannes Müller, der seit 2004 sein Landtagsmandat wahrnimmt und als Parlamentarischer Geschäftsführer tätig ist. Mit der von Jürgen W. Gansel 2005 vollmundig propagierten „Dresdner Schule" wollte er den Eindruck erwecken, als stelle diese mit ihrer Kritik am „Neomarxismus" wie am „Liberalkapitalismus" eine Art Pendant zur „Frankfurter Schule" dar. Tatsächlich stieß der Text, in dem von der „Frankfurter Giftküche" und der „Giftsaat der Frankfurter Geschichtsinquisitoren"[37] die Rede ist, über die Kreise der NPD hinaus auf keinerlei Resonanz. Die Vorsitzenden der Landespartei wussten kaum Akzente zu setzen – nicht Jürgen Schön (1990–1993), 2005 aus der Partei ausgetreten, nicht Thorsten Keil (1993–1996), 1997 wegen seiner Nähe zu Günter Deckert aus der Partei ausgeschlossen, und auch nicht der 2011 verstorbene Winfried Petzold, der als „braver Parteisoldat" von 1996 bis 2009 an der Spitze der Partei gestanden hatte – zuvor, von 1991 bis 1993, Landesvorsitzender der „Republikaner" war. Sein Nachfolger Holger Apfel (2009–2012) machte dem farblosen Mario Löffler (2012–2013) Platz, der schnell von Holger Szymanski abgelöst wurde. Von ihm heißt es, er habe früher als V-Mann für den Verfassungsschutz berichtet. Szymanski bestreitet dies.

Die hiesige NPD verficht zum Teil nationalistische, zum Teil rassistische Ideologien.[38] Die Affinität zum historischen Nationalsozialismus ist besonders bei ihrer Jugendorganisation – den Jungen Nationaldemokraten – anzutreffen. Die Abgrenzungsbemühungen zu den „Freien Kameradschaften" sind geringer als bei der Gesamtpartei – es gibt regelrechte Vernetzungen. Allerdings tritt die NPD in Sachsen antikapitalistisch und sozialpopulistisch auf, setzt nicht auf die nationalsozialistische Ideologie einiger „Freier Kameradschaften". Dies erklärt maßgeblich ihren (begrenzten) Erfolg bei Wählern. Freilich, und hier besteht die Crux, benötigt die Partei die „Freien Kräfte" zur Mobilisierung der Wählerschaft. Bei den Kreistagswahlen im Juni 2008 sowie den Stadt- und

---

36 Vgl. den Artikel: NPD sorgt mit Thor-Steinar-Kleidung für Eklat im sächsischen Landtag, in: Leipziger Volkszeitung vom 13. Juni 2012.

37 Der Text der „Dresdner Schule" ist abgedruckt in: Eckhard Jesse: Dokumentation 2005, in: Uwe Backes/ders. (Anm. 6), S. 145–153.

38 Vgl. Sächsisches Staatsministerium des Innern/Landesamt für Verfassungsschutz Sachsen (Hrsg.): Verfassungsschutzbericht 2012, Dresden 2013, S. 23–51.

Tabelle 2   Mitgliederentwicklung der NPD und der PDS/Die Linke in Sachsen 1990–2012

Jahr	NPD	Die Linke	Jahr	NPD	Die Linke
1990	k. A.	71 510	2002	900	17 572
1991	400	45 425	2003	800	15 969
1992	250	39 875	2004	950	15 280
1993	250	34 294	2005	1 000	14 607
1994	100	32 853	2006	1 000	14 066
1995	200	29 910	2007	850	13 280
1996	300	27 401	2008	850	12 682
1997	900	25 125	2009	800	12 390
1998	1 400	24 333	2010	800	11 614
1999	1 000	22 281	2011	760	10 927
2000	1 100	20 871	2012	700	10 200
2001	1 000	19 696			

Quelle: Zusammenstellung nach den Angaben der Parteien und des Verfassungsschutzes.

Gemeinderatswahlen in Juni 2009 zogen 44 NPD-Mitglieder in die zehn Kreistage ein, 74 in 63 Stadt- und Gemeinderäte.[39] In den sächsischen Kommunalparlamenten gebärden sich die Abgeordneten der NPD gemäßigter.[40] Das ändert nichts an ihrer Isolation.

Für Die Linke gilt das keineswegs (mehr). Die „Kümmererpartei" setzt in Sachsen nach wie vor auf die ostdeutsche Identität – sie will als „Ostpartei" wahrgenommen werden und punktet mit diesem Image. Das Elektorat der Partei ist heterogen zusammengesetzt, dessen Motivation nach wie vor gekennzeichnet „durch eine Mischung aus Ideologie, Nostalgie und Protest".[41] Für Sachsen trifft das ebenso zu. Gegründet Ende Juli 1990, sah sich der sächsische Landesverband unter Klaus Bartl angesichts heterogener innerer Strömungen vor heftige Konflikte gestellt. Die Partei trat bei der Landtagswahl am 14. Oktober 1990 in einem Wahlbündnis mit den „Nelken", der KPD Sachsen, dem Marxistischen Jugendverband sowie der Vereinigten Linken an und erreichte nur 10,2 Pro-

---

39 Vgl. Landesamt für Verfassungsschutz Sachsen (Hrsg.): Sächsisches Handbuch zum Extremismus und zu sicherheitsgefährdenden Bestrebungen, Dresden 2009, S. 174–161.
40 Vgl. Sven Braune u. a.: Die Politik der NPD in den Kommunalvertretungen Sachsens, in: Uwe Backes/ Henrik Steglich (Hrsg.): Die NPD. Erfolgsbedingungen einer rechtsextremistischen Partei, Baden-Baden 2007, S. 175–207.
41 Jürgen W. Falter/Markus Klein: Die Wähler der PDS bei der Bundestagswahl 1994. Zwischen Ideologie, Nostalgie und Protest, in: Aus Politik und Zeitgeschichte, B 51-52/1994, S. 22–34, hier S. 34.

zent der Stimmen. 1994, 1999 und 2004 steigerte sie sich auf 16,5, 22,2 und 23,6 Prozent.[42] Die Partei verfehlte 2009 unter dem Spitzenkandidaten André Hahn ihr Wahlkampfziel („25 Prozent + x") klar. Zum ersten Mal seit der deutschen Einheit ging die Zustimmungsquote für sie in Sachsen zurück, immerhin um drei Punkte auf 20,6 Prozent. Das war zugleich das erste Mal, dass die Partei im Osten in der Opposition ihren Anteil nicht steigern konnte.[43] Die von der Wählerstruktur[44] stark überalterte Kraft vermochte vom doppelten Oppositionsbonus (im Land wie im Bund) selbst in einer Zeit schwieriger finanz- und wirtschaftspolitischer Fährnisse keinesfalls zu profitieren. Eine realistische Koalitionsoption hatte sie ohnehin nicht.

Die Abwendung von der SED bedeutet für Die Linke keine Hinwendung zur Demokratie.[45] Offen verfassungsfeindliche Strömungen wie das Marxistische Forum und die Kommunistische Plattform spielen in der sächsischen Partei zwar keine tonangebende Rolle, doch wagt es die hiesige Führung nicht, gegen derartige Gruppierungen vorzugehen. Im Gegenteil: Sie streicht deren Positionen eigens als „demokratisch" heraus. Den Kommunismus sieht die Partei nicht als antidemokratisch an. Sie nimmt antidemokratische Kräfte nur auf der anderen Seite des politischen Spektrums wahr. Durch die parlamentarische Existenz der NPD ist die sächsische Linke mit ihrem Antifaschismus, dem Bindeglied zum demokratischen Spektrum[46], aufgewertet worden.

Die Kommunistische Plattform innerhalb der Partei umfasst in Sachsen etwa 160 Mitglieder (bundesweit: 1250 Mitglieder). Die hiesige Kommunistische Plattform nimmt kein Blatt vor den Mund: „Die Frage nach dem Weg der Errichtung der sozialistischen Gesellschaftsordnung, also dem scheinbaren Widerspruch von Reform und Revolution, ist für uns eine strategische."[47] Der Begriff der „Strategie" besagt, dass es von der jeweiligen Konstellation abhängt, ob die Partei eine Reform oder eine Revolution bejaht. Der Eigenwert demokratischer Spielregeln wird damit nicht anerkannt.

Die Parteivorsitzenden Klaus Bartl (1990–1991), Peter Porsch (1991–1995 und 1997–2001), Reinhard Lauter (1995–1997), Cornelia Ernst (2001–2009) und Rico Gebhardt (seit 2009) mussten zuweilen heftige interne Konflikte schlichten. Das gilt etwa für den Zusammenschluss der sächsischen WASG mit dem PDS-Landesverband. Der führende Kopf der Partei im Freistaat war der langjährige Vorsitzende der Landtagsfraktion Peter Porsch (1994–2007), der nach dem Bekanntwerden seiner Kontakte zur Staatssicherheit („IM Christoph") an Autorität verlor. Offenkundig steht der erste Vorsitzende, der als einziger Abgeordneter der Partei von 1990 an dem Landtag angehört, mit seiner DDR-

---

42 Vgl. das Kapitel „Wahlen und Wahlverhalten".

43 Allerdings hatte die Partei 1998 in Sachsen-Anhalt 0,3 Punkte eingebüßt (freilich als Tolerierungspartner der rot-grünen Minderheitsregierung).

44 Die Partei erreichte bei den 18- bis 24jährigen Männern nur 10,9 Prozent, bei den über 60jährigen Männern 30,1 Prozent (also fast dreimal mehr). Siehe die Angaben der repräsentativen Wahlstatistik.

45 Vgl. für Einzelheiten Eckhard Jesse/Jürgen P. Lang (Anm. 10).

46 Vgl. etwa Tim Peters: Der Antifaschismus der PDS aus antiextremistischer Sicht, Wiesbaden 2006.

47 Zitiert nach Staatsministerium des Innern/Landesamt für Verfassungsschutz Sachsen (Anm. 38), S. 143.

Ostalgie dem demokratischen Verfassungsstaat deutlich ferner als der jetzige. Obwohl nach Art. 118 der Sächsischen Verfassung die Abgeordnetentätigkeit u. a. dann als untragbar erscheint, wenn jemand unter dem dringenden Verdacht steht, für die Staatssicherheit tätig gewesen zu sein und dies der Landtag mit einer Zweidrittelmehrheit feststellt, blieb Klaus Bartl („IM Andreas Förster") weiterhin Abgeordneter (wie Peter Porsch). Der Einfluss des hiesigen Landesverbandes ist auch an folgendem Umstand erkennbar: Katja Kipping, eine der beiden Bundesvorsitzenden der Partei seit 2012, kommt aus den Reihen der Dresdner PDS.

Die Partei mit heute gut 10 000 Mitgliedern in Sachsen – sie hat hier ihren stärksten Landesverband – bringt sich in die Kommunalpolitik ein und weist pragmatische, auf Mitarbeit ausgerichtete Ansätze auf. „Sie wurde und wird auf dieser Ebene nicht selten noch von früheren Mitgliedern der alten Dienstklasse der DDR, also dem Kernmilieu der PDS, repräsentiert; jene Personen also, die kommunalpolitische Erfahrungen aus der Vergangenheit haben, vor Ort bekannt sind, aber unabhängig von persönlichen Bekanntschaften aus früheren Tagen nicht darauf hoffen könnten, von der CDU als der stärksten Kommunalpartei als politische Kooperationspartner akzeptiert zu werden."[48]

Alle anderen extremistischen Parteien sind im Freistaat zu vernachlässigen. Im Vergleich zur NPD ist Die Linke in Sachsen weitaus einflussreicher. Das zeigen nicht nur die Wahlergebnisse, sondern auch die Angaben über die Mitgliederentwicklung. Zwischen den Wahlergebnissen und der Zahl der Mitglieder muss allerdings kein direkter Zusammenhang bestehen. Vereinfacht ausgedrückt: Die starke Linke verficht einen schwach ausgeprägten Extremismus, die schwache NPD einen stark ausgeprägten. Wäre dies umgekehrt, so bestünde zu großer Sorge Anlass.

3 Nicht-parteiförmiger Extremismus in Sachsen

Parteien wie Die Linke und die NPD propagieren keine Gewalt, wiewohl die NPD mit rabiaten Äußerungen indirekt fremdenfeindliche Gewalt schürt und Kontakte zur „Kameradschaftsszene" pflegt. Gibt es bei ihr starke Berührungspunkte zum subkulturellen rechtsextremistischen Milieu, so spielen solche bei Teilen der Linken zu den „Autonomen" eine Rolle. Die meisten politisch motivierten Gewalttaten – das gilt nicht nur für Sachsen – gehen auf derartige Subkulturen zurück.

Die „Szenen" weisen einen unterschiedlichen ideologischen Hintergrund auf. Zielt die weithin kommunikationsarme rechtsextremistische Gewaltszene – die Grenzen zur „Kameradschaftsszene" sind fließend – stark gegen „Fremde", so eint die „Autonomen", deren Reflexionsniveau in der Regel ebenso höher ist wie die Planungsintensität,

---

48 So Gero Neugebauer: Die PDS in Sachsen, in: Christian Demuth/Jakob Lempp (Hrsg.): Parteien in Sachsen, Dresden/Berlin 2006, S. 121–144, hier S. 129.

Abbildung 1   Gewaltbereite Personen von rechtsaußen und linksaußen in Sachsen 1993–2012

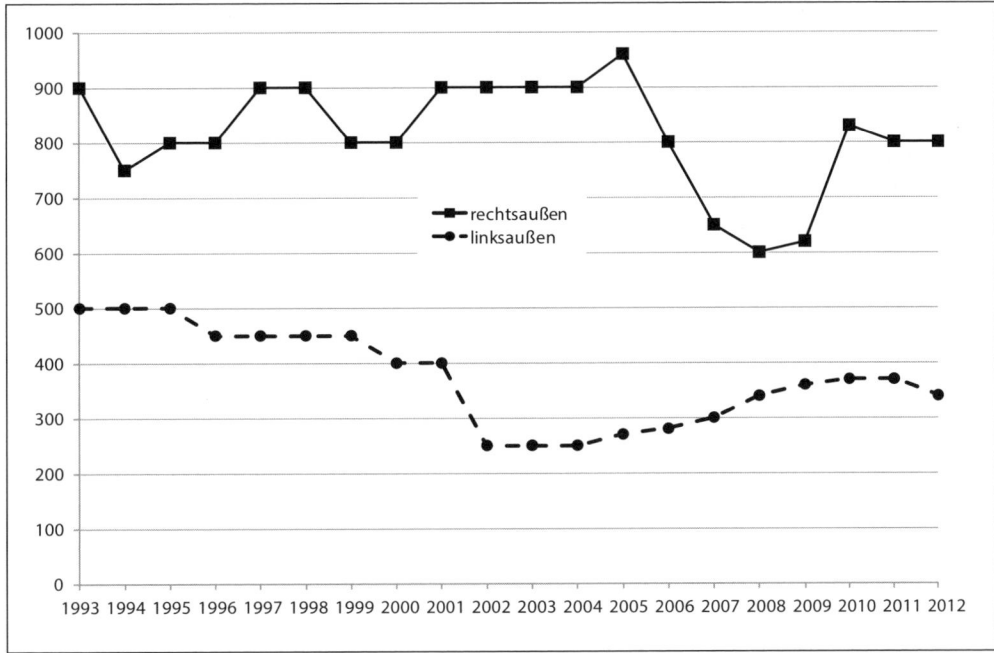

Quelle: Zusammenstellung nach den Verfassungsschutzberichten Sachsens.

der Hass auf den Staat und auf „Faschisten".[49] Bei den „Autonomen", die vor allem in Dresden (etwa im „Alternativen Zentrum Conni" [AZ Conni]) und Leipzig (etwa das „Conne Island" im Stadtteil Connewitz) aktiv sind, ist zwischen den „Antiimperialisten" und den „Antideutschen" zu unterscheiden. Die sächsische Szene war lange durch „Antideutsche" geprägt.[50] Zu deren Slogans gehören: „Bomber Harris do it again" – „No Tears for Krauts" – „Deutsche TäterInnen sind keine Opfer!" In den letzten Jahren hat sich dies geändert – so ist das Dresdner Bündnis „no pasarán!" nicht „antideutsch".

Ungeachtet unterschiedlicher Ideologien sind die Subkulturen[51] durch gewisse Analogien gekennzeichnet: durch Gewaltbejahung und -anwendung, durch mangelnde Organisationsfestigkeit, durch eine hohe Fluktuationsrate, durch schwammige Weltbilder,

---

49 Vgl. (auch mit Blick auf Sachsen) Matthias Mletzko: Gewalthandeln linker und rechter militanter Szenen, in: Aus Politik und Zeitgeschichte, B 44/2010, S. 9–16.

50 Vgl. das Kapitel: „Nie wieder Deutschland!", Entstehung und Ideologie „antideutscher" Strukturen, in: Landesamt für Verfassungsschutz Sachsen (Anm. 39), S. 163–165.

51 Gibt es zahlreiche Studien zu den rechtsextremistischen Skinheads, so mangelt es an einer wissenschaftlichen Durchdringung der „autonomen Szene". Vgl. jetzt das Kapitel „Wechselseitige Rezeptionen militanter Szenen: Antifa und Anti-Antifa" bei Uwe Backes/Matthias Mletzko/Jan Stoye: NPD-Wahl-

durch ihr jugendliches Alter, durch ein beträchtliches Aggressionspotenzial, durch primitive Feindbilder („Zecken", „Faschos"), durch die Ablehnung der Mehrheitskultur. Allerdings ist es Linksextremisten aufgrund der Blockaden gegen rechtsextremistische „Trauermärsche" in Dresden gelungen, dort partiell auf Sympathie zu stoßen. Im Aktionsbündnis „Nazifrei – Dresden stellt sich quer" vermischen sich die Grenzen zwischen Demokraten sowie gewalttätigen und nicht-gewalttätigen Linksextremisten.[52] Nicht immer ist das ideologische Anliegen – insbesondere im rechten Umfeld – klar erkennbar. Insofern sind die Grenzen zu sozialer Verwahrlosung oft fließend. Szenetypische Musik spielt gerade im subkulturellen Rechtsextremismus Sachsens eine große Rolle für die Mobilisierung von Anhängern.[53]

Nach Erkenntnissen der Verfassungsschutzbehörden übertrifft das Mitgliederpotenzial der gewaltbereiten Rechtsextremisten das der linksextremistischen „Autonomen" (vgl. Abbildung 1). In Sachsen machten zwei militante rechtsextremistische Organisationen negative Schlagzeilen: die 1996 gegründeten „Skinheads Sächsische Schweiz" (SSS) und die 2004 ins Leben gerufene Gruppe „Sturm 34" im Raum Mittweida. Beide Gruppen begingen Gewaltdelikte – weniger gegen Migranten, mehr gegen tatsächliche bzw. vermeintliche politische Gegner. Beim „Sturm 34" hatte Rechtsrockmusik eine anstachelnde Wirkung, auch ideologisierende Agitation, etwa von Angehörigen der NPD, ohne dass dies der Partei insgesamt angelastet werden kann.[54]

Lange war das politische Gewaltniveau von links deutlich schwächer gewesen als das von rechts. In der letzten Zeit vollzog sich angesichts der wachsenden Konfrontationsgewalt allerdings eine Angleichung (vgl. Abbildung 2). Mit jeweils etwa 100 Gewalttaten im Jahr von rechts- und linksaußen liegt Sachsen über dem Bundesdurchschnitt. Für 2012 ist ein Rückgang zu verzeichnen (links: 82; rechts: 54). Die Zunahme der Gewalttaten von links wurzelt wesentlich im rabiaten Vorgehen gegen Polizeikräfte, im offensiveren Auftreten von Rechtsextremisten (z. B. Demonstrationen), was regelmäßig zu Konfrontationen führte, sowie in den Erfolgen der NPD bei den Landtagswahlen 2004 und 2009. „Antifa" und „Anti-Antifa" bekämpfen sich. Allerdings ist die Fixierung der „Antifa" auf den ideologischen Gegner größer als umgekehrt. Schließlich ist die „Anti-

---

mobilisierung und politisch motivierte Gewalt. Sachsen und Nordrhein-Westfalen im kontrastiven Vergleich, Köln 2010, S. 160–183.

52 Vgl. Staatsministerium des Innern/Landesamt für Verfassungsschutz Sachsen (Hrsg.): Verfassungsschutzbericht 2011, Dresden 2012, S. 30–39.

53 Vgl. Martin Döring: „Geld verdienen mit Hass – rechtsextremistische Musik im Freistaat Sachsen zwischen Ideologie und Kommerz", in: Ministerium des Innern des Landes Brandenburg (Hrsg.): Verfassungsfeinde und das Kapital. Finanzströme im Rechtsextremismus, Potsdam 2012, S. 9–14; Landesamt für Verfassungsschutz Sachsen (Hrsg.): Jugend im Fokus von Rechtsextremisten, Dresden 2010, insbes. S. 5–12.

54 Vgl. Matthias Mletzko: „Sturm 34": Fallbeispiel einer radikalisierten rechtsextremistischen Gewaltgruppe, in: Uwe Backes/Alexander Gallus/Eckhard Jesse (Hrsg.): Jahrbuch Extremismus & Demokratie, Bd. 22, Baden-Baden 2010, S. 148–164.

Abbildung 2   Gewalttaten mit rechts- oder linksextremistischem Hintergrund
in Sachsen 1993–2012

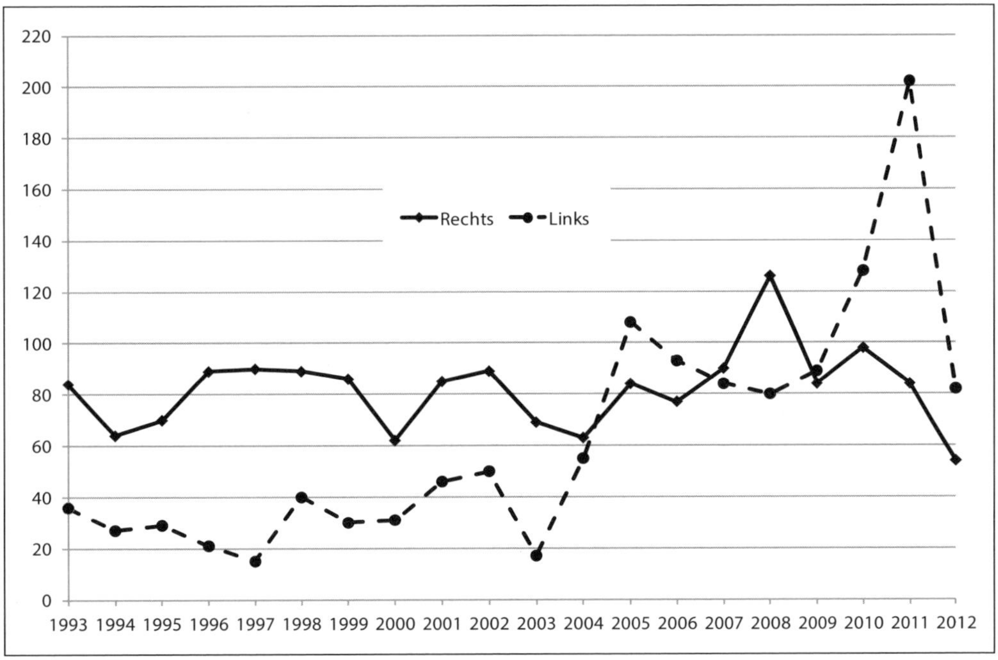

Quelle: Zusammenstellung nach den Verfassungsschutzberichten Sachsens.

Antifa"-Szene nicht in erster Linie antikommunistisch ausgerichtet, die „Antifa"-Szene
indes bedingungslos antifaschistisch.

Zwischen den Wahlerfolgen der NPD und den Gewalttaten von rechtsaußen besteht
in Sachsen kein direkter Zusammenhang.[55] Allerdings nahm die linke „Konfrontationsgewalt" danach ebenso zu wie die rechte. Sie ist freilich kein neues Phänomen, wie die
früheren Auseinandersetzungen am 1. Mai gezeigt haben.[56] Insgesamt ist die von links
in der letzten Zeit stärker als die von rechts. 2011 richteten sich 76 Prozent der 202 Gewalttaten von links gegen den politischen Gegner (2010: 53 Prozent von 128 Gewalttaten). Auch die „Konfrontationsbereitschaft" von rechtsaußen ist beträchtlich gewesen:
54 Prozent der 84 Gewalttaten zielten 2011 auf den politischen Gegner (2010: 58 Prozent
von 98 Gewalttaten). Allerdings ist 2012 jeweils ein Rückgang zu verzeichnen: 44 Prozent

---

55   Vgl. für diesen Befund und für die nachfolgenden Aussagen Uwe Backes/Matthias Mletzko/Jan Stoye
     (Anm. 51), S. 190–200.
56   Vgl. Peter Russig: Der 1. Mai 2000 und 2001 – Extreme Linke und extreme Rechte in Sachsen, in:
     Uwe Backes/Eckhard Jesse (Hrsg.): Jahrbuch Extremismus & Demokratie, Bd. 14, Baden-Baden 2002,
     S. 155–168.

der 82 Gewalttaten von linksaußen waren konfrontativ und 43 Prozent der 54 Gewalttaten von rechtsaußen. Während Gewalt von rechts eher durch expressive Merkmale geprägt ist (als Mittel der Selbstdarstellung), zeichnet sich Gewalt von links eher durch instrumentelle Merkmale aus (als Mittel zum politischen Zweck). „Eine starke NPD-Wahlmobilisierung mit signifikant steigenden Wahlresultaten löst verstärkte Medienberichterstattung aus und belebt auf diese Weise die gesellschaftliche Gegenmobilisierung, an deren Rändern linksextremistische Konfrontationsgewalt ansteigt. Die linksextremistische Konfrontationsgewalt ihrerseits stimuliert rechtsextremistische Konfrontationsgewalt (nicht aber andere Formen rechter/fremdenfeindlicher Gewalt)."[57]

Die drei Mitglieder des rechtsextremistischen NSU, die 1998 untergetaucht waren, hatten 13 Jahre unerkannt in Sachsen gelebt, zunächst in Chemnitz, dann über zehn Jahre in Zwickau[58] (in verschiedenen Wohnungen). Sie begingen Raubüberfälle und rassistisch motivierte Morde. „Überraschend ist in der Gesamtschau vor allem, dass deutsche Sicherheitsbehörden drei Handlungsstränge mit erheblichem Aufwand verfolgten, aber niemand auf die Idee kam, dass diese etwas miteinander zu tun haben könnten."[59] Die drei wurden gesucht, die Bankräuber ebenso wie die Mörder. „Von den Zusammenhängen dieser drei Handlungsstränge wüsste bis heute vermutlich niemand, wenn die Polizeieinsatzleitung in Eisenach nach dem Bankraub im November 2011 nicht an alle Streifenwagen die Order ausgegeben hätte, ganz besonders auf größere Fahrzeuge zu achten, in die Fahrräder passen."[60]

4 Demokratieschutz und antiextremistischer Grundkonsens in Sachsen

Der hiesige Verfassungsschutz, dessen Aufgaben im „Gesetz über den Verfassungsschutz im Freistaat Sachsen" geregelt sind, sucht durch Sammlung und Auswertung einschlägiger Informationen extremistische Bestrebungen in Sachsen zu beobachten und Tätigkeiten ausländischer Nachrichtendienste aufzuklären (Spionageabwehr). Er setzt V-Leute ein, um an Informationen zu kommen, die sonst nicht zu erlangen wären. Da solche Personen, die Geld bekommen, selten vertrauenserweckend sind, gibt es an dem Vorgehen der Behörden Kritik. Als Reaktion auf die lange nicht aufgeklärten Morde des NSU wollen die Innenminister der Länder und des Bundes eine zentrale V-Leute-Datei

---

57 So Uwe Backes: Zur Interaktionsdynamik links- und rechtsextremistischer Gewalt, in: Thüringer Landesamt für Verfassungsschutz Sachsen (Hrsg.): Linksextremistische Gewalt – Gefährdungen, Ursachen und Prävention, Erfurt 2011, S. 49–67, hier S. 58.

58 Der oft gebrauchte Begriff „Zwickauer Zelle" ist aus zwei Gründen unzutreffend. Zum einen sind die Täter aus dem „Thüringer Heimatschutz" hervorgegangen, zum anderen suggeriert „Zelle" die Existenz weiterer „Zellen". Davon kann augenscheinlich nicht die Rede sein.

59 Butz Peters: Für die Ermittler unsichtbar, in: Cicero, Nr. 6/2013, S. 46 f.

60 Ebd., S. 47.

Tabelle 3 Verbotene extremistische Vereinigungen in Sachsen seit 1990

5. April 2001	Skinheads Sächsische Schweiz (SSS), einschließlich deren „Aufbauorganisation" (SSS-AO) und der Nachfolgeorganisation Nationaler Widerstand Pirna
24. April 2007	Kameradschaft Sturm 34
12. Februar 2013	Nationale Sozialisten Döbeln

Quelle: Zusammenstellung nach den Angaben des Verfassungsschutzes.

einrichten und einheitliche Standards für diese aufstellen. Zu den nachrichtendienstlichen Mitteln zählen ferner u. a. die Observation oder die Überwachung des Brief-, Post- und Fernmeldeverkehrs.[61] In Sachsen wurden von 1990 an gemäß § 3 des Vereinsgesetzes drei rechtsextremistische Organisationen verboten, zuletzt 2013 die „Nationalen Sozialisten Döbeln" (vgl. Tabelle 3), vorher die „Skinheads Sächsische Schweiz" (SSS) und die „Kameradschaft Sturm 34".

Hervorhebenswert sind, was die Öffentlichkeitsarbeit angeht, die jährlichen Verfassungsschutzberichte, die früher durch die Rubrik „Hintergründe" auch in der Wissenschaft Interesse gefunden hatten.[62] Vom Berichtszeitraum 2007 erschienen sie zunächst in einer „abgespeckten", wenig aussagekräftigen Form. Dafür kam das „Sächsische Handbuch zum Extremismus" heraus, das alle zwei Jahre aktualisiert werden sollte. Doch es blieb bei der Absicht. Mittlerweile sind die Berichte so umfangreich wie früher (für den Berichtszeitraum 2012: 207 Seiten). Das „Handbuch" informiert über „Erscheinungsformen des Extremismus mit Bezug zum Freistaat Sachsen", „Hintergründe und Zusammenhänge" sowie über den „Verfassungsschutz".[63] Die beiden ersten Bereiche sind nicht ganz trennscharf abgegrenzt. Daneben veröffentlicht der Verfassungsschutz weiteres Informationsmaterial (vor allem über den Rechtsextremismus). Der Verfassungsschutz wird – neben der Dienst- und Fachaufsicht des Innenministeriums – kontrolliert durch drei Kommissionen des Sächsischen Landtages (die Parlamentarische Kontrollkommission, die G-10 Kommission und das Parlamentarische Kontrollgremium), den Sächsischen Datenschutzbeauftragten, die Gerichte und die Öffentlichkeit.[64] Ungeachtet dessen kommt es zuweilen zu Übereifrigkeiten und Grenzüberschreitungen. Ein Beispiel

---

61 Zu den Aufgaben des Verfassungsschutzes vgl. Landesamt für Verfassungsschutz Sachsen (Anm. 39), S. 174–179.

62 Sie müssen den Vergleich zu denen anderer Länder nicht scheuen. Vgl. Eckhard Jesse: Die Verfassungsschutzberichte der Bundesländer, in: Uwe Backes/Eckhard Jesse (Hrsg.): Jahrbuch Extremismus & Demokratie, Bd. 19, Baden-Baden 2008, S. 13–34. Der neueste Verfassungsschutzbericht für das Jahr 2012 fällt besonders detailliert aus.

63 Vgl. Landesamt für Verfassungsschutz Sachsen (Anm. 39).

64 Vgl. Thomas Gey: Mit besonderen Befugnissen für Recht und Gesetz, in: Landtagskurier Freistaat Sachsen, Nr. 10/2011, S. 12 f.

dafür ist der sogenannte „Sachsen-Sumpf", bei dem viele Seiten keine gute Figur gemacht hatten.[65] Durch die Sammelwut des Landesamtes für Verfassungsschutz mit Blick
auf die (tatsächliche bzw. vermeintliche) organisierte Kriminalität könnte ein verkehrter
Eindruck entstehen.

Die Sächsische Verfassung ist antiextremistisch ausgerichtet. In der Präambel ist „von
den leidvollen Erfahrungen nationalsozialistischer und kommunistischer Gewaltherrschaft" die Rede, ebenso in Art. 116 – mit Blick auf Wiedergutmachung: „Wer im Gebiet
des heutigen Freistaates Sachsen oder als Bewohner dieses Gebietes durch nationalsozialistische oder kommunistische Gewaltherrschaft wegen seiner politischen, religiösen
oder weltanschaulichen Überzeugung oder wegen seiner Rasse, Abstammung oder Na-
tionalität oder wegen seiner sozialen Stellung oder wegen seiner Behinderung oder wegen seiner gleichgeschlechtlichen Orientierung oder in anderer Weise willkürlich ge-
schädigt wurde, hat nach Maßgabe der Gesetze Anspruch auf Wiedergutmachung."

Insofern scheiterte der Versuch der PDS 2005, eine antifaschistische Klausel in die
Landesverfassung mit Hilfe eines Art. 12a einzufügen, im Landtag zu Recht. Der neue
Artikel sollte wie folgt heißen: „Rassistische, fremdenfeindliche und antisemitische Aktivitäten sowie eine Wiederbelebung und Verbreitung nationalsozialistischen Gedan-
kenguts nicht zuzulassen, ist Pflicht des Landes und Verpflichtung aller im Land."[66]
Dies ist keine unmittelbare Konsequenz des NPD-Erfolges bei den sächsischen Land-
tagswahlen im September 2004 gewesen. Bereits im Jahre 2001 hatte die PDS im Deut-
schen Bundestag einen ähnlichen Antrag zur Änderung des Grundgesetzes eingebracht.
In beiden Fällen wäre von der antiextremistischen Orientierung der Bundesrepublik
Deutschland abgerückt worden. Die u. a. auch von der sächsischen Linken vertretene
Auffassung, „Faschismus ist keine Meinung, sondern ein Verbrechen", trifft so nicht zu.
Sondergesetze gegen die bloße Bekundung einer Meinung verbieten sich in einem demokratischen Verfassungsstaat.[67] Wer immer wieder hervorhebt, niemand dürfe wegen
seiner politischen Einstellungen benachteiligt werden, und zugleich eine antifaschistische Klausel propagiert, argumentiert doppelbödig. Offenbar geht es ihm nicht um den
Schutz der Grundrechte an sich, sondern nur um den Schutz für eine bestimmte politische Richtung.

Standen bei dieser Thematik SPD und Grüne auf der Seite der CDU und der FDP,
so fiel die Konfliktlinie bei dem Streit um die „Demokratieerklärung" anders aus. Wäh-

---

65 Vgl. Jens Schneider: Haltlose Gerüchte – üble Anschuldigungen. Wie der Verfassungsschutz in Sachsen
im Zusammenspiel mit Politikern und Journalisten den „Sachsensumpf" erfand, in: Süddeutsche Zeitung vom 9. Mai 2008.

66 Vgl. Sächsischer Landtag, 4. Wahlperiode, Gesetzentwurf der PDS-Fraktion, Drucksache 4/1238 vom
12. April 2005.

67 Allerdings hat das Bundesverfassungsgericht in dem „Wunsiedel"-Beschluss von 2009 einen „Damm-
bruch zum Sonderrecht bei der Meinungsfreiheit" gegen „rechts" eingeleitet. So Martin H. W. Möllers:
Der Bielefeld-Beschluss des Bundesverfassungsgerichtes im Lichte von „Wunsiedel": Zum Sonderrecht
bei Meinungsäußerungen von Rechtsextremisten, in: Ders./Robert Chr. van Ooyen (Hrsg.): Jahrbuch
Öffentliche Sicherheit 2010/2011, Erster Halbband, Frankfurt a. M. 2011, S. 173–180, hier S. 179.

rend Union und FDP eine solche befürworten, da es selbstverständlich und notwendig sei, dass die Empfänger staatlicher Gelder ein schriftliches Bekenntnis zur freiheitlichen demokratischen Grundordnung abzulegen haben, sprechen SPD, Grüne und Die Linke von einem Generalverdacht, dem sich die Geldempfänger ausgesetzt sehen. In Anlehnung an die „Extremismuserklärung" des Bundes hatte Sachsen 2010 als erstes Bundesland eine eigene „Demokratieerklärung" verfasst. In dem Hinweisblatt heißt es: „Mit Abgabe der Demokratieerklärung bekennen sich die Zuwendungsempfänger sowie die zur Durchführung des geförderten Projektes als Partner Ausgewählten (kurz: Kooperationspartner) zur freiheitlichen demokratischen Grundordnung der Bundesrepublik Deutschland und bestätigen, keine Aktivitäten zu entfalten, die der freiheitlichen demokratischen Grundordnung widersprechen. […] Über die Unterzeichnung der Erklärung soll eine Sensibilisierung erreicht, aber auch die Verpflichtung des Zuwendungsempfängers gestärkt werden, eigene Verantwortung dafür zu übernehmen, dass extremistische Gruppierungen nicht von Landesmitteln profitieren."[68] Der Hintergrund des Streites war und ist, ob auch linksextremistische Gruppen bei der Bekämpfung rechtsextremistischer Bestrebungen unterstützt werden dürfen. Vor allem der Begriff „Extremismus" löste zumal bei antifaschistischen Kräften helle Empörung aus.

In Leipzig hatte sich im April 2008 eine „Initiative gegen jeden Extremismusbegriff" gebildet, hinter der viele Antifa-Gruppen stehen, ebenso zahlreiche Repräsentanten der Partei Die Linke.[69] „Seit Anfang des Jahres 2008 sind die außerparlamentarische Linke sowie links-alternative Kulturprojekte in Sachsen wieder einmal Ziel einer Diffamierungskampagne, die durch das Innenministerium Sachsen […] ins Rollen gebracht wurde." Die Formel des Extremismus eigne sich, „um eine vermeintlich ‚normale Mitte' von ihren ‚Rändern' zu trennen. Dort, wo Naziideologie zum Randphänomen erklärt werden und damit deren Verbindung zur bundesrepublikanischen Normalität geleugnet wird, dort gibt es auch keinen Platz für eine notwendige und berechtigte linke Kritik z. B. an institutionellem Rassismus in deutschen Gesetzen oder Behörden und alltäglicher Rassismus und Antisemitismus. Rechte Ideologie wird in diesem Zusammenhang zur Randerscheinung gemacht und die ‚demokratische Mitte' kann sich ihrer moralischen Legitimation sicher sein."[70] Diese Initiative forderte wegen der „Verschärfung des staatlichen Antiextremismus" erneut „den Abschied vom staatlich verordneten Antiextremismus".[71]

Als das Pirnaer „Alternative Kultur- und Bildungszentrum" (AKuBiZ) sich im November 2011 geweigert hatte, die „Demokratieerklärung" zu unterschreiben und einen

---

68 Hinweisblatt zur Anwendung der „Demokratieerklärung", S. 1.
69 Vgl. Initiative gegen jeden Extremismusbegriff: Gegen jeden Extremismusbegriff. Linke, antifaschistische Politik und Kultur sind nicht „extremistisch", sondern extrem wichtig!, unter: http://inex.blogsport.de (Stand: 4. März 2013).
70 Ebd.
71 Gemeinsam gegen jeden Extremismus? Nicht mit uns! Auftrag zur kollektiven Verweigerung politischen Unsinns, unter: http://inex.blogsport.de (Stand: 4. März 2013).

„Sächsischen Förderpreis für Demokratie" entgegenzunehmen, schlug das hohe Wellen. Das Dresdner Verwaltungsgericht sah im April 2012 die Erklärung teilweise für rechtswidrig an. Die Projektträger könnten nicht für die Verfassungstreue ihrer Kooperationspartner bürgen. Gegen dieses Urteil wurde beim Oberverwaltungsgericht Berufung eingelegt. Nachdem das Bundesfamilienministerium im September 2012 die Demokratieerklärung modifiziert hatte,[72] ging das Berufungsverfahren zugunsten des Ministeriums aus. Das AKuBiZ bekundete: „Doch damit ist nicht das letzte Wort gesprochen. […] Erneut mussten wir Klage vor dem Verwaltungsgericht Dresden einlegen, denn auch die neue Variante stellt die Bürgerinnen unter Generalverdacht. Sie fordert einen einseitigen Bekenntniszwang zu einem Staat, dessen Institutionen mehrfach schon gegen Rechtsterrorismus versagt haben und ist ein geistiger Rollback in die 70er Jahre. Sie gehört abgeschafft, und wir werden weiter mit den vielen anderen Initiativen und Vereinen gegen die Behinderung von Anti-Rechts-Projekten eintreten."[73] Wie der Streit zeigt, besteht in einer zentralen Frage des Demokratieschutzes wohl kein hinreichender Konsens (mehr) unter den tragenden gesellschaftlichen Kräften.

Das gilt auch für eine andere Frage von großer Öffentlichkeitswirksamkeit: den Umgang mit Rechtsextremisten. Diese organisieren seit 1999 am 13. Februar einen „Trauermarsch" zur Erinnerung an die Bombardierung Dresdens durch Amerikaner und Briten im Jahr 1945. Das hatte schon bald die „autonome Szene" auf den Plan gerufen.[74] Unter starkem Polizeiaufgebot fanden solche Märsche statt. Das war 2010 anders. Die Ereignisse am 13. Februar 2010 fanden große öffentliche Aufmerksamkeit. Die „Menschenkette" in der Altstadt war ein beeindruckendes Zeichen bürgerschaftlichen Engagements. Das gilt nicht für die Aktionen in der Neustadt. Durch Sitzblockaden wurde eine von den Gerichten genehmigte Demonstration der rechtsextremistischen „Jungen Landsmannschaft Ostdeutschland" zum ersten Mal verhindert. Noch am 12. Februar 2010 hatte das Amt für Presse- und Öffentlichkeitsarbeit der Landeshauptstadt Dresden erklärt: „Die Stadt Dresden wird den heute eingegangenen Beschluss des Oberverwaltungsgerichtes in Bautzen unverzüglich umsetzen und der Jungen Landsmannschaft Ostdeutschland (JLO) dies per Bescheid mitteilen. Damit darf die JLO am 13. Februar marschieren, allerdings nicht auf der ursprünglich von ihr beantragten Route. Das Ge-

---

72 Sie lautet nun: „Hiermit bestätigen wir, dass wir uns zu der freiheitlichen demokratischen Grundordnung der Bundesrepublik Deutschland bekennen und eine den Zielen des Grundgesetzes förderliche Arbeit gewährleisten. Wir werden keine Personen oder Organisationen mit der inhaltlichen Mitwirkung an der Durchführung des Projekts beauftragen, von denen uns bekannt ist oder bei denen wir damit rechnen, dass sie sich gegen die freiheitliche demokratische Grundordnung betätigen."
73 Steffen Richter: Warum wir weiter machen. Der Kampf gegen die Extremismusklausel geht in die nächste Runde, in: Antifa, Nr. 3/2013, S. 16. Siehe auch die Geschäftsführerin vom 2001 gegründeten Kulturbüro Sachsen Grit Hanneforth: Das Extremismuskonzept. Über eine Konstruktion und ihre Folgen, in: Ebd., S. 13–15. Ausführlich Kulturbüro Sachsen e. V. (Hrsg.): (Dia)Logbuch Sachsen. Prozessorientierte Beratung im ländlichen Raum, Wiesbaden 2013.
74 Staatsministerium des Innern/Landesamt für Verfassungsschutz Sachsen (Hrsg.): Verfassungsschutzbericht 2007, Dresden 2008, S. 31.

richt hat in seiner Entscheidung vor allem betont, dass die Versammlungsbehörde konsequent das Trennungsgebot zwischen den einzelnen Anmeldungen umzusetzen hat, um einen friedlichen Verlauf aller Versammlungen zu gewährleisten. Dies wird die Stadt gemeinsam mit der Polizei nun strikt umsetzen."[75] Doch davon konnte keine Rede sein. Die einen durften demonstrieren, die anderen nicht. Ein noch so gutes Gewissen legitimiert keine Rechtsverletzungen.[76]

„Bis einschließlich 2009 wurden die von den Rechtsextremisten organisierten Trauermärsche von Veranstaltern und Teilnehmern überwiegend als Erfolg bewertet. Die Veranstaltung im Jahr 2010 stellt eine Zäsur dar. Erstmals konnten die Rechtsextremisten den ‚Trauermarsch' nicht durchführen. Zum einen stieg die Wut auf den politischen Gegner, von dem man sich hatte ‚einkesseln' lassen. Der Zorn richtete sich jedoch auch gegen die Sicherheitskräfte, die es nicht vermocht hatten, den Marsch gegen die Gegendemonstranten durchzusetzen. Gleichzeitig suchte man nach neuen Strategien, um einer erneuten Blockade vorzubeugen."[77] In der Folge wurde es Rechtsextremisten so gut wie unmöglich gemacht, am 13. Februar zu demonstrieren – 2011 wie 2012 und 2013. Eine Überschrift wie „Dresdner verhindern Neonazi-Aufmarsch"[78] erweckt einen verkehrten, verharmlosenden Eindruck von der linksmilitanten Szene. Wer Rechtsextremisten auch mit Linksextremisten bekämpft, schwächt die demokratischen Grundlagen. „Die Gefahr solcher Bündnisse besteht […] darin, dass Linksextremisten nicht nur ein Bestandteil innerhalb der gesellschaftlichen Mitte werden, sondern auch linksextremistische Positionen darin Eingang finden und die Grenzlinie zwischen Demokraten und Extremisten zunehmend aufweicht."[79] 2011 wurde unter der Ägide von Frank Richter eine städtische „Arbeitsgruppe 13. Februar" ins Leben gerufen, die friedlichen Protest gegen Rechtsextremisten gewährleisten will. Hingegen strebt das Bündnis „Dresden Nazifrei" weiterhin die Blockade von rechtsextremistischen Demonstrationen an.

Nach dem Bekanntwerden der rechtsextremistischen Mordserie des NSU im November 2011 setzte der Sächsische Landtag am 7. März 2012 mit den Stimmen der Linken, der SPD und denen der Grünen (wie im Bund und in den beiden anderen Freistaaten) einen Untersuchungsausschuss zu folgendem Thema ein: „Untersuchung möglicher Versäumnisse und etwaigen Fehlverhaltens der Staatsregierung und der ihrer Fach-, Rechts- und Dienstaufsicht unterliegenden Sicherheits-, Justiz-, Kommunal- und sonstigen Behörden im Freistaat Sachsen beim Umgang mit der als ‚Terrorzelle Nationalsozialistischer Untergrund (NSU)' bezeichneten neonazistischen Terrorgruppe, deren personell-organisatorischem Umfeld und etwaigen Unterstützernetzwerken, insbeson-

---

75 Pressemitteilung des Amtes für Presse- und Öffentlichkeitsarbeit der Landeshauptstadt Dresden (Stadt wird Beschluss des OVG umsetzen) vom 12. Februar 2010.

76 Vgl. Staatsministerium des Innern (Hrsg.): Demokratische Rechte auch für Demokratiefeinde? Der Rechtsstaat zwischen Neutralitätspflicht und öffentlicher Erwartung, Dresden 2011.

77 Staatsministerium des Innern/Landesamt für Verfassungsschutz Sachsen (Anm. 52), S. 34.

78 Vgl. Timo Moritz: Dresdner verhindern Neonazi-Aufmarsch, in: Freie Presse vom 14. Februar 2013.

79 Staatsministerium des Innern/Landesamt für Verfassungsschutz Sachsen (Anm. 38), S. 195.

dere im Hinblick auf ihre Entstehung, Entwicklung und ihr Agieren in bzw. von Sachsen aus sowie bei der Aufklärung, Verfolgung und Verhinderung der Terrorgruppe ‚NSU' und ggf. den mit ihr verbundenen Netzwerken zurechenbaren Straftaten und der Schlussfolgerungen hieraus *(Neonazistische Terrorzelle in Sachsen)*."[80] Die zu klärenden Fragen: Wo hat es Versäumnisse gegeben? Wieso sind weder die Polizei noch der Verfassungsschutz dem Mördertrio auf die Spur gekommen? Wieso wurde Sachsen für mehr als zehn Jahre als „Rückzugsraum" gewählt? CDU und FDP enthielten sich der Stimme. Ihre Begründung, die NPD könne auf diese Weise an geheime Informationen gelangen, fiel wenig überzeugend aus.[81] Tatsächlich sahen die Regierungsparteien einen solchen Ausschuss offenkundig nicht für sinnvoll an – wohl deshalb, weil sie eine politische Instrumentalisierung durch die Opposition und einen Image-Schaden für Sachsen fürchteten. Im Juli 2012 trat Reinhard Boos, der Präsident des Landesamtes für Verfassungsschutz wegen Versäumnissen von seinem Amt zurück. Sein Nachfolger Gordian Meyer-Plath strebt einen Paradigmenwechsel an – mehr Offenheit, weniger Geheimniskrämerei.[82] Eine dreiköpfige Expertenkommission unter der Ägide der früheren Generalbundesanwältin Monika Harms hatte im Februar 2013 nach halbjähriger Tätigkeit den sächsischen Verfassungsschutz als eine „grundsätzlich gut aufgestellte und gut geführte Behörde mit motivierten Mitarbeitern"[83] bezeichnet. Der Verfassungsschutz müsse sich stärker als Dienstleister verstehen, sich mehr um Vorbeugung kümmern und zunehmend Geisteswissenschaftler engagieren. Hier ist mit größeren Umstrukturierungen zu rechnen.

Der Wandel, der sich durch das Bekanntwerden der Mordserie vollzogen hat, wird augenfällig deutlich beim Vergleich zweier Landtagsdebatten von Ende 2010 und Ende 2012 zum Extremismus. 2010 standen sich die „Fronten" unversöhnlich gegenüber.[84] Die Fraktionen der CDU und der FDP hatten offensiv die Auseinandersetzung mit dem rechten und dem linken Extremismus gesucht. So hieß es beim FDP-Abgeordneten Carsten Biesok: „Wir haben hier in Sachsen links- und rechtsextreme Vereinigungen, und es darf nicht sein, dass wir diese extremistischen Vereinigungen noch mit Steuermitteln fördern."[85] Die anderen Parteien wollten von „Linksextremismus" nichts wissen. Bei der Debatte exakt zwei Jahre später – am 14. Dezember 2012 – gerieten CDU und FDP

---

80 Sächsischer Landtag: 5. Wahlperiode, Drucksache 5/8497 (Hervorhebung im Original).

81 Allerdings wurde im Mai 2013 durch den Verfassungsschutz, der versehentlich dem NSU-Untersuchungsausschuss einen internen Vermerk übermittelt hatte, die Zahl der V-Leute in der sächsischen NPD bekannt (17).

82 Vgl. Peter Schilder: Ein Geheimdienst, der nicht alles geheim hält, in: Frankfurter Allgemeine Zeitung vom 23. August 2012.

83 Zitiert nach Michael Bartsch: Schlapphüte müssen kaum was ändern, in: die tageszeitung vom 22. Februar 2013.

84 Vgl. Aktuelle Debatte: Demokratie in Sachsen verteidigen: Extremismus von Rechts und Links konsequent bekämpfen! Antrag der Fraktion der CDU und der FDP, in: Sächsischer Landtag: 25. Sitzung vom 14. Dezember 2010, S. 2245–2267.

85 Ebd., S. 2247.

stärker in die Defensive.[86] Volker Bandmann von der CDU äußerte: „Der Extremismus gleich welcher Couleur, aber besonders der Extremismus von rechts gefährdet die Demokratie, und diese Minderheit darf nicht die Chance haben, die Mehrheitsmeinung zu bestimmen."[87] Repräsentanten der SPD, der Grünen und vor allem der Linken griffen zwar weiterhin den Extremismusbegriff an,[88] stellten sich jedoch nicht gegen das am 1. Januar 2013 als Folge der NSU-Morde gegründete „Operative Abwehrzentrum" (OAZ). Innenminister Markus Ulbig erklärte: „Menschenfeindlichkeit darf bei uns keinen Platz haben, und ich bin froh, dass das eine klare und sehr breite Basis hat sowie eine sehr wichtige Botschaft der demokratischen Fraktionen dieses Landtages war."[89] Die 1991 ins Leben gerufene „Soko Rex" (Sonderkommission Rechtsextremismus) soll in das OAZ integriert werden.[90] Ein Kompetenzgerangel mit den Staatsschutzdezernaten der Polizeidirektionen ist wohl programmiert.

5 „Sächsischer Weg"?

Der Demokratieschutz in Sachsen funktioniert bei allen Unzulänglichkeiten prinzipiell. Dabei ist die harte Form des parteiförmigen Extremismus (NPD) sozial geächtet, die weiche Form des parteiförmigen Extremismus (Die Linke) weithin nicht. Dies stellt kein sachsenspezifisches Phänomen dar, sondern ein ostdeutsches.

Insgesamt ist der parteiförmige Linksextremismus in Sachsen etwas schwächer – und isolierter – als in den übrigen ostdeutschen Ländern. Anders als in Mecklenburg-Vorpommern, Brandenburg, Berlin und in Sachsen-Anhalt stand eine – direkte oder indirekte – Regierungsbeteiligung der Partei nicht zur Debatte, auch anders als in Thüringen, wo 2009 ihre Einbeziehung in die Landesregierung ernsthaft erwogen wurde.

Beim Rechtsextremismus ist die Tendenz gegenläufig. Der Freistaat Sachsen stellt neben Mecklenburg-Vorpommern die Hochburg der NPD dar. Allerdings sieht es gegenwärtig nicht so aus, als könne die Partei zum dritten Mal in den Sächsischen Landtag einziehen: ideologisch zerstritten, organisatorisch geschwächt, strategisch ohne klares Konzept, finanziell angeschlagen, bei der Wählerschaft isoliert. Jedenfalls ist die folgende Aussage Jürgen W. Gansels bloße Autosuggestion: „In Mitteldeutschland findet eine geräuschlose völkische Graswurzelrevolution statt. Mit einem moderaten Ton, zivi-

---

86 Vgl. Aktuelle Debatte: Extremismus keinen Raum geben – Demokratiefeinde entschlossen bekämpfen. Antrag der Fraktionen der CDU und der FDP, in: Sächsischer Landtag: 68. Sitzung vom 14. Dezember 2012, S. 7003–7015.
87 Ebd., S. 7004.
88 „Wir haben in diesem Land kein Extremismusproblem. […] Wir haben ein Problem mit Nazis." So Rico Gebhardt (Die Linke), in: Ebd., S. 7006.
89 Ebd., S. 7013.
90 Vgl. Jens Eumann: Sachsens Spezialtruppe gegen Extremisten wächst, in: Freie Presse vom 28. März 2013.

lem Auftreten und alltagsnahen Themen gelingt es Nationalisten vielerorts zum integralen Bestandteil des gesellschaftlichen Lebens zu werden, während sich die Systemkräfte dem Volk immer mehr entfremden."[91]

Was die Gewalttaten der politisch motivierten Kriminalität angeht, so nimmt Sachsen einen vorderen Rang ein. Der Freistaat wies 2011 bei den rechten Gewalttaten einen dritten Platz auf (umgerechnet auf die Einwohnerzahl einen zweiten), bei den linken Gewalttaten den ersten (umgerechnet auf die Einwohnerzahl einen zweiten).[92] Gewiss, die Zahlen schwanken von Jahr zu Jahr, aber der Freistaat liegt generell „vorn". Der Hauptgrund: die hohe Konfrontationsgewalt von rechts- und linksaußen. Das ist ungeachtet des Rückgangs 2012 ein sächsisches Spezifikum.

Durch das Bekanntwerden der Mordserie der rechtsterroristischen Kleingruppe, die sich als „Nationalsozialistischer Untergrund" ausgab, ist auch im Freistaat Sachsen ein gewisser Wandel eingetreten, was die verstärkte politische Stoßrichtung gegen „rechts" betrifft. Die Rede von Ministerpräsident Stanislaw Tillich auf der zweiten Extremismuskonferenz in Riesa („Für Sachsen – gegen Extremismus")[93] am 20. Juni 2012 ist dafür charakteristisch. In der Rede ist zwar etwa 15 Mal von „Extremismus" bzw. „extremistisch" die Rede (und so gut wie nicht von „Rechtsextremismus"), doch aus dem Zusammenhang geht die Stoßrichtung gegen rechtsaußen klar hervor – sei es gegen den parteiförmigen, sei es gegen den subkulturellen Extremismus. Gleichwohl ist die Kommunikationsstrategie der sächsischen Regierung weniger offensiv als die der thüringischen.[94] Tillich erwähnt eigens sein Engagement für ein NPD-Verbot: „Gemeinsam mit dem Freistaat Bayern haben wir in der Ministerpräsidentenkonferenz beantragt, die Anstrengungen für ein erfolgreiches Verbotsverfahren zu verstärken."[95] Die Parallele zum bayerischen Freistaat ist berechtigt. Wie Bayern betont Sachsen den „starken Staat" beim Kampf gegen extremistische Umtriebe.

Im Vergleich zu anderen – ostdeutschen – Ländern funktioniert der Antiextremismus in Sachsen besser (eine Antirassismusklausel wie in Mecklenburg-Vorpommern 2008 und in Brandenburg 2013 wurde nicht in die Verfassung eingeführt), auch wenn antifaschistische Denkmuster weit verbreitet sind und zugenommen haben. So beziehen sich die Sonderpublikationen des Landesamtes für Verfassungsschutz nicht nur auf

---

91 Jürgen W. Gansel: Angst vor der völkischen Graswurzelrevolution, in: Deutsche Stimme, Nr. 7/2006, S. 11.

92 Vgl. Bundesministerium des Innern (Hrsg.): Verfassungsschutzbericht 2011, Berlin 2012, S. 40 f., 46 f.; im Jahr 2012 rangierte Sachsen bei den rechtsextremistischen Gewalttaten auf einem sechsten Platz, bei den linksextremistischen auf dem fünften. Siehe dass. (Hrsg.): Verfassungsschutzbericht 2012, Berlin 2013, S. 34, 39.

93 Der SPD-Chef Martin Dulig hatte wegen dieser Formulierung nicht daran teilgenommen – ein „Aktionsprogramm gegen Rechtsextremismus" lasse sich so nicht erkennen. Siehe den Artikel: Dulig sagt Teilnahme an Extremismuskonferenz ab, unter: http://www.sz-online.de (Stand: 1. Juni 2012).

94 Vgl. Wolfgang Donsbach: Gehen wir in die Offensive!, in: Die Zeit vom 8. Januar 2012.

95 Zitiert nach dem Artikel: Dulig sagt Teilnahme an Extremismuskonferenz ab (Anm. 93).

Rechtsextremismus, sondern auch auf Linksextremismus und Islamismus.[96] Wer be-
hauptet, Sachsen sei auf dem „rechten Auge" blind, macht sich eine wenig belastbare Position zu eigen. Die Behörden haben allerdings extremistischem Antifaschismus weithin
Paroli geboten. Die Unterschiede zu den alten Bundesländern fallen nicht nur wegen der
Schwäche des Islamismus, sondern auch – und vor allem – wegen der Stärke der Linken
und der Stärke der NPD beträchtlich aus. Deren Erfolge sind bei der Linken eher sozia-
lisationsbedingt, bei der NPD eher situationsbedingt, wobei auch situative Elemente bei
der Linken eine Rolle spielen und sozialisationsbedingte bei der NPD. Unter dem Strich
gibt es sachsenspezifische Elemente mit Blick auf Extremismus und Demokratieschutz,
ohne dass es berechtigt wäre, von einem „sächsischen Weg" zu sprechen.

---

96 Vgl. etwa Landesamt für Verfassungsschutz Sachsen (Hrsg.): Autonome Szene im Freistaat Sachsen,
    Dresden 2010; dass. (Hrsg.): Jugend im Fokus von Rechtsextremisten, Dresden 2010; ders. (Hrsg.): Isla-
    mismus, Dresden 2006.

Kapitel 16
Zusammenfassung

1 „Sächsischer Weg"?

In seiner konstituierenden Sitzung am 27. Oktober 1990 beschloss der Sächsische Landtag mit großer Mehrheit die Landesbezeichnung „Freistaat Sachsen". Ausdruck der wiedererlangten politischen Freiheit und Selbstbestimmung der Bevölkerung sowie der republikanischen Eigen- und Rechtsstaatlichkeit war die staatsrechtliche Leerformel „Freistaat" von Beginn an auch Identitätsbegriff und Mythos.[1] Vor allem von der regierenden Sächsischen Union aufgegriffen und popularisiert, verband sich im gesellschaftlichen Empfinden mit dem Freistaatsbegriff früh eine sächsische Sonderstellung. Gern wurde und wird mit einem gewissen Stolz betont, Sachsen habe sich im Jahr 1919 als erstes deutsches Land zum Freistaat erklärt, noch vor Bayern. Und ebenso gern firmiert das „Freistaatliche" als Ausdruck von Freiheitlichkeit und Eigensinnigkeit (im positiven Sinne) – oft ist es eine Reminiszenz an die demokratisch-republikanische Geschichte, die so freiheitlich gar nicht war. Das Additiv „Freistaat" hebt Sachsen mehr scheinbar als anscheinend aus dem formalen Einheitsgrau der deutschen Länder empor, birgt es doch auf den ersten Blick eine sächsische Besonderheit. Bei genauerem Hinsehen ist indes schnell erkennbar: Es handelt sich allenfalls um ein identitätsstiftendes Symbol, das keinesfalls bedeutsam ist im politischen Mit-, Neben- und Gegeneinander der Länder.

Die klangvolle Selbstbezeichnung täuscht nicht nur einen „sächsischen Weg" vor. Sie zeigt vielmehr, wie wichtig klare Begriffe für die Analyse sächsischer Spezifika sind. Unsere Definition stellt daher den „sächsischen Weg" unter drei Vorbehalte: (1) Ein Faktor muss im Kontext des deutschen Föderalismus, d.h. in der Gegenüberstellung mit Ost-, West- und Gesamtdeutschland, besondere Charakteristika bzw. einen exklusiven

---

[1] Vgl. Michael Richter: Die Bildung des Freistaates Sachsen. Friedliche Revolution, Föderalisierung, deutsche Einheit 1989/90, Göttingen 2004, S. 856–859.

Wesenszug aufweisen. (2) Das so als „spezifisch" etikettierte Phänomen muss eine hohe
zeitliche Kontinuität haben. (3) Und es muss einem sächsischen Kontext entstammen
bzw. maßgeblich durch einen solchen beeinflusst sein.

Nur auf diese Weise wird ersichtlich, ob es sich um „sächsische Wege", vermeintliche
„sächsische Wege", „ostdeutsche Wege" oder „deutsche Wege" handelt. Wohlgemerkt:
Der Begriff des „sächsischen Weges" hat hierbei eine deskriptive Konnotation, keine
präskriptive. Gemeint ist, ob es Spezifika gibt, die so stark sind, dass sich Sachsen durch
sie von anderen Ländern prinzipiell abhebt. Angesichts der Vielzahl der untersuchten
Bereiche wird dies zutreffen, bedingt zutreffen oder überhaupt nicht zutreffen. Gemeint
ist nicht, dass diese Spezifika allesamt positiv („Königsweg") oder durchweg negativ
(„Holzweg") sind. Vor dem jeweiligen Hintergrund und auf Basis der von uns untersuchten struktur-, akteurs-, prozess- und kulturbezogenen Bereiche des politischen Systems in Sachsen können wir drei – nicht immer trennscharfe – Varianten ausmachen.

*(1) Es existiert kein „sächsischer Weg" – nur wenige nachrangige Merkmale weisen
auf sächsische Landesspezifika hin.* Besonders politisch-strukturelle Spezifika sind nicht
oder nur dezent vorhanden. Das sächsische parlamentarische Regierungssystem, das
sich nach einer transformatorischen Sonderphase etabliert hat, entspricht inklusive seiner zentralen Organisations- und Funktionsmuster dem Grundtypus bundesdeutscher
Landesregierungssysteme: parlamentarisch, eine Kammer, geschlossene Exekutive. Die
starke systemische Homogenität des deutschen Föderalismus[2] „schwappte" 1990 auf
die neuen Länder über. Nach dem Grundgesetz durchaus denkbare Varianten, etwa
mit einem direkt gewählten Ministerpräsidenten, einer doppelten Exekutive aus Regie-
rungs- und Staatsoberhaupt oder einem stärker plebiszitär ausgerichteten Regierungssystem, wurden früh verworfen oder erst gar nicht ernsthaft erwogen. Seither, so auch
Roland Sturms Urteil, sind der Wille der Länder zu einer individuellen politischen Gestaltung und die Begeisterung für die Idee der Bundesstaatlichkeit durch die „Windun-
gen der bundesstaatlichen Konsens- und Kompromissdemokratie"[3] zunehmend ver-
schüttet worden, strukturell-funktionale Homogenität grassiert. Zudem verengen sich
die legislativen wie strukturellen Spielräume aller Länder im politischen Mehrebenensystem angesichts der weithin ungebremsten Kompetenzübertragungen auf die Europäische Union.[4]

Stellung und Funktion der zentralen politischen Institutionen sowie der darin wirkenden Akteure (Regierung, Parlament, Verfassungsgericht) bergen in Sachsen somit

---

2   Vgl. hierzu Frank Decker: Regieren im „Parteienbundesstaat". Zur Architektur der deutschen Politik,
    Wiesbaden 2011, S. 280–282.
3   Vgl. Roland Sturm: Der deutsche Föderalismus – nur noch ein Ärgernis?, in: Alexander Gallus/Thomas
    Schubert/Tom Thieme (Hrsg.): Deutsche Kontroversen. Festschrift für Eckhard Jesse, Baden-Baden
    2013, S. 297–308, hier S. 307.
4   Vgl. ders./Heinrich Pehle: Das neue deutsche Regierungssystem. Die Europäisierung von Institutionen,
    Entscheidungsprozessen und Politikfeldern in der Bundesrepublik Deutschland, 3. Aufl., Wiesbaden
    2012.

eher Besonderheiten im Detail. Ob etwa beim Wahlsystem (niedrige Grundmandats-klausel), dem Abgeordnetenmandat (Abgeordnetenanklage nach Art. 118 SV), bei der Volksgesetzgebung (Plebiszitfreundlichkeit), der Gesetzgebung (Gesetzesausfertigung durch Landtagspräsident) oder beim verfassungsmäßigen Verhältnis von Exekutive und Legislative (verfassungsmäßiges Recht auf Bildung und Ausübung parlamentarischer Opposition) bzw. der Vertretung des Freistaates beim Bund („Filiale der Staatskanzlei"), kleine sächsische Eigenheiten existieren durchaus, einen spezifisch „sächsischen Weg" begründen sie aber nicht. Während die Verfassungsgebung in ihrer historischen Einmaligkeit (zwangsläufig) einen eigenen, einen „sächsischen Weg" gegangen ist, begrenzten bundesstaatliche Homogenitätserfordernisse und die enge Anlehnung an das Grundgesetz und das baden-württembergische Verfassungswerk die Spezifika. Ähnliches gilt für die politischen Hauptakteure Regierung und Parlament. Beide stechen (keineswegs nur) unter formalen Gesichtspunkten nicht aus der Gruppe der deutschen Länder heraus. Sachsens Rolle auf Bundes- und EU-Ebene hebt sich heute kaum von jener der anderen ostdeutschen Länder ab, in den 1990er Jahren mag dies im Hinblick auf den Bund anders gewesen sein („Anwalt Ostdeutschlands"). Auch in anderen Untersuchungsbereichen zeigen die Ergebnisse starke bundesweite Parallelen auf, aber eben nicht ausschließlich.

(2) Ein „sächsischer Weg" existiert – zahlreiche dominante Merkmale weisen auf sächsische Landesspezifika hin. Besonders politisch-prozessuale bzw. politisch-kulturelle sächsische Spezifika sind vorhanden. So weichen vor allem die Regierungskoalitionen, das mehrheitsdemokratische Regierungshandeln auf Landesebene, die perpetuierte Mehrheitsdominanz im Landesparlament, das Landesparteiensystem und die Wahlergebnisse auf Landes- und Kommunalebene augenfällig von den in den anderen Ländern verbreiteten Mustern ab. Zum Beispiel markieren die von Beginn an sehr hohe Regierungsstabilität, die u. a. die institutionelle Landesbildung in vielerlei Hinsicht positiv von den Prozessen in den anderen ostdeutschen Ländern abhob,[5] sowie die seit 1990 konstante Regierungsbeteiligung der CDU deutlich einen „sächsischen Weg". Beständigkeit und Stabilität, ebenso Starrheit sowie der stark mehrheitsdemokratisch-macht-konzentrierte Stil des sächsischen Regierungshandelns, Elemente, die nach dem Ende der CDU-Alleinregierung kaum Abbruch erlitten haben, zeigen im Positiven wie im Negativen ein Spezifikum auf.

Ein Ausdruck dessen ist die zwischen 1990 und (bis zur Verankerung einer „Schuldenbremse") 2013 unveränderte – formal indes wenig rigide, also kaum veränderungs-resistente – Landesverfassung. Hauptursache für diese in vielerlei Hinsicht bundesweit einmalige Regierungskonstanz waren und sind die starken Ergebnisse der CDU bei den Landtagswahlen, verbunden mit einer erheblichen Schwäche der Sozialdemokraten (bei einem im ostdeutschen Vergleich allenfalls mittelmäßigen Zuspruch für die PDS bzw.

---

5   So etwa von der anfänglich „verkorksten" politisch-institutionellen Gestaltung in Sachsen-Anhalt. Vgl. Alexander Thumfart: Die politische Integration Ostdeutschlands, Frankfurt a. M. 2002, S. 473.

Die Linke). Die „Sächsische Union" verfügt(e) hier (bei Bundestags- und Europawahlen sind ihre Ergebnisse insgesamt weniger gut) über eine zuerst absolute, später dann relative strukturelle Mehrheit. Sie ist bei den wahlentscheidenden Faktoren nahezu konkurrenzlos, die eher geringen bundespolitischen Einflüsse bei Landtagswahlen wirken zu ihren Gunsten. Dies hat ein nahezu einzigartiges Hegemonialparteiensystem mit asymmetrischem Dreiparteienkern zur Folge, in dem bis 2004 der strukturellen, gouvernementalen und kulturellen Prädominanz der CDU nur eine schwache „linke" Doppelopposition gegenüberstand. Das seitherige (weiter CDU-dominierte) Sechsparteiensystem sucht in den deutschen Ländern dergestalt ebenso seinesgleichen – im Osten wie im Westen. Die (sich weithin gegenseitig beeinflussenden) drei Dimensionen Wahlen, Parteien und Regieren drücken den „sächsischen Weg" am deutlichsten aus.

Nicht zuletzt hebt sich der Freistaat in der Frage nach einer eigenen Landesidentität, eines politisch-kulturellen Sonderbewusstseins seiner Bürger in bundesweiter Hinsicht ab – allenfalls vergleichbar mit Bayern. Auch wenn die zahlreichen politischen Versuche der Staatsregierung und der „Sächsischen Union", die sächsische Identität zu erzeugen, zu verstärken oder zu instrumentalisieren, zuweilen ins Profane (Sachsenlieder), Mythische (historische Reminiszenzen) oder Problematische (politisierte Imagekampagnen) abgeglitten sind, die sächsische Identität als solche blieb davon entweder unbeeinflusst oder wurde revitalisiert und gestärkt. Vor wie nach der Wiedergründung des Freistaates gilt: Die Sachsen sind ein stolzes, sich selbst bewusstes wie selbstbewusstes Völkchen. Unmittelbar mit diesen Identitätsfragen verbunden ist die im deutschen Ländervergleich einzigartig starke verfassungsmäßige und kulturelle Stellung der sorbischen Minderheit.

(3) Der Betrachtungsgegenstand verhält sich ambivalent (spezifische und allgemeine Merkmale sind annähernd gleichstark vertreten) oder entzieht sich gänzlich der Einordnungslogik. Dies trifft auf politisch-strukturelle, politisch-prozessuale und politisch-kulturelle Bereiche gleichermaßen zu. Ambivalenzen finden wir beispielsweise im Rahmen der Landesverfassung, der politischen Kultur, den Medien, der Bevölkerungsentwicklung und Sozialstruktur, des politischen Extremismus, ebenso im Wahlverhalten sowie bei den Landesparteien. Dem Analyseansatz weithin entrückte Sektoren sind Verwaltung sowie Kommunalpolitik und Kommunale Selbstverwaltung.

Die Sächsische Verfassung steht als sogenannte Vollverfassung einerseits für starke, der Zeit ihrer Entstehung geschuldete ostdeutsche Spezifika wie etwa ein in den Bereichen Medien-, Versammlungs- und Berufsfreiheit besonders weitreichender Grundrechtskatalog. Andererseits dominieren bei ihr die Anleihen an das Grundgesetz und diverse westdeutsche Landeskonstitutionen. Ebenso mischen sich in der politischen Kultur im Freistaat mit dem erwähnten starken Spezifikum einer markanten sächsischen Identität wesentliche ostdeutsche Momente wie eine geringe(re) Zufriedenheit mit dem demokratischen System, eine hohe Politikverdrossenheit und starke Mentalitätsunterschiede („Mauer in den Köpfen") gegenüber dem Westen. Allerdings spielt die Ost-West-Dimension in Sachsen wegen des hohen hiesigen Selbstbewusstseins eine ge-

ringere Rolle als in allen anderen ostdeutschen Ländern. Zwar ist „Ossi-Wessi-Denken"
längst nicht verschwunden, doch anders als etwa in Brandenburg, Mecklenburg-Vorpommern oder Sachsen-Anhalt ist die Selbstwahrnehmung weniger ostdeutsch geprägt
und viel stärker genuin sächsisch. Hingegen gilt dies nicht im untersuchten Bereich Medien, wo eher (überkommene) ostdeutsche Muster existieren.

Bei den Themen Demografie und Sozialstruktur sieht sich Sachsen einem vergleich-
baren Problemdruck wie alle (ost-)deutschen Länder ausgesetzt, der zwar nicht so gravierend ausfällt wie z. B. in den nordöstlichen Regionen, aber bislang nicht zu einer Umkehr der Entwicklung mit steigenden Einwohnerzahlen geführt hat – so in Bayern oder
Baden-Württemberg. Beide Südländer profitieren ungebrochen von den innerdeutschen Wanderungsbewegungen in den Westen – nach wie vor ebenso aus Sachsen. Eine
Besonderheit des Freistaates liegt in seiner Doppelrolle als Ab- und Zuwanderungsre-
gion – Fortzüge in die alten Länder bei parallelen Zuzügen aus den neuen (und alten).

Der politische Extremismus entspricht in seiner sächsischen Ausprägung zuvörderst
den ostdeutschen Mustern, auch wenn die politisch motivierten Gewalttaten im Freistaat überproportional hoch ausfallen. Die Stärke der rechtsextremistischen NPD ergibt
(zusammen mit Mecklenburg-Vorpommern) ein Spezifikum, eine gleichartige Verankerung hätte bei abweichender strategischer Präferenz der Partei aber ebenso in Thüringen
oder Sachsen-Anhalt erfolgen können. Ein für die Wahl rechtsextremistischer Parteien
empfängliches Protestpotenzial sowie eine hohe Zahl an Nichtwählern finden sich verstärkt nicht bloß in Sachsen, sondern in ganz Ostdeutschland. Hingegen ist Die Linke
in Sachsen schwächer als in den anderen Ost-Ländern – von Mecklenburg-Vorpommern abgesehen. Die Wahlverhaltensmuster sind im Freistaat „typisch ostdeutsch" – mit
Ausnahme der 1990er Jahre. Die schwach verankerten, gesellschaftlich kaum mobilisie-
rungs- und rekrutierungsfähigen Parteien stellen ebenfalls keine sächsische, sondern
eine ostdeutsche Besonderheit dar, Sachsens zentrale Parteiensystemeigenschaften liegen eher im bundesdeutschen Durchschnitt.

In den Bereichen Verwaltung und Kommunales dominieren in allen deutschen Ländern derart historische Eigenheiten und Spezifika, dass sich diese einer Einordnung gemäß der vorgeschlagenen Weise versperren. So wurden in den frühen 1990er Jahren in
allen ostdeutschen Ländern weithin die in den westdeutschen Patenländern üblichen
Strukturen (modifiziert) übernommen und implementiert, also im Grundsatz ähnliche
Strukturen und Funktionen geschaffen – ausgenommen die „Mittelebenen-Problema-
tik". Jedoch sind von Beginn an auch ostdeutsche Eigenheiten verankert worden (z. B.
starke plebiszitäre Momente in den Kommunalverfassungen), die ihrerseits im Westen
als Vorbild dienten. In der Folge differenzierten unterschiedlich schnell und intensiv ab-
laufende Reformprozesse – Sachsen ist eines der reformeifrigsten Länder – das Bild im
Westen wie im Osten deutlich aus. Folglich haben wir es heute mit 16 ebenso ähnlichen
wie unterschiedlichen Landeskommunalverfassungen und Landesverwaltungen zu tun,
wobei Sachsen zu den Ländern mit dreistufigem Verwaltungsaufbau sowie großen kommunalen Einheitsgemeinden und Landkreisen gehört, es also stärker den ostdeutschen

Ländern Sachsen-Anhalt oder Thüringen gleicht. Seine Entwicklung in den Bereichen Verwaltung und Kommunales ist daher in gewisser Hinsicht einzigartig – wohlgemerkt trifft dieses Urteil auf jedes Bundesland zu. Insofern dürfte eine solche Charakterisierung nicht sonderlich aussagekräftig sein.

Eine von den drei Varianten gesonderte Bewertung erfordert die Transformationsphase, handelt es sich hier doch um eine zeitlich begrenzte Spanne vom Beginn der friedlichen Revolution im Herbst 1989 bis zur Verabschiedung der Sächsischen Verfassung im Frühjahr 1992. Wie wir zeigen konnten, rechtfertigen sowohl der begründete Status als „Kernland" der friedlichen Revolution – die Rufe nach Freiheit und nach Einheit erklangen in Sachsen zuerst – als auch die mit zahlreichen Eigenheiten behaftete Landesbildung überwiegend die Rede von einem „sächsischen Weg". In beiden Fällen fungierte Sachsen als ein Vorreiter. Michael Richter, der die Themen intensiv untersucht hat, urteilt etwa mit Blick auf die Landesbildung wie folgt: „Angesichts der Tatsache, dass die Entwicklung in jedem sich bildenden Bundesland unterschiedlich verlief, erübrigt sich hinsichtlich formaler Kriterien die Betonung eines sächsischen Sonderweges. Es gab so gesehen fünf Sonderwege." Beispielsweise variierten die „Ausschüsse zur Länderbildung [...] in ihrer Aufgabenkoordination, Zusammensetzung und Legitimation".[6]

Anders verhielt es sich jedoch mit den politischen und personellen Aspekten. Wesentliches Merkmal der Situation in Sachsen, meint Richter, sei der Konflikt zwischen den „alten Kräften" und den „im Koordinierungsausschuss dominierenden Vertretern neuer politischer Gruppierungen" gewesen. Letztgenannte hätten den Prozess der Landesbildung und der Verwaltungstransformation nicht allein den Exekutiven überlassen, sondern ihn gegen alle Widerstände und über Parteigrenzen hinweg weithin selbst vollzogen. Die breite Entmachtung alter SED- und vieler Blockparteikader – der umfassende, gleichwohl nicht vollständige Elitenwechsel – war eine Ausnahme unter den neuen Ländern, ebenso der Konfrontationskurs der sächsischen Reformkräfte gegenüber der DDR-Regierung um Lothar de Maizière und deren zentral gesteuerter Länderbildung und Verwaltungstransformation. Hinzu kommt die Kompetenz und Konsequenz der westdeutschen Helfer, die zu dem „gewaltigen Vorsprung des sächsischen Koordinierungsausschusses in der Vorbereitung der Landesbildung gegenüber den anderen neuen Bundesländern"[7] beitrugen.

Daneben, und diese Auffassung bestärken nicht nur unsere Ergebnisse, sondern auch die Studie von Ulrich Brümmer[8] sowie der „Erfahrungsbericht" von Harald Noeske legen dies nahe, liegt der „sächsische Weg" zu einem erheblichen Teil in der Vergangenheit der 1990er Jahre. Noeskes Urteil ist harsch formuliert: „Vieles hat Sachsen in den 1990er

---

6   Michael Richter (Anm. 1), S. 760.
7   Vgl. ebd., S. 761 f. Auch Harald Noeske erachtet die dominierende Rolle der Reformer als „besonderes Kennzeichen des sächsischen Weges bei der Länderneubildung". Vgl. Harald Noeske: Regieren in Sachsen, Dresden 2012, S. 12 f.
8   Vgl. Ulrich Brümmer: Parteiensystem und Wahlen in Sachsen. Kontinuität und Wandel von 1990–2005 unter besonderer Berücksichtigung der Landtagswahlen, Wiesbaden 2006.

Jahren eine Sonderstellung unter den neuen Ländern verschafft und den ‚sächsischen Weg' in der Politik der Länder markiert. [...] Sachsen war wieder schneller. Sachsen war wieder vorn. Sachsen macht alles besser. Diese Attitüde wurde schier zur Peinlichkeit und schuf den Eindruck einer politischen Arroganz des Musterknaben unter den neuen Bundesländern. Das war Sachsen in der Tat".[9] Diese nicht völlig von der Hand zu weisende „Sonderstellung" war u. a. Ausdruck und Ergebnis einer zügigen Landesgründung und wirksamen institutionellen Transformation, einer im ostdeutschen Vergleich lange Zeit höheren politischen Stabilität, der Ministerpräsidentschaft Kurt Biedenkopfs, die in turbulenten Zeiten nicht nur erheblich politisch zu integrieren und Vertrauen zu erwecken, sondern auch im föderalen Gefüge Einfluss zu nehmen vermochte, einer Politikergeneration, die 1990 zumeist aus technischen, medizinischen, naturwissenschaftlichen oder anderen Berufen „quer" eingestiegen war und Politik in erster Linie als pragmatisches Problemlösen verstand, eines bis Ende der 1990er Jahre eigentümlichen, für reine Protestentscheidungen scheinbar unempfänglichen Wahlverhaltens der Bevölkerung sowie einer positiv wirkenden „sächsischen Identität" bzw. „Identitätspolitik".

Obwohl sich der Vorsprung des „Musterknaben" im neuen Jahrtausend gegenüber den anderen östlichen Bundesländern verringerte (weniger in der sächsischen Wahrnehmung), begründen die Nachwirkungen der einstigen Vorreiterrolle in gewisser Weise nach wie vor eine sächsische Eigenart: In den Bereichen Sozialstruktur und Bevölkerungsentwicklung, bei den Lebensbedingungen, bei der politischen Kultur sowie in Verfassungsfragen hebt sich der Freistaat, trotz weiterhin spezifischer ostdeutscher Problemlagen,[10] von den übrigen Ost-Ländern ab.

Sachsen nimmt mehr denn je eine Art Mittellage ein: über dem Niveau im Osten, aber deutlich unter dem im Westen. In diesem – nicht im geographischen – Sinne stellt der Freistaat, trotz (oder gerade wegen) seiner Eigenheiten, das „westlichste" der ostdeutschen Länder dar. Anders formuliert: Nicht der Trend zu einer „Ausreißerposition" – je nach Maßstab – an der Spitze oder am Ende der Länderhierarchien kennzeichnet einen Teil der sächsischen Spezifika, sondern vielmehr die Tendenz zu Durchschnittswerten. Die Sachsen selbst werden mit einer solchen Einordnung gut leben können – immer vorausgesetzt, die Mitte gilt innerhalb des bundesdeutschen Föderalismus weiterhin als eine goldene.

Unter dem Strich: Das Bundesland Sachsen weist zahlreiche Spezifika auf (allerdings weniger, als manche Sachsen in ihrem Selbstbewusstsein und in ihrer Selbstbezogenheit meinen). Wer diese Spezifika bewertet, kommt überwiegend – keineswegs ausschließlich – zu einem positiven Ergebnis. Allerdings ist Sachsen weit von einem „Musterländle" entfernt. Das kann angesichts der wechselvollen jüngeren Geschichte schwerlich anders sein.

---

9   Harald Noeske (Anm. 7), S. 93.
10 Vgl. Astrid Lorenz (Hrsg.): Ostdeutschland und die Sozialwissenschaften. Bilanz und Perspektiven 20 Jahre nach der Wiedervereinigung, Opladen u. a. 2011.

2 Perspektiven für Sachsen

Wer heute in Sachsen eine fehlende „Lebendigkeit" der Politik, mangelnde politische Initiative, thematische Verflachtheit und eine ungenügende Verbindung zwischen Staatsregierung bzw. Landesparlamentariern und Bevölkerung kritisiert,[11] kann dies nicht nur unter Berufung auf das (vermeintlich goldene) sächsische Aufbaujahrzehnt 1990 bis 2000 mit seinen politischen Enthusiasten und Reformern tun. Sicherlich waren die politischen Problemlagen auf Landesebene wegen der breiten persönlichen Betroffenheit und des individuellen Interesses in der Transformationsphase der 1990er Jahre größer bzw. intensiver als sie es heute sind. Und es bestand eine für die Integration der Bevölkerung unbedingte Notwendigkeit, ob der individuellen Betroffenheit auch eine einzigartige Möglichkeit, Landespolitik breit zu vermitteln, was den damaligen politischen Akteuren insgesamt gut gelungen ist. Dennoch gilt es gegenwärtig und in Zukunft, die neue Zeit und das neue Umfeld zu berücksichtigen, in denen sich die sächsische Landespolitik mit gewandelten nationalen und internationalen Herausforderungen konfrontiert sieht, und in denen sie in einem zunehmend erweiterten und integrierten Europa um ihren Stellenwert kämpfen muss.

Zu Beginn des zweiten Jahrzehnts des 21. Jahrhunderts bewegt sich die sächsische Landespolitik vorrangig im Bereich des Erhaltens, Erneuerns und Anpassens. Kurt Biedenkopf zeichnete 1994 in seiner Regierungserklärung anlässlich der 100. Sitzung des Sächsischen Landtages – am Ende der arbeitsreichen ersten Legislaturperiode – das (oft verwandte) „Bild des Hausbaues".[12] Ein Drittel der Bauzeit würde für den Rohbau benötigt, zwei Drittel flössen in die Fertigstellung. „Wenn wir diese Zeitdimension zugrunde legen, würde das bedeuten, dass wir in etwa acht bis zehn weiteren Jahren die Fertigstellung erreicht hätten."[13] Das sächsische „Haus" war – optimistisch betrachtet – Mitte der 2000er Jahre fertiggestellt. Seither geht es um Fragen der Instandhaltung, Reparatur und Erneuerung sowie um eine Erhöhung von Wohnqualität und Wohnkultur, mitunter werden auch Um- und Ausbauwünsche sichtbar. Was viele dabei nicht registrieren: Die sächsische Politik sieht sich heute nicht nur mit restauratorischen Details konfrontiert, die weit weniger spektakulär und aufreibend sind, als der Hausbau es war. Andere, zuweilen kaum wahrgenommene, aber durchaus entscheidende Problemlagen sind entstanden, etwa in den Bereichen Innere Sicherheit, Bildung oder Soziales, neue Komplikationen wie der demografische Wandel oder schrumpfende Finanzrahmen türmen sich am Horizont auf.

Dennoch hat eine gewisse Normalität in die sächsische Politik Einzug gehalten, begleitet von einer Professionalisierung der Landespolitik. Was auf den ersten Blick beru-

---

11 So Harald Noeske (Anm. 7), S. 255–261. Noeske relativiert diese Aussage jedoch später durch einen Verweis auf den „Wandel der politischen Inhalte" (S. 262–266).

12 Regierungserklärung von Kurt Biedenkopf vor dem Sächsischen Landtag am 24. Juni 1994, in: Drucksache 1/4827 des Sächsischen Landtages, S. 7038–7045, hier S. 7039.

13 Ebd.

higend wirkt, ja als Erfolg gesehen werden kann, birgt zwei gegensätzliche Gefahren für die politischen Akteure. Die eine Fährnis kommt in Gestalt einer Tatenlosigkeit daher, schließlich funktioniert doch alles, weshalb sollten Veränderungen nötig sein – never change a running system. Das andere Unheil liegt in einem abwertenden Verständnis von Normalität als etwas „Gewöhnliches" oder „Langweiliges", als etwas, das allein aus diesem Grund verändert werden muss – ever change a running system. Beide politische Neigungen gilt es zukünftig zu kanalisieren. Hinzu gesellen sich ein sinkendes Interesse für landespolitische Themen in der Bevölkerung, eine grassierende Verdrossenheit mit Politik insgesamt sowie eine daraus resultierende Teilnahmslosigkeit, die sich u. a. in schrumpfenden Parteimitgliederzahlen und einer sinkenden Wahlbeteiligung äußert. Auch mit diesen Widrigkeiten gilt es zukünftig offensiv umzugehen.

Insbesondere heißt Normalität keineswegs, die historischen, gesellschaftlichen, politischen, ökonomischen oder kulturellen sächsischen Charakteristika würden in den nächsten Jahr(zehnt)en weithin oder gar vollends verschwinden – normativ gesehen im Positiven wie im Negativen nicht. Die Prägungen sind dafür zu stark, als dass sich eine Einebnung vollziehen könnte.

Positiv: Viel hängt von den Problemlösungsfähigkeiten künftiger Landesregierungen und Landespolitiker ab. Sollte es ihnen gelingen, ihre (im europäischen und deutschen politischen Mehrebenensystem) deutlich eingeengten Kompetenzen im Sinne eines regionalen Good Governance zu nutzen, und dazu ihr Regierungshandeln in der Öffentlichkeit als erfolgreich darzustellen, spricht viel für die Fortsetzung der sächsischen Regierungsstabilität und Verfassungskontinuität. Nicht die Dinge einfach „laufen zu lassen", sondern innovatives wie produktives politisches Arbeiten und eine glaubhafte Politikvermittlung sind hierbei unabdingbar. Dem wachsenden gesellschaftlichen Willen nach mehr politischer Transparenz und Verantwortlichkeit (sowie nach mehr Partizipation) müssen die politischen Akteure (besonders die Staatsregierung) in Sachsen nachkommen. Es gibt zudem folgende Paradoxie: Die wohl auch in den nächsten Jahren ungelöste Europa-Krise birgt neben einer massiven sozio-ökonomischen Gefahr, die, sollte sie eintreten, in Sachsen erhebliche Verwerfungen auszulösen vermag, eine Chance für den Freistaat. So dürfte die „sächsische Identität" angesichts des „europäischen Problems" eher an Bindekraft gewinnen als nachlassen. Gerade in Zeiten starken ökonomischen, sozialen und kulturellen Wandels bietet der Faktor Regionalidentität ein hohes Maß an Vertrautheit und Nähe; zugleich birgt er die Gefahr von Aus- und Abgrenzungsmechanismen.

Negativ: Die Extremismusproblematik bleibt wohl ein Dauerthema. Ohne Frage, eine offene Gesellschaft kennzeichnet auch die Existenz von Extremismus, ihr Umgang damit (bei aller Notwendigkeit, den Extremismus zu bekämpfen, speziell den gewalttätigen) bezeichnet den Grad an Liberalität – auch das ist eine Paradoxie. Dennoch werden antidemokratische Bestrebungen in Sachsen aufgrund der strukturellen Verankerung extremistischer Parteien wie wegen der hierfür anfälligen politischen Kultur (leider) nicht verschwinden. Zudem dürfte Sachsens Parteienlandschaft ihre Mobilisierungs-

und Strukturschwäche nicht (schnell) überwinden. Der mittelbare Kitt zwischen „denen da oben" und „uns hier unten", zwischen „der Politik" und „den Leuten", den demokratische Parteien im Idealfall ausprägen sollen, bleibt in Sachsen dünn. Hier sind beide Seiten gleichermaßen gefragt – die eine in Form von guter Politik und Politikvermittlung, die andere durch Respekt und Mittun. Es geht einerseits um gestalten und erklären, andererseits um verstehen und akzeptieren (wollen). Die anhaltenden Wanderungsbewegungen in Richtung Westen werden sich – wie in den letzten Jahren geschehen – abschwächen; zugleich dürften sich die Herausforderungen an eine alternde und parallel schrumpfende sowie sozial auseinanderdriftende Gesellschaft vergrößern. Phantasie und Initiative sind gefragt, will das Land „zukunftsfähig" und weltoffen bleiben.

Zu verhindern ist dabei eine positive wie eine negative Selbsttäuschung darüber, was in Sachsen politisch, wirtschaftlich, kulturell und gesellschaftlich war, ist und sein wird. Ein Teil einer solchen Selbsttäuschung sind Mythen. Sie können ebenso zu Nostalgie und Verklärung beitragen, wie sie ein wertvolles „symbolisches Kapital" in sich bergen. In letztgenannter Hinsicht sind die sächsischen Mythen „hervorragend für das 21. Jahrhundert geeignet [...]. Sie vermitteln Inhalte und Bedeutungen, die gut in eine moderne, weltoffenen Gesellschaft passen: Kulturbewusstsein, Friedfertigkeit, Lebensgenuss, Erfindergeist und Freude an der Schönheit. Man kann den sächsischen Mythen vorwerfen, dass sie rückwärtsgewandt sind [...] und dass die Träume und Bilder nicht der Wirklichkeit entsprechen. Aber eines sind die sächsischen Mythen nicht: gefährlich."[14] Im „kollektiven Gedächtnis"[15] vieler Sachsen konnte sich durch die friedliche Revolution und die deutsche Einheit, durch das Wiederaufblühen des Landes und das (freilich noch verhaltene) Anknüpfen an alte wirtschaftliche und kulturelle Größe ein neuer Mythos etablieren – der von der sächsischen Willenskraft und Beständigkeit.

Für eine erfolgreiche Zukunft ist das eine gute, freilich keine ausreichende Basis, zumal die nach 1990 geborene Generation mit derlei Mythen oft wenig anfangen kann oder falschen Mythen aufsitzt – etwa dem von der sozialen und gerechten, friedlichen und spaßigen DDR. Für sie sind – glücklicherweise – Freiheit, Einheit, Stabilität und Wohlstand oft selbstverständlich geworden, politisches Desinteresse und Nichtwählen sind es leider auch. Dabei ist es vor allem jene Generation, die all die Positiva fortsetzen und erweitern sowie die Negativa reduzieren kann. Dies ist notwendig, möchte Sachsen – um die zu diesem Buch einleitenden Gedanken abschließend aufzugreifen – im 21. Jahrhundert, anders als im Säkulum zuvor, mehr Sternstunden als Tiefpunkte erleben. Die Chancen dafür stehen gut.

---

14 Matthias Donath/André Thieme: Mythenlandschaft Sachsen, in: Dies. (Hrsg.): Sächsische Mythen. Elbe – August – Eierschecke, Leipzig 2012, S. 8–21, hier S. 20.

15 Ebd.

Literaturverzeichnis

Abbe, Thomas/Michael Hoffmann/Volker Stiehler: Wir bleiben hier. Erinnerungen an den Herbst '89. Mit einer Chronik von Uwe Schwabe, Leipzig 1999.

Algasinger, Karin/Jürgen von Oertzen/Helmar Schöne: Wie das Parlament die Regierung kontrolliert: Der Sächsische Landtag als Beispiel, in: Everhard Holtmann/Werner J. Patzelt (Hrsg.): Kampf der Gewalten? Parlamentarische Regierungskontrolle – gouvernementale Parlamentskontrolle. Theorie und Empirie, Wiesbaden 2004, S. 107–147.

Altendorfer, Otto/Kurt-Ulrich Mayer (Hrsg.): Sächsisches Medienjahrbuch 1998/1999, Leipzig 1999.

Altendorfer, Otto/Ludwig Hilmer/Klaus Liepelt: Lokalfernsehen in Sachsen 2003. Relevanz – Resonanz – Akzeptanz, Mittweida 2004.

Backes, Uwe/Matthias Mletzko/Jan Stoye: NPD-Wahlmobilisierung und politisch motivierte Gewalt. Sachsen und Nordrhein-Westfalen im kontrastiven Vergleich, Köln 2010.

Bartsch, Michael: Das System Biedenkopf. Der Hof-Staat Sachsen und seine braven Untertanen oder: Wie in Sachsen die Demokratie auf den Hund kam, Berlin 2002.

Baumann, Jens: Handlungsstrategien im Rahmen der Kreisgebietsreform – am Beispiel von Kreissitzbestimmung und Zentralitätsausgleich im Freistaat Sachsen, Dresden 2005.

Behring, Rainer/Mike Schmeitzner (Hrsg.): Diktaturdurchsetzung in Sachsen. Studien zur Genese der kommunistischen Herrschaft 1945–1952, Köln u. a. 2003.

Berth, Hendrik u. a.: 20 Jahre deutsche Wiedervereinigung aus Sicht einer Gruppe ostdeutscher Erwachsener. Ergebnisse der Sächsischen Längsschnittstudie 1987 bis 2009, in: Deutschland Archiv 43 (2010), S. 787–794.

Biedenkopf, Kurt: 1989–1990. Ein deutsches Tagebuch, Berlin 2000.

Blaschke, Karlheinz: Die „sächsische" Revolution von 1989 – ein städtisches Ereignis, in: Bernhard Kirchgässner/Hans-Peter Becht (Hrsg.): Staat und Revolution, Stuttgart 2001, S. 109–132.

Blaschke, Karlheinz: Verwaltungsgeschichte für Stadt- und Kreisarchivare im Gebiet des ehemaligen Landes Sachsen, in: Uwe Schirmer/André Thieme (Hrsg.): Beiträge zur Verfassungs- und Verwaltungsgeschichte Sachsens. Ausgewählte Aufsätze von Karlheinz Blaschke, Göttingen 2002, S. 63–109.

Brandstetter, Marc: Die sächsische NPD: Politische Struktur und gesellschaftliche Verwurzelung, in: Zeitschrift für Parlamentsfragen 38 (2007), S. 349–367.

Braune, Sven u. a.: Die Politik der NPD in den Kommunalvertretungen Sachsens, in: Uwe Backes/Henrik Steglich (Hrsg.): Die NPD. Erfolgsbedingungen einer rechtsextremistischen Partei, Baden-Baden 2007, S. 175–207.

Brinktrine, Ralf (Hrsg.): Rechtsfragen der Kreisgebiets- und Verwaltungsreform 2008 in Sachsen, Berlin 2009.

Brümmer, Ulrich: Parteiensystem und Wahlen in Sachsen. Kontinuität und Wandel von 1990–2005 unter besonderer Berücksichtigung der Landtagswahlen, Wiesbaden 2006.

Brümmer, Ulrich: Schwarz-rote Vernunft-Ehe in Sachsen. Fragile Beziehungen im Parteiensystem des Freistaates, in: Deutschland Archiv 40 (2007), S. 222–230.

Czok, Karl (Hrsg.): Geschichte Sachsens, Weimar 1989.

Dehoust, Matthias/Peter Nagel/Torsten Umbach: Die sächsische Verfassung. Einführung und Erläuterung, Dresden/Leipzig 2011.

Demuth, Christian/Jakob Lempp (Hrsg.): Parteien in Sachsen, Berlin/Dresden 2006.

Dietrich, Christian/Uwe Schwabe (Hrsg.): Freunde und Feinde. Dokumente zu den Friedensgebeten in Leipzig zwischen 1981 und dem 9. Oktober 1989, Leipzig 1994.

Donath, Matthias/André Thieme (Hrsg.): Sächsische Mythen. Elbe – August – Eierschecke, Leipzig 2012.

Donsbach, Wolfgang u. a.: Lokal-TV zwischen Heimat- und Regionalfernsehen. Anbieter und Nutzer des privaten Lokalfernsehens Sachsens, Berlin 1999.

Donsbach, Wolfgang/Anja Willkommen: Ein bemerkenswerter Fall. Joseph, Sebnitz und die Presse, Dresden 2001.

Donth, Stefan: Die KPD als Partei der Diktaturdurchsetzung in Sachsen. Erste Weichenstellungen bis zur Zwangsvereinigung mit der SPD, in: Rainer Behring/Mike Schmeitzner (Hrsg.): Diktaturdurchsetzung in Sachsen. Studien zur Genese der kommunistischen Herrschaft 1945–1952, Köln u. a. 2003, S. 103–128.

Döring, Martin: „Geld verdienen mit Hass – rechtsextremistische Musik im Freistaat Sachsen zwischen Ideologie und Kommerz", in: Ministerium des Innern des Landes Brandenburg (Hrsg.): Verfassungsfeinde und das Kapital. Finanzströme im Rechtsextremismus, Potsdam 2012, S. 9–14.

Drehwald, Suzanne/Christoph Jestaedt: Sachsen als Verfassungsstaat, Leipzig 1998.

Expertenkommission „Demografischer Wandel in Sachsen": Empfehlungen zur Bewältigung des demografischen Wandels im Freistaat Sachsen, Dresden 2006.

Fach, Wolfgang u. a.: Regionsbezogene Identifikationsprozesse. Das Beispiel „Sachsen" – Konturen eines Forschungsprogramms, in: Heinz-Werner Wollersheim/Sabine Tzschachel/Matthias Middell (Hrsg.): Region und Identifikation, Leipzig 1998, S. 1–32.

Fischer, Alexander/Günther Heydemann (Hrsg.): Die politische „Wende" 1989/90 in Sachsen. Rückblick und Zwischenbilanz, Weimar u. a. 1995.

Frackowiak, Johannes: Verfassungsdiskussionen in Sachsen nach 1918 und 1945, Köln 2005.

Freistaat Sachsen/Sächsische Staatskanzlei (Hrsg.): Dokumentation des Doppeljubiläums. 20 Jahre Friedliche Revolution und Deutsche Einheit, Dresden 2010.

Friedel, Sabine: Das politische System des Freistaates Sachsen, in: Christian Demuth/Jakob Lempp (Hrsg.): Parteien in Sachsen, Dresden/Berlin 2006, S. 19–36.

Gerick, Gunter: Das Verhältnis der SED-Bezirksleitung Karl-Marx-Stadt und der Bezirksverwaltung für Staatssicherheit in Spannungsperioden von 1961–1989, Berlin 2013.

Gerlach, Siegfried (Hrsg.): Sachsen. Eine politische Landeskunde, Stuttgart u. a. 1993.

Gern, Alfons: Sächsisches Kommunalrecht, München 1994.

Gey, Thomas/Helmar Schöne: So arbeitet der Sächsische Landtag, 5. Wahlperiode, Rheinbreitbach 2011.

Groß, Reiner: Die politische Geschichte Sachsens, in: Siegfried Gerlach (Hrsg.): Sachsen. Eine politische Landeskunde, Stuttgart 1993, S. 77–126.

Groß, Reiner: Geschichte Sachsens, 4. Aufl., Leipzig 2007.

Haas, Michael: Der Verfassungsgerichtshof des Freistaates Sachsen, Berlin 2006.

Heidemann, Fred J.: Sachsens Vertretungen. Von den Kurfürstlich-Sächsischen Gesandtschaften zur Vertretung des Freistaates Sachsen beim Bund, Dresden 2008.

Heinig, Kerstin: Das Selbstauflösungsrecht des Sächsischen Landtages. Eine verfassungsrechtliche, verfassungshistorische und verfassungsvergleichende Untersuchung mit rechtspolitischen Folgerungen für den Sächsischen Landtag und den Deutschen Bundestag, Frankfurt a. M. u. a. 2008.

Hermann, Konstantin (Hrsg.): Sachsen seit der Friedlichen Revolution. Tradition, Wandel, Perspektiven, Dresden/Markkleeberg 2010.

Illing, Falk: Auf dem Weg zur etablierten Partei? Wahlanalyse, Organisation, Programmatik und Strategie der FDP seit 1990, Wiesbaden 2013.

Iltgen, Erich (Hrsg.): Zehn Jahre Sächsischer Landtag. Bilanz und Ausblick, Dresden 2000.

Iltgen, Erich: Der Weg der sächsischen Demokratie. Reden und Beiträge aus der Amtszeit des Präsidenten des Sächsischen Landtages 1990–2009, Dresden 2009.

Jankowski, Martin: Der Tag, der Deutschland veränderte. 9. Oktober 1989, 2. Aufl., Leipzig 2009.

Jesse, Eckhard: Extremismus in Sachsen, Ist unsere Demokratie in Gefahr?, Dresden 2005.

Jesse, Eckhard: Die Landtagswahl in Sachsen vom 19. September 1999: Triumphale Bestätigung der CDU, in: Zeitschrift für Parlamentsfragen 31 (2000), S. 69–85.

Jesse, Eckhard: Die sächsische Landtagswahl vom 19. September 2004: Debakel für CDU und SPD gleichermaßen, in: Zeitschrift für Parlamentsfragen 36 (2005), S. 80–100.

Jesse, Eckhard: Die sächsische Landtagswahl vom 30. August 2009: Sachsens Vorreiterrolle für den Bund, in: Zeitschrift für Parlamentsfragen 41 (2010), S. 322–339.

Jesse, Eckhard (Hrsg.): Friedliche Revolution und deutsche Einheit. Sächsische Bürgerrechtler ziehen Bilanz, Berlin 2006.

Jesse, Eckhard/Thomas Schubert (Hrsg.): Zwischen Konfrontation und Konzession. Friedliche Revolution und deutsche Einheit in Sachsen, Berlin 2010.

Jesse, Eckhard/Thomas Schubert: Koalitionen in Sachsen – Regierungskonstellationen und Bündnispolitik im Hegemonialparteiensystem 1990–2010, in: Julia Oberhofer/Roland Sturm (Hrsg.): Koalitionsregierungen in den Ländern und Parteienwettbewerb, München 2010, S. 115–143.

Jesse, Eckhard/Thomas Schubert: Konfrontation und Konzession – Sachsen im Oktober 1989, in: Dies. (Hrsg.): Zwischen Konfrontation und Konzession. Friedliche Revolution und deutsche Einheit in Sachsen Berlin 2010, S. 355–383.

Jesse, Eckhard/Thomas Schubert: Sachsen 1989/90 – Konfrontation und Konzession, in: Deutschland Archiv 43 (2010), S. 824–830.

Jungmann, Jens: Sachsens Glanz und Preußens Gloria, Dresden 2012.

Kaemmel, Otto: Sächsische Geschichte, Dresden 2000.

Keller, Katrin: Landesgeschichte Sachsen, Stuttgart 2002.

Kleimeier, Ralph: Sachsen 1989/90: Der Kampf um nachrevolutionäre politische Strukturen, in: Christoph Roolf/Simone Rauthe (Hrsg.): Projekte zur Geschichte des 20. Jahrhunderts. Deutschland und Europa in Düsseldorfer Magister- und Examensarbeiten, Neuried bei München 2000, S. 104–125.

Kleimeier, Ralph: Sachsen 1989/90: Von den Räten der Bezirke zum ersten frei gewählten Landtag. Magisterarbeit der Universität Düsseldorf 1999.

Kluge, Matthias: Das Christliche Friedensseminar Königswalde bei Werdau. Ein Beitrag zu den Ursprüngen der ostdeutschen Friedensbewegung in Sachsen, Leipzig 2004.

Köpf, Peter: Der Querdenker Kurt Biedenkopf. Eine Biografie, Frankfurt a. M. 1999.

Kowasch, Fred: Die Entwicklung der Opposition in Leipzig, in: Eberhard Kuhrt (Hrsg.): Opposition in der DDR von den 70er Jahren bis zum Zusammenbruch der SED-Herrschaft, Opladen 1999, S. 213–235.

Krone, Hans G.: Die Bedeutung der Verwaltungskultur. Eine Kulturanalyse zur Wirtschaftsförderpolitik in der sächsischen öffentlichen Verwaltung, Osnabrück 2003.

Küttler, Thomas: Die Wende in Plauen, in: Alexander Fischer/Günther Heydemann (Hrsg.): Die politische „Wende" 1989/90 in Sachsen. Rückblick und Zwischenbilanz, Weimar u. a. 1995, S. 147–155.

Küttler, Thomas/Jean Curt Rödler: Die Wende in Plauen. Eine Dokumentation, 6. Aufl., Plauen 1999.

Landesamt für Verfassungsschutz Sachsen (Hrsg.): Rechtextremistische Jugendszenen im Freistaat Sachsen. Kameradschaften und Skinheads, Dresden 2007.

Landesamt für Verfassungsschutz Sachsen (Hrsg.): Sächsisches Handbuch zum Extremismus und zu sicherheitsgefährdenden Bestrebungen, Dresden 2009.

Landesamt für Verfassungsschutz Sachsen (Hrsg.): Autonome Szene im Freistaat Sachsen, Dresden 2010.

Lässig, Simone: Wahlrechtskampf und Wahlreform in Sachsen (1895–1909), Köln/Weimar 1996.

Lässig, Simone/Karl Heinrich Pohl (Hrsg.): Sachsen im Kaiserreich. Politik, Wirtschaft und Gesellschaft im Umbruch, Köln u. a. 1997.

Leunig, Sven: Die Regierungssysteme der deutschen Länder, 2. Aufl., Wiesbaden 2012.

Luutz, Wolfgang: Region als Programm. Zur Konstruktion „sächsischer Identität" im politischen Diskurs, Baden-Baden 2002.

Maaß, Anita: Politische Kommunikation in der Weimarer Republik. Das Dresdner Stadtverordnetenkollegium 1918–1933, Göttingen 2009.

Mackeldey, Roger: Alte Bindungen wieder neu? Sachsen Beziehungen in Europa, in: Konstantin Hermann (Hrsg.): Sachsen seit der Friedlichen Revolution. Tradition, Wandel, Perspektiven, Dresden/Markkleeberg 2010, S. 159–169.

Mangoldt, Hans von: Die Verfassungen der neuen Bundesländer. Einführung und synoptische Darstellung. Sachsen, Brandenburg, Sachsen-Anhalt, Verfassungskommission für Mecklenburg-Vorpommern, Berlin 1993.

Mangoldt, Hans von: Entstehung und Grundgedanken der Verfassung des Freistaates Sachsen, Leipzig 1996.

Mangoldt, Hans von: Grundzüge der sächsischen Verfassung, in: Siegfried Gerlach (Hrsg.): Sachsen. Eine politische Landeskunde, Stuttgart u. a. 1993, S. 221–250.

Mangoldt, Hans von: Sachsens Staatsaufbau und Verfassung, in: Konstantin Hermann (Hrsg.): Sachsen seit der Friedlichen Revolution. Tradition, Wandel, Perspektiven, Dresden/Markkleeberg 2010, S. 78–92.

Mays, Anja: Bundespolitische Effekte oder regionale Besonderheiten? Zum Einfluss der Bundespolitik auf die sächsischen Landtagswahlen, in: Kerstin Völkl u. a. (Hrsg.): Wähler und Landtagswahlen in der Bundesrepublik Deutschland, Baden-Baden 2008, S. 361–380.

Mays, Anja: Landtagswahlen in Sachsen 1994 bis 2004: stärkere Landes- als Bundeseinflüsse, in: Zeitschrift für Parlamentsfragen 38 (2007), S. 567–577.

Mende, Susann: Kompetenzverlust der Landesparlamente im Bereich der Gesetzgebung. Eine empirische Analyse am Beispiel des Sächsischen Landtages, Baden-Baden 2010.

Michalk, Franziska Maria: Die Sorben – ein slawisches Volk in Deutschland. Eine historische und minderheitenschutzrechtliche Betrachtung, München 2002.

Micus, Matthias: Kurt Biedenkopf – General bei Kohl, König in Sachsen, in: Robert Lorenz/ders. (Hrsg.): Seiteneinsteiger. Unkonventionelle Politiker-Karrieren in der Parteiendemokratie, Wiesbaden 2009, S. 81–114.

Mielke, Siegfried/Werner Reutter (Hrsg.): Landesparlamentarismus. Geschichte – Struktur – Funktionen, 2. Aufl., Wiesbaden 2012.

Milbradt, Georg: Kraft der Visionen. Erinnerungen, Analysen, Perspektiven, vorgestellt von Thomas Rietzschel, Leipzig 2003.

Mletzko, Matthias: „Sturm 34": Fallbeispiel einer radikalisierten rechtsextremistischen Gewaltgruppe, in: Uwe Backes/Alexander Gallus/Eckhard Jesse (Hrsg.): Jahrbuch Extremismus & Demokratie, Bd. 22, Baden-Baden 2010, S. 148–164.

Morgenstern, Ulf: Sächsische (Dis-)Kontinuitäten und die „Sachsenrenaissance". Von Verschwinden und Wiederkehr Sachsens in den vier Jahrzehnten der DDR, in: Konstantin Hermann (Hrsg.): Sachsen seit der Friedlichen Revolution. Tradition, Wandel, Perspektiven, Dresden/Markkleeberg 2010, S. 28–45.

Müller, Bernhard: Demographische Entwicklung im Freistaat Sachsen – Konsequenzen für Raumentwicklung und Raumplanung, in: Georg Milbradt/Johannes Meier (Hrsg.): Die demographische Herausforderung – Sachsens Zukunft gestalten, Gütersloh 2004, S. 141–157.

Müller, Judith: Politische Inszenierung in Landtagswahlkämpfen. Ein akteursorientierter Vergleich der Kampagnenkommunikation zur sächsischen Landtagswahl 2004, Baden-Baden 2011.

Musall, Peter/Hans-Jörg Birk (Hrsg.): Landesrecht Sachsen, 13. Aufl., Baden-Baden 2007.

Noeske, Harald: Regieren in Sachsen, Dresden 2012.

Nolle, Karl: Sonate für Blockflöten und Schalmeien. Zum Umgang mit der Kollaboration heutiger CDU-Funktionäre mit dem SED-Regime, 2. Aufl., Dresden 2009.

Oberreuter, Heinrich: Regierende Mehrheit und Opposition in Sachsen, in: Erich Iltgen (Hrsg.): Zehn Jahre Sächsischer Landtag. Bilanz und Ausblick, Dresden 2000, S. 130–154.

Patzelt, Werner J.: Länderparlamentarismus in Deutschland: Sachsen, in: Siegfried Mielke/Werner Reutter (Hrsg.): Landesparlamentarismus. Geschichte – Struktur – Funktionen, 2. Aufl., Wiesbaden 2012, S. 389–416.

Patzelt, Werner J.: Parteien und Demokratie in Sachsen nach 1990, in: Konstantin Hermann (Hrsg.): Sachsen seit der Friedlichen Revolution, Dresden/Markkleeberg 2010, S. 103–112.

Patzelt, Werner J./Karin Algasinger: Das Parteiensystem Sachsens, in: Oskar Niedermayer (Hrsg.): Intermediäre Strukturen in Ostdeutschland, Opladen 1996, S. 237–262.

Pfeifer, Jörg: Die Illusion von der Reformierbarkeit der DDR. Der „Berliner" und der „Dresdner Weg" der Opposition in der friedlichen Revolution 1989/90, in: Eckhard Jesse/Hans-Peter Niedermeier (Hrsg.): Politischer Extremismus und Parteien, Berlin 2007, S. 321–342.

Rehfeld-Staudt, Annette/Werner Rellecke: Kommunalpolitik im Freistaat Sachsen, in: Hans-Georg Wehling/Andreas Kost (Hrsg.): Kommunalpolitik in den deutschen Ländern, 2. Aufl., Wiesbaden 2010, S. 282–306.

Rellecke, Werner: Freistaat Sachsen, in: Hans-Georg Wehling (Hrsg.): Die deutschen Länder. Geschichte, Politik, Wirtschaft, Opladen 2000, S. 223–239.

Rellecke, Werner: Sachsen – vom „roten" Königreich zum CDU-dominierten Sechsparteiensystem, in: Andreas Kost/ders./Reinhold Weber (Hrsg.): Parteien in den deutschen Ländern, München 2010, S. 341–359.

Rellecke, Werner: Wahlen in Sachsen, Dresden 2009.

Rellecke, Werner: Wegmarken sächsischer Geschichte, in: Werner Künzel/ders. (Hrsg.): Geschichte der deutschen Länder. Entwicklungen und Traditionen vom Mittelalter bis zur Gegenwart, Münster 2005, S. 315–350.

Retallack, James (Hrsg.): Sachsen in Deutschland. Politik, Kultur und Gesellschaft 1830–1918, Bielefeld/Gütersloh 2000.

Reulen, Stephanie: Entwicklung landesspezifischer Legitimationsmuster am Beispiel der Kreisgebiets- und Gemeindereform in Brandenburg und Sachsen, in: Hans Bertram u. a. (Hrsg.): Systemwechsel zwischen Projekt und Prozess, Opladen 1998, S. 625–662.

Reutter, Werner: Föderalismus, Parlamentarismus und Demokratie, Opladen 2008.

Richter, Michael: Die Bildung des Freistaates Sachsen. Friedliche Revolution, Föderalisierung, deutsche Einheit 1989/90, Göttingen 2004.

Richter, Michael: Die Entstehung des Freistaates Sachsen, in: Konstantin Hermann (Hrsg.): Sachsen seit der Friedlichen Revolution. Tradition, Wandel, Perspektiven, Dresden/Markkleeberg 2010, S. 71–77.

Richter, Michael: Die Friedliche Revolution. Aufbruch zur Demokratie in Sachsen 1989/90, 2 Bde., Göttingen 2009.

Richter, Michael: Entscheidung für Sachsen. Grenzkreise und -kommunen bei der Bildung des Freistaates Sachsen 1989–1994, Dresden 2002.

Richter, Michael: Wir sind das Volk! Zur Rolle von Legitimität und freien Wahlen bei der friedlichen Revolution in Sachsen, in: Sächsische Akademie der Wissenschaften zu Leipzig und dem Staatsbetrieb Geobasisinformation und Vermessung Sachsen (Hrsg.): Friedliche Revolution 1989/90 in Sachsen, Leipzig 2009, S. 52–69.

Richter, Michael/Thomas Schaarschmidt/Mike Schmeitzner (Hrsg.): Länder, Gaue und Bezirke. Mitteldeutschland im 20. Jahrhundert, Dresden 2007.

Richter, Michael/Erich Sobeslavsky: Die Gruppe der 20. Gesellschaftlicher Aufbruch und politische Opposition in Dresden 1989/90, Köln u. a. 1999.

Richter, Michael/Erich Sobeslavsky: Entscheidungstage in Sachsen. Berichte von Staatssicherheit und Volkspolizei über die friedliche Revolution im Bezirk Dresden. Eine Dokumentation, Dresden 1999.

Rincke, Thomas: Staatszielbestimmungen der Verfassung des Freistaates Sachsen, Frankfurt a. M. 1997.

Ritter, Gerhard A.: Das Wahlrecht und die Wählerschaft der Sozialdemokratie im Königreich Sachsen 1867–1914, in: Ders. (Hrsg.): Der Aufstieg der deutschen Arbeiterbewegung. Sozialdemokratie und Freie Gewerkschaften im Parteiensystem und Sozialmilieu des Kaiserreichs, München 1990, S. 49–101.

Russig, Peter: Der 1. Mai 2000 und 2001 – Extreme Linke und extreme Rechte in Sachsen, in: Uwe Backes/Eckhard Jesse (Hrsg.): Jahrbuch Extremismus & Demokratie, Bd. 14, Baden-Baden 2002, S. 155–168.

Schiemann, Marko: Vom „Gohrischen Entwurf" zur Verfassung vom 27. Mai 1992, in: Erich Iltgen (Hrsg.): Zehn Jahre Sächsischer Landtag. Bilanz und Ausblick, Dresden 2000, S. 31–44.

Schirmer, Uwe/André Thieme (Hrsg.): Beiträge zur Verfassungs- und Verwaltungsgeschichte Sachsens. Ausgewählte Aufsätze von Karlheinz Blaschke, Göttingen 2002.

Schleer, Manfred: Kommunalpolitik in Sachsen. Bürger, Politiker und Verwaltungen in Gemeinden, Städten und Landkreisen, Dresden 2003.

Schmeitzner, Mike/Michael Rudloff (Hrsg.): Die Wiedergründung der sächsischen Sozialdemokratie 1989/90, Dresden 2000.

Schmeitzner, Mike/Michael Rudloff: Geschichte der Sozialdemokratie im Sächsischen Landtag. Darstellung und Dokumentation 1877–1997, Dresden 1997.

Schmeitzner, Mike/Andreas Wagner (Hrsg.): Von Macht und Ohnmacht. Sächsische Ministerpräsidenten im Zeitalter der Extreme 1919–1952, Beucha 2006.

Schmeitzner, Mike: Freistaat – Gau – Bezirke. Sachsen im Spannungsfeld von Demokratie und Diktatur 1919–1989, in: Konstantin Hermann (Hrsg.): Sachsen seit der Friedlichen Revolution. Tradition, Wandel, Perspektiven, Dresden/Markkleeberg 2010, S. 46–58.

Schnabel, Fritz: Kommunale Gebietsreform im Freistaat Sachsen, in: Eckhard Schröter (Hrsg.): Empirische Policy- und Verwaltungsforschung, Opladen 2001, S. 393–398.

Schneider, Herbert/Hans-Georg Wehling (Hrsg.): Landespolitik in Deutschland. Grundlagen – Strukturen – Arbeitsfelder, Wiesbaden 2006.

Schöppner, Klaus-Peter/Michel Sagurna: Sächsische Meinungsbilder. Die ersten Jahre Freistaat Sachsen im Spiegel der Demoskopie, Dresden 1995.

Schubert, Markus: Der Koordinierungsausschuss zur Bildung des Landes Sachsen, in: Hans Bertram/Wolfgang Kreher/Irene Müller-Hartmann (Hrsg.): Systemwechsel zwischen Projekt und Prozess, Opladen 1998, S. 563–593.

Schubert, Thomas: Freie Sachsen, in: Frank Decker/Viola Neu (Hrsg.): Handbuch der deutschen Parteien, 2. Aufl., Wiesbaden 2013, S. 281–283.

Schubert, Thomas: Wahlen und politische Kultur in Sachsen seit 1990, in: Christian Demuth/ Jakob Lempp (Hrsg.): Parteien in Sachsen, Dresden/Berlin 2006, S. 59–85.

Schubert, Thomas: Wahlkampf in Sachsen. Eine qualitative Längsschnittanalyse der Landtagswahlkämpfe 1990–2004, Wiesbaden 2011.

Siedentopf, Heinrich/Eberhard Laux: Funktionalreform in Sachsen, Baden-Baden 1998.

Sponer, Wolf-Uwe: Die Abschaffung der unteren staatlichen Verwaltungsbehörde im sächsischen Landratsamt, Frankfurt a. M. 2001.

Stawowy, Peter: Medien in Sachsen, Dresden 2011.

Steglich, Henrik: Die NPD in Sachsen. Organisatorische Voraussetzungen ihres Wahlerfolgs 2004, 2. Aufl., Göttingen 2007.

Steglich, Henrik: Die sächsische NPD und der Landtagswahlerfolg vom 19. September 2004, in: Uwe Backes/Eckhard Jesse (Hrsg.): Jahrbuch Extremismus & Demokratie, Bd. 17, Baden-Baden 2005, S. 142–159.

Szejnmann, Claus-Christian W.: Vom Traum zum Alptraum. Sachsen in der Weimarer Republik, Dresden 2000.

Thaysen, Uwe: Der Weg des politischen Umbruchs in der DDR. Der Berliner und der Dresdner Pfad der Demokratiefindung, in: Karl Eckart/Manfred Wilke (Hrsg.): Berlin, Berlin 1997, S. 71–90.

Thieme, André: Sächsische Mythen und sächsische Mentalitäten. Historische Anmerkungen zu Landesbewusstsein und Identität in Sachsen, in: Konstantin Hermann (Hrsg.): Sachsen seit der Friedlichen Revolution. Tradition, Wandel, Perspektiven, Dresden/Markkleeberg 2010, S. 13–27.

Thüsing, Andreas: Der staatliche Neuanfang in Sachsen 1945–1952, in: Rainer Behring/Mike Schmeitzner (Hrsg.): Diktaturdurchsetzung in Sachsen. Studien zur Genese der kommunistischen Herrschaft 1945–1952, Köln u. a. 2003, S. 171–199.

Urich, Karin: Die Bürgerbewegung in Dresden 1989/90, Köln u. a. 2001.

Ullrich, Uwe: Vom Rinnsal zum Strom. Dresdnerinnen und Dresdner beantworten 15 Fragen zur Friedlichen Revolution und deutschen Wiedervereinigung, Dresden 2010.

Vollnhals, Clemens (Hrsg.): Sachsen in der NS-Zeit, Leipzig 2002.

Vorbau, Alexander: Der Einfluss von Interessenverbänden auf den Sächsischen Landtag. Fallbeispiel: Neufassung des Schulgesetzes in der dritten Wahlperiode, Saarbrücken 2007.

Wagner, Andreas: „Machtergreifung" in Sachsen. NSDAP und staatliche Verwaltung 1930–1935, Köln 2004.

Walter, Franz: Sachsen – ein Stammland der Sozialdemokratie?, in: Politische Vierteljahresschrift 32 (1991), S. 207–231.

Walter, Franz/Tobias Dürr/Klaus Schmidtke: Die SPD in Sachsen und Thüringen zwischen Hochburg und Diaspora, Bonn 1993.

Wendt, Alexander: Kurt Biedenkopf. Ein politisches Portrait, Berlin 1994.

Zwahr, Hartmut: Ende einer Selbstzerstörung. Leipzig und die Revolution in der DDR, Göttingen 1993.

Zwahr, Hartmut u. a. (Hrsg.): Friedliche Revolution 1989/90 in Sachsen, Leipzig 2009.

Tabellen- und Abbildungsverzeichnis

Tabellen

Abbildungen

Seite

Personenverzeichnis

Autorenverzeichnis

Dr. Eckhard Jesse ist Professor für Politikwissenschaft an der Technischen Universität Chemnitz (Lehrstuhl für Politische Systeme, Politische Institutionen).

Dr. Thomas Schubert ist Wissenschaftlicher Mitarbeiter an der Technischen Universität Chemnitz (Lehrstuhl für Politische Systeme, Politische Institutionen).

Dr. Tom Thieme ist Privatdozent und Wissenschaftlicher Mitarbeiter an der Technischen Universität Chemnitz (Lehrstuhl für Politische Systeme, Politische Institutionen).

Printing: Ten Brink, Meppel, The Netherlands
Binding: Ten Brink, Meppel, The Netherlands